EDOUARD SCHURÉ / DIE GROSSEN EINGEWEIHTEN

Die Herausgabe dieses Werkes
in der Übersetzung von Marie Steiner-von Sivers und mit den Vorworten
von Rudolf Steiner erfolgt im Einverständnis mit der Rudolf Steiner-
Nachlaßverwaltung, Dornach/Schweiz

EDOUARD SCHURÉ

DIE GROSSEN EINGEWEIHTEN

Geheimlehren der Religionen

Vorwort von Rudolf Steiner

OTTO WILHELM BARTH-VERLAG

Dem Gedächtnis

von

MARGHERITA ALBANA MIGNATY

gewidmet

Neunzehnte ungekürzte Auflage 1989

VORWORT ZUR ERSTEN DEUTSCHEN AUFLAGE

Vor einiger Zeit konnte Edouard Schurés Drama »Die Kinder des Lucifer«[1] in deutscher Sprache veröffentlicht werden. Die Handlung und die Gestalten dieses Kunstwerkes heben sich aus den geistigen Strömungen des vierten christlichen Jahrhunderts heraus. An einem besonders charakteristischen Punkte der Menschheitsentwicklung wollte Schuré die beiden Grundregungen der ringenden Menschenseele zur Darstellung bringen, die eine, die sie wie göttliche Abstammung, und die andere, die sie wie ihre göttliche Zukunft empfindet. Christus, der menschgewordene Gott, und Luzifer, der nach Göttlichkeit ringende Mensch, stehen wie im Hintergrund des Dramas und geben ihm ein Leben, auf das Goethe am Ende seines »Faust« deuten wollte, als er »alles Vergängliche« als dessen »Gleichnis« ansprach.

Dies Kunstwerk ist aus einer Phantasie geboren, die sich als das Kind einer höheren menschlichen Geisteskraft fühlt. Auch von dieser höheren Geisteskraft hat Goethe gesprochen. Er sagt, daß der Mensch durch die Entwicklung seiner Fähigkeiten sich zu einer Höhe erheben könne, wo sein Geist nicht mehr bloß die Abbilder der geschaffenen Dinge wie im Spiegel der Wissenschaft sieht, sondern wo er durch Einleben in das Schöpfungswerk die Urbilder in seiner Seele sich offenbaren läßt. In seinem rastlosen Einheitsstreben stand so vor Goethes geistigem Auge stets der Endpunkt einer perspektivischen Fernsicht, in dem Erkenntnis und Kunst, Wissen und Phantasie sich auf den Höhen des Menschengeistes berühren. Wahrheit und Schönheit stammen für ihn aus gemeinsamer Quelle. Ein Wahrheitsforschen, das tief genug ist, dringt hinter die Oberfläche der Dinge zu den ewigen Ideen vor, die nicht schattenhafte Abstraktionen, sondern die lebendigen Gestaltungskräfte der Dinge und Wesen selbst sind. Und ein echtes Kunstwerk ist aus einer Phantasie entsprungen, die nicht aus menschlicher Willkür geboren, sondern von eben jenen ewigen Gestaltungskräften selbst befruchtet ist. So wurde für Goethe die wahre Kunst zu einer Offenbarung geheimer Naturkräfte, die ohne sie niemals offenbar werden könn-

ten. Künstlerische Phantasie und weisheitsvolle Einsicht weisen auf eine hinter ihnen verborgene Kraft der Menschenseele, in der sie beide Eins sind.

Die wahre Mystik aller Zeiten hat diese Seelenkraft dem Seher zuerkannt. Die geistschauende Erkenntnis, die über das gewöhnliche Menschengedenken hinausgeht, dringt bis zu der Stufe, wo sich die Vorstellungen auflösen in jenes Element, aus dem die künstlerische Phantasie auf zumeist unbewußte Art geboren ist.

Unter den schaffenden Künstlern der Gegenwart ist Edouard Schuré einer, dessen ganze Art auf der Einsicht ruht, was der Seher in der geistigen Entwicklung der Menschheit ist. Alles menschliche Schaffen führt für ihn zuletzt auf die Kraft der Seher zurück. Sie sind ihm die Vermittler zwischen dem »Vergänglichen«, das ihm ein »Gleichnis« ist, und dem »Ewigen«, das sich dem »geistigen Schauen« erschließt, der höheren Einheit von Weisheit und Phantasie.

Seine eigene Pilgerfahrt in dieses Gebiet hat nun Schuré in diesem Buche dargestellt, das hiermit in deutscher Sprache der Öffentlichkeit vorgelegt wird. Daß es in französischer Sprache neun Auflagen erlebt hat, ist ein Beweis dafür, daß es in der Gegenwart viele Menschen gibt, deren Seelen den Zugang suchen zu jenen Höhen des Geistes.

Schuré ist von dem Glauben beseelt, daß eine Zukunft der Geisteskultur bevorstehe, in der sich die Wissenschaft durch die Weisheit zur Anerkennung des Sehers der Wahrheit hindurchringen wird, und daß die Kunst eine Epoche erleben werde, in der hinter der Phantasie die befruchtende Kraft der ewigen Urbilder der Dinge walten werde. Auf diesem Vertrauen ruht sein künstlerisches Schaffen und aus ihm ist auch dieses Buch erwachsen. Es spricht von den »großen Erleuchteten, den »Initiierten«, welche die tiefen Blicke hinter die Dinge getan und von da aus der Geistesentwicklung der Menschheit die großen Impulse gegeben haben. Es verfolgt diese größten Geistestaten von Rama, Krishna, Hermes bis zu Pythagoras und Plato, um in Christus die Vereinigung aller dieser Seherimpulse zu zeigen.

Was von da ausgegangen ist, lebt in der Gegenwartskultur fort. Das Licht, das aus Schurés Buch strömt, ist daher auch erleuchtend für alle diejenigen, die mit ihrer Seele in den geistigen Untergründen wurzeln wollen, aus denen Kraft und Sicherheit für das Leben der Gegenwart geschöpft werden können. – Wer den religiösen Bedürfnissen unserer Zeit Verständnis entgegenbringt, der vermag auch zu erkennen, was Schurés Buch besonders nach dieser Richtung an Segen verbreiten kann. Es bietet den geschichtlichen Nachweis, daß das Wesen der Religion von dem Begriff der »Einweihung« oder »Erleuchtung« nicht zu trennen ist. Das Bedürfnis nach Religion ist allgemein-menschlich. Eine Seele, die vermeint, ohne Religion leben zu können, ist in einer schweren Selbsttäuschung befangen. Aber Befriedigung können diesem Bedürfnisse nur die Sendboten der geistigen Welt bringen, die im Lande der Seher sich zu den höchsten Stufen erheben. So wahr es auch ist, daß die Religionen zuletzt die größten Wahrheiten dem schlichtesten Herzen zu offenbaren vermögen, so wahr ist es auch, daß ihr Ausgangspunkt da liegt, wo die Phantasie das Kleid des Scheines ablegt und zur Imagination wird, so daß sich ihr die höchste Wirklichkeit erschließt, und wo die Wahrheitsforschung zur Inspiration wird, zu der nicht der Abglanz der Gedanken, sondern das Urlicht der Ideen spricht. Indem Schuré die großen Religionsstifter als die höchsten Eingeweihten schildert, gibt er die religiöse Entwicklung der Menschheit aus ihrer tiefsten Wurzel heraus. Man wird in der Zukunft das Wesen der »Einweihung« begreifen, wenn man an den großen religiösen Erscheinungen der Vergangenheit die Einsicht in dieses Wesen gewinnen wird.

Man redet gegenwärtig viel von den Grenzen der menschlichen Erkenntnis. Man sagt, dies oder jenes müsse dem Menschen verschlossen sein, weil er mit seinem Wissen über einen gewissen Kreis nicht hinausdringen könne. Man wird in der Zukunft einsehen, daß des Menschen Wissenskreis sich in dem Maße erweitert, als er sich selbst entwickelt. Dinge, die nicht erkennbar scheinen, treten in den Bereich der Erkenntnis, wenn der Mensch die Erkenntnisfähigkeiten entfaltet, die in ihm schlummern. Wer einmal ganz ernstlich zu solcher Erweiterung der menschlichen Erkenntnisfähigkeiten Vertrauen gewonnen hat, der hat auch schon den Weg betreten, an dessen Ende die »großen Eingeweihten« stehen.

Zum Auffinden dieses Weges ist Schurés Buch in der Gegenwart einer der besten Führer. Er spricht von den Taten der Erleuchteten, die aus der Geistesgeschichte der Menschheit zu erkennen sind, und es führt von diesen Taten zurück in die Seelen der Erleuchteten selbst.

Zwei Mittel sind heute vorhanden, um den Zugang zu der Sprache derjenigen zu finden, die aus der Seher-Erfahrung heraus Kunde geben können von einer geistigen Welt. Der eine Weg ist der direkte des Hinhorchens auf die Quellen, die auch in der Gegenwart aus dem Urgrunde des Daseins fließen. Der andere Weg ist der in Schurés Buch gebotene. Für viele wird das letztere Mittel wohl erst auf den vorgenannten Weg führen. Wenn sich solche Menschen erst überzeugen können, daß die großen Geistesimpulse der Vorzeit, die noch in ihren Seelen fortleben, aus Seherkraft entsprungen sind, dann werden sie sich zu der Einsicht hindurchringen können, daß auch in der Gegenwart ein Erreichen dieser Kraft möglich ist.

Wer das Geistesleben der Gegenwart nicht nur an seiner Oberfläche, sondern in seinen Tiefen verfolgen kann, der vermag auch zu sehen, wie sich nach dem Abfluten der materialistischen Strömungen von vielen Seiten die Quellen des spirituellen Lebens öffnen. Gerade wer dies klar durchschaut, wird nicht die zeitliche Notwendigkeit des Materialismus bestreiten. Er wird wissen, daß dieser Materialismus in den letzten Jahrhunderten entstehen mußte, weil nur unter seinem einseitigen Wirken die äußeren Erfolge der Kultur möglich waren. Ein solcher wird aber auch sehen, wie ein neues Zeitalter der Spiritualität heraufzieht.

Eine der besten Erscheinungen dieses beginnenden spirituellen Zeitalters glauben wir mit Schurés »Großen Eingeweihten« der deutschen Öffentlichkeit zu übergeben. Wir zählen den Autor des Werkes zu denen, welche kühn voranschreiten in der Morgenröte dieses Zeitalters. Ihm hat die Kraft, die von dem Forschen in den Seelen der »Großen Eingeweihten« ausgeht, den Mut und die Freiheit gegeben, die notwendig waren, um ein so kühnes Buch zu schreiben, wie es das vorliegende ist.

DR. RUDOLF STEINER

VORWORT ZUR ZWEITEN DEUTSCHEN AUFLAGE

Als vor verhältnismäßig kurzer Zeit die erste Auflage dieser deutschen Ausgabe von Schurés »Großen Eingeweihten« der Öffentlichkeit übergeben wurde, geschah dies in der Voraussetzung, daß dieses Werk auch in dieser Übersetzung Leser von solcher Art finden werde, wie es in so großer Zahl in seinem französischen Originale gefunden hat. Daß hiermit eine zweite Auflage erscheinen kann, zeigt, daß diese Voraussetzung begründet war.

Edouard Schuré, der gedankentiefe Darsteller der »Großen Eingeweihten« spricht zu solchen Seelen, welche die Blicke sehnend erheben wollen zu den großen Wegweisern der menschlichen Intuitionen, um sich mit den Ideen zu erfüllen, die im geschichtlichen Werden zur Offenbarung gekommen sind und die in jedem Menscheninnern die Ahnung erwecken können von Lösungen der Daseinsrätsel.

In unserer Zeit ist über manche der Persönlichkeiten, über welche Schuré in diesem Buche spricht, eine reichhaltige gelehrte Literatur vorhanden. Und manche populäre Schrift macht die Ergebnisse dieser Literatur weiten Kreisen zugänglich. Schurés glänzende Darstellung gibt wesentlich anderes als diese Literatur. Eine Persönlichkeit spricht in ihr, welche mit intuitivem Blick in das Walten der Seelenmächte dringt, die sich in Menschen verkörpern. Diese Persönlichkeit vermag den Leser auf den Horizont der ewigen Gedanken zu erheben, deren Verwirklichung die wahre Geschichte der Menschheit ist.

Es war Edouard Schuré vorbehalten, die Brennpunkte des geistigen Entwicklungsstromes der Menschheit in den »Großen Eingeweihten« aufleuchten zu lassen, auf dessen geheimnisvolle Wirkungsweise auch in Deutschland seit Herder das Suchen der größten Geister gerichtet war. Die hingebungsvollste Art im Ergründen der großen Weltgedanken verbindet sich bei diesem Autor mit der Kraft der Wiederbelebung wirksamer Ideen, die für den Verstand im Schoße der Zeiten ruhen, im Menscheninnern aber ewige Gegenwart haben. – Aus diesem Grunde ist es, daß dieses Buch in seiner französischen Gestalt Auflage nach Auflage in schneller Folge erlebt und dem inneren Bildungsleben unserer Zeit, dem »Leben der Seele«, reiche Kräfte der Vertiefung zugeführt.

Mit diesen Gedanken wird dies Buch in der neuen deutschen Auflage der Öffentlichkeit übergeben[2].

DR. RUDOLF STEINER

VORWORT ZUR DRITTEN DEUTSCHEN AUFLAGE

Mit den vorangehenden Worten erschien 1909 die erste und 1911 die zweite Auflage des Buches Edouard Schurés »Die großen Eingeweihten« in deutscher Übersetzung. In dieser schicksaltragenden Zeit wird die dritte Auflage notwendig. Französische Schriftsteller finden heute schlimme Urteile über deutsches Geistesleben aus der aufgewühlten Leidenschaft heraus. Ich glaube, daß innerhalb des deutschen Geisteslebens kein wirklich Urteilsfähiger Anstoß nimmt, wenn gegenwärtig dieselben Worte unverändert wieder am Anfang dieses Buches erscheinen, die in der Zeit des Friedens aus dem Gefühle des Zusammenwirkens deutschen und französischen Geistes geschrieben sind. Aus dem Gefühle heraus, daß Edouard Schuré dem deutschen Geistesleben nahesteht, schrieb ich 1911, daß die Gedanken seiner »Großen Eingeweihten« an die Entwicklungsströmung anklingen, die an Herder und Goethe anknüpft. Ich empfinde vieles Deutsche in dem Elsässer Edouard Schuré. Oft erschien mir beim Durcharbeiten der »Großen Eingeweihten« mancher Gedanke wie aus dem deutschen Anschauen übersetzt. Ich mußte dann denken, daß Schuré als eines seiner ersten Bücher geschrieben hat »Histoire du Lied«, eine Entwicklungsgeschichte der deutschen Lyrik. Er empfand, indem er für die deutsche lyrische Schöpfung das Wort »Lied« nicht durch einen französischen Ausdruck wiedergab, wie die deutsche Lyrik in gewisser Hinsicht einzigartig aus der Tiefe deutschen Wesens geflossen ist. Auch hat Schuré ein Buch über Richard Wagners Geistesart und Kunst geschrieben. Man kann bemerken, daß, was ihn an Ideen zu diesem Buch begeistert hat, vielfach wieder anklingt auch in dem vorliegenden Buch. — Sicher gehört aber der Inhalt von Schurés Buch zu jenen allgemein-menschlichen Geisteswerten, die über dem stehen, was Völker trennt.

Berlin, im Juli 1916.

DR. RUDOLF STEINER

EINFÜHRUNG IN DIE ESOTERISCHE LEHRE

Ich bin sicher, daß ein Tag kommen wird, wo der Physiologe, der Dichter und der Philosoph dieselbe Sprache sprechen und sich begegnen werden.

Claude Bernard.

Das größte Übel unserer Zeit ist, daß Wissenschaft und Religion sich wie zwei feindliche, unversöhnliche Mächte gegenüberstehen. Dieses intellektuelle Übel ist um so schädlicher, als es von oben kommt und sich leise und sicher in alle Geister hineinschleicht wie ein subtiles Gift, das man mit der Luft einatmet. Jedes intellektuelle Übel wird aber bald ein seelisches und deshalb ein soziales.

Solange das Christentum naiv den christlichen Glauben inmitten eines noch halb barbarischen Europas betonte, war es die größte moralische Kraft; es hat die Seele des modernen Menschen geformt. – Solange die experimentelle Wissenschaft, öffentlich wiederhergestellt im sechzehnten Jahrhundert, nur die legitimen Rechte der Vernunft und deren unbegrenzte Freiheit forderte, war sie die gewaltigste intellektuelle Kraft; sie hat das Antlitz der Welt wieder erneuert, den Menschen von jahrhundertealten Ketten befreit, dem menschlichen Verstand eine unzerstörbare Grundlage geschaffen.

Aber seitdem die Kirche angesichts der Einwendungen der Wissenschaft ihr uraltes Dogma nicht mehr beweisen kann und sich in ihm wie in einem fensterlosen Hause einschließt, der Vernunft den Glauben entgegensetzend, wie ein undiskutierbares und absolutes Gebot; seitdem die Wissenschaft, berauscht von ihren Entdeckungen in der physischen Welt, gänzlich von der psychischen und geistigen Welt absieht und in ihrer Methode agnostisch, in ihren Grundsätzen und Schlußfolgerungen materialistisch geworden ist; seitdem die Philosophie, richtungslos und ohnmächtig zwischen beiden stehend, in gewissem Sinne ihren Rechten entsagt hat, um in transzendenten Skeptizismus zu verfallen, seitdem ist ein tiefer Riß in der Seele der Gesellschaft wie in denjenigen der Individuen entstanden. Dieser Konflikt, der zuerst notwendig und nützlich war, weil er die Rechte der Vernunft und der Wissenschaft feststellte, wurde zuletzt eine Ursache der Ohnmacht und Lähmung. Die Religion entspricht den Anforderungen des Herzens, deshalb ihr ewiger Zauber; die Wissenschaft denjenigen des Verstandes, deshalb ihre unbesiegbare Kraft. Doch seit langem können diese Mächte sich nicht mehr verstehen. Die Religion ohne Beweise und die Wissenschaft ohne Hoffnung stehen sich gegenüber und fordern einander in die Schranken, ohne sich besiegen zu können.

Daher ein tiefer Widerspruch, ein verborgener Krieg, nicht nur zwischen dem Staat und der Kirche, sondern auch in der Wissenschaft selbst, im Herzen aller Kirchen, und bis in die Gewissen aller denkenden Individuen hinein. Denn, wer wir auch seien, welcher philosophischen, ästhetischen und sozialen Schule wir auch zugehören, wir tragen in uns diese zwei feindlichen, dem Scheine nach unversöhnlichen Welten, die aus zwei unzerstörbaren Bedürfnissen des Menschen heraus geboren sind: dem wissenschaftlichen und dem religiösen Bedürfnis. Dieser Zustand, der seit mehr als hundert Jahren dauert, hat gewiß nicht wenig dazu beigetragen, die menschlichen Fähigkeiten durch äußerste Anspannung zu entwickeln. Er hat der Dichtung und der Musik Töne eines grandiosen Pathos entlockt. Heute aber hat die allzulang dauernde und straffe Spannung die entgegengesetzte Wirkung hervorgerufen. So wie bei einem Kranken auf das Fieber die Mattigkeit folgt, so hat sie sich in geistige Entkräftung, in Ekel, in Ohnmacht gewandelt. Die Wissenschaft beschäftigt sich nur mit der physischen und materiellen Welt; die moderne Philosophie hat die Führung der Geister verloren, die Religion herrscht noch bis zu einem gewissen Sinne über die Massen, aber nicht mehr auf den sozialen Gipfeln; immer noch groß durch werktätige Liebe, strahlt sie nicht mehr durch die Kraft des Glaubens. Die geistigen Leiter unserer Zeit sind durchaus ehrliche und loyale Ungläubige und Skeptiker. Aber sie zweifeln an ihrem Können und blicken sich lächelnd an wie römische Auguren. In der Öffentlichkeit, im privaten Leben verkünden sie soziale Katastrophen, ohne ein Gegenmittel zu finden, und hüllen ihre dunklen Weissagungen in beschönigende Ausdrücke ein. Unter solchem Einfluß haben die Literatur und die Kunst den Sinn für das Göttliche verloren. Der ewigen Horizonte bar, ist ein großer

Teil der Jugend untergetaucht in das, was seine neuen Lehrer den Naturalismus nennen, damit den schönen Namen der Natur herabwürdigend. Denn was sie mit diesem Namen schmücken, ist nichts als die Apologie der niederen Instinkte, der Schmutz des Lasters oder die gefällige Ausmalung unserer sozialen Flachheiten; mit einem Worte, die systematische Verneinung der Seele und des Geistes. Und die arme Psyche, die ihre Flügel verloren hat, stöhnt und seufzt seltsam im Innersten selbst derjenigen, die sie schmähen und verleugnen.

Materialismus, Positivismus und Skeptizismus haben am Ende des Jahrhunderts einen falschen Begriff von der Wahrheit und dem Fortschritt herangebildet.

Unsere Gelehrten, die für das Studium des sichtbaren Universums mit wunderbarer Genauigkeit und herrlichen Erfolgen die experimentelle Methode Bacons anwenden, haben von der Wahrheit einen ganz äußerlichen und materiellen Begriff. Sie glauben, daß man sich ihr in dem Maße nähert, als man eine größere Menge von Tatsachen anhäuft. Auf ihrem Gebiete haben sie recht. Eine Gefahr bedeutet es, daß unsere Philosophen und Moralisten auch dahin gekommen sind, so zu denken. Bei dieser Methode ist es sicher, daß die ersten Ursachen und die letzten Endziele für den menschlichen Verstand auf immer undurchdringbar bleiben. Denn nehmen wir an, daß wir genau wüßten, was im Sinne des Materiellen auf allen Planeten unseres Sonnensystems geschieht (eine prächtige Induktionsbasis, nebenbei gesagt), nehmen wir sogar an, daß wir genau wüßten, welche Art Bewohner die Satelliten des Sirius und mehrere Sterne der Milchstraße haben: gewiß wäre es herrlich, alles das zu wissen. Wären wir dadurch besser unterrichtet von der Gesamtheit der Sternanhäufungen? Gar nicht zu sprechen von der Nebelmasse der Andromeda und der Wolkenmasse des Magellan. – Dies ist der Grund, weshalb unsere Zeit die Entwicklung der Menschheit wie ein ewiges Schreiten zu einem unbestimmten, unbestimmbaren, auf immer unerreichbaren Ziele empfindet.

Es ist das Bekenntnis der positivistischen Philosophie von Auguste Comte und Herbert Spencer, das in unseren Tagen siegte.

Etwas ganz anderes jedoch war die Wahrheit für die Weisen und Theosophen des Orients und Griechenlands. Sie wußten gewiß, daß man sie nicht umfassen und mit sich in Übereinstimmung bringen kann ohne eine summarische Kenntnis der physischen Welt; aber sie wußten auch, daß die Wahrheit vor allem in uns selbst lebt, in den Prinzipien unseres Geistes und in dem spirituellen Leben unserer Seele. Für sie war die Seele die einzige, die göttliche Realität und der Schlüssel zum Universum. Indem sie ihren Willen in seinem Mittelpunkt ergriffen, indem sie dessen latente Fähigkeiten entwickelten, tauchten sie unter in jenes lebende Feuer, das man Gott nennt und in dessen Licht Menschen und Wesenheiten zu begreifen sind. Für sie war das, was wir Fortschritt nennen, nämlich das Wissen der Welt- und Menschengeschichte, nichts anderes als die Entwicklung jener ersten Ursache und jenes letzten Zieles in der Zeit und im Raume. – Vielleicht glaubt man, daß jene Theosophen nichts anderes waren als sinnige Menschen, ohnmächtige Träumer, auf Säulen stehende Fakire? Dies wäre ein Irrtum. Die Welt hat keine größeren Helden der Zeit gekannt. Sie glänzen wie Sterne erster Größe am Himmel der Seelen. Sie nennen sich: Krishna, Buddha, Zoroaster, Hermes, Moses, Pythagoras, Jesus; und es waren mächtige Geistesbildner, gewaltige Erwecker der Seelen, segenbringende Organisatoren der Gesellschaft. Nur für ihre Idee lebend, immer zu sterben bereit, wissend, daß der Tod für die Wahrheit die wirksamste und höchste Tat ist, haben sie die Wissenschaften und die Religionen geschaffen und infolgedessen das Schrifttum und die Künste, deren Saft uns bis heute Nahrung und Leben gibt. Und was schafft der Positivismus und der Skeptizismus unserer Tage? Eine nüchterne Generation, ohne Ideal, ohne Licht und ohne Glauben, die weder an Gott noch an die Seele, noch an die Zukunft des Menschengeschlechtes, noch an dieses Leben, noch an ein anderes glaubt, ohne Zähigkeit im Willen, an sich und an der menschlichen Freiheit zweifelnd.

»An ihren Früchten werdet ihr sie erkennen«, sagt Jesus. Dieses Wort des Meisters aller Meister läßt sich ebensogut auf Lehren wie auf Menschen anwenden. Ja, dieser Gedanke drängt sich auf: entweder ist die Wahrheit auf immer dem Menschen unerreichbar oder sie war bis zu einem hohen Maß Besitz der großen Weisen und ersten Eingeweihten der Erde. Sie ist also in allen großen Religionen und heiligen Büchern der Völker enthalten. Nur muß man sie da entdecken und ans Licht bringen.

Wenn man die Geschichte der Religionen mit Augen betrachtet, welche von jener zentralen Weisheit geöffnet sind, die allein die innere Initiation geben kann, so ist man zugleich erstaunt und verwundert. Was man dann erschaut, sieht in nichts dem ähnlich, was unsere Kirche lehrt, welche die Offenbarung auf das Christentum beschränkt und nur ihren elementaren Sinn gelten läßt. Aber es sieht ebensowenig dem ähnlich, was die rein naturalistische Wissenschaft unserer Universitäten lehrt. Diese jedoch läßt einen weiteren Gesichtskreis gelten. Sie stellt alle Religionen auf gleiche Linie und wendet eine einzige Forschungsmethode an. Ihr Wissen ist tief, ihr Eifer herrlich, aber sie hat sich noch nicht bis zum Standpunkt des vergleichenden Esoterismus erhoben, welcher das Werden der Religionen und der Menschheit in einem ganz anderen Lichte zeigt. Von dieser Höhe aus erblickt man folgendes:

Alle großen Religionen haben eine äußere und eine innere Geschichte: die eine offenbar, die andere verborgen. Durch die äußere Geschichte erschließen sich die in den Tempeln und Schulen öffentlich gelehrten, vom Kultus und dem Volksaberglauben anerkannten Dogmen und Mythen. Durch die innere Geschichte erschließen sich die tiefe Wissenschaft, die geheime Weisheit, das verborgene Wirken der großen Eingeweihten, der Propheten und Reformatoren, die diese Religionen geschaffen, gestützt und verbreitet haben. Die erste, die äußere Geschichte, die überall gelesen wird, geht am hellen Tage vor sich; sie ist nichtsdestoweniger dunkel, verworren, widerspruchsvoll. Die zweite, die ich die esoterische Tradition oder die Mysterienlehre nenne, ist sehr schwer aus der ersten zu entwirren. Denn sie verläuft im Innern der Tempel, in den geheimen Brüderschaften, und ihre ergreifendsten Dramen spielen sich ganz ab in den Seelen der großen Propheten, die keinem Pergament und keinem Jünger ihre höchsten Kämpfe, ihre göttlichen Ekstasen anvertraut haben. Man muß ihre Rätsel lösen. Sieht man sie aber einmal, erscheint sie lichtvoll, organisch und immer in Harmonie mit sich selbst. Man könnte sie auch die Geschichte der ewigen, universellen Religion nennen. Sie zeigt uns das Innere der Dinge, die Lichtseite des menschlichen Bewußtseins, während die Geschichte uns nur dessen Außenseite zeigt. Dort finden wir den schöpferischen Keimpunkt von Religion und Philosophie, welche am andern Ende der Ellipse in der ungeteilten Wissenschaft sich wieder vereinigen. Es ist der Punkt, der den übersinnlichen Wahrheiten entspricht. Wir finden hier die Ursache, den Ursprung und das Endziel der ungeheuren Arbeit der Jahrhunderte, die Weltenlenkung in ihren irdischen Sendboten. Diese Geschichte ist die einzige, mit der ich mich in diesem Buche beschäftigt habe.

Für die arische Rasse ist der Keim und der Kern davon in den Veden enthalten. Ihre erste geschichtliche Kristallisation erscheint in der Dreifaltigkeitslehre des Krishna, die dem Brahmanismus seine Kraft verleiht und Indien ein unauslöschliches Gepräge gibt. Buddha, der nach der brahmanischen Chronologie zweitausendvierhundert Jahre später als Krishna gelehrt hat, betont nur eine andere Seite der Geheimlehre, diejenige der Metempsychose und der durch das Gesetz des Karma miteinander verbundenen Existenzen. Obgleich der Buddhismus eine demokratische, soziale und sittliche Revolution gegen den aristokratischen und priesterlichen Brahmanismus war, ist sein metaphysischer Gehalt derselbe, nur weniger vollständig.

Nicht weniger auffallend ist das hohe Alter der Geheimlehre in Ägypten, dessen Traditionen in eine Zivilisation hineinreichen, die dem Erscheinen der arischen Rasse auf dem Schauplatz der Geschichte weit voranging. Man durfte bis vor noch nicht langer Zeit annehmen, daß der dreiheitliche Monismus, so wie er in den griechischen Büchern des Hermes Trismegistus dargestellt wird, eine Kompilation der alexandrinischen Schule unter dem doppelten Einfluß des jüdischen Christentums und des Neoplatonismus sei. Gläubige und Ungläubige, Historiker und Theologen bekannten sich bis vor kurzem zu dieser Theorie. Nun fällt sie vor den Entdekkungen der ägyptischen Epigraphie. Die fundamentale Echtheit der hermetischen Bücher als Dokumente der uralten Weisheit Ägyptens ersteht triumphierend aus den entzifferten Hieroglyphen. Nicht nur bestätigen die Stelen von Theben und Memphis die ganze Chronologie des Manethon, sondern sie beweisen auch, daß die Priester von Theben und Memphis sich zu derselben hohen Metaphysik bekannten, die man unter anderen Formen an den

Ufern des Ganges lehrte. Man kann hier mit dem hebräischen Propheten sagen, daß »der Stein spricht und die Mauer ihren Ruf ertönen läßt«. Denn, gleich der Mitternachtssonne, die, wie man sagt, in den Mysterien von Isis und Osiris erstrahlte, so hat sich der Gedanke des Hermes, die uralte Lehre des Sonnenlogos, in den Grabmalen der Könige wieder entzündet und wirft Licht auf die Papyrusrollen des Totenbuchs, das viertausend Jahre alte Mumien behüteten.

In Griechenland ist der esoterische Gedanke zugleich sichtbarer und umhüllter als anderswo; sichtbarer, weil er durch eine menschliche und entzückende Mythologie hindurchspielt, weil er wie ambrosisches Blut in den Adern dieser Zivilisation fließt und aus allen Poren ihrer Götter quillt, wie Blumenduft und himmlischer Tau. Andrerseits ist der tiefe philosophische und wissenschaftliche Gedanke, welcher der Fassung dieser Mythen zugrunde lag, gerade ihres Zaubers und der von Dichtern hinzugefügten Verschönerungen wegen oft noch schwerer zu durchdringen. Doch die erhabenen Grundsätze der dorischen Theogonie und der delphischen Weisheit sind mit goldenen Buchstaben in den orphischen Fragmenten und der pythagoräischen Synthese, ebenso in der dialektischen und etwas phantastischen gemeinverständlichen Darstellung Platos eingeschrieben. Die alexandrinische Schule schließlich liefert uns nützliche Schlüssel. Denn sie war die erste, die inmitten des Zerfalles der griechischen Religion und angesichts des wachsenden Christentums einen Teil der Mysterien veröffentlichte und ihren Sinn deutete.

Die okkulte Tradition Israels, die zugleich von Ägypten, Chaldäa und Persien herrührt, ist uns in ihrer ganzen Tiefe und Ausdehnung, wenn auch in sonderbaren und dunklen Formen, in der Kabbala oder mündlichen Überlieferung erhalten worden, von dem, Simon Ben Jochai zugeschriebenen Sohar und Sépher Jezirah an, bis zu den Auslegungen des Maimonides. Geheimnisvoll eingeschlossen in der Genesis und der Symbolik der Propheten, tritt sie auf schlagende Art hervor aus dem herrlichen Werke von Fabre d'Olivet über »die wiederhergestellte hebräische Sprache«; dieses Werk strebt an, die wirkliche Kosmogonie des Moses wieder aufzubauen, nach der ägyptischen Methode, gemäß dem dreifachen Sinne eines jeden Verses und beinah jeden Wortes in den ersten zehn Kapiteln der Genesis.

Was die christliche Esoterik anbetrifft, so strahlt sie uns von selbst entgegen aus den Evangelien, wenn wie sie im Lichte der essenischen und gnostischen Überlieferung betrachten. Wie ein lebendiger Quell strömt sie aus den Worten Christi, aus seinen Parabeln, aus der Tiefe dieser unvergleichlichen göttlichen Seele. Zugleich liefert uns das Evangelium des heiligen Johannes die Schlüssel zu der intimen und höheren Lehre Christi, wie auch den Sinn und die Tragweite seiner Verheißungen. Wir finden hier dieselbe Lehre der Dreieinigkeit und des göttlichen Wortes wieder, die schon seit Jahrtausenden in den Tempeln Ägyptens und Indiens gelehrt wurde, doch vorgelebt, verkörpert durch den Fürsten der Initierten, durch den größten der Söhne Gottes.

Die Anwendung der Methode, die ich vergleichenden Esoterismus genannt habe, auf die Geschichte der Religionen führt uns zu einem Ergebnis von hoher Bedeutung, das sich folgendermaßen kurz zusammenfassen läßt: das hohe Alter, die ununterbrochene Fortdauer und die Wesenseinheit der esoterischen Lehre. Man muß die Bedeutung dieser Tatsache erkennen; denn sie setzt voraus, daß die Weisen und Propheten der verschiedensten Zeiten über die ersten und letzten Wahrheiten zu gleichen Schlußfolgerungen gekommen sind, im Inhalte gleich, wenn auch in der Form verschieden – und zwar immer auf dem Wege der inneren Einweihung und Meditation. Fügen wir hinzu, daß diese Weisen und Propheten die großen Wohltäter der Menschheit waren, die Erlöser, deren befreiende Kraft die Menschen aus dem Abgrund der niederen Natur und der Verneinung riß.

Muß man nicht darnach mit Leibniz sagen, daß es eine Art ewiger Philosophie gibt, perennis quaedam philosophia, die das ursprüngliche Band zwischen Wissenschaft und Religion und ihre endliche Einheit bildet?

Die uralte, in Indien, Ägypten und Griechenland gelehrte Theosophie bildet eine Universalwissenschaft, die gewöhnlich in vier Abteilungen geteilt wurde: 1. Die Theogonie oder die Wissenschaft der absoluten Prinzipien, identisch mit der auf das Universum angewandten Wissenschaft der Zahlen oder der heiligen Mathematik; 2. die Kosmogonie, Realisation der ewigen Prinzipien in der Zeit und dem Raume, oder die Involution des Geistes in die Materie, Weltenperioden; 3. die Psychologie, Aufbau des Menschen, Evolution der Seele durch die Daseinsketten; 4. die Physik, Wissenschaft der irdischen Naturreiche und ihrer Eigenschaften.

In diesen verschiedenen Wissenschaften verbanden und kontrollierten sich gegenseitig die induktive und die experimentelle Methode, und jeder derselben entsprach eine Kunst. Es waren, wenn wir die Reihenfolge umkehren und von der Physik aufsteigen: 1. eine besondere Medizin, auf Kenntnis okkulter Eigenschaften der Mineralien, Pflanzen und Tiere beruhend; die Alchemie oder Umbildung der Metalle, Desintegration und Reintegration der Materie durch das universelle Agens, eine im alten Ägypten ausgeübte Kunst, von ihm Chrysopöe und Argyropöe genannt, Fabrikation des Goldes und des Silbers; 2. die den Seelenkräften entsprechenden psychurgischen Künste: Magie und Wahrsagung; 3. die Astrologie, oder die Kunst, den Zusammenhang zu finden zwischen den Schicksalen von Völkern und Individuen, und den Bewegungen des Universums, entsprechend den Bahnen der Sterne; 4. die Theurgie, die höchste Kunst des Magiers, ebenso so selten als gefährlich und schwer, bestehend im bewußten Verkehr mit den verschiedenen Graden der Geister und in der Gewalt über sie.

Man sieht es: Wissenschaft und Künste, alles hielt sich in dieser Theosophie und entsprang einem einzigen Prinzip, das ich in moderner Sprache gern den intellektuellen Monismus, den sich selbst entwickelnden und transzendenten Spiritualismus nennen möchte. Man kann auf folgende Art die Hauptgrundsätze der esoterischen Lehre formulieren: Der Geist ist eine einzige Realität. Die Materie ist nichts als ein niederer, vergänglicher, wechselnder Ausdruck, sein Dynamismus in der Zeit und in dem Raume. – Die Schöpfung ist ewig und dauert wie das Leben. – Der Mikrokosmos-Mensch ist durch seine dreifache Konstitution (Geist, Seele und Leib) das Spiegelbild der Makrokosmos-Welt (göttliche, menschliche, natürliche Welt); diese selbst ist das Organ des unaussprechlichen Gottes, des absoluten Geistes, der durch seine Natur: Vater, Mutter und Sohn ist (Essenz, Substanz und Leben). – Deshalb kann der Mensch, Ebenbild der Gottheit, sein lebendiges Wort werden. Die Gnosis oder die rationelle Mystik aller Zeiten ist die Kunst, Gott in sich zu finden durch Entwicklung der verborgenen Tiefen, der latenten Fähigkeiten des Bewußtseins. – Die menschliche Seele, die Individualität, ist ihrer Essenz nach unsterblich. Ihre Entwicklung geschieht durch einen abwechselnden Niederstieg und Aufstieg in geistige oder körperliche Daseinsform. – Die Wiederverkörperung ist das Gesetz ihrer Entwicklung. Wenn die Seele ihre Vollkommenheit erreicht hat, hört diese Notwendigkeit auf, und sie kehrt in der Vollkommenheit ihres Bewußtseins zum reinen Geiste wieder, zu Gott. Ebenso wie die Seele sich über das Gesetz vom Kampf ums Dasein erhebt, wenn sie sich ihrer Menschlichkeit bewußt wird, ebenso erhebt sie sich über das Gesetz der Wiederverkörperung, wenn sie sich ihrer Göttlichkeit bewußt wird.

Die Perspektiven, die sich an der Schwelle der Theosophie eröffnen, sind unermeßlich, besonders wenn man sie mit dem engen und trostlosen Horizont vergleicht, in welchen der Materialismus den Menschen einschließt, oder mit den kindlichen und unannehmbaren Angaben der klerikalen Theologie. Wenn man sie das erste Mal erblickt, empfindet man den Taumel, den Schauer des Unendlichen. Die Tiefen des Unbewußten öffnen sich in uns, zeigen uns den Abgrund, aus dem wir steigen, die schwindelerregenden Höhen, zu denen wir hinanstreben. Hingerissen von dieser Unermeßlichkeit, doch entsetzt von den Mühen der Reise, flehen wir nicht mehr zu sein, rufen wir Nirwana an!

Dann erkennen wir, daß diese Schwäche nichts ist als die Müdigkeit des Seemanns, der mitten im Sturm sein Ruder wegwerfen will. Jemand hat gesagt: der Mensch ist in der Höhlung einer Welle geboren und weiß nichts von dem weiten Ozean, der sich hinten und vorn erstreckt. Das ist wahr; aber die transzendente Mystik stößt unseren Kahn auf den Kamm einer Welle, und dort, immer getrieben von der Gewalt des Sturmes, erfassen wir seinen grandiosen Rhythmus: und das Auge, das des Himmels Gewölbe ermißt, ruht in seinem blauen Frieden.

Das Erstaunen wächst, wenn man, zu den modernen Wissenschaften zurückkehrend, feststellen muß, daß seit Bacon und Descartes sie unwillkürlich, aber um so sicherer dem Grundgedanken der uralten Theosophie sich nähern. Ohne die Hypothese der

Atome zu verlassen, ist die moderne Physik unmerklich dazu gekommen, den Gedanken der Materie mit dem Gedanken der Kraft zu identifizieren, was einen Schritt zum geistigen Dynamismus hin bedeutet. Um das Licht, den Magnetismus, die Elektrizität zu erklären, haben die Gelehrten eine subtile und durchaus unwägbare Materie annehmen müssen, die den Raum erfüllt und alle Körper durchdringt, was ein Schritt ist zur uralten theosophischen Idee der Weltenseele. Die Eindrucksfähigkeit hingegen, die intelligente Fügsamkeit dieser Materie ergibt sich aus einem vor kurzem erprobten Experiment, das die Möglichkeit der Übertragung des Tones durch das Licht beweist[3].

Von allen Wissenschaften scheinen vergleichende Zoologie und Anthropologie am meisten dem Spiritualismus zu widersprechen. In Wirklichkeit können sie ihm dienen, denn sie zeigen, durch welches Gesetz und in welcher Art die geistige Welt in der tierischen ihren Ausdruck findet. Darwin hat aufgeräumt mit der kindlichen Idee einer Schöpfung im Sinne der primitiven Theologie. Er ist in dieser Beziehung nur zu den Ideen der uralten Theosophie zurückgekehrt. Pythagoras schon hatte gesagt: »Der Mensch ist dem Tiere verwandt.« Darwin hat die Gesetze gezeigt, denen die Natur gehorcht, um den göttlichen Plan auszuführen, die werktätigen Gesetze, die uns entgegentreten als: Kampf ums Dasein, Vererbung und natürliche Zuchtwahl. Er hat die Veränderlichkeit der Arten bewiesen, ihre Anzahl beschränkt, ihren Maßstab festgestellt. Aber seine Jünger, die Theoretiker einer absoluten Umbildung der Arten durch Zuchtwahl, die alle Arten aus einem einzigen Urbild hervorgehen lassen und ihr Erscheinen nur von dem Einfluß der Umgebung abhängig machen wollen: sie haben den Tatsachen Gewalt angetan zugunsten einer rein äußerlichen und materialistischen Auffassung der Natur. Nein, die Umgebung erklärt nicht die Art, ebensowenig wie die physischen Gesetze chemische erklären, ebensowenig wie die Chemie das Evolutionsprinzip der Pflanze und dieses das Evolutionsprinzip der Tiere erklärt. Die großen Tiergattungen hingegen entsprechen den ewigen Urbildern des Lebens, sind Signaturen (Siegelabdrücke) des Geistes in der Stufenfolge des Bewußtseins. Die Erscheinung der Säugetiere nach den Reptilien und den Vögeln hat nicht ihren Daseinsgrund in einer

Änderung der irdischen Umgebung; diese liefert nur die Bedingungen. Sie setzt eine neue Embryogenie voraus; folglich eine neue intellektuelle und seelische Kraft, die aus dem Innern und den Tiefen der Natur heraus wirkt, die wir, im Hinblick auf unsere Sinneswahrnehmung, das Jenseits nennen. Ohne diese intellektuelle und seelische Kraft wäre nicht einmal das Auftreten einer einzigen organisierten Zelle in der unorganischen Welt erklärbar. Der Mensch zuletzt, der die Reihe der Wesen zusammenfaßt und krönt, offenbart den ganzen göttlichen Gedanken durch die Harmonie seiner Organe und die Vollendung seiner Form, er ist das lebendige Bildnis der universellen Seele, der tätigen Geisteskraft. Indem er in seinem Körper alle Gesetze der Entwicklung und die ganze Natur gedrängt zusammenfaßt, beherrscht er sie und erhebt sich über sie, um auf dem Wege des Bewußtseins und der Freiheit in das unendliche Reich des Geistes zu dringen.

Die auf die Physiologie sich stützende experimentelle Psychologie, die seit dem Anfang des neunzehnten Jahrhunderts wieder danach strebt, eine Wissenschaft zu werden, hat die modernen Gelehrten bis zur Schwelle einer anderen Welt geführt, der wahren Welt der Seele, wo neue Gesetze herrschen, ohne daß die Analogien aufhören. Ich meine damit die Studien und die medizinischen Feststellungen unseres Jahrhunderts über den tierischen Magnetismus, den Somnambulismus und alle jene vom Wachzustand sich unterscheidenden Seelenstadien, angefangen vom Traumschlaf, durch das Hellsehen, bis zur Ekstase. Die moderne Wissenschaft dringt nur tastend ein in dieses Gebiet, das die Wissenschaft der alten Tempel beherrschte, weil ihr deren Grundsätze und nötige Schlüssel zu Gebote standen. Nichtsdestoweniger hat sie eine Reihe von Tatsachen entdeckt, die ihr erstaunlich, wunderbar, unbegreiflich scheinen, weil sie rundweg den materialistischen Theorien widersprechen, unter deren Herrschaft man zu denken und zu experimentieren gewohnt war. Nichts ist lehrreicher als die empörte Ungläubigkeit einiger gelehrter Materialisten allen Phänomenen gegenüber, die als Beweise des Bestehens einer unsichtbaren und geistigen Welt gelten dürfen. Heute fordert jemand, der die Seele zu beweisen wagt, den Ärger des orthodoxen Atheismus ebenso heraus wie früher der Gottesleugner den Zorn der orthodoxen Kirche. Man wagt nicht mehr sein Leben, das ist wahr, aber man wagt seinen Ruf. – Wie dem auch sei, das, was sich in dem einfachsten Phänomen mentaler Suggestion auf eine Entfernung hin und kraft des reinen Gedankens ergibt, ist eine Wirkungsart des Geistes und des Willens, jenseits der physischen Gesetze und der sichtbaren Welt. Das Tor zum Unsichtbaren ist also offen. – In den höheren Phänomenen des Somnambulismus öffnet sich diese Welt ganz. Doch ich bleibe hier stehen bei dem, was von der offiziellen Wissenschaft festgestellt ist.

Wenn wir von der experimentellen und objektiven Psychologie übergehen zur intimen und subjektiven unserer Zeit, die sich in Poesie, Musik und Literatur ausdrückt, so finden wir, daß ein ungeheurer Zug von unbewußtem Esoterismus sie durchzieht. Niemals vielleicht war das Sehnen nach dem geistigen Leben, nach der unsichtbaren Welt, das die materialistischen Theorien der Gelehrten und die Meinung der Welt zurückgedrängt hatten, ernster und wirklicher. Man findet dieses Sehnen in dem Bedauern, den Zweifeln, der düsteren Melancholie, bis hinein in die Lästerungen unserer naturalistischen Romanschriftsteller und unserer dekadenten Dichter. Niemals hat die menschliche Seele ein tieferes Gefühl gehabt von der Unzulänglichkeit, dem Elend, der Unwirklichkeit ihres jetzigen Lebens. Niemals hat sie sich glühender nach einem unsichtbaren Jenseits gesehnt, ohne dazu gelangen zu können, an es zu glauben. Manchmal gelingt es ihrer Intuition, übersinnliche Wahrheiten auszusprechen, die dem von der Vernunft aufgebauten System, den Ansichten von außen widersprechen und die gleichsam Lichtstrahlen ihres okkulten Bewußtseins sind. Als Beweis führe ich den Ausspruch eines seltenen Denkers an, der die ganze Bitternis und die ganze sittliche Vereinsamung unserer Zeit ausgekostet hat. »Jede Sphäre des Seins«, sagt Friedrich Amiel, »strebt einer höheren Sphäre entgegen, die sich ihr durch Offenbarungen und Ahnungen eröffnet. Das Ideal ist unter allen seinen Formen die Vorverkündigung, die prophetische Vision eines erhabenen Daseins, nach dem jedes Wesen sich immerwährend sehnt. Dieses Dasein ist würdiger und seinem Wesen nach innerlicher, d. h. durchgeistigter. Wie die Vulkane uns die Geheimnisse des Erdinnern entgegenbringen, so sind die Begeisterung, die Ekstase, vorübergehende Ausbrüche dieser inneren Welt der Seele, und das menschliche Leben ist nichts als die Vorbereitung, der Antritt zu diesem geistigen Leben. Die Stufen der Initiation sind zahllos. Deshalb wache, Jünger des Lebens, Schmetterlingspuppe, arbeite an deiner künftigen Entfaltung, denn die göttliche Odyssee ist nichts als eine Reihe von Metamorphosen in immer feinerem Äther, wo jede Form eine Wirkung der vorangegangenen, eine Bedingung der nachfolgenden ist. Das göttliche Leben ist ein wiederholtes Sterben, bei welchem der Geist seine Unvollkommenheiten und seine Symbole abstreift und sich der wachsenden Anziehungskraft überläßt, die ihm vom unaussprechbaren Gravitationszentrum entgegenwirkt, der Sonne der Vernunft und Liebe.« Gewöhnlich war Amiel nur ein sehr intelligenter Hegelianer, ein vortrefflicher Sittenlehrer. An dem Tage, da er diese Zeilen schrieb, war er ein tiefer Theosoph. Denn man könnte nicht lichtvoller und ergreifender das eigentliche Wesen der esoterischen Wahrheit wiedergeben.

Dieser Überblick genügt, um klarzulegen, daß Wissenschaft und moderner Geist, ohne es zu wissen und zu wollen, an einer Wiederherstellung der uralten Theosophie arbeiten, mit Hilfe genauerer Werkzeuge und auf einer solideren Grundlage. Dem Ausspruch Lamartines gemäß ist die Menschheit ein Weber, der von außen am Webstuhl der Zeiten arbeitet. Ein Tag wird kommen, wo sie, auf die andere Seite hinübertretend, das herrliche und grandiose Bild betrachten wird, das sie jahrhundertelang mit eigenen Händen gewebt, ohne etwas anderes gesehen zu haben als das Durcheinander der rückwärts verschlungenen Fäden. An jenem Tage wird sie die in ihr selbst offenbarte Vorsehung grüßen. Dann werden die Worte eines gegenwärtigen hermetischen Schriftstückes ihre Bestätigung finden und denen nicht zu verwegen scheinen, die tief genug in die okkulten Traditionen eingedrungen sind, um ihre wunderbare Einheit zu ahnen: »Die esoterische Lehre ist nicht nur eine Wissenschaft, eine Philosophie, eine Moral, eine Religion. Es ist die Wissenschaft, die Philosophie, die Moral und die Religion, von welcher alle anderen nur Vorbereitungen oder Entartungen sind, Bruchstücke oder Fälschungen, je nachdem sie zu ihr hinstreben oder von ihr abweichen.« [4]

Fern von mir sei der eitle Gedanke, eine vollständige Darlegung dieser höchsten Wissenschaft gegeben zu haben. Dazu gehört nicht weniger als der Gesamtaufbau der bekannten und unbekannten Wissenschaften, wiederhergestellt in ihrem hierarchischen Rahmen und neu organisiert im Sinne des Esoterismus. Was ich hoffe bewiesen zu haben ist, daß die Lehre der Mysterien am Ausgangspunkt unserer Zivilisation steht; daß sie die großen arischen wie auch die großen semitischen Religionen geschaffen hat; daß das Christentum die ganze Menschheit dahin führt durch seinen esoterischen Gehalt und daß die moderne Wissenschaft in der Gesamtheit ihrer Bestrebungen wie durch Vorsehung dahin zielt; daß sie dort endlich wie in einem Hafen einlaufen müssen, um ihre Synthese zu finden.

Man kann sagen, daß überall, wo sich irgendein Fragment der esoterischen Lehre findet, es die Möglichkeit des Ganzen in sich schließt. Denn jeder ihrer Teile setzt andere voraus oder erzeugt solche. Die großen Weisen, die wirklichen Propheten haben sie alle besessen, und die Weisen und Propheten der Zukunft werden sie ebenso besitzen. Das Licht kann mehr oder weniger intensiv sein, aber es ist immer dasselbe Licht. Die Form, die Einzelheiten, die Angriffspunkte können sich bis ins Unendliche ändern; der Kern, d. h. die Grundlehren und Endziele niemals. – Nichtsdestoweniger wird man in diesem Buche eine Art allmählicher Entwicklung, fortschreitender Offenbarung der Lehre in ihren verschiedenen Teilen finden, und zwar in den großen Eingeweihten, von denen jeder eine der großen Religionen verkörpert, die für die Beschaffenheit der heutigen Menschheit maßgebend sind. Ihre Reihenfolge gibt die Evolutionslinie an, welche sie im gegenwärtigen Zyklus durchschreitet, seit dem uralten Ägypten und den arischen Zeiten. Man wird sie also nicht aus einer abstrakten und scholastischen Auseinandersetzung hervortreten sehen, sondern aus dem Glanz der Seelen dieser großen Erleuchteten und aus dem lebendigen Wirken der Geschichte.

In dieser Reihe zeigt Rama nur den Zugang zum Tempel, Krishna und Hermes geben den Schlüssel dazu. Moses, Orpheus und Pythagoras öffnen uns sein Inneres. Jesus Christus stellt sein Heiligtum dar.

Dieses Buch ist ganz entsprungen einer glühenden Sehnsucht nach der höchsten, vollständigen, ewigen Wahrheit, ohne welche die Teilwahrheiten nur Trug sind. Diejenigen werden mich verstehen, die, wie ich, das Bewußtsein davon haben, daß der gegenwärtige Zeitpunkt der Geschichte, mit seinen materiellen Reichtümern, vom Standpunkt der Seele und ihres unsterblichen Sehnens aus, nichts ist als eine traurige Wüste. Die Stunde ist ernst und die äußersten Konsequenzen des Agnostizismus machen sich fühlbar in der sozialen Auflösung. Für Frankreich wie für Europa handelt es sich um Sein oder Nichtsein. Es handelt sich darum, die zentralen, organischen Wahrheiten auf unzerstörbaren Grundlagen festzusetzen oder endgültig in den Abgrund des Materialismus und der Anarchie zu stürzen.

Die Wissenschaften und die Religion, diese Hüterinnen der Zivilisation, haben beide ihre höchste Gabe, ihre Magie, verloren, diejenige der großen und starken Erziehung. Die Tempel Indiens und Ägyptens haben die größten Weisen der Erde hervorgebracht. Die griechischen Tempel haben Helden und Dichter gemodelt. Die Apostel Christi waren erhabene Märtyrer und haben ihrer Tausende erzeugt. Die Kirche des Mittelalters hat trotz ihrer primitiven Theologie Heilige und Ritter geschaffen, weil sie glaubte und weil ab und zu der Geist Christi in ihr aufzuckte. Heute können weder die in ihrem Dogma befangene Kirche noch die in der Materie aufgehende Wissenschaft Vollmenschen hervorbringen. Die Kunst, Seelen zu schaffen und zu bilden, ist verlorengegangen und wird nur wiedergefunden werden, wenn die Wissenschaft und die Religion, wieder vereinigt zu einer lebendigen Kraft, gemeinsam und in gegenseitigem Einvernehmen streben werden zum Wohl und Heil der Menschheit. Um dieses zu erreichen, bräuchte die Wissenschaft nicht ihre Methode zu ändern, sondern ihr Gebiet zu erweitern, das Christentum nicht seine Tradition aufzugeben, sondern deren Ursprung, deren Geist und deren Tragweite zu verstehen.

Diese Zeit der geistigen Wiedererneuerung und sozialen Umgestaltung wird kommen, davon sind wir überzeugt. Schon deuten sichere Vorzeichen darauf. Wenn die Wissenschaft wahrhaftes Wissen sein wird, dann wird die Religion echtes Können entwickeln, und der Mensch wird handeln mit erneuter Energie. Die Kunst des Lebens und alle Künste können nur durch diesen Ausgleich zu neuem Dasein erwachen.

Doch was sollen wir tun am Ende dieses Jahrhunderts, das einem Niederstieg in den Abgrund in düsterer Dämmerstunde gleicht, während sein Anfang erschienen war wie ein Aufstieg zu freien Gipfeln bei strahlender Morgenröte? – »Der Glaube«, hat ein großer Gelehrter gesagt, »ist die Kraft des Geistes, die ihn vorwärtsdrängt auf dem Wege zur Wahrheit. Dieser Glaube ist nicht der Feind der Vernunft, sondern seine Leuchte; es ist der Glaube des Christoph Kolumbus und Galilei, der den Beweis und den Gegenbeweis haben will, provando e riprovando, und es ist der einzige, der heute möglich ist.«

Für diejenigen, die ihn unwiderruflich verloren haben, und die sind zahlreich – denn das Beispiel ist von oben gekommen, ist der leicht gangbare Weg, den Forderungen des Tages sich fügen, sich in sein Jahrhundert finden, statt dagegen anzukämpfen, sich dem Zweifel oder der Verneinung zu ergeben, sich über alles menschliche Elend und alle künftigen Kataklysmen hinwegzuhelfen mit einem Lächeln der Geringschätzung, und das tiefe Nichts der Dinge – an das allein man glaubt – mit einem glänzenden Schleier zu bedecken, den man ausschmückt mit dem schönen Namen »Ideal« – während man zugleich denkt, daß es nichts ist als eine nützliche Chimäre.

Uns jedoch, armen verirrten Kindern, die da glauben, daß das Ideal die einzige Wirklichkeit und die einzige Wahrheit sei inmitten einer schwankenden und fließenden Welt; die da glauben an das ihm innewohnende Schöpferische und an die Erfüllung seiner Verheißungen in der Menschheitsgeschichte wie im zukünftigen Leben; uns, die da wissen, daß diese Schöpferkraft notwendig ist, daß sie der Lohn menschlicher Verbrüderung wie der Daseinsgrund des Universums und die Logik Gottes ist; – uns, die wir diese Überzeugung haben, bleibt nur eines übrig: Verkünden wir diese Wahrheit ohne Furcht und so laut als möglich; werfen wir uns für sie und mit ihr in die Arena der Tat, und trotz des wirren Tumultes versuchen wir durch die Meditation und die persönliche

Einweihung einzudringen in den Tempel der unwandelbaren Ideen, um daselbst ausgerüstet zu werden mit den unüberwindlichen Prinzipien.

Dies ist, was ich in diesem Buch zu tun versucht habe in der Hoffnung, daß andere mir folgen, die es besser tun werden.

RAMA

Der arische Zyklus

Zaroaster fragte Ormuzd, den großen Schöpfer: »Welches ist der erste Mensch, zu dem du gesprochen?«

Ormuzd antwortete: »Es ist der schöne Yima, der an der Spitze der Tapfern stand. – Ich habe ihm übertragen, zu wachen über die Welten, die mir gehören, und ich gab ihm ein goldenes Schwert, eine Waffe des Sieges.«

Und Yima schritt voran auf dem Sonnenweg und vereinigte die tapfern Männer im ruhmreichen Airyana-Vaeja, erschaffen in Reinheit.

(Zend Avesta), (Vendidad-Sade, 2. Fargard).

O Agni! Heiliges Feuer! Reinigendes Feuer! Du, der du in den Wäldern schläfst und in glänzenden Flammen von dem Altar steigst, du bist das Herz des Opfers, die tragende Kraft des Gebets, der verborgene göttliche Funke eines jeden Dinges und die glorreiche Seele der Sonne.

Vedischer Hymnus.

Die menschlichen Rassen und der Ursprung der Religion

»Der Himmel ist mein Vater, er hat mich erzeugt. Diese Welt von Sternen ist meine Familie. Meine Mutter ist die große Erde. Der höchste Teil ihrer Oberfläche ist ihre Matrize; dort befruchtet der Vater den Schoß derjenigen, die zugleich seine Gattin und Tochter ist.«

So sang vor vier- oder fünftausend Jahren der Dichter der Veden vor einem irdenen Altar, auf welchem ein Feuer von trockenen Kräutern flammte. Eine tiefe Ahnung, ein großartiges Bewußtsein atmet in diesen Worten. Sie enthalten das Geheimnis des doppelten Ursprungs der Menschheit. Der Erde vorangehend und sie überdauernd, ist das göttliche Urbild des Menschen; himmlisch ist der Ursprung seiner Seele. Aber sein Körper ist das Erzeugnis der irdischen, von einer kosmischen Essenz befruchteten Elemente. Die Umarmungen des Uranos und der großen Mutter bedeuten in der Sprache der Mysterien das Hinabfluten der Seelen oder geistigen Monaden, welche die irdischen Keime befruchten; die organisierenden Prinzipien, ohne welche die Materie nichts wäre als eine starre, ungeordnete Masse. Der höchste Teil der Erdoberfläche, welche der Vedendichter die irdische Matrize nennt, bezeichnet Kontinente und Berge, die Wiegen der menschlichen Rassen. Der Himmel jedoch: Varuna, der Uranos der Griechen, stellt die unsichtbare, überphysische, ewige und geistige Ordnung dar, er umfaßt die ganze Unendlichkeit des Raumes und der Zeit.

In diesem Kapitel werden wir nur die irdische Abstammung der Menschheit verfolgen, gemäß den esoterischen Traditionen, welche von der anthropologischen und ethnologischen Wissenschaft unserer Tage bestätigt worden sind.

Die vier Rassen, die jetzt sich den Globus teilen, sind Töchter verschiedener Erdstriche und Zonen. In langen Zwischenräumen, welche die uralten Priester Indiens interdiluvianische Zyklen nannten, sind die Kontinente, allmähliche Schöpfungen, langsame Durcharbeitungen der kreisenden Erde, den Meeren entstiegen. Jahrtausende hindurch hat jeder Kontinent seine Flora und Fauna erzeugt, gekrönt von einer Menschenrasse bestimmter Färbung.

Der südliche Kontinent, von der letzten großen Flut hinweggespült, war die Wiege der primitiven roten Rasse, von welcher die Indianer Amerikas Überbleibsel sind, Nachkömmlinge von Troglodyten, die sich auf die Gipfel der Berge flüchteten, als der Kontinent unterging. Afrika ist die Mutter der schwarzen Rasse, welcher die Griechen den Namen der äthiopischen gegeben hatten. Asien hat die gelbe Rasse hervorgebracht, die in den Chinesen weiterbesteht. Die letztgekommene, die weiße Rasse ist aus den Wäldern Europas hervorgegangen, zwischen den Stürmen des Atlantischen Ozeans und dem Lächeln des Mittelländischen Meeres. Alle menschlichen Variationen entspringen den Mischungen, den Zusammenstellungen, den Entartungen und Selektionen dieser vier großen Rassen. In den vorhergegangenen Zyklen haben die rote und die schwarze Rasse abwechselnd geherrscht durch mächtige Zivilisationen, die ihre Spuren in den zyklopischen Bauten wie in der Architektur von Mexiko hinterlassen haben. Die Tempel Indiens und Ägyptens hatten über diese entschwundenen Zivilisationen summarische Zahlen und Überlieferungen. – In unserem Zyklus dominiert die weiße Rasse, und wenn man das wahrscheinliche Alter Indiens und Ägyptens in Betracht zieht, wird man ihre

Vorherrschaft auf ungefähr sieben- oder achttausend Jahre bemessen[1].

Den brahmanischen Traditionen gemäß hätte die Zivilisation auf unserer Erde vor fünfzigtausend Jahren begonnen mit der roten Rasse auf dem südlichen Kontinent, während ganz Europa und ein Teil Asiens noch unter Wasser waren. Diese Mythologien sprechen auch von einer vorangegangenen Rasse von Riesen. Man hat in gewissen Höhlen des Tibets riesige Menschenknochen gefunden, deren Bildung mehr dem Affen als dem Menschen ähnlich ist. Sie lassen sich zurückführen auf eine primitive Menschheit, ein Mittelglied, noch nah verwandt der Tierheit, die weder artikulierte Sprache noch gesellschaftliche Organisation noch Religion hatte. Denn diese drei Dinge entstehen immer zu gleicher Zeit; und dies ist der Sinn dieser bemerkenswerten bardischen Triade, welche sagt: »Drei Dinge sind von Anbeginn gleichzeitig: Gott, das Licht und die Freiheit.« Mit dem ersten Stammeln des Wortes wird die Gesellschaft geboren, und mit ihr kommt die Ahnung einer göttlichen Gesetzmäßigkeit. Es ist der Hauch Jehovas in dem Munde Adams, das Wort des Hermes, das Gesetz des ersten Manu, das Feuer des Prometheus. Ein Gott regt sich im Menschentier. Die rote Rasse, wir haben es bereits gesagt, bewohnte den heute versunkenen südlichen Kontinent, nach ägyptischen Traditionen von Plato Atlantis genannt. Ein großer Kataklysmus zerstörte ihn zum Teil und streute seine Reste auseinander. Mehrere polynesische Rassen sowohl wie die Indianer des nördlichen Amerikas und die Azteken, denen Francesco Pizarro in Mexiko begegnete, sind Überbleibsel der alten roten Rasse, deren auf immer entschwundene Zivilisation ihre Tage des Ruhmes und des materiellen Glanzes hatte. Alle diese armen Spätlinge tragen in ihrer Seele die unheilbare Melancholie der alten Rassen, die ohne Hoffnung dahinsterben.

Nach der roten Rasse beherrschte die schwarze Rasse den Globus. Man muß ihren Typus nicht in dem degenerierten Neger suchen, sondern in Abessinien und Nubien, wo sich das Gepräge dieser Rasse am vollendetsten erhalten hat. Die Schwarzen eroberten den Süden Europas in prähistorischen Zeiten und wurden von dort durch die Weißen vertrieben. Die Erinnerung an sie ist vollständig aus unsern Volksüberlieferungen geschwunden. Zwei unlöschbare Eindrücke sind jedoch geblieben: der Schrecken vor dem Drachen, der das Attribut ihrer Könige war, und die Idee, daß der Teufel schwarz ist. Die Schwarzen erwiderten die Schmähung, indem sie ihren Teufel weiß machten. Zur Zeit ihrer Herrschaft hatten die Schwarzen religiöse Zentren in Oberägypten und in Indien. Ihre zyklopischen Städte umzinnten die Berge Afrikas, des Kaukasus und Zentral-Asiens. Ihre gesellschaftliche Organisation bestand in einer absoluten Theokratie. Auf dem Gipfel Priester, die wie Götter gefürchtet wurden, unten wimmelnde Stämme ohne anerkannte Familie, die Frauen Sklavinnen. Diese Priester hatten tiefe Kenntnisse in das Prinzip der göttlichen Einheit des Universums und den Kultus der Sterne, der unter dem Namen Sabeïsmus in die weißen Rassen hineinsickerte [2]. Aber zwischen der Wissenschaft der schwarzen Priester und dem großen Fetischismus der Massen gab es kein Zwischenglied, keine idealistische Kunst, keine anschauliche Mythologie. Im übrigen herrschte eine ausgebildete Industrie, besonders die Kunst, durch die Ballistik (Lehre von der Flugbahn geworfener Körper) Massen kolossaler Steine zu handhaben und Metalle zu gießen in ungeheuren Feueröfen, an denen man Kriegsgefangene arbeiten ließ. In dieser Rasse, mächtig durch physische Widerstandskraft, durch eine energische Leidenschaftsnatur und durch die Befähigung zur Anhänglichkeit, war also die Religion die Herrschaft der Stärke durch die Furcht. Die Natur und Gott erschienen dem Gewissen dieser kindlichen Völker nur unter der Form des Drachens, des schrecklichen vorsintflutlichen Tieres, welches die Könige auf ihre Banner malen ließen und die Priester auf das Tor ihrer Tempel meißelten.

Hat die Sonne Afrikas die schwarze Rasse ausgebrütet, so könnte man sagen, daß die Eisblöcke des Nordpols das Aufkeimen der weißen Rasse gesehen haben. Es sind die Hyperboräer, von denen die griechische Mythologie spricht. Diese Männer mit den roten Haaren und den blauen Augen kamen aus dem Norden, durch ihre vom Polarlicht erhellten Wälder, begleitet von Hunden und Renntieren, geführt von kühnen Häuptlingen und vorwärtsgetrieben von Seherinnen. Goldige Haare und himmelblaue Augen: auserwählte Farben. Diese Rasse sollte den Kultus der Sonne und des heiligen Feuers aufrichten und in die Welt die Sehnsucht nach dem

Himmel hineintragen. Bald möchte sie sich gegen ihn empören und in ihrer Vermessenheit ihn erklimmen, bald will sie vor seiner Herrlichkeit in absoluter Anbetung niedersinken.

Wie die andern, so mußte auch die weiße Rasse sich dem Stadium der Wildheit entringen, bevor sie sich ihrer selbst bewußt wurde. – Sie hat als Unterscheidungsmerkmale das Bedürfnis der individuellen Freiheit, das sinnende Gemüt, das die Macht der Sympathie erschafft, und das Vorherrschen des Intellekts, das der Einbildungskraft ein idealistisches und symbolisches Gepräge gibt. – Die Gemütswärme führte die Anhänglichkeit, die Vorliebe eines Mannes zu einer einzigen Frau herbei; deshalb die Tendenz dieser Rasse zur Monogamie, zum Eheprinzip und zur Familie. – Das Bedürfnis nach Freiheit mit dem nach Geselligkeit schuf den Clan mit seinem Wahlsystem. – Die suchende Imagination schuf den Kultus der Ahnen, der die Wurzel und den Mittelpunkt der Religionen bei den weißen Völkern bildet.

Das gesellige und politische Prinzip offenbart sich an dem Tag, an dem eine gewisse Anzahl halbwilder Männer, von einem feindlichen Stamm bedrängt, sich instinktiv zusammenschließen und den Stärksten und Klügsten unter sich wählen, um sie zu verteidigen und ihnen zu befehlen. An dem Tag ist die Gesellschaft geboren. Der Häuptling ist ein König im Keim, seine Gefährten die künftigen Edelleute; die ratgebenden, aber zum Gehen unfähigen Greise bilden schon eine Art Senat oder Versammlung der Alten. Wie aber ist die Religion entstanden? Man sagt, aus der Furcht des Urmenschen vor der Natur. Aber die Furcht hat nichts Gemeinsames mit der Ehrfurcht und der Liebe. Sie verbindet nicht die Tatsache mit der Idee, das Sichtbare mit dem Unsichtbaren, den Menschen mit Gott. Solange der Mensch vor der Natur zitterte, war er noch nicht ganz Mensch. Er wurde es an dem Tag, als er das Band ergriff, das ihn mit der Vergangenheit und Zukunft verband, mit etwas Erhabenem und Wohltätigem, und als er dieses geheimnisvolle Unbekannte anbetete. Wie aber betete er zum erstenmal?

Fabre d'Olivet gibt eine außerordentlich geniale und anregende Hypothese über die Art, wie der Kultus der Ahnen in der weißen Rasse entstanden sein muß[3]. In einem kriegerischen Clan sind zwei rivalisierende Krieger miteinander in Streit geraten. Wütend wollen sie sich schlagen und ringen schon miteinander. In diesem Augenblick wirft sich mit fliegendem Haar eine Frau zwischen sie und trennt sie. Es ist die Schwester des einen und die Frau des andern. Ihre Augen sprühen Flammen, ihre Stimme hat den Ton des Befehls. Keuchend, mit eindringlichen Worten, ruft sie, daß sie im Wald den Ahnherrn der Rasse gesehen hat, den siegreichen Kämpfer von ehedem, den Heroll. Er wollte nicht, daß zwei stammverwandte Krieger sich befehden, sondern daß sie sich gegen den gemeinsamen Feind vereinen. »Es ist der Schatten des großen Ahnherrn, es ist der Heroll, der es mir gesagt hat«, ruft die begeisterte Frau, »er hat zu mir gesprochen! Ich habe ihn gesehen!« Was sie gesagt hat, glaubt sie. Selbst überzeugt, überzeugt sie. Bewegt, verwundert und wie von einer unsichtbaren Macht bezwungen, reichen sich die versöhnten Gegner die Hand und staunen die begeisterte Frau wie eine Art Gottheit an.

Solche Eingebungen, gefolgt von plötzlichen Rückschlägen, mußten in großer Anzahl und unter den verschiedensten Formen in dem prähistorischen Leben der weißen Rasse stattfinden. Bei den barbarischen Völkern ist es die Frau, die durch ihre nervöse Sensibilität zuerst das Okkulte ahnt, das Unsichtbare verkündet. Man betrachte jetzt die unerwarteten und außerordentlichen Folgen eines Ereignisses, ähnlich demjenigen, welches wir beschrieben haben. Im Clan, im Volksstamm, spricht jedermann von dem wunderbaren Ereignis. Der Eichbaum, unter welchem die begeisterte Frau die Erscheinung gesehen hat, wird ein geheiligter Baum. Man führt sie hin; und dort, unter dem magnetischen Einfluß des Mondes, der sie in hellseherischen Zustand wirft, fährt sie fort, in dem Namen der großen Ahnen zu weissagen. Bald werden diese Frau und andere ihr ähnliche, auf Felsen stehend, inmitten der Waldlichtungen, beim Rauschen des Windes und des fernen Ozeans, die lichten Seelen der Ahnen beschwören vor der wogenden Menge, die sie sehen oder zu sehen glauben wird, angezogen von den magischen Beschwörungsformeln, in den wehenden, vom Mond durchbrochenen Nebeln. Der letzte der großen Kelten, Ossian, wird Fingal und seine in den Wolken versammelten Gefährten beschwören. So wurde der Beginn des sozialen Lebens, der Kultus der Ahnen, in der weißen

Rasse begründet. Der große Ahnherr wird der Gott des Volksstammes. Dies ist der Anfang der Religion.

Um die Wahrsagerin herum gruppieren sich Greise, die sie in ihrem hellseherischen Schlaf, in ihren prophetischen Ekstasen beobachten. Sie studieren ihre verschiedenen Zustände, kontrollieren ihre Offenbarungen, deuten ihr Orakel. Sie bemerken, daß, wenn sie in ihrem visionären Zustand weissagt, ihr Gesicht sich verklärt, ihre Sprache rhythmisch wird und ihre gehobene Stimme singend, in ernster und bedeutungsvoller Kadenz Orakel ausspricht[4]. Hieraus quellen der Vers, die Strophe, die Dichtung und die Musik, deren Ursprung bei allen Völkern arischer Rasse als göttlich gilt. Der Gedanke der Offenbarung konnte nur durch Tatsachen ähnlicher Art hervorgerufen werden. Auf einmal entstehen hier die Religion, der Kultus, die Priester und die Poesie.

In Asien, in Iran und in Indien, wo Völker weißer Rasse die ersten arischen Zivilisationen begründeten, indem sie sich mit andersfarbigen Völkern vermischten, gewinnen die Männer bald die Überhand über die Frauen, was die religiöse Inspiration betrifft. Die Frau, unterdrückt und unterworfen, ist nur noch Priesterin an ihrem Herd. Aber in Europa findet sich eine Spur des überwiegenden Einflusses der Frau bei den Völkern gleicher Abstammung, die Jahrtausende lang Barbaren geblieben waren. Er bricht durch in der skandinavischen Wahrsagerin, der Voluspa der Edda, in den keltischen Druidinnen, in den weissagenden Frauen, welche die germanischen Heere begleiteten und den Tag der Schlacht bestimmten[5], und in den thrakischen Bacchantinnen, die aus der Legende des Orpheus hervortreten. Die prähistorische Seherin findet ihre Fortsetzung in der Pythia von Delphi.

Die primitiven Wahrsagerinnen der weißen Rasse organisierten sich zu Hochschulen der Druidinnen unter der Aufsicht gelehrter Greise oder Druiden, den Männern der Eiche. Sie waren zunächst nur wohltätig. Durch ihre Intuition, ihr Ahnungsvermögen, ihre Begeisterung, gaben sie einen ungeheuren Aufschwung der Rasse, die erst im Anfang ihres viele Jahrhunderte dauernden Kampfes mit den Schwarzen war. Aber die schnelle Entartung und die großen Mißbräuche dieser Institution waren unvermeidlich. Sich als Herrinnen des Schicksals der Völker fühlend, wollten die Druidinnen sie um jeden Preis beherrschen. Wenn die Inspiration ihnen fehlte, versuchten sie durch den Schrecken zu herrschen. Sie verlangten menschliche Opfer und machten daraus den Hauptbestandteil ihres Kultus. Hekatomben von Menschenopfern wurden zu den Toten geschickt als Boten; man glaubte so die Gunst der Ahnen zu gewinnen. Diese fortwährend über dem Haupt der ersten Häuptlinge schwebende Drohung aus dem Mund der Wahrsagerinnen und der Druiden wurde in ihren Händen ein furchtbares Werkzeug der Gewalt.

Dies ist ein erstes Beispiel der Entartung, welcher als einem Verhängnis die edelsten Instinkte der menschlichen Natur erliegen, wenn sie nicht durch eine weise Autorität gezügelt und durch ein höheres Gewissen zum Guten gelenkt werden. Wenn sie den Zufälligkeiten des Ehrgeizes und der persönlichen Leidenschaft überlassen wird, verwandelt sich die Inspiration in Aberglauben, der Mut in Roheit, die erhabene Idee des Opfers in ein Werkzeug der Tyrannei, in tückische und grausame Ausbeutung.

Doch war die weiße Rasse vorerst noch in ihrer wilden und ungestümen Kindheit. Voll leidenschaftlichen Trieblebens, mußte sie noch viele andere und blutige Krisen durchlaufen. Sie wurde erst aufgeweckt durch die Angriffe der schwarzen Rasse, die von Süden aus einzubrechen begann. Ein ungleicher Kampf im Anfang. Die halbwilden Weißen, aus ihren Wäldern und Pfahlbauten tretend, hatten keine anderen Hilfsmittel als ihre Bogen, ihre Lanzen und ihre Pfeile mit Steinspitzen. Die Schwarzen hatten eiserne Waffen, eherne Rüstungen, alle Hilfsmittel einer gewerbetreibenden Zivilisation und ihrer zyklopischen Städte. Erdrückt beim ersten Anprall, wurden die in die Gefangenschaft entführten Weißen zunächst die Sklaven der Schwarzen, die sie zwangen, Steine zu bearbeiten und das Erz in die glühenden Öfen zu tragen. Doch brachten flüchtige Gefangene in ihr Vaterland die Gewohnheiten, die Künste und Bruchstücke der Wissenschaft ihrer Sieger heim. Sie lernten zwei wesentliche Dinge bei den Schwarzen: das Schmelzen der Metalle und die heilige Schrift, d. h. die Kunst, gewisse Gedanken durch geheimnisvolle und hieroglyphische Zeichen auf Tierhäuten, Steinen und der Rinde der Esche zu fixieren: daher die Runen der Kelten. Das geschmolzene und geschmiedete Metall war das Werkzeug des Krieges; die heilige Schrift war der Ursprung der Wissenschaft und der religiösen Überlieferung. Der Kampf zwischen der weißen und der schwarzen Rasse schwankte während langer Jahrhunderte von den Pyrenäen zum Kaukasus und vom Kaukasus zum Himalaya. Die Rettung der Weißen waren die Wälder, wo sie wie wilde Tiere sich verstecken konnten, um im geeigneten Augenblick wieder hervorzubrechen. Kühn und kriegstüchtig gemacht, von Jahrhundert zu Jahrhundert besser bewaffnet, gewannen sie endlich die Oberhand und besetzten ihrerseits den Norden Afrikas und das Zentrum Asiens, das von schwärzlichen Völkerschaften bewohnt war.

Die Mischung der zwei Rassen geschah auf zweifache Weise teils durch friedliche Kolonisation, teils durch kriegerische Unterwerfung. Fabre d'Olivet, dieser wunderbare Seher des prähistorischen Zeitalters der Menschheit, geht von diesem Gedanken aus, um einen lichtvollen Einblick zu geben in den Ursprung der sogenannten semitischen und arischen Völker. Dort, wo die weißen Kolonisten sich den schwarzen Völkern unterworfen hätten, indem sie deren Herrschaft anerkannten und von ihren Priestern die religiöse Einweihung empfingen, hätten sich die semitischen Stämme gebildet, so die Ägypter vor Menes, die Araber, die Phönizier, die Chaldäer und die Juden. Die arischen Zivilisationen hingegen hätten sich dort gebildet, wo die Weißen über die Schwarzen geherrscht hätten durch den Krieg oder die Eroberung, wie die Iraner, die Inder, die Griechen, die Etrusker. Fügen wir hinzu, daß unter dieser Benennung arischer Völkerschaften wir auch diejenigen weißen Stämme mit verstehen, die im Altertum im Zustand der Barbarei und des Nomadentums verblieben waren, wie die Skyten, die Geten, die Sarmaten, die Kelten und später die Germanen. Hieraus erklärt sich die grundsätzliche Verschiedenheit der Religionen und auch der Schrift bei diesen zwei großen Kategorien von Nationen. Bei den Semiten, wo zunächst die Verstandesart der schwarzen Rasse vorherrschte, bemerkt man, jenseits des volkstümlichen Götzendienstes, eine Tendenz zum Monotheismus; – das Prinzip der Einheit des verborgenen, absoluten und gestaltlosen Gottes war eines der wesentlichsten Dogmen der Priester schwarzer Rasse und ihrer geheimen Einweihung. Bei den Weißen, die Sieger geblieben waren oder sich nicht vermischt hatten, bemerkt man dagegen die Tendenz zum Polytheismus, zur Mythologie, entspringend ihrer Liebe zur Natur und ihrem leidenschaftlichen Ahnenkultus.

Der Hauptunterschied in der Art des Schreibens der Semiten und der Arier läßt sich auf dieselbe Ursache zurückführen. Warum schreiben alle semitischen Völker von rechts nach links, und warum schreiben alle arischen Völker von links nach rechts?

Jedermann weiß, daß es keine gewöhnliche Schrift in den prähistorischen Zeiten gab. Dieser Brauch wurde ein allgemeiner nur, als die phonetische Schrift aufkam oder die Kunst, durch Buchstaben den Ton der Worte nachzubilden. Aber die Hieroglyphenschrift oder die Kunst, die Dinge durch irgendwelche Zeichen darzustellen, ist so alt wie die menschliche Zivilisation. Und immer war sie in diesen primitiven Zeiten das Vorrecht der Geistlichkeit, da man sie als etwas Heiliges betrachtete, als eine religiöse Funktion und zunächst als göttliche Eingebung. Wenn auf der südlichen Halbkugel die Priester der schwarzen oder südlichen Rasse auf Tierhäuten oder steinernen Tafeln ihre geheimnisvollen Zeichen entwarfen, hatten sie die Gewohnheit, sich gegen den Südpol zu wenden; ihre Hand bewegte sich gegen den Orient als Quelle des Lichts. Sie schrieben also von rechts nach links. Die Priester der weißen oder nordischen Rasse lernten die Schrift der schwarzen Priester und begannen zu schreiben wie sie. Als aber das Gefühl ihrer Herkunft sich in ihnen mit dem nationalen Bewußtsein und dem Stolz der Rasse entwickelt hatte, erfanden sie besondere Zeichen, und statt sich zum Süden, dem Lande der Schwarzen, zu wenden, kehrten sie ihr Antlitz zum Norden, dem Lande der Ahnen, die Richtung gegen Osten beim Schreiben beibehaltend. Ihre Schriftzüge bewegten sich dann von links nach rechts. Daher die Richtung der keltischen Runen, des Zend, des Sanskrit, des Griechischen, des Lateinischen und aller Schriftarten der arischen Rassen. Sie bewegen sich zur Sonne hin, der Quelle des irdischen Lebens, aber sie blicken gen Norden, dem Lande der Ahnen und der geheimnisvollen Quelle himmlischer Morgenröte.

Die semitische und die arische Strömung, das sind die zwei Träger aller unserer Ideen, Mythologien, Religionen, aller Künste, Wissenschaften und Philosophien. Jede dieser Strömungen bringt mit sich eine entgegengesetzte Auffassung des Lebens, deren Versöhnung und Gleichgewicht die Wahrheit selbst wäre. Der semitische Strom enthält die absoluten und höheren Prinzipien, die Idee der Einheit und der Allumfassendheit im Namen eines höchsten Prinzips, das, in der Anwendung, zur Einigung des Menschengeschlechts führt. Der arische Strom enthält den Gedanken der aufsteigenden Evolution durch alle irdischen und überirdischen Reiche und führt in der Anwendung zur unendlichen Mannigfaltigkeit der Entwicklungslinien im Namen der Natur und der vielfachen Bestrebungen der Seele. Der semitische Genius steigt von Gott zum Menschen herunter; der arische Genius steigt vom Menschen zu Gott empor. Der eine erscheint im Bild des rächenden Erzengels, der zur Erde niedersteigt, mit Schwert und Blitz bewaffnet, der andere in dem des Prometheus, der in der Hand das vom Himmel geraubte Feuer hält und den Blick zum Olymp emporhebt.

Diese zwei Genien tragen wir in uns. Wir denken und wir handeln abwechselnd unter der Herrschaft des einen und des andern. Aber sie sind in unserm Verstande verstrickt, nicht verschmolzen. Sie widersprechen und bekämpfen sich in unsern innersten Empfindungen und subtilen Gedanken, wie in unserm gesellschaftlichen Leben und unsern Institutionen. Versteckt unter mannigfachen Formen, die man zusammenfassen könnte unter den allgemeinen Namen Spiritualismus und Naturalismus, beherrschen sie unsere Diskussionen und Kämpfe. Unversöhnlich und unbesiegbar alle beide, wer wird sie vereinen? Und doch hängt der Fortgang, das Heil der Menschheit von ihrer Versöhnung und Synthese ab. Deshalb möchten wir in diesem Buche bis zur Quelle beider Strömungen dringen, bis zum Werdepunkt beider Genien. Jenseits der Kämpfe der Geschichte, der Kriege, der Kulturen, der Widersprüche der heiligen Texte werden wir eindringen in das Gewissen selbst der Gründer und Propheten, die den Religionen ihren ursprünglichen Anstoß gaben. Diese hatten die tiefe Intuition und die Eingebung von oben, das lebendige Licht, das die fruchtbringende Tat erweckt. Ja, die Synthese lebt schon in ihnen. Der göttliche Strahl erblaßte und verdunkelte bei ihren Nachfolgern; aber er erscheint wieder, er erglänzt, sobald von irgendeinem Punkte der Geschichte aus ein Prophet, ein Held oder ein Seher zu seinem

Quell emporsteigt. Denn vom Ausgangspunkte allein erblickt man das Ziel: von der strahlenden Sonne aus den Glanz der Planeten.

So ist die Offenbarung der Geschichte dauernd in Stufen abgeteilt, mannigfaltig wie die Natur – aber identisch in ihrer Quelle, eins wie die Wahrheit, unveränderlich wie Gott.

Indem wir den semitischen Strom aufwärtssteigen, kommen wir über Moses zu Ägypten, dessen Tempel nach Manethons Angaben eine Tradition von dreißigtausend Jahren hatte. – Indem wir den arischen Strom entlangsteigen, kommen wir nach Indien, wo sich die erste große Zivilisation entwickelt, die einem Sieg der weißen Rasse entquillt. Indien und Ägypten waren die zwei großen Mütter der Religionen. Sie hatten das Geheimnis der großen Einweihung. Wir wollen in ihre Heiligtümer eintreten.

Ihre Überlieferungen jedoch lassen uns noch weiter hinaufsteigen, in eine vorhergehende Epoche, wo die zwei entgegengesetzten Genien, über die wir gesprochen haben, in einer ersten Unschuld und wunderbaren Harmonie geeint zu sein scheinen. Es ist die primitive arische Epoche. Sie leuchtet uns aus den vedischen Hymnen entgegen, die doch nur ein Widerschein von ihr sind, mit patriarchalischer Einfachheit und großartiger Reinheit der Linien. Ein männliches und reifes Zeitalter, das nichts weniger ähnlich sieht als dem kindlichen, von den Dichtern erträumten goldenen Zeitalter. Schmerz und Kampf sind ihm nicht fremd, aber es lebt in den Menschen ein Vertrauen, eine Kraft und eine Klarheit, welche die Menschheit seitdem nicht wiedergefunden hat.

In Indien vertiefen sich die Gedanken, verfeinern sich die Gefühle. In Griechenland umgeben die Leidenschaften und die Ideen sich mit dem Nimbus der Kunst und mit dem magischen Zauber der Schönheit. Aber keine Poesie übertrifft gewisse vedische Hymnen an ethischer Erhebung, an intellektueller Höhe und Weite. Es lebt dort das Gefühl des Göttlichen in der Natur, des Unsichtbaren, das sie umgibt, und der großen Einheit, die das All durchdringt.

Wie ist eine solche Zivilisation entstanden? Wie hat sich eine so hohe Verstandestätigkeit entwickelt, inmitten der Kriege der Rassen und des Kampfes mit der Natur? Hier bleiben die Forschungen und Vermutungen der modernen Wissenschaft stehen. Aber die in ihrem esoterischen Sinn gedeuteten religiösen Überlieferungen der

Völker gehen weiter und lassen uns erraten, daß die erste Konzentration des arischen Kerns im Iran sich durch eine Art Auslese vollzog im Herzen selbst der weißen Rasse unter der Führung eines gesetzgebenden Eroberers, der seinem Volk eine Religion und ein Gesetz hinterließ, entsprechend dem Genius der weißen Rasse. In der Tat spricht das heilige Buch der Perser, der Zend-Avesta, über diesen uralten Gesetzgeber unter dem Namen Yima und Zoroaster, eine neue Religion gründend, beruft sich auf diesen Vorgänger als auf den ersten Menschen, zu dem Ormuzd, der lebendige Gott, sprach, ebenso wie Jesus Christus sich auf Moses beruft. – Der persische Dichter Firdusi nennt diesen selben Gesetzgeber: Djem, den Besieger der Schwarzen. – In dem indischen Epos, dem Ramayana, erscheint er unter dem Namen Rama als indischer König, umgeben von der Pracht einer vorgerückten Zivilisation; aber er behält seine zwei charakteristischen Merkmale eines erneuernden Eroberers und eines Eingeweihten. – In den ägyptischen Überlieferungen ist die Epoche des Rama bezeichnet durch die Herrschaft des Osiris, des Königs des Lichtes, welche der Herrschaft der Isis, der Königin der Mysterien, vorangeht. – In Griechenland endlich wurde der alte Held und Halbgott geehrt unter dem Namen des Dionysos, vom Sanskrit Deva Nahuscha, der göttliche Erneuerer. Orpheus gab sogar diesen Namen der göttlichen Vernunft, und der Dichter Nonnus besang die Eroberung Indiens durch Dionysos, gemäß den Traditionen von Eleusis.

Wie die Strahlen eines Kreises deuten alle diese Überlieferungen auf ein gemeinsames Zentrum. Indem man ihrer Richtung folgt, kann man dahin gelangen. Dann, jenseits des Indien der Veden, jenseits des Iran des Zoroaster, in der dämmernden Morgenröte der weißen Rasse, sieht man hinaustreten aus den Wäldern des alten Skythenlandes den ersten Schöpfer der arischen Religion, geschmückt mit der doppelten Tiara des Eroberers und des Eingeweihten, in seinen Händen das mystische Feuer tragend, das heilige Feuer, das alle Rassen erleuchten wird.

Es ist das Verdienst von Fabre d'Olivet, diese Persönlichkeit wiedergefunden zu haben; er hat den lichtvollen Weg vorgezeichnet, der zu ihr führt. Ich will versuchen, sie wieder aufleben zu lassen, indem ich diesen Weg verfolge.

Vier- oder fünftausend Jahre vor unserm Zeitalter bedeckten noch dichte Wälder das alte Skythenland, das sich vom Atlantischen Ozean bis zu den Polarmeeren erstreckte. Die Schwarzen hatten diesen Kontinent, den sie Insel auf Insel hatten entstehen sehen, »die aus den Fluten geborene Erde« genannt. Wie verschieden war von ihrem weißen, von der Sonne versengten Boden dieses Europa mit seinen grünen Abhängen, seinen feuchten und tiefen Buchten, seinen träumerischen Flüssen, seinen dunklen Seen und seinen ewigen, an den Bergen hängenden Nebeln. In den grasbedeckten, unbebauten, gleich den Pampas weiten Ebenen hörte man nichts als den Schrei der wilden Tiere, das Brüllen der Büffel und den ungezähmten Galopp großer Herden wilder, mit wehenden Mähnen dahinjagender Pferde. Der weiße Mann, der diese Wälder bewohnte, war nicht mehr der Höhlenmensch. Schon konnte er sich als Herr der Erde fühlen. Er hatte das Messer und das Beil aus Stein erfunden, den Bogen und den Pfeil, die Schleuder und das Netz. Endlich hatte er zwei Mitstreiter gefunden, zwei ausgezeichnete Freunde, unvergleichlich und ihm ergeben bis zum Tod: den Hund und das Pferd. Der Haushund, der zum treuen Wächter seines hölzernen Hauses geworden war, hatte ihm die Sicherheit des Herdes gegeben. Indem er das Pferd zähmte, hatte er die Erde erobert, die anderen Tiere unterworfen; er war der König des Raumes geworden. Auf fahlroten Pferden reitend, wirbelten diese rothaarigen Männer umher wie rote Blitze. Sie erschlugen den Bären, den Wolf, den Auerochsen und waren der Schrecken des Panthers und des Löwen, die damals unsere Wälder bewohnten.

Die Zivilisation hatte angefangen; der Ansatz zur Familie, der Clan, der Volksstamm existierte schon. Überall errichteten die Skythen, Söhne der Hyperboräer, ihren Ahnen ungeheure Felsendenkmäler.

Wenn ein Häuptling starb, so beerdigte man mit ihm seine Waffen und sein Pferd, damit, wie man sagte, der Krieger durch die Wolken jagen und in der jenseitigen Welt den feurigen Drachen töten könne. Hieraus entstand die Sitte des Pferdeopfers, das eine so große Rolle in den Veden und bei den Skandinaviern spielt. So begann die Religion mit dem Kultus der Ahnen.

Die Semiten fanden den Einen Gott, den allumfassenden Geist, in der Wüste, auf dem Gipfel der Berge, in der Unendlichkeit der Sternenweiten. Die Skythen und die Kelten fanden die Götter, die mannigfaltigen Geistwesen, in den Tiefen ihrer Wälder. Dort hörten sie Stimmen, dort hatten sie die ersten Schauer des Unsichtbaren, die Visionen des Jenseits. Deshalb ist der märchenschöne oder schreckliche Wald der weißen Rasse teuer geblieben. Angezogen durch die Musik der Blätter und den Zauber des Mondes, kehrt sie immer wieder im Laufe der Zeiten wie zu einem Jugendbrunnen zum Tempel der großen Mutter Hertha zurück. Dort schlafen ihre Götter, ihre Liebe, ihre verlorenen Mysterien.

Seit den ältesten Zeiten weissagten hellsehende Frauen unter den Bäumen. Jeder Volksstamm hatte seine große Prophetin, wie die Voluspa der Skandinavier, mit ihrer Schule von Priesterinnen. Doch wurden diese Frauen, aus denen zuerst edle Inspiration sprach, ehrgeizig und grausam. Die guten Prophetinnen wurden böse Zauberinnen. Sie führten die Sitte der Menschenopfer ein, und das Blut der Herolle floß ohne Unterlaß auf den Dolmen beim Gesang der Priester, beim Zuruf der blutdürstigen Skythen.

Unter diesen Priestern befand sich ein junger Mann in der Blüte der Jahre mit Namen Ram, der sich auch dem geistlichen Stande widmete, aber dessen in sich gekehrte Seele und dessen tiefer Geist sich gegen diesen blutigen Kultus empörten.

Er hatte von früh auf eine seltene Befähigung gezeigt in der Kenntnis der Pflanzen, ihrer wunderbaren Eigenschaften, der von ihnen gewonnenen und zubereiteten Säfte, ebenso wie in dem Studium der Sterne und ihrer Einflüsse. Er schien die entfernten Dinge zu raten und zu schauen. Daher seine frühe Autorität über die ältesten Druiden. Eine wohlwollende Größe entströmte seinen Worten, seinem Wesen. Seine Weisheit kontrastierte mit der Wildheit der Druidinnen, dieser Verkünderinnen von Verwünschungen, die in verzückter Raserei unheilvolle Orakel ausstießen. Von den Druiden wurde er genannt »derjenige, welcher weiß«, das Volk nannte ihn »den Friedensverkünder«.

Ram, nach göttlicher Wissenschaft strebend, war durch ganz

Skythien und durch die Länder des Südens gereist. Angezogen durch sein persönliches Wissen und seine Bescheidenheit, hatten ihm die Priester der Schwarzen einen Teil ihrer geheimen Kenntnisse enthüllt. In den Norden zurückgekehrt, erschrak Ram, als er den Kultus der Menschenopfer immer mehr unter den Seinen wüten sah. Er erblickte hierin das Verderben seiner Rasse. Wie aber diese Sitte bekämpfen, die durch den Hochmut der Priesterinnen, den Ehrgeiz der Druiden und durch den Aberglauben des Volkes verbreitet worden war? Da fiel eine andere Geißel über die Weißen, und Ram glaubte darin eine Strafe des Himmels für den frevelhaften Kultus zu sehen. Von ihren Streifzügen in die südlichen Gegenden und von ihrer Berührung mit den Schwarzen hatten die Weißen eine schreckliche Krankheit heimgebracht, eine Art Pest. Sie verseuchte den Menschen vom Blut, von den Quellen des Lebens aus. Der ganze Körper bedeckte sich mit schwarzen Flecken, der Atem war verpestet, die geschwollenen und von Geschwüren zerfressenen Glieder verloren ihre Gestalt, und der Kranke starb unter schrecklichen Qualen. Der Atem der Lebenden und der Geruch der Toten verbreiteten die Geißel. Zu Tausenden fielen und röchelten die entsetzten Weißen in ihren selbst von den Raubvögeln verlassenen Wäldern. Bekümmert suchte Ram umsonst nach einem Heilmittel.

Er hatte die Gewohnheit, unter einer Eiche in einer Waldlichtung zu meditieren. Eines Abends, nachdem er lange über die Leiden seiner Rasse nachgedacht hatte, schlief er am Fuß des Baumes ein. In seinem Schlaf schien es ihm, als ob eine gewaltige Stimme ihn beim Namen riefe, und er glaubte zu erwachen. Da sah er vor sich einen Mann von majestätischem Wuchs, bekleidet wie er mit dem weißen Gewand der Druiden. Der hielt einen Stab, um welchen eine Schlange geschlungen war. Erstaunt wollte Ram den Unbekannten fragen, was dies bedeute. Doch jener, ihn bei der Hand fassend, hieß ihn aufstehen und zeigte ihm auf dem Baum, an dessen Fuß er gelegen hatte, einen sehr schönen Mistelzweig. »O Ram!« sagte er, »dies ist das Heilmittel, das du suchst.« Dann zog er aus seiner Brust eine kleine goldene Sichel, schnitt den Zweig ab und gab ihn ihm. Er murmelte noch einige Worte über die Art der Zubereitung der Mistel und verschwand.

Da erwachte Ram und fühlte sich sehr getröstet. Eine innere Stimme sagte ihm, daß er das Heil gefunden habe. Er versäumte nicht, die Mistel so zu bereiten, wie es ihm sein göttlicher Freund mit der goldenen Sichel geraten hatte. Er ließ einen Kranken diesen Trunk in einer gärenden Flüssigkeit zu sich nehmen, und der Kranke wurde gesund. Die wunderbaren Heilungen, die er auf diesem Weg bewirkte, machten Ram im ganzen Skythenland berühmt. Den ihn befragenden Druiden seines Volksstammes teilte er seine Entdeckung mit, indem er hinzufügte, daß sie ein Geheimnis der Priesterkaste bleiben müsse, um deren Autorität zu sichern. Die Jünger Rams, die mit Mistelzweigen im ganzen Skythenland umherreisten, wurden als göttliche Sendboten betrachtet und ihr Meister als ein halber Gott.

Dieses Ereignis wurde die Grundlage eines neuen Kultus. Ram heiligte die Erinnerung daran, indem er das Weihnachtsfest oder das Fest des neuen Heils einführte, das er an den Anfang des Jahres setzte und die Mutter-Nacht nannte (der neuen Sonne) oder die große Wiedererneuerung. Das geheimnisvolle Wesen aber, das Ram im Traum gesehen hatte und das ihm die Mistel gezeigt, hieß in der esoterischen Tradition der Weißen von Europa Aesc-heyl-hopa, das bedeutet »die Hoffnung des Heils ist im Walde«. Die Griechen machten daraus Äsculap, den Genius der Heilkunde, mit dem magischen Stab in der Form eines Caducäus.

Ram jedoch, »der Friedensverkünder«, hatte weitere Ziele. Er wollte sein Volk von einer moralischen Wunde heilen, die unheilvoller war als die Pest. Zum Haupt der Priester seines Volksstammes gewählt, gebot er allen Schulen der Druiden und Druidinnen, den menschlichen Opfern ein Ende zu machen. Diese Nachricht durchlief das Land bis zum Ozean, wie ein Freudenfeuer begrüßt von den einen, wie ein verbrecherischer Frevel von den anderen. Die Druidinnen, in ihrer Macht bedroht, stießen Flüche gegen den Verwegenen aus und schleuderten gegen ihn das Todesurteil. Viele Druiden, die in den Menschenopfern das einzige Mittel zum Herrschen sahen, stellten sich auf ihre Seite. Gepriesen von der einen Partei, wurde Ram von der anderen verabscheut. Statt aber vor dem Kampf zurückzuschrecken, verschärfte er ihn, indem er ein neues Symbol aufrichtete.

Jeder weiße Volksstamm hatte damals ein Sammelzeichen in Form eines Tieres, das die von ihm bevorzugten Eigenschaften symbolisierte. Unter den Häuptlingen nagelten einige die Köpfe von Kranichen, Adlern oder Geiern, die anderen die Köpfe von Ebern und Büffeln an das Gebälk ihrer hölzernen Paläste: erster Ursprung des Wappens. Aber das bevorzugte Banner der Skythen war der Stier, den sie Tor nannten, das Zeichen der rohen Kraft und Gewalt. Dem Stier setzte Ram den Widder entgegen, den mutigen und friedfertigen Führer der Herden, und machte ihn zum Sammelzeichen seiner Anhänger. Dieses im Mittelpunkt von Skythien aufgerichtete Banner wurde das Zeichen eines allgemeinen Tumults und einer wirklichen Revolution in den Geistern. Die weißen Völker teilten sich in zwei Lager. Die Seele selbst der weißen Rasse teilte sich in zwei, um sich der brüllenden Tierheit zu entreißen und die erste Stufe des unsichtbaren Heiligtumes zu ersteigen, das zur gottähnlichen Menschheit führt. »Tod dem Widder!« schrien die Anhänger des Tor. »Krieg dem Stier!« schrien die Freunde Rams. Ein furchtbarer Krieg stand nahe bevor.

Vor dieser Wahrscheinlichkeit zauderte Ram. Den Krieg entfesseln, war das nicht das Übel vermehren und seine Rasse zwingen, sich selbst zu zerstören? Da hatte er einen neuen Traum.

Der stürmische Himmel war von finstern Wolken bedeckt, die um die Berge jagten und in ihrem Flug die schwankenden Wipfel der Bäume berührten. Auf einem Felsen stand, mit wirrem Haar, eine Frau, bereit, einen gefesselt vor ihr liegenden prächtigen Krieger niederzustoßen. »Im Namen der Ahnherrn, halt ein!« rief Ram, auf die Frau zustürzend. Die Druidin, den Gegner bedrohend, warf ihm einen Blick zu, stechend wie der Stoß eines Messers. Aber der Donner rollte in den dichten Wäldern, und in einem Blitz erschien eine leuchtende Gestalt. Der Wald erblaßte, die Druidin fiel um wie niedergeschmettert, und die Fesseln des Gefangenen zerbrachen; er blickte den leuchtenden Riesen herausfordernd an. Ram zitterte nicht, denn in den Zügen der Erscheinung erkannte er das göttliche Wesen, das schon unter der Eiche zu ihm gesprochen hatte. Diesmal schien es ihm noch schöner, denn sein ganzer Körper strahlte Licht aus. Und Ram sah, daß er sich in einem offenen Tempel befand, mit breiten Säulen. An der Stelle des Opfersteins erhob sich ein Altar. Daneben stand der Krieger, dessen Augen immer noch dem Tode trotzten. Die Frau, hingestreckt auf den Fliesen, schien tot. Der himmlische Genius aber trug in seiner rechten Hand eine Fackel, in seiner linken einen Kelch. Er lächelte wohlwollend und sagte: »Ram, ich bin mit dir zufrieden. Siehst du diese Fackel? Es ist das heilige Feuer des göttlichen Geistes. Siehst du diesen Kelch? Es ist der Kelch des Lebens und der Liebe. Gib die Fackel dem Manne, den Kelch der Frau.« Ram tat, wie ihm der Genius gebot. Kaum war die Fackel in den Händen des Mannes und der Kelch in den Händen der Frau, als sich das Feuer von selbst auf dem Altar entzündete und beide in seinem Licht erstrahlten wie der Gatte und die Gattin des Himmels. Zu gleicher Zeit weitete sich der Tempel; seine Säulen stiegen bis zum Himmel; sein Gewölbe wurde zum Firmament. Emporgetragen von seinem Traum, sah sich Ram auf dem Gipfel eines Berges unter dem gestirnten Himmel. Neben ihm stehend, erklärte ihm sein Genius den Sinn der Gestirne und ließ ihn in den flammenden Zeichen des Tierkreises die Schicksale der Menschheit lesen.

»Wunderbarer Geist, wer bist du?« sagte Ram zu seinem Genius. Und der Genius antwortete: »Man nennt mich Deva Nahusha, die göttliche Vernunft. Du wirst meinen Strahl auf der Erde verbreiten, und ich werde immer auf deinen Ruf erscheinen. Jetzt ziehe deinen Weg. Geh!« Und mit der Hand deutete der Genius auf den Orient.

Der Auszug und die Eroberung

In diesem Traum sah Ram, wie lichtdurchflutet, seine Mission und die ungeheure Bestimmung seiner Rasse. Da zauderte er nicht länger. Statt den Krieg unter den Volksstämmen Europas zu entfachen, beschloß er, die Elite seiner Rasse in das Herz von Asien zu führen. Er meldete den Seinen, daß er den Kultus des heiligen Feuers zum Glück der Menschen einsetzen wolle; daß die menschlichen Opfer auf immer vernichtet werden müßten; daß die Ahnherrn nicht mehr angerufen werden sollten durch blutige Priesterinnen auf wilden, von Menschenblut triefenden Felsen, sondern an jedem Herd durch den Gatten und die Gattin, vereinigt in einem Gebet, einem Hymnus der Anbetung, neben dem reinigenden Feuer. Ja, das sichtbare Feuer des Altars, Symbol und Träger des himmlischen unsichtbaren Feuers, würde die Familie, den Clan, den Stamm und alle Völker vereinigen, ein Mittelpunkt sein der lebendigen Gottheit auf der Erde. Aber um diese Frucht zu ernten, mußte man das gute Korn vom Unkraut scheiden; alle Tapfern mußten sich dazu vorbereiten, Europa zu verlassen, um eine neue, eine jungfräuliche Erde zu erobern. Dort würde er sein Gesetz geben; dort würde er den Kultus des verjüngenden Feuers gründen.

Dieser Vorschlag wurde mit Begeisterung aufgenommen von einem jungen, nach Abenteuern durstigen Volk. Feuer, die auf Bergen angezündet und während mehrerer Monate unterhalten wurden, dienten als Zeichen der Massenauswanderung für alle diejenigen, die dem Widder folgen wollten. Die ungeheure Auswanderung, geleitet von diesem großen Völkerhirten, setzte sich langsam in Bewegung und schlug die Richtung gegen das Zentrum Asiens ein. Längs dem Kaukasus mußte sie mehrere zyklopische Festungen der Schwarzen erobern. Als Erinnerung dieser Siege meißelten später Kolonisten der Weißen riesige Widderköpfe in die Felsen des Kaukasus hinein. Ram zeigte sich seiner hohen Sendung würdig. Er ebnete die Schwierigkeiten, durchdrang die Gedanken, sah die Zukunft voraus, heilte die Kranken, beruhigte die Rebellen, entflammte den Mut. So wollten die himmlischen Gewalten, die wir Vorsehung nennen, die Vorherrschaft der boräischen Rasse auf der Erde und warfen durch den Genius Rams lichtvolle Strahlen auf dessen Weg. Diese Rasse hatte schon Inspirierte zweiten Grades gehabt, um sie dem Zustand der Wildheit zu entreißen. Aber Ram, der zuerst das soziale Gesetz als einen Ausdruck des göttlichen Gesetzes erfaßte, war ein unmittelbar Inspirierter ersten Ranges.

Er schloß Freundschaft mit den Turaniern, allen skythischen mit gelbem Blut gekreuzten Stämmen, und zog sie mit sich zur Eroberung Irans, von wo er die Schwarzen vollkommen verdrängte; er wollte, daß ein Volk seiner weißen Rasse das Zentrum Asiens bewohne und für alle anderen ein Lichtquell würde. Er gründete dort die Stadt Ver, eine herrliche Stadt, sagt Zoroaster. Er lehrte den Ackerbau und das Säen und wurde der Vater des Korn- und

Weinbaues. Er schuf die Kasten je nach den Beschäftigungen und teilte das Volk in Priester, Krieger, Ackerbauer und Gewerbetreibende. Im Anfang waren die Kasten nicht Rivalinnen; das Erbrecht, Quelle des Hasses und des Neides, wurde erst später eingeführt. Er verbot die Sklaverei ebenso wie den Mord, indem er behauptete, daß die Knechtung des Menschen durch den Menschen die Quelle aller Leiden sei. Den Clan jedoch, diese primitive Gesellschaftsordnung der weißen Rasse, ließ er bestehen und erlaubte ihm, seine Häuptlinge und Richter zu wählen.

Das Meisterwerk Rams, das hauptsächlichste zivilisatorische Werkzeug, das er schuf, war die neue Rolle, die er der Frau anwies. Bis dahin hatte der Mann die Frau nur unter einer doppelten Form gekannt: als die elende Sklavin seiner Hütte, die er unterdrückte und roh mißhandelte, und als die beunruhigende Priesterin der Eiche und des Felsens, deren Gunst er suchte und die ihn gegen seinen Willen beherrschte wie eine faszinierende und furchtbare Zauberin, deren Orakel er fürchtete und vor welcher seine abergläubische Seele zitterte. Das Menschenopfer war die Vergeltung der Frau, wenn sie in das Herz ihres grausamen Tyrannen das Messer senkte. Indem Ram diesen abscheulichen Kultus verwarf und die Frau vor dem Manne erhöhte in ihren göttlichen Funktionen als Gattin und Mutter, schuf er in ihr die Priesterin des Herdes, die Hüterin des geheiligten Feuers, gleichberechtigt dem Gatten, mit ihm die Seele der Ahnherrn anrufend.

Wie bei allen großen Gesetzgebern war es auch bei Ram; er entwickelte nur, indem er sie organisierte, die höheren Instinkte seiner Rasse. Um das Leben zu schmücken und zu verschönen, setzte Ram vier große Jahresfeste ein. Das erste war dasjenige des Frühlings oder der Generationen. Es war der Gattenliebe geweiht. Das Fest des Sommers oder der Ernten gehörte den Söhnen und Töchtern, welche die Garben der Arbeit den Eltern überreichten. Das Fest des Herbstes feierten die Väter und die Mütter; diese gaben den Kindern Früchte als Zeichen der Freude. Das heiligste und geheimnisvollste Fest war Weihnachten oder das Fest der großen Saaten. Ram weihte es zu gleicher Zeit den neugeborenen Kindern, den im Frühjahr erzeugten Früchten der Liebe, und den Seelen der Toten, den Ahnherrn. Zugleich ein Verbindungspunkt zwischen dem Sichtbaren und dem Unsichtbaren, war diese religiöse Feier ein Abschiedsgruß den entflogenen Seelen und ein mystischer Willkommensgruß denjenigen, die zurückkehren, um sich in den Müttern zu inkarnieren und in den Kindern wiedergeboren zu werden. In dieser geheiligten Nacht versammelten sich die alten Aryas in den Heiligtümern des Aryana-Vaeja, wie sie es früher in ihren Wäldern getan hatten. Durch Feuer und Gesänge feierten sie den Wiederbeginn des irdischen und des Sonnenjahres, das Keimen der Natur im Herzen des Winters, das Erzittern des Lebens im Dunkel des Todes. Sie sangen die allumfassende Umarmung des Himmels und der Erde und die triumphierende Geburt der neuen Sonne aus der Mutter-Nacht.

So verband Ram das menschliche Leben mit dem Zyklus der Jahreszeiten und der astronomischen Umlaufszeiten. Zugleich ließ er deren göttlichen Sinn hervortreten. Weil er solche fruchtbare Institutionen geschaffen hat, nannte ihn Zoroaster »den Führer der Völker, den sehr glücklichen Monarchen«. Deshalb bewahrt ihm der indische Dichter Valmiki, der den antiken Helden in eine viel weniger entlegene Periode und in den Luxus einer vorangeschritteneren Zivilisation versetzt, die Züge eines so hohen Ideals. »Rama mit den blauen Lotusaugen«, sagt Valmiki, »war der Beherrscher der Welt, der Herr seiner Seele und die Liebe der Menschen, der Vater und die Mutter seiner Untergebenen. Er wußte allen Wesen die Kette der Liebe zu geben.«

Nachdem sie sich in Iran, vor den Toren des Himalaya, niedergelassen hatte, war die weiße Rasse noch nicht die Herrin der Welt. Ihre Vorhut mußte nach Indien vordringen, dem Hauptzentrum der Schwarzen, jener alten Besieger der roten und der gelben Rasse. Der Zend-Avesta spricht von diesem Vorrücken Ramas nach Indien[6]. Das indische Epos behandelt mit Vorliebe dieses Ereignis. Rama war der Eroberer der Erde, die der Himavat umschließt, des Landes der Elefanten, der Tiger und Gazellen. Er gab den Befehl zum ersten Angriff und leitete den ersten Vorstoß dieses gigantischen Ringens, in welchem zwei Rassen unbewußt um das Zepter der Welt stritten. Die poetische Überlieferung Indiens, überbietend die okkulte Tradition der Tempel, hat daraus den Kampf der weißen und der schwarzen Magie gemacht. In seinem

Krieg gegen die Völker und Könige des Landes der Djambus, wie man es damals nannte, entfaltete Ram oder Rama, wie ihn die Orientalen nannten, Mittel, die wunderbar erscheinen, weil sie über den gewöhnlichen Fähigkeiten der Menschheit stehen und die nur die großen Eingeweihten in ihren Besitz bekommen durch die Kenntnis und die Handhabung der verborgenen Kräfte der Natur. Bald erzählt uns die Überlieferung, wie er in einer Wüste Quellen dem Boden entspringen ließ, bald wie er unerwartete Hilfsmittel in einer Art Manna fand, deren Gebrauch er lehrte; dann sehen wir ihn einer Epidemie Einhalt gebieten durch die Anwendung einer Pflanze, genannt Hom, das Amonos der Griechen, die Persea der Ägypter, aus welcher er einen heilsamen Saft zog. Diese Pflanze wurde heilig unter seinen Sektierern und ersetzte die Mistel der Eiche, welche die Kelten Europas behielten.

Gegen seine Feinde gebrauchte Rama verschiedene Zaubermittel. Die Priester der Schwarzen herrschten nur noch durch einen niedrigen Kultus. Sie hatten die Gewohnheit, in ihren Tempeln ungeheure Schlangen und Pterodaktylen zu ernähren, seltene Überbleibsel antediluvianischer Tiere, die sie wie Götter anbeten ließen und die der Schrecken der Menge waren. Diesen Schlangen gaben sie das Fleisch der Gefangenen zur Nahrung. Manchmal erschien in diesen Tempeln Rama unerwartet mit Fackeln, die Schlangen und Priester verjagend, entsetzend, bändigend. Manchmal zeigte er sich im feindlichen Lager, schutzlos denen ausgeliefert, die seinen Tod suchten, und er verschwand wieder, ohne daß jemand ihn anzurühren gewagt hätte. Wenn man diejenigen, die ihn entkommen lassen hatten, befragte, antworteten sie, daß sie, seinem Blick begegnend, sich versteinert gefühlt hätten; oder daß, während er sprach, ein eherner Berg sich zwischen ihn und sie gestellt hätte und sie aufgehört hätten, ihn zu sehen. Endlich schreibt die epische Tradition Indiens Rama als Krönung seines Werkes die Eroberung Ceylons zu, der letzten Zufluchtsstätte des schwarzen Magiers Ravana; auf ihn läßt der weiße Magier einen Feuerhagel regnen, nachdem er über die Meerenge eine Brücke geworfen hat mit Hilfe einer Armee von Affen, welche stark an einen primitiven Volksstamm von wilden Bimanen erinnert, die hingerissen und begeistert waren von diesem großen Bezauberer der Nationen.

Durch seine Kraft, seinen Genius, seine Güte, sagen die heiligen Bücher des Orients, war Rama der Beherrscher Indiens und der spirituelle König Europas geworden. Die Priester, die Könige und die Völker neigten sich vor ihm wie vor einem himmlischen Wohltäter. Unter dem Zeichen des Widders verbreiteten seine Sendlinge das arische Gesetz, das die Gleichheit der Sieger und Besiegten verkündete, die Abschaffung der menschlichen Opfer und der Sklaverei, die Ehrfurcht vor der Frau am Herd, den Kultus der Ahnen und die Institution der geweihten Feuer als sichtbares Symbol des ungenannten Gottes.

Rama war alt geworden. Sein Bart war weiß, aber sein Körper war rüstig, und die Majestät der Hohenpriester der Wahrheit ruhte auf seiner Stirn. Die Könige und die Gesandten der Völker boten ihm die Oberherrschaft an. Er verlangte ein Jahr der Überlegung, und wieder hatte er einen Traum. Denn der Genius, der ihn inspirierte, sprach zu ihm in seinem Schlummer.

Er sah sich wieder in den Wäldern seiner Jugend. Jung war er wieder geworden und trug das leinene Gewand der Druiden. Der Mond schien hell. Es war die heilige Nacht, die Mutter-Nacht, in welcher die Völker die Wiedergeburt der Sonne und des Jahres erwarten. Rama schritt unter den Eichen, wie früher den raunenden Stimmen des Waldes lauschend. Eine schöne Frau kam ihm entgegen. Sie trug einen wundervollen Kranz. Ihr rotblondes Haar hatte die Farbe des Goldes, ihre Haut die Weiße des Schnees und ihre Augen den tiefen Glanz des Himmelblaus nach dem Sturm. Sie sagte zu ihm: »Ich war die wilde Druidin, durch dich bin ich die strahlende Gattin geworden. Und jetzt heiße ich Sita. Ich bin die durch dich verherrlichte Frau, ich bin die weiße Rasse, ich bin deine Gattin. O, mein Herr und König! Ist es nicht für mich, daß du die Ströme durchwandert, die Völker bezaubert und die Könige in den Staub geworfen hast? Hier ist der Lohn. Nimm diese Krone aus meiner Hand, leg sie auf dein Haupt und herrsche mit mir über die Welt!« Sie war in einer demütigen und ergebenen Haltung niedergekniet, ihm die Krone der Erde anbietend. Ihre Edelsteine erstrahlten in tausend Lichtern; der Rausch der Liebe lächelte in ihren Augen. Und die Seele des großen Rama, des Völkerhirten, ward bewegt. Aber aufrecht auf dem Wipfel der Wälder erschien ihm Deva Nahusha, sein Genius, und sagte: »Wenn du diese Krone auf dein Haupt legst, wird dich die göttliche Vernunft verlassen; du wirst mich nicht mehr sehen. Wenn du diese Frau in deine Arme drückst, wird sie an deinem Glück sterben. Wenn du aber darauf verzichtest, sie zu besitzen, wird sie glücklich und frei auf der Erde leben, und dein unsichtbarer Geist wird über sie herrschen. Du hast die Wahl, sie zu erhören oder mir zu folgen.« Sita, immer noch kniend, sah ihren Herrn an mit Augen verloren in Liebe und erwartete flehend die Antwort. Einen Augenblick schwieg Rama. Sein Blick, in Sitas Augen getaucht, maß den Abgrund, der sich zwischen dem vollen Besitz und der Trennung auf ewig lagerte. Fühlend jedoch, daß die höchste Liebe eine höchste Entsagung ist, legte er seine befreiende Hand auf die Stirn der weißen Frau, segnete sie und sagte: »Leb wohl, sei frei und vergiß mich nicht!« Alsbald verschwand die Frau wie ein Mondgebilde. Die junge Morgenröte hob ihren Zauberstab über den alten Wald. Der König war wieder alt geworden. Tränentau lag auf seinem weißen Bart, und aus der Tiefe der Wälder rief eine traurige Stimme: »Rama, Rama!«

Aber Deva Nahusha, der lichtstrahlende Genius, rief: »Zu mir!« Und der göttliche Geist trug Rama auf einen Berg in den Norden des Himavat.

Nach diesem Traum, der ihm die Erfüllung seiner Sendung zeigte, versammelte Rama die Könige und die Gesandten der Völker und sagte ihnen: »Ich will die Obergewalt nicht, die ihr mir anbietet. Behaltet eure Kronen und folgt meinem Gesetz. Meine Aufgabe ist beendet. Ich ziehe mich auf immer mit meinen eingeweihten Brüdern zurück auf einen Berg des Aryana-Vaeja. Von dort werde ich über euch wachen. Hütet das göttliche Feuer. Wenn es verlöschen sollte, würde ich als Richter und furchtbarer Rächer unter euch erscheinen!« Danach zog er sich mit den Seinen zurück auf den Berg Albori, zwischen Balk und Bamyan, in einen Zufluchtsort, der den Eingeweihten allein bekannt war. Dort lehrte er seinen Jüngern, was er von den Geheimnissen der Erde und des großen Wassers kannte. Diese trugen weiter hin, bis nach Ägypten und bis zum Okzident, das heilige Feuer, Symbol der göttlichen Einheit der Dinge, und die Hörner des Widders, Sinnbild der arischen Religion. Diese Hörner wurden die Insignien der Einweihung und in der Folge der geistlichen und der königlichen Macht[7]. Von weitem fuhr Rama fort, über seine Völker und seine geliebte weiße Rasse zu wachen. Die letzten Jahre seines Lebens waren der Herstellung eines Kalenders für die Aryas gewidmet. Ihm verdanken wir die Zeichen des Tierkreises. Dies war das Testament des Patriarchen der Eingeweihten. Ein sonderbares Buch, in Sternenschrift geschrieben, in himmlischen Hieroglyphen, auf dem bodenlosen und grenzenlosen Firmament, durch den Altherrn unserer Rasse. Indem er die zwölf Zeichen des Sternenkreises fixierte, legte ihnen Rama einen dreifachen Sinn bei. Der erste bezog sich auf den Einfluß der Sonne in den zwölf Monaten des Jahres; der zweite gab einigermaßen seine eigene Geschichte wieder; der dritte wies auf die okkulten Mittel, deren er sich bedient hatte, um sein Ziel zu erreichen. Deshalb wurden diese Zeichen, in umgekehrter Reihenfolge gelesen, zu geheimen Sinnbildern der allmählichen Einweihung[8]. Er befahl den Seinen, seinen Tod zu verbergen und sein Werk fortzusetzen durch Aufrechterhaltung der Brüderlichkeit. Während Jahrhunderte glaubten die Völker, daß Rama, der die Tiara mit den Widderhörnern trägt, immer noch lebendig in seinem heiligen Berge sei. In den vedischen Zeiten wurde der große Ahnherr zu Yama, dem Richter der Toten, dem seelenführenden Hermes der Inder.

Die Religion der Veden

Durch sein organisatorisches Genie hatte der große Initiator der Arier im Zentrum Asiens, in Iran, ein Volk, eine Gesellschaft, einen Lebenskreis geschaffen, der nach allen Seiten hin ausstrahlen sollte. Die Kolonien der ursprünglichen Aryas verbreiteten sich in Asien, in Europa, mit sich ihre Sitten, Kulte und Götter tragend. Von allen diesen Kolonien gleicht diejenige der Arier Indiens am meisten den ursprünglichen Aryas.

Die heiligen Bücher der Inder, die Veden, haben für uns einen dreifachen Wert. Zunächst führen sie uns zur Quelle der uralten und reinen arischen Religion, von welcher die vedischen Hymnen glänzende Ausstrahlungen sind. Sie geben uns sodann den Schlüssel zu Indien. Endlich zeigen sie uns eine erste Kristallisation der grundlegenden Gedanken der esoterischen Lehre und aller arischen Religionen.

Beschränken wir uns auf einen kurzen Überblick der Hülle und des Kernes der vedischen Religion.

Nichts ist einfacher und größer als diese Religion, bei der ein tiefer Naturalismus sich mit einem transzendenten Spiritualismus vereinigt. Vor dem Anbruch des Tages steht ein Mann, das Haupt der Familie, aufrecht vor dem irdenen Altar, auf dem ein mit zwei Holzstücken entzündetes Feuer brennt. In seiner Funktion ist dieses Haupt zugleich Vater, Priester und König des Opfers. Während die Morgenröte – sagt der vedische Dichter – sich entfaltet wie eine Frau, die aus dem Bad steigt und das schönste der Leinen gesponnen hat, spricht das Familienhaupt ein Gebet, ruft Usha an (Aurora), Savitri (die Sonne), die Asuras (die Lebensgeister). Die Mutter und die Söhne gießen die gegorene Flüssigkeit der Asklepia, die Soma, in Agni, das Feuer. Und die aufsteigende Flamme trägt zu den unsichtbaren Göttern das gereinigte Gebet, das von den Lippen des Patriarchen und aus dem Herzen der Familie strömt.

Der Seelenzustand des vedischen Dichters ist gleich weit entfernt vom hellenischen Sensualismus (ich spreche von den volkstümlichen Kulten Griechenlands, nicht von der Lehre der griechischen Eingeweihten), der sich die kosmischen Götter mit schönen menschlichen Körpern vorstellt, und dem judäischen Monotheismus, der den überall gegenwärtigen formlosen Ewigen anbetet. Für den vedischen Dichter ist die Natur gleich einem durchsichtigen Schleier, hinter welchem sich die göttlichen Kräfte bewegen. Es sind diese Kräfte, die er anruft, die er anbetet, die er personifiziert, aber ohne sich von seinen Metaphern täuschen zu lassen. Für ihn ist Savitri nicht so sehr die Sonne als Vivasvat, die schöpferische Macht des Lebens, die das Sonnensystem beseelt und durchkräftet. Indra, der göttliche Krieger, der auf vergoldetem Wagen den Himmel durchfährt, den Blitz schleudert und die Wolken zum Bersten bringt, personifiziert die Macht dieser selben Sonne im atmosphärischen Leben, »in der großen Durchsichtigkeit der Lüfte«.

Wenn sie Varuna anrufen (den Uranos der Griechen), den Gott des endlosen lichterfüllten Himmels, der alles umfängt, steigen die vedischen Dichter noch höher. Wenn Indra das tätige und kriegerische Leben des Himmels darstellt, so stellt Varuna seine unveränderliche Majestät dar. Nichts gleicht der Herrlichkeit der Beschreibungen, welche die Hymnen von ihm machen. Die Sonne ist sein Auge, der Himmel sein Gewand, der Sturm sein Atem. Er hat auf unerschütterliche Grundlagen den Himmel und die Erde gestellt und voneinander getrennt. Er hat alles getan und erhält alles. Nichts könnte die Werke von Varuna beeinträchtigen. Keiner durchdringt ihn: aber er, er weiß alles und sieht alles, was ist und sein wird. Von den Gipfeln des Himmels, wo er in einem Palast von tausend Toren wohnt, unterscheidet er die Spuren der Vögel in der Luft und der Schiffe auf den Fluten. Von dort, von der Höhe seines goldenen Thrones auf ehernem Fundament, betrachtet er die Taten der Menschen. Er ist der Erhalter der Ordnung in der Welt und in der Gesellschaft: er straft den Schuldigen; er übt Barmherzigkeit an dem Manne, der bereut. So richtet sich denn auch der Angstschrei des geplagten Gewissens an ihn: vor seinem Angesicht entledigt sich der Sünder der Last seines Vergehens. In mancher Hinsicht ist die Religion der Veden ritualistisch, zuweilen hoch spekulativ. Mit Varuna steigt sie in die Tiefen des Gewissens und verwirklicht den Begriff der Heiligkeit. Fügen wir hinzu, daß sie bis zum reinen Begriff des Einen Gottes steigt, der das große All durchdringt und beherrscht.

Die grandiosen Bilder jedoch, welche die vedischen Hymnen in breiten Wogen wie volle Ströme dahinfluten lassen, geben uns nur die Hülle der Veden. Mit dem Begriff Agnis, des göttlichen Feuers, berühren wir den Kernpunkt der Lehre, ihre esoterische und transzendente Grundlage. In der Tat ist Agni das kosmische Agens, das grundlegende universelle Prinzip. Er ist nicht nur das irdische Feuer des Blitzes und der Sonne. Seine wahre Heimat ist der unsichtbare mystische Himmel, der Ort des Verweilens für das ewige Licht und die ersten Prinzipien aller Dinge. Seine Geburten sind unendlich, sei es, daß er dem Holzstück entspringt, in welchem er schläft wie der Embryo in der Matrize, sei es, daß er »der Sohn der Fluten« mit dem Getöse des Donners von den himmlischen

Flüssen hinuntereilt, wo die Asvin (die himmlischen Reiter) ihn mit den güldenen Arani gezeugt haben. Er ist der Älteste der Götter, der Gebieter des Himmels wie der Erde, und er vollführte den Gottesdienst in der Wohnung Vivasvats (des Himmels oder der Sonne), lange bevor ihn Matharisva (der Blitz) zu den Sterblichen gebracht hatte und bevor Atharva und die Angiras, die alten Opferpriester, ihn hier unten eingeführt hatten als den Beschützer, den Gast und den Freund der Menschen. Herr und Erzeuger des Opfers, wurde Agni der Träger aller mystischen Spekulationen, die mit dem Opfer in Verbindung stehen. Er erzeugt die Götter, er organisiert die Welt, er schafft und erhält das universelle Leben; mit einem Wort, er ist eine kosmogonische Macht.

Sôma ist das Gegenstück zu Agni. In Wahrheit ist er der Trank einer in Gärung versetzten Pflanze, die den Göttern als Trankopfer dargebracht wird. Aber wie Agni hat er ein mystisches Dasein. Sein höchster Wohnsitz ist in den Tiefen des dritten Himmels, wo Surya, die Tochter der Sonne, ihn durchgesiebt hat, wo Pushan, der Gott der Ernährung, ihn gefunden hat. Dort haben ihn der Falk, ein Sinnbild des Blitzes, oder Agni selbst dem himmlischen Bogenschützen, dem ihn beschützenden Gandharva, geraubt, um ihn den Menschen zu bringen. Die Götter haben ihn getrunken und sind unsterblich geworden; die Menschen werden es ihrerseits werden, wenn sie ihn bei Yama, in dem Aufenthaltsort der Seligen, getrunken haben werden. Unterdessen gibt er ihnen hier die Rüstigkeit und die Fülle der Tage; er ist Ambrosia und der Jugendborn. Er ernährt, durchdringt die Pflanzen, belebt den Samen der Tiere, begeistert den Dichter und verleiht den Schwung des Gebets. Seele des Himmels und der Erde, Indras und Vishnus, bildet er mit Agni ein unzertrennliches Paar; dieses Paar hat die Sonne und die Sterne entzündet[9].

In dem Begriff von Agni und Sôma sind, gemäß der esoterischen Lehre und jeder lebendigen Philosophie, die beiden wesentlichen Prinzipien des Universums enthalten: Agni oder das Ewig-Männliche, die schöpferische Vernunft, der reine Geist; und Sôma, das Ewig-Weibliche, die Seele der Welt oder die ätherische Substanz, die Matrize aller sichtbaren und für Fleischesaugen unsichtbaren Welten, die Natur endlich oder die subtile Materie in all ihren unendlichen Wandlungen[10]. Die vollkommene Vereinigung aber dieser beiden Wesenheiten ist das höchste Wesen, die Essenz Gottes.

Diesen zwei grundlegenden Gedanken entspringt ein dritter, nicht weniger fruchtbarer. Für die Veden ist die kosmogonische Handlung ein fortwährendes Opfer. Um alles, was da ist, zu erschaffen, opfert das höchste Wesen sich selbst; es teilt sich, um aus seiner Einheit herauszutreten. Dieses Opfer wird also als der Ausgangspunkt aller Funktionen der Natur betrachtet. Diese zunächst erstaunliche und bei näherer Betrachtung sehr tiefe Idee enthält im Keim die ganze esoterische Lehre der Evolution Gottes in der Welt, der esoterischen Synthese des Polytheismus und des Monotheismus. Aus ihr heraus wird die dionysische Lehre von dem Fall und der Erlösung der Seelen geboren, die sich in Hermes und Orpheus entfaltet. Ihr ist die Lehre des göttlichen Wortes entsprungen, von Krishna verkündet, von Jesus Christus erfüllt.

Das Feueropfer mit seinen Zeremonien und Gebeten, dieser unveränderliche Mittelpunkt des vedischen Kultus, wird so zum Bilde dieser großen kosmogonischen Tat. Die Veden schreiben eine große Bedeutung dem Gebet zu, der Beschwörungsformel, welche das Opfer begleitet. Deswegen machen sie aus dem Gebet eine Göttin: Brahmanaspati. Der Glaube an die beschwörende und schöpferische Kraft des menschlichen Wortes, das von einer machtvollen seelischen Bewegung und einer intensiven Willensprojektion begleitet ist, ist die Quelle aller Kulte und der Ursprung der ägyptischen und chaldäischen Lehre der Magie. Für den vedischen und brahmanischen Priester steigen die Asuras, die unsichtbaren Herren, und die Pitris oder die Seelen der Ahnherrn während des Opfers auf den Rasen nieder, angezogen vom Feuer, den Gesängen und dem Gebet. Die Wissenschaft, die sich auf diese Seite des Kultus bezieht, ist diejenige von der Hierarchie aller Geistwesen.

Die Unsterblichkeit der Seele verkünden die Veden so laut, so klar wie möglich. »Es gibt einen unsterblichen Teil im Menschen, dieser ist es, o Agni, den du mit deinen Strahlen erwärmen, deinen Feuern entflammen mußt. O Jatavedas, in dem glorreichen Körper, den du gebildet, führe ihn hinweg zur Welt der Seligen.« Die vedischen Dichter weisen nicht nur auf das Schicksal der Seele hin, sie beschäftigen sich auch mit ihrem Ursprung. »Von wo stammt die Seele? Es gibt solche, die zu uns kommen und wieder zurückkehren, die zurückkehren und wiederkommen.« Hier haben wir schon in zwei Worten die Lehre der Wiederverkörperung, die eine so führende Rolle spielen wird im Brahmanismus und im Buddhismus, bei den Ägyptern und den Orphikern, in der Philosophie des Pythagoras und des Plato, das Mysterium der Mysterien, das Arkanum der Arkanen.

Wie soll man nicht danach in den Veden die großen Linien eines organischen religiösen Systems wiedererkennen, einer philosophischen Auffassung des Universums? Wir haben es hier nicht nur mit einer tiefen Intuition der intellektuellen Wahrheiten zu tun, welche der Betrachtung voran- und über sie hinausgehen, sondern wir finden hier Einheit und Weite des Ausblicks im Verständnis der Natur, in der Anordnung ihrer Phänomene. Wie ein schöner Felskristall spiegelt das Bewußtsein des vedischen Dichters die Sonne der ewigen Wahrheit wider, und in diesem glänzenden Prisma spielen schon alle Strahlen der universellen Theosophie. Die Grundsätze der die Leiden überdauernden Lehre sind hier sogar sichtbarer als in den anderen heiligen Büchern Indiens oder in andern semitischen und arischen Religionen durch die eigentümliche Offenherzigkeit der vedischen Dichter und die Durchsichtigkeit dieser so erhabenen und reinen primitiven Religion. In jener Zeit gab es noch nicht einen Unterschied zwischen den Mysterien und dem volkstümlichen Kultus. Liest man aber mit Aufmerksamkeit die Veden, so erblickt man schon hinter dem Familienvater und dem Hymnendichter eine andere bedeutendere Persönlichkeit: den Rishi, den Weisen, den Initiierten, von dem er die Wahrheit erhalten hat. Man sieht auch, daß diese Wahrheit weitergegeben worden ist durch ununterbrochene Tradition, die bis zu den Anfängen der arischen Rasse hinaufsteigt.

So sehen wir denn das arische Volk hineingeschleudert in seine erobernde und zivilisatorische Laufbahn längs dem Indus und dem Ganges. Der unsichtbare Genius des Rama, die göttliche Vernunft, Deva Nahusha, herrscht über sie. Agni, das göttliche Feuer, durchkreist die Adern. Eine rosige Morgenröte umhüllt diese Epoche der Jugend, der Kraft, der Mannheit. Die Familie ist gegründet, die Frau geehrt. Priesterin am Herd, dichtet sie, singt sie manchmal selbst die Hymnen. »Möge der Mann der Gattin hundert Herbste leben«, sagt ein Dichter. Man liebt das Leben, aber glaubt auch an sein Jenseits. Der König bewohnt ein Schloß auf einem das Dorf überragenden Hügel. Im Krieg besteigt er einen glänzenden Wagen, er trägt schimmernde Waffen und ist mit der Tiara gekrönt; er leuchtet wie der Gott Indra.

Später, als die Brahmanen ihre Autorität begründet haben, sieht man neben dem herrlichen Palast des Maharaja oder großen Königs die steinerne Pagode sich erheben, aus welcher hervorgehen die Künste, die Poesie und das Götterdrama, dargestellt und gesungen von den geweihten Tänzerinnen. Die Kasten existieren schon, aber ohne Strenge, ohne unüberschreitbare Schranke. Der Krieger ist Priester und der Priester Krieger, öfter noch Gottesdienst verrichtender Diener des Häuptlings oder Königs.

Hier aber erscheint eine Persönlichkeit von ärmlichem Aussehen, doch die Zukunft in sich tragend. Mit ungepflegtem Haar und Bart, halb nackt, bedeckt mit roten Lumpen. Dieser Muni, dieser Einsiedler, lebt neben den heiligen Seen, in den wilden Einsamkeiten, wo er sich der Meditation und dem asketischen Leben ergibt. Von Zeit zu Zeit erscheint er, den Häuptling oder König zu ermahnen. Man stößt ihn oft zurück, man gehorcht ihm nicht; aber man achtet und fürchtet ihn. Schon übt er eine bedrohliche Macht aus.

Zwischen diesem König, auf seinem vergoldeten Wagen, umringt von Kriegern und diesem halb nackten Muni, der keine anderen Waffen hat als seinen Gedanken, sein Wort und seinen Blick, wird es einen Kampf geben. Und der gewaltige Sieger wird nicht der König sein, sondern der Einsiedler, der abgemagerte Bettler, weil er das Wissen und den Willen haben wird.

Die Geschichte dieses Kampfes ist diejenige des Brahmanismus, wie sie später diejenige des Buddhismus sein wird, und in ihr ist fast die ganze Geschichte Indiens inbegriffen.

KRISHNA

Indien und die brahmanische Einweihung

Der, welcher fortwährend die Welten erschafft, ist dreifach. Er ist Brahma, der Vater; er ist Maya, die Mutter; er ist Vishnu, der Sohn. Jeder schließt in sich die drei andern, und alle drei sind eins im Unsagbaren. *Brahmanische Lehre, Upanishads.*

Du trägst in dir einen herrlichen Freund, den du nicht kennst, denn Gott wohnt im Innern eines jeden Menschen, aber wenige vermögen ihn zu finden. Der Mensch, der seine Wünsche und seine Werke dem Wesen opfert, von welchem alle Dinge stammen und aus dem die Welt erschaffen ist, erreicht durch dieses Opfer die Vollendung. Denn derjenige, der in sich sein Glück und seine Freude findet und in sich auch sein Licht, ist eins mit Gott. Wisse aber, daß die Seele, die Gott gefunden hat, erlöst ist von der Wiedergeburt und von dem Tod, von dem Alter und von dem Schmerz, und daß sie die Wasser der Ewigkeit trinkt.

Bhagavad Gita.

Das heroische Indien – Die Söhne der Sonne und die Söhne des Mondes

Der Eroberung Indiens durch die Arier entsprang eine der herrlichsten Zivilisationen, welche der Erde geworden sind. Der Ganges und seine Nebenströme sahen große Reiche und weite Hauptstädte entstehen, wie Aryodhya, Hastinapura und Indrapetschta. Die epischen Erzählungen des Mahabhârata und die volkstümlichen Kosmogonien der Puranas, welche die ältesten historischen Überlieferungen Indiens enthalten, sprechen wie geblendet von der königlichen Üppigkeit, von der heroischen Größe und dem ritterlichen Geist jener fernen Zeitalter. Es gibt nichts Stolzeres, aber auch nichts Edleres als einen jener arischen Könige Indiens, aufrecht auf seinem Kriegswagen, den Heeren von Elefanten, Rossen und Fußgängern gebietend. So weiht ein vedischer Priester seinen König vor der versammelten Menge: »Ich habe dich in unsere Mitte geführt. Alles Volk verlangt nach dir. Der Himmel ist fest; die Erde ist fest; diese Berge sind fest; möge der König der Familien auch fest sein.« In einem spätern Gesetzeskodex, dem Manava-Dharma-Sastra, liest man: »Diese Herren der

Erde, die, kühn sich vernichtend, ihren Mut in der Schlacht entfalten, ohne je das Gesicht zu wenden, steigen nach ihrem Tod unmittelbar in den Himmel.« In der Tat halten sie sich für Abkömmlinge der Götter, für ihre Nebenbuhler, im Begriff, selbst Götter zu werden. Der Sohnesgehorsam, der Kampfesmut mit einem Gefühl großmütigen Schutzes gegenüber allen, das ist das Ideal des Mannes. Was die Frau anbetrifft, so wird sie uns von der epischen Dichtung Indiens, dieser gehorsamen Dienerin der Brahmanen, nur unter den Zügen der treuen Gattin gezeigt. Weder Griechenland noch die Völker des Nordens haben in ihren Dichtungen so zarte, edle und begeisterte Gattinnen geschaffen wie die leidenschaftliche Sita und die sanfte Damayanti.

Was das indische Epos uns nicht sagt, das ist das tiefe Mysterium der Mischung der Rassen und das langsame Eindringen der religiösen Ideen, welche die tiefen Umwälzungen in der sozialen Organisation des vedischen Indiens bewirkten. Die Aryas, Eroberer von reiner Rasse, standen sehr gemischten und sehr untergeordneten Rassen gegenüber, in welchen der gelbe und der rote Typus sich mit dem schwarzen in vielfachen Schattierungen mischten. Die indische Zivilisation erscheint uns so als ein ungeheurer Berg, dessen Fuß eine schwarze Rasse trägt, der gemischte Völker an seinen Abhängen und die reinen Arier auf seinem Gipfel hat. Da die Scheidung der Kasten in den Anfangszeiten keine strenge war, so entstanden große Mischungen unter diesen Völkern. Die Reinheit der erobernden Rasse erhielt immer stärkeren Abbruch mit den Jahrhunderten, aber bis heute erkennt man die Vorherrschaft des arischen Typus in den oberen und des schwarzen Typus in den unteren Klassen. Aus den trüben Niederungen der indischen Gesellschaft erhob sich nun immer, wie aus den Dschungeln Miasmen und der Geruch von Raubtieren sich erheben, ein Gemisch von Mattigkeit und Wildheit. Das überreichliche schwarze Blut hat Indien seine besondere Färbung gegeben. Es hat die Rasse verfeinert und verweichlicht. Ein Wunder ist es, daß trotz dieser Rassenkreuzung die vorherrschenden Gedanken der weißen Rasse sich während so vieler Umwälzungen auf dem Gipfel dieser Zivilisation haben erhalten können.

Die ethnische Grundlage Indiens ist klargelegt: Einerseits haben wir den Genius der weißen Rasse mit seinem moralischen Sinn und seinen erhabenen metaphysischen Bestrebungen; andererseits den Genius der schwarzen Rasse mit seiner Leidenschaftsenergie und seiner zersetzenden Kraft. Wie drückt sich dieser doppelte Genius in der uralten religiösen Geschichte Indiens aus? Die ältesten Überlieferungen sprechen von einer solaren und einer lunaren Dynastie. Die Könige der solaren Dynastie leiteten ihre Abstammung von der Sonne her; die andern nannten sich Söhne des Mondes. Aber diese symbolische Sprache deckte zwei entgegengesetzte Vorstellungen und bedeutete, daß diese zwei Klassen von Herrschern an zwei verschiedene Kulte anknüpften. Der Sonnenkultus schrieb dem Gott des Universums das männliche Geschlecht zu. Um ihn herum gruppierte sich alles, was am reinsten war in der vedischen Tradition: die Wissenschaft des heiligen Feuers und des Gebets, der esoterische Begriff des höchsten Gottes, die Ehrfurcht vor der Frau, der Kultus der Ahnen, das auf Wahl begründete und patriarchalische Königtum. Der Mondkultus schrieb der Göttlichkeit das weibliche Geschlecht zu, unter dessen Zeichen die Religionen des arischen Zyklus immer die Natur angebetet haben, und oft die blinde, unbewußte Natur in ihren gewaltsamen und schrecklichen Manifestationen. Dieser Kultus neigte zum Götzendienst und zur schwarzen Magie, begünstigte die Polygamie und die auf Volksleidenschaften gestützte Tyrannis. – Der Kampf zwischen den Söhnen der Sonne und den Söhnen des Mondes, den Pandavas und den Kuravas, bildet den Inhalt des großen indischen Epos, der Mahabhârata, einer Art perspektivischer Abkürzung der Geschichte des arischen Indiens vor der endgültigen Konstitution des Brahmanismus. Dieser Kampf ist überreich an erbitterten Schlachten, an sonderbaren und vernichtenden Abenteuern. In der Mitte des gigantischen Epos sind die Kuravas, die Mondkönige, Sieger. Die Pandavas, die edlen Kinder der Sonne, die Hüter der reinen Riten, sind entthront und verbannt. Sie irren umher in der Verbannung, versteckt in den Wäldern, beherbergt von den Anachoreten, mit Baumrinde bekleidet, mit dem Stab des Einsiedlers als Stütze.

Werden die niederen Instinkte triumphieren? Die im indischen Epos durch die schwarzen Rakshasas dargestellten Gewalten der Finsternis, werden sie den Sieg davontragen über die leuchtenden

Devas? Wird die Tyrannis die Elite unter ihrem Kriegswagen zermalmen, der Wirbel der schlechten Leidenschaften den vedischen Altar zertrümmern, das heilige Feuer der Ahnherrn verlöschen? Nein, Indien steht erst am Anfang seiner religiösen Entwicklung. Es wird seinen metaphysischen und organisatorischen Genius in der Institution des Brahmanismus entfalten. Die Priester, die unter dem Namen der Purohitas (der beim Feueropfer Angestellten) für die Könige und Häuptlinge den Kirchendienst versahen, waren schon ihre Ratgeber und Minister geworden. Sie hatten große Reichtümer und einen bedeutenden Einfluß. Aber sie hätten ihrer Kaste nicht diese oberste Autorität, diese selbst über der königlichen Gewalt stehende unangreifbare Stellung geben können ohne die Hilfe einer anderen Menschenklasse, die den Geist Indiens in seiner originellsten Tiefe verkörpert. Das sind die Anachoreten.

Seit undenklichen Zeiten bewohnten diese Asketen Einsiedeleien im Innern der Wälder, am Ufer der Flüsse oder in den Bergen neben den heiligen Seen. Man fand sie bald allein, bald in Bruderschaften vereinigt, aber immer eines Geistes. Man erkennt in ihnen die Könige des Geistes, die wirklichen Herren Indiens. Erben der uralten Weisen, der Rishis, besaßen sie alleine die geheime Deutung der Veden. In ihnen lebte der Genius des Asketismus, der Geheimwissenschaft, der übersinnlichen Fähigkeiten. Um diese Wissenschaft und dieses Können zu erreichen, trotzen sie allem, dem Hunger, der Kälte, der glühenden Sonne, dem Schrecken der Dschungeln. Ohne Schutz in ihrer hölzernen Hütte, leben sie dem Gebet und der Meditation. Mit der Stimme, dem Blick rufen oder entfernen sie die Schlangen, beruhigen sie die Löwen und Tiger. Glücklich, wer ihren Segen erhält: er wird die Devas zu Freunden haben! Unheil demjenigen, der sie mißhandelt oder sie tötet; ihr Fluch, sagen die Dichter, verfolgt den Schuldigen bis zu seiner dritten Verkörperung. Die Könige zittern vor ihren Drohungen, und, sonderbare Tatsache, diese Asketen flößen selbst den Göttern Furcht ein. In der Ramayana erlangt Visvamitra, ein zum Asketen gewordener König, eine solche Macht durch seine Abtötungen und Meditationen, daß die Götter für ihre Existenz zittern. Da schickt ihm Indra die reizendste der Apsaras, die sich im See, vor der Hütte, des Heiligen, badet. Der Anachoret ist von der himmlischen

Nymphe bezaubert; ein Held entspringt ihrem Bund, und für einige tausend Jahre ist die Existenz des Universums gesichert. Unter diesen dichterischen Übertreibungen errät man die tatsächliche und hohe Macht der Anachoreten weißer Rasse, welche durch tiefe Divination, durch intensive Willenskraft, die aufgewühlte Seele Indiens von ihren Wäldern aus beherrschen.

Aus dem Herzen der Bruderschaft der Anachoreten sollte die geistliche Revolution kommen, die Indien zur gewaltigsten Theokratie machte. Der Sieg der geistlichen über die zeitliche Macht, des Anachoreten über den König, welcher der Herrschaft des Brahmanismus ihren Ursprung gab, entstand durch einen Reformator ersten Ranges. Indem er die zwei ringenden Genien miteinander versöhnte, denjenigen der weißen und den der schwarzen Rasse, des solaren und des lunaren Kultus, wurde dieser göttliche Mann der wirkliche Schöpfer der nationalen Religion Indiens. Außerdem schleuderte dieser mächtige Genius durch seine Lehre einen neuen Gedanken von unendlicher Tragkraft in die Welt: den Gedanken des göttlichen Wortes oder der verkörperten und durch den Menschen manifestierten Gottheit. Dieser erste der Messiasse, dieser älteste der Söhne Gottes, war Krishna.

Seine Legende ist dadurch in hervorragendem Maß interessant, daß sie die ganze brahmanische Lehre zusammenfaßt und dramatisiert. Nur ist sie wie beweglich und fließend in der Tradition geblieben, entsprechend dem Umstand, daß dem indischen Genius die plastische Kraft durchaus abgeht. Die wirre und mythische Erzählung der Vishnu-Purana jedoch enthält historische Anhaltspunkte über Krishna, die einen individuellen und bedeutsamen Charakter haben. Andererseits enthält die Bhagavad Gita, dieses wunderbare, in die große Dichtung der Mahabhârata eingeschobene Fragment, das die Brahmanen als eines ihrer heiligsten Bücher betrachten, in ihrer ganzen Reinheit die Lehre, die ihm zugeschrieben wird. Während ich diese beiden Bücher las, erschien mir das Bild des großen religiösen Initiators Indiens mit der Überzeugungskraft eines lebendigen Wesens. Ich werde also die Geschichte Krishnas erzählen, indem ich aus diesen beiden Quellen schöpfe, von denen die eine die Volksüberlieferung, die andere die Tradition der Initiierten darstellt.

Der König von Madura

Im Beginn des Zeitalters des Kali-Yuga, gegen das Jahr 3000 vor unserer Ära (nach der Chronologie der Brahmanen), bemächtigte sich der Welt das Verlangen nach Gold und Macht. Während mehrerer Jahrhunderte, sagen die uralten Weisen, hatte Agni, das himmlische Feuer, das den glorreichen Körper der Devas formt und die Seele der Menschen reinigt, seine ätherischen Ausströmungen auf die Erde gegossen. Aber der glühende Hauch Kalis, der Göttin des Verlangens und des Todes, der wie sengender Atem den Abgründen der Erde entstieg, zog damals über alle Herzen. Die Gerechtigkeit hatte unter den edlen Söhnen des Pandu geherrscht, den Sonnenkönigen, die der Stimme der Weisen gehorchten. Als Sieger verziehen sie den Besiegten und behandelten sie wie ihresgleichen. Aber seitdem die Söhne der Sonne vertilgt oder von ihren Thronen verjagt worden waren und ihre wenigen Nachkommen sich bei den Anachoreten verborgen hielten, hatten die Ungerechtigkeit, der Ehrgeiz und der Haß die Oberhand gewonnen. Unbeständig und falsch wie das nächtliche Gestirn, das ihr Sinnbild war, bekriegten sich die lunaren Könige erbarmungslos. Einem jedoch war es gelungen, alle andern zu beherrschen durch den Schrecken und durch besondere Zauberkünste.

Im Norden Indiens, am Ufer eines breiten Flusses, blühte eine mächtige Stadt. Sie hatte zwölf Pagoden, zehn Paläste, hundert mit Türmen versehene Tore. Vielfarbige Banner wehten, beflügelten Schlangen gleich, von ihren hohen Mauern. Es war die stolze Madura, uneinnehmbar wie die Festung der Indra. Dort herrschte Kansa, der König mit dem hämischen Herzen, mit der unersättlichen Seele. Er duldete um sich herum nur Sklaven, er glaubte nur das zu besitzen, was er niedergetreten hatte, und was er besaß, schien ihm nichts im Vergleich zu dem, was ihm noch zu erobern übrigblieb. Alle Könige, welche den Mondkultus anerkannten, hatten ihm gehuldigt. Aber Kansa dachte daran, ganz Indien zu unterwerfen, von Lanka bis zum Himavat. Um dieses Vorgehen auszuführen, verbündete er sich mit Kalayeni, dem Herrn der Vyndhya-Berge, dem mächtigen König der Yavanas, der Männer mit dem gelben Gesicht. Als Sektierer der Göttin Kali hatte sich

Kalayeni den finstern Künsten der schwarzen Magie ergeben. Man nannte ihn den Freund der Rakshasas oder der nächtlichen Dämonen, weil er sich dieser Tiere bediente, um sein Volk und seine Feinde in Angst zu jagen. Im Innern eines dichten Waldes befand sich der in einen Berg hineingehauene Tempel der Göttin Kali, eine riesige schwarze Höhle, in deren Innerstes niemand gedrungen war und deren Eingang von Kolossen mit Tierköpfen, die in den Felsen hineingemeißelt waren, behütet war. Dahin führte man diejenigen, die Kalayeni huldigen wollten, um von ihm irgendeine geheime Kunst zu erlernen. Er erschien am Eingang des Tempels, umgeben von einer Menge ungeheurer Schlangen, die sich um seinen Körper wanden und sich beim Zeichen seines Zepters aufrichteten. Er zwang die ihm Tributpflichtigen vor diesen Tieren niederzufallen, deren ineinandergeschlungene Köpfe drohend über dem seinen hingen. Zu gleicher Zeit murmelte er eine geheimnisvolle Formel. Diejenigen, die sich diesem Ritus unterworfen und die Schlangen angebetet hatten, erlangten, sagte man, außerordentliche Gaben und alles, was sie wünschten. Aber sie verfielen unwiderruflich der Macht Kalayenis. Ob fern oder nah, sie blieben seine Sklaven. Versuchten sie seinem Gebot entgegenzuhandeln, ihm zu entfliehen, so glaubten sie den furchtbaren Magier vor sich zu sehen, umringt von seinen Drachen; sie sahen sich von ihren zischenden Köpfen umgeben, von ihren faszinierenden Augen gelähmt. Kansa schlug Kalayenis ein Bündnis vor. Der König der Yavanas versprach ihm die Herrschaft über die Erde unter der Bedingung, daß er seine Tochter heiraten würde.

Stolz wie eine Antilope und geschmeidig wie eine Schlange war die Tochter des königlichen Magiers, die schöne Nysumba, mit den goldenen Ohrgehängen, mit dem Busen schwarz wie Ebenholz. Ihr Gesicht glich einer dunklen Wolke, über welche die bläulichen Schatten des Mondes huschen, ihre Augen zwei Blitzen, ihr roter Mund einer saftig roten Frucht mit weißen Kernen. Man hätte sie für Kali selbst halten können, die Göttin des Verlangens. Bald herrschte sie als Herrin über das Herz Kansas, alle seine Leidenschaften zur Glut entfachend. Kansa hatte einen Palast, bewohnt von Frauen aller Farben, aber er hörte nur auf Nysumba.

»Hätte ich nur einen Sohn von dir«, sagte er, »ich würde ihn zu meinem Erben machen. Dann werde ich der Herr der Erde sein und niemanden mehr fürchten.«

Doch hatte Nysumba keinen Sohn, und ihr Herz war darüber erzürnt. Sie beneidete die anderen Frauen Kansas, deren Liebe fruchtbar gewesen war. Sie ließ durch ihren Vater die Opfer an Kali vermehren, aber ihr Schoß blieb unfruchtbar wie der Sand eines durchglühten Bodens. Da befahl der König von Madura, vor der ganzen Stadt das große Opfer des Feuers herzurichten und alle Devas anzurufen. Die Frauen Kansas und das Volk wohnten dem Fest bei mit großem Gepränge. Auf den Knien flehend riefen die Priester in ihren Gesängen den großen Varuna an, Indra, die Aswins und die Maruts. Die Königin Nysumba näherte sich und warf mit herausfordernder Gebärde eine Handvoll wohlriechender Essenzen in das Feuer, indem sie dabei in einer unbekannten Sprache eine magische Formel murmelte. Der Rauch verdichtete sich, die Flammen loderten empor und die entsetzten Priester riefen:

»O Königin, nicht die Devas, aber die Rakshasas sind über das Feuer geflogen. Dein Schoß wird unfruchtbar bleiben.«

Kansa näherte sich seinerseits dem Feuer und sagte:

»Dann sage mir, welche meiner Frauen den Herren der Welt gebären wird?«

In diesem Augenblicke näherte sich Devaki, die Schwester des Königs, dem Feuer. Sie war eine Jungfrau mit einfachem und reinem Herzen, die ihre Kindheit mit Spinnen und Weben zugebracht hatte und die wie in einem Traum lebte. Ihr Körper war auf der Erde, ihre Seele wurzelte immer im Himmel. Devaki kniete demütig nieder, die Götter anflehend, daß sie ihrem Bruder und der schönen Nysumba einen Sohn schenken möchten. Der Priester sah abwechselnd auf das Feuer und auf die Jungfrau. Plötzlich sagte er voll Erstaunen:

»O König von Madura, keiner deiner Söhne wird der Herr der Erde sein! Er wird von deiner Schwester hier geboren werden.«

Groß war die Bestürzung Kansas und der Zorn Nysumbas bei diesen Worten. Als die Königin allein war mit dem König, sagte sie zu ihm:

»Devaki muß auf der Stelle sterben!«

»Wie soll ich«, entgegnete Kansa, »meine Schwester umbringen? Wenn die Devas sie beschützen, wird ihre Rache auf mich fallen.«

»Dann«, sagte Nysumba voll Wut, »soll sie an meiner Stelle herrschen. Möge deine Schwester denjenigen zur Welt bringen, der einst dich schmählich umbringen wird. Aber ich will nicht mit einem Feigling herrschen, der die Devas fürchtet, und ich kehre zurück zu meinem Vater Kalayeni.«

Die Augen Nysumbas schossen falsche Blitze, auf ihrem schwarzen, glänzenden Nacken bewegten sich die Halsspangen. Sie warf sich auf die Erde, und ihr schöner Körper wand sich wie derjenige einer wütenden Schlange. Kansa, unter dem drohenden Eindruck, sie zu verlieren, und angestachelt von einer schrecklichen Wollust, wurde von Angst und einem neuen Verlangen ergriffen.

»Nun wohl«, sagte er, »Devaki wird sterben, aber verlaß mich nicht.«

In Nysumbas Augen blitzte es triumphierend auf, eine Blutwelle ergoß sich über ihr schwarzes Gesicht. Behend sprang sie auf und umschlang den gezähmten Tyrannen mit ihren geschmeidigen Armen. Dann, ihn berührend mit ihrem wie Ebenholz schimmernden Busen, dem berauschende Düfte entströmten, und ihren brennenden Lippen, murmelte sie mit leiser Stimme:

»Wir werden Kali, Göttin des Verlangens und des Todes, ein Opfer darbringen und sie wird uns einen Sohn geben, welcher der Herr der Welt sein wird.«

In derselben Nacht jedoch sah der Purohita, der oberste Opferpriester, im Traum den König Kansa, der das Schwert gegen seine Schwester zog. Alsbald begab er sich zur Jungfrau Devaki und kündete ihr, daß Todesgefahr ihr drohe, und befahl ihr, ohne Zögern zu den Anachoreten zu fliehen. Devaki, vom Priester des Feuers unterwiesen, als Büßerin verkleidet, verließ den Palast des Kansa und die Stadt Madura, ohne daß irgend jemand es bemerkte. Bei Morgengrauen suchten die Soldaten die Schwester des Königs, um sie zu töten, aber sie fanden ihr Zimmer leer. Der König befragte die Hüter der Stadt. Sie antworteten, daß die Tore während der ganzen Nacht geschlossen waren. Aber in ihrem Schlaf hatten sie die dunklen Mauern der Festung unter einem Lichtstrahl sich öffnen und eine Frau aus der Stadt gehen sehen, diesem Strahl folgend. Kansa begriff, daß eine unbesiegbare Macht Devaki beschützte. Von da an schlich die Furcht in seine Seele, und er begann seine Schwester tödlich zu hassen.

Die Jungfrau Devaki

Als Devaki, bekleidet mit einem Gewand aus Holzrinde, das ihre Schönheit verhüllte, in die weiten Einöden der Riesenwälder trat, wankte sie, von Müdigkeit und Hunger erschöpft. Aber kaum hatte sie den Schatten dieser wunderbaren Wälder empfunden, von den Früchten des Mangobaumes gekostet und die frische Kühle einer Quelle eingeatmet, als sie wie eine ermattete Blume sich neu belebte. Sie trat erst unter riesengroße Gewölbe, aus massiven Baumstämmen gebildet, deren Äste sich in den Boden wieder einpflanzten und ihre Arkaden bis ins Unendliche vermehrten.

Lange schritt sie dort, vor der Sonne geschützt, wie in einer dunklen Pagode ohne Ausgang. Das Summen der Bienen, der Schrei der verliebten Pfaue, der Gesang der Kokilas und tausend anderer Vögel zogen sie immer weiter ins Dickicht hinein. Und immer riesiger wurden die Bäume, immer tiefer und verschlungener der Wald. Stamm drängte sich an Stamm, Laub wölbte sich über Laub in Form von Kuppeln, von wachsenden Pylonen. Bald schritt Devaki durch Laubgänge, welche die Sonne mit Lichtfluten erfüllten und wo Baumstämme lagen, die der Sturm umgeworfen; bald blieb sie unter Mangobäumen und Açokas stehen, von welchen Lianengewinde niederfielen und Blumen regneten. Hirsche und Panther sprangen im Dickicht; oft auch krachten die Zweige unter dem Tritt der Büffel, oder Herden von Affen sprangen schreiend in den Ästen. So wanderte sie den ganzen Tag. Gegen Abend erblickte sie über einem Bambushain den unbeweglichen Kopf eines weißen Elefanten. Er schaute auf die Jungfrau mit einem verständigen und schutzverheißenden Blick und hob seinen Rüssel, wie um sie zu grüßen. Da lichtete sich der Wald, und Devaki erblickte eine Landschaft voll tiefen Friedens, voll himmlischen und paradiesischen Zaubers.

Vor ihr breitete sich ein See aus, bedeckt mit Lotosblumen und blauen Seerosen; seine himmelblaue Fläche erstrahlte in dem großen Wald wie ein anderer Himmel. Sittsame Störche träumten unbeweglich auf seinen Ufern, und zwei Gazellen tranken in seinen Wassern. Von dem anderen Ufer lächelte freundlich im Schutz der Palmen die Einsiedelei der Anachoreten herüber. Ein rosiges und stilles Licht umflutete den Wald, den See und die Wohnung der heiligen Rishis. Am Horizont überragte der weiße Gipfel des Meruberges den Ozean von Wäldern. Der frische Hauch eines unsichtbaren Flusses belebte die Pflanzen, und ein sanfter Luftzug trug den gedämpften Donner eines fernen Kataraktes wie eine Liebkosung oder wie eine Melodie.

Am Ufer des Teiches sah Devaki eine Barke. Daneben stehend schien ein Mann in reifen Jahren, ein Anachoret, auf sie zu warten. Schweigend bedeutete er der Jungfrau, in die Barke zu steigen, und nahm die Ruder. Während der Kahn, die Seerosen streifend, vorwärtsschnellte, erblicke Devaki das auf dem See schwimmende Weibchen eines Schwans. Mit kühnem Flug begann ein aus den Lüften kommender männlicher Schwan große Kreise um sie zu ziehen und ließ sich dann auf dem Wasser neben seine Gefährtin nieder, mit seinem schneeweißen Gefieder leise rauschend. Bei diesem Anblick erbebte Devaki tief, ohne zu wissen, warum. Doch die Barke war an das andere Ufer gestoßen, und die Jungfrau mit den Lotusaugen befand sich vor dem König der Anachoreten: Vasishta.

Auf einem Rehfell sitzend und selbst mit dem Fell einer schwarzen Antilope bekleidet, hatte er das ehrwürdige Aussehen eines Gottes eher als dasjenige eines Menschen. Sein Haar und sein Bart waren weiß wie die Gipfel des Himavat, seine Haut durchsichtig, der Blick seiner verlangenlosen Augen nach innen gerichtet durch die Meditation.

Als er Devaki erblickte, stand er auf und grüßte sie mit den Worten: »Devaki, Schwester des berühmten Kansa, sei willkommen unter uns. Von Mahadeva, unserm höchsten Herrn, geführt, hast du die Welt des Elends verlassen und bist in die Welt der Wonnen eingekehrt. Denn nun bist du unter den heiligen Rishis, den Herren ihrer Sinne, die glücklich über ihr Schicksal sind und begierig, den Weg des Himmels zu finden. Lange schon warteten wir auf dich, wie die Nacht auf die Morgenröte wartet. Denn wir sind das über der Welt geöffnete Auge der Devas, wir, die wir in der Tiefe der Wälder leben. Die Menschen sehen uns nicht, aber wir sehen die Menschen und verfolgen ihre Taten. Wir haben dich auserkoren zum Werk der Befreiung, und die Devas haben dich durch uns erwählt. Denn in dem Schoß einer Frau soll der Strahl göttlicher Herrlichkeit eine menschliche Form annehmen.«

In diesem Augenblick traten die Rishis aus der Einsiedelei zum Gebet des Abends. Der alte Vasishta befahl ihnen, sich bis zur Erde vor Devaki zu verneigen. Sie beugten sich, und Vasishta fuhr fort: »Diese wird unser aller Mutter sein, denn von ihr wird der Geist geboren werden, der uns wieder erneuern soll.« Dann sich zu ihr wendend: »Geh, meine Tochter, die Rishis werden dich zum Nachbarteich führen, wo du zwischen den büßenden Schwestern leben sollst. Du wirst unter ihnen wohnen, und die Mysterien werden sich erfüllen.«

Devaki ging, um in der von Lianen umringten Einsiedelei zu wohnen, bei den frommen Frauen, welche die zahmen Gazellen ernähren und sich den Reinigungen und dem Gebet ergeben. Devaki nahm an ihren Opfern teil. Eine alte Frau hatte ihr die geheimen Unterweisungen gegeben. Diese Büßerinnen hatten den Befehl erhalten, sie wie eine Königin mit köstlichen Stoffen zu kleiden und sie allein im tiefen Wald wandeln zu lassen. Und der Wald voller Düfte, Stimmen und Mysterien zog das junge Mädchen an. Manchmal begegnete sie Zügen von alten Anachoreten, die von einem Fluß kamen. Wenn sie sie sahen, knieten sie vor ihr nieder und setzten dann ihren Weg fort. Eines Tages erblickte sie neben einer von rosenroten Lotusblumen umschleierten Quelle einen jungen Anachoreten im Gebet. Er stand auf, als sie sich näherte, warf auf sie einen tiefen und traurigen Blick und entfernte sich schweigend. Die feierlichen Gesichter der Greise, das Bild der beiden Schwäne und der Blick des jungen Anachoreten verfolgten die Jungfrau in ihren Träumen.

Neben der Quelle stand seit undenklichen Zeiten ein Baum mit breiten Ästen, den die heiligen Rishis den »Lebensbaum« nannten. Devaki liebte, sich in seinen Schatten zu setzen. Oft schlief sie dort ein, von sonderbaren Visionen heimgesucht. Stimmen sangen hinter den Blättern: »Heil dir, Devaki! Er wird kommen, von Licht gekrönt, dieser reine Strom aus der großen Weltenseele, und die Sterne werden vor seiner Herrlichkeit erblassen. – Er wird kommen, und das Leben wird den Tod besiegen, und er wird das Blut aller Wesen verjüngen. – Er wird kommen, süßer als der Honig und die Amrita, reiner als das Lamm ohne Makel und der Mund einer Jungfrau, und alle Herzen werden hingerissen sein vor Liebe. – Heil, Heil, Heil dir, Devaki!«[11] Waren es die Anachoreten? Waren es die Devas, die so sangen? Manchmal schien es ihr, als ob ein ferner Einfluß oder eine geheimnisvolle Gegenwart, wie eine unsichtbare Hand über sie ausgebreitet, sie zwang, zu schlafen.

Dann fiel sie in einen tiefen, köstlichen, unerklärlichen Schlummer, aus welchem sie bestürzt und verwirrt aufwachte. Sie sah sich um, wie um jemanden zu suchen, aber nie erblickte sie jemanden. Nur manchmal fand sie Rosen auf ihrem Blätterlager und einen Rosenkranz in ihren Händen.

Eines Tages fiel Devaki in eine tiefere Ekstase. Sie hörte eine himmlische Musik, gleich einem Ozean von Harfen und göttlichen Stimmen. Plötzlich öffnete sich der Himmel wie in Abgründen von Licht. Tausende von herrlichen Wesen schauten sie an, und im Glanz eines lodernden Strahls erschien ihr Mahadeva, die Sonne der Sonnen, in menschlicher Form. Überschattet vom Geist der Welten, verlor sie das Bewußtsein, und im Vergessen der Erde, in einer grenzenlosen Seligkeit, empfing sie das göttliche Kind[12].

Als sieben Monde ihre magischen Kreise um den heiligen Wald gezogen hatten, ließ das Haupt der Anachoreten Devaki zu sich rufen: »Der Wille der Devas hat sich erfüllt«, sagte er, »du hast in der Reinheit des Herzens und in göttlicher Liebe empfangen. Jungfrau und Mutter, wir grüßen dich. Ein Sohn wird von dir geboren werden, welcher der Erlöser der Welt sein wird. Aber dein Bruder Kansa sucht dich, um dich zu töten und die zarte Frucht, die du in deinem Leibe trägst. Du mußt vor ihm geschützt werden. Die Brüder werden dich zu den Hirten führen, die am Fuß des Meru wohnen, unter den duftenden Zedern, in der reinen Luft des Himavat. Dort wirst du deinen göttlichen Sohn gebären, und du wirst ihn nennen: Krishna, den Gesalbten. Doch muß er in Unkenntnis seiner Herkunft und der deinen verbleiben; sprich ihm nie davon. Geh ohne Furcht, denn wir wachen über dich.«

Und Devaki ging zu den Hirten des Berges Meru.

Die Jugend Krishnas

Am Fuß des Berges Meru dehnte sich ein frisches Tal, von Weidegründen bedeckt und weiten Zedernwäldern umzäunt, in denen der reine Hauch des Himavat wehte. In diesem hohen Tal wohnte ein Hirtenstamm, über welchen der Patriarch Nanda herrschte, der Freund der Anachoreten. Dort fand Devaki Schutz vor den Verfolgungen des Tyrannen von Madura; und dort in der Wohnung des Nanda brachte sie ihren Sohn Krishna zur Welt. Außer Nanda wußte niemand, wer die Fremde sei und von wem sie ihren Sohn habe. Die Frauen des Landes sagten nur: »Es ist ein Sohn der Gandharvas[13]. Denn Indras Musiker müssen der Liebe dieser Frau vorgewaltet haben, die einer himmlischen Nymphe, einer Apsara gleicht.« Das wunderbare Kind der unbekannten Frau wuchs auf zwischen den Hirten und den Herden, unter dem Auge seiner Mutter. Die Hirten nannten ihn den »Strahlenden«, weil seine Gegenwart allein, sein Lächeln und seine großen Augen die Gabe hatten, Freude zu verbreiten. Tiere, Kinder, Frauen, Männer, alle liebten ihn, und er schien alle zu lieben, seiner Mutter zulächelnd, mit den Schafen und den Kindern seines Alters spielend oder mit den Greisen redend. Das Kind Krishna war ohne Furcht, voll Mut und kühner Taten. Manchmal begegnete man ihm im Wald, auf dem Moose liegend, junge Panther umschlingend und ihnen den offenen Rachen haltend, ohne daß sie es zu beißen wagten. Es hatte auch plötzliche Regungslosigkeiten, tiefe Bestürzungen, sonderbare Traurigkeiten. Dann hielt es sich abseits, und feierlich, in sich gekehrt, blickte es vor sich ohne zu antworten. Aber über alle Dinge und Wesen liebte Krishna seine junge Mutter, die Schöne, Strahlende, die ihm vom Himmel der Devas sprach, von Heldenkämpfen und von wunderbaren Dingen, die sie bei den Anachoreten gelernt hatte. Und die Hirten, die ihre Herden unter die Zedern des Berges Meru führten, sagten:

»Wer ist diese Mutter, und wer ist ihr Sohn? Ob auch gekleidet wie unsere Frauen, sieht sie einer Königin ähnlich. Das wunderbare Kind wird mit den unsern erzogen, und doch gleicht es ihnen nicht. Ist es ein Genius? Ist es ein Gott? Wer es auch sei, es wird uns Glück bringen.«

Als Krishna fünfzehn Jahre alt war, wurde seine Mutter Devaki von dem Haupt der Anachoreten zurückgerufen. Eines Tages verschwand sie, ohne von ihrem Sohn Abschied zu nehmen. Als Krishna sie nicht mehr sah, ging er zum Patriarchen Nanda und fragte:

»Wo ist meine Mutter?«

Nanda antwortete, das Haupt senkend:

»Mein Kind, frage mich nicht. Deine Mutter hat eine lange Reise unternommen. Sie ist zurückgekehrt in das Land, aus welchem sie gekommen ist, und ich weiß nicht, wann sie wiederkommen wird.«

Krishna antwortete nichts, fiel aber in so tiefes Sinnen, daß alle Kinder sich von ihm entfernten, wie von abergläubischer Furcht erfüllt. Krishna verließ seine Gefährten und ihre Spiele und, verloren in seinen Gedanken, ging er allein auf den Berg Meru. So irrte er mehrere Wochen umher. Eines Morgens erreichte er einen hohen bewaldeten Gipfel, von wo aus der Blick sich über die Kette des Himavat erstreckte. Plötzlich sah er neben sich, aufrecht unter den riesigen Zedern, in dem weißen Gewand eines Anachoreten, einen hohen Greis, umstrahlt vom Morgenlicht. Er schien hundert Jahre alt. Auf seinem schneeweißen Bart und seiner kahlen Stirn lag der Abglanz der Majestät. Das Kind voll Leben und der Hundertjährige sahen sich lange an.

Die Augen des Greises ruhten mit Wohlgefallen auf Krishna. Aber Krishna war so erstaunt, ihn zu sehen, daß er vor Bewunderung verstummte. Obgleich er ihn zum erstenmal sah, schien er ihm bekannt.

»Wen suchst du?« fragte endlich der Greis.

»Meine Mutter.«

»Sie ist nicht mehr hier.«

»Wo werde ich sie wiederfinden?«

»Bei demjenigen, der sich niemals ändert.«

»Wie aber finde ich ihn?«

»Suche.«

»Und dich, werde ich dich wiedersehen?«

»Ja, wenn die Tochter der Schlange den Sohn des Stieres zum Verbrechen treiben wird, dann wirst du mich in einer purpurnen Morgenröte wiedersehen. Dann wirst du den Stier erwürgen und den Kopf der Schlange zertreten. Sohn des Mahadeva, wisse, daß du und ich nur eins in ihm sind! Suche ihn – suche, suche ohne Aufhören!«

Und der Greis streckte segnend die Arme aus. Dann wandte er sich und tat einige Schritte unter den hohen Zedern in der Richtung des Himavat. Plötzlich schien es Krishna, als ob seine majestätische Form durchsichtig würde, dann erzitterte diese und verschwand, unter dem Flimmern der Zweige mit den feinen Nadeln, in einer Lichtvibration[14].

Als Krishna vom Berg Meru hinunterstieg, schien er wie umgewandelt. Eine neue Energie strahlte von seinem Wesen aus. Er sammelte seine Gefährten und sagte ihnen: »Laßt uns kämpfen gegen die Stiere und die Schlangen; laßt uns die Guten verteidigen und die Bösen zermalmen.« Den Bogen in der Hand und das Schwert an der Seite, durchstreiften Krishna und seine Gefährten, die in Krieger verwandelten Söhne der Hirten, die Wälder, kämpfend gegen wilde Tiere. Im Dickicht der Wälder hörte man das Geheul der Hyänen, der Schakale und der Tiger und das Triumphgeschrei der jungen Leute vor den erlegten Tieren. Krishna tötete und bändigte Löwen, führte Krieg mit Königen und befreite unterdrückte Völkerschaften. Aber Traurigkeit lebte im Innern seines Herzens. Sein Herz hatte nur einen tiefen, geheimnisvollen, uneingestandenen Wunsch: seine Mutter wiederzufinden und den sonderbaren erhabenen Greis wiederzusehen. Er erinnerte sich an dessen Worte: »Hat er mir nicht versprochen, daß ich ihn wiedersehen werde, wenn ich den Kopf der Schlange zertreten haben werde? Hat er mir nicht gesagt, daß ich meine Mutter wiederfinden werde neben demjenigen, der niemals sich ändert?«

Aber wieviel er auch stritt, siegte, tötete, den erhabenen Greis und die strahlende Mutter sah er nicht wieder. Eines Tages hörte er von Kalayeni, dem König der Schlangen, und verlangte, mit dem schrecklichsten seiner Drachen zu kämpfen in Gegenwart des schwarzen Magiers. Man sagte, daß dieses Tier, von Kalayeni abgerichtet, schon Hunderte von Menschen aufgefressen habe und daß sein Blick den Mutigsten vor Schreck erstarren ließ. Aus dem Innern des finstern Tempels von Kali sah Krishna, auf den Ruf von Kalayeni, einen langen Lindwurm von grünlich-blauer Farbe kommen. Das Tier richtete langsam seinen dicken Körper auf, sein roter Kamm schwoll an, und seine stechenden Augen entzündeten sich in dem ungeheuren, von glänzenden Schuppen gepanzerten Kopf. »Dieser Wurm«, sagte Kalayeni, »weiß viele Dinge; er ist ein mächtiger Dämon. Er wird sie nur dem sagen, der ihn töten wird, aber er tötet diejenigen, die unterliegen. Er hat dich gesehen, er blickt dich an; du bist in seiner Macht. Es bleibt dir nur übrig ihn anzubeten oder in einem unsinnigen Kampf unterzugehen.« Bei diesen Worten ergrimmte Krishna, denn er fühlte, daß sein Herz gleich der Spitze eines Blitzstrahls war. Er sah das Ungeheuer an und warf sich auf dasselbe, in dem er es unter dem Kopf packte. Der Mann und die Schlange rollten auf den Stufen des Tempels. Aber bevor das Tier ihn mit seinen Ringen umwunden hatte, schnitt ihm Krishna mit seinem Schwert den Kopf ab, und sich von dem noch zuckenden Körper lösend, hob der junge Sieger mit seiner linken Hand triumphierend den Kopf des Wurmes in die Höhe. Aber dieser Kopf lebte noch; er blickte noch immer auf Krishna und sagte zu ihm: »Warum hast du mich getötet, Sohn des Mahadeva? Glaubst du die Wahrheit zu finden, indem du die Lebenden tötest? Unsinniger, du wirst sie nur finden in deinem eigenen Todesröcheln. Der Tod ist im Leben, das Leben im Tod. Fürchte die Tochter der Schlange und das vergossene Blut. Sei auf der Hut! Sei auf der Hut!« So sprechend starb der Wurm. Krishna ließ sein Haupt sinken und ging voll Grauen weg. Aber Kalayeni sagte: »Ich kann nichts über diesen Mann; Kali allein könnte ihn durch einen Zauber bändigen.«

Nachdem er einen Monat lang Reinigungen und Gebete am Ufer des Ganges verrichtet, nachdem er sich im Licht der Sonne und im Gedanken Mahadevas gereinigt hatte, kehrte Krishna in sein Heimatland zurück, zu den Hirten des Berges Meru.

Die strahlende Kugel des Herbstmondes stieg über die Zedernwälder, und die Luft erfüllte sich nachts mit dem Wohlgeruch der wilden Lilien, in welchen während des Tages die Bienen summten. Unter einem großen Zedernbaum am Rand einer Wiese sitzend, träumte Krishna, ermüdet von den eitlen Kämpfen der Erde, von den Götterkämpfen und der Unendlichkeit des Himmels. Je mehr er an seine lichte Mutter und an den erhabenen Greis dachte, desto mehr schienen ihm seine kindlichen Heldentaten verachtungswert, desto mehr wurden die himmlischen Dinge in ihm lebendig. Ein trostreicher Zauber, ein göttliches Rückerinnern erfüllte ihn ganz. Da entströmte seinem Herzen ein Dankeshymnus an Mahadeva, er entquoll seinen Lippen in einer milden und göttlichen Melodie. Von diesem wunderbaren Gesang angezogen, traten die Gopis, die Töchter und Frauen der Hirten, aus ihren Wohnungen. Die ersten, als sie auf dem Wege Greise aus ihrer Familie erblickten, kehrten schnell heim, nachdem sie sich den Anschein gegeben hatten, eine Blume zu pflücken, einige kamen näher und riefen: »Krishna! Krishna!«, dann flüchteten sie beschämt. Allmählich mutiger werdend umgaben die Frauen, entzückt von seinen Melodien, Krishna in Gruppen, wie schüchterne und neugierige Gazellen. Aber er, versunken im Traum der Götter, sah sie nicht. Durch seinen Gesang in immer größere Erregung versetzt, begannen die Gopis ungeduldig darüber zu werden, daß er sie nicht sah. Nischdali, die Tochter Nandas, war, geschlossenen Auges, in eine Art Ekstase gefallen. Aber ihre kühnere Schwester, Sarasvati, glitt zum Sohn Devakis hin und schmiegte sich an seine Seite, dann sagte sie mit zärtlicher Stimme:

»O Krishna, siehst du nicht, daß wir dir lauschen und in unsern Wohnungen nicht mehr schlafen können? Deine Melodien haben uns entzückt, o herrlicher Held! Wir sind von deiner Stimme gefesselt und können dich nicht mehr entbehren.«

»O singe noch«, sagte ein junges Mädchen, »lehre uns unsere Stimmen modulieren!«

»Lehre uns den Tanz«, sagte eine Frau.

Und Krishna, aus seinem Traum erwachend, warf den Gopis wohlwollende Blicke zu. Er sprach zu ihnen sanfte Worte, und indem er ihre Hand ergriff, ließ er sie auf dem Rasen sitzen, im Schatten der großen Zedern, unter dem Licht des glänzenden Mondes. Dann erzählte er ihnen, was er in sich selbst geschaut hatte:

die Geschichte der Götter und der Helden, die Kriege Indras und die Heldentaten des göttlichen Rama. Frauen und junge Mädchen hörten entzückt zu. Diese Erzählungen dauerten bis zum Anbruch des Tages. Wenn dann die rosige Morgenröte hinter dem Berg Meru emporstieg und unter den Zedern die Kokilas zu zwitschern anfingen, schlichen die Töchter und Frauen der Gopis verstohlen in ihre Häuser zurück. Als Krishna sah, daß sie sich für seine Erzählungen begeisterten, lehrte er sie, mit ihrer Stimme zu besingen, mit ihren Gebärden darzustellen die herrlichen Taten der Helden und Götter. Den einen gab er Vinas, deren Saiten wie Seelen erzittern, den andern Zimbeln, die widerhallen wie die Herzen der Krieger; andern Trommeln, die den Donner nachahmen. Und die Schönsten wählend, belebte er sie mit seinen Gedanken. Mit ausgestreckten Armen, wie in einem göttlichen Traum schreitend und sich bewegend, stellten die geweihten Tänzerinnen die Majestät Varunas dar, den Zorn Indras, der den Drachen tötet, oder die Verzweiflung der verlassenen Maya. So lebten die Kämpfe und die ewige Herrlichkeit der Götter, die Krishna in sich selbst betrachtet hatte, wieder auf in diesen glücklichen und verklärten Frauen.

Eines Morgens hatten sich die Gopis zerstreut. Der Silberklang ihrer verschiedenen Instrumente, ihrer singenden und lachenden Stimmen war in der Ferne verhallt. Krishna, allein geblieben unter der großen Zeder, sah die beiden Töchter des Nanda, Sarasvati und Nischdali, sich ihm nähern. Sie setzten sich an seine Seite. Sarasvati, ihre Arme um Krishnas Hals geschlungen, ließ ihre Spangen erklingen und sprach zu ihm:

»Indem du uns die heiligen Gesänge und Tänze gelehrt hast, hast du die glücklichsten Frauen aus uns gemacht; aber wir werden die unglücklichsten sein, wenn du uns verlassen haben wirst. Was wird aus uns werden, wenn wir dich nicht mehr sehen? O Krishna! Heirate uns, meine Schwester und mich, wir werden deine treuen Frauen sein, und unsere Augen werden nicht den Schmerz erleben, dich zu verlieren.«

Während Sarasvati so sprach, schloß Nischdali die Augenlider wie in Ekstase.

»Nischdali, warum schließt du die Augen?« fragte Krishna.

»Sie ist eifersüchtig«, antwortete Sarasvati lachend, »sie will nicht meine Arme um deinen Hals sehen.«

»Nein«, antwortete Nischdali errötend, »ich schließ die Augen, um dein Bild zu betrachten, das sich im Innern meines Herzens eingeprägt hat. Krishna, du kannst gehen, ich werde dich nie verlieren.«

Krishna war nachdenklich geworden. Er löste lächelnd die leidenschaftlich um seinen Hals geschlungenen Arme Sarasvatis. Dann sah er abwechselnd beide Frauen an und schlang seine beiden Arme um sie. Er legte erst seinen Mund auf die Lippen Sarasvatis, dann auf die Augen Nischdalis. In diesen beiden langen Küssen schien der junge Krishna alle Wollust der Erde zu erproben und zu genießen. Plötzlich erbebte er und sagte:

»Du bist schön, o Sarasvati! Du, deren Lippen den Duft des Ambers und aller Blumen haben; du bist entzückend, o Nischdali, du, deren Wimper so tiefe Augen verschleiern und die du in dich selbst zu sehen verstehst. Ich liebe euch alle beide. Aber wie soll ich euch heiraten, da mein Herz sich zwischen euch teilen müßte?«

»Ach, er wird nie lieben!« sagte Sarasvati mit Unmut.

»Ich werde nur mit ewiger Liebe lieben.«

»Und was muß geschehen, damit du so liebst?« fragte Nischdali zärtlich.

Krishna war aufgestanden, seine Augen flammten.

»Um mit ewiger Liebe zu lieben«, sagte er, »muß das Licht des Tages verlöschen, muß der Blitz in mein Herz fallen und meine Seele entrückt werden bis in den höchsten Himmel.«

Während er so sprach, schien es den jungen Mädchen, als ob er um Hauptеslänge wüchse. Plötzlich wurden sie von Furcht ergriffen und gingen weinend heim. Krishna ging allein den Weg zum Berg Meru. In der andern Nacht versammelten sich die Gopis zu ihren Spielen, doch warteten sie vergebens auf ihren Herrn. Er war verschwunden, ihnen nur eine Essenz, einen Duft seines Wesens hinterlassend: die heiligen Gesänge und Spiele.

Als der König Kansa erfahren hatte, daß seine Schwester Devaki bei den Anachoreten gelebt hatte, und er sie nicht entdecken konnte, fing er an, die Anachoreten zu verfolgen und auf sie Jagd zu machen wie auf wilde Tiere. Sie mußten in den entlegensten und wildesten Teil des Waldes flüchten. Da machte sich ihr Führer, der greise Vasishta, obgleich hundert Jahre alt, auf den Weg, um mit dem König von Madura zu sprechen. Die Wachen sahen mit Staunen vor den Toren des Palastes einen blinden Greis, den eine am Seil gehaltene Gazelle führte. Voll Ehrfurcht für den Rishi ließen sie ihn weitergehen. Vasishta näherte sich dem Thron, auf welchem Kansa neben Nysumba saß, und sagte zu ihm:

»Kansa, König von Madura, wehe dir, Sohn des Stieres, der du die Einsiedler des heiligen Waldes verfolgst. Wehe dir, Tochter des Lindwurms, die du ihm den Haß einflößest. Der Tag der Vergeltung ist nah. Wisset, daß Devakis Sohn lebt. Er wird kommen, bedeckt mit einer unzerbrechlichen Rüstung, und er wird dich von deinem Thron in die Schande jagen. Jetzt zittert und erlebt die Angst; es ist die Strafe, die die Devas über euch verhängen.«

Die Krieger, die Wachen, die Diener waren vor dem heiligen Greis niedergekniet, der, von seiner Gazelle geführt, hinaustrat, ohne daß jemand ihn anzurühren gewagt hätte. Aber von diesem Tag an sannen Kansa und Nysumba auf Mittel, um den König der Anachoreten heimlich zu ermorden. Devaki war gestorben, und niemand außer Vasishta wußte, daß Krishna ihr Sohn sei. Doch war der Ruf seiner Heldentaten bis zu den Ohren Kansas gedrungen. Kansa dachte: »Ich brauche einen starken Mann, um mich zu schützen. Derjenige, der den großen Drachen von Kalayeni getötet hat, wird den Anachoreten nicht fürchten.« Als er dies gedacht hatte, ließ Kansa dem Patriarchen Nanda sagen: »Schicke mir den jungen Helden Krishna, damit ich ihn zu meinem Wagenlenker und meinem ersten Ratgeber mache[15].«

Nanda teilte Krishna den Befehl des Königs mit, und Krishna antwortete: »Ich werde gehen.« Für sich dachte er: »Könnte der König von Madura derjenige sein, der sich stets gleichbleibt? Durch ihn werde ich wissen, wo sich meine Mutter befindet.«

Als Kansa die Kraft, die Geschicklichkeit und den Verstand Krishnas erkannte, hatte er Wohlgefallen an ihm und vertraute ihm die Führung des Königreichs an. Als jedoch Nysumba den Helden vom Berg Meru erblickte, erbebte sie, von einem unreinen Verlangen ergriffen, und ihr schlauer Verstand ersann einen teuflischen Plan im Licht eines verbrecherischen Gedankens. Ohne Wissen des Königs ließ sie den Wagenlenker in ihre Frauengemächer rufen. Als Magierin besaß sie die Macht, sich durch mächtige Zaubertränke plötzlich zu verjüngen. Der Sohn Devakis fand Nysumba mit ihrer wie Ebenholz leuchtenden Haut beinah nackt auf einem purpurnen Lager; goldene Spangen umschlossen ihre Fußgelenke und Arme; ein Diadem aus Edelsteinen erstrahlte auf ihrem Haupt. Zu ihren Füßen brannte ein kupfernes Kohlenbecken, aus welchem Wolken von Wohlgerüchen strömten.

»Krishna«, sagte die Tochter des Königs der Schlangen, »deine Stirn ist ruhiger als der Schnee des Himavats, und dein Herz ist wie der Pfeil des Blitzes. In deiner Unschuld erstrahlst du über den Königen der Erde. Hier bist du von niemand erkannt; du selbst kennst dich nicht. Ich allein weiß, wer du bist; die Devas haben aus dir den Herrn der Menschen gemacht; ich allein kann aus dir den Herrn der Welt machen. Willst du?«

»Wenn es Mahadeva ist, der aus deinem Munde spricht«, sagte Krishna ernst, »wirst du mir sagen, wo meine Mutter ist und wo ich den großen Greis wiederfinden werde, der unter den Zedern des Berges Meru zu mir gesprochen hat.«

»Deine Mutter?« sagte Nysumba mit einem verächtlichen Lächeln, »sicherlich bin nicht ich es, die es dir sagen wird, und auch deinen Greis kenne ich nicht. Unsinniger! Du gehst Träumen nach, und du siehst nicht die Schätze der Erde, die ich dir biete. Es gibt Könige, die die Krone tragen und keine Könige sind. Es gibt Hirtensöhne, die die Königswürde auf ihrer Stirn tragen und die ihre Kraft nicht kennen. Du bist stark, du bist jung, du bist schön; die Herzen gehören dir. Töte den König in seinem Schlaf, und ich werde die Krone auf dein Haupt drücken, und du wirst der Herr der Welt sein. Denn ich liebe dich, und du bist mir vorherbestimmt. Ich will es, ich befehle es!«

Während sie so sprach, hatte sich die Königin aufgerichtet, gebieterisch, faszinierend, schrecklich wie eine schöne Schlange. Sich von ihrem Lager erhebend, schoß sie aus ihren schwarzen Augen eine so dunkle, stechende Flamme in die klaren Augen Krishnas, daß dieser entsetzt erzitterte. In diesem Blick trat ihm die Hölle entgegen. Er sah den Abgrund des Tempels von Kali, der Göttin des Verlangens und des Todes, und Schlangen, die sich dort wanden wie in einer ewigen Agonie. Da plötzlich wurden die Augen Krishnas wie zwei Schwerter. Sie durchbohrten die Königin von allen Seiten, und der Held des Berges Meru rief:

»Ich bleibe treu dem König, der mich zum Beschützer gewählt hat, aber du, wisse, daß du sterben wirst.«

Nysumba stieß einen Schrei aus und wälzte sich auf ihrem Lager. All ihre künstliche Jugend war verschwunden; sie war wieder alt und runzlig geworden. Krishna ging, sie ihrem Zorn überlassend.

Von den Worten des Anachoreten Tag und Nacht verfolgt, sagte der König von Madura zu seinem Wagenlenker:

»Seit der Feind den Fuß in meinen Palast gesetzt hat, schlafe ich nicht mehr in Frieden auf meinem Thron. Ein höllischer Zauberer, den man Vasishta nennt, der in einem tiefen Wald wohnt, kam hierher, um seinen Fluch auf mich zu laden. Seitdem atme ich nicht mehr, der Alte hat meine Tage vergiftet. Mit dir aber fürchte ich nichts, fürchte ich ihn nicht. Komm mit mir in den verfluchten Wald. Ein Spion, der alle Pfade kennt, wird uns zu ihm führen. Sobald du ihn sehen wirst, lauf zu ihm und erschlage ihn, bevor er ein Wort hat sprechen oder dir einen Blick hat zuwerfen können. Wenn er tödlich verwundet sein wird, frage ihn, wo der Sohn meiner Schwester Devaki ist und welches sein Name ist. Der Friede meines Reiches hängt von diesem Geheimnis ab.«

»Sei ruhig«, sagte Krishna, »ich habe mich nicht vor Kalayeni noch vor dem Drachen der Kali gefürchtet. Wer könnte mich jetzt zum Zittern bringen? Wie mächtig auch dieser Mann sei, ich werde wissen, was er dir verbirgt.«

Als Jäger verkleidet, rollten der König und sein Lenker auf einem Wagen mit feurigen Pferden, mit schnellen Rädern. Der Spion, der den Wald durchforscht hatte, stand hinter ihnen. Es war kurz vor der Periode der Regen. Die Flüsse schwollen, Pflanzenwuchs bedeckte die Wege, und auf dem Rücken der Wolken war die weiße Linie der Störche sichtbar. Als sie sich dem heiligen Wald näherten, verdunkelte sich der Horizont, die Sonne verschleierte sich, die Atmosphäre erfüllte ein kupferner Nebel. Vom sturmerfüllten Himmel hingen die Wolken wie Rüssel über dem mächtig bewegten Astwerk der Wälder.

»Warum«, sagte Krishna zum König, »hat sich der Himmel so plötzlich verdunkelt und ist der Wald so schwarz geworden?«

»Ich sehe es wohl«, sagte der König von Madura, »es ist Vasishta, der böse Einsiedler, der den Himmel verdunkelt und den verfluchten Wald gegen mich wie einen Speerhaufen richtet. Aber, Krishna, fürchtest du dich?«

»Möge der Himmel sein Antlitz wechseln und die Erde ihre Farbe, ich fürchte mich nicht!«

»So fahre weiter.«

Krishna peitschte die Pferde, und der Wagen kam in den tiefen Schatten der Baobabbäume. Er rollte eine Zeitlang mit wunderbarer Schnelligkeit. Aber immer wilder und schrecklicher wurde der Wald. Blitze zuckten, der Donner grollte.

»Niemals«, sagte Krishna, »habe ich den Himmel so schwarz gesehen und die Bäume so durchrüttelt. Er ist mächtig, dein Zauberer!«

»Krishna, Töter des Drachen, Held des Berges Meru, fürchtest du dich?«

»Möge die Erde erzittern und der Himmel einstürzen, ich fürchte mich nicht!«

»Dann fahre weiter!«

Wieder peitschte der kühne Lenker die Pferde, und der Wagen eilte vorwärts. Da wurde der Sturm so furchtbar, daß die Riesenbäume sich wanden. Das Brausen des geschüttelten Waldes war ähnlich dem Heulen von tausend Dämonen. Der Blitz schlug ein neben den Reisenden, ein zerschmetterter Baobab versperrte den Weg; die Pferde blieben stehen, und die Erde bebte.

»So ist denn dein Feind ein Gott«, sagte Krishna, »da Indra selbst ihn beschützt?«

»Wir nähern uns dem Ziel«, sagte der Spion des Königs. »Blick auf diesen Laubengang. An seinem Ende befindet sich eine elende Hütte. Dort lebt Vasishta, der große Muni, die Vögel ernährend, von den Raubtieren gefürchtet und von einer Gazelle behütet. Aber nicht für eine Krone tue ich einen Schritt weiter.«

Bei diesen Worten war der König von Madura leichenblaß geworden: »Er ist dort? Wirklich? Hinter den Bäumen?«

Und sich an Krishna anklammernd, murmelte er mit leiser Stimme, während er an allen Gliedern erzitterte:

»Vasishta! Vasishta, der auf meinen Tod sinnt, ist dort. Er sieht mich aus der Tiefe seiner Behausung... sein Auge verfolgt mich... Errette mich vor ihm!«

»Ja, bei Mahadeva«, sagte Krishna, vom Wagen steigend und über den Stamm springend, »ich will denjenigen sehen, vor dem du so erzitterst.«

Der hundertjährige Muni Vasishta lebte seit einem Jahr in dieser Hütte, die im Innersten des heiligen Waldes verborgen war, den Tod erwartend. Noch vor dem Tod des Körpers war er vom Gefängnis des Körpers befreit. Seine Augen waren erloschen, aber er sah mit der Seele. Seine Haut empfand kaum die Hitze und die Kälte, aber sein Geist lebte in vollkommener Einheit mit dem höchsten Geist. Er sah die Dinge dieser Welt nur noch durch das Licht Brahmas, immer betend, meditierend. Ein treuer Jünger aus der Einsiedelei brachte ihm jeden Tag die Reiskörner, von denen er lebte. Die Gazelle, die in seiner Hand graste, kündigte ihm durch ihr Röhren an, wann sich Raubtiere näherten. Dann entfernte er sie, indem er ein Mantram murmelte und seinen siebenknotigen Bambusstock ausstreckte. Die Menschen aber, wer sie auch seien, sah er mit dem innern Blick, mehrere Meilen weit, herbeikommen.

Krishna, im dunklen Gang schreitend, stand plötzlich Vasishta gegenüber. Der König der Anachoreten saß mit gekreuzten Beinen auf einer Matte, angelehnt an den Pfosten seiner Hütte, in tiefem Frieden. In seinen blinden Augen strahlte das Leuchten des Sehers. Kaum hatte ihn Krishna erblickt, als er den »erhabenen Greis« erkannte! – Freude erschütterte ihn, die Ehrfurcht beugte seine Seele. Vergessend den König, seinen Wagen und sein Reich, beugte er ein Knie vor dem Heiligen – und betete ihn an.

Vasishta schien ihn zu sehen. Denn sein an die Hütte gelehnter Körper richtete sich durch leise Schwingungen auf; er streckte beide Arme aus, um seinen Gast zu segnen, und seine Lippen murmelten die heilige Silbe: Aum.[16]

Der König Kansa jedoch, als er keinen Schrei hörte und seinen Führer nicht zurückkommen sah, schlich leisen Schrittes in den Laubgang und blieb vor Erstaunen versteinert, als er Krishna kniend vor dem heiligen Anachoreten erblickte. Dieser richtete auf Kansa seine blinden Augen, und seinen Stock erhebend, sagte er:

»O König von Madura, du kommst mich zu töten; Heil! Denn du wirst mich befreien von dem Elend dieses Körpers. Du willst wissen, wo der Sohn deiner Schwester Devaki ist, der dich entthronen soll? Hier ist er, gebeugt vor mir und vor Mahadeva, und es ist Krishna, dein eigner Wagenlenker. Bedenke, wie töricht und fluchbeladen du bist, da dieser eben dein furchtbarster Feind ist. Du hast ihn mir zugeführt, damit ich ihm sage, daß er das auserwählte Kind ist. Zittre! Du bist verloren, denn deine höllische Seele wird die Beute der Dämonen sein.«

Kansa, erstarrt, hörte zu. Er wagte nicht, den Greis anzusehen; bleich vor Wut, immer noch den knienden Krishna vor Augen, nahm er seinen Bogen, spannte ihn mit seiner ganzen Kraft und schnellte einen Pfeil gegen den Sohn Devakis. Aber der Arm hatte gezittert, der Pfeil hatte gefehlt und bohrte sich in die Brust Vasishtas, der mit gekreuzten Armen, wie in Ekstase, ihn zu erwarten schien.

Ein Schrei ertönte, ein furchtbarer Schrei – nicht aus der Brust des Greises, sondern aus derjenigen Krishnas. Er hatte den Pfeil an seinem Ohr vorbeischwirren hören, er hatte ihn im Fleisch des Heiligen gesehen . . . und es schien ihm, als ob er sich in sein eigenes Herz gesenkt habe, so hatte sich seine Seele in diesem Augenblick mit derjenigen des Rishi vereinigt. Mit diesem spitzen Pfeil durchbohrte der ganze Schmerz der Welt die Seele Krishnas, zerriß sie bis in ihre Tiefen.

Vasishta jedoch, den Pfeil in der Brust, ohne seine Stellung zu ändern, bewegte noch die Lippen. Er murmelte: »Sohn des Mahadeva, weshalb diesen Schrei ausstoßen? Töten ist eitel. Der Pfeil kann die Seele nicht erreichen, und der Getötete ist Sieger über den Mörder. Triumphiere, Krishna; das Schicksal erfüllt sich: Ich kehre zurück zu dem, der sich stets gleichbleibt. Möge Brahma meine Seele aufnehmen. Du aber, sein Auserwählter, Erlöser der Welt, stehe auf! Krishna! Krishna!«

Und Krishna richtete sich auf, die Hand am Schwert; er wollte sich gegen den König wenden, aber Kansa war entflohen.

Da zog ein Leuchten über den schwarzen Himmel, und Krishna fiel zur Erde, wie niedergeschmettert von einem blendenden Licht. Während sein Körper bewußtlos blieb, stieg seine Seele in die Höhen, vereinigt durch die Kraft des Einklangs mit derjenigen des Greises. Die Erde mit ihren Flüssen, ihren Seen, ihren Kontinenten verschwand wie eine schwarze Kugel, und beide stiegen in den siebenten Himmel der Devas, zum Vater der Wesen, der Sonne der Sonnen, zu Mahadeva, der göttlichen Vernunft. Sie versenkten sich in einen Ozean von Licht, der sich vor ihnen öffnete. Im Zentrum der Sphäre sah Krishna Devaki, seine strahlende Mutter, seine verklärte Mutter, die mit unaussprechlichem Lächeln ihm die Arme entgegenstreckte, ihn an ihr Herz zog. Tausende von Devas badeten im Strahlenschein der göttlichen Mutter wie in einem weißen Lichtmeer. Und Krishna fühlte sich wie aufgesogen von einem Liebesblick Devakis. Von hier aus, vom Herzen der strahlenden Mutter, leuchtete sein Wesen durch alle Himmel. Er fühlte, daß er der Sohn war, die göttliche Seele aller Wesen, der Sinn des Lebens, das Schöpferwort. Über dem universellen Leben stehend, durchdrang er es doch durch die Essenz des Leidens, durch das Feuer des Gebets und durch die Seligkeit des göttlichen Opfers [17].

Als Krishna wieder zu sich kam, grollte der Donner noch in dem Himmel, der Wald war dunkel, und Ströme von Regen fielen auf die Hütte. Eine Gazelle leckte das Blut auf dem Körper des durchbohrten Asketen. Aber Krishna erhob sich wie neu erstanden. Ein Abgrund trennte ihn von der Welt und ihrem eitlen Schein. Er hatte die große Wahrheit erlebt und seine Mission verstanden.

Der König Kansa jedoch floh schreckerfüllt auf seinem vom Sturm gejagten Wagen, und seine Rosse bäumten sich, als ob sie von tausend Dämonen gepeitscht würden.

Krishna wurde von den Anachoreten begrüßt als der erwartete und vorherbestimmte Nachfolger Vasishtas. Man feierte die Srada oder das Gedächtnisfest des heiligen Greises in dem geweihten Wald, und der Sohn Devakis erhielt den siebenknotigen Stock als Zeichen der Herrschaft, nachdem er das Feueropfer in Gegenwart der ältesten Anachoreten verrichtet hatte, derjenigen, welche die drei Veden auswendig kennen. Dann zog sich Krishna auf den Berg Meru zurück, um dort über seine Lehre zu meditieren und über den Weg des Heiles für die Menschen. Seine Meditationen und seine Abtötungen dauerten sieben Jahre. Dann fühlte er, daß er seine irdische Natur durch seine göttliche geläutert habe und daß er mit der Sonne Mahadevas genugsam eins geworden war, um den Namen eines Gottessohnes zu verdienen. Dann erst rief er zu sich die Anachoreten, die alten und die jungen, um ihnen seine Lehre zu offenbaren. Sie fanden Krishna geläutert und gewachsen; der Held hatte sich in einen Heiligen verwandelt; nicht hatte er die Kraft des Löwen verloren, aber er hatte die Sanftmut der Tauben gewonnen.

Unter denjenigen, die zuerst herbeiströmten, befand sich Ardjuna, ein Nachkomme der solaren Könige, einer der Pandavas, die von den Kuravas oder den Mondkönigen entthront worden waren. Der junge Ardjuna war voll Feuer, aber leicht entmutigt und dem Zweifel ausgesetzt. Er schloß sich Krishna leidenschaftlich an.

Unter den Zedern des Berges Meru sitzend, gegenüber dem Himavat, begann Krishna zu seinen Jüngern zu sprechen über die Wahrheiten, die unerreichbar sind für die Menschen, die in der Knechtschaft der Sinne leben. Er unterwies sie in der Lehre der Unsterblichkeit der Seele, ihrer Wiederverkörperungen und ihrer mystischen Vereinigung mit Gott. Der Körper, sagte er, ist die Hülle der Seele, die dort ihre Wohnung aufschlägt, er ist ein endliches Ding; aber die Seele, die ihn bewohnt, ist unsichtbar, ewig[18]. Der irdische Mensch ist dreifach wie die Gottheit, die er widerspiegelt, ist Vernunft, Seele und Körper. Wenn sich die Seele mit der Vernunft vereinigt, dann erreicht sie Satwa, die Weisheit und den Frieden; wenn sie schwankend bleibt zwischen der Vernunft und dem Körper, wird sie von Raja, der Leidenschaft, beherrscht und wendet sich von Gegenstand zu Gegenstand in fortwährendem Kreislauf; wenn sie sich dem Körper überliefert, fällt sie in Tamas, die Unvernunft, die Unwissenheit und den zeitweiligen Tod. Das ist es, was jedermann an sich und den andern beobachten kann[19].

»Aber«, fragte Ardjuna, »welches ist das Schicksal der Seele nach dem Tod? Ist sie immer demselben Gesetz gehorsam und kann sie ihm niemals entrinnen?«

»Sie entrinnt ihm niemals und gehorcht ihm immer«, antwortete ihm Krishna. »Dies ist das Mysterium der Wiedergeburten. So wie die Tiefen des Himmels sich den Sternenstrahlen öffnen, so werden die Tiefen des Lebens von dem Licht der Wahrheit erhellt. Wenn der Körper aufgelöst ist, wenn Satwa (die Weisheit) die Überhand hat, fliegt die Seele fort in die Regionen jener reinen Wesen, die das Wissen des Höchsten haben. Wenn der Körper jene Auflösung durchmacht, während Raja (die Leidenschaft) über ihn herrscht, kehrt die Seele zurück, um unter denjenigen zu wohnen, die sich an die Dinge der Erde gehängt haben. So auch, wenn der Körper zerstört wird, während Tamas (die Unwissenheit) vorherrscht, dann wird die von der Materie verdunkelte Seele wieder angezogen von dem Muttergrund unvernünftiger Wesen[20].«

»Dast ist gerecht«, sagte Ardjuna. »Aber sage uns jetzt, was im Lauf der Jahrhunderte aus denen wird, die der Weisheit gefolgt sind und die nach ihrem Tod die göttlichen Welten bewohnen werden.«

»Der Mensch, der in der Frömmigkeit vom Tod überrascht wird«, antwortete Krishna, »nachdem er während mehrere Jahrhunderte die Belohnungen genossen, die in den höheren Regionen seinen Tugenden zukommen, kehrt endlich wieder zurück, um in einer heiligen und geachteten Familie einen Körper zu bewohnen. Doch diese Art Regeneration in diesem Leben ist sehr schwer erreichbar. Der Mann, der so wiedergeboren wird, findet sich mit demselben Grad von Fleiß und dem Vorsprung, den er in seinem vorigen Körper hatte, und er fängt wieder an zu arbeiten, um sich in der Frömmigkeit zu vervollkommnen[21].«

»So sind denn«, sagte Ardjuna, »auch die Guten gezwungen, wiedergeboren zu werden und das Leben des Körpers wieder zu beginnen! Lehre uns aber, o Herr des Lebens, ob es für denjenigen, welcher der Weisheit nachlebt, kein Ende der ewigen Wiedergeburten gibt!«

»So hört«, sagte Krishna, »ein sehr großes und sehr tiefes Geheimnis, das höchste Mysterium, erhaben und rein. Um zur Vollendung zu gelangen, muß man die Wissenschaft der Einheit erobern, die über der Weisheit ist; man muß sich zum göttlichen Wesen erheben, das über der Seele ist, über der Vernunft selbst. Dieses göttliche Wesen nun ist in jedem von uns. Denn Gott wohnt im Innern eines jeden Menschen, aber wenige verstehen ihn zu finden. Dieses nun ist der Weg des Heils. Hast du einmal das vollkommene Wesen erblickt, das über der Welt und in dir selbst ist, so entschließe dich, den Feind zu verlassen, der die Form des Wunsches annimmt. Bändigt eure Leidenschaften. Die Freuden, welche die Sinne verursachen, sind gleich dem Mutterschoß künftiger Leiden. Tut nicht nur das Gute, sondern seid gut. Suchet den Beweggrund in der Handlung, nicht in den Früchten. Entsagt den Früchten eurer Werke, doch soll jede eurer Taten wie ein Opfer an das höchste Wesen sein. Der Mann, der seine Wünsche und seine Handlungen dem Wesen opfert, von welchem die Urbilder aller Dinge stammen und durch welches die Welt erschaffen worden ist, erlangt durch dieses Opfer die Vollendung. Im Geist vereint, erreicht er jene geistige Weisheit, die über dem Kult der Opfer steht, und empfindet göttliche Seligkeit. Denn wer in sich selbst sein Glück und seine Freude findet und in sich selbst auch sein Licht, ist Eins mit Gott. Wisset aber, daß die Seele, die Gott gefunden hat, befreit ist von der Wiedergeburt und vom Tod, vom Alter und vom Schmerz und daß sie das Wasser der Unsterblichkeit trinkt[22].«

So setzte Krishna seinen Jüngern die Lehre auseinander, und durch die innere Kontemplation hob er sie allmählich zu den erhabenen Wahrheiten, die sich ihm selbst enthüllt hatten, im Blitzstrahl seiner Vision. Wenn er von Mahadeva sprach, wurde seine Stimme ernster, seine Züge leuchteten auf. Eines Tages, von Neugier und Kühnheit getrieben, sagte Ardjuna zu ihm:

»Laß uns Mahadeva in seiner göttlichen Form sehen. Können unsere Augen ihn betrachten?«

Sich aufrichtend, begann Krishna von dem Wesen zu sprechen, das in allen Wesen atmet, mit den hunderttausend Formen, den unzähligen Augen, den nach allen Seiten gewendeten Gesichtern, und das doch alle überragt durch seine unendliche Höhe, das in einem unbeweglichen und unbegrenzten Körper das ganze bewegliche Universum mit allen seinen Teilen einschließt. »Wenn in den Himmeln die Leuchtkraft von tausend Sonnen zugleich aufstrahlte«, sagte Krishna, »würde sie kaum dem Glanz des ›Einen Allmächtigen‹ ähnlich sein« Während er so von Mahadeva sprach, schoß ein solcher Strahl aus Krishnas Augen, daß die Jünger seinen Glanz nicht ertragen konnten und zu seinen Füßen niederfielen. Die Haare Ardjunas sträubten sich auf seinem Haupt, und sich zur Erde neigend, sprach er mit gefalteten Händen: »Herr, deine Worte entsetzen uns, und wir können den Anblick des großen Wesens nicht ertragen, das du vor unsern Augen beschwörst. Es zermalmt uns[23].«

Krishna fuhr fort: »Hört, was es durch meinen Mund zu euch spricht: Ich und ihr, wir haben viele Geburten gehabt. Die meinigen sind allein mir bekannt, aber euch sind nicht einmal die euren bekannt. Obgleich ich durch meine Natur der Geburt und dem Tod nicht unterworfen und der Herr aller Geschöpfe bin, so kann ich doch, da ich meiner Natur befehle, durch meine eigene Kraft mich sichtbar machen, und jedesmal, wenn die Tugend in dieser Welt schwindet und das Laster und die Ungerechtigkeit siegen, werde ich sichtbar, und so zeige ich mich von Zeitalter zu Zeitalter, zum Heil der Gerechten, zum Sturz des Bösen und zur Wiederherstellung der Tugend. Derjenige, welcher der Wahrheit gemäß meine Natur und mein göttliches Werk kennt, kehrt, wenn er seinen Körper verlassen, zu einer neuen Wiedergeburt nicht zurück, er kommt zu mir[24].«

Indem er so sprach, blickte Krishna seine Jünger mit Sanftmut und Wohlwollen an. Ardjuna rief:

»Herr, du bist unser Meister, du bist der Sohn Mahadevas! Ich seh' es an deiner Güte, an deinem unsagbaren Liebreiz, mehr noch als an deinem schrecklichen Glanz. Nicht in den Wirbeln des Unendlichen wirst du von den Devas gesucht und begehrt, sondern in der menschlichen Form lieben sie dich und beten dich an. Weder die Buße noch die Almosen noch die Veden noch das Opfer sind einen deiner Blicke wert. Du bist die Wahrheit. Führe uns zum Streit, zum Kampf, zum Tod. Wohin es auch sei, wir werden dir folgen!«

Lächelnd und entzückt drängten sich die Jünger um Krishna und sprachen:

»Warum haben wir es nicht vorher gesehen? Es ist Mahadeva, der in dir spricht.«

Er antwortete:

»Eure Augen waren nicht geöffnet. Ich habe euch das große Geheimnis gegeben. Sagt es nur denen, die es verstehen können. Ihr seid meine Auserwählten; ihr seht das Ziel, die Menge sieht nur ein Stück des Weges. Und jetzt laßt uns den Völkern den Weg des Heils predigen.«

Sieg und Tod

Nachdem er seine Jünger auf dem Berg Meru unterrichtet hatte, begab sich Krishna mit ihnen zu den Ufern des Djamuna und des Ganges, um das Volk zu bekehren. Er trat in die Hütten ein und hielt sich in den Städten auf. Abends drängte sich die Menge um ihn vor dem Eingang in die Dörfer. Was er vor allem dem Volke lehrte, war die Liebe zum Nächsten. »Die Leiden, die wir unserm Nächsten verursachen, folgen uns, wie der Schatten dem Körper folgt. – Die Werke, die der Liebe zum Nächsten entspringen, sind diejenigen, die vom Gerechten angestrebt werden müssen, denn es sind diejenigen, die in der himmlischen Waage am meisten wiegen werden. – Wenn du mit den Guten verkehrst, ist dein Beispiel umsonst; fürchte nicht, zwischen den Bösen zu leben, um sie zum Guten zurückzuführen. – Der tugendhafte Mensch gleicht dem riesenhaften Baum, der sich durch seine Äste vervielfältigt und dessen wohltätiger Schatten den Pflanzen seines Bereiches die Frische des Lebens gibt.« Manchmal sprach Krishna, dessen Seele vom Duft der Liebe jetzt überströmte, von der Entsagung und dem Opfer mit milder Stimme und in verführerischen Bildern: »So wie die Erde diejenigen trägt und erhält, die sie mit Füßen treten und ihr den Busen zerreißen, indem sie sie zerpflügen, so sollen wir Böses mit Gutem vergelten. – Der gerechte Mann muß unter den Schlägen der Bösen fallen wie der Sandelbaum, der, wenn man ihn fällt, das Beil durchduftet, das ihn niedergeschlagen hat.« – Wenn die Halbgelehrten, die Ungläubigen und die Hochmütigen ihn baten, ihnen die Natur Gottes zu erklären, so antwortete er mit Sätzen wie diesen: »Die Wissenschaft des Menschen ist nur Eitelkeit; alle seine guten Werke sind illusorisch, wenn er sie nicht zu Gott zurückführt. – Wer von Herzen und im Geist demütig ist, wird von Gott geliebt; er braucht nichts anderes. – Die Unendlichkeit und der Raum können allein das Unendliche verstehen; Gott allein kann Gott verstehen.«

Das waren nicht die einzigen neuen Dinge in seinem Unterricht. Er bezauberte, er riß die Menge vor allem durch das hin, was er vom lebendigen Gott, von Vishnu, sagte. Er lehrte, daß der Herr der Welt sich schon mehr als einmal unter den Menschen verkörpert habe. Er war abwechselnd erschienen in den sieben Rishis, in Vyasa und in Vasishta. Auch künftig würde er erscheinen. Aber Vishnu liebte es manchmal, wie Krishna sagte, durch den Mund der Demütigen zu sprechen, in einem Bettler, einer büßenden Frau oder einem kleinen Kinde. Er erzählte dem Volk das Gleichnis des armen Fischers Durga, der einem kleinen Kinde begegnet war, das vor Hunger unter einem Tamarindenbaum umkam. Der gute Durga, obgleich von Elend gebeugt und mit einer großen Familie belastet, die er nicht zu ernähren vermochte, wurde von Mitleid zu dem kleinen Kinde ergriffen und nahm es zu sich. Die Sonne war niedergegangen, der Mond stieg über den Ganges, die Familie hatte das Abendgebet gesprochen, und das kleine Kind murmelte mit leiser Stimme: »Die Frucht des Kataka reinigt das Wasser; so reinigen gute Werke die Seele. Nimm deine Netze, Durga; deine Barke schwimmt auf dem Ganges.« Durga warf seine Netze, und sie bogen sich durch die Menge der Fische. Das Kind war verschwunden. »So«, sagte Krishna, »wenn der Mensch sein eigenes Elend um dasjenige der andern vergißt, dann offenbart sich Vishnu und macht ihn in seinem Herzen glücklich.«

Durch solche Beispiele predigte Krishna den Kult des Vishnu. Jeder war verwundert, Gott so nah seinem Herzen zu finden, wenn der Sohn Devakis sprach.

Der Ruf des Propheten vom Berg Meru verbreitete sich in Indien. Die Hirten, die ihn hatten aufwachsen sehen und seinen ersten Heldentaten beigewohnt hatten, konnten nicht glauben, daß diese heilige Persönlichkeit der ungestüme Held sei, den sie gekannt hatten. Der alte Nanda war gestorben. Aber seine zwei Töchter, Sarasvati und Nishdali, die Krishna liebte, lebten noch. Verschieden war ihr Schicksal gewesen. Sarasvati, erzürnt durch die Abreise Krishnas, hatte das Vergessen in der Heirat gesucht. Sie war die Frau eines Mannes aus vornehmer Kaste geworden, der sie ihrer Schönheit wegen genommen hatte. Doch dann hatte er sie verstoßen und an einen Vayçia oder Kaufmann verkauft. Sarasvati hatte diesen Mann aus Verachtung verlassen, um einen leichten Lebenswandel zu führen. Dann kehrte sie eines Tages voll Verzweiflung im Herzen, von Gewissensbissen und Ekel ergriffen, in ihr Land zurück und suchte heimlich ihre Schwester Nishdali auf. Diese, immer noch an Krishna denkend, als ob er gegenwärtig wäre, hatte sich nicht verheiratet und lebte bei einem Bruder als Dienerin. Sarasvati erzählte ihr ihre traurigen Schicksale und ihre Schande. Nishdali antwortete:

»Meine arme Schwester! Ich verzeihe dir, aber mein Bruder wird dir nicht verzeihen. Krishna allein könnte dich retten.«

Eine Flamme erglänzte in den erloschenen Augen Sarasvatis.

»Krishna!« sagte sie, »was ist aus ihm geworden?«

»Ein Heiliger, ein großer Prophet. Er predigte an den Ufern des Ganges.«

»Gehen wir zu ihm!« sagte Sarasvati. – Und die zwei Schwestern machten sich auf den Weg, die eine welk von Leidenschaften, die andere von dem Duft der Unschuld umflossen – beide jedoch verzehrt von derselben Liebe.

Krishna war im Begriff, die Kschatryas oder Krieger in seiner Lehre zu unterweisen. Denn abwechselnd unterrichtete er die Brahmanen, die Männer aus der Kriegerkaste und das Volk. Den Brahmanen erklärte er mit der Ruhe des reifen Alters die tiefen Wahrheiten der göttlichen Wissenschaften; vor den Rajas feierte er mit dem Feuer der Jugend die Familien- und Kriegertugenden; zum Volk sprach er mit der Schlichtheit eines Kindes von Barmherzigkeit, Ergebung und Hoffnung.

Krishna saß während eines Festmahls an der Tafel eines bekannten Kriegsführers, als zwei Frauen baten, zum Propheten zugelassen zu werden. Man ließ sie ein wegen ihres Büßerinnengewandes. Sarasvati und Nishdali fielen zu Krishnas Füßen nieder. Sarasvati rief aus, indem sie einen Strom von Tränen vergoß:

»Seitdem du uns verlassen hast, habe ich mein Leben im Irrtum und in der Sünde zugebracht; aber wenn du es willst, Krishna, kannst du mich retten ...«

Nishdali fügte hinzu:

»O Krishna, als ich dich früher gesehen habe, wußte ich, daß ich dich für immer liebte; jetzt, da ich dich in deinem Ruhm wiederfinde, weiß ich, daß du der Sohn Mahadevas bist!«

Und beide küßten seine Füße. Die Rajas sagten:

»Warum, heiliger Rishi, erlaubst du diesen Frauen aus dem Volk, dich mit ihren unsinnigen Worten zu schmähen?«

Krishna antwortete ihnen:

»Laßt sie ihr Herz befreien; sie sind mehr wert als ihr. Denn diese hier hat den Glauben und jene die Liebe. Sarasvati, die Sünderin, ist von jetzt an errettet, weil sie an mich geglaubt hat, und Nishdali hat in ihrem Schweigen die Wahrheit mehr geliebt als ihr alle mit eurem Geschrei. Wisset, daß meine strahlende Mutter, die in der Sonne Mahadevas lebt, sie die Mysterien der ewigen Liebe lehren wird, wenn ihr alle noch von der Finsternis des niederen Lebens umfangen sein werdet.«

Von diesem Tag an hefteten sich Sarasvati und Nishdali an Krishnas Schritte und folgten ihm mit seinen Jüngern. Von ihm inspiriert, lehrten sie die anderen Frauen.

Kansa herrschte immer noch in Madura. Seit der Ermordung des alten Vasishta hatte der König keinen Frieden auf seinem Thron gefunden. Die Weissagung des Anachoreten hatte sich verwirklicht: Der Sohn Devakis war lebendig! Der König hatte ihn gesehen, und vor seinem Blick hatte er seine Kraft und Königshoheit schwinden gefühlt. Er zitterte für sein Leben wie ein dürres Blatt; und oft, trotz seiner Wachen wandte er sich jählings um, wartend, daß der junge Held, strahlend und schrecklich, unter seinem Tor stünde. – Nysumba ihrerseits, zusammengerollt auf ihrem Lager in der Tiefe des Frauengemachs, dachte an ihre verlorenen Kräfte.

Als sie erfuhr, daß Krishna, Prophet geworden, an den Ufern des Ganges predige, bestimmte sie den König, Soldatentruppen ihm entgegenzuschicken und ihn gefesselt herbeizuführen. Als Krishna diese erblickte, lächelte er und sagte:

»Ich weiß, wer ihr seid und warum ihr kommt. Ich bin bereit, euch zu eurem König zu folgen; doch vorher laßt mich zu euch sprechen vom König des Himmels, welcher der meinige ist.«

Und er begann von Mahadeva zu sprechen, von seiner Herrlichkeit und von seinen Offenbarungen. Als er geendet hatte, überlieferten die Soldaten Krishna ihre Waffen und sagten:

»Wir werden dich nicht als Gefangenen zu unserm König führen, aber wir werden dir zu dem deinen folgen.« Und sie blieben bei ihm. Als Kansa dies erfahren hatte, war er sehr erschreckt.

Nysumba sagte zu ihm:

»Schicke die Ersten des Reichs.«

So wurde es getan. Sie gingen in die Stadt, wo Krishna lehrte. Sie hatten versprochen, ihn nicht zu hören. Als sie aber den Glanz seiner Augen sahen, die Hoheit seines Auftretens und die Ehrfurcht, die ihm die Menge bewies, konnten sie nicht umhin, ihm zuzuhören. Krishna sprach zu ihnen von der innern Knechtung derjenigen, die das Böse tun, und von der himmlischen Freiheit derjenigen, die das Gute tun. Die Kschatryas waren voll Freude und Verwunderung, denn sie fühlten sich wie erlöst von einer furchtbaren Last.

»Du bist wahrlich ein großer Zauberer«, sagten sie. »Denn wir hatten dem König geschworen, dich mit eisernen Ketten beladen zu ihm zu führen; aber es ist uns unmöglich, dies zu tun, da du uns von den unsern befreit hast.«

Sie kehrten zu Kansa zurück und sagten ihm:

»Wir können dir diesen Mann nicht bringen. Es ist ein sehr großer Prophet, und du hast nichts von ihm zu fürchten.«

Als der König sah, daß alles umsonst war, ließ er seine Wachen verdreifachen und eherne Ketten an alle Tore seines Palastes legen. Eines Tages jedoch hörte er einen großen Lärm in der Stadt, Rufe der Freude und des Triumphes. Die Wachen kamen und sagten ihm:

»Es ist Krishna, der nach Madura kommt. Das Volk stößt die Tore ein, zerbricht die eisernen Ketten.«

Kansa wollte fliehen. Die Wachen selbst zwangen ihn, auf seinem Throne zu bleiben.

In der Tat zog Krishna, gefolgt von seinen Jüngern und einer großen Anzahl von Anachoreten, in die bannergeschmückte Stadt Madura ein, inmitten einer dichten Menschenmenge, die einer vom Winde bewegten See glich. Er zog ein unter einem Regen von Blumengewinden und Kränzen.

Alle jauchzten ihm zu. Vor den Tempeln, unter den geweihten Bananenbäumen waren die Brahmanen gruppiert, um den Sohn Devakis zu grüßen, den Besieger des Drachen, den Helden des Berges Meru, vor allem aber den Propheten Vishnus. Umringt von einem glänzenden Gefolge und als Befreier vom Volk und den Kschatyras begrüßt, drang Krishna bis zum König und zur Königin vor.

»Du hast nur durch die Gewalt und das Böse regiert«, sagte Krishna zu Kansa, »und du hast tausendfachen Tod verdient dadurch, daß du den heiligen Greis Vasishta gemordet hast. Doch wirst du noch nicht sterben. Ich will der Welt beweisen, daß man über seine besiegten Feinde triumphiert, nicht indem man sie tötet, sondern indem man ihnen verzeiht.

»Schlechter Zauberer«, sagte Kansa, »du hast mir meine Krone und mein Reich gestohlen. Mach ein Ende.«

»Du sprichst wie ein Unsinniger«, sagte Krishna. »Denn wenn du in diesem Zustand der Unvernunft, der Verhärtung und des Verbrechens sterben würdest, wärest du unwiderruflich im anderen Leben verloren. Wenn du jedoch in diesem Leben beginnst, deine Torheiten zu verstehen und sie zu bereuen, wird deine Strafe im andern geringer sein, und durch die Vermittlung der reinen Geister wird dich Mahadeva eines Tages retten.«

Nysumba, zum Ohr des Königs gebeugt, flüsterte leise:

»Unsinniger, mach dir die Torheiten seines Stolzes zunutz. Solange man lebendig ist, bleibt die Hoffnung der Rache.«

Krishna verstand, was sie gesagt hatte, ohne es gehört zu haben. Er warf ihr einen strengen Blick zu voll durchdringenden Mitleids:

»Unglückliche! Noch immer dein Gift. Verderberin, schwarze Magierin, du hast im Herzen nur noch das Gift der Drachen. Rotte es aus oder ich werde eines Tages gezwungen sein, dir den Kopf zu zertreten. Und jetzt wirst du mit dem König an einen Ort der Buße gehen, um unter der Aufsicht der Brahmanen deine Sünden zu bereuen.«

Nach diesen Ereignissen weihte Krishna mit Zustimmung der Großen des Reiches und des Volkes Ardjuna, seinen Jünger, den ruhmreichsten Sprößling der solaren Rasse, zum König von Madura. Er übergab die höchste Autorität den Brahmanen, welche die Erzieher der Könige wurden. Er selbst blieb das Haupt der Anachoreten, die den Hohen Rat der Brahmanen bildeten. Um die Mitglieder dieses Rates den Verfolgungen zu entziehen, ließ er für sie und sich eine befestigte Stadt inmitten der Berge bauen, die durch einen hohen Wall und durch eine auserwählte Bevölkerung geschützt ward. Sie nannte sich Dwarka. Im Zentrum dieser Stadt befand sich der Tempel der Eingeweihten, dessen wichtigster Teil in den Untergeschossen versteckt war[25].

Als jedoch die Könige des Mondkultes erfuhren, daß ein König vom Sonnenkult wieder den Thron von Madura eingenommen habe und daß durch ihn die Brahmanen zu den Herren Indiens werden würden, bildeten sie eine mächtige Liga, um ihn zu stürzen. Ardjuna seinerseits sammelte um sich alle Könige des Sonnenkultus von der weißen, arischen, vedischen Tradition. Von der Tiefe des Dwarka-Tempels aus folgte ihnen und führte sie Krishna.

Die beiden Heere waren kampfbereit, und die entscheidende Schlacht stand unmittelbar bevor.

Als Ardjuna jedoch seinen Lehrer nicht mehr neben sich hatte, fühlte er seinen Geist sich verwirren und seinen Mut sinken. Eines Morgens, beim Anbruch des Tages, erschien Krishna vor dem Zelt des Königs, seines Jüngers:

»Warum«, sagte der Meister streng, »hast du den Kampf nicht begonnen, der entscheiden soll, ob die Söhne der Sonne oder des Mondes auf der Erde herrschen werden?«

»Ohne dich kann ich es nicht«, sagte Ardjuna. »Blick auf diese zwei unermeßlichen Heere und diese Mengen, die sich töten werden.«

Von der Anhöhe, auf welcher sie standen, betrachteten der Herr der Geister und der König von Madura die unzähligen Krieger, auf beiden Seiten in Schlachtordnung einander gegenübergestellt. Man sah die vergoldeten Panzerhemden der Führer erglänzen; Tausende von Fußkämpfern, Pferden und Elefanten warteten auf das Zeichen zur Schlacht. In diesem Augenblick blies der Führer des feindlichen Heeres, der Älteste der Kuravas, in sein Muschelhorn, dessen Ton dem Brüllen eines Löwen glich. Bei diesem Lärm hörte man plötzlich auf dem weiten Schlachtfeld das Wiehern der Pferde, ein wirres Getöse von Waffen, Trommeln und Trompeten – und es war ein großes Brausen. Es blieb Ardjuna nur übrig, auf seinen von weißen Rossen gezogenen Wagen zu steigen und in sein himmelblaues Horn zu stoßen, um den Söhnen der Sonne das Zeichen zum Kampf zu geben. Doch plötzlich wurde der König von Mitleid überwältigt und sagte sehr niedergeschlagen:

»Indem ich diese Menge kampfbereit sehe, fühle ich meine Glieder erzittern; mein Mund vertrocknet, mein Körper bebt, meine Haare sträuben sich, meine Haut brennt, mein Geist wirbelt. Ich sehe schlechte Zeichen. Nichts Gutes kann aus diesem Gemetzel entstehen. Was werden wir mit den Königreichen, mit Vergnügungen und selbst mit dem Leben anfangen? Sie, für welche wir diese Königreiche, diese Vergnügungen, diese Freuden wünschen, sind doch da, kampfbereit, und achten nicht ihr Leben und ihre Güter. Lehrer, Väter, Söhne, Großväter, Oheime, Enkel, Anverwandte, sie alle werden sich gegenseitig morden. Ich möchte sie nicht töten, um über drei Welten zu herrschen, wie viel weniger noch um dieser Erde willen. Welche Freude soll ich dabei fühlen, meine Feinde zu töten? Sind die Verräter tot, fällt die Sünde auf uns.«

»Wie hat es dich ergriffen, dieses Gespenst der Angst, unwürdig des Weisen, die Quelle der Schmach, die uns den Himmel verschließt? Sei nicht weibisch, ermanne dich!«

Doch Ardjuna, von Mutlosigkeit überwältigt, setzt sich nieder und sagte:

»Ich werde nicht kämpfen.«

Da sprach Krishna, der König der Geister, mit leisem Lächeln:

»O Ardjuna! Ich habe dich den König des Schlummers genannt, damit dein Geist immer wacht. Aber dein Geist ist entschlafen, und dein Körper hat deine Seele besiegt. Du weinst über diejenigen, die man nicht beweinen müßte, und deinen Worten fehlt die

Weisheit. Die Weisen klagen weder über die Lebendigen noch über die Toten. Du und ich und diese Befehlshaber der Menschen, wir sind immer gewesen, und wir werden auch in Zukunft nie aufhören zu sein. So wie in diesem Körper die Seele durch Kindheit, Jugend und Alter geht, so wird sie es in andern Körpern tun. Ein Mensch, der Urteilskraft hat, läßt sich dadurch nicht beirren. Sohn des Erdkreises! Ertrage mit Gleichmut den Schmerz und die Freude. Diejenigen, die davon nicht mehr berührt werden, erreichen die Unsterblichkeit. Diejenigen, welche das wahre Wesen erkennen, sehen die ewige Wahrheit, welche Körper und Seele beherrscht. Wisse denn, daß das, was alle Dinge durchdringt, erhaben ist über die Zerstörung. Niemand kann das Unerschöpfliche zerstören. Alle diese Körper werden nicht dauern, du weißt es. Aber die Sehenden wissen auch, daß die verkörperte Seele ewig, unzerstörbar und unendlich ist. Deshalb kämpfe, Sohn des Bharata. Diejenigen, die da glauben, daß die Seele töten kann oder getötet werden kann, irren sich gleichfalls. Sie tötet nicht und kann nicht getötet werden. Sie ist nicht geboren und kann nicht sterben und kann das Sein nicht verlieren, das sie gehabt hat. So wie ein Mensch alte Kleider hinwirft, um neue zu nehmen, so wirft die verkörperte Seele ihren Körper weg, um einen neuen anzuziehen. Das Schwert zerschneidet sie nicht, das Feuer verbrennt sie nicht, das Wasser durchnäßt sie nicht, die Luft trocknet sie nicht. Sie ist undurchdringlich und unverbrennbar. Dauernd, fest, ewig, übersteht sie alles. Du solltest dich weder über die Geburt noch über den Tod grämen, o Ardjuna. Denn allen, welche geboren werden, ist der Tod sicher; und denjenigen, die sterben, die Geburt. Blick ohne zu straucheln auf deine Pflicht; denn für einen Kschatrya gibt es nichts Besseres als einen gerechten Kampf. Glücklich die Krieger, welchen die Schlacht ein offenes Tor zum Himmel ist. Wenn du aber diesen gerechten Kampf nicht kämpfen willst, wirst du in die Sünde fallen, wirst deiner Pflicht und deinem Wert entsagen. Alle Wesen werden von deiner ewigen Schande sprechen, und die Schande ist schlimmer als der Tod für denjenigen, der zur Ehre ausersehen ist[26].«

Bei diesen Worten des Lehrers wurde Ardjuna von Scham ergriffen, und sein königliches Herz wallte wieder mutvoll in ihm auf. Er schwang sich auf seinen Wagen und gab das Zeichen zum

Kampf. Da nahm Krishna von seinem Jünger Abschied und verließ das Schlachtfeld, denn er war sicher, daß die Söhne der Sonne siegen würden.

Krishna jedoch hatte erkannt, wie nötig es sei, wenn seine Religion von den Besiegten angenommen werden sollte, über ihre Seele einen letzten Sieg zu erringen, einen Sieg, der schwerer war als der Sieg durch die Waffen. Ebenso wie der heilige Vasishta von einem Pfeil durchbohrt gestorben war, um Krishna die höchste Wahrheit zu offenbaren, ebenso mußte Krishna aus freiem Willen unter den Geschossen seines Todfeindes sterben, um bis in das Herz seiner Gegner den Glauben zu pflanzen, den er seinen Jüngern und der Welt gepredigt hatte. Er wußte, daß der alte König von Madura, statt Buße zu tun, zu seinem Schwiegervater Kalayeni, dem König der Schlangen, geflüchtet war. In seinem Haß, der von Nysumba immer angestachelt wurde, ließ er Krishna durch Spione verfolgen, die auf die geeignete Stunde warteten, um ihn zu töten. Krishna jedoch fühlte, daß seine Mission zu Ende sei und daß sie, um ganz erfüllt zu werden, nur noch des letzten Siegels durch das Opfer bedurfte. Er hörte also auf, seinem Feinde auszuweichen und ihn durch die Macht seines Willens zu lähmen. Er wußte, daß, wenn er aufhören würde, sich durch diese okkulte Macht zu verteidigen, der lange beabsichtigte Schlag ihn im Dunkel treffen würde. Aber der Sohn Devakis wollte weit ab von den Menschen sterben, in den Einöden des Himavat. Dort würde er sich seiner strahlenden Mutter, dem erhabenen Greis und der Sonne Mahadevas näher fühlen.

Krishna zog also aus in eine Einsiedelei, an einen wilden und verlassenen Ort, zu Füßen der hohen Gipfel des Himavat. Keiner seiner Jünger hatte seine Absicht durchschaut. Nur Sarasvati und Nishdali lasen sie in den Augen des Meisters durch die Hellsicht, die in der Frau und in der Liebe ist. Als Sarasvati verstand, daß er sterben wolle, warf sie sich zu seinen Füßen, küßte sie in Verzweiflung und rief:

»Meister, verlaß uns nicht!«

Nishdali sah ihn an und sagte einfach:

»Ich weiß, wo du hingehst. Wenn du uns geliebt hast, laß uns dir folgen!«

Krishna antwortete:

»In meinem Himmel wird der Liebe nichts versagt werden. Kommt!«

Nach einer langen Reise erreichten der Prophet und die heiligen Frauen einige Hütten, die um eine große kahle Zeder gruppiert waren, auf einem gelblichen felsigen Berg. Auf der einen Seite sah man die riesigen Schneedome des Himavat, auf der anderen, in der Tiefe, eine weiße Kette von Bergen; in der Ferne die Ebene, Indien, verloren im goldigen Nebel wie in einem Traum: In dieser Einsiedelei lebten einige Büßer, bekleidet mit Gewändern aus Baumrinde, die Haare wie in eine Garbe gewunden, mit langem Bart und mit einem von Schmutz und Staub ganz bedeckten Körper. Einige hatten nur eine dürre Haut auf einem hageren Skelett. Als sie diesen traurigen Ort sah, rief Sarasvati:

»Die Erde ist fern und der Himmel stumm. Herr, warum führst du uns in diese von Gott und den Menschen verlassene Wüste?«

»Bete«, antwortete Krishna, »wenn du willst, daß die Erde sich dir nähert und der Himmel spricht.«

»Mit dir ist der Himmel immer da«, sagte Nishdali; »aber warum will der Himmel uns verlassen?«

»Es ist notwendig«, sagte Krishna, »daß der Sohn Mahadevas, von einem Pfeil durchbohrt, sterbe, damit die Welt seinem Wort glaubt.«

»Erkläre uns dieses Mysterium.«

»Ihr werdet es nach meinem Tod verstehen. Laßt uns beten.«

Während sieben Tagen vollbrachten sie Gebete und Reinigungen. Oft verklärte sich das Antlitz Krishnas und wurde leuchtend. Am siebten Tage, gegen Sonnenuntergang, sahen die zwei Frauen Bogenschützen zur Einsiedelei hinaufsteigen.

»Da sind die Bogenschützen Kansas, die dich suchen«, sagte Sarasvati. »Herr, verteidige dich!«

Aber Krishna, neben der Zeder kniend, entriß sich seinem Gebet nicht. Die Bogenschützen kamen; sie blickten auf die Frauen und die Büßer. Es waren rauhe Soldaten mit gelben und schwarzen Gesichtern. Als sie das verzückte Gesicht des Heiligen sahen, wurden sie unschlüssig. Zuerst versuchten sie ihn seiner Verzükkung zu entreißen, indem sie ihn beschimpften und Steine auf ihn warfen. Aber nichts konnte ihn aus seiner Unbeweglichkeit herausbringen. Da warfen sie sich auf ihn und banden ihn an den Stamm der Zeder. Krishna ließ es wie im Traum geschehen. Dann stellten sie sich in eine gewisse Entfernung, und indem sie sich gegenseitig anspornten, fingen sie an auf ihn zu schießen.

Beim ersten Pfeil, der ihn durchbohrte, spritzte das Blut auf, und Krishna sagte:

»Vasishta, die Söhne der Sonne sind Sieger.«

Als der zweite Pfeil in seinem Fleisch erzitterte, sagte er:

»Meine strahlende Mutter, mögen diejenigen, die mich lieben, mit mir in dein Licht einkehren!«

Beim dritten sagte er nur:

»Mahadeva!« »Es ist vollbracht.«

Dann, mit Brahmas Namen, hauchte er seinen Geist aus.

Die Sonne war untergegangen. Es erhob sich ein starker Wind, ein Schneesturm stieg vom Himavat und schlug auf die Erde nieder. Der Himmel verschleierte sich. Ein schwarzer Wirbelwind fegte die Berge. Erschreckt von dem, was sie getan hatten, flohen die Mörder, und die beiden Frauen, starr vor Entsetzen, wanden sich ohnmächtig auf dem Boden wie unter einem Blutregen.

Der Körper Krishnas wurde von seinen Jüngern in der heiligen Stadt Dwarka verbrannt. Sarasvati und Nishdali warfen sich in den Scheiterhaufen, um ihrem Meister zu folgen, und die Menge glaubte den Sohn Mahadevas in einem Lichtkörper den Flammen entsteigen zu sehen, seine beiden Frauen mit sich ziehend.

Danach nahm ein großer Teil Indiens den Kult des Vishnu an, der den Sonnen- und den Mondkult in der Religion des Brahma vereinigte.

Die Ausstrahlung des Sonnenwortes

So lautet die Legende Krishnas, wiederhergestellt in ihrem organischen Zusammenhang und in die geschichtliche Perspektive hineingerückt.

Sie wirft ein lebhaftes Licht auf die Ursprünge des Brahmanismus. Gewiß ist es unmöglich, durch positive Dokumente festzustellen, daß hinter dem Mythus von Krishna sich eine wirkliche

Persönlichkeit befindet. Der dreifache Schleier, der die Entfaltung aller orientalischen Religionen bedeckt, ist in Indien dichter als anderswo. Denn die Brahmanen, absolute Herren der indischen Gesellschaft, einzige Besitzer all ihrer Überlieferungen, haben sie im Lauf der Zeiten oft umgestaltet und umgemodelt. Es ist aber richtig, hinzuzufügen, daß sie alle ihre wesentlichen Bestandteile treu bewahrt haben und daß, wenn auch die heilige Lehre sich mit den Jahrhunderten entwickelt hat, der Kernpunkt dieser Lehre nie verschoben worden ist.

Wir können also nicht, wie es die Mehrzahl der europäischen Gelehrten tut, eine Erscheinung wie diejenige Krishnas erklären, indem wir sagen: Es ist ein auf einen Sonnenmythus aufgepfropftes Ammenmärchen mit einer darüber hingeworfenen philosophischen Phantasie. Nicht so, glauben wir, wird eine Religion gegründet, die Tausende von Jahren dauert, eine wunderbare Poesie, mehrere Philosophien erzeugt, dem außerordentlichen Anprall des Buddhismus[27], den mongolischen und mohammedanischen Einbrüchen, der englischen Eroberung widersteht und die bis in ihre tiefe Entartung hinein das Gefühl ihres sich im Zeitendunkel verlierenden hohen Ursprungs hat. Nein, es steht immer ein großer Mann am Ausgangspunkt einer großen Institution. Wenn wir die vorherrschende Rolle der Persönlichkeit Krishnas in der epischen und religiösen Tradition betrachten, seine menschlichen Eigenschaften einerseits und andrerseits seine beständige Identifikation mit dem manifestierten Gott oder Vishnu, müssen wir notwendig glauben, daß er der Schöpfer des Vishnu-Kultus war, der dem Brahmanismus seinen hohen Wert und seinen Ruf verlieh. Es ist also logisch anzunehmen, daß mitten in dem religiösen und sozialen Chaos, der in der Vorzeit Indiens durch das Eindringen der naturalistischen und leidenschaftlichen Kulte verursacht wurde, ein lichtvoller Reformator erschien, der die reine arische Lehre wieder erneuerte durch den Gedanken der Dreifaltigkeit und des geoffenbarten göttlichen Wortes; der durch das Opfer seines Lebens das Siegel an sein Werk legte und so Indien seine religiöse Seele gab, sein nationales Gepräge und seine endgültige Organisation.

Die Bedeutung Krishnas wird uns noch größer und von einem

wirklich universellen Charakter erscheinen, wenn wir in Erwägung ziehen, daß seine Lehre zwei schöpferische Ideen enthält, zwei organisatorische Prinzipien der Religionen und der esoterischen Philosophie. Ich meine die organische Lehre der Unsterblichkeit der Seele oder der fortschreitenden Existenzen durch die Wiederverkörperung, und die ihr entsprechende von der Dreifaltigkeit oder dem im Menschen offenbarten göttlichen Wort. Ich habe oben[28] die philosophische Tragweite dieser zentralen Vorstellung nur angedeutet, die, richtig verstanden, ihren belebenden Widerhall in allen Gebieten der Wissenschaft, der Kunst und des Lebens hat. Ich muß, um abzuschließen, mich mit einer historischen Bemerkung begnügen.

Der Gedanke, daß Gott, die unendliche Wahrheit, Schönheit und Güte, sich im bewußten Menschen mit einer erlösenden Macht offenbaren, die durch die Kraft der Liebe und des Opfers in die Tiefen des Himmels zurückstrahlt, diese vor allem fruchtbare Idee erscheint zum ersten Male mit Krishna. Sie wird personifiziert in dem Augenblick, da die Menschheit, aus ihrer arischen Jugend heraustretend, sich mehr und mehr in den Kultus der Materie versenkt. Krishna offenbart ihr die Idee des göttlichen Wortes; sie vergißt sie nicht mehr. Sie dürstet um so mehr nach Erlösern und Gottessöhnen, als sie ihre Entartung lebhafter fühlt. Nach Krishna sehen wir eine mächtige Ausstrahlung des Sonnenwortes in den Tempeln Asiens, Afrikas und Europas. In Persien ist es Mitras, der Versöhner des leuchtenden Ormuzd und des dunklen Ahriman; in Ägypten ist es Horus, der Sohn des Osiris und der Isis; in Griechenland ist es Apollo, der Gott der Sonne und Lyra; es ist Dionysos, der Wiedererwecker der Seelen. Überall ist der Sonnengott ein Vermittler, und das Licht ist auch das Wort des Lebens. Entsprießt ihm nicht auch die messianische Idee? Wie dem auch sei, durch Krishna tritt dieser Gedanke zuerst in der antiken Welt auf; durch Jesus strahlt er über die ganze Erde.

Ich werde im Lauf dieser geheimen Geschichte der Religionen zeigen, wie die Lehre der göttlichen Dreiheit sich mit derjenigen der Seele und ihrer Entwicklung verbindet, wie und warum sie sich gegenseitig bedingen und vervollständigen. Sagen wir gleich, daß ihre Berührungspunkte den lebendigen Kern, den Brennpunkt der esoterischen Lehre, bilden. Wenn man die großen Religionen von Indien, Ägypten, Griechenland und Judäa nur von außen betrachtet, sieht man nichts als Uneinigkeit, Aberglaube, Chaos. Aber untersucht man die Symbole, erforscht man die Mysterien, sucht man die ursprüngliche Lehre der Gründer und Propheten – so wird Harmonie lichtvoll sich zeigen. Auf sehr verschiedenen und oft gewundenen Wegen wird man zum selben Ausgangspunkt gelangen, so daß das Eindringen in das Arkanum einer dieser Religionen zugleich das Eindringen in die andern bedeutet. Dann entsteht ein sonderbares Phänomen. Allmählich, in einer wachsenden Sphäre, sieht man im Mittelpunkt der Religionen die Lehre der Eingeweihten erstrahlen wie eine Sonne, die sich aus ihrem Nebelgrund klar herausarbeitet. Jede Religion erscheint uns wie ein anderer Planet. Mit jedem wechseln wir die Atmosphäre und die Himmelsrichtung, aber es ist immer dieselbe Sonne, die uns beleuchtet. Indien, die große Träumerin, versenkt uns in den Traum der Unendlichkeit. Ägypten, grandios und ernst wie der Tod, ladet uns ein zur Reise ins Jenseits. Das bezaubernde Griechenland zieht uns mit sich zu den magischen Festen des Lebens und verleiht seinen Mysterien den Zauber seiner bald entzückenden, bald schrecklichen Formen, seiner immer leidenschaftlichen Seele, Pythagoras formuliert die esoterische Lehre wissenschaftlich, gibt ihr den vielleicht vollendetsten und dauerhaftesten Ausdruck, den sie je gehabt hat; Plato und die Alexandriner machten sie nur gemeinverständlich. Wir sind eben in den Dschungeln des Ganges und den Einöden des Himalaya zu ihrer Quelle gedrungen.

HERMES

Die Mysterien Ägyptens

O blinde Seele, bewaffne dich mit der Fackel der Mysterien, und du wirst in der irdischen Nacht deinen leuchtenden Doppelkörper, deine himmlische Seele entdecken. Folge diesem göttlichen Führer. Er möge dein Genius sein. Denn er bewahrt den Schlüssel zu deinen vergangenen und künftigen Existenzen.

Anruf an die Eingeweihten nach dem Totenbuch.

Horchet in euch selbst und blickt in die Unendlichkeit des Raumes und der Zeit. Von da erklingen der Gesang der Sterne, die Sprache der Zahlen, die Harmonie der Sphären.

Jede Sonne ist ein Gedanke Gottes und jeder Planet eine Form dieses Gedankens. Um die Erkenntnis des göttlichen Gedankens zu erlangen, o Seelen, steigt ihr mühsam hinab und hinauf den Weg der sieben Planeten und ihrer sieben Himmel.

Was tun die Sterne? Was sagen die Zahlen? Was offenbaren die Sphären? – O ihr verlorenen oder geretteten Seelen, sie sagen, sie singen, sie offenbaren – euer Schicksal!

Fragment nach Hermes.

Die Sphinx

Im Gegensatz zu Babylon, dieser düsteren Metropole des Despotismus, war Ägypten in der antiken Welt ein wahres Bollwerk der heiligen Wissenschaft, eine Schule ihrer berühmtesten Propheten, eine Heimat und Schaffensstätte der edelsten Überlieferungen der Menschheit. Dank der unermeßlich reichen Ausgrabungen und der Erkenntnis herrlicher Werke ist uns das ägyptische Volk heute besser bekannt als irgendeine der Zivilisationen, die Griechenland vorangingen, denn es gewährt uns den Einblick in seine auf steinerne Urkunden geschriebene Geschichte. Man räumt den Schutt von seinen Monumenten weg, man entziffert seine Hieroglyphen; es obliegt uns aber noch, in das tiefste Geheimnis seiner Gedankenwelt einzudringen. Dieses Geheimnis ist die verborgene Lehre seiner Priester. Diese Lehre, wissenschaftlich ausgebildet in den Tempeln, vorsichtig gehüllt in den Schleier des Mysteriums, enträtselt uns mit einem Schlag die Seele Ägyptens, das Geheimnis seiner Politik und seine führende Rolle in der Weltgeschichte.

Unsere Historiker sprechen über die Pharaonen in demselben Tone wie über die Despoten von Niniveh und Babylon. Für sie ist Ägypten eine absolute und auf Eroberungen ausgehende Monarchie wie Assyrien, an sich von diesem Reich nur dadurch unterschieden, daß sie mehrere Jahrtausende länger gedauert hat. Ahnen sie, daß in Assyrien die Königsgewalt die Geistlichkeit erdrückte, um sich daraus ein Werkzeug zu schaffen, während in Ägypten die Geistlichkeit die Königsmacht disziplinierte, niemals zurücktrat, selbst in den schlimmsten Zeiten die Könige bevormundete, die Despoten wegjagte, die Nation immer beherrschte; und das durch eine geistige Überlegenheit, durch eine tiefe und verborgene Weisheit, die keine Lehrerschaft in irgendwelchem Lande und zu irgendwelcher Zeit erreicht hat? Es wird schwer, dies anzunehmen. Denn statt bedeutungsschwere Schlußfolgerungen aus dieser wesentlichen Tatsache zu ziehen, sind unsere Geschichtsschreiber nur flüchtig über sie hinweggeglitten und scheinen ihr gar keine Wichtigkeit beizumessen. Doch ist es nicht nötig, Archäologe oder Sprachforscher zu sein, um zu verstehen, daß der unversöhnliche Haß zwischen Assyrien und Ägypten davon herrührt, daß diese Völker zwei entgegengesetzte Prinzipien in der Welt vertreten und daß das ägyptische Volk seine lange Dauer einem religiösen und wissenschaftlichen Knochengerüst verdankte, das stärker war als alle Revolutionen.

Seit der arischen Epoche, durch die wirre Periode hindurch, die den arischen Zeiten folgte, bis zur Eroberung durch die Perser und der alexandrinischen Epoche, d. h. durch einen Zeitraum von mehr als fünftausend Jahren, war Ägypten das Bollwerk der reinen und hohen Lehren, die in ihrer Gesamtheit die Wissenschaft der Prinzipien bilden und die man nennen könnte die esoterische Orthodoxie des Altertums. Fünfzig Dynastien konnten einander folgen und der Nil seine Anschwemmungen über ganze Städte lagern, die phönizischen Eroberer konnten das Land überschwemmen und wieder vertrieben werden: Mitten in der Flut und Ebbe der Geschichte, unter dem scheinbaren Götzendienst seines äußeren Polytheismus, behielt Ägypten den alten Wissensschatz seiner okkulten Theogonie und seine priesterliche Organisation. Sie hielt den Jahrhunderten ebenso stand wie die unter dem Sand halbverborgene, aber unangetastete Pyramide von Giseh. Dank dieser ihr Geheimnis bewahrenden sphinxartigen Unbeweglichkeit, dieser granitfesten Widerstandsfähigkeit wurde Ägypten die Achse, um welche herum der religiöse Gedanke der Menschheit sich entwickelte, als er von Asien nach Europa hinüberwanderte. Judäa, Griechenland, Etrurien wurden die Seelen, die verschiedene Zivilisationen bildeten. Doch wo schöpften sie ihre führenden Ideen, wenn nicht in dem organischen Urquell des alten Ägypten? Moses und Orpheus schufen zwei entgegengesetzte und wunderbare Religionen, der eine durch seinen herben Monotheismus, der andere durch seinen blendenden Polytheismus. Nach welchem Vorbilde formten sich ihre Genien? Wo fand der eine die Kraft, die Energie, den Mut, ein halb wildes Volk umzumodeln wie Erz im feurigen Ofen; der andere die Magie, die Götter, wie eine schön gestimmte Lyra, zur Seele seiner entzückten Barbaren sprechen zu lassen? In den Tempeln des Osiris, im alten Thebah, welches die Eingeweihten die Stadt der Sonne oder die Sonnenarche nannten – weil sie die Synthese der göttlichen Wissenschaft und alle Geheimnisse der Einweihung enthielt.

Jedes Jahr, um die Sonnenwende, wenn die strömenden Regen von Abessinien fallen, ändert der Nil seine Farbe und nimmt den Blutton an, von dem die Bibel spricht. Der Strom schwillt bis zur Tag- und Nachtgleiche des Herbstes und begräbt unter seinen Wellen die fernen Ufer. Doch aufrecht auf dem granitnen Grunde, unter der blendenden Sonne, stehen die in Felsen gehauenen Tempel, die Nekropolen, die Pylonen, die Pyramiden, und der zu einem Meer verwandelte Nil spiegelt die Majestät ihrer Ruinen wider. So schritt die ägyptische Priesterschaft durch die Jahrhunderte mit ihrer Organisation und ihren Symbolen, den lange undurchdringlichen Geheimnissen ihrer Wissenschaft. In diesen Tempeln, diesen Krypten und diesen Pyramiden wurde die berühmte Lehre des Sonnenwortes ausgearbeitet, des Welten erzeugenden Wortes, das Moses in seine goldene Bundeslade schloß, und dessen lebendiges Feuer der Christus sein wird.

Die Wahrheit ist unwandelbar in sich selbst; sie überlebt alles, aber sie wechselt ihre Wohnungen wie ihre Formen, und ihre Offenbarungen folgen einander mit Unterbrechungen. Das Licht des Osiris, das einst den Eingeweihten die Tiefen der Natur und das Himmelsgewölbe erhellte, ist auf immer erloschen in den verlassenen Krypten. Das Wort des Hermes zu Asklepios hat sich verwirklicht: »O Ägypten! Ägypten! Es wird von dir nichts übrigbleiben als Wundermären für kommende Geschlechter, und nichts wird dich überdauern als in Stein gehauene Worte.«

Es ist jedoch ein Strahl dieser geheimnisvollen Sonne der Heiligtümer, den wir wieder aufleben lassen wollen, indem wir dem verborgenen Pfad der ägyptischen Initiation folgen, so weit es die esoterische Intuition und das durch die Zeiten in Farben verdunkelt gebrochene Licht gestatten.

Aber bevor wir in den Tempel eintreten, werfen wir einen Blick auf die großen Entwicklungsphasen, die Ägypten vor der Zeit der Hyksos durchmachte.

Fast so weit zurück, wie das Gerüst unserer Kontinente, reicht die ägyptische Zivilisation, bis zur alten roten Rasse[29]. Die Kolossalsphinx von Giseh neben der großen Pyramide ist ihr Werk. In den Zeiten, als das Delta (erst später durch die Anschwemmungen des Nils gebildet) noch nicht bestand, lag schon das riesenhafte und symbolische Tier auf seinem granitenen Hügel zu Füßen der Kette der libyschen Berge und blickte hinunter auf die brandende See, dort, wo sich heute der Sand der Wüste hingelagert hat. Die Sphinx, diese erste Schöpfung Ägyptens, ist sein hauptsächliches Symbol geworden, sein Unterscheidungsmerkmal. Die älteste Priesterschaft der Menschheit meißelte sie, schuf in ihr das Bildnis der stillen und in ihrem Geheimnis furchtbaren Natur. Ein Menschenkopf tritt aus einem Stierkörper mit Löwenkrallen und faltet seine Adlerflügel an den Flanken. Es ist die irdische Isis, die Natur in der lebendigen Einheit ihrer Reiche. Denn schon wußten und lehrten diese altersgrauen Priesterschaften, daß in der großen Evolution die menschliche Natur aus der tierischen emportaucht. In dieser Zusammenstellung des Stieres, des Löwen, des Adlers und des Menschen sind auch die vier Tiere der Vision des Ezekiel enthalten als Sinnbild der vier Elemente, die den Mikrokosmos und den Makrokosmos begründen: das Wasser, die Erde, die Luft und das

Feuer, diese Grundlage der okkulten Wissenschaft. Deshalb werden in künftigen Jahrhunderten die Eingeweihten, wenn sie das heilige Tier an der Schwelle der Tempel und im Innern der Krypten liegen sehen, in sich das Mysterium wieder aufleben fühlen und werden die Flügel ihres Geistes still über die innere Wahrheit falten. Denn noch bevor sie zu Ödipus vordringen, werden sie wissen, daß das Rätselwort der Sphinx – der Mensch selbst ist, der Mikrokosmos, der göttliche Sendbote, der alle Elemente und alle Kräfte der Natur in sich vereinigt.

Die rote Rasse hat also kein anderes Zeugnis von sich gelassen als die Sphinx von Giseh, den unwiderleglichen Beweis davon, daß sie auf ihre Art das große Problem gestellt und gelöst hat.

Hermes

Die schwarze Rasse, die der roten südlichen in der Herrschaft über die Welt nachfolgte, schuf sich im oberen Ägypten ihr Hauptheiligtum. Der Name des Toth-Hermes, dieses geheimnisvollen und ersten Eingeweihten des heiligen Ägyptens, läßt sich wahrscheinlich zurückführen auf eine erste und friedliche Mischung der weißen und schwarzen Rasse in den Regionen Äthiopiens und des oberen Ägyptens, lange vor der arischen Epoche. Hermes ist ein genereller Name wie Manu und Buddha. Er bezeichnet zugleich einen Menschen eine Kaste und einen Gott. Als Mensch ist Hermes der erste, der große Eingeweihte Ägyptens; als Kaste ist er die Priesterschaft der okkulten Tradition; als Gott ist er der Planet Merkur, dessen Sphäre mit einer Kategorie von Geistern, von göttlichen Eingeweihten assimiliert ist. Mit einem Wort, Hermes hat die Leitung der überirdischen Region der göttlichen Einweihung. In der geistigen Ökonomie der Welt sind alle diese Dinge durch geheimnisvolle Bande wie mit unsichtbaren Fäden verknüpft. Der Name ist ein Talisman, der sie zusammenfaßt, ein magischer Laut, der sie beschwört. Daher sein Zauber. Die Griechen, Schüler der Ägypter, nannten ihn Hermes Trismegistus oder den dreimal großen, weil er als König, Gesetzgeber und Priester verehrt wurde. Er ist der Typus einer Epoche, in der Geistlichkeit, Richterstand und

Königtum einen einzigen regierenden Körper bildeten. Die ägyptische Thronologie des Manethon nennt diese Epoche das Reich der Götter. Es gab damals weder Papyrus noch phonetische Schrift; aber die heilige Zeichensprache existierte schon; die Wissenschaft der Geistlichkeit war in Hieroglyphen auf den Mauern und Säulen der Krypten geschrieben. Bedeutend vermehrt ging sie später in die Bibliotheken der Tempel über. Die Ägypter schrieben Hermes zweiundvierzig Bücher zu über die okkulte Wissenschaft. Das griechische Buch, das unter dem Namen Hermes Trismegistus bekannt ist, enthält natürlich verstümmelte, doch ungemein wichtige Bruchstücke der antiken Theogonie, die wie das Fiat Lux ist, aus welchem Moses und Orpheus ihre ersten Strahlen empfingen. Die Lehre des Feuerprinzips und des Lichtworts, die in der Vision des Hermes enthalten ist, bleibt der Gipfel und das Zentrum der ägyptischen Initiation.

Wir werden sogleich versuchen, diese Vision der Meister wiederzufinden; die mystische Rose, die sich nur entfaltet in der Nacht des Heiligtums und im Rätselwort der großen Religionen. Gewisse Aussprüche des Hermes, die den Abdruck der uralten Weisheit tragen, können uns wohl dazu vorbereiten. »Keiner unserer Gedanken«, sagt er zu seinem Schüler Asklepios, »kann Gott begreifen und keine Sprache ihn schildern. Das, was unkörperlich, unsichtbar, ohne Form ist, kann nicht durch unsere Sinne erfaßt werden; was ewig ist, kann nicht durch dies kurze Gesetz der Zeit gemessen werden: Gott ist also unfaßbar. Gott kann, es ist wahr, einigen Auserwählten die Fähigkeit übermitteln, sich über die natürlichen Dinge zu erheben, um einige Strahlen seiner höchsten Vollkommenheit zu erblicken – doch diese Auserwählten finden keine Worte, um in vulgäre Sprache die unmaterielle Vision, die sie hat erzittern lassen, zu übertragen. Sie können der Menschheit die sekundären Ursachen der Schöpfungen erklären, die unter ihren Augen vorbeigehen wie Bilder des universellen Lebens, aber die erste Ursache bleibt verschleiert, und wir werden nur dazu kommen, sie zu verstehen, wenn wir durch den Tod geschritten sein werden.«

So sprach Hermes vom unbekannten Gott an der Schwelle der Krypten. Die Jünger, die mit ihm in ihre Tiefe drangen, lernten ihn erkennen wie ein lebendiges Wesen[30].

Das Buch spricht von seinem Tod wie von dem Scheiden eines Gottes. »Hermes sah die Gesamtheit der Dinge, und als er sie gesehen hatte, verstand er, und als er verstanden hatte, besaß er die Macht, kundzutun und zu offenbaren. Was er dachte, schrieb er; was er schrieb, verbarg er zum großen Teil, mit Weisheit schweigend und zugleich redend, damit während der ganzen Dauer der kommenden Zeiten diese Dinge gesucht würden. Und so den Göttern, seinen Brüdern, befehlend, ihm als Gefolge zu dienen, stieg er zu den Sternen.«

Man kann zur Not die politische Geschichte der Völker getrennt betrachten, man kann jedoch nicht ihre religiöse Geschichte in Teile sondern: Die Religionen von Assyrien, Ägypten, Judäa, Griechenland können nur verstanden werden, wenn man ihre Zugehörigkeit zur uralten indo-arischen Religion erfaßt. Mit einem Wort, die Geschichte einer Religion wird immer eng, abergläubisch und falsch sein; wahr ist nur die religiöse Geschichte der Menschheit. Auf dieser Höhe fühlt man nichts als die Strömungen, die um den Globus kreisen. Das ägyptische Volk, das selbständigste und den Einflüssen von außen am meisten verschlossene, hat sich diesem universellen Gesetz nicht entziehen können. Fünftausend Jahre vor unserer Zeitrechnung erstrahlte das im Iran entzündete Licht von Rama über Ägypten und wurde das Gesetz von Ammon-Râ, des Sonnengottes von Theben. Diese Verfassung erlaubte ihm, so vielen Revolutionen standzuhalten. Ménès war der erste König der Gerechtigkeit, der erste Pharao, Vollstrecker dieses Gesetzes. Er hütete sich, Ägyptens uralte Theologie, die auch die seine war, anzutasten. Er bestätigte sie nur und trug zu ihrer Entfaltung bei, indem er ihr eine neue soziale Organisation zufügte: die Geistlichkeit oder den Unterricht einer ersten Ratsversammlung; das Recht einer zweiten; die Regierung den beiden; die Königsmacht als Auftrag aufgefaßt und ihrer Kontrolle unterworfen; die verhältnismäßige Unabhängigkeit der Nomen oder Gemeinden als Grundlage der Gesellschaftsordnung. Das ist, was wir das Regierungssystem der Eingeweihten nennen können.

Es hatte zur Grundnote die Synthese der offenbarten Wissenschaft unter dem Namen des Osiris (O-Sir-Is), des Gottes des Intellekts. Die große Pyramide ist sein Symbol und mathematisches

Gnomon. Der Pharao, der seinen Initiationsnamen im Tempel erhielt, der die priesterliche und königliche Kunst auf seinem Thron ausübte, war also eine ganz andere Persönlichkeit als der assyrische Despot, dessen willkürliche Gewalt auf Verbrechen und Blut beruhte. Der Pharao war der gekrönte Initiierte, oder wenigstens der Schüler und das Werkzeug der Initiierten. Während Jahrhunderten sind die Pharaonen, gegenüber dem despotisch gewordenen Asien und dem anarchischen Europa, die Verteidiger des Gesetzes des Widders, welches damals Rechtswissenschaft und allgemeine Schiedsrichterlichkeit in sich faßte.

Gegen das Jahr 2200 vor Christus traf Ägypten die schwerste Krisis, die ein Volk durchmachen kann: Es war der Einbruch einer fremden Macht und eine halbe Unterwerfung. Der phönizische Einbruch war die Folge des großen religiösen Schismas in Asien, welches die Volksmassen aufgewiegelt hatte, da es die Einheit der Tempel zerstörte. Unter der Leitung der Hirtenkönige, genannt die Hyksos, rollte die Flut dieses Einbruches über das Delta und Mittel-Ägypten hin. Die schismatischen Könige brachten mit sich eine morsche Zivilisation, die ionische Verweichlichung, den Luxus Asiens, die Sitten des Harems, eine grobe Götzenverehrung. Die nationale Existenz Ägyptens war in Frage gestellt, seine Intellektualität lief Gefahr, seine Weltmission war bedroht. Aber es hatte eine lebenspendende Seele, d. h. eine organisierte Brüderschaft von Eingeweihten, Hüter der uralten Wissenschaft des Hermes und Ammon-Râ. Was tat diese Seele? Sie zog sich zurück in die Tiefen ihrer Heiligtümer, sie suchte im eigenen Innern Zuflucht, um dem Feind besseren Widerstand leisten zu können. Dem Schein nach beugte sich die Geistlichkeit vor den Eindringlingen und erkannte die Usurpatoren an, die das Gesetz des Stieres und den Kultus des Apis brachten. Doch in der Verborgenheit der Tempel bewahrten die zwei Ratsgesellschaften wie ein heiliges Vermächtnis ihre Wissenschaft, ihre Traditionen, die uralte, reine Religion und mit ihr die Hoffnung der Wiedereinsetzung der nationalen Dynastie.

Zu dieser Zeit war es, daß die Priester die Sage der Isis und des Osiris in das Volk streuten, die Sage der Zerstückelung des letzteren und seiner künftigen Auferstehung durch seinen Sohn Horus, der seine verstreuten, vom Nil weggeschwemmten Gebeine wiederfinden würde. Man wirkte auf die Phantasie des Volkes durch die Pracht der öffentlichen Zeremonien. Man nährte seine Liebe zur alten Religion, indem man ihm das Unglück der Göttin darstellte, ihren Jammer über den Verlust ihres himmlischen Gemahls und die Hoffnung, die sie in ihren Sohn, den göttlichen Vermittler, setzte. Doch zu gleicher Zeit fanden es die Initiierten notwendig, die esoterische Wahrheit unangreifbar zu machen, indem sie sie mit einem dreifachen Schleier bedeckten. Mit der Verbreitung des volkstümlichen Kultus von Isis und Osiris geht Hand in Hand die innere und kunstvolle Organisation der kleinen und der großen Mysterien. Man umgab sie mit beinah unüberwindlichen Schranken, mit furchtbaren Gefahren. Man erdachte sittliche Prüfungen, man verlangte das Gelübde des Schweigens, und die Todesstrafe wurde unerbittlich an den Eingeweihten vollzogen, die das geringste aus den Mysterien verrieten. Dank dieser strengen Organisation wurde die ägyptische Initiation nicht nur die Zufluchtsstätte der esoterischen Lehre, sondern auch der Hort einer künftigen nationalen Wiederbelebung und die Schule der künftigen Religionen. Während die gekrönten Usurpatoren in Memphis herrschten, bereitete Theben langsam die Wiedergeburt des Landes vor. Aus seinem Tempel, aus seiner Sonnenarche trat der Retter Ägyptens hervor, Amos, welcher die Hyksos nach neun Jahrhunderten der Herrschaft verjagte, die ägyptische Wissenschaft und den männlichen Kultus des Osiris in ihre Rechte wieder einsetzte.

So retteten die Mysterien die Seele Ägyptens vor der fremden Tyrannei, und das zum Wohl der Menschheit! Denn so bedeutend war damals die Kraft ihrer Disziplin, die Macht ihrer Einweihung, daß in diesen seine beste moralische Kraft, seine höchste geistige Gewalt aufbewahrt waren.

Die ägyptische Einweihung beruhte auf einer Auffassung des Menschen, die gesünder und höher war als die unsere. Wir haben die Erziehung des Körpers, der Seele, des Geistes voneinander getrennt. Unsere physischen und natürlichen Wissenschaften, sehr vorgeschritten in sich selbst, sehen vom Prinzip der Seele und seiner Ausbreitung im Universum ab; unsere Religion genügt nicht den

Bedürfnissen des Verstandes; unsere Medizin will nichts von der Seele und dem Geiste wissen.

Der gegenwärtige Mensch sucht das Vergnügen ohne das Glück, das Glück ohne das Wissen und das Wissen ohne die Weisheit. Die antike Welt gab nicht zu, daß diese Dinge trennbar seien. Auf allen Gebieten trug sie der dreifachen Natur der Menschheit Rechnung. Die Initiation war eine allmähliche Schulung des ganzen menschlichen Wesens bis hinauf zu den schwindelerregenden Gipfeln des Geistes, von wo aus man das Leben beherrschen kann. »Um die Beherrschung zu erlangen«, sagten die Weisen von damals, »braucht der Mensch eine totale Umschmelzung seines ganzen physischen, moralischen und intellektuellen Wesens. Diese Umschmelzung ist aber nur möglich durch die gleichzeitige Betätigung des Willens, der Intuition, und der Vernunft. Durch ihr vollendetes Zusammenwirken kann der Mensch seine Fähigkeiten bis zu unbegrenzten Möglichkeiten erweitern. Die Seele hat schlafende Sinne; die Initiation erweckt sie. Durch tiefes Studium, durch beharrlichen Fleiß kann sich der Mensch in bewußte Beziehung mit den schlummernden Kräften des Universums bringen. Durch einen mächtigen Willensansporn kann er zum direkten geistigen Schauen kommen, kann er sich die Wege zum Jenseits öffnen, um sich fähig zu machen, dort zu wandeln. Dann nur kann er sagen, daß er das Schicksal besiegt und seine göttliche Freiheit erobert hat. Dann nur kann der Eingeweihte Einweihender werden, Prophet und Theurg, d. h. Seher und Schöpfer von Seelen. Denn nur derjenige, der sich selbst beherrscht, kann über andere herrschen; nur der Freie kann befreien.«

So dachten die alten Weisen. Die größten unter ihnen lebten und handelten in solchem Sinne. Die wirkliche Einweihung war also viel mehr als ein hohler Traum und viel mehr als eine einfache wissenschaftliche Unterweisung; sie war die Schöpfung einer Seele durch sich selbst, ihre Entfaltung auf einem höheren Plan, ihr Aufblühen in der göttlichen Welt.

Gehen wir zurück zur Zeit des Ramses, zur Epoche des Moses und Orpheus, gegen das Jahr 1300 vor unserer Ära – und versuchen wir, in das Herz der ägyptischen Initiation zu dringen. Die mit Bildwerken bedeckten Monumente, die Bücher des Hermes, die jüdische und griechische Überlieferung gestatten uns, ihre aufsteigenden Phasen wieder zu beleben und uns ein Bild ihrer höchsten Offenbarung zu geben.

Isis – Einweihung – Prüfungen

Zur Zeit des Ramses hatte die ägyptische Zivilisation den höchsten Gipfel ihres Ruhmes erstiegen. Die Pharaonen der XX. Dynastie, Schüler und Bannerträger der Heiligtümer, hielten wie wahre Helden den Kampf gegen Babylon aufrecht. Die ägyptischen Bogenschützen jagten die Libyer, die Bodhonen, die Nubier bis in das Zentrum Afrikas. Eine Flotte von vierhundert Segeln verfolgte die Liga der Schismatiker bis zur Mündung des Indus. Um besser dem Anprall Assyriens und seiner Verbündeten zu widerstehen, hatte Ramses strategische Straßen bis zum Libanon errichtet und eine Kette von Bollwerken aufgetürmt zwischen Mageddo und Karkemisch. Endlose Karawanen strömten durch die Wüste von Radasieh bis Elephantina. Die architektonischen Arbeiten wurden ohne Unterbrechung fortgesetzt und beschäftigten Arbeiter aus drei Kontinenten. Der hypostyle Saal von Karnak, dessen Pfeiler die Höhe der Säule von Vendôme erreichen, war wiederhergestellt; der Tempel von Abydos wurde mit Wundern der Bildhauerkunst bereichert, zwischen dem Tal der Könige und dem linken Ufer des Nils erhoben sich großartige Monumente. Man baute zu Bubastos, zu Luxor, zu Speos Ibsambul. In Theben erinnerte ein Trophäen-Pylon an die Einnahme von Kadesh; dort auch erhob sich das Ramasseum, umgeben von einem Wald von Obelisken, Statuen, riesenhaften Monolithen.

Mitten in diese fieberhafte Tätigkeit, dieses blendende Leben, landete mehr als ein nach den Mysterien strebender Fremdling, von den fernen Küsten Kleinasiens oder den Bergen Thraziens kommend, in Ägypten, angezogen von dem Ruhm seiner Tempel! In Memphis war er starr vor Staunen. Monumente, Schauspiele, öffentliche Feste, alles gab ihm den Eindruck des Üppigen, des Großartigen. Nach der Zeremonie der königlichen Weihe, die im Geheimnis des Heiligtums vollzogen wurde, sah er den Pharao aus dem Tempel treten vor das Volk und auf seinen Thron steigen, der von zwölf fächertragenden Offizieren seines Generalstabs getragen wurde. Vor ihm hielten zwölf Leviten auf goldgestickten Kissen die Zeichen der Königswürde: das Zepter der Richter mit dem Widderkopf, das Schwert, den Bogen und die Fülle der Waffen. Hinter ihm kamen die Angehörigen des königlichen Hauses und die Hochschulen der Geistlichkeit, gefolgt von den Eingeweihten der großen und kleinen Mysterien. Die Hohenpriester trugen die weiße Tiara, und ihr Brustschild blitzte vom Feuer der symbolischen Steine. Die Würdenträger der Krone trugen die Orden des Lammes, des Widders, des Löwen, der Lilie, der Biene, die an wunderbar gearbeiteten massiven Ketten hingen. Die Korporationen schlossen den Zug mit ihren Sinnbildern und ausgebreiteten Fahnen[31]. – In der Nacht glitten wunderbar bewimpelte Barken auf künstlichen Seen und trugen die königlichen Orchester, zwischen welchen sich in hieratischen Posen Tänzerinnen und Spielerinnen der Theorbe abhoben.

Aber diese erdrückende Pracht war nicht das, was er suchte. Der Wunsch, in das Geheimnis der Dinge zu dringen, der Durst des Wissens, das war es, was ihn von so weit herbeiführte. Man hatte ihm gesagt, daß in den Heiligtümern Ägyptens Magier und Hierophanten lebten, die im Besitz der göttlichen Wissenschaft seien. Auch er wollte in das Geheimnis der Götter dringen. Durch einen Priester seines Volkes hatte er vom Buch der Toten gehört, von der geheimnisvollen Rolle, die man wie einen Wegweiser unter den Kopf der Mumien legte und die in einer symbolischen Form die Reise der Seele jenseits des Grabes erzählte gemäß den Priestern des Ammon-Râ. Er war mit verlangender Neugierde und einem gewissen inneren Erzittern, in welches sich Zweifel mischten, der Reise der Seele nach dem Leben gefolgt; ihrer Buße in einer glühenden Region; der Reinigung ihrer siderischen Hülle; ihrer Begegnung mit dem in einer Barke sitzenden schlechten Steuermann, der das Haupt gewendet hält, und dem guten Steuermann, der ins Gesicht blickt; ihrem Erscheinen vor den zweiundvierzig irdischen Richtern; ihrer Rechtfertigung vor Toth; endlich ihrem Eintritt und ihrer Verklärung im Licht des Osiris. Wir können uns ein Bild machen von der Macht dieses Buches und der vollständigen Revolution, die die ägyptische Einweihung manchmal in den Geistern hervorrief durch diese Stelle aus dem Buch der Toten: »Dieses Kapitel wurde in Hermopolis gefunden, in blauer Schrift auf einer Alabasterfliese, zu Füßen des Gottes Toth (Hermes) im Tempel des Königs Menkara, durch den Prinzen Hastatef, während er sich auf Reisen befand, um die Tempel zu besichtigen. Er trug den Stein in den königlichen Tempel. O großes Geheimnis! Er sah nicht mehr, er hörte nicht mehr, als er dieses reine und heilige Kapitel gelesen hatte, er näherte sich keinem Weibe mehr und aß weder Fleisch noch Fisch[32].« Doch was war an diesen erregenden Erzählungen wahr, an diesen hieratischen Bildern, hinter welchen das schreckliche Mysterium vom Leben jenseits des Grabes schillerte? – Isis und Osiris wissen es! sagte man. Doch welches waren diese Götter, über die man nur mit dem Finger auf dem Mund sprach? Um es zu wissen, klopfte der Fremdling an das Tor des großen Tempels von Theben und Memphis.

Bediente führten ihn unter den Portikus eines inneren Hofes, dessen enorme Pfeiler riesenhaften Lotusblüten ähnlich waren, die durch ihre Kraft und Reinheit die Sonnenarche stützten, den Tempel des Osiris. Der Hierophant näherte sich dem Neuangekommenen. Die Majestät seiner Züge, die Ruhe seines Gesichts, das Mysterium seiner schwarzen Augen, undurchdringlich, aber voll inneren Lichts, hatten schon etwas, was den Bewerber beunruhigen konnte. Sein Blick durchbohrte wie ein Stecheisen. Der Fremdling fühlte sich einem Manne gegenüber, dem er unmöglich irgend etwas zu verbergen imstande gewesen wäre. Der Priester des Osiris befragte den neuen Ankömmling über seine Heimatstadt, seine Familie und den Tempel, in dem er seinen Unterricht genossen. Wenn er während dieses kurzen, aber eindringlichen Examens unwürdig der Mysterien befunden worden war, wurde ihm mit einer schweigsamen, aber unwiderruflichen Gebärde die Tür gewiesen. Aber wenn der Hierophant im Aspiranten ein aufrichtiges Streben nach Wahrheit fand, forderte er ihn auf, ihm zu folgen. Man schritt durch Portiken, durch innere Höfe, dann durch einen in den Fels gehauenen Gang unter offenem Himmel, an dessen Rand sich Stelen und Sphinxe hinzogen, und man kam zu einem kleinen Tempel, der den unterirdischen Krypten als Eingang diente. Seine Tür war durch eine lebensgroße Statue der Isis verdeckt. Die Göttin hielt sitzend ein geschlossenes Buch auf den Knien; ihre Haltung war die der Meditation und der inneren Sammlung. Ihr Gesicht war verschleiert; man las unter der Statue:

»Kein Sterblicher hat je meinen Schleier gehoben.«

»Hier ist das Tor zum verborgenen Heiligtum«, sagte der Hierophant. »Blick auf diese zwei Säulen. Die rote bedeutet den Aufstieg des Geistes zum Licht des Osiris; die schwarze bedeutet seine Gefangenschaft in der Materie, und dieser Fall kann bis zur Vernichtung gehen. Wer unserer Wissenschaft und unserer Lehre nahetritt, setzt sein Leben aufs Spiel. Der Wahnsinn oder der Tod, das ist, was der Schwache oder der Böse hier findet; die Starken und die Guten allein finden das Leben und die Unsterblichkeit. Viele Unvorsichtige sind nicht lebendig wieder herausgetreten. Es ist ein Abgrund, der nur die Kühnen dem Licht des Tages wiedergibt. So überlege denn wohl, was du tun wirst, die Gefahren, die du laufen wirst; und wenn dein Mut nicht jeder Prüfung gewachsen ist, so entsage dem Unternehmen. Denn ist einmal dieses Tor hinter dir geschlossen, kannst du nicht mehr zurücktreten.«

Wenn der Fremdling bei seinem Willen beharrte, führte ihn der Hierophant in den äußeren Hof zurück und empfahl ihn den Bedienten des Tempels, mit denen er eine Woche zubringen mußte, gezwungen, die einfachsten Arbeiten auszuführen, Hymnen anzuhören und Waschungen zu verrichten. Das vollkommenste Schweigen war ihm auferlegt.

Wenn der Abend der Prüfungen gekommen war, führten zwei Neokoren[33] oder Hilfsgeistliche den Aspiranten der Mysterien zum Tor des verborgenen Heiligtums. Man trat in einen schwarzen Vorraum ein, scheinbar ohne Ausgang. Zu beiden Seiten dieses grausigen Saales, beim Schein der Fackeln, sah der Fremdling eine Reihe von Bildsäulen mit Menschenleibern und Tierköpfen von Löwen, Stieren, Raubvögeln, die ihn scheinbar auf seinem Weg angrinsten. Am Ende dieses unheilverkündenden Saales, den man ohne ein Wort zu sagen durchschritt, standen sich gegenüber eine Mumie und ein menschliches Skelett. Und mit einer stummen Gebärde zeigten die beiden Neokoren dem Neuling ein Loch in der Mauer, das sich vor ihm befand. Es war der Eintritt zu einem so niedrigen Durchgang, daß man nur kriechend hineindringen konnte.

»Noch kannst du zurücktreten«, sagte einer der Hilfsgeistlichen. »Das Tor zum Heiligtum ist noch nicht geschlossen. Tust du es nicht, so mußt du deinen Weg hier fortsetzen, und es gibt keine Wiederkehr.«

»Ich bleibe«, sagte der Neuling, indem er seinen ganzen Mut zusammenfaßte.

Man gab ihm dann eine kleine brennende Lampe. Die Neokoren zogen sich zurück und schlossen mit Lärm das Tor des Heiligtums. Es gab kein Zaudern mehr, man mußte in den Durchgang hinein. Kaum war er auf den Knien kriechend hineingeglitten, seine Lampe in der Hand, so hörte er eine Stimme, wie aus der Erde hervorkommend: »Hier verderben die Toren, die nach Wissenschaft und Macht begehrt haben.« Dank einer wunderbaren akustischen Wirkung wurde dieses Wort siebenmal in Abständen durch das Echo wiederholt. Man mußte dennoch vorwärtsschreiten; der Durchgang wurde breiter, aber senkte sich in immer schärferem Abhang. Endlich befand sich der verwegene Reisende gegenüber einer schwarzen trichterförmigen Grube. Eine eiserne Leiter verlor sich daselbst; der Novize wagte sich darauf. Auf der letzten Stufe der Leiter tauchte sein verstörter Blick in einen fürchterlichen Brunnen. Die arme Naphta-Lampe, die seine zitternde Hand krampfhaft umschloß, warf ihr fahles Licht in bodenlose Finsternis. Was tun? Über ihm war die Rückkehr unmöglich; unter ihm der Fall ins Schwarze, in die schreckliche Nacht. In dieser Bedrängnis erblickte er einen Spalt zu seiner Linken. Sich mit einer Hand an die Leiter klammernd, seine Lampe mit der anderen ausstreckend, erblickte er dort Stufen. Eine Treppe! Dies war das Heil. Er warf sich darauf; er stieg, er entkam dem Abgrund! Die Treppe, die den Fels durchbohrte, stieg spiralförmig an. Endlich befand sich der Aspirant vor einem Bronzegitter, das eine weite, von großen Karyatiden getragene Galerie umschloß. In den Zwischenräumen sah man auf den Mauern zwei Reihen symbolischer Fresken. Es gab ihrer elf auf jeder Seite, sanft erleuchtet von Kristallampen, welche die schönen Karyatiden in ihren Händen trugen.

Ein Magier, den man den Pastophoren (Hüter der heiligen

Symbole) nannte, öffnete dem Novizen das Gitter und empfing ihn, und beglückwünschte ihn dazu, die erste Prüfung glücklich überstanden zu haben; dann geleitete er ihn durch die Galerie und erklärte ihm die heiligen Bildwerke. Unter jedem Bildwerk war ein Buchstabe und eine Zahl. Die zweiundzwanzig Symbole stellten die zweiundzwanzig ersten Geheimnisse dar und bildeten das Alphabet der verborgenen Wissenschaft, d. h. die absoluten Prinzipien, die universellen Schlüssel, die, vom Willen angewandt, zur Quelle jeder Weisheit und Macht werden. Die Prinzipien hefteten sich in sein Gedächtnis durch ihre Übereinstimmung mit den Buchstaben der heiligen Sprache und den Zahlen, die sich mit diesen Buchstaben verbinden. Jeder Buchstabe und jede Zahl drückt in jeder Sprache ein dreifaches Gesetz aus, das seinen Widerhall hat in der göttlichen Welt, in der intellektuellen Welt und in der physischen Welt. So wie der Finger, der die Saite einer Lyra berührt, eine Note der Gamme erklingen läßt und alle mit ihm harmonisch gestimmten mitschwingen, so beschwört der Geist, der alle Wirkungsfähigkeiten einer Zahl in Betracht zieht, die Stimme, die einen Buchstaben mit dem Bewußtsein seiner Tragkraft ausspricht, eine Macht, welche ihren Widerhall in den drei Welten hat.

So bedeutet der Buchstabe A, der der Zahl 1 entspricht, in der göttlichen Welt: das absolute Sein, aus welchem alle Wesen entspringen; in der intellektuellen Welt: Einheit, Ursprung und Synthese der Zahlen; in der physischen Welt: den Menschen, den Gipfelpunkt relativer Wesenheiten, der durch die Ausdehnung seiner Fähigkeiten sich in die konzentrischen Sphären des Unendlichen erhebt. – Das Arkanum 1 war bei den Ägyptern dargestellt durch einen Magier in weißem Gewand, das Zepter in der Hand, die goldene Krone um die Stirn. Das weiße Kleid bedeutete die Reinheit, das Zepter die Herrschaft, die goldene Krone das universelle Licht.

Der Novize war weit davon entfernt, all das Sonderbare und Neue zu verstehen; aber ungeahnte Perspektiven eröffneten sich ihm bei den Worten des Pastophoren vor den schönen Bildern, die ihn mit dem unbeweglichen Ernst der Götter betrachteten. Hinter jedem von ihnen ersah er blitzartig eine Flucht von plötzlich wachgerufenen Gedanken und Bildern. Zum erstenmal ging ihm die

Ahnung des Innern der Welt auf durch die geheimnisvolle Kette der Ursachen. So von Buchstaben zu Buchstaben, von Zahl zu Zahl, erklärte der Lehrer dem Schüler den Sinn der Geheimnisse und führte ihn von Isis Urania zum Wagen des Osiris, von dem zerschmetterten Turm zum flammenden Stern und endlich zur Krone des Magiers. »Und wisse wohl«, sagte der Pastophor, »was diese Krone bedeutet: Jeder Wille, der sich mit Gott vereinigt, um die Wahrheit zu offenbaren und die Gerechtigkeit zu fördern, nimmt schon in diesem Leben teil an der göttlichen Macht über die Wesen und Dinge, dem ewigen Lohn der befreiten Geister.« Indem er den Lehrer sprechen hörte, fühlte der Neophyt eine Mischung von Erstaunen, von Furcht und Entzücken. Es war der erste Schimmer des Heiligtums, und die flüchtig gesehene Wahrheit schien ihm das Morgenrot eines göttlichen Rückerinnerns.

Aber die Prüfungen waren nicht zu Ende. Bei seinen letzten Worten öffnete der Pastophor eine Tür, die in ein neues, enges und langes Gewölbe führte, an deren äußerstem Ende ein glühender feuriger Ofen prasselte. »Aber dies ist der Tod!« sagte der Novize, und er blickte erbebend auf seinen Führer. »Mein Sohn«, sagte der Pastophor, »der Tod erschreckt nur unreife Naturen. Ich bin einst durch diese Flammen wie durch Rosenfelder geschritten.« Und das Gitter der Galerie der Arkanen schloß sich hinter dem Bewerber. Als er sich der feurigen Hecke näherte, bemerkte er, daß der glühende Herd nichts war als eine optische Täuschung, hervorgerufen durch leichte Verschlingungen harzigen Holzes, die die Gitter durchkreuzten. Eine quer durch die Mitte gezeichneter Pfad erlaubte ihm, schnell durchzugehen. Der Feuerprobe folgte die Wasserprobe. Der Aspirant war gezwungen durch ein schwarzes totes Wasser zu schreiten beim Schein einer Naphta-Feuersbrunst, die sich hinter ihm in der Kammer des Feuers entzündete. Noch zitternd führte man ihn danach in eine dunkle Grotte, wo man nichts sah als ein weiches Lager, geheimnisvoll beleuchtet durch das Halblicht einer am Gewölbe hängenden Bronzelampe. Man trocknete ihn, man salbte seinen Leib mit herrlichen Essenzen, man kleidete ihn mit feinem Linnen und man ließ ihn allein, nachdem man ihm gesagt hatte: »Ruhe aus und erwarte den Hierophanten.«

Der Novize streckte seine von Müdigkeit zerschlagenen Glieder auf dem prunkvollen Teppich des Bettes aus. Nach den verschiedenen Erregungen schien ihm dieser Moment der Ruhe süß. Die heiligen Bildwerke, die er gesehen hatte, alle diese sonderbaren Figuren, die Sphinxe, die Karyatiden zogen wieder durch seine Imagination. Warum denn tauchte eines dieser Bildwerke immer wieder auf wie eine Halluzination? Eigensinnig sah er immer wieder das Arkanum X, das dargestellt war durch ein zwischen zwei Säulen an seiner Achse hängendes Rad. Von einer Seite stieg Hermanubis auf, der Genius des Guten, schön wie ein junger Ephebe; von der anderen Typhon, der Genius des Bösen, kopfabwärts in den Abgrund stürzend. Zwischen den beiden, auf dem Gipfel des Rades, sitzt eine Sphinx, ein Schwert in ihrer Kralle haltend.

Das ferne Tönen einer wollüstigen Musik, die aus dem Innern der Grotte emporzusteigen schien, ließ dieses Bild verschwinden. Sein Ohr wurde von einem metallischen Klingen umschmeichelt, in welches sich das Zittern der Harfe mischte, von Flötenlauten durchbrochen, und Seufzern, so lechzend wie glühender Atem. Wie umfangen von einem Feuertraum, schloß der Fremdling die Augen. Wenn er sie öffnete, sah er einige Schritte weit von seinem Lager eine Erscheinung, sprühend von Leben und höllischer Verführung. Eine Frau aus Nubien, in einen durchsichtigen Purpurschleier gehüllt, ein Halsband von Amuletten um den Hals, gleich den Priesterinnen der Mysterien der Mylitta, stand da, ihn zärtlich anblickend, und einen rosenumkränzten Becher in der Linken haltend. Sie hatte diesen nubischen Typus, dessen intensive und berauschende Sinnlichkeit alle Macht des weiblichen Tieres in sich konzentriert: vorspringende Backenknochen, geblähte Nasenflügel, Lippen üppig wie eine rote, saftige Frucht. Ihre schwarzen Augen funkelten in der Dämmerung. Der Novize war aufgesprungen, und erstaunt, nicht wissend, ob er zittern sollte oder sich freuen, kreuzte er instinktiv die Arme auf der Brust. Aber die Sklavin näherte sich ihm mit langsamem Schritt, und die Augen senkend, sagte sie leise: »Fürchtest du mich, schöner Fremdling? Ich bringe dir den Lohn der Sieger, die Vergessenheit der Schmerzen, den Kelch der Freude ...« Der Novize zauderte; dann wie von Mattigkeit befallen, sank die Nubierin auf das Lager und umfing den

Fremdling mit einem Blick, flehend wie eine dürstende Flamme. Wehe ihm, wenn er es wagte, sie herauszufordern, wenn er sich über diesen Mund beugte, wenn er sich an dem schweren Wohlgeruch berauschte, der von ihren braunen Schultern stieg. Hatte er einmal diese Hand berührt und seine Lippen in diesen Kelch getaucht, war er verloren. In feuriger Umarmung fiel er auf das Lager. Aber nach der wilden Befriedigung der Sinne warf ihn die getrunkene Flüssigkeit in schweren Schlummer. Bei seinem Erwachen fand er sich allein, verängstigt. Die Lampe warf ein fahles Licht auf sein ungeordnetes, zerwühltes Lager. Ein Mann stand vor ihm; es war der Hierophant. Er sagte:

»Du warst Sieger in den ersten Prüfungen. Du hast den Tod, das Feuer und das Wasser bemeistert; du hast aber nicht über dich selbst siegen können. Du, der du nach den Gipfelhöhen des Geistes und des Wissens strebst, du bist der ersten Versuchung der Sinne unterlegen, und du bist in den Abgrund der Materie gestürzt. Wer Sklave der Sinne ist, lebt in der Finsternis. Du hast die Finsternis dem Licht vorgezogen; bleib also im Finstern. Ich hatte dich gewarnt vor den Gefahren, denen du dich aussetzest. Du hast dein Leben gerettet; du hast aber deine Freiheit verloren. Du bleibst unter Todesstrafe Sklave des Tempels.«

Wenn dagegen der Aspirant den Kelch umgeworfen und die Versucherin zurückgestoßen hatte, umringten ihn zwölf fackeltragende Neokoren und führten ihn zum Heiligtum der Isis, wo die Gemeinschaft der im Halbkreis gereihten weißgekleideten Magier ihn erwartete. Im Innern des wunderbar erleuchteten Tempels erblickte er die Kolossalstatue der Isis in gegossenem Metall, eine Rose an der Brust, gekrönt mit dem Diadem der sieben Strahlen. Sie hielt ihren Sohn Horus in den Armen. Vor der Göttin empfing der in Purpur gekleidete Hierophant den neuen Ankömmling, und unter den furchtbarsten Flüchen ließ er ihn das Gelübde des Schweigens und des Gehorsams ablegen. Dann begrüßte er ihn im Namen der ganzen Versammlung als einen Bruder und einen künftigen Eingeweihten. Vor diesen erhabenen Meistern glaubte sich der Schüler der Isis wie vor Göttern. Hinausgewachsen über sich selbst, trat er zum erstenmal in die Sphäre der Wahrheit.

Und doch war ihm nur der Zutritt zu ihrer Schwelle gestattet. Denn jetzt begannen für ihn die langen Jahre des Studiums und der Lehrlingsschaft. Bevor er sich zu Isis Urania erheben konnte, mußte er die irdische Isis kennenlernen, die physischen und androgonischen Wissenschaften bewältigen. Seine Zeit teilte er ein zwischen den Meditationen in der Zelle, dem Studium der Hieroglyphen in den Sälen und Höfen des Tempels und den Stunden der Lehrer. Er lernte die Wissenschaft der Mineralien und der Pflanzen, die Geschichte des Menschen und der Völker, die Medizin, die Architektur und die heilige Musik. In dieser langen Lehrzeit mußte er nicht nur wissen, sondern werden, die Kraft durch Entsagung erlangen. Die alten Weisen glaubten, daß der Mensch nur dann die Wahrheit besitzt, wenn sie ein Teil seines intimen Wesens wird, ein spontaner Akt seiner Seele. Aber in dieser Zeit der inneren Erfahrung überließ man den Schüler sich selbst. Seine Lehrer halfen ihm in nichts, und oft erstaunte er über ihre Kühle, ihre Gleichgültigkeit. Man überwachte ihn mit Aufmerksamkeit; man unterwarf ihn unbeugsamen Regeln; man verlangte von ihm absoluten Gehorsam; aber man offenbarte ihm nichts, was über gewisse Grenzen hinausgeht. Auf seine Beängstigungen, auf seine Fragen hin antwortete man: »Warte und arbeite.« Dann überkamen ihn plötzliche Empörung, bitteres Bedauern, schrecklicher Argwohn. War er der Sklave kühner Betrüger oder schwarzer Magier geworden, die seinen Willen niederzwangen eines abscheulichen Zieles wegen? Die Wahrheit floh; die Götter verließen ihn; er war allein und ein Gefangener des Tempels. Die Wahrheit war ihm erschienen unter der Gestalt einer Sphinx. Jetzt sprach die Sphinx: »Ich bin der Zweifel!« Und das geflügelte Tier mit dem unbeweglichen Frauenantlitz und den Löwenkrallen trug ihn hinweg, um ihn im brennenden Sand der Wüste zu zerreißen.

Diesen Schreckbildern jedoch folgten Stunden der Stille und göttlichen Vorempfindungen. Er verstand dann den symbolischen Sinn der Prüfungen, die er bei seinem Eintritt in den Tempel durchgemacht hatte. Der dunkle Brunnen, in den er beinahe gestürzt wäre, war weniger schwarz als die unergründliche Wahrheit; das

Feuer, durch das er hindurchgeschritten, weniger schrecklich als die Leidenschaften, die noch in seinem Herzen brannten; das eisige und finstere Wasser, in das er hatte tauchen müssen, weniger kalt als der Zweifel, von dem sein Geist in schlimmen Stunden umfangen war bis zum Ertrinken.

In einem der Säle des Tempels zogen sich längs der zwei Wände dieselben heiligen Bildnisse, deren Deutung ihm in der Krypta gegeben worden war während der Nacht der Prüfungen, und die die zweiundzwanzig heiligen Arkanen darstellten. Diese Arkanen, die man an der Schwelle der okkulten Wissenschaft durchblicken ließ, waren die eigentlichen Säulen der Theologie; aber man mußte durch die ganze Einweihung schreiten, um sie zu verstehen. Seitdem hatte keiner der Lehrer darüber zu ihm gesprochen. Man erlaubte ihm nur, in diesem Saal zu wandeln, über diese Zeichen zu meditieren. Er verbrachte dort lange, einsame Stunden. Durch diese Figuren, so keusch wie das Licht, so ernst wie die Ewigkeit, glitt die unsichtbare und unantastbare Wahrheit langsam in das Herz des Neophyten. In der stummen Gesellschaft dieser schweigsamen Gottheiten ohne Namen, von denen eine jede über eine besondere Lebenssphäre zu walten schien, begann er etwas Neues zu empfinden: erst ein Hinuntersteigen in die Tiefe seines Wesens, dann eine Art Loslösung von der Welt, durch die er gleichsam über den Dingen schwebte. Manchmal fragte er einen der Magier: »Wird es mir einmal erlaubt sein, die Rose der Isis einzuatmen und das Licht des Osiris zu erblicken?« Man antwortete ihm: »Das hängt nicht von uns ab. Die Wahrheit gibt sich nicht. Man findet sie in sich oder man findet sie nicht. Wir können nicht aus dir einen Adepten machen, du mußt es aus dir heraus werden. Der Lotus wächst lange unter dem Fluß, bevor er sich entfaltet. Wolle nicht das Wachstum der himmlischen Blume beschleunigen. Arbeite und bete.«

Und der Jünger kehrte wieder zu seinen Studien, zu seinen Meditationen zurück, mit einer traurigen Freude. Er genoß den strengen und milden Reiz dieser Einsamkeit, wo gleichsam der Hauch des Wesens der Wesen vorüberzog. So verstrichen Monate, Jahre. Er fühlte, wie eine langsame Umwandlung, eine völlige Metamorphose mit ihm vorging. Die Leidenschaften, die seine Jugend umtobt hatten, entfernten sich wie Schatten, und die Gedanken, die ihn umgaben, lächelten ihm zu wie unsterbliche Freundinnen. Was er in Augenblicken empfand, war die Vernichtung seines irdischen Ich und die Geburt eines reineren und mehr ätherischen Ich. Von dieser Empfindung ergriffen, geschah es, daß er manchmal vor den Stufen des verschlossenen Heiligtums niederkniete. Dann gab es in ihm weder Empörung mehr, noch irgendeinen Wunsch, noch irgendein Bedauern. Es gab nur eine völlige Hingabe seiner Seele an die Götter, eine völlige Opferung seines Wesens an die Wahrheit. »O Isis«, sagte er in seinem Gebet, »da meine Seele nichts ist als eine Träne deiner Augen, so möge sie als Tau auf andere Seelen fallen, auf daß ich sterbend deren Duft zu dir emporsteigen fühle. Nun bin ich zum Opfer bereit.«

Nach einem dieser stummen Gebete sah dann der Jünger in halber Ekstase wie eine dem Boden entstiegene Vision den Hierophanten vor sich stehen, umstrahlt von der warmen Glut der untergehenden Sonne. Der Meister schien alle Gedanken des Jüngers zu lesen, das ganze Drama seines Innenlebens zu durchdringen.

»Mein Sohn«, sagte er, »die Stunde naht, in der die Wahrheit dir offenbart wird. Denn du hast sie schon vorempfunden, indem du in die Tiefe deines eigenen Innern hinuntergestiegen bist und dort das göttliche Leben gefunden hast. Du wirst in die große, in die unsagbare Gemeinschaft der Eingeweihten treten. Denn du bist es wert durch die Reinheit des Herzens, durch die Liebe zur Wahrheit und durch die Kraft der Entsagung. Niemand aber ist über die Schwelle des Osiris geschritten, ohne durch den Tod und die Auferstehung gegangen zu sein. Wir werden dich in die Krypta begleiten. Sei ohne Furcht, denn du bist schon einer unserer Brüder.«

In der Dämmerung begleiteten Priester des Osiris, Fackeln haltend, den neuen Adepten in eine niedrige Krypta, die vier von Sphinxen getragene Pfeiler stützten. In einem Winkel befand sich ein marmorner Sarkophag.

»Kein Mensch«, sagte der Hierophant, »entgeht dem Tod, und jede lebendige Seele ist zur Auferstehung bestimmt. Der Adept schreitet lebendig durch das Grab, um in diesem Leben schon einzutreten in das Licht des Osiris. Lege dich also hin in diesen Sarg und erwarte das Licht. Diese Nacht wirst du durch das Tor des Schreckens schreiten und die Schwelle der Meisterschaft erreichen.«

Der Adept legte sich in den offenen Sarkophag, der Hierophant streckte seine Hand aus, um ihn zu segnen, und der Zug der Eingeweihten entfernte sich schweigend aus dem Grabgewölbe. Eine kleine auf die Erde gestellte Lampe erhellte noch mit ihrem trüben Licht die vier Sphinxe, welche die gedrungenen Säulen der Krypta tragen. Ein Chor tiefer Stimmen wird hörbar, gedämpft und verschleiert. Von wo kommt er? Es ist der Totengesang! ... Er verhallt, die Lampe flackert noch einmal auf und verlischt dann ganz. Der Adept ist allein in der Finsternis, der Frost des Grabes fällt auf ihn, seine Glieder erstarren. Er schreitet allmählich durch die schmerzvollen Empfindungen des Todes und verfällt in Lethargie. Sein Leben entrollt sich vor ihm in aufeinanderfolgenden Bildern wie etwas Uraltes und sein irdisches Bewußtsein wird immer trüber und unbestimmter. Doch während er allmählich seinen Körper sich auflösen fühlt, befreit sich der ätherische, fluidische Teil seines Wesens. Er tritt in Ekstase ...

Welch strahlender Punkt erscheint, kaum merkbar in der Ferne, auf dem schwarzen Untergrund der Finsternis? Er nähert sich, er wächst, er wird zu einem Stern mit fünf Zacken, dessen Strahlen alle Farben des Regenbogens haben und der in die Finsternis hinein Ströme magnetischen Lichtes ergießt. Jetzt ist er eine Sonne, die ihn in die blendende Weiße ihres Mittelpunktes hineinzieht. – Ist es die Magie der Meister, die diese Vision hervorruft? Ist es das Unsichtbare, welches sichtbar wird? Ist es die Vorbedeutung der himmlischen Wahrheit, der funkelnde Stern der Hoffnung und der Unsterblichkeit? – Er verschwindet; und an seiner Stelle öffnet sich in der Nacht eine Blütenknospe, eine Blume, nicht körperlich, doch sinnlich wahrnehmbar und seelenbegabt. Denn sie öffnet sich vor ihm wie eine weiße Rose; sie entfaltet ihre Blütenkrone; er sieht, wie ihre lebendigen Blätter erzittern und ihr funkelnder Kelch sich rötet. – Ist es die Blume der Isis, die mystische Rose der Weisheit, welche die Liebe in ihrem Herzen einschließt? – Doch schon löst sie sich auf wie eine Wolke von Wohlgerüchen. Da fühlt sich der Verzückte von einem warmen liebkosenden Hauch umflossen. Nachdem sie verschiedene phantastische Formen angenommen, verdichtet sich die Wolke und wird zur menschlichen Gestalt. Es ist diejenige einer Frau, die Isis des okkulten Heiligtums, aber jünger, lächelnder und strahlender. Ein durchsichtiger Schleier schlingt sich spiralenförmig um sie und läßt ihren Leib durchschimmern. In ihrer Hand hält sie eine Papyrusrolle. Sie nähert sich sanft, sie beugt sich über den im Sarge liegenden Initiierten und sagt ihm: »Ich bin deine unsichtbare Schwester, ich bin deine göttliche Seele, und dieses ist das Buch deines Lebens. Es enthällt die vollen Seiten deiner vergangenen und die weißen Seiten deiner künftigen Existenzen. Eines Tages werde ich sie alle vor dir entrollen. Du kennst mich jetzt. Ruf mich und ich werde kommen!« Und während sie spricht, leuchtet ein Strahl der Zärtlichkeit in ihren Augen ... O Gegenwart eines engelhaften Doppelwesens, unsagbares Versprechen des Göttlichen, wunderbare Verschmelzung im unberührbaren Jenseits!

Aber alles zerstiebt, die Vision verlischt. Ein entsetzlicher Riß; und der Adept fühlt sich zurückgestürzt in seinen Körper wie in einen Leichnam. Er kehrt wieder in den Zustand bewußter Lethargie zurück; eiserne Ringe umspannen seine Glieder; ein furchtbares Gewicht lastet auf seinem Schädel; er wacht auf ... und vor ihm steht der Hierophant, umgeben von den Magiern. Man umgibt ihn, man reicht ihm einen Stärkungstrunk, er steht auf.

»Nun bist du wieder auferstanden«, sagt der Prophet, »komm mit uns zur Feier des Liebesmahls der Eingeweihten und erzähle uns deine Reise im Licht des Osiris. Denn du bist jetzt einer der unseren.«

Versetzen wir uns jetzt mit dem Hierophanten und mit dem neuen Eingeweihten auf die Sternwarte des Tempels in der lauen Schönheit einer ägyptischen Nacht. Dort gab das Haupt des Tempels dem eben erstandenen Adepten die große Offenbarung, indem er ihm die Vision des Hermes erzählte. Diese Vision war auf keinem Papyrus niedergeschrieben. Sie war niedergelegt in symbolischen Zeichen auf den Stelen der geheimen Krypta, die der Prophet allein kannte. Von Pontifex zu Pontifex wurde deren Deutung mündlich wiedergegeben.

»Höre genau zu«, sagte der Hierophant, »diese Vision enthält die ewige Geschichte der Welt und den Kreis der Dinge.«

Die Vision des Hermes[34]

Eines Tages fiel Hermes in Schlummer, nachdem er an den Ursprung der Dinge gedacht hatte. Eine schwere Betäubung bemächtigte sich seines Körpers; doch während dieser erstarrte, stieg sein Geist in die Höhen. Da schien es ihm, daß ein unendliches Wesen ohne bestimmte Form ihn beim Namen rief. – »Wer bist du?« fragte Hermes erschreckt. – »Ich bin Osiris, die Weltenweisheit, und ich kann alle Dinge enthüllen. Was wünschest du?« – »Den Ursprung des Seins zu betrachten, o göttlicher Osiris, und Gott zu erkennen.« – »Es soll dir gewährt sein.«

Alsbald fühlte sich Hermes von köstlichem Licht durchflutet. In diesem durchsichtigen Licht bewegten sich die entzückenden Formen aller Wesen. Doch plötzlich fiel schreckliches Dunkel nieder in gewundenen Formen. Hermes war in ein feuchtes Chaos versenkt voll Rauch und wüstem Brausen. Da erhob sich eine Stimme aus dem Abgrund. Es war der Schrei des Lichts. Alsbald schwang sich aus den feuchten Tiefen ein subtiles Feuer auf und erreichte die ätherischen Höhen. Hermes stieg mit ihm und befand sich wieder in den lichten Weiten. Das Chaos in der Tiefe entwirrte sich; Chöre von Sternen ergossen sich über seinem Haupt; und die Stimme des Lichts erfüllte das All.

»Hast du verstanden, was du gesehen hast?« fragte Osiris den an seinen Traum gefesselten und zwischen Erde und Himmel schwebenden Hermes. – »Nein«, sagte Hermes. – »Nun, du sollst es erkennen. Du hast das eben gesehen, was in aller Ewigkeit ist. Das Licht, das du zuerst gesehen hast, ist die göttliche Weisheit, die alle Dinge im Keim erhält, und die Urbilder aller Wesen in sich schließt. Die Finsternis, in die du später versenkt warst, ist die materielle Welt, in welcher die Erdenmenschen leben. Aber das Feuer, das du aus der Tiefe hast aufsteigen sehen, ist das göttliche Wort. Gott ist der Vater, das Wort ist der Sohn, ihre Vereinigung ist das Leben.« – »Welch wunderbare Sinne haben sich mir eröffnet?« sagte Hermes. »Ich sehe nicht mehr mit den Augen des Körpers, aber mit den Augen des Geistes. Wie ist dies geschehen?« – »Kind des Staubes«, antwortete Osiris, »das ist, weil das Wort in dir erwacht ist. Was in dir hört, sieht, handelt, ist das Wort selbst, das heilige Feuer, die schöpferische Silbe.«

»Wenn dem so ist«, antwortete Hermes, »laß mich das Leben der Welten sehen, den Weg der Seelen, von wo der Mensch kommt und wohin er geht.« – »Es geschehe, wie du gewollt.«

Wieder wurde Hermes schwerer als ein Stein und fiel durch den Raum wie ein Meteor. Endlich sah er sich auf dem Gipfel eines Berges. Es war Nacht; die Erde war finster und nackt; seine Glieder lasteten wie Eisen. – »Erhebe deine Augen und sieh hin!« sagte Osiris.

Da erblickte Hermes ein wunderbares Schauspiel. Der unendliche Raum, der gestirnte Himmel umringten ihn in sieben leuchtenden Sphären. Mit einem einzigen Blick umspannte Hermes die über seinem Haupt gelagerten sieben Himmel, gleich sieben durchsichtigen konzentrischen Globen, deren siderischen Mittelpunkt er einnahm. Der letzte hatte die Milchstraße als Gürtel. In jeder Sphäre rollte ein Planet, den ein Genius begleitete, von verschiedener Form und verschiedenem Licht. Während Hermes geblendet ihren gewaltigen Blütenverein, ihre majestätischen Bewegungen betrachtete, sprach die Stimme zu ihm:

»Schau hin, höre und verstehe. Du siehst die sieben Sphären alles Lebens. Durch sie hindurch vollzieht sich der Fall der Seelen und ihr Aufstieg. Die sieben Genien sind die sieben Strahlen des Lichtwortes. Jeder von ihnen herrscht über eine Sphäre des Geistes, über eine Phase im Leben der Seelen. Dir zunächst ist der Genius des Mondes, mit dem beunruhigenden Lächeln und der Sichel auf dem Haupt. Er herrscht über Geburt und Tod. Er löst die Seelen von den Körpern und zieht sie in seinen Strahl. Über ihm zeigt der blasse Merkur den nieder- oder aufsteigenden Seelen den Weg, mit seinem Caducäus, der die Wissenschaft enthält. Noch höher hält die glänzende Venus den Spiegel der Liebe, in welchem die Seelen abwechselnd sich vergessen und sich wiedererkennen. Darüber erhebt der Genius der Sonne die triumphierende Fackel der ewigen Schönheit. Über ihm schwingt Mars das Schwert der Gerechtigkeit. Thronend über der himmelblauen Sphäre hält Jupiter das Zepter der höchsten Gewalt, welche das göttliche Wissen ist. An den Grenzen der Welt, unter dem Zeichen des Tierkreises, trägt Saturn den Globus der universellen Weisheit[35].«

»Ich sehe«, sagte Hermes, »die sieben Sphären, welche die sichtbare und unsichtbare Welt umfassen; ich sehe die sieben Strahlen des Lichtwortes, des alleinigen Gottes, der sie durchdringt und durch sie das All beherrscht. Aber, o mein Lehrer, in welcher Art vollzieht sich die Reise der Menschen durch alle diese Welten?«

»Siehst du«, sagte Osiris, »eine leuchtende Saat aus den Regionen der Milchstraße in die siebente Sphäre fallen? Es sind Keime von Seelen. Sie leben wie leichte Dunstwolken in der Region des Saturn, glücklich, ohne Sorgen und ihr Glück nicht kennend. Aber indem sie von Sphäre zu Sphäre fallen, umkleiden sie sich mit immer schwereren Hüllen. In jeder Verkörperung erwerben sie einen neuen körperlichen Sinn entsprechend den Daseinsbedingungen, die sie umgeben. Ihre Lebensenergie wächst; aber in dem Maß, als sie dichtere Körper bewohnen, verlieren sie dic Erinnerung an ihren himmlischen Ursprung. So vollzieht sich der Fall der Seelen, die dem göttlichen Äther entstammen. Mehr und mehr durch die Materie gefesselt, mehr und mehr vom Leben berauscht, stürzen sie wie Feuerregen, mit wollüstigem Erbeben, durch die Regionen des Schmerzes, der Liebe und des Todes, bis in ihr irdisches Gefängnis hinein, in welchem du seufzest, vom Feuerzentrum der Erde gehalten, wo das göttliche Leben dir wie ein eitler Traum erscheint.«

»Können die Seelen sterben?« fragte Hermes.

»Ja«, antwortete die Stimme des Osiris, »viele verderben in dem schicksalsschweren Niederstieg. Die Seele ist die Tochter des Himmels, und ihre Reise ist eine Prüfung. Wenn sie in zügelloser Liebe zur Materie die Erinnerung an ihren Ursprung verliert, kehrt der göttliche Funke, der in ihr war und der strahlender als ein Stern hätte werden können, in die Ätherregion zurück, Atom ohne Leben – und die Seele zerstiebt im Wirbel der groben Elemente.«

Bei diesen Worten des Osiris erbebte Hermes. Denn ein brausender Sturmwind umgab ihn mit einer schwarzen Wolke. Die sieben Sphären verschwanden unter dichten Dampfwolken. Er sah darin menschliche Phantome, die schreckliches Geschrei ausstießen, gepackt und zerissen durch Larven von Ungeheuern und Tieren, umgeben von Stöhnen und namenlosem Lästern.

»Dieses«, sagte Osiris, »ist das Schicksal der unwiderruflich niedrigen und bösen Seelen. Ihre Folter endet nur mit ihrer Zerstörung, die in dem Verlust jedes Bewußtseins besteht. Doch siehe, die Dampfwolken zerstreuen sich, die sieben Sphären erscheinen wieder unter dem gestirnten Himmel. Blick in jene Richtung. Siehst du diesen Schwarm von Seelen, welcher versucht, zur Mondregion emporzusteigen? Die einen werden zur Erde zurückgworfen wie Vogelschwärme von Sturmwindstößen. Die anderen erreichen durch starken Flügelschlag die höhere Sphäre, die sie in ihre Achsendrehung mitzieht. Sind sie einmal dort angelangt, erlangen sie wieder das Schauen der göttlichen Dinge. Doch jetzt begnügen sie sich nicht damit, sie im Traumbewußtsein eines ohnmächtigen Glücks zurückzustrahlen. Sie lassen sich von ihnen durchdringen mit der Klarheit des vom Schmerz erleuchteten Bewußtseins, mit der Energie des im Kampf erworbenen Willens. Sie werden lichtvoll, denn sie besitzen das Göttliche in sich selbst und strahlen es in ihren Handlungen aus. Kräftige also deine Seele, o Hermes, und heitere deinen verfinsterten Geist auf, indem du den Flug dieser fernen Seelen betrachtest, die in die sieben Sphären steigen, und du kannst ihnen folgen. Es genügt, zu wollen, um sich zu erheben. Sieh, wie sie schwärmen und göttliche Chöre bilden. Jede reiht sich unter den ihr verwandten Genius. Die Schönsten leben in der solaren Region, die Mächtigsten steigen bis zum Saturn. Einige erheben sich bis zum Vater, selbst Mächte unter den Mächten. Denn dort, wo alles aufhört, beginnt alles in Ewigkeit; und die sieben Sphären sprechen zusammen: Weisheit! Liebe! Gerechtigkeit! Schönheit! Herrlichkeit! Wissen! Unsterblichkeit!«

»Das ist es«, sagte der Hierophant, »was der uralte Hermes gesehen hat und was seine Nachfolger uns übermittelten. Die Worte des Weisen sind wie die sieben Noten der Lyra, die die ganze Musik anhalten mit den Zahlen und den Gesetzen des Universums. Die Vision des Hermes gleicht dem gestirnten Himmel, dessen unergründliche Tiefen von Sternbildern übersät sind. Für das Kind ist es nur ein Gewölbe mit goldenen Nägeln; für den Weisen ist es der grenzenlose Raum, in dem sich die Welten bewegen mit ihren wunderbaren Rhythmen und Kadenzen. Diese Vision enthält die ewigen Zahlen, die Beschwörungszeichen und die magischen Schlüssel. Je mehr du lernen wirst, zu betrachten und zu verstehen, desto mehr wirst du ihre Grenzen sich ausdehnen sehen. Denn dasselbe organische Gesetz beherrscht alle Welten.« Und der Prophet des Tempels legte den heiligen Text aus. Er erklärte, daß die Lehre des Lichtwortes die Gottheit im Zustand des Seins, in ihrem vollen Gleichgewicht darstellt. Er legte ihre dreifache Natur dar, die zugleich Wissen, Kraft und Stoff, Geist, Seele und Körper, Licht, Wort und Leben ist. Das Wesen, die Offenbarung und die Substanz sind drei Bezeichnungen, die sich gegenseitig bedingen. Ihre Verbindung ist das göttliche und intellektuelle Prinzip an sich, das Gesetz der dreifachen Einheit, das von oben bis unten die Schöpfung beherrscht. Nachdem er so seinen Jünger in den ideellen Mittelpunkt des Weltalls geführt hatte, ins schöpferische Prinzip des Seins, entfaltete der Lehrer es in der Zeit und in dem Raum, erweckte es zu mannigfaltiger Blüte. Denn der zweite Teil der Vision stellte die Gottheit in dynamischem Zustand dar, d. h. in tätiger Evolution; mit anderen Worten: die sichtbare und unsichtbare Welt, den lebendigen Himmel. Die mit den sieben Planeten verbundenen sieben Sphären symbolisierten sieben Prinzipien, sieben verschiedene Zustände der Materie und des Geistes, die jeder Mensch und jede Menschheit gezwungen sind zu durchschreiten während ihrer Evolution durch ein Sonnensystem. Die sieben Genien oder sieben kosmogonischen Götter bedeuteten die sieben erhabenen und führenden Geister aller Sphären, die selbst der unvermeidlichen Evolution entsprungen waren. Jeder große Gott war also für den antiken Eingeweihten das Symbol und der Lenker einer Legion von Geistern, die seinen Typus in tausend Varianten wiedergaben und die von ihrer Sphäre aus auf den Menschen und auf die irdischen Dinge wirken. Die sieben Genien der Vision des Hermes sind die sieben Devas Indiens, die sieben Amshaspands Persiens, die sieben großen Engel Chaldäas, die sieben Sephirots der Kabbala[36], die sieben Erzengel der christlichen Apokalypse. Und die große Siebenzahl, die das Universum umfaßt, schwingt nicht nur in den sieben Farben des Regenbogens, in den sieben Noten der Gamme; sie offenbart sich auch in der Beschaffenheit des Menschen, der seinem Wesen nach dreifach, seiner Entwicklung nach siebenfach ist[37].

»Und so«, sagte der Hierophant zum Schluß, »bist du an die Schwelle des großen Arkanums gelangt. Das göttliche Leben ist dir unter den Schattenbildern der Wirklichkeit erschienen. Hermes hat dich erkennen lassen den unsichtbaren Himmel, das Licht des Osiris, den verborgenen Gott des Universums, der aus Millionen von Seelen atmet, die irrenden Globen und die werdenden Körper durch sie belebt. An dir ist es nun, die Richtung einzuschlagen und deinen Weg zu wählen, um zu seinem Geist zu gelangen. Denn du gehörst nun zu den lebendigen Auferstandenen. Erinnere dich, daß es zwei Schlüssel vor allem zum Wissen gibt. Hier ist der erste: ›Das Äußere ist wie das Innere der Dinge; das Kleine wie das Große; es gibt nur ein Gesetz, und das Wirkende ist das eine. Nichts ist klein, nichts ist groß in der göttlichen Ordnung.‹ Dieses ist der zweite: ›Die Menschen sind sterbliche Götter, und die Götter sind unsterbliche Menschen.‹ Glücklich, wer den Sinn dieser Worte erfaßt, denn er besitzt den Schlüssel zu allem. Erinnere dich, daß das Gesetz des Mysteriums die große Wahrheit verhüllt. Das ganze Wissen kann nur unsern Brüdern geoffenbart werden, die dieselben Prüfungen bestanden haben wie wir. Man muß die Wahrheit nach dem Verständnisvermögen messen, sie verschleiern vor den Schwachen, die sie wahnsinnig machen würde, sie verbergen vor den Toren, die nur Bruchstücke erfassen würden, aus denen sie Waffen der Zerstörung machen würden. Schließe sie ein in dein Herz und laß sie aus deinem Werk sprechen. Das Wissen wird deine Kraft sein, der Glaube dein Schwert und das Schweigen deine unzerbrechliche Rüstung.«

Die Offenbarungen des Propheten von Ammon-Râ, die dem neuen Eingeweihten so weite Horizonte öffneten über sich selbst und über das Universum, riefen ohne Zweifel einen tiefen Eindruck hervor, wenn sie auf der Sternwarte eines Tempels zu Theben gesagt wurden, in der leuchtenden Stille einer ägyptischen Nacht. Die Pylonen, die Dächer und die weißen Terrassen der Tempel schliefen zu seinen Füßen zwischen den schwarzen Massen der Nopalen und Tamarindenbäume. In gewissen Entfernungen saßen große Monolithen, Kolossalstatuen der Götter gleich unbestechlichen Richtern auf ihrem schweigenden See. Drei Pyramiden, geometrische Figuren des Tetragams und der heiligen Siebenzahl, verloren sich am Horizont, ihre Dreiecke im leichten Grau der Luft zeichnend. Das unergründliche Firmament funkelte im Sterngewimmel. Mit welch neuen Augen sah er auf jene Sterne, die man ihm als seine künftigen Wohnungen schilderte! Wenn endlich aus dem schwarzen Spiegel des Nils, der einer langen bläulichen Schlange gleich sich am Horizont verlor, das goldene Mondesboot aufstieg, glaubte der Neophyt die Barke der Isis zu sehen, die auf dem Fluß der Seelen schwimmt und sie zur Sonne des Osiris trägt. Er erinnerte sich an das Buch der Toten, und der Sinn all dieser Symbole entschleierte sich jetzt vor seinem Geist. Nach allem, was er gesehen und gelernt hatte, konnte er glauben, daß er in dem Dämmerreich des Amenti sei, dem geheimnisvollen Zwischenreich auf der Grenze des irdischen und himmlischen Lebens, wo die der Augen und des Wortes zunächst beraubten Entschlafenen allmählich das Gesicht und die Stimme wiedererlangen. Auch er würde die große Reise unternehmen, die Reise in das Endlose, durch Welten und Daseinskreise hindurch. Schon hatte ihn Hermes freigesprochen und würdig befunden. Er hatte ihm das Wort des großen Rätsels gesagt: »Eine einzige Seele, die große Seele des Ganzen, hat, indem sie sich teilte, alle Seelen gezeugt, die sich im Weltall bewegen.« Ausgerüstet mit diesem großen Geheimnis, stieg er in die Barke der Isis. Sie trug ihn von dannen. Hinausgehoben in die ätherischen Weiten, schwamm sie in den Regionen zwischen den Sternen. Schon drangen durch die blauen Schleier der himmlischen Horizonte große Strahlen eines weiten Morgenrots, schon sang der Chor der glorreichen Geister, der Akhimu-Séku, die zur ewigen Ruhe gelangt sind. »Erhebe dich, Hermakuti! Sonne der Geister. Diejenigen, die deine Barke tragen, sind in Verzückung! Sie stoßen Jubelrufe aus, in der Barke der Millionen Jahre. Der große göttliche Zyklus ist glückerfüllt, indem er Ehre erweist der großen heiligen Barke. Freudenfeste finden statt in der geheimnisvollen Kapelle. O erhebe dich, Ammon-Râ Hermakuti! Sonne, die sich selbst erschafft.« Und der Eingeweihte antwortete mit diesen stolzen Worten: »Ich habe das Land der Wahrheit und der Rechtfertigung erreicht. Ich bin auferstanden wie ein lebendiger Gott, und ich erstrahle im Chor der Götter, die den Himmel bewohnen, denn ich gehöre zu ihrer Rasse.«

Solch stolze Gedanken, solch kühne Hoffnungen konnten durch den Geist des Adepten ziehen in der Nacht, die der mystischen Zeremonie der Auferstehung folgte. Am anderen Morgen, in den Säulengängen des Tempels, unter dem blendenden Licht, schien ihm diese Nacht nur noch wie ein Traum; doch welch ein unvergeßlicher Traum war diese erste Reise ins Unberührbare und Unsichtbare! Wieder las er die Inschrift unter der Isisstatue: »Kein Sterblicher hat meinen Schleier gehoben.« Ein Teil des Schleiers jedoch hatte sich gehoben, aber um wieder zurückzufallen, und er war im Land der Gräber erwacht. O wie weit war er vom erträumten Ziel! Denn lang ist die Reise auf der Barke der Millionen Jahre. Wenigstens hatte er das Endziel erblickt. Wäre auch seine Vision der anderen Welt nichts als ein Traum, ein kindliches Bild seiner vom Erdendunst schwer gewordenen Imagination, konnte er zweifeln an dem anderen Bewußtsein, das er in sich hatte erwachen fühlen, an diesem geheimnisvollen Doppelgänger, an diesem himmlischen Ich, das ihm in seiner astralen Schönheit erschienen war wie eine lebendige Form und das zu ihm gesprochen hatte in seinem Schlafe? War es seine Schwesterseele, war es sein Genius oder war es eine Widerspiegelung seines inneren Geistes, eine Vorahnung seines künftigen Seins? Wunder und Mysterium! Gewiß, es war eine Wirklichkeit, und wenn diese Seele nur die seine war, so war sie die wahre. Um sie wiederzufinden, was würde er nicht tun? Lebte er auch Millionen Jahre, er würde diese göttliche Stunde nicht vergessen, in der er sein anderes reines und strahlendes Selbst gesehen hatte[38]!

Die Einweihung war beendet. Der Adept war zum Priester des Osiris geheiligt. War er ein Ägypter, so blieb er im Tempel, war er ein Ausländer, so erlaubte man ihm manchmal in sein Land zurückzukehren, um dort einen Kultus zu gründen oder eine Mission zu erfüllen. Doch bevor er ging, verpflichtete er sich feierlich durch ein schreckliches Gelübde, ein absolutes Schweigen über die Geheimnisse des Tempels zu bewahren. Niemals durfte er irgend jemandem verraten, was er gesehen und gehört hatte noch die Lehre des Osiris anders enthüllen als unter dem dreifachen Schleier der mythologischen Symbole und der Mysterien. Wenn er dieses Gelübde brach, so erreichte ihn ein verhängnisvoller Tod früh oder spät, wie weit er auch war. Aber das Schweigen war der Schild seiner Kraft geworden.

Zurückgekehrt zu den Ufern Joniens, in seine geräuschvolle Stadt, unter dem Anprall der wilden Leidenschaften, in das Gewoge jener Menschen, die wie Irrsinnige dahinleben, ohne sich selbst zu kennen – dachte er oft an Ägypten, an die Pyramiden, an den Tempel des Ammon-Râ. Dann kam der Traum der Krypta wieder über ihn. Und wie der Lotus sich dort über den Fluten des Nils wiegt, so tauchte immer jene weiße Vision auf über dem schlammigen und trüben Strom des Lebens. In den auserwählten Stunden hörte er ihre Stimme, und es war die Stimme des Lichts. Wachrufend in seinem Wesen eine tiefinnere Musik sagte sie: »Die Seele ist ein verschleiertes Licht. Wenn man sie vernachlässigt, verdunkelt sie sich und erlischt. Doch wenn man in sie das heilige Öl der Liebe gießt, entzündet sie sich wie eine unsterbliche Lampe.«

MOSES

Die Mission Israels

Es gab nichts, was für ihn verhüllt gewesen wäre, und er bedeckte mit einem Schleier die Essenz von allem, was er gesehen hatte.

Worte unter der Statue des Ptahmer, Hohenpriesters von Memphis (Musée du Louvre).

Das schwerste und dunkelste der heiligen Bücher, die Genesis, enthält so viele Geheimnisse als Worte, und jedes Wort hat davon mehrere.

Sankt Hieronymus.

Aus der Vergangenheit herausgeboren und voll von Zukunftskeimen, trägt dieses Buch (die zehn ersten Kapitel der Genesis) noch die Keime der zukünftigen Wissenschaften in sich. Das Tiefste und Geheimnisvollste der Natur, das Wunderbarste, das der Geist erfassen kann, das Erhabenste im Intellekt, das besitzt es. Fabre d'Olivet. La langue hébraïque reconstituée.

Discours préliminaires.

Die monotheistische Tradition und die Patriarchen der Wüste

Die Offenbarung ist ebenso alt wie das Bewußtsein der Menschheit. Als Inspiration steigt sie empor im Dunkel der Zeiten. Es genügt, einen durchdringenden Blick in die heiligen Bücher Irans, Indiens und Ägyptens getan zu haben, um sich zu vergewissern, daß die grundlegenden Gedanken der esoterischen Lehre ihren verborgenen, aber lebendigen Inhalt bilden. In ihnen liegt die unsichtbare Seele, das schöpferische Prinzip aller großen Religionen. Alle mächtigen Initiatoren haben in einem Augenblick ihres Lebens die Ausstrahlung der zentralen Wahrheit gesehen, aber das Licht, das sie daraus geschöpft haben, hat sich gebrochen und gefärbt, je nach dem Genius und seiner Mission, nach den Zeiten und den Arten. Wir sind mit Rama durch die arische Initiation geschritten, durch die brahmanische mit Krishna, durch diejenige von Isis und Osiris mit den Priestern von Theben. Können wir danach leugnen, daß das immaterielle Prinzip des höchsten Gottes, welches das wesentliche Dogma des Monotheismus bildet, daß die Einheit der Natur den Brahmanen und den Priestern des Amman-Râ bekannt waren? Gewiß lehrten sie nicht die Entstehung der Welt als einen plötzlichen Akt, einen Einfall der Gottheit, wie unsere naiven Theologen. Aber sie zeigten weise den Weg einer allmählichen, auf dem Weg der Emanation und Evolution zustande gekommenen Entstehung des Sichtbaren aus dem Unsichtbaren, des Universums aus den unergründlichen Tiefen der Gottheit. Die männliche und weibliche Zweiheit trat hervor aus der primären Einheit, die lebendige Dreiheit des Menschen und des Weltalls aus der schöpferischen Zwei und so weiter. Die heiligen Zahlen bildeten das ewige Wort, den Rhythmus und das Werkzeug der Gottheit. Mit mehr oder weniger Klarheit und Kraft betrachtet, bewirkten sie in dem Geist des Eingeweihten das Schauen der innern Struktur der Welt durch seine eigene hindurch. So bewirkt die richtige Note, die aus einem mit Sand bedecktem Glas mit Hilfe eines Bogens hervorgerufen wird, im kleinen die harmonischen Formen der Vibrationen, die mit ihren tönenden Wogen das weite Reich der Lüfte erfüllen.

Aber der esoterische Monotheismus Ägyptens trat nie aus den Heiligtümern heraus. Seine heilige Wissenschaft blieb das Vorrecht einer kleinen Minderzahl. Die Feinde von außen begannen in dieses alte Bollwerk der Zivilisation Breschen zu schlagen. In der Epoche, bis zu welcher wir gekommen sind, im zwölften Jahrhundert vor J. Chr., versank Asien in den Kultus der Materie. Schon schritt Indien mit großen Schritten seinem Verfall zu. Ein mächtiges Reich war an den Ufern des Euphrat und Tigris errichtet. Babylon, diese kolossale und ungeheuerliche Stadt, war der Schrecken der Nomadenvölker, die um sie herumstreiften. Die Könige von Assyrien nannten sich Monarchen der vier Weltregionen und strebten darnach, die Grenzsteine ihres Reiches dort zu errichten, wo die Erde endete. Sie erdrückten die Völker, führten sie in Massen in die Gefangenschaft, verteilten sie in Rotten und hetzten sie gegeneinander. Weder das Völkerrecht, noch die Ehrfurcht vor den Menschen, noch ein religiöses Prinzip, sondern zügelloser persönlicher Ehrgeiz, das war das Gesetz der Nachfolger von Ninus und Semiramis. Die Wissenschaft der chaldäischen Priester war tief, aber viel weniger rein, weniger erhaben und wirksam als diejenige der ägyptischen Priester. In Ägypten blieb die Autorität mit der Wissenschaft verknüpft. Die Geistlichkeit übte dort immer einen mäßigenden Einfluß über die Königsgewalt aus. Die Pharaonen blieben ihre Jünger und wurden niemals hassenswerte Despoten wie die Könige von Babylon. In Babylon dagegen war die unterdrückte Geistlichkeit von Anfang an ein Werkzeug der Tyrannei. Auf einem Bas-Relief von Niniveh sieht man Nimrod, einen untersetzten Riesen, mit seinem muskulösen Arm einen jungen Löwen erwürgen, den er an die Brust gedrückt hält. Ein sprechendes Symbol: So erstickten die Monarchen Assyriens den iranischen Löwen, das heldenmütige Volk des Zoroaster, indem sie seine Hohenpriester ermordeten, seine Magier erschlugen, seinen Königen Lösegelder auferlegten. Wenn die Rishis von Indien und die Priester Ägyptens in gewissem Maße durch ihre Weisheit die Vorsehung auf Erden herrschen ließen, kann man sagen, daß die Herrschaft Babylons diejenige des Schicksals war, das heißt der blinden und brutalen Gewalt. Babylon wurde so zum tyrannischen Mittelpunkte der universellen Anarchie, zum unbeweglichen Auge des gesellschaftlichen Sturmes, der Asien mit seinen Wirbelwinden umringte: furchtbares Auge des Schicksals, immer offen, die Völker zu belauern, um sie zu verschlingen.

Was konnte Ägypten gegen den gewaltsam anschwellenden Strom tun? Die Hyksos schon hatten es beinah verschlungen. Es widerstand tapfer, aber dies konnte nicht immer dauern. Sechs Jahrhunderte noch, und der persische Zyklon, dem babylonischen Zyklon folgend, fegte seine Tempel und seine Pharaone hinweg. Nie hatte übrigens Ägypten, das in höchstem Maße den Genius der Initiation und der Erhaltung besaß, den Genius der Ausbreitung und der Propaganda. Sollten die angehäuften Schätze seiner Wissenschaft untergehen? Der größte Teil davon wurde gewiß begraben, und als die Alexandriner kamen, konnten sie nur Fragmente ans Licht bringen. Zwei Völker von entgegengesetztem Genius jedoch hatten ihr Licht in seinen Heiligtümern entzündet, ein Licht, das verschieden ausstrahlt, von denen das eine die Tiefen des Himmels beleuchtet, das andere die Erde erhellt und verklärt: Israel und Griechenland.

Die Bedeutung des Volkes Israel springt von Anfang an in die Augen aus zwei Gründen. Der erste ist, daß es den Monotheismus verkörpert; der zweite, daß es das Christentum hat hervorgehen lassen. Aber das von der göttlichen Vorsehung gewollte Ziel in der Mission Israels wird nur demjenigen klar, der die Symbole des alten und des neuen Testaments ergründet; er bemerkt, daß sie die ganze esoterische Tradition der Vergangenheit enthalten, wenn auch in einer von den zahlreichen Herausgebern und Übersetzern oft veränderten Form. Denn die Mehrzahl dieser Übersetzer kannte den ursprünglichen Sinn nicht – besonders was das alte Testament anbetrifft. Dann wird die Rolle Israels klar. Denn dieses Volk bildet auch das notwendige Glied zwischen dem alten und dem neuen Zyklus, zwischen dem Orient und dem Okzident. Der monotheistische Gedanke hat als Ziel die Einigung der Menschheit unter einem Gott und einem Gesetz. Solange aber die Theologen sich von Gott eine kindliche Idee machen werden und solange die Männer der Wissenschaft ihn nicht kennen oder einfach leugnen werden, wird die sittliche, soziale und religiöse Einheit unseres Planeten nichts sein als ein frommer Wunsch oder ein Postulat der Religion und der Wissenschaft, die zu ohnmächtig sind, um es in Wirklichkeit umzusetzen. Diese organische Einheit aber erscheint nur möglich, wenn man esoterisch und wissenschaftlich im göttlichen Urgrund den Schlüssel der Welt und des Lebens, des Menschen und der Gemeinschaft in ihrer Entwicklung erkennt. Endlich erscheint das Christentum selbst, d. h. die Religion Christi, in seiner Größe und seiner Weltbedeutung nur dann, wenn es uns seinen esoterischen Inhalt enthüllt. Dann nur erscheint es als die Erfüllung alles dessen, was ihm vorangegangen ist, als in sich schließend die Quellen, das Endziel und die Mittel zur vollständigen Wiedererneuerung der Menschheit. Nur indem es uns seine letzten Mysterien enthüllt, wird es das werden, was es wirklich ist: die Religion der Verheißung und der Erfüllung, d. h. der universellen Initiation.

Moses, der ägyptische Eingeweihte und Priester des Osiris, war unbestreitbar der Organisator des Monotheismus. Durch ihn trat dieses Prinzip, das bis dahin unter dem dreifachen Schleier des Mysteriums verborgen gewesen war, aus dem Innern des Tempels in den Bereich der Geschichte. Moses hatte die Kühnheit, aus dem höchsten Prinzip der Einweihung das einzige Dogma einer nationalen Religion zu machen, und die Vorsicht, die daraus sich ergebenden Folgen nur einer kleinen Anzahl von Eingeweihten zu offenbaren, während es der Menge durch die Furcht aufgezwungen wurde. Hierbei hatte der Prophet des Sinai augenscheinlich große Ausblicke, die über das Schicksal seines Volkes weit hinausgingen. Die allgemeine Weltreligion der Menschheit, das ist die wirkliche Mission Israels, die mit Ausnahme seiner großen Propheten nur wenig Juden verstanden haben. Um erfüllt zu werden, setzte diese Mission den Untergang des Volkes voraus, das sie darlebte. Die jüdische Nation ist verstreut, vernichtet worden.

Der Gedanke des Moses und der Propheten überlebte und ist gewachsen. Entwickelt und verklärt durch das Christentum, wieder aufgenommen durch den Islam, obgleich auf einer niedrigeren Stufe, mußte er sich dem barbarischen Okzident aufdrängen und auf Asien selbst zurückwirken. Von nun an mag die Menschheit tun, was sie will, sich empören, sich in krampfhaften Zuckungen wider sich selbst aufbäumen, sie wird um diesen zentralen Gedanken kreisen wie der Weltennebel um die Sonne, die ihn organisiert. Das ist das Riesenwerk des Moses.

Für dieses Unternehmen, das großartigste seit dem prähistorischen Auszug der Arier, fand Moses ein schon vorbereitetes Werkzeug in den Stämmen der Hebräer, in jenen besonders, die sich in Ägypten im Tal von Goshen niedergelassen hatten und dort in der Knechtschaft unter dem Namen der Beni-Jakob lebten. Zur Begründung einer monotheistischen Religion hatte er auch Vorgänger gehabt in jenen friedfertigen Nomadenkönigen, welche die Bibel uns darstellt in der Gestalt Abrahams, Isaaks und Jakobs.

Werfen wir einen Blick auf diese Hebräer und diese Patriarchen. Wir werden darnach versuchen, die Gestalt ihres großen Propheten loszulösen aus der Fata Morgana der Wüste und den dunklen Nächten des Sinai, in denen der Donner des sagenhaften Jehova grollt.

Man kannte sie seit Jahrhunderten, diese Ibrim, diese unermüdlichen Nomaden, diese ewigen Verbannten[39]. Brüder der Araber, hatte man sie unter dem Namen Bedonen (Beduinen) den Norden Afrikas durchstreifen sehen, diese Männer ohne Wohnung und Bett; dann ihre beweglichen Zelte, in den weiten Wüsten zwischen dem Roten Meer und dem Persischen Golf, dem Euphrat und Palästina aufpflanzen sehen. Als Beförderungsmittel der Esel oder das Kamel, als Haus das Zelt, als einziges Gut Herden, umherirrend wie sie und auf fremder Erde weidend. Wie ihre Ahnen, die Ghiborim, wie die ersten Kelten haßten diese Unfügsamen den behauenen Stein, die befestigte Stadt, den Frondienst und den steinernen Tempel. Und doch übten die ungeheuren Städte, Babylon und Ninive mit ihren riesigen Palästen, ihren Mysterien und ihren Ausschweifungsstätten eine unbesiegliche Anziehungskraft aus auf diese halben Wilden. Hineingelockt in diese steinernen Gefängnisse, durch die Soldaten der Könige von Assyrien zu Gefangenen gemacht, in Rotten verteilt in ihren Armeen, ergaben sie sich manchmal den Orgien Babylons. Manchmal auch ließen sich die Israeliten durch die Frauen Moabs verlocken, diesen kühnen Verführerinnen mit der schwarzen Haut, den glänzenden Augen. Sie verleiteten sie zur Anbetung der steinernen und hölzernen Götzen und sogar zum schrecklichen Kultus des Moloch. Dann aber packte sie plötzlich die Sehnsucht nach der Wüste; sie flüchteten. Zurückgekehrt in ihre rauhen Täler, wo nichts zu hören ist als das Gebrüll der wilden Tiere, in ihre endlosen Ebenen, wo die leuchtenden Gestirne die einzigen Wegweiser sind, unter dem kalten Blick jener Sterne, die ihre Ahnherrn angebetet hatten, schämten sie sich ihrer selbst. Wenn dann ein Patriarch, ein begeisterter Mann ihnen vom einzigen Gott sprach, von Elelion, Aelohim, Zebaoth, dem Herrn der Heerscharen, der alles sieht und den Schuldigen straft, neigten diese wilden und blutdürstigen großen Kinder das Haupt, und niederkniend zum Gebet, ließen sie sich leiten wie Lämmer.

Und allmählich erfüllte die Idee des großen Aelohim, des einzigen allmächtigen Gottes, ihre Seele so ganz, so wie in dem Padan-Harran die Dämmerung alle Unebenheiten des Bodens in der endlosen Linie des Horizontes auflöst, Farben und Entfernungen unter der prachtvollen Einförmigkeit des Firmamentes verwischend und das Universum wandelnd in eine einzige Masse von Finsternis, über welche sich ein funkelndes Sternengewölbe erhebt.

Was waren denn die Patriarchen? Abram, Abraham war ein König von Ur, einer Stadt von Chaldäa, unweit von Babylon. Die Assyrier stellen ihn dar, gemäß der Überlieferung, in einem Lehnstuhl sitzend, mit wohlwollendem Ausdruck[40]. Diese uralte Persönlichkeit, die durch die mythologische Geschichte aller Völker geschritten ist, da Ovid ihn anführt[41], ist derselbe, den die Bibel uns darstellt auswandernd vom Lande Ur in das Land Kanaan, auf das Gebot des Ewigen hin: Der Ewige erschien ihm und sagte: »Ich bin der starke, der allmächtige Gott, schreite vor meinem Antlitz und in Unversehrtheit . . . Ich werde einen Bund aufrichten zwischen mir und dir und deiner Nachkommenschaft, und es soll ein ewiger Bund sein, damit ich dein Gott sei und der Gott deiner Nachkommenschaft nach dir.‹ « (Gen. XVI, 17; XVII, 7.)

Diese Stelle, in unsere gegenwärtige Sprache übersetzt, bedeutet, daß ein sehr alter semitischer Häuptling mit Namen Abraham, der wahrscheinlich die chaldäische Initiation erhalten hatte, durch die innere Stimme sich getrieben fühlte, seinen Stamm nach Westen zu führen und daß er ihm den Kultus von Aelohim auferlegte.

Der Name Isaak scheint durch die Vorsilbe Is auf eine ägyptische Initiation hinzudeuten, während die Namen Jakobs und Josephs phönizischen Ursprung erkennen lassen. Wie dem auch sei, es ist wahrscheinlich, daß die drei Patriarchen drei Häupter verschiedener Volksstämme waren, die in voneinander entfernten Zeiträumen gelebt haben. Lange nach Moses vereinigte sie die israelitische Legende in eine Familie. Isaak wurde der Sohn Abrahams, Jakob der Sohn Isaaks. Diese Art Darstellung einer intellektuellen Vaterschaft durch physische Vaterschaft war sehr gebräuchlich in den alten Priesterschaften. Aus dieser sagenhaften Genealogie tritt eine wichtige Tatsache hervor: die Abstammung des monotheistischen Kultus von den eingeweihten Patriarchen der Wüste. Daß diese Menschen innere Erlebnisse, spirituelle Offenbarungen in Form von Träumen oder sogar Visionen bei wachem Zustand gehabt haben, hat nichts, was der esoterischen Lehre oder dem universellen psychischen Gesetz, das Seelen und Welten beherrscht, zuwider wäre. Diese Tatsachen sind in der biblischen Geschichte naiv dargestellt worden als Besuche von Engeln, die man im Zelt beherbergt.

Hatten diese Patriarchen einen tiefen Einblick in die Geistigkeit Gottes und in die religiösen Endziele der Menschheit getan? Ohne Zweifel. Wenn sie auch in positiver Wissenschaft den Magiern von Chaldäa und den ägyptischen Priestern nachstanden, so überragt sie diese wahrscheinlich durch die sittliche Höhe und durch die Seelengröße, die eine Folge des freien Wanderlebens ist. Die erhabene Gesetzmäßigkeit, die Aelohim im Weltall herrschen läßt, drückt sich in der sozialen Ordnung aus, im Kultus der Familie, in der Ehrfurcht zu den Frauen, in der leidenschaftlichen Liebe zu den Kindern, in der Beschützung des ganzen Stammes, in der Gastfreundschaft gegenüber dem Fremden. Mit einem Wort, diese »Hohenväter« sind natürliche Schiedsrichter zwischen den Familien und den Stämmen. Ihr patriarchalischer Stab ist ein Zepter der Gerechtigkeit. Sie wirken sittenverfeinernd und verbreiten um sich Sanftmut und Frieden. Hier und da sieht man aus der esoterischen Legende den patriarchalischen Gedanken hervorleuchten. So erkennen wir, wenn in Bethel Jakob im Traum eine Leiter sieht mit Aelohim an der Spitze und Engeln, die auf ihren Stufen auf- und niedersteigen, eine volkstümliche Form der Vision des Hermes und der auf- und absteigenden Evolution der Seelen.

Eine historische Tatsache von höchster Wichtigkeit in bezug auf die Epoche der Patriarchen tritt uns entgegen in zwei offenbarenden Versen. Es handelt sich um eine Begegnung Abrahams mit einem Bruder in der Initiation. Nachdem er mit den Königen von Sodom und Gomorrha Krieg geführt hat, geht Abraham zu Melchisedek, um ihm seine Huldigung darzubringen. Dieser König hat seinen Sitz in der Festung, die später Jerusalem sein wird. »Melchisedek, König von Salem, ließ Brot und Wein holen, denn er war Hoherpriester des Aelohim, des höchsten Gottes. Und er segnete Abraham, indem er sprach: ›Gesegnet sei Abraham von dem höchsten Gott, dem Herrscher des Himmels und der Erde.‹ « (Gen. XIV, 18 und 19.) Hier ist also ein König von Salem der Hohepriester desselben Gottes wie Abraham. Dieser geht mit ihm um wie mit einem Vorgesetzten, einem Meister, und teilt mit ihm das Mahl des Brotes und des Weines im Namen Aelohims, was im alten Ägypten ein Zeichen der Gemeinschaft unter Eingeweihten war. Es gab also ein Band der Bruderschaft, Erkennungszeichen und ein gemeinsames Ziel unter allen Anbetern Aelohims vom Innern Chaldäas an bis nach Palästina und einigen Heiligtümern Ägyptens.

Dieser monotheistische Verband wartete nur auf einen Organisator.

Zwischen dem geflügelten Stier von Assyrien und der Sphinx Ägyptens, die von weitem die Wüste beobachtet, zwischen der zermalmenden Tyrannei und dem undurchdringlichen Mysterium der Einweihung, schreiten sie vor, die auserwählten Stämme der Abramiten, der Jakobeliten, der Beni-Israel. Sie fliehen die schamlosen Feste Babylons, sie wenden sich ab von den Orgien Moabs, den Greueln Sodoms und Gomorrhas und dem schauerlichen Kult des Baal. Unter der Obhut der Patriarchen verfolgt die Karawane ihren mit seltenen Quellen und mageren Palmenbäumen versehenen Weg, dem Oasen als Richtschnur dienen. Wie ein langes Band verliert sie sich in der Unendlichkeit der Wüste, in der sengenden Hitze des Tages, unter dem Purpur der untergehenden Sonne und dem Schleier der Dämmerung, über welchem Aelohim thront. Weder die Herden noch die Frauen noch die Greise kennen das Ziel der ewigen Wanderung. Aber sie schreiten vorwärts, folgend dem trägen, ergebenen Schritt der Kamele. Wohin wandern sie so unaufhörlich? Die Patriarchen wissen es; Moses wird es ihnen sagen.

Einweihung des Moses in Ägypten – Seine Flucht zu Jetro

Ramses II. war einer der großen Monarchen Ägyptens. Sein Sohn nannte sich Menephtah. Dem ägyptischen Brauch gemäß erhielt er seinen Unterricht von den Priestern im Tempel des Ammon-Râ zu Memphis; die Kunst des Herrschens wurde dort als ein Zweig der priesterlichen Kunst betrachtet. Menephtah war ein schüchterner und sonderbarer junger Mann von geringer Intelligenz. Seine Neigung für die okkulten Wissenschaften war nur wenig geklärt, was ihn später zur Beute der untergeordneten Magier und Astrologen machte. Sein Studiengefährte war ein junger Mann von rauhem Genius, von sonderbarem und verschlossenem Charakter.

Hosarsiph[41] war der Vetter Menephtahs, der Sohn der königlichen Prinzessin, der Schwester Ramses II. War er ein Adoptivsohn oder ein natürlicher Sohn? Man hat es nie gewußt. Hosarsiph[42] war vor allem der Sohn des Tempels, denn er war zwischen seinen Säulen aufgewachsen. Von seiner Mutter Isis und Osiris geweiht, hatte man ihn von seiner Jugend an als Leviten gesehen, bei der Krönung Pharaos, wie bei den geistlichen Prozessionen während der großen Feste, das leinene Obergewand der Leviten, den Kelch und das Weihrauchfaß tragend, dann ernst und aufmerksam, lauschend der heiligen Musik im Innern der Tempel, den Hymnen und Belehrungen der Priester.

Hosarsiph war von kleinem Wuchs, sah demütig und nachdenklich aus; er hatte die Stirn eines Stieres und schwarze stechende Augen mit der Festigkeit des Adlerblicks und von beunruhigender Tiefe. Man hatte ihn den »Schweiger« genannt, so war er in sich gekehrt, fast immer stumm. Oft stotterte er, während er sprach, als ob er die Worte suchte oder sich scheute, seine Gedanken auszusprechen. Er schien schüchtern. Dann plötzlich brach wie jäher Donnerschlag ein schrecklicher Gedanke durch eines seiner Worte und ließ einen Blitzstrahl hinter sich. Man verstand dann, daß, wenn jemals der »Schweiger« zu handeln begänne, er von erschreckender Kühnheit sein würde. Schon grub sich zwischen seinen Augen die verhängnisvolle Furche der Männer, die zu schweren Aufgaben bestimmt sind, und über seiner Stirn schwebte eine drohende Wolke.

Die Frauen fürchteten das Auge dieses jungen Leviten, dieses wie das Grab unergründliche Auge, und sein Gesicht, so unbeweglich wie das Tempeltor der Isis. Man hätte sagen können, daß sie einen Feind des weiblichen Geschlechts ahnten in diesem künftigen Vertreter des männlichen Prinzips in der Religion, wie es sich am absolutesten und unzugänglichsten darstellt.

Seine Mutter jedoch, die königliche Prinzessin, erträumte für ihren Sohn den Thron der Pharaone. Hosarsiph war klüger als Menephtah; von der Geistlichkeit unterstützt, konnte er eine Usurpation erhoffen. Die Pharaone, es ist wahr, bestimmten als Nachfolger einen ihrer Söhne. Aber manchmal brachen die Priester den Beschluß des Prinzen nach seinem Tode, und zwar im Interesse des Staates. Mehr als einmal entfernten sie vom Thron Unwürdige und Schwache, um das Zepter einem königlichen Eingeweihten zu geben. Schon war Menephtah auf seinen Vetter eifersüchtig; Ramses hatte ein Auge auf ihn und mißtraute dem schweigenden Leviten.

Eines Tages begegnete die Mutter Hosarsiphs ihrem Sohne in dem Serapeum von Memphis, einem riesigen Platz, übersät von Obelisken, Mausoleen, kleinen und großen Tempeln, Trophäenpylonen, einer Art Museum der nationalen Herrlichkeit, unter offenem Himmel, zu welchem man durch eine Allee von sechshundert Sphinxen gelangte. Vor seiner königlichen Mutter neigte sich der Levit bis zur Erde und erwartete dem Brauche gemäß, daß sie das Wort an ihn richtete.

»Du wirst eindringen in die Mysterien der Isis und des Osiris«, sagte sie. »Lange werde ich dich nicht mehr sehen, mein Sohn. Aber vergiß nicht, daß du vom Blut der Pharaonen bist und daß ich deine Mutter bin. Blick um dich ... wenn du willst, eines Tages ... gehört dies alles dir!«

Und mit einer kreisförmigen Bewegung zeigte sie ihm die Obelisken, die Tempel, Memphis und den ganzen Horizont.

Ein Lächeln der Verachtung glitt über das Antlitz Hosarsiphs, das gewöhnlich glatt und unbeweglich war wie ein Gesicht aus Erz.

»Du willst also«, sagte er, »daß ich diesem Volke befehle, welches Götter mit Schakal-, Ibis- und Hyänenköpfen anbetet? Was wird nach einigen Jahrhunderten von allen diesen Götzen bleiben?«

Hosarsiph bückte sich, nahm eine Handvoll feinen Sandes und ließ ihn zwischen seinen mageren Fingern vor den Augen seiner erstaunten Mutter zur Erde gleiten: »So viel als das«, fügte er hinzu.

»Du verachtest also die Religion unserer Väter und die Wissenschaft unserer Priester?«

»Im Gegenteil! Ich lebe in ihnen. Aber die Pyramide ist unbeweglich. Sie muß sich in Bewegung setzen. Ich werde kein Pharao sein. Mein Vaterland ist weit von hier ... dort ... in der Wüste!«

»Hosarsiph!« sagte die Prinzessin vorwurfsvoll, »warum lästerst du? Ein Feuerwind hat sich in meinen Schoß gesenkt, und ich sehe es wohl, ein Sturmwind wird dich davontragen! Ich habe dir das Leben gegeben, und ich kenne dich nicht. Im Namen des Osiris, wer bist du und was willst du tun?«

»Weiß ich es selbst? Osiris allein weiß es; er wird es mir vielleicht sagen. Doch gib mir deinen Segen, o meine Mutter, damit Isis mich beschütze und der Boden Ägyptens mir gnädig sei.«

Hosarsiph kniete vor seiner Mutter nieder, kreuzte ehrfurchtsvoll die Hände auf der Brust und beugte den Kopf. Sie löste von ihrer Stirn die Lotosblume, die sie gemäß dem Brauche der Frauen des Tempels trug, und ließ ihn deren Duft einatmen. Als sie sah, daß der Gedanke ihres Sohnes ein ewiges Rätsel für sie bleiben würde, entfernte sie sich, indem sie ein Gebet murmelte.

Hosarsiph jedoch schritt triumphierend durch die Einweihung der Isis. Seine stählerne Seele, sein eiserner Wille überwanden mit Leichtigkeit die Prüfungen. Sein mathematischer und universeller Geist entwickelte eine Riesenkraft im Erfassen und in der Handhabung der heiligen Zahlen, deren furchtbarer Symbolismus und deren Anwendung damals beinahe unermeßlich waren. Sein Geist verachtete die Dinge, die nur Schein sind, und die Individuen, die vorübergehen, und atmete nur frei in den unvergänglichen Prinzipien. Von dort, ruhig und sicher, durchdrang er alles, überragte er alles, ohne Wunsch, Revolte oder Neugierde zu verraten.

Für seine Lehrer wie für seine Mutter war Hosarsiph ein Rätsel geblieben. Was sie am meisten ängstigte, war, daß er sich ganz und unbeugsam zeigte wie ein Prinzip. Man fühlte, daß man ihn weder beugen noch von seiner Bahn zum Abweichen würde bringen können. Er schritt auf seinem unbekannten Weg wie ein Himmelsgestirn in seiner unsichtbaren Bahn. Der Pontifex Membra fragte sich, wohin dieser in sich selbst geschlossene Ehrgeiz steigen würde. Er wollte es wissen. Eines Tages hatte Hosarsiph mit drei andern Priestern des Osiris die goldene Arche getragen, die dem Pontifex in den großen Zeremonien voranging. Diese Arche enthielt die zehn geheimsten Bücher des Tempels, die von Magie und Theurgie handelten.

Als Membra mit Hosarsiph in das Heiligtum zurückgekehrt war, sagte er:

»Deine Kraft und dein Wissen gehen weit über dein Alter hinaus. Was wünschest du?«

»Nichts als das.« Und Hosarsiph legte seine Hand auf die geweihte Arche, welche die in Gold geschmolzenen Sperber mit ihren funkelnden Flügeln bedeckten.

»So willst du Pontifex des Ammon-Râ und Prophet von Ägypten werden?«

»Nein, aber ich will wissen, was in diesen Büchern steht.«

»Wie solltest du es erfahren, da niemand außer dem Pontifex sie kennen darf?«

»Osiris spricht, wie er will, wann er will und zu wem er will. Was diese Arche umschließt, ist nur der tote Buchstabe. Wenn der lebendige Geist zu mir sprechen will, wird er sprechen.«

»Was willst du dazu tun?«

»Warten und arbeiten.«

Diese Ramses II. überbrachten Worte verstärkten sein Mißtrauen. Er fürchtete, daß Hosarsiph das Pharaonat anstrebe auf Kosten seines Sohnes Menephtah. Infolgedessen befahl der Pharao, daß der Sohn seiner Schwester zum geweihten Schreiber des Osiris-Tempels ernannt würde. Dieses bedeutende Amt umfaßte die Symbolik in all ihren Formen, die Kosmographie und die Astronomie, aber es entfernte ihn vom Thron. Der Sohn der königlichen Prinzessin ergab sich mit demselben Eifer und vollkommener Unterwerfung den Pflichten eines Hierogrammaten, zu denen sich noch für ihn das Amt eines Ober-Aufsehers verschiedener Nomen und Provinzen Ägyptens gesellte.

Hatte Hosarsiph den Stolz, den man ihm zuschrieb? Ja, wenn es Stolz ist, daß der gefangene Löwe sein Haupt erhebt und hinter den Gittern seines Käfigs den Horizont anblickt, ohne die Vorübergehenden, die ihn anschauen, eines Blickes zu würdigen. Ja, wenn es Stolz ist, daß der an eine Kette gefesselte Adler manchmal mit seinem ganzen Gefieder aufbraust und mit ausgestrecktem Halse, mit offenem Flügel in den Himmel starrt. Wie alle Starken, die das Merkzeichen einer großen Aufgabe tragen, glaubte Hosarsiph sich nicht dem blinden Schicksal unterworfen; er fühlte, daß eine geheime Vorsehung über ihm wache und ihn zu ihren Zwecken führen würde.

Während er geweihter Schreiber war, wurde Hosarsiph zur Inspektion in das Delta-Gebiet geschickt. Die tributpflichtigen Hebräer Ägyptens, die damals das Tal von Gossen bewohnten, waren schwerem Frondienst unterworfen. Ramses II. hatte Pelusium mit Heliopolis durch eine Reihe von Festungen verbunden.

Alle Nomen mußten zu diesem riesigen Werk ihren Anteil von Arbeitern liefern. Man lud den schwersten Frondienst auf die Beni-Israel. Sie waren hauptsächlich Steinmetze und Ziegelbrenner. Unabhängig und stolz, beugten sie sich nicht so leicht unter den Stock der ägyptischen Aufseher, sondern widersetzten sich murrend und gaben manchmal die Schläge zurück. Der Priester des Osiris konnte sich einer geheimen Sympathie nicht erwehren für diese Unlenksamen »mit dem steifen Nacken«, deren Älteste treu der abramatischen Überlieferung in Einfachheit den alleinigen Gott anbeteten, die ihre Häuptlinge, ihre Hags und Zakens verehrten, die sich gegen das Joch sträubten und gegen die Ungerechtigkeit aufbäumten. Eines Tages sah er, wie ein ägyptischer Polizeibeamter einen schutzlosen Hebräer mit Schlägen überhäufte. Sein Herz brauste auf; er warf sich auf den Ägypter, entriß ihm seine Waffe und tötete ihn auf der Stelle. Diese Tat, die in einer Aufwallung großmütiger Entrüstung geschehen war, entschied über sein Leben. Die Priester des Osiris, die einen Mord begangen hatten, wurden von dem Hohenrat der Geistlichkeit schwer gerichtet. Schon argwohnte der Pharao einen Usurpator im Sohne seiner Schwester. Das Leben des Schreibers hing nur noch an einem Faden. Er zog es vor, sich selbst zu verbannen und sich seine Buße aufzuerlegen. Alles trieb ihn in die Einsamkeit der Wüste, in das weite Unbekannte: sein Wunsch, die Vorahnung seiner Mission, und vor allem die tiefe, geheimnisvolle, unwiderstehliche Stimme, die zu gewissen Stunden sagt: »Geh, es ist dein Schicksal.«

Jenseits vom Roten Meer und der sinaitischen Halbinsel, in dem Lande Madian, stand ein Tempel, der von der ägyptischen Geistlichkeit nicht abhängig war. Diese Gegend erstreckte sich wie ein grüner Streifen zwischen dem elamitischen Meerbusen und der Wüste Arabiens. In der Ferne, jenseits der Meerenge, erblickte man die dunklen Massen des Sinai und seinen kahlen Gipfel. Eingezwängt zwischen der Wüste und dem Roten Meer, durch einen vulkanischen Gebirgsstock gedeckt, war dieses so abgesonderte Land vor Einbrüchen geschützt. Dieser Tempel war dem Osiris geweiht, aber man betete dort auch den höchsten Gott an unter dem Namen Aelohim. Denn dieses Heiligtum äthiopischer Abkunft diente als religiöser Mittelpunkt den Arabern, den Semiten und den Menschen schwarzer Rasse, welche die Einweihung suchten. So waren schon seit Jahrhunderten der Sinai und der Horeb der mystische Mittelpunkt eines monotheistischen Kultus. Die kahle und wilde Erhabenheit des Berges, der sich einsam zwischen Ägypten und Arabien erhob, weckte den Gedanken des alleinigen Gottes. Viele Semiten pilgerten dahin, um Aelohim anzubeten. Sie verbrachten dort einige Tage fastend und betend in den Höhlen und in den im Bergrücken des Sinai eingegrabenen Galerien. Vorher gingen sie in den Tempel von Madian, um sich dort zu reinigen und des Osiris entnommen sind.

Nach diesem Ort flüchtete Hosarsiph.

Der Hohepriester von Madian oder der Raguel (Aufseher Gottes) hieß damals Jetro. Er war ein Mann von schwarzer Farbe[43].) Er gehörte zum reinsten Typus der uralten äthiopischen Rasse, die vier- oder fünftausend Jahre vor Ramses über Ägypten geherrscht und ihre bis zu den ältesten Zeiten der Erde hinabreichenden Überlieferungen nicht verloren hatte. Jetro war weder ein Inspirierter noch ein Mann der Tat, aber ein großer Weiser. In seinem Gedächtnis wie in den steinernen Bibliotheken seines Tempels waren Schätze der Wissenschaft aufgehäuft. Und dann war er der Beschützer der Männer der Wüste, der nomadisierenden Libyer, Araber, Semiten. Diese ewigen, sich immer gleichbleibenden Wanderer mit ihrem unbestimmten Streben zum einigen Gott stellten etwas Unveränderliches dar inmmiten der vorübergehenden Kulte und des Zusammenbruchs der Zivilisationen. Man fühlte in ihnen, wie die Gegenwart des Ewigen, das Gedächtnisbuch ferner Zeiten, die große Ersatzmannschaft Aelohims. Jetro war der geistige Vater dieser Unlenksamen, dieser Wanderer, dieser Freien. Er kannte ihre Seele, er ahnte ihr Schicksal voraus. Als Hosarsiph eine Zufluchtsstätte bei ihm suchte, empfing er ihn mit offenen Armen. Vielleicht erriet er sogleich in diesem Flüchtling den zum Propheten der Verbannten, zum Führer des Volkes Gottes vorherbestimmten Mann.

Hosarsiph wollte sich erst den Büßungen unterziehen, die das Gesetz der Eingeweihten den Mördern auferlegte. Wenn ein Priester des Osiris einen sogar ungewollten Mord begangen hatte, wurde er verlustig gehalten der Wohltat seiner vorzeitigen Auferstehung »im Lichte des Osiris«, eines Vorrechts, das er durch die Prüfungen seiner Einweihung erworben hatte. Um sein Verbrechen zu sühnen, um das innere Licht wiederzufinden, mußte er sich grausameren Prüfungen unterwerfen, sich noch einmal selbst dem Tod aussetzen. Nach langem Fasten und mit Hilfe gewisser Tränke versetzte man den Patienten in lethargischen Schlaf; dann brachte man ihn in das Grabgewölbe des Tempels. Er blieb dort tage-, manchmal wochenlang[44]. Während dieser Zeit nahm man an, daß er eine Reise ins Jenseits vollführte, in den Erebus oder die Region des Amenti, wo die Seelen jener Toten schweben, die sich von der irdischen Atmosphäre noch nicht gelöst haben. Dort mußte er sein Opfer aufsuchen, dessen quälende Angst mitempfinden, sein Verzeihen erlangen und ihm helfen, den Weg des Lichts wiederzufinden. Dann nur hätte er den Mord gebüßt, wäre sein Astralkörper gereinigt von den schwarzen Flecken, die ihm anhafteten durch den vergifteten Atem und die Flüche des Opfers. Aber von dieser wirklichen und eingebildeten Reise konnte der Schuldige sehr leicht nicht zurückkehren, und oft, wenn die Priester den Büßenden von seinem lethargischen Schlaf wecken gingen, fanden sie nur noch eine Leiche.

Hosarsiph zögerte nicht, diese Prüfung und noch manche andere zu bestehen[45]. Unter dem Eindruck des Mordes, den er begangen, hatte er den unabänderlichen Charakter gewisser moralischer Sittengesetze verstanden und die tiefe Verwirrung, die ihre Übertretung auf dem Grund des Gewissens hinterläßt. Es war mit einer vollständigen Selbstverleugnung, daß er sein ganzes Sein Osiris als Sühnopfer darbrachte, indem er ihn um die Kraft bat, falls er zum irdischen Licht wiederkehren sollte, das Gesetz der Gerechtigkeit zu offenbaren. Als Hosarsiph von dem fürchterlichen Schlaf im unterirdischen Gewölbe des Tempels zu Madian erwachte, war er ein verwandelter Mensch. Seine Vergangenheit war von ihm wie losgelöst, Ägypten hatte aufgehört, sein Vaterland zu sein, und vor ihm erstreckte sich wie ein neues Feld der Tat die Unermeßlichkeit der Wüste mit ihren wandernden Nomadenstämmen. Er blickte auf den Berg Aelohims am Horizont, und zum ersten Male flammte, wie Wetterleuchten in den Wolken des Sinai, die Idee seiner Mission vor seinen Augen auf: aus diesen wandernden Stämmen wollte er ein Volk des Kampfes bilden, das, mitten in dem Götzendienst der Kulte und der Anarchie der Nationen, das Gesetz des höchsten Gottes darleben sollte – eines Volkes, das den kommenden Jahrhunderten die Wahrheit bringen würde, die in der goldenen Arche der Initiation versiegelt war. Von diesem Tag an und als Merkstein der neuen Ära, die in seinem Leben begann, nannte sich Hosarsiph Moses: das heißt, der Gerettete.

Der Sepher Bereshit

Moses heiratete Sephora, die Tochter des Jetro, und wohnte lange Jahre neben dem Weisen von Madian. Dank der äthiopischen und chaldäischen Überlieferungen, die er in seinem Tempel fand, konnte er das, was er in den ägyptischen Heiligtümern gelernt hatte, vervollständigen und kontrollieren, seinen Blick über die ältesten Zeitalter der Menschheit ausbreiten und ihn durch Induktion in die fernen Horizonte der Zukunft tauchen. Bei Jetro fand er zwei Bücher über Kosmogonie, die in der Bibel angeführt sind: die Kriege des Jehovah und die Generationen Adams.

Für das Werk, das er sich in seinen Gedanken vorzeichnete, bedurfte er einer sicheren Stütze. Vor ihm hatten Rama, Krishna, Hermes, Zoroaster, Fo-Hi Religionen für Völker geschaffen; Moses wollte für die ewige Religion ein Volk schaffen. Für dieses so kühne, so neue, so ungeheure Unternehmen war eine machtvolle Grundlage vonnöten. Deshalb schrieb Moses seinen Sepher Bereshit, sein Buch der Prinzipien, eine zusammengedrängte Synthese der vergangenen Wissenschaft und ein Rahmen für die künftige; ein Schlüssel zu den Mysterien, eine Fackel der Eingeweihten, ein Sammelpunkt für die ganze Nation.

Versuchen wir zu erkennen, was die Genesis im Gehirn des Moses war. Gewiß, dort strahlte sie ein anderes Licht aus, umfaßte weit unermeßlichere Welten als die kindliche Welt und die kleine Erde, die uns entgegentreten aus der griechischen Übersetzung der Septante und aus der lateinischen Übersetzung des heiligen Hieronymus.

Die Bibelforschung des neunzehnten Jahrhunderts hat zur Mode die Idee gemacht, daß die Genesis nicht Schöpfung des Moses sei, daß dieser Prophet sogar sehr gut hätte nicht existieren können und eine bloße legendäre Persönlichkeit sein möchte, die durch die jüdische Geistlichkeit vier oder fünf Jahrhunderte später erfunden worden sei, um einen göttlichen Ursprung für sich in Anspruch zu nehmen. Die moderne Kritik begründet diese Meinung durch den Umstand, daß die Genesis aus verschiedenen zusammengesetzten (elohistischen und jehovistischen) Bruchstücken besteht und daß ihre gegenwärtige Fassung mindestens vier Jahrhunderte nach der Auswanderung Israels aus Ägypten stattgefunden hat. Die von der modernen Kritik festgestellten Tatsachen bezüglich der Herausgabe der Texte, die wir besitzen, sind richtig, die daraus gezogenen Schlüsse sind willkürlich und unlogisch. Weil der Elohist und der Jehovist vierhundert Jahre nach der Auswanderung geschrieben haben, folgt daraus nicht, daß sie die Erfinder der Genesis gewesen und daß sie nicht nach einem älteren, vielleicht schlecht verstandenen Dokument gearbeitet haben. Weil uns der Pentateuch nur eine sagenhafte Erzählung vom Leben des Moses gibt, folgt daraus keineswegs, daß er nichts Wahres enthält. Moses wird lebendig, seine ganze ungeheure Laufbahn wird erklärlich, wenn man ihn in sein heimisches Milieu stellt: den Sonnentempel von Memphis. Endlich lassen sich die Tiefen der Genesis selbst nur enthüllen beim Schein der Fackeln, die der Einweihung der Isis und des Osiris entnommen sind.

Eine Religion wird nicht ohne einen Initiator ins Leben gerufen. Die Richter, die Propheten, die ganze Geschichte Israels legen Zeugnis ab für Moses; Jesus selbst kann nicht ohne ihn verstanden werden. Nun enthält aber die Genesis die Essenz der mosaischen Tradition. Welche Umwandlungen sie auch durchgemacht haben mag, die ehrwürdige Mumie muß unter ihrem Stirnband und dem Staub der Jahrhunderte die schöpferische Idee, den lebendigen Gedanken, das Vermächtnis des Prophetentums von Israel enthalten. Israel kreist um Moses so sicher, so notwendig wie die Erde um die Sonne. Ist dieses einmal festgestellt, so ist das zweite, zu wissen, welche die der Genesis zugrunde liegenden Gedanken waren und was Moses in diesem heiligen Vermächtnis des Sepher Bereshit der Nachwelt hinterlassen wollte. Das Problem kann nur von esoterischem Standpunkt aus gelöst werden und stellt sich so: In seiner Eigenschaft eines ägyptischen Eingeweihten mußte Moses auf der Höhe der ägyptischen Wissenschaft stehen; diese nahm, wie die unsere, die Unveränderlichkeit der Gesetze des Universums an, die Entwicklung der Welten durch allmähliche Evolution und hatte außerdem weitgehende, bestimmte, vernunftgemäße Anschauungen über die Seele und die unsichtbare Welt. Wenn dies die Wissenschaft des Moses war – und wie sollte der Priester des Osiris sie nicht gehabt haben? –, wie ist sie in Einklang zu bringen mit den kindlichen Ideen der Genesis über die Schöpfung der Welt und den Ursprung des Menschen? Diese Schöpfungsgeschichte, die, wenn sie wörtlich genommen wird, einem Schüler unserer Tage ein Lächeln entreißt, sollte sie nicht einen tiefen symbolischen Sinn verbergen und sollte es nicht einen Schlüssel geben, um in ihn einzudringen? Dieser Sinn, welcher ist er? Dieser Schlüssel, wo ist er zu finden?

Der Schlüssel befindet sich: 1. in der ägyptischen Symbolik, 2. in derjenigen aller Religionen der alten Weltalter, 3. in der Synthese der Lehre der Eingeweihten, so wie sie sich aus dem Vergleich der esoterischen Unterweisung ergibt, angefangen von dem vedischen Indien bis zu den Zeiten der christlichen Eingeweihten der ersten Jahrhunderte.

Die Priester Ägyptens, sagen uns die griechischen Schriftsteller, hatten eine dreifache Art, ihre Gedanken auszudrücken. »Die erste war klar und einfach, die zweite smybolisch und bildlich, die dritte heilig und hieroglyphisch. Dasselbe Wort erhielt, je nach ihrer Wahl, einen unmittelbaren, bildlichen oder transzendenten Sinn. Heraklit hat diesen Unterschied ausgezeichnet angedeutet durch die Benennung des ausgesprochenen, des angedeuteten und des verborgen gehaltenen[46].«

In den theogonischen und kosmogonischen Wissenschaften gebrauchten die ägyptischen Priester immer die dritte Schreibart. Ihre Hieroglyphen konnten in drei Arten gelesen werden: die Lesarten entsprachen einander, waren aber doch voneinander verschieden. Die zweite und dritte konnten ohne Schlüssel nicht verstanden werden. Diese rätselhafte und zusammengedrängte Schreibart gehörte selbst zu einem grundlegenden Dogma der

Lehre des Hermes, nach welchem die natürliche, die menschliche und die göttliche Welt von demselben Gesetz beherrscht werden. Diese Sprache von erstaunlicher Knappheit, für den Laien unverständlich, war von großartiger Beredsamkeit für den Adepten; denn mit Hilfe eines einzigen Zeichens beschwor sie den Urgrund, die Ursachen und die Wirkungen, die von der Gottheit aus hineinstrahlen in die blinde Natur, in das menschliche Bewußtsein und in die Welt der reinen Geister. Dank dieser Schrift umfaßte der Adept mit einem einzigen Blick die drei Welten.

Wenn man die Erziehung des Moses ins Auge faßt, so unterliegt es keinem Zweifel, daß er die Genesis in ägyptischen Hieroglyphen mit ihrem dreifachen Sinn niederschrieb. Den Schlüssel dazu und die mündliche Erklärung vertraute er seinen Nachfolgern an. Als man zur Zeit des Salomo die Genesis in phönizische Schriftzüge übersetzte, als nach der babylonischen Gefangenschaft Esdras sie in aramäisch-chaldäischen Schriftzeichen redigierte, handhabte die jüdische Geistlichkeit diese Schlüssel nur auf sehr unvollkommene Art. Als endlich die griechischen Übersetzer der Bibel kamen, hatten sie nur noch eine schwache Idee vom esoterischen Sinn der Texte. Sankt Hieronymus konnte, während er seine lateinische Übersetzung nach dem griechischen Text machte, trotz seiner ernsten Absichten und seines großen Geistes nicht mehr in den ursprünglichen Sinn eindringen, und hätte er es getan, so hätte er schweigen müssen. So haben wir, wenn wir die Genesis in unsern Übersetzungen lesen, nur deren primitiven und niederen Sinn. Die Bibelausleger und die Theologen, ob Gläubige oder Freidenker, sehen den hebräischen Text immer nur durch die Brille der Vulgata. Der vergleichende und höhere Sinn, welcher zugleich der tiefe und wirkliche Sinn ist, entgeht ihnen. Er ist dennoch geheimnisvoll vergraben im hebräischen Text und taucht mit seinen Wurzeln bis in die heilige, von Moses umgearbeitete Sprache der Tempel, einer Sprache, bei der jeder Vokal, jeder Konsonant einen weltumfassenden Sinn hatte, der Beziehungen schuf zwischen dem akustischen Wert des Buchstabens und dem Seelenzustand des Menschen, der ihn hervorbringt. Für die Intuition springt manchmal dieser tiefe Sinn wie ein Lichtfunke aus dem Fest hervor; für die Seher erstrahlt er in der phonetischen Struktur der von Moses herübergenommenen oder erschaffenen Worte: In diese magischen Silben goß der Eingeweihte des Osiris seinen Gedanken, wie man tönendes Metall in eine vollendete Form gießt. Durch das Studium dieser Phonetik, welche das Gepräge der heiligen Sprache der uralten Tempel trägt, durch die Schlüssel, welche uns die Kabbala gibt und von denen einige bis zu Moses zurückführen, endlich durch den vergleichenden Esoterismus ist es uns heute möglich, einen Einblick in die wirkliche Genesis zu gewinnen und sie wiederaufzubauen. So wird der Gedanke des Moses strahlend wie Gold hervorgehen aus dem feurigen Ofen der Jahrhunderte, den Schlacken einer primitiven Theologie und der Asche einer negativen Kritik[47].

Zwei Beispiele werden klar zeigen, was die heilige Sprache der alten Tempel war und wie der dreifache Sinn der Symbole Ägyptens und derjenigen der Genesis sich decken. Auf einer Menge von ägyptischen Monumenten sieht man ein gekröntes Weib sitzen, die in einer Hand das Henkelkreuz hält, das Symbol des ewigen Lebens, in der anderen ein Zepter mit der Lotosblume, dem Symbol der Einweihung. Es ist die Göttin Isis. Isis nun hat eine dreifache Bedeutung. Zunächst stellt sie das Weib dar und somit das weibliche Geschlecht im allgemeinen. Dann personifiziert sie die gesamte irdische Natur mit all ihren Hervorbringungskräften. Endlich symbolisiert sie die himmlische und unsichtbare Natur, das eigentliche Element der Seelen und der Geister, das übersinnliche geistige Licht, welches allein die Einweihung verleiht. Das Symbol, das im Text der Genesis und in dem jüdisch-christlichen Denken der Isis entspricht, ist EVE, Heva, das ewige Weib. Diese Eve ist nicht nur die Gattin Adams, sie ist auch die Gemahlin Gottes. Sie bildet drei Viertel seiner Essenz. Denn der Name des Ewigen IEVE, aus welchem wir durch falsche Anwendung Jehovah und Javeh gemacht haben, besteht aus der Vorsilbe Jod und dem Namen Eve. Der Hohepriester von Jerusalem sprach einmal im Jahr den göttlichen Namen aus, indem er ihn auf folgende Art von Buchstabe zu Buchstabe aussprach: Jod, he, vau, he. Der erste bedeutete den göttlichen Gedanken und die theogonischen Wissenschaften: die drei Buchstaben des Namen Eve bedeuteten drei Reiche der Natur, die drei Welten, in denen dieser Gedanke verwirklicht wird und somit die ihm entsprechenden kosmogonischen, psychischen und physischen Wissenschaften[48].

Das Namenlose schließt in seiner Tiefe ein das Ewig-Männliche und das Ewig-Weibliche. Ihre unlösbare Einheit bildet seine Kraft und sein Mysterium. Das ist es, was Moses, ein geschworener Feind aller Bilder der Gottheit, dem Volk nicht sagte, was er aber bildlich in den Bau des göttlichen Namens niedergelegt hat, indem er ihn seinen Adepten erklärte. So verbirgt sich die in dem judäischen Kultus verschleierte Natur in dem Namen selbst der Gottheit. Die Gattin Adams, das neugierige, schuldige und reizende Weib, offenbart uns ihre tiefen Zusammenhänge mit der irdischen und himmlischen Isis, der Mutter der Götter, in deren tiefem Schoß Schwärme von Seelen und Sternen kreisen.

Noch ein Beispiel: Eine Persönlichkeit, die eine große Rolle in der Geschichte Adams und Evas spielt, ist die Schlange. Die Genesis nannte sie Nahash. Was bedeutete nun die Schlange für die alten Tempel? Die Mysterien Indiens, Ägyptens und Griechenlands antworten einstimmig: Die im Kreis geringelte Schlange bedeutet das universelle Leben, dessen magisch wirkende Kraft das astrale Licht ist. In einem noch tieferen Sinn bedeutet Nahash die Kraft, die dieses Leben in Bewegung setzt, die Anziehung des Selbst zum Selbst, in welcher Geoffroy Saint-Hilaire den Grund der allgemeinen Schwerkraft sah. Die Griechen nannten sie Eros, die Liebe oder die Begierde. – Wenden Sie jetzt diesen doppelten Sinn bei der Geschichte Adams, Evas und der Schlange an, und Sie werden sehen, daß der Fall des ersten Paares, die berühmte Erbsünde, unmittelbar zur Entfaltung der göttlichen universellen Natur wird mit ihren Reichen, ihren Arten, ihren Gattungen in den ungeheuren und unabwendbaren Kreis des Lebens.

Diese zwei Beispiele haben uns erlaubt, einen ersten Blick in die Tiefen der mosaischen Genesis zu werfen. Schon sehen wir, was die Kosmogonie für einen alten Eingeweihten war und worin sie sich von einer in modernem Sinne aufgefaßten Kosmogonie unterscheidet.

In der modernen Wissenschaft schrumpft die Kosmogonie zur Kosmographie zusammen. Man findet da die Beschreibung eines Teils der sichtbaren Welt mit einem Studium über die Verkettung von Ursachen und von physischen Wirkungen innerhalb einer gegebenen Sphäre. So ist z. B. das Weltensystem des Laplace, wo die Entstehung unseres Sonnensystems aus seiner jetzigen Tätigkeit heraus ergründet wird und wo als Voraussetzung die sich bewegende Materie allein dient, – was eine reine Hypothese ist. Auch gibt es eine Geschichte der Erde, deren aufeinandergelagerte Schichten unwiderlegbare Zeugen sind. Der alten Wissenschaft war diese Entwicklung des sichtbaren Universums nicht unbekannt; wenn sie auch auf diesem Gebiet weniger präzise Kenntnisse hatte als die moderne, waren die grundlegenden Gesetze doch schon intuitiv von ihr aufgestellt.

Doch dies war für die Weisen Indiens und Ägyptens nur der äußere Aspekt der Welt, ihre Reflexbewegung. Die Erklärung dazu suchten sie im innern Aspekt, in der direkten und ursprünglichen Bewegung. Sie fanden sie in einem andern System von Gesetzen, das sich unserer Vernunft offenbart.

Für die antike Wissenschaft war das grenzenlose Universum nicht tote, von mechanischen Gesetzen beherrschte Materie, sondern ein lebendiges Ganzes, begabt mit Intelligenz, Seele und Willen. Dieses große, heilige Wesen hatte unzählige Organe, die seinen unbegrenzten Fähigkeiten entsprachen. Wie in dem menschlichen Körper die Bewegungen aus der handelnden Seele, aus dem denkenden Körper entspringen – so war in den Augen der antiken Wissenschaft die sichtbare Ordnung der Welt nur der Widerhall einer unsichtbaren Ordnung, d. h. von kosmogonischen Kräften und spirituellen Monaden, Reichen, Arten, Gattungen, die durch ihre fortwährende Involution in die Materie die Evolution des Lebens bewirken. Während die moderne Wissenschaft nur das Äußere, die Schale des Universums, betrachtet, war das Ziel der Wissenschaft der antiken Tempel, sein Inneres zu offenbaren, sein geheimes Räderwerk zu enthüllen. Sie ließ nicht die Vernunft aus der Materie hervorgehen, sondern die Materie aus der Vernunft. Sie machte nicht das Universum zum Produkt eines blinden Tanzes der Atome, sondern sie ließ die Atome aus den Vibrationen der universellen Seele entstehen. Mit einem Wort, sie schritt vor in konzentrischen Kreisen vom Allgemeinen zum Besondern, vom Unsichtbaren zum Sichtbaren, vom reinen Geiste zur organisierten Substanz, von Gott zum Menschen. Dieser Niederstieg von Kräften und Seelen entsprach in umgekehrter Reihenfolge dem Aufstieg des Lebens und der Körper und war die Ontologie oder die Wissenschaft der übersinnlichen Prinzipien; sie bildete die Grundlage der Kosmogonie.

Alle großen Einweihungen Indiens, Ägyptens, Judäas und Griechenlands, die des Krishna, des Hermes, des Moses und des Orpheus haben unter verschiedenen Formen diese Hierarchie von Prinzipien, von Mächten, von Seelen, von Generationen gekannt, die von der ersten Ursache aus, vom namenlosen Vater, stufenweise abwärtsgehen.

Der Niederstieg in die Inkarnation geschieht gleichzeitig mit dem Aufstieg der Lebewesen, und der allein kann diesen erklären. Die Involution geht der Evolution voran und ist deren Ursache.

In Griechenland waren es allein die männlichen und dorischen Tempel, die des Jupiter und Apollo, besonders der von Delphi, welche die Wissenschaft des Niederstiegs voll beherrschten. Die ionischen oder weiblichen Tempel kannten sie nur unvollkommen. Da die ganze griechische Zivilisation ionisch war, wurde dorische Wissenschaft und Denkungsart immer mehr und mehr zu etwas Unbekanntem. Nichtsdestoweniger ist es unwiderlegbar, daß ihre großen Initiatoren, ihre Helden und Philosophen, von Orpheus zu Pythagoras, von Pythagoras zu Plato, und von diesem zu den Alexandrinern, von dieser Denkungsart inspiriert sind. Sie alle erkannten Hermes als Lehrer an.

Kehren wir zur Genesis zurück. In dem Gedanken des Moses, dieses anderen Sohnes des Hermes, bildeten die zehn ersten Kapitel der Genesis eine wirkliche Ontologie im Sinne der Aufeinanderfolge und der Abstammung der Prinzipien. Alles, was beginnt, muß einem Ziel zustreben. Die Genesis erzählt zugleich die Entwicklung in der Zeit und die Schöpfung in der Ewigkeit, die einzige, die der Gottheit würdig ist.

Ich behalte mir vor, im Buch des Pythagoras ein lebendiges Bild der esoterischen Theogonie und Kosmogonie zu geben, in einem Rahmen, der weniger herb ist als der mosaische und der dem modernen Geiste näher steht. Trotz der polytheistischen Form, trotz der außerordentlichen Verschiedenheit der Symbole ist diese pythagoräische Kosmogonie im Sinne der Einweihung des Orpheus und der Heiligtümer des Apollo in ihrer Grundlage identisch mit der des Propheten von Israel. Bei Pythagoras wird sie in helleres Licht gerückt durch ihre natürliche Ergänzung: durch die Lehre von der Seele und ihrer Evolution. Man lehrte sie in den griechischen Heiligtümern unter den Symbolen des Mythus der Persephone. Man nannte sie auch die Geschichte der irdischen und himmlischen Psyche. Diese Erzählung, die dem entspricht, was das Christentum die Erlösung nennt, fehlt im Alten Testament vollständig. Nicht weil Moses und die Propheten sie nicht kannten, sondern weil diese sie als zu erhaben für die Unterweisung des Volkes betrachteten; sie behielten sie zurück als mündliche Überlieferung für die Eingeweihten. Die göttliche Psyche bleibt unter den hermetischen Symbolen Israels so lange verborgen, um sich dann in der ätherischen und lichtvollen Erscheinung Christi zu offenbaren.

Was die Kosmogonie des Moses anbetrifft, so hat sie die herbe Bündigkeit des semitischen und die mathematische Präzision des ägyptischen Genius. Der Stil der Erzählung erinnert an die Figuren, welche das Innere der ägyptischen Königsgräber bedecken; gerade, trocken und streng schließen sie ein undurchdringliches Mysterium in ihrer harten Blöße ein. Das Ganze erinnert an einen zyklopischen Bau: aber hier und da, wie ein Lavastrom zwischen Riesenblöcken, sprudelt zwischen den zitternden Versen der Übersetzer der Gedanke des Moses hervor mit dem Ungestüm des ursprünglichen Feuers. In den ersten Kapiteln, die eine unnachahmliche Größe ausatmen, fühlt man den Hauch Aelohims wehen, der langsam und nacheinander die schweren Seiten des Weltenbuches umwendet.

Bevor wir sie verlassen, werfen wir noch einen Blick auf einige dieser machtvollen Hieroglyphen, die vom Propheten des Sinai geschaffen wurden. Wie das Tor eines unterirdischen Tempels eröffnet jede von ihnen den Zugang zu einer Reihe okkulter Wahrheiten, deren unbewegliches Licht die Aufeinanderfolge der Welten und Zeiten beleuchtet. Suchen wir einzudringen mit dem Schlüssel der Einweihung. Versuchen wir in diesen sonderbaren Symbolen, diesen magischen Formeln die beschwörende Kraft zu sehen, so wie sie der Initiierte des Osiris sah, als sie in feurigen Buchstaben seinem heißen Denken entsprangen.

In einer Krypta des Tempels von Jetro meditiert Moses, allein auf einem Grabstein sitzend. Die Mauern und die Pfeiler sind bedeckt mit Hieroglyphen und Gemälden, welche die Namen und Gestalten der Götter aller Völker darstellen. Die Geschichte der vergangenen Weltalter ist in diesen Symbolen zusammengedrängt, und sie verkünden die neuen Kreisläufe. Eine auf dem Boden stehende Naphthalampe beleuchtet schwach diese Zeichen, von denen jedes eine Sprache zu ihm spricht. Doch schon sieht er nichts von der äußeren Welt; er sucht in sich selbst das Wort seines Buches, die Gestalt seines Werkes, die Sprache, welche zur Tat werden wird: die Lampe ist erloschen, aber vor seinem innern Auge flammt auf in der Krypta dieser Name:

JEVE.

Der erste Buchstabe J hat die weiße Farbe des Lichts, – die drei andern erstrahlen wie wechselndes Feuer in allen Farben des Regenbogens. Und welch sonderbares Leben in diesen Schriftzügen! In dem Anfangsbuchstaben erblickt Moses das männliche Prinzip, Osiris, den schöpferischen Geist, – in Eve die empfangende Kraft, die himmlische Isis, die einer seiner Teile ist. So entfalten sich und ordnen sich an im Schoße der Gottheit die göttlichen Eigenschaften, welche die Welten im Keim in sich tragen. Durch ihre vollkommene Vereinigung bilden unaussprechliches Väterliches und Mütterliches den Sohn, das lebendige Wort, welches das Universum schafft. Das ist das Mysterium der Mysterien, das den Sinnen verschlossen ist, das aber durch das Zeichen des Ewigen spricht wie der Geist zum Geiste. Und das heilige Tetragramm leuchtet auf in immer blendenderem Licht. Moses sieht, wie aus ihm in großen Strahlenausströmungen die drei Welten hervorquellen, alle Reiche der Natur und die erhabene Reihenfolge der Wissenschaften. Da konzentriert sich sein glühendes Auge auf das männliche Zeichen des schöpferischen Geistes. Ihn ruft er an, auf daß er herabsteige in den Kreis der Schöpfungen und ausgieße in den unabhängigen Willen die Kraft, zu verwirklichen die eigene Schöpfung, nachdem er das Werk des Ewigen betrachtet hat.

Da plötzlich leuchtet auf im Innern der Krypta der andere göttliche Name:

AELOHIM.

Er bedeutet für den Eingeweihten: Er – die Götter, der Gott der Götter[49]. Es ist nicht mehr das im Absoluten in sich selbst ruhende Wesen, sondern der Herr der Welten, dessen Gedanke sich in Millionen Sternen entfaltet, den beweglichen Sphären schwebender Weltenketten. »Im Anfang schuf Gott Himmel und Erde.« Aber dieser Himmel war im Anfang nur der Gedanke von Zeit und Raum in ihrer Grenzenlosigkeit, welcher die Leere und das Schweigen beiwohnen. »Und der Geist Gottes schwebte über den Wassern[50].« Was wird seinem Schoße zuerst entsteigen? Eine Sonne? Ein Mond? Ein Nebel? Irgendeine der Substanzen dieser sichtbaren Erde? Was zuerst geboren wurde, war Aur, das Licht. Aber dieses Licht ist nicht das physische Licht, es ist das übersinnliche Licht, das vom Zucken der himmlischen Isis im Schoß des Unendlichen geboren wird; es ist die Weltseele, das Astrallicht, die Substanz, welche die Seelen bildet und in welcher sie sich entfalten wie in einem ätherischen Fluidum; das subtile Element, durch welches der Gedanke in unendliche Weiten übertragen wird; das göttliche Licht, das dem Licht aller Sonnen vorangeht und es überdauert. Zuerst verbreitet es sich im Unendlichen, es ist das starke Ausatmen Gottes; dann kehrt es in einem Liebesgefühl zu sich selbst zurück, das ist das starke Einatmen des Ewigen. In den Wogen des göttlichen Äthers schweben wie in einem durchsichtigen Schleier die astralen Formen der Welten und der Wesen. Und das alles schließt sich zusammen für den sehenden Magier in die Worte, die er ausspricht und die in funkelnden Zeichen in der Finsternis ausstrahlen:

RUA AELOHIM AUR[51]

»Es werde Licht! Und es ward Licht.«
Der Hauch Aelohims ist das Licht!

Dem Schoß dieses ursprünglichen unmateriellen Lichts entspringen die ersten sechs Schöpfungstage, d. h. die Keime, die Urbilder, die Formen, die lebendigen Seelen aller Dinge. Es ist das Weltall als Kraft, das dem Buchstaben vorangeht und dem Geiste nachfolgt. Und welches ist das letzte Wort der Schöpfung, die Formel, die das Wesen im Werden einschließt, das lebendige Wort, in welchem der erste und letzte Gedanke des absoluten Wesens sich ausdrückt: Es ist:

ADAM EVE.

Mann – Weib. Dieses Symbol stellt keineswegs dar, wie unsere Forscher meinen, das erste menschliche Paar unserer Erde, sondern die im Universum schaffende Gottheit und das sich in Formen ausprägende Menschengeschlecht, die durch alle Himmel webende Menschheit. »Gott schuf den Menschen ihm zu Bilde; er schuf ihn männlich und weiblich.« Dieses göttliche Paar ist das universelle Wort, durch welches Jeve seine eigene Natur durch alle Welten manifestiert. Die Sphäre, die er ursprünglich bewohnt und die der gewaltige Gedanke des Moses umfaßt, ist nicht der Garten Eden, das sagenhafte irdische Paradies, sondern die unbegrenzte zeitliche Sphäre des Zoroaster, die erhabene Erde Platos, das universelle himmlische Reich, Heden, Hadama, Substanz aller Erden. Welches aber wird die Evolution der Menschheit sein in der Zeit und in dem Raum? Moses betrachtet sie in zusammengedrängter Form in der Geschichte des Sündenfalls. In der Genesis heißt Psyche die göttliche Seele, Aïsha, ein anderer Name für Eva[52]. Ihr Vaterland ist Shamaim, der Himmel. Dort, im göttlichen Äther, lebt sie glücklich, aber unbewußt. Sie genießt den Himmel, ohne ihn zu verstehen. Denn um ihn zu verstehen, muß man ihn vergessen haben und sich seiner wieder erinnern. Nur durch das Leid wird sie wissen, nur durch den Fall wird sie verstehen. Hingezogen zum finstern Abgrund durch die Begierde des Erkennens, stürzt Aïsha. ... Sie hört auf, die reine Seele zu sein, die nur einen siderischen Körper hat und vom göttlichen Äther lebt. Sie hüllt sich in einen materiellen Körper und tritt in den Kreis des Werdens. – Ihre Verkörperungen sind nunmehr nicht eine nur, sondern hundert und tausend, in immer gröbern Körpern, je nach den Sternen, die sie bewohnt. Sie steigt nieder von Welt zu Welt ... Sie steigt nieder und vergißt ... Ein schwarzer Schleier bedeckt ihr inneres Auge: verloren ist das göttliche Bewußtsein, verdunkelt die Erinnerung des Himmels im dichten Gewebe der Materie. Bleich wie eine verlorene Hoffnung leuchtet in ihr eine schwache Erinnerung an ihr altes Glück! Aus diesem Funken wird sie wiedergeboren werden und sich selbst erneuern müssen!

Ja, Aïsha lebt noch in diesem Paar, das nackt und ohne Schutz auf wilder Erde liegt unter einem feindlichen Himmel, in welchem der Donner grollt. Das verlorene Paradies? – Es ist die Unendlichkeit des verschleierten Himmels, vor und hinter ihr.

So schaut Moses auf die Generationen des Adam im Weltenall[53]. Er betrachtet auch die Schicksale des Menschen auf der Erde. Er sieht die vergangenen Weltalter und die Gegenwart. Innerhalb der irdischen Aïsha, der Seele der Menschheit, hat das göttliche Bewußtsein einst mit dem Feuer Agnis aufgelodert im Lande Kush, auf den Abhängen des Himalaya. Nun ist es aber im Begriff, zu erlöschen im Götzendienst, unter höllischen Leidenschaften, unter dem Druck der assyrischen Tyrannei, zwischen Völkern, die in der Auflösung begriffen sind, und Göttern, die sich gegenseitig vertilgen. Moses schwört sich, es wiederzuerwecken, indem er den Kultus des Aelohim aufrichtet.

Die kollektive Menschheit wie der individuelle Mensch sollten das Bild Jeves sein. Wo aber das Volk finden, das es verkörpern und das lebendige Wort der Menschheit sein wird?

Da erklärte Moses, nachdem er sein Buch und sein Werk im Geist entworfen, nachdem er den Abgrund der menschlichen Seele erforscht hatte, der irdischen Eve, der schwachen und verderbten Natur, den Krieg. Um sie zu bekämpfen und sie aufzurichten, ruft er den Geist an, das ursprüngliche und allmächtige Feuer, Jeve, zu dessen Urquell er eben gestiegen. Er fühlt, wie seine Fluten ihn durchdringen und ihn härten wie Stahl. Sein Name ist Wille.

Und in dem schwarzen Schweigen der Krypta hört Moses eine Stimme. Sie steigt aus den Tiefen seines Bewußtseins, sie zuckt auf wie ein Lichtstrahl und sagt: »Geh zum Berg Gottes, gen Horeb.«

Die Vision des Sinai

Eine dunkle Granitmasse erscheint im blendenden Sonnenlicht, so kahl, so durchfurcht, daß man glauben könnte, sie sei von Blitzen zerspalten und vom Donner gemodelt. Es ist der Gipfel des Sinai; den Thron des Aelohim nennen ihn die Kinder der Wüste. Ihm gegenüber erhebt sich ein niedrigerer Berg, die Felsen des Serbal, ebenfalls steil und wild. In seinem Innern befinden sich Kupferminen und Höhlen. Zwischen den zwei Bergen liegt ein schwarzes Tal, ein Chaos von Steinen, das die Araber Horeb nennen, der Erebus der semitischen Legende. Es ist grausig, dieses Tal der Verzweiflung, wenn die Nacht mit dem Schatten des Sinai sich darüberbreitet, noch grausiger, wenn der Berg sich mit einem Wolkenhelm bedeckt, dem unheimliches Lichtgefunkel entsteigt. Dann braust ein furchtbarer Wind in dem schmalen Kessel. Man sagt, daß dort Aelohim diejenigen überwältigt, die mit ihm zu ringen versuchen, und sie in die Abgründe stürzt, in welche die Regentromben niederrauschen. Dort auch, so sagen die Madianiten, irren herum die unheilbringenden Schatten der Riesen, der Refaim, welche Felsen stürzen lassen auf diejenigen, die in den heiligen Ort zu dringen versuchen. Die volkstümliche Überlieferung behauptet auch, daß der Gott des Sinai manchmal im flammenden Feuer erscheine gleich einem von Adlerflügeln umringten Medusenhaupte. Wehe denen, die sein Antlitz schauen. Es sehen, bedeutet sterben.

Das erzählten sich die Nomaden abends unter dem Zelt, wenn die Kamele und die Frauen schliefen.

Wahr ist, daß nur die kühnsten unter den Eingeweihten des Jetro auf die Höhe des Serbal stiegen und dort mehrere Tage in Fasten und Gebet zubrachten. Idumäische Weise hatten dort die Inspiration gefunden. Seit Zeiten, die dem Gedächtnis längst entschwunden, war dieser Ort den übernatürlichen Visionen geweiht, den Aelohim oder strahlenden Geistern. Kein Priester, kein Eingeweihter hätte dorthin einem Fremden den Zutritt verstattet.

Moses war furchtlos längs der Schlucht des Horeb hinaufgestiegen. Er hatte mutigen Herzens das Tal des Todes und sein Felsenchaos durchschritten. Wie jedes menschliche Streben hat die Einweihung ihre Phasen der Demut und des Stolzes. Indem er die Stufen des heiligen Berges erklomm, hatte Moses den Gipfel des Stolzes erreicht, denn er hatte den Gipfel der menschlichen Macht erstiegen. Schon glaubte er sich eins zu fühlen mit dem höchsten Wesen. Die glühendrote Sonne neigte sich über den vulkanischen Felsgipfel des Sinai, und violette Schatten dehnten sich über die

Täler, als Moses plötzlich vor dem Eingang zu einer Höhle stand, die von dürftigen Terebinthen beschützt war. Er wollte eindringen, aber er war wie geblendet von plötzlichem Licht, das ihn umflutete. Es schien ihm, als ob der Boden unter ihm brannte und als ob die Granitberge sich in ein Flammenmeer verwandelt hätten. Beim Eintritt in die Grotte blickte ihn eine blendende Lichterscheinung an und versperrte ihm den Weg mit dem Schwert. Moses fiel hin wie niedergeschmettert, das Antlitz zur Erde. Sein ganzer Stolz war gebrochen. Der Lichtblick des Engels hatte ihn durchbohrt. Dann hatte er mit jenem tiefen Verständnis der Dinge, das im Zustand des Schauens erwacht, begriffen, daß dieses Wesen ihm furchtbare Dinge auferlegen würde. Er hätte seiner Mission entrinnen, wie ein niederes Tier sich in die Erde verkriechen mögen.

Aber eine Stimme sagte: »Moses! Moses« Und er antwortete: »Hier bin ich!«

»Tritt nicht näher. Nimm die Schuhe ab von deinen Füßen. Denn der Ort, an dem du dich befindest, ist ein heiliger Ort.«

Moses verbarg sein Gesicht in den Händen. Er fürchtete sich, den Engel wiederzusehen und seinem Blick zu begegnen.

Und der Engel sagte zu ihm: »Du, der du Aelohim suchst, warum fürchtest du dich vor mir?«

»Wer bist du?«

»Ein Strahl des Aelohim, ein Sonnenengel, ein Bote desjenigen, der ist und sein wird.«

»Was befiehlst du?«

»Du wirst zu den Kindern Israels sprechen: ›Der Ewige, der Gott eurer Väter, der Gott Abrahams, der Gott Israels, der Gott Jakobs hat mich zu euch geschickt, um euch dem Lande der Knechtschaft zu entreißen.‹ «

»Wer bin ich«, sagte Moses, »daß ich die Kinder Israels dem Joch Ägyptens entreiße?«

»Geh«, sagte der Engel, »denn ich werde mit dir sein. Ich werde Aelohims Feuer in dein Herz legen und sein Wort auf deine Lippen. Seit vierzig Jahren rufst du ihn an. Deine Stimme ist zu ihm gedrungen. In seinem Namen ergreife ich Besitz von dir, Sohn des Aelohim, du gehörst mir auf immer.«

Und Moses, kühn geworden, rief: »Zeige mir Aelohim, daß ich sein lebendiges Feuer sehe!«

Er hob das Haupt. Aber das Flammenmeer hatte sich in sich selbst verloren, und der Engel war entflohen wie der Blitz. Die Sonne war auf die erloschenen Vulkane des Sinai niedergestiegen; ein tödliches Schweigen lag über dem Tal Horebs; und eine Stimme, die in dem Blau des Himmels zu rollen und sich in der Unendlichkeit zu verlieren schien, sagte: »Ich bin, der ich bin.«

Moses erhob sich aus dieser Vision wie vernichtet. Einen Augenblick glaubte er, daß sein Körper vom Ätherfeuer verzehrt worden sei. Aber sein Geist war stärker. Als er zum Tempel des Jetro wieder hinunterstieg, fand er sich zu seinem Werk bereit. Sein lebendiger Gedanke schritt vor ihm her, bewaffnet wie der Engel mit dem Feuerschwert.

Die Auswanderung – Die Wüste – Magie und Theurgie

Der Plan des Moses war einer der außergewöhnlichsten, der kühnsten, der je von einem Menschen gefaßt worden ist. Ein Volk dem Joch einer so mächtigen Nation zu entreißen, wie die ägyptische war, es zur Eroberung eines Landes zu führen, das von feindlichen und besser bewaffneten Stämmen besetzt war, es während zehn, zwanzig oder vierzig Jahren in der Wüste umherzuführen, es dem Durst preiszugeben, durch Hunger zu erschöpfen, wie ein Vollblutpferd es zu hetzen unter die Pfeile der Hetiter und Amalekiter, die bereit waren, es in Stücke zu reißen; inmitten dieser dem Götzendienst ergebenen Stämme es mit seiner Bundeslade des Ewigen abzusondern, ihm mit einer Feuerrute den Monotheismus aufzuzwingen und ihm eine solche Furcht, eine solche Ehrerbietung vor dem Einigen Gott aufzuerlegen, daß dieser sich in seinem Fleisch verkörperte, sein nationales Sinnbild wurde, das Ziel aller seiner Bestrebungen und sein Daseinsgrund: das war das ungeheure Werk des Moses.

Die Auswanderung wurde lange vorher beraten und vorbereitet durch den Propheten, die hauptsächlichsten israelitischen Führer und Jetro. Um seinen Plan zu verwirklichen, benutzte

Moses den Augenblick, wo Menephtah, sein früherer Studienkamerad und nunmehr Pharao, den furchtbaren Einbruch des libyschen Königs Mermain zurückschlagen mußte. Da das ganze ägyptische Heer im Osten beschäftigt war, konnte es die Hebräer nicht zurückhalten, und die Massenemigration vollzog sich friedlich.

So sind denn die Beni-Israel auf der Wanderung begriffen. Dieser lange Zug von Karawanen mit Zelten auf dem Rücken der Kamele, von großen Herden gefolgt, bereitet sich vor, um das Rote Meer herumzugehen. Noch sind sie nur einige tausend Menschen. Später konnte man sehen, wie sich die Auswanderung vergrößerte »durch allerhand Arten von Menschen«, wie die Bibel sagt, durch Kananäer, Edomiten, Araber, Semiten aller Art: sie werden herangezogen und fasziniert durch den Propheten der Wüste, der sie von allen Ecken des Horizonts herbeiruft, um sie nach seinem Sinn umzumodeln. Der Kern des Volkes wird durch die Beni-Israel gebildet: gerade, aber harte, hartnäckige und widerspenstige Männer. Ihre Hags oder Häuptlinge haben ihnen den Kultus des Einigen Gottes gelehrt. Er findet sich bei ihnen in Form einer hohen patriarchalischen Tradition. Aber in diesen unmittelbaren und heftigen Naturen bricht sich der Monotheismus zunächst erst durch wie ein besseres und intermittierendes Bewußtsein. Sobald ihre schlechten Leidenschaften erwachen, nimmt der dem Menschen so natürliche Instinkt des Polytheismus die Oberhand. Dann fallen sie wieder zurück in den Volksaberglauben, in die Zauberkünste und den Götzendienst der Nachbarstämme von Ägypten und Phönizien, die Moses mit drakonischen Gesetzen zu bekämpfen hatte.

Um den Propheten herum, der diesem Volk befehligt, befindet sich eine Gruppe von Priestern unter der Führung Aarons, seines Bruders in der Einweihung und der Prophetin Maria, die schon in Israel die weibliche Einweihung repräsentiert. Diese Gruppe bildet die Priesterschaft. Mit ihnen drängen sich siebzig auserwählte oder eingeweihte weltliche Häuptlinge um den Propheten Jeves, der ihnen seine Geheimlehre oder mündliche Überlieferung anvertraut, ihnen einen Teil seiner Kraft überträgt und sie zu Genossen seiner Inspirationen und Visionen macht.

Im Herzen dieser Gruppe trägt man die goldene Bundeslade;

Moses hat die Idee dazu den ägyptischen Tempeln entnommen, in welchen sie als Arkanum der theurgischen Bücher diente, aber sie seinen Absichten gemäß völlig umgebildet. Die Bundeslade Israels hat an den Seiten vier goldene Cherubime, sphinxähnlich und den vier symbolischen Tieren der Vision Ezechiels gleich. Der eine hat ein Löwenhaupt, der andere ein Stierhaupt, der dritte einen Adlerkopf, der vierte ein Menschenantlitz. Sie personifizieren die vier universellen Elemente; die Erde, das Wasser, die Luft und das Feuer; wie auch die vier Welten, die in den Buchstaben des göttlichen Tetragramms enthalten sind. Ihre Flügel breiten die Cherubime über die Bundeslade aus.

Diese Arche ist das Werkzeug der elektrischen und Licht-Phänomene, welche die Magie des Osiris-Priesters hervorrufen kann. Gesteigert durch die Legende, sind diese Phänomene geeignet, die biblischen Erzählungen ins Leben zu rufen. Die goldene Bundeslade schließt außerdem noch in sich den Sepher Bereshit oder das von Moses in ägyptischen Hieroglyphen zusammengestellte Buch der Kosmogonie und den magischen Stab des Propheten, den die Bibel Rute nennt. Sie enthält auch das Buch des Bundes oder das Gesetz vom Sinai. Moses nennt die Bundeslade den Thron Aelohims; denn in ihr ruht die heilige Überlieferung, die Mission Israels, der Gedanke des Jeve.

Welche politische Verfassung gab Moses seinem Volk? Hier muß man eines der sonderbarsten Kapitel in der »Auswanderung« erwähnen. Dieses Kapitel scheint um so älter und authentischer, als es uns die schwache Seite des Moses zeigt, seinen Hang zum geistlichen Hochmut und zur theokratischen Tyrannei, die von seinem äthiopischen Initiator zurückgedämmt wurde.

»Des andern Tages aber setzte sich Moses hin, um dem Volk Recht zu sprechen; da traten Leute vor Moses hin vom Morgen bis zum Abend.

Als nun der Schwiegervater des Moses sah, wie er für die Leute zu tun hatte, sagte er: ›Was machst du dir mit den Leuten zu tun? Warum sitzest du allein zu Gericht, während alle Leute sich zu dir drängen vom Morgen bis zum Abend?‹ Moses erwiderte seinem Schwiegervater: ›Ja, die Leute kommen zu mir, um Gott zu befragen.

Wenn sie eine Rechtssache haben, kommen sie zu mir, damit ich entscheide, wer von beiden Recht hat, und ihnen verkündige die Ratschlüsse und Gesetze Gottes.‹

Da sprach der Schwiegervater des Moses zu ihm: ›Daran tust du nicht gut.

Du wirst dich, so wie die Leute, die bei dir sind, aufreiben, denn dieses Geschäft ist zu schwer für dich, du kannst es nicht allein besorgen.

Ich will dir jetzt einen guten Rat geben; folge mir, so wird Gott dir beistehen; bleibe du selbst für das Volk Sachwalter bei Gott und bringe du selbst die Rechtssachen vor Gott.

Und belehre sie über die Rechtssatzungen und weise ihnen den Weg, den sie wandeln sollen und was sie tun sollen.

Wähle dir aber aus dem ganzen Volk tüchtige, gottesfürchtige, vertrauenswürdige und uneigennützige Männer und bestelle sie zu Vorgesetzten über je tausend, je hundert, je fünfzig und je zehn, damit sie den Leuten jederzeit Recht sprechen.

Dann soll jede wichtige Sache vor dich gebracht werden, jede minder wichtige aber sollen sie selbst entscheiden; so wirst du dich entlasten, und sie werden dich unterstützen.

Wenn du dies so anordnest und Gott es dir befiehlt, so wirst du es aushalten können, und alle diese Leute werden befriedigt zu ihrer Behausung zurückkehren.‹

Da folgte Moses den Worten seines Schwiegervaters und führte alles aus, was er geraten hatte.

Und Moses wählte aus der Gesamtheit der Israeliten tüchtige Männer aus und bestellte sie zu Häuptern über das Volk, zu Vorgesetzten über je tausend, je hundert, je fünfzig und je zehn.

Und sie sprachen den Leuten jederzeit Recht; wichtige Sachen brachte man vor Moses, alle minder wichtigen Sachen aber entschieden sie selbst.

Hierauf gab Moses seinem Schwiegervater das Geleit; der aber zog in seine Heimat[54].«

Aus dieser Stelle geht hervor, daß in der von Moses errichteten israelitischen Verfassung die Exekutiv-Gewalt als ein Ausfluß der richterlichen Gewalt betrachtet und unter die Kontrolle der priesterlichen Autorität gestellt wurde. So war das von Moses seinen

Nachfolgern überlieferte Regierungssystem gemäß dem weisen Rat des Jetro. Es blieb unverändert unter den Richtern, von Josua bis Samuel und der Usurpation des Saul. Unter den Königen begann die unterdrückte Priesterschaft die wirkliche Tradition des Moses zu verlieren, die nur noch in den Propheten weiterlebte.

Es ist gesagt worden, Moses war kein Patriot, sondern ein Völkererzieher, der die Schicksale der ganzen Menschheit vor Augen hatte. Israel war für ihn nur ein Mittel, die universelle Religion war sein Ziel, und über die Häupter der Nomaden hinweg ging sein Gedanke zu den künftigen Zeiten. Von dem Auszug aus Ägypten bis zum Tod des Moses war die Geschichte Israels nichts als ein langer Kampf zwischen dem Propheten und seinem Volk.

Moses führte zunächst die Stämme Israels zum Sinai, in die brennende Wüste, vor den von allen Semiten Aelohim geweihten Berg, wo er selbst seine Offenbarung gehabt hatte. Dort, wo der Genius sich des Propheten bemächtigt hatte, wollte sich der Prophet seines Volkes bemächtigen und ihm auf die Stirn das Siegel Jeves drücken: die zehn Gebote, eine machtvolle Zusammenfassung des moralischen Gesetzes und eine Ergänzung der im hermetischen Buch der Bundeslade eingeschlossenen transzendenten Wahrheit.

Nichts ist tragischer als dieser erste Dialog zwischen dem Propheten und seinem Volk. Dort gingen sonderbare, blutige, schreckliche Szenen vor sich, die in dem gezüchtigten Fleisch Israels gleichsam den Abdruck eines glühenden Eisens ließen. Aus den vergrößerten Bildern der biblischen Legende errät man den möglichen Hergang der Dinge.

Die Auserwählten der Stämme sind auf der Hochebene von Pharan gelagert, vor dem Eingang zu einer wilden Schlucht, die zu den Felsen von Serbal führt. Das drohende Haupt des Sinai überragt diesen steinigen, vulkanischen, zerrissenen Boden. Vor der ganzen Versammlung verkündet Moses feierlich, daß er sich auf den Berg begeben werde, um sich mit Aelohim zu beraten, und daß er von dort das auf steinernen Tafeln niedergeschriebene Gesetz mitbringen werde. Er befiehlt dem Volk, zu wachen und zu fasten, ihn in der Keuschheit und im Gebet zu erwarten. Er läßt die tragbare Bundeslade, welche vom Zelt der Stiftshütte bedeckt wird, unter der Obhut der siebzig Ältesten. Dann verschwindet er in der Schlucht, nur seinen treuen Jünger Josua mit sich nehmend.

Tage vergehen; Moses kehrt nicht zurück. Das Volk ängstigt sich zunächst – dann murrt es: »Warum hat er uns hierhergeschleppt in diese schreckliche Wüste, um uns den Pfeilen der Amalekiter auszusetzen? Moses hat uns versprochen, uns in das Land Kanaan zu führen, wo Milch und Honig fließen, und nun sterben wir hier in der Wüste. Besser war die Knechtschaft in Ägypten als dieses elende Leben. Wollte Gott, daß wir noch die Fleischgerichte hätten, die wir dort aßen! Wenn der Gott des Moses der wahre Gott ist, so möge er es beweisen, mögen alle seine Feinde zerstreut werden und wir in das gelobte Land eintreten.« Das Murren nimmt zu; der Aufruhr wächst; die Häuptlinge mischen sich in die Sache.

Da kommt eine Gruppe von Frauen, die unter sich flüstern und murmeln. Es sind die Töchter Moabs mit schwarzer Haut, mit biegsamen Körpern, mit üppigen Formen, Konkubinen oder Dienerinnen einiger edomitischer Häuptlinge, die mit Israel in Verbindung stehen. Sie erinnern sich daran, daß sie Priesterinnen der Astaroth waren und in den heiligen Hainen ihrer Heimat die Orgien der Göttin gefeiert haben. Sie fühlen, daß die Stunde gekommen ist, um die Macht wieder an sich zu reißen. Sie kommen, geschmückt mit Gold und farbigen Stoffen, ein Lächeln auf den Lippen gleich einer Schar schöner Schlangen, die der Erde entsteigen und deren metallisch schillernde Formen in der Sonne glitzern. Sie mischen sich unter die Empörer, sie blicken sie an mit ihren glänzenden Augen, sie umschlingen sie mit ihren Armen, an denen Kupferspangen tönen, und sie betören sie mit süßer Rede: »Was kümmert ihr euch noch um diesen Priester Ägyptens und um seinen Gott? Er wird auf dem Sinai gestorben sein. Die Refaim werden ihn in einen Abgrund geworfen haben. Nicht er ist es, der die Stämme nach Kanaan führen wird. Die Kinder Israels sollten die Götter Moabs anbeten: Belphegor und Astaroth! Das sind Götter, die man sehen kann und die Wunder tun! Sie werden sie in das Land Kanaan führen!« Die Meuterer hören auf die moabitischen Frauen, einer reizt den andern, und ein Schrei ertönt aus der Menge: »Aaron, mach uns Götter, die vor uns hergehen; denn was Moses anbetrifft, der uns aus Ägypten hierhergeführt hat, so wissen wir nicht, was aus ihm geworden ist.« Aaron sucht vergebens, die Menge zu beruhigen. Die Töchter Moabs rufen phönizische Priester herbei, die mit einer Karawane gekommen waren. Diese bringen eine hölzerne Statue der Astaroth und stellen sie auf einen steinernen Altar. Die Empörer zwingen Aaron unter Todesdrohung, das goldene Kalb zu gießen, eine der Formen Belphegors. Man opfert Stiere und Böcke den fremden Göttern, man beginnt zu trinken und zu essen, und um die Götzen herum, von den Töchtern Moabs geleitet, beginnen wollüstige Tänze bei den Klängen der Hörner, der Harfen und der Tamburine.

Die siebzig Ältesten, die Moses zum Schutz der Bundeslade ausersehen hat, versuchen vergebens, durch ihre Beschwörungen dem Taumel zu steuern. Jetzt setzen sie sich auf die Erde, den Kopf mit einem Sack voll Asche bedeckt. Dicht aneinandergedrängt um die Stiftshütte und um die Bundeslade herum, hören sie mit Bestürzung das wilde Geschrei, die wollüstigen Gesänge, die Anrufung der verdammten Götter, dieser Dämonen der Wollust und der Grausamkeit. Sie sehen mit Schrecken, wie das Volk von einem Rausch der Freude und von der Empörung gegen seinen Gott gepackt ist. Was wird aus der Arche, dem Buch und aus Israel werden, wenn Moses nicht zurückkehrt?

Doch Moses kehrt zurück. Von seiner langen Andacht, von seiner Einsamkeit auf dem Berg Aelohims bringt er auf steinernen Tafeln das Gesetz [55]. Ins Lager zurückgekehrt, sieht er die Tänze, das Bacchanal des Volkes vor den Götzenbildern Astaroths und Belphegors. Beim Anblick des Priesters von Osiris, des Propheten von Älohim, hören die Tänze auf; die fremden Priester fliehen, die Meuterer halten ein. Der Zorn kocht in Moses wie ein verzehrendes Feuer. Er zerbricht die steinernen Tafeln, und man fühlt, daß er so das ganze Volk zerbrechen könnte und daß ein Gott von ihm Besitz ergriffen hat.

Israel zittert, aber aus den Augen der Empörer lauern haßerfüllte Blicke, vermischt mit Furcht. Ein Wort, eine Gebärde des Zögerns von seiten des Führer-Propheten, und die Hydra der götzendienerischen Anarchie würde ihre tausend Köpfe gegen ihn erheben und unter einen Hagel von Steinen die heilige Bundeslade, den Propheten und seine Idee zertrümmern. Aber Moses ist da und hinter ihm die unsichtbaren Mächte, die ihn beschützen. Er begreift, daß er vor allem die Seelen der siebzig Auserwählten zu der Höhe seiner eigenen erheben muß und durch sie das ganze Volk. Er ruft Aelohim-Jeve an, den männlichen Geist, das ursprüngliche Feuer, in der Tiefe seines eigenen Innern und in der Tiefe des Himmels.

»In meine Nähe die Siebzig!« ruft Moses. »Sie sollen die Arche nehmen und mit mir zum Berg Gottes steigen. Das Volk jedoch erwarte uns und zittre. Ich werde ihm den Ratschluß Aelohims bringen.«

Die Leviten nehmen die mit Schleiern umhüllte goldene Bundeslade unter dem Zelt heraus, und der Zug der Siebzig verschwindet in den Engpässen des Sinai. Man weiß nicht, wer mehr zittert, ob die Leviten aus Furcht vor dem, was sie sehen werden, oder das Volk aus Furcht vor der Strafe, die Moses über seinem Haupt drohen läßt wie ein unsichtbares Schwert.

»Oh, wenn man doch den Händen dieses schrecklichen Priesters von Osiris, dieses Unglückspropheten, entrinnen könnte!« sagen die Meuterer. Und hastig faltet die Hälfte der Lagerbewohner die Zelte zusammen, sattelt die Kamele und bereitet sich zur Flucht. Doch da breitet sich über den Himmel ein sonderbares Dämmerlicht aus, eine Wolke von Staub; ein scharfer Wind weht vom Roten Meer, die Wüste nimmt eine rötliche und fahle Färbung an, und hinter dem Sinai türmen sich große Wolkenmassen auf. Endlich wird der Himmel schwarz. Windstöße fegen Sandwogen vor sich hin, und Blitze lassen die Wolkenwirbel, die den Sinai umhüllen, in Regenströmen niederprasseln. Bald rollt der Donner, und seine von allen Schluchten des Felskegels widerhallende Stimme bricht sich in nacheinanderfolgenden Schlägen mit furchtbarem Getöse Bahn. Das Volk zweifelt nicht, daß es der von Moses beschworene Zorn Aelohims sei. Die Töchter Moabs sind verschwunden. Man stürzt die Götzen, die Häuptlinge fallen auf die Knie, die Kinder und Frauen verstecken sich unter dem Bauch der Kamele. Das dauert eine ganze Nacht, einen ganzen Tag. Der Blitz ist in die Zelte gefahren, hat Menschen und Tiere getötet, und der Donner grollt noch immer.

Gegen Abend beruhigt sich das Gewitter, die Wolken rauchen

immer noch auf dem Sinai, und der Himmel bleibt schwarz. Doch da erscheinen wieder beim Eingang in das Lager die Siebzig, Moses an ihrer Spitze. Und in dem Dämmerzwielicht erstrahlt das Antlitz des Propheten und seiner Auserwählten von übernatürlichem Glanz, als ob sie auf ihrem Gesicht den Widerschein einer blendenden und erhabenen Vision trügen. Auf der goldenen Bundeslade, auf den Cherubimen mit den Feuerflügeln flimmert gleich einer phosphoreszierenden Säule ein elektrischer Schein. Vor diesem erstaunlichen Anblick werfen sich die Ältesten und das Volk, Männer und Frauen, in weitem Abstand nieder.

»Die für den Ewigen sind, sollen zu mir kommen«, sagt Moses.

Drei Viertel der Häuptlinge Israels lagern sich um Moses herum; die Meuterer bleiben in ihren Zelten verborgen. Da tritt der Prophet vor und befiehlt seinen Getreuen, die Aufwiegler und die Priesterinnen der Astaroth mit dem Schwert niederzumachen, damit Israel auf immer vor Aelohim zittere, auf immer sich an das Gesetz vom Sinai und an sein erstes Gebot erinnere. »Ich bin der Ewige, dein Gott, der dich aus dem Land der Knechtschaft, aus dem Haus Ägypten geführt hat. Du sollst keine anderen Götter haben vor meinem Angesicht. Du sollst dir kein geschnitztes Bildnis machen und kein Gleichnis der Dinge, die oben im Himmel sind oder im Wasser oder unter der Erde.«

Durch dieses Gemisch von Schrecken und Geheimnis zwang Moses sein Gesetz und seinen Kultus dem Volke auf. Es mußte der Gedanke an Jeve in feurigen Buchstaben in die Seelen geprägt werden. Ohne diese unerbittlich strengen Maßregeln hätte der Monotheismus nie über den mächtig um sich greifenden Polytheismus Phöniziens und Babylons gesiegt.

Doch die Siebzig, was hatten sie auf dem Sinai gesehen? Der Deuteronom (XXXIII) spricht von einer ungeheuren Vision, von Tausenden von Heiligen, die mitten im Sturm erschienen waren, auf dem Sinai, im Licht Jeves. Die Weisen des alten Zyklus, die uralten Eingeweihten der Aryas, Indiens, Persiens und Ägyptens, alle edlen Söhne Asias, der Gotteserde, kamen, um Moses in seinem Werk zu helfen und einen entscheidenden Druck auf das Gewissen seiner Genossen auszuüben? Die spirituellen Mächte, die über die Menschheit wachen, sind immer da, aber der Schleier, der uns von ihnen trennt, zerreißt nur in den großen Stunden für wenige Auserwählte. Wie dem auch sei, Moses goß in die Siebzig das göttliche Feuer und die Energie seines eigenen Willens. Sie wurden der erste Tempel vor demjenigen des Salomo: der lebendige Tempel, der wandelnde Tempel, das Herz Israels, das königliche Gotteslicht.

Durch die Ereignisse auf dem Sinai, durch die Massenexekution der Rebellen erlangte Moses volle Autorität über die nomadisierenden Semiten, die er mit eiserner Hand führte. Aber ähnliche Szenen, gefolgt von neuen Kraftproben, mußten sich oft wiederholen während des Hin- und Herziehens zum Lande Kanaan. Gleich Mohammed mußte Moses zugleich den Genius des Propheten, des Kriegsherrn und des sozialen Organisators entfalten. Er mußte kämpfen gegen die Erschöpfung, die Verleumdung, die Verschwörungen. Nach der Volksmeuterei mußte er den Hochmut der Levitenpriester brechen, die eine gleiche Rolle spielen wollten wie er, sich wie er als direkt von Jeve inspiriert ausgeben wollten; er mußte die noch gefährlicheren Verschwörungen einiger ehrgeiziger Häuptlinge niederwerfen, die wie Korah, Datan und Ahiram den Volksaufstand nährten, um den Propheten zu stürzen und einen König auszurufen, wie es die Israeliten später mit Saul taten trotz des Widerstandes Samuels. In diesem Kampf drückt sich in Moses abwechselnd aus Entrüstung und Mitleid, die Zärtlichkeit eines Vaters und der Zorn des Löwen gegen das Volk, das sich gegen die Allmacht seines Geistes wehrt und dennoch sich ihm unterwerfen muß. Wir finden ein Echo davon in den Zwiegesprächen zwischen dem Propheten und seinem Gott, die uns die biblische Erzählung wiedergibt, Zwiegespräche, die das zu offenbaren scheinen, was sich im Innern seines Gewissens vollzog.

In dem Pentateuch überwindet Moses alle Hindernisse durch mehr als unwahrscheinliche Wunder. Jehova, als persönlicher Gott aufgefaßt, steht immer zu seiner Verfügung da. Er erscheint über dem Allerheiligsten als feurige Wolke, welche die Offenbarung des Lichtes Gottes genannt wird. Moses allein kann dort hineintreten; die Profanen, die sich nähern, trifft der Tod. Die Stiftshütte, welche die Bundeslade enthält, spielt in der biblischen Erzählung die Rolle einer riesigen elektrischen Batterie, die, geladen mit dem Feuer

Jehovas, Menschenmassen zu Boden schmettert. Die Söhne Aarons, die zweihundertfünfzig Anhänger Korahs und Datans, endlich vierzehntausend Männer des Volks sind mit einem Schlag getötet. Außerdem ruft Moses zur gewollten Stunde ein Erdbeben hervor, welches drei meuternde Häuptlinge mit ihren Zelten und Familien verschlingt. Diese letzte Erzählung ist von einer fürchterlichen und großartigen Poesie. Aber es liegt doch in ihr eine solche Übertreibung, sie trägt einen so augenfällig legendären Charakter, daß es kindlich wäre, über ihre Wirklichkeit zu diskutieren. Was vor allem diesen Erzählungen einen exotischen Charakter gibt, das ist die Rolle eines zürnenden und wandlungsfähigen Gottes, die Jehova spielt. Er ist immer bereit, Blitz und Donner zu schleudern und zu zerstören, während Moses die Barmherzigkeit und Weisheit darstellt. Eine so kindliche, mit der Gottheit so im Widerspruch stehende Auffassung ist dem Bewußtsein eines Eingeweihten des Osiris nicht weniger fremd als demjenigen eines Jesus.

Und doch scheinen diese kolossalen Übertreibungen von gewissen Phänomenen herzurühren, die den magischen Kräften des Moses entsprangen und nicht ohne Analogien sind in der Überlieferung der antiken Tempel. Es ist hier der Ort, zu sagen, was man von den sogenannten Wundern des Moses halten soll vom Standpunkt einer rationellen Theosophie und von den Licht verbreitenden Gesichtspunkten der okkulten Wissenschaften aus. Die Hervorbringung von elektrischen Phänomenen unter verschiedenen Formen durch den Willen mächtiger Initiierter ist im Altertume nicht nur Moses zugeschrieben worden. Die chaldäische Tradition schrieb sie den Magiern zu, die griechische und lateinische Tradition gewissen Priestern des Apollo[56]. In solchen Fällen gehören die Phänomene ganz gewiß in die Reihe der elektrischen. Aber die Elektrizität der irdischen Atmosphäre wird dabei in Bewegung gesetzt durch eine subtilere und universellere Kraft, welche sie überall durchsetzt und welche die großen Adepten in ihrer Herrschaft haben, die sie konzentrieren und anzuwenden verstehen. Diese Kraft wird von den Brahmanen Akasha genannt, von den chaldäischen Magiern das ursprüngliche Feuer, von den Kabbalisten des Mittelalters das große magische Agens. Vom Standpunkt der modernen Wissenschaft aus könnte man sie die ätherische Kraft nennen. Man kann sie entweder direkt heranziehen oder durch die Vermittlung bewußter oder halbbewußter unsichtbarer Agenten, von denen die irdische Atmosphäre überfüllt ist und die der Wille der Magier sich dienstbar zu machen versteht. Diese Theorie hat nichts, was einer rationellen Auffassung des Universums widerspräche, und sie ist sogar notwendig, um eine Menge von Phänomenen zu erklären, die sonst unverständlich bleiben würden. Man muß nur hinzufügen, daß diese Phänomene unabänderlichen Gesetzen unterworfen sind und immer der intellektuellen, moralischen und magnetischen Kraft des Adepten entsprechen.

Etwas Antirationelles und Antiphilosophisches wäre es, wenn die erste Ursache, wenn Gott in Bewegung gesetzt würde unter dem Einflusse irgendeines Wesens; oder wenn diese Ursache durch ein solches Wesen selbst unmittelbar in Tätigkeit gesetzt würde, was einer Identifikation des Individuums mit Gott gleich käme. Der Mensch erhebt sich nur relativ bis zu Gott durch den Gedanken oder durch das Gebet, durch das Werk oder die Extase. Gott übt seine Tätigkeit in der Welt nur mittelbar und hierarchisch aus durch allgemeine und unabänderliche Gesetze, die seinen Gedanken ausdrücken, oder durch die Glieder der irdischen und göttlichen Menschheit, die ihn teilweise und gradweise in der Unendlichkeit des Raumes und der Zeit darleben.

Von diesem Gesichtspunkt ausgehend halten wir es für durchaus möglich, daß Moses, unterstützt von den spirituellen Mächten, die ihn beschützen, und die ätherische Kraft durch ein absolutes Wissen beherrschend, sich der Stiftshütte bedient hätte als einer Art Behälter für konzentrierte Anziehungskraft, um elektrische Phänomene von niederschmetternder Großartigkeit zu vollbringen. Er isolierte sich selbst, seine Priester und seine Getreuen durch leinene Gewänder und Essenzen, die ihn vor den Entladungen des ätherischen Feuers schützten. Aber diese Phänomene konnten nur selten und innerhalb gewisser Grenzen hervorgebracht werden. Die priesterliche Legende übertrieb sie. Es mußte Moses genügen, einige rebellische Häuptlinge oder unfolgsame Leviten durch eine solche Entladung des Fluidums mit dem Tode zu bestrafen, um das ganze Volk in Schreck zu halten und zu zähmen.

Als Moses sein Volk bis vor das Land Kanaan geführt hatte, fühlte er, daß sein Werk vollendet sei. Was war Jeve-Aelohim für den Seher von Sinai? Die göttliche Ordnung, von oben nach unten verlaufend durch alle Sphären des Weltalls und auf Erden verwirklicht nach dem Bild der himmlischen Hierarchien und der ewigen Wahrheit. Nein, er hatte nicht umsonst das Antlitz des Ewigen betrachtet, das sich in allen Welten widerspiegelt. Das Buch war in der Bundeslade, und die Bundeslade war durch ein starkes Volk, einen lebendigen Tempel des Herrn geschützt. Der Kultus des Einigen Gottes war auf Erden gegründet; der Name Jeves brannte in feurigen Buchstaben in dem Bewußtsein Israels; über die sich wandelnde Seele der Menschheit werden Jahrhunderte fluten können, sie werden den Namen des Ewigen nicht verwischen.

Als diese Dinge klar vor dem Geist des Moses standen, rief er den Engel des Todes an. Er legte seinem Nachfolger Josua vor der Stiftshütte die Hände auf, damit der Geist Gottes in ihn hinübergehe, dann segnete er durch die zwölf Stämme Israels die ganze Menschheit und bestieg den Berg Nebo, gefolgt allein von Josua und zwei Leviten. Schon war Aaron »zu seinen Vätern zurückberufen« worden, die Prophetin Maria war ihm gefolgt. Jetzt war die Reihe an Moses gekommen.

Welches waren die Gedanken des hundertjährigen Propheten, als er das Lager Israels verschwinden sah und hinaufstieg in die große Einsamkeit Aelohims? Was fühlte er, als er seine Augen über das gelobte Land schweifen ließ, von Galaad bis zu Jericho, der Stadt der Palmen? Ein wahrer Dichter[57], der meisterhaft diese Seelenstimmung schildert, läßt ihn den Ruf ausstoßen:

> »Machtvoll und einsam war mein Leben, Herr!
> Erhöre mich: gib mir den Schlaf der Erde.«

Diese schönen Verse sagen mehr über den Seelenzustand des Moses als die Kommentare von hundert Theologen. Diese Seele gleicht der großen Pyramide von Giseh, massiv, nackt und verschlossen nach außen, aber in ihrem Innern die großen Mysterien und in ihrer Mitte einen Sarkophag enthaltend, den die Eingeweihten den Sarkophag der Auferstehung nannten. Von dort, durch einen schrägen Gang, erblickte man den Polarstern. So blickte dieser undurchdringliche Geist von seinem Mittelpunkt aus auf das Endziel der Dinge.

Alle Mächtigen haben die Einsamkeit gekannt, welche die Größe schafft; aber Moses war einsamer als die andern, weil sein Prinzip absoluter, transzendenter war. Sein Gott war ausschließlich das männliche Prinzip, der reine Geist. Um ihn der Menschheit einzuprägen, mußte er den Krieg erklären dem weiblichen Prinzip, der Göttin Natur, Heve, der ewigen Frau, die in der Seele der Erde wie in dem Herzen des Mannes lebt. Er mußte sie rastlos und erbarmungslos bekämpfen, nicht um sie zu zerstören, sondern um sie zu unterwerfen und zu zähmen. Kein Wunder, daß die Natur und die Frau, zwischen denen ein geheimnisvoller Pakt besteht, vor ihm zitterten. Kein Wunder, daß sie sich über seinen Weggang freuten und daß sie, um das Haupt zu erheben, darauf warteten, daß der Schatten des Moses aufhöre, über sie eine Vorahnung des Todes zu werfen. Das waren wahrscheinlich die Gedanken des Moses, als er den öden Berg Nebo bestieg. Die Menschen konnten ihn nicht lieben, denn er hatte nur Gott geliebt. Wird sein Werk wenigstens leben? Wird sein Volk seiner Mission treu bleiben? O verhängnisvolle Sehergabe der Sterbenden, tragisches Geschick des Propheten, das in der letzten Stunde alle Schleier lüftet! In dem Maß, als sich der Geist des Moses von der Erde löste, sah er die schreckliche Wirklichkeit der Zukunft; er sah den Verrat Israels; die Anarchie, die ihr Haupt erhob; das Königtum, das den Richtern folgte; die Verbrechen der Könige, die den Tempel des Herrn entweihten; sein Buch zerstückelt, unverstanden, seine Gedanken entstellt, erniedrigt durch unwissende oder heuchlerische Priester; die Abtrünnigkeit der Könige; den Ehebruch Judas mit götzendienerischen Nationen; die reine Überlieferung, die heilige Lehre entstellt und die Propheten, Verkünder des lebendigen Worts, bis in die Tiefen der Wüste verfolgt.

In einer Höhle des Berges Nebo sitzend, sah Moses alles das in sich selbst. Aber schon breitete der Tod seinen Flügel über seine Stirn und legte die kalte Hand auf sein Herz. Da wallte dieses

Löwenherz noch einmal ingrimmig auf. Erzürnt über sein Volk, rief Moses die Rache Aelohims auf den Stamm Judas herab. Er hob seinen starken Arm. Josua und die Leviten, die ihm beistanden, hörten mit Schrecken aus dem Munde des sterbenden Propheten die Worte: »Israel hat seinen Gott verraten; es sei verstreut in alle vier Winde!«

Schreckerfüllt blickten die Leviten und Josua auf ihren Meister, der kein Lebenszeichen mehr gab. Sein letztes Wort war ein Fluch gewesen. Hatte er mit ihm den letzten Seufzer ausgestoßen? Aber Moses öffnete die Augen ein letztes Mal und sagte: »Kehrt zurück zu Israel. Wenn die Zeiten vollendet sind, wird der Ewige einen Propheten wie mich unter euren Brüdern auferstehen lassen, und er wird sein Wort in seinen Mund legen, und dieser Prophet wird euch künden alles, was ihm der Ewige befiehlt.«

»Und es wird geschehen, daß, wer die Worte nicht hört, die er künden wird, von dem wird der Ewige Rechenschaft fordern.« (Deuteronom, XVIII, 18, 19.)

Nach diesen prophetischen Worten gab Moses den Geist auf. Der Sonnenengel mit dem feurigen Schwert, der ihm zuerst auf dem Sinai erschienen war, erwartete ihn. Er zog ihn mit sich in den tiefen Schoß der himmlischen Isis, in die Wogen jenes Lichts, welches die Gemahlin Gottes ist. Weit hinter sich lassend die irdischen Regionen, durchzogen sie Sphären der Seelen von immer steigender Schönheit. Endlich zeigte ihm der Engel des Herrn einen Geist von wunderbarer Schönheit und himmlischer Milde, aber so strahlend und von so blendender Helle, daß die seine daneben wie ein Schatten war. Er trug nicht das Schwert der Rache, sondern die Palme des Opfers und des Sieges. Moses verstand, daß dieser es sein wird, der sein Werk erfüllen und die Menschen zum Vater zurückführen würde durch die Macht des Ewig-Weiblichen, durch die göttliche Gnade und die vollkommene Liebe.

Da neigte sich der Gesetzgeber vor dem Erlöser, und Moses betete Jesus Christus an.

ORPHEUS

Die Mysterien des Dionysos

Wie kreisen sie in der Unendlichkeit des Weltalls, wie wirbeln sie und suchen sie sich, diese unzähligen Seelen, die aus der großen Weltenseele hervorquellen! Sie fallen von Planet zu Planet und weinen im Abgrund um die verlorene Heimat ... Es sind deine Tränen, Dionysos ... O großer Geist, o göttlicher Befreier, nimm deine Töchter zurück in deinen Lichtschoß.

Orphisches Fragment.

Eurydike! O göttliches Licht! sagte Orpheus sterbend. – Eurydike! so seufzten, indem sie brachen, die sieben Saiten seiner Lyra. – Und sein Haupt, das dahinrollt, auf immer davongetragen vom Strom der Zeiten, seufzt noch: – Eurydike! Eurydike!

Legende des Orpheus.

Das prähistorische Griechenland – Die Bacchantinnen – Die Erscheinung des Orpheus

In den Heiligtümern des Apollo, welche die orphische Tradition besaßen, wurde zur Zeit der Frühlingswende ein geheimnisvolles Fest gefeiert. Es war der Augenblick, da die Narzissen neben dem Brunnen von Kastalien wieder blühten. Die Dreifüße, die Lyren des Tempels erzitterten durch sich selbst, und man empfand, daß der unsichtbare Gott aus dem Land der Hyperboräer zurückkehre auf einem von Schwänen gezogenen Wagen. Dann sang die Hohepriesterin, als Muse gekleidet, mit Lorbeer bekränzt, das geweihte Stirnband auf dem Haupt, allein vor den Eingeweihten, die Geburt des Orpheus, des Sohnes des Apollo und einer Priesterin des Gottes. Sie rief die Seele des Orpheus an, des Vaters der Mysten, des melodischen Erlösers der Menschen; Orpheus des Herrschers, des unsterblichen und dreimal gekrönten, in der Hölle, auf Erden und im Himmel, der dahinwandelt, einen Stern auf der Stirn, zwischen den Gestirnen und den Göttern.

Der mystische Gesang der Priesterin von Delphi lehnte sich an eines der zahlreichen Geheimnisse an, welche die Priester des Apollo bewahrten und welche die Menge nicht kannte. Orpheus war der belebende Genius des geweihten Griechenlands, der Erwecker seiner göttlichen Seele. Die sieben Saiten seiner Lyra umfassen das Weltall. Jede von ihnen entspricht einer Wesensart der menschlichen Seele, schließt ein das Gesetz einer Wissenschaft und einer Kunst. Wir haben den Schlüssel ihrer vollen Harmonie verloren, aber die verschiedenen Tonarten haben nicht aufgehört, vor unsern Ohren zu erklingen. Der theurgische und dionysische Impuls, den Orpheus Griechenland mitzuteilen verstanden hat, ist dadurch auf ganz Europa übergegangen. Unsere Zeit glaubt nicht mehr an die Schönheit im Leben. Wenn sie trotzdem eine tiefe Erinnerung daran behalten hat, eine geheime und unbesiegbare Hoffnung, verdankt sie es diesem erhabenen Inspirierten. Begrüßen wir in ihm den großen Initiator Griechenlands, den Ahnherrn der Poesie und der Musik, indem diese aufgefaßt werden als Offenbarerinnen der ewigen Wahrheit.

Bevor wir aber auf der Grundlage der Tempelüberlieferung die Geschichte des Orpheus wiederherstellen, werfen wir einen Blick auf das Griechenland jener Zeit.

Es war im Zeitalter des Moses, fünf Jahrhunderte vor Homer, dreizehn Jahrhunderte vor Christus. Indien versank in sein Kali-Yuga, sein Zeitalter der Finsternis, und zeigte nur noch den Schatten seiner einstigen Herrlichkeit. Assyrien, das durch die Tyrannei Babylons die Geißel der Anarchie über die Welt entfesselt hatte, fuhr fort, Asien zu knechten. Ägypten, sehr groß durch die Wissenschaft seiner Priester und durch seine Pharaone, widerstand noch mit allen Kräften dieser allgemeinen Zersetzung; aber sein Wirkungsgebiet hörte auf beim Euphrat und dem Mittelmeer. Israel sollte in der Wüste durch die Donnerstimme des Moses das Prinzip des männlichen Gottes und der göttlichen Einheit verkünden; aber noch war der Widerhall davon nicht über die Erde gedrungen. In Griechenland war eine tiefe Spaltung hervorgerufen worden durch die Religion und durch die Politik.

Die bergige Halbinsel, deren feine Einschnitte in das Mittelmeer vorragen und die von einem Inselkranz umgürtet wird, war seit Tausenden von Jahren durch einen Volksstamm der weißen Rasse bewohnt, der den Goten, Skythen und den ursprünglichen Kelten ähnlich war. Diese Rasse hatte Mischungen durchgemacht und

Einschläge von allen früheren Zivilisationen erhalten. Kolonien aus Indien, Ägypten, Phönizien hatten sich auf ihren Ufern niedergelassen, ihre Vorgebirge und Täler mit mannigfaltigen Rassen, Sitten, Gottheiten bevölkert. Flotten zogen vorbei mit gehißten Segeln an den Füßen des Kolosses von Rhodos, die auf beiden Dämmen des Hafens aufstanden. Das Meer der Zykladen, in welchem an hellen Tagen der Schiffer immer irgendeine Insel oder ein Ufer am Horizont aufsteigen sieht, war von den roten Schiffsbugen der Phönizier, von den schwarzen der libyschen Piraten durchfurcht. In ihrem hohlen Bauch trugen diese Schiffe alle Reichtümer Asiens und Afrikas: Elfenbein, gemalte Töpferware, syrische Stoffe, goldene Vasen, Purpur und Perlen – oft auch Frauen, geraubt auf wilden Küsten.

Durch diese Rassenkreuzungen hatte sich ein harmonisches und leichtes Idiom gebildet, eine Mischung von primitiver keltischer Sprache, von Zend, Sanskrit und phönizischer Mundart. Diese Sprache, die in dem Wort Poseidon die Majestät des Ozeans und im Worte Uranos die heitere Hoheit des Himmels malte, ahmte alle Stimmen der Natur nach, von dem Gezwitscher der Vögel an bis zum Zusammenstoß der Schwerter und dem Getöse des Donners. Sie war farbig wie das tiefblaue Meer mit seinem mannigfaltigen Farbenspiel, voll wechselnder Töne wie die Wellen, die in ihren Buchten rauschten oder gegen ihre unzähligen Riffe anprallten.

Diese Kaufleute und Piraten waren oft von Priestern begleitet, die sie führten oder sie als Herren befehligten. Sie verbargen sorgfältig in ihrer Barke das hölzerne Bild irgendeiner Gottheit. Das Bild war ohne Zweifel grob gemodelt, und die Matrosen von damals hatten dafür dieselbe Fetischanbetung wie viele unserer jetzigen Seeleute für ihre Madonna. Dennoch waren diese Priester im Besitz gewisser Wissenschaften, und die Gottheit, die sie aus ihrem Tempel in ein fremdes Land brachten, stellte für sie eine gewisse Seite der Natur dar, eine Einheit von Gesetzen, eine bürgerliche und religiöse Organisation. Denn in diesen Zeiten leitete sich alles intellektuelle Leben aus dem ab, was in den Heiligtümern verehrt wurde. Man betete Juno in Argos an; Artemis in Arkadien; in Paphos und Korinth war die phönizische Astarte die dem Schaum entstiegene Aphrodite geworden. Mehrere Initiatoren waren in Attika erschienen. Eine ägyptische Kolonie hatte nach Eleusis den Kult der Isis gebracht unter der Form von Demeter (Ceres), der Mutter der Götter. Erechtäus hatte zwischen dem Berg Hymettus und dem Pentelikon den Kultus einer jungfräulichen Göttin eingeführt, einer Tochter des blauen Himmels, der Freundin des Ölbaums und der Weisheit. Während eines Einfalles flüchtete die Bevölkerung beim ersten Alarmzeichen auf die Akropolis und drängte sich um die Göttin herum wie um einen lebendigen Sieg.

Über die Lokalgottheiten herrschten manchmal männliche und kosmogonische Götter. Doch zurückgedrängt auf hohe Berge, in den Schatten gestellt durch das glänzende Gefolge der weiblichen Gottheiten, hatten sie wenig Einfluß. Die solare Gottheit, der delphische Apollo[58], war schon anerkannt, spielte aber noch eine untergeordnete Rolle. Es gab Priester des höchsten Zeus am Fuß der Schneegipfel des Ida, auf den Höhen Arkadiens und unter den Eichen von Dodona. Aber das Volk zog dem geheimnisvollen und universellen Gott die Göttinnen vor, welche die Natur in ihrer verlockenden oder schrecklichen Macht darstellten. Die unterirdischen Flüsse Arkadiens, die bis in die Eingeweide der Erde dringenden Höhlen der Berge, die vulkanischen Ausbrüche auf den Inseln des ägäischen Meeres hatten die Griechen früh zum Kultus der geheimnisvollen Kräfte der Erde geführt. So wurde die Natur in ihrer Erhabenheit wie in ihren Schrecken geahnt, gefürchtet und verehrt. Da aber diese Gottheiten weder einen sozialen Mittelpunkt noch eine religiöse Synthese hatten, führten sie untereinander einen unerbittlichen Krieg. Die feindlichen Tempel, die rivalisierenden Städte, die durch den Ritus, den Ehrgeiz der Priester und der Könige entzweiten Völker haßten und beneideten sich und rangen miteinander in blutigen Kämpfen.

Aber hinter Griechenland gab es das wilde und rauhe Thrakien. Gegen Norden erstreckten sich lange Reihen von welligen Bergrücken, felsengekrönt und bedeckt mit riesigen Eichen, ungeheure Talkessel bildend und ihre knorrigen Gebirgsstöcke ineinanderdrängend. Die Nordwinde rissen Furchen in ihre waldigen Abhänge hinein, und ein oft sturmbewegter Himmel fegte ihre Gipfel. Sowohl die Hirten der Täler als auch die Krieger der Ebenen gehörten zu jener weißen Rasse, welcher die Dorier in Griechenland entstammten. Eine mannhafte Rasse, deren Schönheit gekennzeichnet wird durch Schärfe der Züge, durch Entschlossenheit des Charakters, deren Häßlichkeit durch das Schaurige und Grandiose, das man in der Maske der Medusen und der antiken Gorgonen wiederfindet.

Wie alle alten Völker, deren Organisation von den Mysterien herrührt, wie Ägypten, Israel und Etrurien, hatte Griechenland seine heilige Geographie, wo jedes Land zum Sinnbild einer rein intellektuellen und übersinnlichen Region der Geister wurde. Warum wurde Thrakien[59] von den Griechen immer als das heilige Land betrachtet, das Land des Lichtes und die wirkliche Heimat der Musen? Weil diese hohen Berge die alten Heiligtümer von Kronos, Zeus und Uranos trugen. Von dort waren in eumolpischen Rhythmen die Dichtung, die Gesetze und die heiligen Künste niedergestiegen. Die sagenhaften Dichter Thrakiens bezeugen es. Die Namen von Tamyris, Linus und Amphion beziehen sich vielleicht auf wirkliche Persönlichkeiten; aber vor allem personifizieren sie gemäß der Sprache der Tempel verschiedene Arten der Dichtkunst. Jeder von ihnen bestätigt den Sieg einer Theologie über die andere. In den Tempeln von damals schrieb man die Geschichte nur allegorisch. Das Individuum war nichts, die Lehre und das Volk waren alles. Tamyris, der den Krieg der Titanen besang und von den Musen geblendet wurde, kündet die Niederlage der kosmologischen Dichtung durch neue Arten an. Linus, der die melancholischen Gesänge Asiens nach Griechenland einführte und von Herkules getötet wurde, verrät das Eindringen einer neuen klagenden und wollüstigen Gefühls-Dichtung nach Thrakien, die zumeist vom männlichen Geist der nordischen Dorier zurückgestoßen wurde. Sie bedeutet zugleich den Sieg eines lunaren Kultus über einen solaren. Amphion dagegen, welcher der allegorischen Legende gemäß durch seine Gesänge die Steine in Bewegung brachte und durch die Klänge seiner Lyra Tempel erbaute, stellt die plastische Kraft dar, welche die solare Lehre und die orthodoxe dorische Poesie über die Künste und die ganze hellenische Zivilisation zur Geltung brachten[60].

Ganz anders ist das Licht, das aus Orpheus hervorleuchtet! Er glänzt durch die Jahrhunderte hindurch mit dem persönlichen Schimmer eines schöpferischen Genius, dessen Seele in seinen männlichen Tiefen vor Liebe zum Ewig-Weiblichen erzitterte – und dem in seinen letzten Tiefen dies Ewig-Weibliche antwortete, das in dreifacher Form in der Natur, der Menschheit und dem Himmel lebt und webt. Die Anbetung der Heiligtümer, die Überlieferung der Eingeweihten, der Ruf der Dichter, die Stimme der Philosophen und vor allem sein Werk, das organische Griechenland, bezeugen seine lebendige Wirklichkeit!

In dieser Zeit war Thrakien die Beute eines tiefen, hartnäckigen Kampfes. Die solaren und lunaren Kulte stritten um die Oberherrschaft. Dieser Krieg zwischen den Anbetern der Sonne und des Mondes war nicht, wie man es glauben könnte, der unbedeutende Streit zweier abergläubischen Richtungen. Diese zwei Kulte stellten zwei vollkommen entgegengesetzte Theologien dar, zwei Kosmogonien, zwei Religionen und zwei soziale Organisationen. Die uranischen und solaren Kulte hatten ihre Tempel auf den Höhen und auf den Bergen, männliche Priester, strenge Gesetze. Die lunaren Kulte herrschten in den Wäldern, in den tiefen Tälern; sie hatten Frauen als Priesterinnen, wollüstige Riten, die ungeregelte Anwendung okkulter Künste, den Hang zur orgiastischen Erregung. Es gab Krieg bis aufs Messer zwischen den Priestern der Sonne und den Priesterinnen des Mondes. Es war der Kampf der Geschlechter, der alte, unvermeidliche, offene oder verborgene, aber ewige Kampf zwischen dem männlichen und dem weiblichen Prinzip, dem Mann und dem Weibe, der die Geschichte mit seinem Wechselspiel erfüllt und in dem sich das Geheimnis der Welten abspielt. Ebenso wie die vollkommene Verschmelzung des Männlichen und Weiblichen das Wesen selbst und das Mysterium der Gottheit ausmacht, so kann nur das Gleichgewicht dieser zwei Prinzipien die großen Zivilisationen hervorbringen.

Überall, in Thrakien wie in Griechenland, waren die männlichen, kosmogonischen und solaren Götter zurückgedrängt worden auf die hohen Berge, in wüste Gegenden; das Volk zog ihnen das beunruhigende Gefolge weiblicher Gottheiten vor, die mit den gefährlichen Leidenschaften und den blinden Kräften der Natur im

Bunde standen. Diese Kulte gaben der höchsten Gottheit das weibliche Geschlecht.

Furchtbare Mißbräuche waren bald die Folge davon – bei den Thrakiern hatten die Priesterinnen des Mondes oder der dreifachen Hekate die Gewalt an sich gerissen, indem sie sich des alten Bacchuskultus bemächtigten und ihm einen blutigen und furchtbaren Charakter gaben. Als Zeichen ihres Sieges hatten sie den Namen Bacchantinnen angenommen, wie um ihre Obergewalt zu bezeichnen, die Vorherrschaft der Natur, die Macht über den Mann.

Abwechselnd Magierinnen, Verführerinnen oder blutige Vollzieherinnen menschlicher Opfer, hatten sie ihre Heiligtümer in wilden und entlegenen Tälern. Durch welch finstern Zauber, durch welche brennende Neugierde wurden Männer und Frauen in diese einsamen Orte von großartiger und üppiger Vegetation hineingezogen? Nackte Formen – unzüchtige Tänze in der Tiefe eines Waldes ... dann Gelächter, ein großer Schrei – und hundert Bacchantinnen stürzten auf den Fremdling, um ihn niederzuwerfen. Er mußte ihnen Unterwürfigkeit geloben, sich ergeben oder sterben. Die Bacchantinnen zähmten Panther und Löwen, die in ihren Festen erschienen. Nachts, die Arme mit Schlangen umwunden, fielen sie nieder vor der dreifachen Hekate. Dann, in rasenden Runden, beschwörten sie den unterirdischen Bacchus mit dem doppelten Geschlecht und dem Stierantlitz [61]. Doch wehe dem Fremdling, wehe dem Jupiter- oder Apollo-Priester, der sie zu belauschen wagte. Er wurde in Stücke gerissen.

Die ursprünglichen Bacchantinnen waren also die Druidinnen Griechenlands. Viele thrakische Häuptlinge blieben den alten männlichen Kulten treu. Aber die Bacchantinnen hatten sich bei einigen ihrer Könige eingeschmeichelt, welche barbarische Sitten mit dem Luxus und der Verfeinerung Asiens verbanden. Sie hatten sie durch die Wollust verführt und durch den Schrecken gebändigt. So hatten die Götter Thrakien in zwei feindliche Lager geteilt. Aber die Priester Jupiters und Apollos auf ihren einsamen, vom Donner und Blitz heimgesuchten Höhen waren ohnmächtig geworden gegenüber Hekate, die die sonnverbrannten Täler eroberte und von ihren Niederungen aus die Altäre der Söhne des Lichts zu bedrohen anfing.

Zu dieser Zeit war in Thrakien ein junger Mann von königlicher Rasse und wunderbarem Zauber erschienen. Man hielt ihn für den Sohn einer Priesterin des Apollo. Seine melodische Stimme war von seltenem Schmelz. Er sprach in einem neuen Rhythmus über die Götter und schien inspiriert. Sein blondes Haar, dieser Stolz der Dorier, fiel in goldenen Locken auf seine Schultern, und die Musik, die seinen Lippen entquoll, verlieh seinem Mund einen milden und wehmütigen Zug. Die wilden Thrakier flohen seinen Blick; aber die in der Kunst der Anmut bewanderten Frauen sagten, daß in seinen himmelblauen Augen die Pfeile der Sonne mit den Liebkosungen des Mondes zusammenschmolzen. Die Bacchantinnen selbst, von seiner Schönheit angezogen, schlichen oft um ihn herum wie verliebte Panther, stolz über ihre fleckigen Felle, und lächelten seinen unverständlichen Worten zu.

Plötzlich war dieser junge Mann, den man den Sohn des Apollo nannte, verschwunden. Er war heimlich nach Samothrakien entflohen, dann nach Ägypten, wo er bei den Priestern von Memphis Zuflucht gesucht hatte. Nachdem er ihre Mysterien durchschritten hatte, war er nach zwanzig Jahren zurückgekehrt unter einem Initiationsnamen, den er durch seine Prüfungen erworben und von seinen Lehrern als ein Zeichen seiner Mission erhalten hatte. Er nannte sich jetzt Orpheus oder Arpha [62]; das bedeutet: der durch das Licht Heilende.

Das älteste Heiligtum des Jupiter erhob sich damals auf dem Berg Kaukaion. Einst waren seine Hierophanten Hohepriester gewesen. Vom Gipfel dieses Berges aus, geschützt vor einem Überfall, hatten sie über ganz Thrakien geherrscht. Aber seitdem die unteren Gottheiten die Oberhand gewonnen hatten, waren ihre Anhänger in geringer Zahl, ihre Tempel beinah verlassen. Die Priester des Berges Kaukaion empfingen den Eingeweihten Ägyptens wie einen Retter. Durch sein Wissen und durch seine Begeisterung riß Orpheus den größten Teil der Thrakier hin, wandelte den Kultus des Bacchus vollkommen um und bändigte die Bacchantinnen. Bald drang sein Einfluß in alle Heiligtümer Griechenlands. Er war es, der die Herrschaft des Zeus in Thrakien, die des Apollo in Delphi befestigte und der die Grundlage zum Gerichtshof der Amphyktionen entwarf, welcher zur sozialen Einheit Griechenlands führte. Endlich formte er durch die Schöpfung der Mysterien die religiöse Seele seiner Heimat. Die Eingeweihten erhielten durch seine Lehren das reine Licht der erhabenen Wahrheiten; und dieses selbe Licht drang zum Volk, gemildert, aber nicht weniger wohltätig, unter dem Schleier der Poesie und bezaubernder Feste.

So war Orpheus der Pontifex Thrakiens geworden, der Hohepriester des olympischen Zeus und für die Eingeweihten der Offenbarer des himmlischen Dionysos.

Der Tempel des Jupiter

Neben den Quellen des Erebus erhebt sich der Berg Kaukaion. Dichte Eichenwälder umgürten ihn. Ein Ring von Felsen und zyklopischen Steinen bildet seine Krone. Seit Tausenden von Jahren war dieser Berg geheiligt. Die Pelasgier, die Kelten, die Skythen und die Goten, die sich gegenseitig verjagten, kamen abwechselnd hierher, um ihre verschiedenen Götter anzubeten. Aber ist es nicht immer derselbe Gott, den der Mensch sucht, wenn er so hoch steigt? Wenn nicht, warum würde er ihm mit so vieler Mühe eine Wohnung bauen in der Region des Donners und der Winde?

Jetzt erhebt sich ein Tempel Jupiters im Mittelpunkt des geweihten Umkreises, massiv, unzugänglich, wie eine Festung. Den Eingang bildet ein Peristyl von vier dorischen Säulen, dessen riesige Schäfte sich von einem dunklen Portikus abheben.

Im Zenit ist der Himmel klar; aber noch grollt das Gewitter über den Bergen Thrakiens, die in der Ferne ihre Täler und Gipfel aufrollen wie ein vom Sturm aufgewühlter und vom Blitz durchfurchter Ozean.

Es ist die Stunde des Opfers. Die Priester vom Kaukaion bringen kein anderes Opfer dar als das Feuer. Sie steigen die Stufen des Tempels hinunter und entzünden das dargebrachte aromatische Holz mit einer Fackel des Heiligtums. Endlich tritt der Pontifex aus dem Tempel. In weißes Leinen gehüllt wie die anderen, trägt er einen Kranz von Myrten und Cypressen. Er hat ein Zepter von Ebenholz und Elfenbein und einen goldenen Gürtel, aus welchem Kristalle ein dunkles Feuer erstrahlen lassen, Sinnbild einer geheimnisvollen Herrscherwürde. Es ist Orpheus.

Er hält an der Hand einen Jünger, ein Kind von Delphi, der bleich, zitternd und verzückt die Worte des großen Inspirierten mit dem Schauer der Mysterien erwartet. Orpheus sieht es; und um den auserwählten Mysten seines Herzens zu beruhigen, legt er ihm sanft den Arm um die Schulter. Seine Augen lächeln, aber plötzlich flammen sie auf. Und während zu ihren Füßen die Priester um den Altar herumgehen und den Hymnus des Feuers singen, spricht Orpheus feierlich zum geliebten Mysten Worte der Einweihung, die in die Tiefe seines Herzens wie göttlicher Balsam fallen.

Das sind die geflügelten Worte des Orpheus an seinen jugendlichen Schüler:

»Versenke dich in das tiefste Innere deines Selbst, um dich bis zum Ursprung der Dinge zu erheben, zur großen Triade, die im makellosen Äther flammt. Verbrenne deinen Körper durch das Feuer deines Gedankens; löse dich von der Materie wie die Flamme vom Holz, das sie verzehrt: Dann wird dein Geist sich zum reinen Äther der ewigen Ursachen emporschwingen wie der Adler zum Thron des Jupiter.

Ich werde dir das Geheimnis der Welten offenbaren, die Seele der Natur, das Wesen Gottes. Ein einziges Wesen herrscht im tiefen Himmel und im Abgrund der Erde, Zeus der Donnerer, Zeus der Ätherische. Er ist die tiefe Weisheit, der mächtige Haß und die köstliche Liebe. Er herrscht in der Tiefe der Erde und in den Höhen des gestirnten Himmels: Er ist der Hauch der Dinge, das ungebändigte Feuer, männlich und weiblich, ein König, eine Macht, ein Gott, ein großer Meister.

Jupiter ist der göttliche Gatte und die göttliche Gattin, Mann und Weib, Vater und Mutter. Ihrer heiligen Ehe, ihrer ewigen Verbindung entspringen beständig das Feuer und das Wasser, die Erde und der Äther, die Nacht und der Tag, die stolzen Titanen, die unwandelbaren Götter und die webende Saat der Menschheit.

Die Liebe des Himmels und der Erde kennen Uneingeweihte nicht. Die Mysterien des Gatten und der Gattin werden nur den göttlichen Menschen enthüllt. Aber ich will kundmachen, was wahr ist. Eben erschütterte der Donner die Felsen; der Blitz fiel wie ein lebendiges Feuer, wie eine rollende Flamme hinein; und das Echo des Berges hallte vor Freude wider. Du aber, du zitterst, weil du nicht wußtest, woher dies Feuer kommt und wo es einschlägt. Es ist das männliche Feuer, der Same des Zeus, das schöpferische Feuer. Es entspringt dem Herzen und dem Hirn Jupiters; es regt sich in allen Wesen. Wenn der Blitz fällt, so schleudert ihn seine Rechte. Doch wir, seine Priester, wir kennen seine Essenz. Wir weichen seinen Pfeilen aus, und manchmal lenken wir sie.

Und jetzt blick auf das Firmament. Schau auf den glänzenden Kreis von Gestirnen, über welche der leichte Flor der Milchstraße geworfen ist, dieses Sonnen- und Weltenstaubes. Sieh den Orion flammen, sieh die Zwillinge funkeln und die Lyra erstrahlen. Es ist der Körper der göttlichen Gattin, die im harmonischen Taumel unter den Gesängen des Gatten ihre Kreise zieht. Blick hin mit den Augen des Geistes; und du wirst ihr zurückgebeugtes Haupt, ihre ausgestreckten Arme sehen, und du wirst ihren sternenbesäten Schleier heben.

Jupiter ist der göttliche Gatte und die Gattin. Das ist das erste Mysterium.

Und jetzt, Kind Delphis, bereite dich zur zweiten Einweihung. Erschaure, weine, freue dich, bete an! Denn dein Geist wird in die brennende Zone tauchen, wo der große Demiurg im Kelch des Lebens die Mischung der Seele und der Welt vollzieht. Indem sie aus diesem berauschenden Kelch trinken, vergessen die Seelen den göttlichen Aufenthalt und steigen hinunter in den leidvollen Abgrund der Generationen.

Zeus ist der große Demiurg, Dionysos ist sein Sohn, sein manifestiertes Wort. Dionysos, der strahlende Geist, die lebendige Vernunft, leuchtete auf in den Wohnungen seines Vaters, im Palast des unwandelbaren Äthers. Eines Tages schaute er, hinab sich beugend, auf die Abgründe des Himmels zwischen den Konstellationen; in der blauen Tiefe sah er widergespiegelt sein eigenes Bild, das ihm die Arme entgegenstreckte. Entzückt von diesem schönen Phantom, hingerissen von seinem eigenen Doppelwesen, stürzte er hinunter, um es zu ergreifen. Aber das Bild floh, floh immer weiter, und zog ihn hinab in die Tiefe des Abgrunds. Endlich fand er sich in einem schattigen und duftenden Tal und genoß die sanften Liebkosungen einer wollüstigen Brise. In einer Grotte erblickte er Persephone. Maia, die schöne Weberin, wob einen

Schleier, in welchem er die Bilder aller Wesen wallen sah. Vor der göttlichen Jungfrau blieb er entzückt stehen. In diesem Augenblick erblickten ihn die stolzen Titanen, die freien Titaniden. Die ersten, neidisch um seine Schönheit, die andern von Liebesrausch ergriffen, warfen sich auf ihn wie tobende Elemente und rissen ihn in Stücke. Dann, nachdem sie seine Glieder zerrissen hatten, kochten sie sie in Wasser und begruben sein Herz. Jupiter zerschmetterte die Titanen, und Minerva brachte das Herz des Dionysos in den Äther zurück; er wurde dort eine flammende Sonne. Aber aus dem Rauch des Körpers des Dionysos sind die Menschenseelen entstanden, die wieder zum Himmel emporsteigen. Wenn die bleichen Schatten das funkelnde Herz des Gottes wieder erreicht haben werden, werden sie sich wie Fackeln entzünden, und Dionysos in seiner Ganzheit wird auferstehen, lebendiger als früher, in den Höhen des Empyräums.

Das ist das Mysterium vom Tod des Dionysos. Jetzt höre dasjenige seiner Auferstehung. Die Menschen sind das Fleisch und das Blut des Dionysos; die unglücklichen Menschen sind seine zerstreuten Glieder, die einander suchen, indem sie sich winden in Verbrechen und Haß, in Schmerz und in Liebe, durch Tausende von Existenzen hindurch. Die Feuerwärme der Erde, der Abgrund der niederen Kräfte, zieht sie immer tiefer hinunter, zerreißt sie immer mehr. Aber wir, die Eingeweihten, wir, die da wissen, was oben ist und was unten, wir sind die Erlöser der Seelen, die Hermes der Menschen. Wie Magnete ziehen wir sie an uns und werden selbst von den Göttern angezogen. Wir lassen den Himmel weinen und die Erde jubeln; und wie kostbare Edelsteine tragen wir in unserm Herzen die Tränen aller Wesen, um sie in Lächeln zu wandeln. Gott stirbt in uns; in uns steht er wieder auf.«

So sprach Orpheus. Der Jünger von Delphi kniete vor seinem Meister nieder mit erhobenen Armen, mit der Gebärde der Flehenden. Und der Pontifex des Jupiter streckte die Hand über sein Haupt, indem er diese Einweihungsworte sprach:

»Möge der namenlose Zeus und der dreimal sich offenbarende Dionysos in der Hölle, auf der Erde und im Himmel deiner Jugend gnädig sein, und möge er das Wissen der Götter in dein Herz gießen.«

Der Eingeweihte verließ dann den Vorhof des Tempels und stieg hinunter zum Altar, um wohlriechendes Harz in das Feuer zu werfen, indem er dreimal den Donnerer Zeus anrief. Die Priester gingen im Kreis um ihn herum, einen Hymnus singend. Der Pontifex war sinnend unter dem Portikus stehengeblieben, den Arm auf eine Stele gestützt. Der Jünger kehrte zu ihm zurück.

»Melodischer Orpheus«, sagte er, »geliebter Sohn der Unsterblichen und milder Heiler der Seelen, seit dem Tage, an dem ich dich zum Fest des delphischen Apollo die Hymnen der Götter singen hörte, hast du mein Herz entzückt, und ich bin dir überallhin gefolgt. Deine Gesänge sind wie ein berauschender Wein, deine Lehren wie ein bitterer Trank, der dem erschlafften Körper Stärkung bringt und eine neue Kraft in die Glieder einströmen läßt.«

»Mühevoll ist der Weg, der von hier zu den Göttern führt«, sagte Orpheus, der eher einer innern Stimme als seinem Jünger zu antworten schien. »Ein blumiger Pfad, ein steiler Aufstieg, dann Felsen, die der Blitz heimsucht, und rund herum der unendliche Raum – das ist das Schicksal des Sehers und des Propheten auf der Erde. Mein Kind, bleibe in den blumigen Pfaden der Ebene und forsche nicht weiter.«

»Mein Durst wächst in dem Maß, als du ihn stillst«, sagte der junge Eingeweihte. »Du hast mich das Wesen der Götter gelehrt. Aber sage mir, großer Lehrer der Mysterien, Inspirierter des göttlichen Eros, werde ich sie je sehen können?«

»Mit den Augen des Geistes«, sagte der Pontifex des Jupiter, »nicht aber mit den Augen des Körpers. Noch kannst du nur durch diese sehen. Es bedarf langer Arbeit oder großer Schmerzen, um die Augen des Inneren zu öffnen.«

»Du allein kannst sie öffnen, Orpheus! Was soll ich in deiner Gegenwart fürchten?«

»Du willst es? Höre also! In Thessalien, in dem verzauberten Tal von Tempe, erhebt sich ein mystischer Tempel, der den Profanen geschlossen ist. Dort offenbart sich Dionysos den Mysten und Sehern. In einem Jahr rufe ich dich zu seinem Fest, und nachdem ich dich in magischen Schlummer versetzt habe, werde ich deine Augen der göttlichen Welt öffnen. Möge dein Leben bis dahin keusch und weiß sein wie deine Seele. Denn wisse, daß das Licht der Götter die Schwachen entsetzt und die Entweiher tötet.

Doch komm in meine Wohnung. Ich werde dir das für deine Vorbereitung notwendige Buch geben.«

Der Meister kehrte mit dem delphischen Jünger in das Innere des Tempels zurück und führte ihn in die ihm vorbehaltene große Cella. Dort brannte eine immer angezündete ägyptische Lampe, die ein geflügelter Genius in geschmiedetem Metall hielt. Dort lagen in Kisten aus duftendem Zedernholz zahlreiche Papyrusrollen, bedeckt mit ägyptischen Hieroglyphen und phönizischen Schriftzeichen, sowie Bücher von Orpheus in griechischer Sprache geschrieben, die seine magische Wissenschaft und seine Geheimlehre enthielten[63].

Der Meister und der Jünger unterhielten sich in der Cella während eines Teils der Nacht.

Ein dionysisches Fest im Tal von Tempe[64]

Es war in Thessalien, im kühlen Tal von Tempe. Die von Orpheus den dionysischen Mysterien geweihte heilige Nacht war angebrochen. Geführt von einem der Diener des Tempels, schritt der Schüler von Delphi in einer schmalen und tiefen, von steilen Felsen eingefaßten Schlucht einher. Man hörte in der dunklen Nacht nichts als das Murmeln des Stroms, der zwischen seinen grünen Ufern floß. Endlich zeigte sich der Vollmond hinter einem Berg. Seine gelbe Scheibe stieg empor über dem schwarzen Scheitel der Felsen. Sein subtiles und magnetisches Licht glitt in die Tiefen; – und plötzlich erschien das zauberische Tal in elysischer Klarheit. Einen Augenblick entschleierte es sich ganz mit seinem rasenbedeckten Grund, seinen Eschen- und Pappelhainen, seinen kristallklaren Quellen, seinen efeuumrankten Grotten und dem sich schlängelnden, Fluß, der Inseln mit Bäumen umschloß oder unter verschlungenen Bogenlauben dahinglitt. Ein gelblicher Dunst, ein wollüstiger Schlummer umfing die Pflanzen. Seufzer von Nymphen schienen den Spiegel der Quellen erzittern zu lassen, und leise Flötentöne stiegen aus dem unbeweglichen Schilf. Dianens schweigender Zauber schwebte über allem.

Der Schüler von Delphi bewegte sich wie in einem Traum vorwärts. Zuweilen blieb er stehen, um einen köstlichen Duft von Geißblatt oder bitterm Lorbeer einzuatmen. Aber die magische Helle dauerte nur einen Augenblick. Eine Wolke bedeckte den Mond. Alles wurde wieder schwarz; die Felsen nahmen wieder ihre drohenden Formen an; und überall, unter den dichten Bäumen, am Ufer des Flusses und unter den Tiefen des Tales, erglänzten wandelnde Lichter.

»Es sind die Mysten«, sagte der bejahrte Führer des Tempels, »sie machen sich auf den Weg. Jeder Zug hat seinen Fackelträger. Wir wollen ihnen folgen.«

Die Wanderer begegneten Chören, die aus den Hainen herauskamen und ihren Weg antraten. Sie sahen zunächst die Mysten des jungen Bacchus, Jünglinge, die mit langen Gewändern aus feinen Leinen bekleidet und mit Efeu bekränzt waren. Sie trugen Kelche aus geschnitztem Holz als Sinnbilder des Kelches des Lebens. Dann kamen stolze und kraftvolle junge Leute. Man nannte sie die Mysten des kämpfenden Herkules; kurze Gewänder, nackte Beine, ein Löwenfell über Schulter und Hüften, Kränze aus Ölbaumblättern auf dem Haupt. Dann kamen die Inspirierten, die Mysten des zerrissenen Bacchus mit dem gestreiften Fell des Panthers über dem Körper, mit purpurnen Stirnbändern im Haar, mit dem Thyrsus in der Hand.

An einer Höhle vorbeigehend, sahen sie, kniend auf der Erde, die Mysten von Aidonai und dem unterirdischen Eros. Es waren Männer, die um tote Verwandte oder Freunde weinten. Sie sangen mit leiser Stimme: »Aidonai! Aidonai! Gib uns wieder diejenigen, die du uns genommen hast, oder laß uns hinuntersteigen in dein Reich.« Der Wind zwängte sich in die Höhle hinein und schien unter der Erde weiterzuwühlen mit Gelächter und düsterm Schluchzen. Plötzlich wandte sich ein Myste zum Schüler von Delphi und sagte zu ihm: »Du bist über die Schwelle von Aidonai geschritten; du wirst das Licht der Lebendigen nicht mehr wiedersehen.« Ein anderer streifte ihn im Vorbeigehen und flüsterte ihm diese Worte ins Ohr: »Schatten, du wirst die Beute des Schattens sein; du, der du aus der Nacht kommst, kehre in den Erebus zurück!« Und eilends lief er davon. Der Schüler von Delphi wurde kalt vor Schrecken. Flüsternd sprach er zu seinem Führer: »Was bedeutet dies?« Der Diener des Tempels schien nichts gehört zu haben. Er sagte nur: »Man muß über die Brücke schreiten. Keiner umgeht das Ziel.«

Sie schritten über eine hölzerne Brücke, die über den Peneus geworfen war.

»Von wo kommen«, sagte der Neophyt, »diese klagenden Stimmen und diese traurige Melodie? Wer sind diese weißen Schatten, die in langen Reihen unter den Pappeln wandeln?«

»Es sind Frauen, die in die Mysterien des Dionysos eingeweiht werden sollen.«

»Kennst du ihre Namen?«

»Hier kennt niemand den Namen des andern, und jeder vergißt den seinen. Denn, so wie beim Eintritt in das geweihte Gebiet die Mysten ihre beschmutzten Gewänder ablegen, um sich im Fluß zu baden und reine leinene Gewänder anzuziehen, so legt jeder seinen Namen ab, um einen andern anzunehmen. Während sieben Tagen und sieben Nächten wandelt man sich um, tritt in ein anderes Leben ein. Blick auf all diese Prozessionen von Frauen. Sie sind nicht nach ihren Familien oder ihrem Vaterland gruppiert, sondern nach dem Gott, der sie inspiriert.«

Sie sahen junge Mädchen vorbeiziehen, bekränzt mit Narzissen, in himmelblauem Peplos; der Führer nannte sie die Nymphen, Gefährtinnen der Persephone. Keusch umschlungen trugen sie in ihren Armen Kisten, Urnen, Votivvasen. Dann kamen in rotem Peplos die mystischen Liebenden, die feurigen Gattinnen und die suchenden Jüngerinnen der Aphrodite. Sie gingen in einen dunklen Wald. Von dort hörte man wilde Rufe, begleitet von mattem Schluchzen. Sie beruhigten sich allmählich. Dann stieg ein leidenschaftlicher Chorgesang aus dem dunklen Myrtenhain empor; er stieg gen Himmel, langsam und abgebrochen: »Eros! Du hast uns verwundet! Aphrodite! Du hast unsere Glieder gebrochen. Wir haben unsern Busen mit dem Fell des Rehes bedeckt, aber wir tragen in unserer Brust den blutigen Purpur unserer Wunden. Unser Herz ist verzehrende Glut. Andere sterben vor Armut; uns zehrt die Liebe auf. Verschlinge uns, Eros! Eros! Oder befreie uns, Dionysos! Dionysos!«

Ein anderer Zug trat hervor. Diese Frauen waren ganz in schwarze Wolle gekleidet, sie trugen lange schleppende Schleier, und alle waren von tiefer Trauer niedergebeugt. Der Führer nannte sie die Leidtragenden der Persephone. An diesem Ort befand sich ein großes, efeubedecktes marmornes Mausoleum. Dort knieten sie nieder, lösten ihre Haare und stießen Klagerufe aus. Die Strophe des Wunsches beantworteten sie mit der Gegenstrophe des Schmerzes. »Persephone«, sagten sie, »du bist gestorben, entführt von Aidonai; du bist hinuntergestiegen in das Reich der Toten. Wir aber, die den Geliebten beweinen, wir sind die lebendigen Toten. Möge der Tag nicht wiederkehren! Möge die Erde, die dich bedeckt, o große Göttin, uns den ewigen Schlaf geben, und möge mein Schatten wandern, umschlungen von dem geliebten Schatten! Erhöre uns, Persephone! Persephone!«

Vor diesen sonderbaren Szenen, unter dem ansteckenden Delirium dieser tiefen Schmerzen, fühlte sich der Schüler von Delphi gepackt von tausend widersprechenden und quälenden Empfindungen. Er war nicht mehr er selbst, die Wünsche, die Gedanken, die Agonien aller dieser Wesen waren seine Wünsche und Agonien geworden. Seine Seele zerbrach in Stücke, um in tausend Körper überzugehen. Eine tödliche Angst durchdrang ihn. Er wußte nicht mehr, ob er ein Mensch oder ein Schatten sei.

Da blieb ein Eingeweihter von hohem Wuchs, der dort vorbeiging, stehen und sagte: »Friede den leidtragenden Schatten. Betrübte Frauen, strebt zum Licht des Dionysos empor. Orpheus erwartet euch!« Alle umringten ihn schweigend, indem sie ihre Asphodelkränze vor ihm entblätterten – und mit seinem Thyrsus zeigte er ihnen den Weg. Die Frauen gingen an eine Quelle, aus hölzernen Bechern zu trinken. Die Prozessionen bildeten sich, und der Zug setzte sich wieder in Bewegung. Die jungen Mädchen waren vorangegangen. Sie sangen einen Trauerhymnus mit dem sich wiederholenden Schlußreim: »Schüttelt die Mohnblüten! Trinkt die Fluten des Lethe! Gib uns die ersehnte Blume, und möge für unsere Schwestern der Narziß wieder blühen! Persephone! Persephone!«

Lange noch wandelte der Schüler mit seinem Führer. Er ging durch Wiesen, in denen der Asphodel wuchs; er schritt unter dem

Schatten der Pappeln mit dem traurigen Geflüster. Er hörte schaurige Gesänge, die in der Luft schwirrten, er wußte nicht, woher sie kamen. Er sah an den Bäumen schreckliche Masken hängen und Wachsfiguren, die wie Kinder eingewickelt waren. Hier und da durchkreuzten Barken den Fluß, mit Leuten, schweigsam wie der Tod. Endlich weitete sich das Tal, der Himmel über den hohen Bergen wurde hell, und die Morgendämmerung ging auf. In der Ferne erblickte man die dunklen Schluchten des Ossa, durchfurcht von Abgründen, in denen sich niederstürzende Felsblöcke anhäufen. In geringer Entfernung erhob sich, von Bergen umfaßt, auf einem waldigen Hügel der Tempel des Dionysos.

Schon vergoldete die Sonne die hohen Gipfel. Während sie sich dem Tempel näherten, kamen von allen Seiten Züge von Mysten, Prozessionen von Frauen, Gruppen von Eingeweihten. Diese ernste, scheinbar ruhige, aber von stürmischer Erwartung bewegte Menge sammelte sich am Fuß des Hügels und stieg in den Vorhof des Tempels. Alle grüßten sich wie Freunde, Zweige und Thyrsen bewegend. Der Führer war verschwunden, und der Schüler von Delphi fand sich allein, er wußte nicht wie, inmitten einer Gruppe von Eingeweihten, in deren glänzende Haare Kränze und verschiedenfarbige Stirnbänder geschlungen waren. Er hatte sie nie gesehen, und doch glaubte er, in seliger Erinnerung, sie wiederzuerkennen. Auch sie schienen ihn zu erwarten. Denn sie grüßten ihn wie einen Bruder und beglückwünschten ihn zu seiner Ankunft. Mitgezogen von seiner Gruppe und wie auf Flügeln getragen, stieg er hinan zu den höchsten Stufen des Tempels. Da drang ein blendender Lichtstrahl in seine Augen. Es war die aufgehende Sonne, die ihren ersten Pfeil in das Tal sandte und mit ihren glänzenden Strahlen dies Volk von Mysten und Eingeweihten umflutete, das auf den Stufen des Tempels und dem ganzen Hügel gruppiert war.

Alsbald stimmte ein Chor die Morgenhymne an. Die Bronzetore des Tempels öffneten sich von selbst und der Prophet erschien, gefolgt von Hermes und dem Fackelträger, der Hierophant Orpheus. Bebend vor Freude erkannte ihn der Jünger von Delphi. In Purpur gekleidet, seine Lyra aus Gold und Elfenbein in der Hand, erstrahlte Orpheus in ewiger Jugend. Er sagte:

»Heil euch allen, die ihr hergekommen seid, um nach den Schmerzen der Erde wiedergeboren zu werden, die ihr in diesem Augenblick wiedergeboren werdet. Trinkt das Licht des Tempels, ihr alle, die ihr aus der Nacht heraustretet, Mysten, Frauen, Eingeweihte. Kommt, euch zu freuen, ihr, die ihr gelitten habt; kommt, um zu ruhen, ihr, die ihr gekämpft habt. Die Sonne, die ich über euren Häuptern beschwöre und die euren Seelen erstrahlen wird, ist nicht die Sonne der Sterblichen; sie ist das reine Licht des Dionysos, die große Sonne der Eingeweihten. Durch eure vergangenen Leiden, durch den Entschluß, der euch herbeiführt, werdet ihr siegen, und wenn ihr den göttlichen Worten glaubt, so habt ihr schon gesiegt. Denn nach dem langen Kreislauf der finstern Existenzen werdet ihr endlich hinaustreten aus dem leidvollen Kreis der Generationen, und alle werdet ihr euch wiederfinden wie ein einziger Körper, wie eine einzige Seele, im Lichte des Dionysos!

Der göttliche Funke, der uns auf der Erde leitet, ist in uns; er wird zur Fackel im Tempel, zum Stern im Himmel! Hört, wie sie zittert, die Lyra mit den sieben Saiten, die Lyra des Gottes ... Sie bringt die Welten in Bewegung. Höret mit Andacht! Möge der Ton euch durchdringen ... und es werden sich öffnen die Tiefen des Himmels!

Hilfe den Schwachen, Trost den Leidenden, Hoffnung euch allen! Unheil aber den Bösen, den Draußenstehenden. Sie werden vernichtet werden. Denn in der Ekstase der Mysterien sieht jeder bis auf den Grund die Seele des andern. Die Bösen wird der Schrecken, die Außenstehenden der Tod treffen.

Und jetzt, nachdem Dionysos über euch geschienen hat, rufe ich Eros an, den Himmlischen, den Allmächtigen. Er sei in eurer Liebe, in euren Tränen, in eurer Freude. Liebt, denn alles liebt, die Dämonen des Abgrunds sowie die Götter des Äthers. Liebt, denn alles liebt. Aber liebt das Licht und nicht die Finsternis. Denkt an das Ziel während der Reise. Wenn die Seelen zum Licht zurückkehren, tragen sie wie häßliche Flecke auf ihrem siderischen Körper alle Fehler ihres Lebens ... Und um sie auszulöschen, müssen sie büßen und zur Erde wiederkehren ... Aber die Reinen, die Starken gehen ein in die Sonne des Dionysos.

Und jetzt singt das Evohe!«

»Evohe!« riefen die Herolde an den vier Ecken des Tempels. »Evohe!« Und die Zimbeln ertönten. »Evohe!« antwortete die begeisterte Menge, die auf den Stufen des Tempels gruppiert war. Und der Ruf des Dionysos, der heilige Ruf zur Auferstehung, zum Leben, rollte im Tal, aus tausend Kehlen wiedergegeben, vom Echo der Berge widerhallend. Und die Hirten aus den wilden Schluchten des Ossa, die mit ihren Herden längs der Waldraine neben den Wolken hingen, antworteten: »Evohe[65]!«

Die Beschwörung

Das Fest war dahingegangen wie ein Traum; der Abend war gekommen. Die Tänze, die Gesänge und die Gebete waren entschwunden wie rosiger Nebel. Orpheus und sein Schüler waren durch eine unterirdische Galerie in die geweihte Krypta gestiegen, die bis in das Herz des Berges drang und zu welcher der Hierophant allein den Zutritt hatte. Dort gab sich der Inspirierte der Götter seinen einsamen Meditationen hin oder er betrieb mit seinen Adepten die hohen Werke der Magie und der Theurgie.

Um sie herum erstreckte sich ein weiter, ausgehöhlter Raum. Zwei in die Erde gesteckte Fackeln beleuchteten nur schwach die geborstenen Mauern und die düstern Tiefen. Ganz nah klaffte eine schwarze Spalte im Boden; ein heißer Wind entströmte ihr, und dieser Schlund schien bis in das Eingeweide der Erde zu dringen. Ein kleiner Altar, auf dem ein Feuer von trockenem Lorbeer brannte, und eine Sphinx aus Porphyr standen als Hüter davor. Sehr weit, in unmeßbarer Höhe, öffnete sich in der Höhle ein Durchblick auf den gestirnten Himmel durch einen schrägen Spalt. Dieser schwache bläuliche Lichtstrahl schien das in den Abgrund tauchende Auge des Firmaments.

»Du hast an den Quellen des heiligen Lichts getrunken«, sagte Orpheus, »du bist reinen Herzens in den Schoß der Mysterien gedrungen. Die feierliche Stunde ist gekommen, in welcher ich dich bis zu den Quellen des Lebens und des Lichtes dringen lassen werde. Diejenigen, die den dichten Schleier nicht gehoben haben, der vor den Augen der Menschen die unsichtbaren Wunder verhüllt, sind nicht Göttersöhne geworden.

So höre denn die Wahrheiten, welche der Menge verschwiegen werden müssen und welche die Kraft der Heiligtümer bilden:

Gott ist eins und immer sich selbst gleich. Er herrscht überall. Aber die Götter sind unzählig und verschieden, denn die Gottheit ist ewig und unendlich. Die größten sind die Seelen der Gestirne. Sonnen, Sterne, Erden und Monde, jedes Gestirn hat die seine, und alle sind dem göttlichen Feuer des Zeus und dem ursprünglichen Licht entsprungen. Unbewußt, unzugänglich, unwandelbar lenken sie das ganze All durch ihre regelmäßigen Bewegungen. Jedes kreisende Gestirn zieht aber mit sich in seiner ätherischen Sphäre ein Heer von Halbgöttern oder strahlenden Seelen, die einst Menschen waren und die glorreich die Zyklen hinaufgestiegen sind, um endlich dem Kreislauf der Generationen zu entgehen. Durch diese göttlichen Geister atmet, handelt, offenbart sich Gott; was sage ich? Sie sind der Hauch seiner lebendigen Seele, die Strahlen seines ewigen Bewußtseins. Sie befehlen den Heerscharen der niederen Geister, welche die Elemente ordnen; sie leiten den Gang der Welten. Fern und nah umgeben sie uns, und obgleich von unsterblicher Essenz, kleiden sie sich in immer wechselnde Formen, je nach den Völkern, den Zeiten und den Regionen. Der Lästerer, der sie verleugnet, fürchtet sie; der fromme Mensch betet sie an, ohne sie zu kennen; der Eingeweihte kennt sie, zieht sie an und sieht sie. Wenn ich gekämpft habe, um sie zu finden, wenn ich dem Tod getrotzt habe und, wie man sagt, in die Hölle niedergestiegen bin, so war es, um die Dämonen der Tiefe zu bändigen, um die Götter der Höhe auf mein geliebtes Griechenland hinabzurufen, damit der tiefe Himmel sich mit der Erde verbinde und die entzückte Erde auf die göttlichen Stimmen höre. Die himmlische Schönheit wird sich im Fleisch der Frauen verkörpern, das Feuer des Zeus wird im Blut der Helden kreisen; und lange, bevor sie zu den Sternen emporsteigen, werden die Göttersöhne leuchten gleich den Unsterblichen.

Weißt du, was die Lyra des Orpheus bedeutet? Die Musik der inspirierten Tempel. Sie haben Götter als Saiten. Bei ihren Tönen stimmt Griechenland harmonisch zusammen wie eine Leier, und der Marmor selbst wird in strahlenden Kadenzen, in himmlischen Harmonien erklingen.

Und jetzt werde ich meine Götter anrufen, damit sie dir lebendig erscheinen und dir in einer prophetischen Vision das mystische Hymenäum zeigen, das ich der Welt bereite und das die Eingeweihten sehen werden.

Leg dich hin im Schutz dieses Felsens. Fürchte nichts. Ein magischer Schlummer wird deine Lider schließen, du wirst zunächst zittern und schreckliche Dinge sehen; dann aber wird ein köstliches Licht, eine unbekannte Seligkeit deine Sinne und dein ganzes Sein umfluten.«

Schon hatte sich der Schüler in die Nische gekauert, die in Form eines Lagers in den Felsen gehauen war. Orpheus warf einige wohlriechende Essenzen auf das Feuer des Altars. Dann ergriff er sein Zepter aus Elfenbein, dessen Ende mit einem funkelnden Kristall versehen war, stellte sich neben die Sphinx, und mit tiefer Stimme rufend begann er die Beschwörung:

»Kybele! Kybele! Große Mutter, erhöre mich! Ursprüngliches Licht, behende, ätherische und immer durch den Raum schnellende Flamme, die in sich den Widerhall und die Bilder aller Dinge einschließt! Ich rufe deine lichtfunkelnden Rosse herbei. O Weltenseele, die über den Abgründen brütet, die Sonnensaat ausstreut, die den sternenbesäten Mantel im Äther ausbreitet; subtiles, verborgenes, den Augen des Fleisches unsichtbares Licht; große Mutter der Welten und der Götter, die in sich die ewigen Urbilder trägt! Uralte Kybele, zu mir! Zu mir! Bei meinem magischen Zepter, bei meinem Pakt mit den Mächten, bei der Seele Eurydikes! ... Ich rufe dich an, Gattin mit den tausend Formen, gehorsam und schwingend unter dem Feuer des Ewig-Männlichen. Aus den Höhen des Raumes, aus den tiefsten Abgründen, von überall her erscheine, ströme herbei, erfülle diese Höhle mit deinen Wogen. Umgib den Sohn der Mysterien mit einem demantenen Wall und laß ihn sehen in deinem tiefen Schoß die Geister des Abgrunds, der Erde und der Himmel.«

Bei diesen Worten erschütterte ein unterirdischer Donner die Tiefen der Schlucht, und der ganze Berg erzitterte. Ein kalter Schweiß bedeckte den Körper des Schülers. Er sah Orpheus nur noch in einer wachsenden Rauchwolke. Einen Augenblick versuchte er gegen eine furchtbare Macht anzukämpfen, die ihn niederwarf. Aber seine Denkkraft war wie ausgelöscht, sein Wille gebrochen, er empfand das Entsetzen des Ertrinkenden, dem sich das Wasser in die Brust drängt und dessen furchtbarer Kampf in der Dumpfheit des Unbewußten aufhört.

Als er wieder zum Bewußtsein kam, herrschte Nacht um ihn herum, eine Nacht, durchbrochen von gewundenem, gelblichem, schmutzigem Halblicht. Er schaute lange vor sich hin, ohne zu sehen. Hin und wieder war es ihm, als ob unsichtbare Fledermäuse seine Haut streiften. Endlich glaubte er in der Finsternis unbestimmte riesenhafte Formen von Zentauren, Hydren, Gorgonen zu unterscheiden. Aber das erste, was er genau erblickte, war die große Gestalt einer Frau, die auf einem Thron saß. Sie war in einen langen, mit verblassenden Sternen besäten Trauerschleier gehüllt und trug einen Kranz von Mohn. Ihre weitgeöffneten Augen wachten unbeweglich. Zahllose menschliche Schatten kreisten um sie herum wie müde Vögel und flüsterten halblaut: »Königin der Toten, Seele der Erde, o Persephone! Wir sind Töchter des Himmels. Warum sind wir in das dunkle Reich verbannt? O Schnitterin des Himmels, warum hast du unsere Seelen gepflückt, die einst glückselig zwischen ihren Schwestern, im Licht, in den Gefilden des Äthers schwebten?«

Persephone antwortete: »Ich habe den Narziß gepflückt, ich bin in das bräutliche Bett gestiegen. Ich habe den Tod mit dem Leben getrunken. Wie ihr seufze ich in der Finsternis.«

»Wann werden wir befreit sein?« fragten die Seelen seufzend.

»Wenn mein himmlischer Gemahl, der göttliche Erlöser, kommen wird«, antwortete Persephone.

Da erschienen schreckliche Frauen, ihre Augen waren blutunterlaufen, ihre Köpfe mit Giftpflanzen bekränzt. Um ihre Arme, ihre halbnackten Hüften wanden sich Schlangen, die sie wie Peitschen schwangen: »Seelen, Gespenster, Larven!« sagten sie mit ihren zischenden Stimmen, »glaubt nicht der törichten Königin der Toten. Wir sind die Priesterinnen des düstern Lebens, die Dienerinnen der Elemente und der Ungeheuer der Tiefe, Bacchantinnen auf der Erde, Furien im Tartarus. Wir sind eure ewigen Königinnen, unglückliche Seelen. Ihr werdet nicht aus dem fluchbeladenen Kreislauf der Generationen treten, wir werden euch mit unsern

Peitschen wieder hineintreiben. Windet euch ewig zwischen den zischenden Ringen unserer Schlangen, zwischen den Verschlingungen der Begierde, des Hasses und der Reue.« Und sie stürzten sich wie rasend auf die Herde der verängstigten Seelen, die unter ihren Peitschenhieben zu wirbeln anfingen wie dürre Blätter im Sturmwind, lautes Stöhnen ausstoßend.

Bei diesem Anblick erblaßte Persephone; sie erschien nur noch wie ein Mondphantom. Sie flüsterte: »Der Himmel ... das Licht ... die Götter ... ein Traum! ... Schlaf, ewiger Schlaf. «Ihr Mohnkranz welkte hin; ihre Augen schlossen sich vor Angst. Die Königin der Toten sank in Lethargie auf ihren Thron – dann verschwand alles im Finstern.

Die Vision wechselte. Der Schüler von Delphi sah sich in einem herrlichen grünenden Tal. Im Hintergrund der Olymp. Vor einer dunklen Grotte schlummerte auf einem Blumenbett die schöne Persephone. Statt des Kranzes von trauerndem Mohn war ein Kranz von Narzissen in ihrem Haar, und das Morgenrot eines wiederkehrenden Lebens goß über ihre Wangen einen ambrosischen Hauch. Ihre dunklen Flechten fielen auf die schneeweißen Schultern, und die sanft sich hebenden Rosen ihres Busens schienen die Küsse der Winde zu rufen. Nymphen tanzten auf einer Wiese. Kleine weiße Wolken segelten im Blau des Himmels. Eine Lyra ertönte in einem Tempel ...

Bei ihrer goldenen Stimme, bei ihren heiligen Rhythmen vernahm der Schüler die intime Musik der Dinge. Denn aus den Blättern, den Wellen, den Grotten stieg eine unkörperliche und sanfte Melodie; und die fernen Stimmen der initiierten Frauen, die ihre Chöre in diesen Bergen führten, drangen in gebrochenen Kadenzen bis an sein Ohr. Die einen, verzückt, riefen den Gott; die andern glaubten ihn zu erblicken, in dem sie, halbtot vor Müdigkeit, am Rand des Waldes niedersanken.

Endlich öffnete sich der Himmel im Zenit, um eine glänzende Wolke aus seinem Schoß hervorgehen zu lassen. Wie ein Vogel, der einen Augenblick schwebt und dann auf die Erde niederschießt, stieg der Gott, der den Thyrsus hält, hinunter und stellte sich neben Persephone.

Er war strahlend, mit aufgelöstem Haar; in seinen Augen rollte das heilige Feuer keimender Welten. Lange schaute er sie an, dann breitete er seinen Thyrsus über sie. Der Thyrsus berührte ihren Busen; sie begann zu lächeln. Er berührte ihre Stirn; sie öffnete die Augen, richtete sich langsam auf und blickte auf ihren Gemahl. Ihre Augen, noch voll vom Schlummer des Erebus, begannen zu glänzen wie zwei Sterne. »Erkennst du mich?« fragte der Gott. – »O Dionysos!« sagte Persephone, »göttlicher Geist, Wort des Jupiter, himmlisches Licht, das in Menschenform erstrahlt! Jedesmal, wenn du mich erweckst, glaube ich zum erstenmal zu leben; die Welten werden in meiner Erinnerung wiedergeboren; die Vergangenheit, die Zukunft wird wieder zur unsterblichen Gegenwart; und in meinem Herzen fühle ich das Weltall aufleuchten.«

Zu gleicher Zeit erschienen über den Bergen, hinter einem Rain silberner Wolken, die neugierigen und über die Erde gebeugten Götter.

Unten traten Gruppen von Männern, Frauen und Kindern aus den Tälern, den Höhen und blickten in himmlischer Verzückung auf die Unsterblichen. Glühende Hymnen stiegen mit Weihrauchwolken von den Tempeln hinauf. Zwischen dem Himmel und der Erde bereitete sich eine jener Ehen vor, in denen Götter und Helden von den Müttern empfangen werden. Schon breitete sich ein rosiger Hauch über die ganze Landschaft; schon stieg die Königin der Toten als göttliche Schnitterin in den Armen ihres Gemahls wieder zum Himmel empor. Eine purpurne Wolke umhüllte sie, und die Lippen des Dionysos berührten den Mund Persephones ... Da entrang sich dem Himmel und der Erde ein gewaltiger Schrei der Liebe, als ob der heilige Schauer der Götter, über die große Lyra fahrend, alle ihre Saiten zerreißen, ihre Töne in alle Winde streuen wolle. Zu gleicher Zeit entströmte dem göttlichen Paar eine Strahlenflut, ein Sturmwind blendenden Lichts ... Und alles verschwand.

Einen Augenblick fühlte sich der Schüler des Orpheus wie verschlungen von der Quelle aller Leben, wie überflutet von der Sonne des Seins. Doch nachdem er untergetaucht war in ihren weißen Strahlenherd, stieg er von dort wieder empor mit himmlischen Flügeln und durchschoß die Welten wie ein Blitz, um an ihren Grenzen in den ekstatischen Schlaf der Unendlichkeit zu fallen.

Als er sein körperliches Bewußtsein wiedererlangt hatte, umgab ihn tiefe Nacht. Eine leuchtende Lyra strahlte allein in der tiefen Finsternis. Sie floh, floh und wurde zum Stern. Da nur bemerkte der Schüler, daß er in der Krypta der Beschwörungen war und daß dieser strahlende Punkt der ferne Spalt der zum Firmament hin geöffneten Höhle war.

Ein großer Schatten stand aufrecht neben ihm. Er erkannte Orpheus an seinen langen Locken und dem funkelnden Kristall seines Zepters.

»Kind von Delphi, von wo kommst du?« fragte der Hierophant.

»O Meister der Eingeweihten, göttlicher Zauberer, wunderbarer Orpheus, ich habe einen göttlichen Traum geträumt. Wäre es ein Zauber der Magie, eine Gabe der Götter? Was ist denn geschehen? Ist die Welt verändert? Wo bin ich jetzt?«

»Du hast die Krone der Einweihung erhalten, und du hast meinen Traum gelebt: das unsterbliche Griechenland! Doch laß uns nun gehen; denn, damit er erfüllt werde, ist es nötig, daß ich sterbe und daß du lebst.«

Der Tod des Orpheus

Die Eichenwälder brausten, vom Sturm gepeitscht, auf den Abhängen des Berges Kaukaion; der Donner prallte in harten Schlägen an die kahlen Felsen und ließ den Tempel des Jupiter bis in seine Grundlage erzittern. Die Priester des Zeus waren in einer gewölbten Krypta des Heiligtums versammelt. Auf ihren Bronzestühlen sitzend, bildeten sie einen Halbkreis. Orpheus stand mitten zwischen ihnen wie ein Angeklagter. Er war blasser als gewöhnlich; aber in seinen ruhigen Augen strahlte eine tiefe Flamme.

Der älteste der Priester erhob seine tiefe Stimme wie ein Richter:

»Orpheus, du, den man den Sohn des Apollo nennt, wir haben dich zum Pontifex und zum König ernannt, wir haben dir das mystische Zepter der Göttersöhne gegeben; du herrschest über Thrakien durch die priesterliche und königliche Kunst. Du hast in dieser Gegend die Tempel des Jupiter und des Apollo wiederaufgerichtet, und du hast in der Nacht der Mysterien die göttliche Sonne des Dionysos aufleuchten lassen. Weißt du aber wohl, was uns bedroht? Du, der du die furchtbaren Geheimnisse kennst, der du mehr als einmal uns die Zukunft vorhergesagt und zu deinen Schülern im Traum gesprochen hast, du weißt nicht, was um dich herum geschieht. In deiner Abwesenheit haben sich die wilden Bacchantinnen, die verfluchten Priesterinnen, im Tal der Hekate versammelt. Geführt von Aglaonike, der Zauberin Thessaliens, haben sie die Häuptlinge auf den Ufern des Erebus bewogen, den Kultus der dunklen Hekate wiederaufzurichten, und sie drohen, die Tempel der männlichen Götter und die Altäre des Höchsten zu zerstören. Aufgehetzt durch ihre glühenden Reden, geführt von ihren Brandfackeln, lagern tausend thrakische Krieger am Fuß dieses Berges, und morgen werden sie den Tempel stürmen, berauscht vom Hauch dieser mit Pantherfell bedeckten Frauen, die nach dem Blut der Männer lechzen. Aglaonike, die Hohepriesterin der finsteren Hekate, führt sie; sie ist die furchtbarste der Zauberinnen, unerbittlich und blutdürstig wie eine Furie. Du mußt sie kennen! Was sagst du zu ihr?«

»Ich wußte dies alles«, sagte Orpheus, »und dies alles mußte so kommen.«

»Warum denn hast du nichts getan, um uns zu verteidigen? Aglaonike hat geschworen, uns auf unsern Altären zu erwürgen im Angesicht des lebendigen Himmels, den wir anbeten. Doch was soll aus diesem Tempel werden, seinen Schätzen, deiner Wissenschaft, was aus Zeus selbst, wenn du ihn verlässest?«

»Bin ich nicht mit euch«, sagte Orpheus mit Sanftmut.

»Du bist gekommen, aber zu spät«, sagte der Greis. »Aglaonike führt die Bacchantinnen, und die Bacchantinnen führen die Thrakier. Wirst du sie mit dem Blitz des Jupiter und den Pfeilen des Apollo zurückstoßen können? Warum rufst du nicht in dieses Gebiet die dem Zeus noch treu gebliebenen thrakischen Häuptlinge, damit sie die Empörung niederwerfen?«

»Nicht durch die Waffen, sondern durch das Wort verteidigt man die Götter. Es sind nicht die Häuptlinge, die man niederwerfen muß, sondern die Bacchantinnen. Ich werde gehen, ich allein. Seid ruhig. Kein Uneingeweihter wird in dieses Gebiet dringen. Morgen wird die Herrschaft der blutigen Priesterinnen aufhören. Und wißt es wohl, ihr, die ihr vor der Horde Hekates zittert, sie werden siegen, die himmlischen, die Sonnengötter. Dir aber, Greis, der an mir gezweifelt hat, überlasse ich das Zepter des Pontifex und die Krone des Hierophanten.«

»Was wirst du tun?« fragte der Greis erschreckt.

»Ich werde zu den Göttern gehen ... Ihr alle, auf Wiedersehen!«

Orpheus trat hinaus, die Priester stumm auf ihren Sitzen lassend. Im Tempel fand er den Schüler von Delphi, dessen Hand er kraftvoll faßte:

»Ich geh in das Lager der Thrakier, folge mir.«

Sie schritten unter den Eichen; das Gewitter war fern; zwischen den dichten Ästen glänzten die Sterne.

»Die Stunde des Abschieds ist für mich gekommen«, sagte Orpheus. »Andere haben mich verstanden, du hast mich geliebt. Eros ist der älteste der Götter, sagen die Eingeweihten; er bewahrt den Schlüssel zu allen Wesen. Deshalb habe ich dich in die Tiefe der Mysterien eindringen lassen; die Götter haben zu dir gesprochen, du hast sie gesehen! ... Jetzt, weit weg von den Menschen, allein mit seinem geliebten Schüler, in der Stunde des Todes, muß Orpheus ihm das Wort seines Schicksals hinterlassen, das unsterbliche Vermächtnis, die reine Flamme seiner Seele.«

»Meister! Ich höre und ich gehorche«, sagte der Schüler von Delphi.

»Gehen wir«, sagte Orpheus, »längs diesem absteigenden Pfad. Die Stunde drängt. Ich will meine Feinde überraschen. Indem du mir folgst, hör zu; bewahre meine Worte in deinem Gedächtnis, aber hüte sie wie ein Geheimnis.«

»Sie werden sich in mein Herz einprägen mit feurigen Buchstaben; die Jahrhunderte werden sie nicht auslöschen.«

»Du weißt jetzt, daß die Seele die Tochter des Himmels ist. Du hast ihren Ursprung und ihr Endziel betrachtet, und bald wirst du die Erinnerung erlangen. Wenn sie in das Fleisch hinuntersteigt, erhält sie noch immer, wenn auch schwach, die Einströmung von oben. Und dieser mächtige Strom wird uns zunächst durch unsere Mütter zugeführt. Die Milch ihres Busens nährt unsern Körper, doch von ihrer Seele nährt sich unser innerstes Wesen, das von

Angst erstickt wird im Gefängnis des Körpers. Meine Mutter war Priesterin des Apollo, meine ersten Erinnerungen waren die eines heiligen Haines, eines feierlichen Tempels, einer Frau, die mich in ihren Armen trug, mich mit ihrem weichen Haar wie mit einem warmen Gewand umhüllend. Die irdischen Dinge, die menschlichen Gesichter erfüllten mich mit schrecklicher Angst. Doch alsbald drückte mich meine Mutter in ihre Arme, ich begegnete ihrem Blick, und er umflutete mich mit einer göttlichen Rückerinnerung des Himmels. Doch dieser Strahl starb im dunklen Grau der Erde. Eines Tages verschwand meine Mutter; sie war tot. Allein geblieben ohne ihren Blick, ohne ihre Liebkosungen, war ich durch meine Einsamkeit bestürzt. Als ich das Blut eines Opfers fließen sah, erfüllte mich der Tempel mit Abscheu, und ich stieg hinunter in die finstern Täler.

Die Bacchantinnen erregten meiner Jugend Erstaunen. Damals schon herrschte Aglaonike über diese wollüstigen und grausamen Frauen. Männer und Frauen, alle fürchteten sie. Eine dunkle Begierde ging von ihr aus und verbreitete Schrecken. Diese Thessalierin übte eine verhängnisvolle Anziehungskraft aus auf diejenigen, die sich ihr näherten. Durch die Künste der höllischen Hekate lockte sie die jungen Mädchen in ihr verzaubertes Tal und unterrichtete sie in ihrem Kultus. Aglaonike hatte die Augen auf Eurydike geworfen. Sie war von einer bösen Begierde, von wilder, schlimmer Leidenschaft zu dieser Jungfrau erfaßt. Sie wollte dieses junge Mädchen für den Kultus der Bacchantinnen gewinnen, sie unterwerfen, sie den höllischen Genien ausliefern, nachdem sie ihre Jugend vergiftet. Schon hatte sie sie mit ihren verführerischen Versprechungen, mit ihren nächtlichen Zaubereien umgarnt.

Durch mir unklare Vorahnungen selbst in das Tal der Hekate getrieben, schritt ich eines Tages zwischen den hohen Gräsern einer mit giftigen Pflanzen bedeckten Wiese. Rings herum herrschte der Schrecken der dunklen Wälder, welche die Bacchantinnen bewohnten. Wohlgerüche, schwer wie der heiße Atem des Verlangens, drangen von dort hinüber. Ich erblickte Eurydike. Sie bewegte sich langsam, ohne mich zu sehen, zu einer Höhle hin, wie fasziniert von einem unsichtbaren Ziel. Manchmal tönte ein leises Lachen aus dem Wald der Bacchantinnen, manchmal ein sonderbarer Seufzer. Eurydike blieb zitternd, unsicher stehen und setzte dann ihren Weg fort, wie angezogen von einer magischen Kraft. Ihre goldenen Locken flatterten um ihre weißen Schultern, ihre Narzissen-Augen schwammen wie im Rausch, während sie zum Höllenschlund schritt. Aber ich hatte den schlummernden Himmel in ihrem Blick gesehen. ›Eurydike!‹ rief ich, indem ich ihre Hand ergriff, ›wo gehst du hin?‹ – Wie von einem Traum erwachend, stieß sie einen Schrei des Schreckens und der Befreiung aus, dann fiel sie in meine Arme. Damals war es, daß der göttliche Eros uns besiegte; und durch einen Blick waren Orpheus-Eurydike Gatten auf immer.

Eurydike jedoch, die in ihrer Angst mich umschlungen hielt, zeigte mir mit einer Gebärde des Entsetzens die Grotte. Ich näherte mich und sah dort eine sitzende Frau. Es war Aglaonike. Neben ihr stand eine kleine, in Wachs geformte Statue der Hekate, rot, weiß und schwarz bemalt, die eine Peitsche hielt. Sie murmelte Zaubersprüche, indem sie das magische Rad drehen ließ, und ihre in das Leere gerichteten Augen schienen ihre Beute zu verzehren. Ich zerbrach das Rad, zertrat die Hekate mit meinen Füßen, und indem ich die Magierin mit dem Blick durchbohrte, rief ich: ›Bei Jupiter! Ich verbiete dir, an Eurydike zu denken – bei Strafe des Todes! Denn wisse, daß die Söhne des Apollo dich nicht fürchten.‹

Aglaonike, bestürzt, wand sich wie eine Schlange unter meiner Gebärde; dann verschwand sie in ihrer Höhle, indem sie mir einen Blick voll tödlichen Hasses zuwarf.

Ich führte Eurydike in den Vorraum meines Tempels. Die Jungfrauen des Ebrus, bekränzt mit Hyazinthen, sangen um uns herum: ›Hymenäus! Hymenäus! – Ich kannte das Glück.‹

Der Mond hatte nur dreimal gewechselt, als eine von der Thessalierin auserkorene Bacchantin Eurydike einen Becher mit Wein anbot, der ihr, wie sie sagte, das Wissen der Zaubertränke und der magischen Kräuter geben würde. Der Becher enthielt ein tödliches Gift.

Als ich sah, wie der Scheiterhaufen Eurydike verzehrte; wie das Grab ihre Asche verschlang, als die letzte Erinnerung an ihre lebendige Form verschwunden war, rief ich: ›Wo ist ihre Seele?‹ Verzweifelt ging ich von dannen. Ich irrte in ganz Griechenland umher.

Ich bat die Priester von Samothrakien, sie heraufzubeschwören; ich suchte in dem Innern der Erde, beim Kap Tenarus; aber alles umsonst. Endlich kam ich zur Höhle des Trophonius. Dort führen gewisse Priester die furchtlosen Besucher durch einen Spalt bis zu den feurigen Seen, die im Innern der Erde sieden, und lassen sie sehen, was dort vorgeht. Unterwegs, während des Gehens, gelangt man in Ekstase, und das Hellsehen stellt sich ein. Man atmet kaum, die Stimme erstickt, man kann nur noch durch Zeichen sprechen. Die einen kehren auf halbem Weg um, die andern beharren und sterben den Erstickungstod; die meisten, die lebendig herauskommen, bleiben wahnsinnig. Nachdem ich gesehen hatte, was kein Mund wiederholen darf, stieg ich wieder zur Höhle hinauf und fiel in tiefe Lethargie. Während dieses todähnlichen Schlummers erschien mir Eurydike. Sie schwebte in einem Nimbus, blaß wie ein Mondenstrahl, und sagte zu mir: ›Für mich hast du der Hölle getrotzt, du hast mich bei den Toten gesucht. Hier bin ich; ich komme auf deinen Ruf. Ich bewohne nicht das Innere der Erde, sondern die Region des Erebus, den Schattenkegel zwischen der Erde und dem Mond. In diesem Zwischenreich kreise ich weinend. Wenn du mich erlösen willst, errette Griechenland, indem du ihm das Licht gibst. Dann werde ich selbst meine Flügel wiedergewinnen und zu den Sternen emporsteigen, und du wirst mich im Licht der Götter wiederfinden. Bis dahin muß ich herumirren in der lichtlosen und schmerzerfüllten Sphäre ...‹ Dreimal wollte ich sie ergreifen; dreimal schwand sie in meinen Armen wie ein Schatten. Ich hörte nur wie den Ton einer Saite, die zerreißt; dann eine Stimme, schwach wie ein Hauch, traurig wie ein Abschiedskuß, flüsternd: ›Orpheus!‹

Bei dieser Stimme wachte ich auf. Dieser mir von einer Seele gegebene Name hatte mein Wesen geändert. Ich fühlte in mir den Schauer eines unendlichen Verlangens und die Macht einer übermenschlichen Liebe. Die lebendige Eurydike hatte mir den Rausch des Glücks gegeben; die tote Eurydike ließ mich die Wahrheit finden. Aus Liebe habe ich mich mit dem linnenen Gewand bekleidet, mich der großen Initiation und dem asketischen Leben geweiht; aus Liebe bin ich in die Magie gedrungen und habe ich das göttliche Wissen gefunden; aus Liebe habe ich die Höhlen von Samothrakien durchschritten, dann die Brunnen der Pyramiden und die Gräber Ägyptens. Ich habe den Tod durchforscht, um das Leben darin zu suchen, und über das Leben hinaus habe ich das Zwischenreich gesehen, die Seelen, die durchsichtigen Sphären, den Äther der Götter. Die Erde hat mir ihre Abgründe geöffnet, der Himmel seine flammenden Tempel. Ich habe die unter den Mumien verborgene Wissenschaft an mich gerissen. Die Priester der Isis und des Osiris haben mir ihre Geheimnisse ausgeliefert. Sie hatten nur diese Götter; ich hatte Eros! Durch ihn habe ich gesprochen, gesungen, gesiegt. Durch ihn habe ich das Wort des Hermes und des Zoroaster entziffert; durch ihn habe ich dasjenige des Jupiter und Apollo verkündet!

Nun aber ist die Stunde gekommen, in der ich meine Mission durch meinen Tod besiegeln muß. Noch einmal muß ich in die Hölle hinuntergehen, um zum Himmel emporzusteigen. Höre, geliebtes Kind, meine Worte: Du wirst meine Lehre zum Tempel von Delphi tragen und mein Gesetz zum Gerichtshof der Amphyktionen. Dionysos ist die Sonne der Eingeweihten; Apollo wird das Licht Griechenlands sein, die Amphyktionen die Hüter seiner Gerechtigkeit.«

Der Hierophant und sein Schüler hatten das Ende des Tals erreicht. Vor ihnen befand sich eine Lichtung zwischen großen, dunklen Waldungen, Zelte und Männer, die auf der Erde schliefen. Im Hintergrund des Waldes sah man sterbende Feuer, trüb glimmende Fackeln. Orpheus schritt ruhig zwischen den schlafenden und von einer nächtlichen Orgie ermüdeten Thrakiern. Ein noch wachender Posten fragte nach seinem Namen.

»Ich bin ein Bote des Jupiter, rufe die Häuptlinge«, antwortete Orpheus.

»Ein Priester des Tempels! ...«

Dieser von der Schildwache ausgestoßene Schrei verbreitete sich wie ein Alarmsignal im ganzen Lager. Man bewaffnet sich; man ruft sich gegenseitig; die Schwerter glänzen; die erstaunten Häuptlinge eilen herbei und umringen den Pontifex.

»Wer bist du? Was tust du hier?«

»Ich bin ein Gesandter des Tempels. Ihr alle, Könige, Häuptlinge, Krieger Thrakiens, entsagt dem Kampf mit den Söhnen des Lichts und erkennt die Gottheit Jupiters und Apollos an. Die Götter der Höhe sprechen zu euch aus meinem Mund. Ich komme als Freund, wenn ihr mich hört; als Richter, wenn ihr euch weigert, mich zu hören.«

»Rede«, sagten die Häuptlinge.

Aufrecht unter einer großen Ulme sprach Orpheus. Er sprach von den Wohltaten der Götter, von dem Zauber des himmlischen Lichts, jenes reinen Lebens, das er mit seinen eingeweihten Brüdern unter dem Auge des großen Uranos führte und das er allen Menschen mitteilen wollte; er versprach, alle Zwietracht zu schlichten, die Kranken zu heilen, die Samen bekanntzumachen, welche die schönsten Früchte der Erde hervorbringen, und jene noch kostbareren, welche die göttlichen Früchte des Lebens hervorbringen: die Freude, die Liebe, die Schönheit. Und während er sprach, vibrierte seine ernste und sanfte Stimme wie die Saiten einer Lyra und drang immer tiefer in die Herzen der erschütterten Thrakier. Aus der Tiefe des Waldes, mit ihren Fackeln in den Händen, waren auch die neugierigen Bacchantinnen gekommen, angezogen durch die Musik einer menschlichen Stimme. Kaum bedeckt mit dem Fell von Panthern, zeigten sie ihren braunen Busen und ihre prachtvollen Hüften. Beim Schein der nächtlichen Fackeln glänzten ihre Augen vor Wollust und Grausamkeit. Doch durch Orpheus' Stimme allmählich beruhigt, gruppierten sie sich um ihn oder setzten sich zu seinen Füßen wie gezähmte wilde Tiere. Die einen, von Reue ergriffen, richteten einen finstern Blick zur Erde, die andern hörten entzückt zu. Und die gerührten Thrakier murmelten untereinander: »Ein Gott spricht zu uns, Apollo selbst bezaubert die Bacchantinnen!«

In der Tiefe des Waldes jedoch lauerte Aglaonike. Als die Hohepriesterin Hekates die Thrakier unbeweglich sah und die Bacchantinnen wie gebannt durch eine Magie, die stärker war als die ihre, fühlte sie beim Wort des göttlichen Zauberers den Sieg des Himmels über die Hölle und den Absturz ihrer fluchbeladenen Macht in die Finsternis zurück, aus der sie gekommen war. Sie stieß ein Wutgeheul aus und warf sich mit heftiger Gebärde vor Orpheus:

»Ein Gott, sagt ihr? Und ich sage euch, daß es Orpheus ist, ein Mann wie ihr, ein Magier, der euch betrügt, ein Tyrann, der eure Kronen an sich reißen will. Ein Gott, sagt ihr? Der Sohn des

Apollo? Er? Der Priester? Der hochmütige Pontifex? Werft euch auf ihn! Wenn er ein Gott ist, so möge er sich verteidigen ... und wenn ich lüge, so mögt ihr mich zerreißen!«

Aglaonike war von einigen Führern gefolgt, die durch ihre Zauberkünste angefacht und von ihrem Haß entflammt waren. Sie stürzten sich auf den Hierophanten. Orpheus stieß einen lauten Schrei aus und fiel, durchbohrt von ihren Schwertern. Er reichte seinem Schüler die Hand und sagte:

»Ich sterbe; aber die Götter sind lebendig!«

Dann verschied er. Über seine Leiche gebeugt, lauerte die Magierin von Thessalien, deren Gesicht jetzt demjenigen der Tisiphone glich, mit wilder Freude auf den letzten Atemzug des Propheten und bereitete sich vor, aus ihrem Opfer ein Orakel zu holen. Wie groß war aber das Entsetzen der Thessalierin, als sie beim zitternden Schein ihrer Fackel sah, wie dies leichenfahle Haupt sich belebte, wie eine bleiche Röte sich über das Antlitz des Toten ergoß, wie seine Augen sich weit öffneten und ein tiefer, sanfter und schrecklicher Blick sich auf sie richtete ... während eine sonderbare Stimme – die Stimme des Orpheus – noch einmal sich diesen zitternden Lippen entrang, um deutlich diese vier melodischen und rächenden Silben auszusprechen:

»Eurydike!«

Vor diesem Blick, dieser Stimme prallte die entsetzte Priesterin zurück mit einem Schrei: »Er ist nicht tot! Sie werden mich verfolgen! Immer! Orpheus ... Eurydike!« Indem sie diese Worte ausstieß, verschwand Aglaonike wie von hundert Furien gepeitscht. Die erschreckten Bacchantinnen und die von Grauen über ihre verbrecherische Tat erfaßten Thrakier flüchteten in die Nacht hinaus, Wehrufe ausstoßend.

Der Schüler blieb allein neben der Leiche seines Meisters. Als ein fahler Strahl Hekates das blutige Linnen und das blasse Antlitz des großen Initiators beleuchtete, schien es ihm, als ob das Tal, der Fluß, die Berge und die tiefen Wälder seufzten wie eine große Lyra.

Der Körper des Orpheus wurde von seinen Priestern verbrannt, und die Asche wurde in ein entferntes Heiligtum des Apollo gebracht, wo sie gleich einem Gott verehrt wurde. Keiner der Meuterer wagte es, zum Tempel des Kaukaion hinaufzusteigen. Die Überlieferung des Orpheus, seine Wissenschaft und seine Mysterien wurden dort gepflegt und verbreiteten sich in allen Tempeln Jupiters und Apollos. Die griechischen Dichter sagten, daß Apollo neidisch auf Orpheus geworden wäre, weil man ihn öfters anrief als ihn selbst. Wahr ist es, daß, wenn die Dichter Apollo besangen, die großen Eingeweihten die Seele des Orpheus anriefen, des Erlösers und des Sehers.

Später erzählten die zur Religion des Orpheus bekehrten Thrakier, daß er zur Hölle niedergestiegen sei, um dort die Seele seiner Gattin zu suchen, und daß die auf seine ewige Liebe eifersüchtigen Bacchantinnen ihn in Stücke zerrissen hätten, daß aber sein in den Ebrus geworfenes und von den stürmischen Wellen davongetragenes Haupt immer noch gerufen hätte »Eurydike! Eurydike!«

So besangen die Thrakier wie einen Propheten denjenigen, den sie wie einen Verbrecher getötet hatten und der sie durch seinen Tod bekehrt hatte. So durchdrang das orphische Wort geheimnisvoll die Adern von Hellas auf den verborgenen Wegen der Heiligtümer und der Einweihung. Bei dieser Stimme klangen die Götter zusammen wie im Tempel ein Chor von Eingeweihten bei den Lauten einer unsichtbaren Lyra – und die Seele des Orpheus wurde die Seele Griechenlands.

PYTHAGORAS

Die Mysterien von Delphi

Erkenne dich selbst – und du wirst das Universum und die Götter erkennen.

Inschrift auf dem Tempel zu Delphi.

Der Schlaf, der Traum und die Ekstase sind die drei zum Jenseits geöffneten Tore, von welchem uns die Wissenschaft der Seele und die Kunst der Divination kommen.

Die Evolution ist das Gesetz des Lebens.
Die Zahl ist das Gesetz des Weltalls.
Die Einheit ist das Gesetz Gottes.

Griechenland im VI. Jahrhundert

Die Seele des Orpheus war wie ein göttliches Meteor durch den sturmbewegten Himmel des entstehenden Griechenlands gezogen. Finsternis umfing es wieder, als er verschwunden war. Nach einer Reihe von Revolutionen verbrannten die thrakischen Tyrannen seine Bücher, zerstörten seine Tempel, verjagten seine Schüler. Die griechischen Könige und viele Städte, welche ihre zügellose Freiheit höher schätzten als die Gerechtigkeit, die den reinen Lehren entspringt, folgten ihrem Beispiel. Man wollte sein Andenken auslöschen, seine letzten Spuren verwischen, und man ging so vor, daß einige Jahrhunderte nach seinem Tode ein Teil von Griechenland an seiner Existenz zweifelte. Vergebens bewahrten die Eingeweihten seine Tradition während mehr als tausend Jahren; vergebens sprachen Pythagoras und Plato von ihm wie von einem göttlichen Menschen; die Sophisten und die Rhetoriker sahen in ihm nur noch eine Legende über den Ursprung der Musik. Noch in unsern Tagen leugnen die Gelehrten die Existenz des Orpheus. Sie stützten sich hauptsächlich auf die Tatsache, daß weder Homer noch Hesiod seinen Namen erwähnt haben. Aber das Schweigen dieser Dichter wird vollauf erklärt durch das Interdikt, mit welchem die lokalen Regierungen den großen Initiator belegt hatten.

Die Schüler des Orpheus unterließen es nie, alle Mächte auf die höchste Autorität des Tempels von Delphi hinzuweisen, und hörten nie auf zu wiederholen, daß die unter den verschiedenen Staaten Griechenlands entstandenen Zwistigkeiten dem Gerichtshof der Amphyktionen unterworfen werden müßten. Das war den Demagogen wie den Tyrannen unbequem. Homer, der seine Einweihung wahrscheinlich im Heiligtum von Tyrus erhielt und dessen Mythologie die poetische Übersetzung der Theologie von Sankoniaton ist; Homer, dem Jonier, konnte der Dorier Orpheus wohl unbekannt sein, da dessen Tradition um so geheimer gehalten wurde, je mehr man sie verfolgte. Hesiod jedoch, der neben dem Parnassus geboren war, mußte seinen Namen und seine Lehre durch das Heiligtum von Delphi kennen; aber seine Initiatoren legten ihm Schweigen auf, und aus gutem Grunde.

Orpheus jedoch lebte in seinem Werk; er lebte in seinen Jüngern und selbst in denen fort, die ihn verleugneten. Welches ist dieses Werk? Diese lebensvolle Seele, wo muß man sie suchen? Ist es in der militärischen und grausamen Oligarchie Spartas, wo die Wissenschaft verachtet, die Unwissenheit zum System erhoben und die Roheit als ein Gegenbild des Mutes gefordert wird? Ist es in den unerbittlichen messenischen Kriegen, wo die Spartaner ein benachbartes Volk bis zur Ausrottung verfolgen und wo diese Römer Griechenlands uns ein Vorspiel geben zum tarpejischen Felsen und zu den blutigen Lorbeeren des Kapitols, indem sie den heldenhaften Aristomenes, den Verteidiger seines Vaterlandes in einen Abgrund stürzen? Ist es weiter in der unruhigen Demokratie Athens, die immer bereit ist in Tyrannis umzuschlagen? Ist es in der prätorischen Garde des Pisistratus oder in dem unter einem Myrtenzweig verborgenen Schwert des Harmodius und des Aristogiton? Ist es in den zahlreichen Städten von Hellas, von Groß-Griechenland und von Klein-Asien, für die Athen und Sparta zwei entgegengesetzte Vorbilder liefern? Ist es in allen diesen neidischen, eifersüchtigen Demokratien und Tyranneien, die immer bereit sind sich zu zerreißen? Nein, dort ist die Seele Griechenlands nicht. Sie ist in seinen Tempeln, seinen Mysterien und seinen Eingeweihten. Sie ist im Heiligtum des Jupiter in Olympia, der Juno in Argos, der Ceres in Eleusis; sie herrscht über Athen mit Minerva, sie erstrahlt in Delphi mit Apollo, dessen Licht alle Tempel beherrscht und durchdringt. Das ist das Zentrum des hellenischen Lebens, das Hirn und das Herz Griechenlands. Hier belehrten sich die Dichter, die der Menge die erhabenen Wahrheiten in lebendige Bilder übersetzen; die Weisen, die sie mittels subtiler Dialektik verbreiten. Der Geist des Orpheus kreist überall, wo das Herz des unsterblichen Griechenlands schlägt. Wir finden ihn wieder in den Wettkämpfen der Dichtung und der Gymnastik, in den delphischen und olympischen Spielen, diesen glückvollen Institutionen, welche die Nachfolger des Meisters ersannen, um die zwölf griechischen Stämme einander zu nähern und sie zu verschmelzen. Er tritt uns in dem Gerichtshof der Amphyktionen entgegen, dieser Versammlung großer Eingeweihter, dem höchsten Schiedsgericht, das in Delphi sich vereinigte. Aus dieser Quelle von Gerechtigkeit und Eintracht schöpfte Griechenland seine Einigkeit in den Stunden des Heroismus und der Selbstverleugnung[66].

Dieses orphische Griechenland jedoch, das als Geist eine in den Tempeln behütete reine Lehre, als Seele eine plastische Religion und als Körper einen in Delphi zentralisierten hohen Gerichtshof hatte, ging vom siebenten Jahrhundert an seinem Niedergang entgegen. Die delphischen Verordnungen wurden nicht mehr geachtet; man entweihte die geheiligten Gebiete. Denn die Rasse der großen Inspirierten war verschwunden. Das intellektuelle und moralische Niveau der Tempel war heruntergekommen. Die Priester verkauften sich der politischen Gewalt; die Mysterien selbst begannen zu entarten. Das allgemeine Aussehen Griechenlands war verändert. Der alten priesterlichen und der ackerbaupflegenden Königsmacht folgte hier die einfache und reine Tyrannei, dort die militärische Aristokratie oder auch die anarchische Demokratie. Die Tempel waren unfähig geworden, den drohenden Verfall aufzuhalten. Sie brauchten neue Helfer.

Eine Vulgarisierung der esoterischen Lehren war notwendig geworden. Damit der Gedanke des Orpheus leben und sich in voller Kraft entfalten könne, muß die Lehre der Tempel in die weltlichen Orden übergehen. Sie glitt unter verschiedenen Verkleidungen in die Köpfe der bürgerlichen Gesetzgeber, in die Schulen der Dichter, in die Portiken der Philosophen. Diese fühlten bei ihrem Unterricht dieselbe Notwendigkeit, die Orpheus für die Religion erkannt hatte, die Notwendigkeit zweier Lehren: einer öffentlichen und einer geheimen, welche dieselbe Wahrheit auslegten, in verschiedenem Grade und unter verschiedenen Formen, je nach der Entwicklungsstufe ihrer Schüler. Diese Evolution gab Griechenland seine drei Jahrhunderte künstlerischer Schöpfungskraft und intellektuellen Glanzes. Sie gab dem orphischen Gedanken, der zugleich der erste Impuls und die ideale Synthese Griechenlands ist, die Möglichkeit, sein volles Licht zu konzentrieren und über die ganze Welt auszustrahlen, bevor das durch innere Zwietracht unterminierte politische Gebäude durch die Schläge Mazedoniens erschüttert wurde, um dann unter der eisernen Hand Roms zusammenzubrechen.

Die Evolution, von der wir reden, hatte viele Mitarbeiter. Sie brachte Naturforscher hervor wie Thales, Gesetzgeber wie Solon, Dichter wie Pindar, Helden wie Epaminondas; aber sie hatte ein anerkanntes Haupt, einen Eingeweihten erster Ordnung, eine souveräne, zugleich schöpferische und gesetzgebende Intelligenz. Pythagoras ist der Meister des weltlichen Griechenlands, wie Orpheus der Meister des priesterlichen Griechenlands ist. Er übersetzt und führt den Gedanken seines Vorgängers fort, indem er ihn auf die neuen Zeiten anwendet. Aber seine Übertragung ist eine Schöpfung. Denn er bringt die orphischen Inspirationen in ein vollständiges System; er liefert dazu den wissenschaftlichen Beweis in seinem Unterricht und den moralischen Beweis in seinem Erziehungssystem, in dem pythagoräischen Orden, der ihn überlebte.

Obgleich er im vollen Lichte der Geschichte erscheint, ist Pythagoras eine halb legendäre Persönlichkeit geblieben. Der Hauptgrund dafür ist die erbitterte Verfolgung, deren Opfer er in Sizilien war und die so vielen Pythagoräern das Leben kostete. Die einen kamen um in den Trümmern ihrer in Brand gesteckten Schule, die andern starben den Hungertod in einem Tempel. Das Andenken und die Lehre des Meisters wurde nur gerettet durch Überlebende, die nach Griechenland fliehen konnten. Plato konnte nur mit großer Mühe und für einen großen Preis sich durch Archytas ein Manuskript dieses Meisters verschaffen, der übrigens seine esoterische Lehre nur in geheimen Zeichen und in symbolischer Form niederschrieb. Sein wirkliches Wirken bestand, wie dasjenige aller großen Reformatoren, im mündlichen Unterricht. Aber die Essenz seines Systems ist niedergelegt in den Goldenen Versen des Lysis, in dem Kommentar des Hierokles, in den Fragmenten des Philolaos und Archytas, wie in dem Timäus des Plato, der die Kosmogonie des Pythagoras enthält. Endlich sind die Schriftsteller des Altertums des Lobes voll über den Philosophen von Krotona. Sie können sich nicht genugtun in Anekdoten, die seine Weisheit, seine Schönheit und seinen wunderbaren Einfluß auf die Menschen schildern. Die Neu-Platoniker Alexandriens, die Gnostiker, ja selbst die ersten Kirchenväter führen ihn als Autorität an. Es sind kostbare Zeugnisse, in denen immer noch die mächtige Woge des Enthusiasmus vibriert, den die große Persönlichkeit des Pythagoras Griechenland mitzuteilen verstand und dessen letzte Wogen noch fühlbar sind acht Jahrhunderte nach seinem Tode.

Von oben gesehen und durch die Schlüssel des vergleichenden Esoterismus erschlossen, stellt seine Lehre ein wunderbares Gesamtbild dar, ein festgefügtes Ganzes, dessen Teile durch eine grundlegende Auffassung zusammengehalten sind. Wir finden hier in rationeller Form wiedergeboren die Lehre Indiens und Ägyptens, welcher er hellenische Klarheit und Einfachheit gab und mit der er eine energischere Empfindung, eine klarere Auffassung der menschlichen Freiheit verband.

Zur selben Zeit und auf verschiedenen Punkten der Erde popularisieren große Reformatoren ähnliche Lehren. Dem Esoterismus des Fo-Hi entstieg in China Lao-Tse; der letzte Buddha, Sakia-Muni, predigte an den Ufern des Ganges; in Italien schickte die etruskische Geistlichkeit nach Rom einen mit den sybillinischen Büchern ausgerüsteten Eingeweihten, den König Numa, der den drohenden Ehrgeiz des römischen Senats durch weise Einrichtungen zu zügeln versuchte. Nicht durch Zufall erscheinen diese Reformatoren zu gleicher Zeit unter so verschiedenen Völkern. Ihre verschiedenen Missionen bewegen sich in der Richtung desselben Zieles. Sie beweisen, daß in gewissen Epochen ein gleicher spiritueller Strom geheimnisvoll die ganze Menschheit durchzieht. Von wo kommt er? Aus dieser göttlichen Welt, die unserer Sehkraft sich entzieht, von der aber die Genien und Propheten Gesandte und Zeugen sind.

Pythagoras durchzog die ganze antike Welt, bevor er sein Wort nach Griechenland brachte. Er sah Afrika und Asien, Memphis und Babylon, deren Politik und Initiation. Sein stürmisches Leben glich einem in die volle See geworfenen Schiff; mit ausgebreiteten Segeln steuert es seinem Ziele zu, ohne von seinem Wege abzulenken, ein Bild der Ruhe und der Kraft inmitten der entfesselten Elemente. Seine Lehre gibt die Empfindung einer frischen Nacht, die der sengenden Hitze eines blutigen Tages folgt. Sie erinnert an die Schönheit des Firmaments, das über dem Haupte des Sehers allmählich seine funkelnden Inselmeere und seine ätherischen Harmonien entfaltet.

Versuchen wir, Leben und Lehre aus dem Dunkel der Legende und den Vorurteilen der Schule zu entwirren.

Die Reisejahre

Samos war zu Beginn des sechsten Jahrhunderts vor unserer Ära eine der blühendsten Inseln Ioniens. Die Reede seines Hafens öffnete sich auf die gegenüberliegenden violetten Berge des üppigen, weichlichen Klein-Asiens, von wo aller Luxus und alle Verführungen kamen. Auf dem grünen bergigen Ufer einer weiten Bucht breitete sich die Stadt amphitheatralisch aus, am Fuß eines Vorgebirges hingelagert, den ein Tempel des Neptun krönte. Sie wurde von den Säulengängen eines herrlichen Palastes überragt. Dort herrschte der Tyrann Polykrates. Nachdem er die Stadt ihrer Freiheiten beraubt, gab er ihr den Luxus der Künste und einer asiatischen Prachtentfaltung. Von ihm berufene lesbische Hetären hatten sich in einem dem seinen benachbarten Palast niedergelassen; sie luden die jungen Leute der Stadt zu Festen ein, in denen sie sie bei Musik und Tanz und Gelagen in den Künsten der raffiniertesten Wollust unterrichteten.

Anakreon, den Polykrates nach Samos berief, hielt seinen Einzug auf einer Trireme mit purpurnen Segeln, mit vergoldetem Mast. Einen Becher von ziseliertem Silber in der Hand haltend, ließ er seine Oden – duftend und liebkosend wie ein Rosenregen – vor diesem Hof der höchsten Lust erklingen. Das Glück des Polykrates war in ganz Griechenland sprichwörtlich geworden. Der Pharao Amasis war sein Freund; mehrmals riet er ihm, einem so unerhörten Glücke zu mißtrauen und vor allem sich dessen nicht zu rühmen. Polykrates antwortete auf den Rat des ägyptischen Monarchen, indem er seinen Ring in das Meer warf. »Dieses Opfer bringe ich den Göttern«, sagte er. Am andern Tage brachte ein Fischer dem Tyrann den kostbaren Ring, den er im Bauch eines Fisches gefunden hatte. Als der Pharao das hörte, erklärte er, daß er die Freundschaft mit Polykrates brechen müsse, weil ein so herausforderndes Glück die Rache der Götter herbeiziehen würde. Wie dem auch sei, das Ende des Polykrates war tragisch. Einer seiner Satrapen lockte ihn in die benachbarte Provinz, ließ ihn in Qualen sterben und befahl, seinen Körper auf dem Berge Mykale an ein Kreuz zu binden. So konnten während eines blutigen Sonnenuntergangs die Samier den Körper ihres gekreuzigten Tyrannen auf einem Vorgebirge sehen, gegenüber der Insel, auf welcher er inmitten der Ehren und Freuden geherrscht hatte.

Doch kehren wir zurück zum Anfang der Regierung des Polykrates. In einer hellen Nacht sitzt ein junger Mann unter den glänzenden Blättern eines Kaktuswaldes, unweit des Tempels der Juno; der Vollmond fällt auf dessen dorische Fassade und läßt seine mystische Majestät noch mehr hervortreten. Eine Papyrusrolle mit einem Gesang Homers war schon lange zu seinen Füßen heruntergeglitten. Seine Meditation, die er in der Abenddämmerung angefangen, währte noch, und im Schweigen der Nacht setzte er sie fort. Schon lange war die Sonne untergegangen, aber noch immer schwebte in einer unrealen Gegenwart ihr flammender Diskus vor dem Auge des jungen Denkers. Denn sein Gedanke irrte weit weg von der sichtbaren Welt.

Pythagoras war der Sohn eines reichen Ringhändlers auf Samos und einer Frau mit Namen Parthenis. Die delphische Pythia, die von den jungen Ehegatten während einer Reise befragt wurde, versprach ihnen einen Sohn, welcher allen Menschen nützlich sein würde zu allen Zeiten; und das Orakel schickte die Gatten nach Sidon in Phönizien, damit der auserwählte Sohn empfangen, geformt und zur Welt gebracht würde, fern von den verwirrenden Einflüssen seiner Heimat. Noch vor seiner Geburt hatten die Eltern mit Inbrunst das wunderbare Kind dem Licht Apollos geweiht im Mond der Liebe. Das Kind wurde geboren; als es ein Jahr alt war, brachte es seine Mutter, dem schon vorher gegebenen Rat der Priester von Delphi folgend, in den Tempel des Adonai, in einem Tal des Liban. Dort hatte es der Hohepriester gesegnet. Dann kehrte die Familie nach Samos zurück. Das Kind der Parthenis war sehr schön, sanft, maßvoll und von gerechter Sinnesart. Nur intellektuelle Leidenschaft glänzte aus seinen Augen und gab seinen Handlungen eine geheime Energie. Weit entfernt ihm zu widersprechen, hatten seine Eltern seine frühe Neigung zum Studium der Weisheit ermutigt. Später durfte es frei verkehren mit den Priestern von Samos und den Gelehrten, die in Ionien Schulen zu gründen begannen, in denen sie die Prinzipien der Physik lehrten. Mit achtzehn Jahren war er dem Unterricht des Hermodamas von Samos gefolgt; mit zwanzig dem des Pherekydes in Syros; er hatte sogar mit Thales und Anaximander in Milet Besprechungen gehabt. Diese Männer hatten ihm neue Horizonte eröffnet, aber keiner hatte ihn befriedigt. In ihren sich widersprechenden Lehren suchte er das innere Band, die Synthese, die Einheit des großen Ganzen. Jetzt war der Sohn der Parthenis bis zu einer jener Krisen gekommen, wo der vom Widerspruch der Dinge überreizte Geist in einem höchsten Aufgebot alle seine Fähigkeiten anspannt, um das Ziel zu erblicken, um den Weg zu finden, der zur Sonne der Wahrheit, zum Zentrum des Lebens führt.

In dieser heißen und herrlichen Nacht blickte der Sohn der Parthenis abwechselnd auf die Erde, den Tempel und den gestirnten Himmel. – Sie war da unter ihm, um ihn, Demeter, die Mutter-Erde, die Natur, die er durchdringen wollte. Er atmete ihre mächtigen Ausströmungen ein, er fühlte die unwiderstehliche Anziehungskraft, die ihn, das denkende Atom, als einen unzertrennbaren Teil ihrer selbst, an ihren Busen kettete.

Jene Weisen, bei denen er Rat gesucht, hatten ihm gesagt: »Aus der Erde kommt alles. Nichts kommt von nichts. Die Seele entstammt dem Wasser oder dem Feuer oder beiden. Sie, die subtilste Emanation der Elemente, entreißt sich ihnen nur, um zu ihnen zurückzukehren. Die ewige Natur ist blind und unbeugsam. Ergib dich ihrem unvermeidlichen Gesetz. Dein einziges Verdienst wird sein, sie zu erkennen und dich ihr zu unterwerfen.«

Dann blickte er auf das Firmament und auf die feurigen Buchstaben, welche die Gestirne in der unergründlichen Tiefe des Raumes bilden. Diese Buchstaben mußten einen Sinn haben. Denn wenn das unendlich Kleine, die Bewegung der Atome seinen Daseinsgrund hat, wie sollte das unendlich Große, die Verteilung der Gestirne, deren Gruppierung den Körper des Universums bildet, ihn nicht haben? O ja, eine jede dieser Welten hat ihr eigenes Gesetz, und alle zusammen bewegen sich durch das Gesetz der Zahl in wunderbarer Harmonie. Doch wer wird je das Alphabet der Sterne entziffern? Die Priester der Juno hatten zu ihm gesagt: »Es ist der Himmel der Götter, der vor der Erde gewesen ist. Deine Seele kommt von dort, bete zu ihnen, damit du wieder hinansteigst.«

Diese Meditation wurde durch einen wollüstigen Gesang unterbrochen, der einem an den Ufern des Imbrasus gelegenen Garten entstieg. Die schmachtenden Stimmen der Lesbierinnen verbanden sich mit den Tönen der Zither; junge Leute antworteten mit bacchischen Arien. In diese Stimmen hinein mischte sich schrilles, unheimliches Geschrei, das vom Hafen herüberdrang. Es waren Rebellen, die Polykrates in eine Barke laden ließ, um sie als Sklaven in Asien zu verkaufen. Man schlug sie mit Riemen, die mit Nägeln versehen waren, um sie unter die Schiffsbrücke der Ruderer einzuzwängen. Ihr Geheul und ihre Lästerungen verloren sich in der Nacht; dann wurde alles still.

Der junge Mann bezwang sich, um sich zu konzentrieren. Das Problem wurde dringender, schärfer. Die Erde sagte: Verhängnis! Der Himmel sprach: Vorsehung! Und die Menschheit, zwischen beiden schwebend, antwortete: Wahnsinn! Schmerz! Sklaverei! Doch in seinem Innern hörte der künftige Adept eine unbesiegbare Stimme, die den Ketten der Erde und dem Leuchten des Himmels als Antwort zurief: Freiheit! Wer hat denn recht? Die Weisen, die Priester, die Wahnsinnigen, die Unglücklichen oder er selbst? Ach, jede von diesen Stimmen sprach die Wahrheit, eine jede triumphierte innerhalb ihrer Sphäre, aber keine enthüllte ihm ihren Daseinsgrund. Die drei Welten waren da, unveränderlich wie der

Schoß der Demeter, wie das Licht der Gestirne und wie das menschliche Herz; doch der allein, der ihren Zusammenklang finden würde und das Gesetz ihres Gleichgewichts, wäre ein wirklicher Heiliger, dieser allein würde das göttliche Wissen besitzen und den Menschen helfen können. In der Verwandtschaft dieser drei Welten lag das Geheimnis des Kosmos!

Indem er dieses Wort aussprach, das er eben entdeckt hatte, erhob sich Pythagoras. Sein Blick heftete sich wie fasziniert an die dorische Fassade des Tempels. Er glaubte das ideale Bild der Welt darin zu erblicken und die Lösung des Problems, die er suchte. Denn die Basis, die Säulen, das Architrav und der dreieckige Giebel schienen ihm plötzlich die dreifache Natur des Menschen und des Universums darzustellen, des Mikrokosmos und des Makrokosmos, welche von der göttlichen Einheit, die selbst eine Dreifaltigkeit ist, gekrönt werden. Der von Gott beherrschte und durchdrungene Kosmos bildet:

> »Die heilige Dreiheit, das unendlich reine Symbol,
> Quelle der Natur und Urbild der Götter[67].«

Ja, er war da, verborgen in diesen geometrischen Linien, der Schlüssel des Universums, die Wissenschaft der Zahlen, das Gesetz der Dreiheit, welches die Gesetzmäßigkeit der Wesen beherrscht, das der Siebenheit, welches ihrer Evolution vorangeht. In einer grandiosen Vision sah Pythagoras, wie die Welten sich nach dem Rhythmus und der Harmonie der heiligen Zahlen bewegten. Er sah, wie das Gleichgewicht der Erde und des Himmels in der menschlichen Freiheit seinen Mittelpunkt hatte; er sah, wie die drei Welten, die natürliche, die menschliche und die göttliche, sich gegenseitig unterstützten, einander bedingten und wie durch ihre doppelte Bewegung, die niedersteigende und die aufsteigende, das universelle Drama sich entrollte. Er durchschaute die Sphären der unsichtbaren Welt, welche das Sichtbare durchdringen und fortwährend beleben; er begriff endlich die Läuterung und die Befreiung des Menschen, schon auf dieser Erde, durch die dreifache Einweihung. Er sah alles das und sein Leben und sein Werk in einer plötzlichen lichtvollen Erleuchtung mit der unwiderleglichen Sicherheit des Geistes, der sich der Wahrheit gegenüber fühlt. Es war wie ein Blitz. – Jetzt handelte es sich darum, durch die Vernunft zu beweisen, was sein reiner Geist im Absoluten erfaßt hatte; und dazu bedurfte es eines Menschenlebens, einer Herkulesarbeit.

Wo aber war das nötige Wissen zu finden, um eine solche Arbeit gut durchzuführen? Weder die Gesänge Homers, noch die Weisen Joniens, noch die Tempel Griechenlands konnten dazu genügen.

Der Geist des Pythagoras, der plötzlich Flügel erworben hatte, begann in die Vergangenheit zu tauchen, in seine mit Schleiern umhüllte Geburt und in die geheimnisvolle Liebe seiner Mutter. Ein Kindeserlebnis kam ihm mit besonderer Schärfe ins Gedächtnis. Er erinnerte sich, wie seine Mutter ihn, als er ein Jahr alt war, in das Tal zu Liban zum Tempel des Adonai getragen hatte. Er sah sich wieder als kleines Kind, den Hals der Parthenis umschlingend, zwischen riesigen Bergen, ungeheuren Waldungen, neben einem brandenden Wasserfall. Die Mutter stand auf einer von hohen Zedern umschatteten Terrasse. Ein majestätischer Priester mit weißem Bart lächelte ihr und dem Kinde zu, ernste Worte an sie richtend, die das Kind nicht verstand. Seine Mutter hatte später oft die sonderbaren Worte des Propheten von Adonai wiederholt: »O Frau von Jonien, dein Kind wird groß sein in der Weisheit, doch denke daran, daß, wenn auch die Griechen die Wissenschaft der Götter besitzen, das Wissen Gottes nur noch in Ägypten zu finden ist.« Diese Worte tauchten in seiner Erinnerung wieder auf mit dem mütterlichen Lächeln, mit dem schönen Antlitz des Greises und mit dem fernen Tosen des Kataraktes, den die Stimme des Priesters übertönte, in einer Landschaft, die großartig war wie der Traum eines andern Lebens. Zum erstenmal erriet er den Sinn des Orakels. Er hatte wohl sprechen gehört von dem ungeheuren Wissen der ägyptischen Priester und von ihren gewaltigen Mysterien, aber er glaubte ohne sie auskommen zu können. Jetzt hatte er verstanden, daß er diese »Wissenschaft Gottes« brauchte, um in die Tiefe der Natur einzudringen, und daß er sie nur in den Tempeln von Ägypten finden würde. Und es war die sanfte Parthenis gewesen, die mit ihrem mütterlichen Instinkt ihn zu diesem Werke vorbereitet, ihn wie eine Opfergabe dem höchsten Gott dargebracht hatte!

Da stand sein Entschluß fest, nach Ägypten zu gehen und sich dort einweihen zu lassen.

Polykrates rühmte sich, die Philosophen ebensosehr wie die Dichter zu beschützen. Er beeilte sich, Pythagoras einen Empfehlungsbrief an den Pharao Amasis zu geben, der ihn den Priestern von Memphis vorstellte. Diese empfingen ihn nur widerstrebend und nach manchen Schwierigkeiten. Sie taten alles, um den jungen Samier zu entmutigen. Aber der Novize unterwarf sich mit unerschütterlicher Geduld und Tapferkeit den Verzögerungen und den Prüfungen, die man ihm auferlegte. Er wußte von Anbeginn, daß er das Wissen nur durch die vollkommene Herrschaft des Willens über sein ganzes Wesen erreichen würde. Seine Einweihung dauerte zweiundzwanzig Jahre unter dem Pontifikat des Hohenpriesters Sonchis. Pythagoras durchschritt alle Phasen, welche die Möglichkeit gaben, die Lehre des Lichtworts oder des universellen Worts und jene der menschlichen Entwicklung durch sieben planetarische Zyklen nicht als bloße Theorie, sondern als etwas Erlebtes in sich zu verwirklichen. Bei jedem Schritt dieses schwindelerregenden Aufstiegs wurden die Prüfungen drohender. Hundertmal wagte man sein Leben, besonders wenn man die Handhabung der okkulten Kräfte, die gefährliche Ausübung der Magie und der Theurgie erlangen wollte. Wie alle großen Menschen vertraute Pythagoras seinem Stern. Nichts schreckte ihn, was ihn zum Wissen führen konnte, und die Furcht des Todes hielt ihn nicht zurück, weil er an das jenseitige Leben glaubte. Als die ägyptischen Priester in ihm eine außerordentliche Seelenstärke erkannt hatten und jene unpersönliche Leidenschaft zur Weisheit, die das seltenste Ding in der Welt ist, öffneten sie ihm die Schätze ihrer Erfahrung. Bei ihnen bildete und stählte er sich. Dort konnte er die heilige Mathematik ergründen, die Wissenschaft der Zahlen oder der universellen Prinzipien, die er zum Mittelpunkt seines Systems machte und die er in neuer Art formulierte. Andererseits ließ ihn die Strenge der ägyptischen Disziplin in den Tempeln die ungeheure Macht erkennen des mit Weisheit angewandten und geübten menschlichen Willens, die Möglichkeit seiner unendlichen Anwendung auf den Körper und die Seele. »Die Wissenschaft der Zahlen und die Kunst des Wollens sind die zwei Schlüssel zur Magie«, sagten die Priester von Memphis, »sie öffnen alle Tore des Universums.« In Ägypten war es also, wo Pythagoras diesen Blick von oben erlangte, der die Möglichkeit gibt, die Sphären des Lebens und die Wissenschaft in konzentrischen Kreisen zu erblicken, zu verstehen die Involution des Geistes in die Materie durch die universelle Schöpfung und seine Evolution oder seinen Aufstieg zur Einheit durch jene individuelle Schöpfung, welche man Bewußtseinsentwicklung nennt.

Pythagoras hatte den Gipfel der ägyptischen Priesterweisheit erklommen und dachte vielleicht daran, nach Griechenland zurückzukehren, als der Krieg mit allen seinen Schrecken über das Niltal hereinbrach und den Priester des Osiris in einen neuen Wirbel zog. Schon lange sannen die Despoten Asiens auf den Untergang Ägyptens. Ihre während Jahrhunderten wiederholten Anstürme waren vor der Weisheit der ägyptischen Institutionen, vor der Stärke der Priesterschaft und der Energie der Pharaone gescheitert. Aber das uralte Königreich, die Heimstätte der Wissenschaft des Hermes, sollte nicht ewig dauern. Der Sohn des Besiegers von Babylon, Kambyses, brach in Ägypten ein mit seinen wie Heuschreckenwolken zahlreichen und verhungerten Heeren und machte der Institution des Pharaonats ein Ende, dessen Ursprung sich in die Nacht der Zeiten verliert. In den Augen der Weisen war dies eine Katastrophe für die ganze Welt. Bis dahin hatte Ägypten Europa gegen Asien gedeckt. Sein schützender Einfluß erstreckte sich noch auf das ganze Becken des Mittelmeers durch die Tempel von Phönizien, Griechenland und Etrurien, mit denen die ägyptische Priesterschaft in beständigem Verkehr stand. War einmal dieser Damm niedergerissen, so konnte der Stier gesenkten Hauptes auf die Ufer von Hellas stürzen. Pythagoras sah also, wie Kambyses in Ägypten eindrang. Er sah, wie der persische Despot, der würdige Nachfolger der gekrönten Verbrecher von Niniveh und Babylon, die Tempel von Memphis und Theben plünderte und den des Ammon zerstörte. Er sah, wie der Pharao Psammenit vor Kambyses geführt, mit Ketten beladen und auf einen Erdhügel gestellt wurde, um den man die Priester, die vornehmsten Familien und den Hof des Königs gereiht hatte. Er sah, wie die Tochter des Pharao, in Lumpen gehüllt und begleitet von ihren ebenso gekleideten Ehrenjungfrauen, wie der königliche Prinz und zweitausend junge Leute herangeführt wurden, mit einem Strang im Munde und einem Halfter um den Hals, bevor man sie enthauptete; wie der Pharao Psammenit vor dieser schrecklichen Szene seine Tränen niederzwang; wie der schnöde Kambyses auf seinem Throne sitzend, sich an den Schmerzen seines niedergeworfenen Gegners labte. Grausame aber lehrreiche Lektion der Geschichte, nach den Lektionen der Wissenschaft. Welch ein Bild der entfesselten tierischen Natur im Menschen, gipfelnd in diesem Ungeheuer des Despotismus, der alles mit Füßen tritt und in seiner schaurigen Apotheose die Herrschaft des unerbittlichen Schicksals der Menschheit aufzwängt.

Kambyses ließ Pythagoras mit einem Teil der ägyptischen Priesterschaft nach Babylon überführen und ihn dort internieren.

Diese kolossale Stadt, die Aristoteles einem von Mauern umringten Reich vergleicht, bot damals für die Beobachtung ein ungeheures Feld. Die antike Babel, die große Prostituierte der hebräischen Propheten, war nach der persischen Eroberung mehr als je ein Pandämonium von Völkern, Sprachen, Kulten und Religionen, zwischen denen sich die schwindelerregende Hochburg des asiatischen Despotismus erhob. Der persischen Überlieferung gemäß reicht ihre Gründung bis auf die sagenhafte Semiramis zurück. Sie, sagte man, hatte die riesige Ringmauer gebaut, die fünfundachtzig Kilometer im Umkreis zählte: den Imgum-Bel, jene Mauern, auf denen zwei Wagen nebeneinander liefen, jene übereinander gelagerten Terrassen, jene massiven Paläste mit farbigen Reliefs, jene Tempel, die von steinernen Elefanten gestützt und von vielfarbigen Drachen überragt wurden. Dort war die Reihe der Despoten aufeinander gefolgt, die Chaldäa, Assyrien, Persien, einen Teil der Tartarei, Judäa, Syrien und Klein-Asien unterworfen hatten. Dorthin hatte Nebukadnezar, der Mörder der Magier, das jüdische Volk in Gefangenschaft geführt, das seinen Kultus weiter ausübte in einer Ecke der Riesenstadt, in der London viermal hätte untergebracht werden können. Die Juden hatten sogar dem großen König einen mächtigen Minister in der Person des Propheten Daniel geliefert. Mit Belsazar, dem Sohne des Nebukadnezar, waren die Mauern der alten Babel endlich unter den rächenden Schlägen des Cyrus gefallen; und während mehreren Jahrhunderten stand Babylon unter der persischen Herrschaft. Durch diese Reihe von vorangegangenen Ereignissen waren in dem Augenblick, als Pythagoras nach Babylon kam, drei Religionen in seiner hohen Priesterschaft vertreten: die uralten chaldäischen Priester, die überlebenden persischen Magier und die Elite der jüdischen Gefangenschaft. Den Beweis, daß diese verschiedenen Priesterschaften sich durch den esoterischen Inhalt verständigten, gibt uns gerade die Rolle des Daniel, der, indem er den Gott des Moses verkündete, unter Nebukadnezar, Belsazar und Cyrus erster Minister blieb.

Pythagoras konnte seinen schon so weiten Horizont nur erweitern, indem er diese Lehren, diese Religionen und Kulte studierte, von denen einige Eingeweihte noch die Synthese behalten hatten. Er konnte in Babylon sich in die Wissenschaft der Magier vertiefen, der Erben des Zoroaster. Wenn die ägyptischen Priester allein die universellen Schlüssel der heiligen Wissenschaften besaßen, so besaßen die persischen Magier den Ruf, die Praxis gewisser Künste weiter gebracht zu haben. Sie schrieben sich die Handhabung jener okkulten Kräfte der Natur zu, die das pantomorphische Feuer und das astrale Licht genannt werden. In ihren Tempeln, sagte man, wurde es Nacht am hellen Tage, zündeten sich die Lampen von selbst an, sah man die Götter erstrahlen und hörte man den Donner grollen. Die Magier nannten den himmlischen Löwen jenes unkörperliche Feuer, den Hervorbringer der Elektrizität, das sie nach Belieben verdichten oder auflösen konnten, und Schlangen, die elektrischen Ströme der Atmosphäre, die magnetischen der Erde, die sie wie Pfeile auf die Menschen richten zu können vorgaben. Sie hatten auch zu ihrem besonderen Studium gemacht die suggestive, anziehende und schöpferische Macht des menschlichen Wortes. Sie benutzten zur Beschwörung der Geister Formeln, die stufenweise gesteigert und den ältesten Sprachen der Erde entnommen waren. Dies ist der psychische Grund, den sie selbst angeben: »Ändere nichts an den barbarischen Namen der Beschwörung, denn sie sind die pantheistischen Namen Gottes; sie sind magnetisiert durch die Anbetung der Mengen und ihre Macht ist unsagbar[68].« Diese Beschwörungen, die unter Läuterungen und Gebeten verrichtet wurden, waren eigentlich das, was später weiße Magie genannt wurde.

Pythagoras drang also in Babylon in die Arkane der antiken

Magie ein. Zu gleicher Zeit sah er in dieser Höhle des Despotismus ein großes Schauspiel: auf den Trümmern der zusammenstürzenden Religionen des Orients, über ihrer gespaltenen und entarteten Priesterschaft, eine Gruppe furchtloser Initiierter, aneinander gedrängt, ihre Wissenschaft ihren Glauben und, so weit sie es konnten, die Gerechtigkeit verteidigend. Aufrecht stehend im Angesicht der Despoten, immer bereit, wie Daniel in der Löwengrube, verschlungen zu werden, faszinierten und bändigten sie das Raubtier der absoluten Gewalt durch ihre intellektuelle Macht und machten ihm Schritt für Schritt den Boden streitig.

Nach seiner ägyptischen Einweihung wußte der Sohn von Samos mehr als alle seine Lehrer der Physik und mehr als irgendein Grieche seiner Zeit, ob Priester oder Laie. Er kannte die ewigen Prinzipien des Universums und deren Anwendung. Die Natur hatte ihm ihre Abgründe geöffnet; die groben Schleier der Materie waren vor seinen Augen zerrissen, um ihm die wunderbaren Sphären der vergeistigten Natur und Menschheit zu zeigen. Im Tempel der Neith-Isis zu Memphis, in demjenigen des Bel zu Babylon hatte er viele Geheimnisse gelernt über die Vergangenheit der Religionen, über die Geschichte der Kontinente und der Rassen. Er hatte vergleichen können die Vorteile und die Nachteile des jüdischen Monotheismus, des griechischen Polytheismus, des indischen Trinitarismus und des persischen Dualismus. Er wußte, daß alle diese Religionen Strahlen derselben Wahrheit waren, gedämpft durch verschiedene Grade der Intelligenz und für verschiedene soziale Gemeinschaften. Er besaß den Schlüssel, d. h. die Synthese aller dieser Lehren in der esoterischen Wissenschaft. Sein Blick, der in die Vergangenheit tauchte und die Zukunft umfaßte, mußte mit seltener Wahrheit die Gegenwart beurteilen. Seine Erfahrung zeigte ihm die Menschheit bedroht von den größten Geißeln: von der Unwissenheit der Priester, dem Materialismus der Gelehrten und dem Mangel an Disziplin der Demokratien. Mitten im allgemeinen Verfall sah er den asiatischen Despotismus wachsen; aus dieser schwarzen Wolke sollte ein furchtbarer Gewittersturm über das unverteidigte Europa hereinbrechen.

Es war also die Zeit für ihn gekommen, um nach Griechenland zurückzukehren, seine Mission zu erfüllen, sein Werk zu beginnen.

Pythagoras war zwölf Jahre in Babylon interniert worden. Um es zu verlassen, bedurfte es eines Befehls vom König der Perser. Ein Landsmann, Democedes, Arzt des Königs, verwendete sich für ihn und erwirkte die Freiheit des Philosophen.

Pythagoras kehrte also nach Samos zurück, nach vierunddreißig Jahren der Abwesenheit. Er fand sein Vaterland bedrückt von einem Satrapen des großen Königs. Die Schulen und die Tempel waren geschlossen; die Dichter und die Gelehrten waren geflohen wie ein Schwarm von Schwalben vor dem persischen Cäsarismus. Wenigstens hatte er den Trost, beim letzten Seufzer seines ersten Lehrers, Hermodamas, zugegen zu sein und seine Mutter Parthenis wiederzufinden, die allein an seiner Rückkehr nicht gezweifelt hatte. Denn alle hatten den abenteuerlichen Sohn des Juwelenhändlers von Samos für tot gehalten. Doch nie hatte sie am Orakel des Apollo gezweifelt. Sie begriff, daß unter dem weißen Kleid eines ägyptischen Priesters ihr Sohn sich zu einer hohen Mission vorbereitete. Sie wußte, daß aus dem Tempel der Neith-Isis der wohltätige Meister hervortreten würde, der lichtstrahlende Prophet, von dem sie in dem heiligen Wald von Delphi geträumt und den ihr der Hierophant von Adonai unter den Zedern des Liban versprochen hatte.

Und jetzt trug auf den blauen Fluten der Zykladen eine leichte Barke diese Mutter und diesen Sohn in eine neue Verbannung. Sie flohen mit ihrer ganzen Habe aus dem erdrückten und verlorenen Samos. Sie segelten nach Griechenland. Nicht waren es die olympischen Spiele oder die Lorbeeren des Dichter, die den Sohn der Parthenis lockten. Sein Werk war geheimnisvoller und größer: Die schlafende Seele der Götter in den Heiligtümern wollte er erwekken, dem Tempel Apollos seine Macht und sein Ansehen wiedergeben, dann irgendwo eine Schule der Wissenschaft und des Lebens gründen, aus welcher nicht Politiker und Sophisten hinaustreten würden, sondern eingeweihte Männer und Frauen, wahre Mütter und reine Helden!

Der Tempel von Delphi – Die apollinische Wissenschaft – Die Theorie der Divination – Die Pythonisse Theoklea

In der Ebene von Phokis stieg man zu lachenden Wiesen hinauf, welche die Ufer des Plistios umsäumten; dann gelangte man zwischen hohen Felsen in ein sich schlängelndes Tal. Bei jedem Schritt wurde das Tal enger, die Gegend großartiger und wüster. Endlich erreichte man eine Schlucht, welche steile Berge, von wilden Zakken gekrönt, umringten, einen wahren Abgrund der Elektrizität, über dem sich häufig Gewitter entluden. Plötzlich erschien, einem Adlernest ähnlich, im dunklen Talkessel die Stadt Delphi auf ihrem von Abgründen umgebenen und von den zwei Gipfeln des Parnaß überragten Felsen. Von weitem sah man erglänzen, die in Bronze gegossenen Siegesgöttinnen, die ehernen Pferde, die zahllosen goldenen Statuen, die auf der heiligen Straße gereiht waren und wie eine Garde von Helden und Göttern den dorischen Tempel des Phoibos Apollo umgaben.

Es war der heiligste Ort Griechenlands. Dort prophezeite die Pythia; dort vereinigten sich die Amphyktionen; dort hatten alle hellenischen Völker um das Heiligtum Kapellen aufgerichtet, welche Schätze geopferter Gaben enthielten. Dort stiegen Prozessionen von Männern, Frauen und Kindern, aus weiten Gegenden gekommen, die heilige Straße hinan, um den Gott des Lichtes zu begrüßen. Die Religion hatte seit Zeiten, die dem Gedächtnis entschwunden sind, den Tempel von Delphi der Ehrfurcht der Völker geweiht. Seine zentrale Lage in Hellas, sein Felsen, der ihn vor Überfällen schützte und leicht zu verteidigen war, hatten dazu beigetragen. Der Ort war wie geschaffen, um auf die Phantasie zu wirken; eine Eigentümlichkeit verlieh ihm sein Ansehen. In einer Höhle hinter dem Tempel öffnete sich ein Spalt, aus welchem kalte Nebeldünste emporstiegen, von denen man sagte, daß sie die Inspiration und die Ekstase hervorriefen. Plutarch erzählt, daß in sehr fernen Zeiten ein Hirte, der sich an den Rand dieses Spalts gesetzt hatte, zu prophezeien anfing. Zuerst glaubte man, daß er verrückt sei; aber als sich seine Wahrsagungen erfüllten, dachte man über diese Tatsache nach. Die Priester bemächtigten sich ihrer und weihten diesen Ort der Gottheit. Von hier stammt die Institution der

Pythia, die man auf einem Dreifuß über dem Spalt sitzen ließ. Die Dünste, die aus dem Abgrund stiegen, versetzten sie in Krämpfe mit sonderbaren Krisen und bewirkten jenes Hellsehen, das man bei hervorragenden Somnambulen wiederfindet. Äschylus, dessen Aussagen von Gewicht sind, da er der Sohn eines Priesters von Eleusis und selbst Eingeweihter war, belehrt uns in den Eumeniden durch den Mund der Pythia, daß Delphi zunächst der Erde geweiht gewesen war, dann der Themis (der Gerechtigkeit), dann der Phoebe (dem vermittelnden Mond), endlich Apollo, dem Sonnengott. Jeder dieser Namen stellt in der Symbolik der Tempel lange Zeiträume dar und umfaßt Jahrhunderte. Aber die Berühmtheit Delphis leitet sich von Apollo ab. Jupiter, sagten die Dichter, hatte das Zentrum der Erde kennenlernen wollen; er ließ zwei Adler auffliegen, im Osten und im Westen; sie begegneten sich in Delphi. Woher stammt dieser Nimbus, diese universelle und unbestrittene Autorität, die Apollo über alle anderen Götter der Griechen erhebt und die bewirkt hat, daß er auch für uns einen unerklärlichen Glanz bewahrt?

Die Geschichte lehrt uns nichts über diesen wichtigen Punkt. Befragt die Redner, die Dichter, die Philosophen, sie werden euch nur oberflächliche Erklärungen geben. Die wahre Antwort auf diese Frage bleibt das Geheimnis des Tempels. Versuchen wir in dasselbe einzudringen.

Im orphischen Gedanken waren Dionysos und Apollo zwei verschiedene Offenbarungen derselben Gottheit. Dionysos stellte die esoterische Wahrheit dar, den Urgrund und das Innere der Dinge, die den Eingeweihten allein offen sind. Er enthielt das Mysterium des Lebens, die vergangenen und die zukünftigen Existenzen, die Beziehungen der Seele zum Körper, des Himmels zur Erde. Apollo personifizierte die selbe Wahrheit in ihrer Anwendung auf das irdische Leben und die soziale Ordnung. Er war es, der zur Poesie, zur Medizin und zur Gesetzeskunde inspirierte; er war die Wissenschaft durch die Divination, die Schönheit durch die Kunst, der Friede der Völker durch die Gerechtigkeit und die Harmonie der Seele und des Körpers durch die Läuterung. Mit einem Wort, für den Initiierten bedeutete Dionysos nichts weniger als den göttlichen Geist in seiner Evolution im Universum, Apollo bedeutete seine Manifestation für den irdischen Menschen. Die Priester hatten dies dem Volke durch eine Legende zu verstehen gegeben. Sie hatten ihm gesagt, daß zu den Zeiten des Orpheus Bacchus und Apollo sich um den Dreifuß von Delphi gestritten hatten. Bacchus hatte aus freiem Willen seinem Bruder nachgegeben und sich zurückgezogen auf einen der Gipfel des Parnassus, wo thebanische Frauen seine Mysterien feierten. In Wirklichkeit teilten sich die großen Söhne des Jupiter die Herrschaft der Welt. Der eine herrschte über das geheimnisvolle Jenseits, der andere über die Lebendigen.

Wir finden in Apollo das Sonnenwort, das universelle Wort, den großen Mittler, den Vishnu der Inder, den Mithras der Perser, den Horus der Ägypter. Aber die alten Ideen des asiatischen Esoterismus umkleideten sich in der Legende Apollos mit plastischer Schönheit, mit Herrlichkeit, die sie tiefer in das menschliche Bewußtsein eindringen ließen, ähnlich den Pfeilen des Gottes, »den Schlangen mit den weißen Flügeln, die von seinem goldenen Bogen emporschnellen«, sagt Äschylos.

Apollo entsteigt der großen Nacht in Delos; alle Göttinnen grüßen ihn bei seiner Geburt; er schreitet vor, er ergreift den Bogen und die Lyra; seine Locken rollen in der Luft, sein Köcher klingt auf seinen Schultern; und das Meer erzittert, und die ganze Insel erglänzt wie in einem Bad von Flammen und von Gold. Es ist die Epiphanie des göttlichen Lichts, das durch seine erhabene Gegenwart die Ordnung, die Herrlichkeit und die Harmonie erschafft, deren wunderbares Echo die Poesie ist. – Der Gott begibt sich nach Delphi und durchbohrt mit seinen Pfeilen eine ungeheure Schlange, welche die Gegend verwüstet; er hebt den Wohlstand des Landes und gründet den Tempel. Es ist ein Bild des Sieges dieses göttlichen Lichts über die Finsternis und das Böse. In den alten Religionen symbolisierte die Schlange zugleich den unabwendbaren Kreis des Lebens und das Böse, das sein Resultat ist. Dennoch entringt sich diesem verstandenen und überwundenen Leben das Wissen. Als Töter der Schlange ist Apollo das Symbol des Eingeweihten, der die Natur durch die Wissenschaft durchbohrt, sie durch den Willen bändigt und, indem er den verhängnisvollen Ring des Fleisches durchbricht, in die Herrlichkeit des Geistes emporsteigt, während die zerbrochenen Reste der menschlichen Tierheit sich im Sande winden. Deshalb ist Apollo der Meister der Büßungen, der Läuterungen der Seele und des Körpers. Bespritzt vom Blut des Ungeheuers, hat er Buße getan, hat er sich selbst während acht Jahren in der Verbannung geläutert unter den bittern und heilsamen Lorbeeren von Tempe. – Apollo, der Erzieher der Menschen, liebt es, unter ihnen zu weilen; er gefällt sich in den Städten, zwischen der männlichen Jugend, in den Weltkämpfen der Poesie und der Palästra, aber er bleibt dort nur zeitweilig. Im Herbst kehrt er in sein Vaterland zurück, in das Land der Hyperboräer. Es ist das geheimnisvolle Land der strahlenden und durchsichtigen Seelen, die in der ewigen Morgenröte einer vollkommenen Seligkeit leben. Dort sind seine wahren Priester und seine geliebten Priesterinnen. Er lebt mit ihnen in intimer und tiefer Gemeinschaft, und wenn er den Menschen ein königliches Geschenk machen will, so bringt er ihnen aus dem Land der Hyperboräer eine jener großen strahlenden Seelen und läßt sie auf der Erde geboren werden, um die Sterblichen zu belehren und zu bezaubern. Er selbst kehrt nach Delphi zurück, in jedem Frühjahr, wenn die Hymnen gesungen werden. Er kommt, sichtbar allein den Eingeweihten, in seiner hyperboräischen Weise auf einem Wagen, den melodische Schwäne ziehen. Er kommt wieder, um das Heiligtum zu bewohnen, in dem die Pythia seine Orakel verkündet, in dem die Weisen und die Dichter ihm zuhören. Dann singen die Nachtigallen, der Springbrunnen von Kastalien sprudelt in silberner Helle, Ströme blendenden Lichts und himmlische Musik ergießen sich in das Herz des Menschen und bis in die Adern der Natur.

In dieser Legende der Hyperboräer bricht in lichten Strahlen die Grundlage des Mythus von Apollo durch. Das Land der Hyperboräer ist das Jenseits, das Empyräum der siegreichen Seelen, deren astrale Morgenröte die mannigfarbigen Zonen erhellt. Apollo selbst personifiziert das immaterielle und übersinnliche Licht, von dem die Sonne nur ein physisches Abbild ist, von wo jede Wahrheit fließt. Die wunderbaren Schwäne, die ihn herbeiführen, sind die Dichter, die göttlichen Genien, Boten einer großen Sonnenseele, die Vibrationen von Licht und Melodie hinter sich lassen. Apollo der Hyperboräer personifiziert also den Niederstieg des

Himmels auf die Erde, die Verkörperung der geistigen Schönheit in dem Blut und dem Fleisch, das Hinunterströmen der transzendenten Wahrheit durch die Inspiration und die Divination.

Doch es ist Zeit, den goldenen Schleier der Legenden zu heben. um in den Tempel selbst zu treten. Auf welche Weise ging die Divination vor sich? Wir berühren hier die Arkane der apollinischen Wissenschaft und der Mysterien von Delphi.

Ein tiefes Band vereinigte im Altertum die Divination mit dem Sonnenkultus: hier liegt der goldene Schlüssel zu allen Mysterien der Magie.

Die Anbetung des arischen Menschen richtet sich vom Anbeginn der Zivilisation zur Sonne als zur Quelle des Lichts, der Wärme und des Lebens. Als jedoch der Gedanke der Weisen sich vom Phänomen zur Ursache erhob, begriffen sie, daß hinter diesem sinnlichen Feuer und diesem sichtbaren Licht ein unmaterielles Feuer und ein übersinnliches Licht sein müsse. Sie identifizierten das erste mit dem männlichen Prinzip, dem schöpferischen Geist oder der intellektuellen Essenz des Universums und das zweite mit dem weiblichen Prinzip, der formenden Seele, der plastischen Substanz. Diese Intuition geht zurück bis in die entferntesten Zeiten, durchdringt die ältesten Mythologien. Sie kreist in den vedischen Hymnen unter der Form Agnis, des universellen Feuers, das jedes Ding durchdringt. Sie entfaltet sich in der Religion des Zoroaster, deren esoterischen Teil der Kultus des Mithras bildet. Mithras ist das männliche und Mitra das weibliche Feuer. Zoroaster sagt uns das in der Form, daß der Ewige durch das Mittel des lebendigen Wortes das himmlische Feuer erschuf, die Saat des Ormuzd, das Urbild des materiellen Lichts und des materiellen Feuers. Für den Eingeweihten des Mithras ist die Sonne nur ein großes Abbild dieses Lichts. In seiner dunklen Grotte, dessen Gewölbe ganz mit Sternen bemalt ist, ruft er die Sonne der Gnade an, das Feuer der Liebe, welches das Böse besiegt, welches Ormuzd und Ahriman versöhnt, das läuternde und vermittelnde Feuer, welches die Seele der großen Propheten bewohnt.

In den Krypten Ägyptens suchen die Eingeweihten dieselbe Sonne unter dem Namen des Osiris. Als Hermes verlangt, den Ursprung der Dinge zu betrachten, fühlt er sich zuerst untergetaucht in die ätherischen Fluten eines köstlichen Lichts, in dem sich alle lebendigen Formen bewegen. Dann, hineintauchend in die Finsternis der dichten Materien, hört er eine Stimme und erkennt die Stimme des Lichts. Zu gleicher Zeit lodert ein Feuer aus der Tiefe empor; sogleich ordnet und lichtet sich das Chaos. In dem Buch der Toten der Ägypter nähern sich die Seelen mühevoll diesem Licht in der Barke der Isis. Moses hat diese Lehre voll hinübergenommen in die Genesis. Aelohim sagt: »Das Licht sei – und es ward Licht.« Die Schöpfung des Lichts aber geht derjenigen der Sonne und der Sterne voran. Das bedeutet, daß in der Anordnung der Prinzipien und der Kosmogonie das übersinnliche Licht dem materiellen Licht vorangeht. Die Griechen, welche die abstraktesten Ideen in menschliche Form gossen und sie dramatisierten, drückten dieselbe Lehre aus in dem Mythus des hyperboräischen Apollo.

So kam der menschliche Geist dazu, durch die innere Kontemplation des Universums, vom Standpunkt der Seele und der Vernunft aus, ein übersinnliches Licht zu begreifen, ein unwägbares Element, das als Vermittler zwischen der Materie und dem Geiste diente. Es wäre leicht zu beweisen, daß die modernen Physiker sich auf einem entgegengesetzten Wege allmählich derselben Schlußfolgerung näherten, indem sie nach der Beschaffenheit der Materie forschten und die Unmöglichkeit sahen, sie aus sich selbst heraus zu erklären. Schon im sechzehnten Jahrhundert war Paracelsus dazu gelangt, indem er die chemischen Kombinationen und Metamorphosen der Körper studierte, ein universelles und okkultes Agens anzunehmen, mittels dessen sie zustande kommen. Die Physiker des siebzehnten und des achtzehnten Jahrhunderts, die das Universum wie eine tote Maschine auffaßten, glaubten an die absolute Leere der himmlischen Räume. Als man jedoch erkannt hatte, daß das Licht nicht die Aussendung einer strahlenden Materie ist, sondern die Vibration eines unwägbaren Elements, sah man sich gezwungen anzunehmen, daß der ganze Raum von einem unendlich subtilen Fluidum erfüllt ist, das die Körper durchdringt und durch welches die Wärme- und Lichtwellen übertragen werden. So kehrte man wieder zurück zu den Ideen der griechischen Physik und Theosophie. Newton, der sein ganzes Leben im Studium der Bewegungen der Himmelskörper zugebracht hatte, ging weiter. Er nannte diesen Äther sensorium Dei oder Gehirn Gottes, d. h. das Organ, durch welches der göttliche Gedanke im unendlich Großen und im unendlich Kleinen tätig ist. Indem er diesen Gedanken zum Ausdruck brachte, der ihm notwendig schien, um die einfache Bewegung der Sterne zu erklären, befand sich der große Physiker in voller esoterischer Philosophie. Den Äther, den der Gedanke des Newton im Raum entdeckte, hatte Paracelsus im Innern seiner Retorten gefunden und hatte ihn Astrallicht genannt. – Dieses unwägbare, aber überall gegenwärtige Fluidum, das alles durchdringt, diese subtile, aber unentbehrliche wirkende Kraft, dieses für unsere Augen unsichtbare Licht, das aber jeder Lichtentwicklung, jedem Gefunkel zugrunde liegt, wurde von einem deutschen Physiker in einer Serie von klug durchgeführten Experimenten festgestellt. Reichenbach hatte bemerkt, daß sehr sensitive, nervöse Persönlichkeiten, die in ein dunkles Zimmer vor einen Magneten gestellt wurden, an dessen beiden Enden starke Strahlen von rotem, gelbem und blauem Licht sahen. Diese Strahlen vibrierten manchmal in einer Wellenbewegung. Er setzte seine Experimente mit allerhand Gegenständen fort, hauptsächlich mit Kristallen. Um alle diese Gegenstände herum sahen die Sensitiven Lichtausstrahlungen. Um den Kopf von Menschen, die in die Dunkelkammer gebracht wurden, sahen sie weiße Strahlen; aus ihren Fingern kamen kleine Flammen. In dem ersten Stadium ihres Schlafes sehen die Somnambulen manchmal ihren Magnetiseur mit denselben Zeichen. Das reine Astrallicht wird sichtbar nur in der hohen Ekstase, aber es polarisiert sich in allen Körpern, verbindet sich mit allen irdischen Fluiden und zeigt sich auf verschiedene Art in der Elektrizität, dem irdischen und dem tierischen Magnetismus. An den Experimenten Reichenbachs ist vor allem interessant, daß er uns bis an die Grenze des physischen Sehvermögens führt und dessen allmähliches Übergehen ins astrale Sehen zeigt, welches zum spirituellen Schauen führen kann. Sie zeigen auch die unendlichen Möglichkeiten der Verfeinerung der unwägbaren Materie. Nichts hindert uns, sie so fließend, so subtil und durchdringend aufzufassen, daß sie in gewissem Sinn dem Geist gleichartig und ihm zur vollkommenen Hülle wird.

Wir haben eben gesehen, daß die moderne Physik eine unwägbare, universell wirkende Kraft hat anerkennen müssen, um die

Welt zu erklären; daß sie deren Dasein sogar festgestellt hat und daß sie so, ohne es zu wissen, das Gedankengebiet der uralten Theosophien betreten hat. Versuchen wir jetzt die Natur und die Wirksamkeit des kosmischen Fluidums zu erklären, gemäß der Philosophie des Okkulten zu allen Zeiten. Denn bei diesem wichtigsten Prinzip der Kosmogonie stimmt Zoroaster mit Heraklit überein, Pythagoras mit St. Paulus, die Kabbalisten mit Paracelsus. Sie herrscht überall, Kybele-Maia, die große Seele der Welt, die vibrierende und plastische Substanz, die vom Hauche des schöpferischen Geistes geformt wird. Ihre ätherischen Fluten dienen als Bindemittel zwischen den Welten. Sie ist die große Vermittlerin zwischen dem Unsichtbaren und dem Sichtbaren, zwischen dem Geist und der Materie, zwischen dem Innen und dem Außen des Universums. Zu ungeheuren Massen in der Atmosphäre verdichtet, von der Sonne bebrütet, bricht sie dort als Blitz und Donner aus. Von der Erde aufgesogen, kreist sie dort in magnetischen Strömen. Wir finden sie verfeinert wieder im Nervensystem des Tieres, durch welches sie ihren Willen den Gliedern, ihre Empfindungen dem Gehirn übermittelt. Noch mehr! Dieses subtile Fluidum bildet lebende Organismen ähnlich den tierischen Körpern. Denn es dient als Substanz dem Astralkörper der Seele, es wird zum leuchtenden Gewand, das der Geist beständig sich selbst webt. Je nach den Seelen, die es bekleidet, den Welten, die es umhüllt, wandelt sich dieses Fluidum um, verfeinert oder verdichtet es sich. Nicht nur verkörpert es den Geist und durchgeistigt es die Materie, sondern es spiegelt fortwährend wider in seinem belebten Schoß die Dinge, die Willensäußerungen und die menschlichen Gedanken. Die Kraft und die Dauer dieser Bilder steht im Verhältnis zur Intensität des Willens, der sie hervorbringt. Und in der Tat, es gibt kein anderes Mittel, um die Suggestion und die Gedankenübertragung in der Entfernung zu erklären, als jenes Prinzip der Magie, das die Wissenschaft heute festgestellt und anerkannt hat. So erzittert die Vergangenheit der Welt in unsicheren Bildern im Astrallicht, und die Zukunft geht dort um mit den lebenden Seelen, welche das unabwendbare Schicksal in das Fleisch hinabzusteigen zwingt. Das ist der Sinn des Schleiers der Isis und des Mantels der Kybele, in welchen alle Wesen hineingewebt sind.

Man sieht jetzt, daß die theosophische Lehre des Astrallichts identisch ist mit der Geheimlehre des Sonnenworts in den Religionen des Orients und Griechenlands. Man sieht, wie diese Lehre sich mit der Lehre der Divination verbindet. Das Astrallicht offenbart sich als das universelle Medium für die Phänomene der Vision und der Ekstase und erklärt sie. Es ist zugleich der Träger und Übermittler der Bewegungen des Gedankens und der lebendige Spiegel, in welchem die Seele die Bilder der materiellen und spirituellen Welt betrachtet. Ist der Geist des Sehers einmal in dieses Element versetzt, so gelten die Gesetze der Körperlichkeit nicht mehr für ihn. Raum und Zeit werden anders bemessen. Er nimmt in gewissem Sinn teil an der Allgegenwart des universellen Fluidums. Die dichte Materie wird für ihn durchsichtig; die Seele, die sich vom Körper befreit, zu ihrem eigenen Licht sich erhebt, dringt durch die Ekstase in die geistige Welt ein und erlangt die Möglichkeit, die in ätherischen Leib gehüllten Seelen zu schauen und mit ihnen zu verkehren. Alle Eingeweihten des Altertums hatten eine genaue Vorstellung dieses zweiten Gesichts oder direkten Schauens des Geistes. So zum Beispiel läßt Äschylus den Schatten der Klytämnestra sprechen: »Blick auf die Wunden, dein Geist kann sie schauen; der Geist hat schärfere Augen, während der Körper schläft; beim hellen Tag umspannt der Blick der Sterblichen nur ein geringes Feld.«

Wir bemerken noch, daß diese Theorie des Hellsehens und der Ekstase wunderbar übereinstimmt mit den zahlreichen, an Somnambulen und Hellsehern jeder Art wissenschaftlich ausgeführten Experimenten der Gelehrten und Ärzte dieses Jahrhunderts. An Hand dieser aktuellen Tatsachen werden wir versuchen, kurz die Aufeinanderfolge der psychischen Zustände zu beschreiben, angefangen vom einfachen Schlafwachen bis zur kataleptischen Ekstase.

Aus Tausenden von wohlgeprüften Tatsachen geht hervor, daß der Zustand des Schlafwachens ein psychischer Zustand ist, der sich vom Schlaf ebensosehr wie vom Wachen unterscheidet. Statt sich zu verringern, nehmen die intellektuellen Fähigkeiten des Schlafwachenden in erstaunlicher Weise zu. Sein Gedächtnis ist schärfer, seine Imagination lebendiger, sein Verstand wachsamer. Endlich, und dies ist die Hauptsache, hat sich ein neuer Sinn, der kein körperlicher, sondern ein seelischer Sinn ist, in ihm entwikkelt. Nicht nur übertragen sich auf ihn die Gedanken des Magnetiseurs wie in dem einfachen Phänomen der Suggestion, das schon aus dem physischen Plan heraustritt, sondern der Schlafwachende liest auch in den Gedanken der Anwesenden, schaut durch die Mauern, dringt ein durch Hunderte von Meilen in Häuser, in denen er nie gewesen ist, und in das intime Leben von Menschen, die er nie kannte. Seine Augen sind geschlossen und können nichts sehen, aber sein Geist sieht weiter und besser als seine geschlossenen Augen und scheint frei im Raum umherzuwandern. Kurz, wenn das Schlafwachen vom Standpunkt des Körpers aus ein anomaler Zustand ist, so ist es ein normaler und höherer Zustand vom Standpunkt des Geistes. Das Ich ist dasselbe geblieben, aber es ist auf einen höheren Plan gestiegen, auf dem sein von den groben Organen des Körpers befreiter Blick einen weiteren Horizont umfaßt. Bemerkenswert ist, daß unter den Strichen des Magnetiseurs einige Somnambulen sich von immer blendenderem Licht umflutet fühlen, während ihnen das Aufwachen als eine mühsame Rückkehr in die Finsternis erscheint [69].

Die Suggestion, das Gedankenlesen und das Sehen in die Ferne sind Tatsachen, die schon die unabhängige Existenz der Seele beweisen und uns über den physischen Plan des Universums hinaustragen, ohne daß wir denselben ganz verlassen. Aber das Schlafwachen hat unendlich viele Abarten und eine Stufenleiter von weit mannigfaltigeren Zuständen als das Wachen. Je höher man klimmt, desto seltsamer und ungewöhnlicher werden die Phänomene. Betrachten wir nur die Hauptstadien. Die Rückschau ist eine Vision der vergangenen Begebenheiten, die im Astrallicht aufbewahrt und von der Sympathie des Sehenden wiederbelebt werden. Die Divination ist eine problematische Vision der kommenden Dinge, sei es auf dem Weg des Durchdringens der Gedanken der Lebenden, welche die künftigen Handlungen im Keim enthalten, sei es durch den okkulten Einfluß höherer Geister, welche die Zukunft in lebendigen Bildern vor der Seele des Hellsehenden entrollen. In beiden Fällen sind es Gedankenprojektionen im Astrallicht. Endlich läßt sich die Ekstase als eine Vision der geistigen Welt bezeichnen, wo gute oder böse Geister dem Sehenden in menschlicher Form erscheinen und mit ihm verkehren. Die Seele scheint wirklich aus dem Körper gehoben zu sein, den das Leben beinahe verlassen hat und der in eine dem Tod ähnliche Katalepsie fällt. Nichts kann, so sagen die großen Ekstatiker, die Schönheit und die Herrlichkeit dieser Vision wiedergeben, noch das Gefühl unsagbarer Verschmelzung mit der göttlichen Essenz, das sie wie eine Offenbarung von Licht und Musik zurückbringen. Man kann an der Realität dieser Visionen zweifeln. Aber man muß hinzufügen, daß, wenn die Seele im mittleren Stadium des Schlafwachens eine genaue Anschauung der entfernten Orte und der Abwesenden hat, es nur logisch ist, zuzugeben, daß sie in ihrer höchsten Exaltation die Vision einer höheren und unmateriellen Realität haben könne.

Wir glauben, daß es die Aufgabe der Zukunft sein wird, den transzendenten Fähigkeiten der menschlichen Seele ihre Würde und soziale Bedeutung wiederzugeben, indem diese unter die Kontrolle der Wissenschaft gestellt werden und zur Grundlage eine wirklich universelle, allen Wahrheiten offene Religion erhalten. Dann wird die durch den wirklichen Glauben und durch den Geist barmherziger Liebe wieder erneuerte Wissenschaft mit offenen Augen jene Sphären erreichen, in denen die spekulative Philosophie tastend und mit einer Binde auf den Augen umherirrt. Ja, die Wissenschaft wird sehend und erlösend werden in dem Maße, als in ihr das Bewußtsein und die Liebe zur Menschheit erstarken. Und vielleicht ist es durch »das Tor des Schlafes und der Träume«, wie der alte Homer sich ausdrückte, daß die von unserer Zivilisation verbannte und unter ihrem Schleier leise trauernde Psyche von ihren Altären wieder Besitz ergreifen wird.

Wie dem auch sei, die Phänomene des Schlafwachens, die von den Gelehrten und Ärzten des neunzehnten Jahrhunderts in all ihren Phasen beobachtet worden sind, werfen ein ganz neues Licht auf die Rolle der Divination im Altertum und auf eine Menge von scheinbar übernatürlichen Phänomenen, welche die Annalen aller Völker erfüllen. Gewiß ist es notwendig zu unterscheiden zwischen Legende und Geschichte, zwischen Halluzination und wahrer Vision. Aber die experimentelle Psychologie der Gegenwart lehrt uns, Tatsachen nicht insgesamt zu verwerfen, die in der Möglichkeit der menschlichen Natur liegen, und sie vom Standpunkt der erkannten Gesetze aus zu studieren. Wenn das Hellsehen eine

Fähigkeit der Seele ist, so ist es nicht mehr erlaubt, die Propheten, Orakel und Sybillen einfach und bequem in das Gebiet des Aberglaubens zu verwerfen. Die Divination konnte in den antiken Tempeln gekannt und ausgeübt werden auf der Grundlage fester Prinzipien, mit einem sozialen und religiösen Zweck. Das vergleichende Studium der Religionen und der esoterischen Überlieferungen zeigt uns, daß diese Prinzipien überall dieselben waren, obgleich ihre Anwendung eine mannigfaltige war. Was die Kunst der Divination in Verruf gebracht hat, ist, daß ihre Entartung zu den schlimmsten Ausbeutungen geführt hat und daß ihre schönen Manifestationen nur möglich sind in Wesen von außergewöhnlicher Größe und Reinheit.

Die Divination, die in Delphi ausgeübt wurde, stützte sich auf die Grundlagen, die wir eben klargelegt haben, und die innere Organisation des Tempels entsprach ihnen. Wie in den großen Tempeln Ägyptens setzt sie sich zusammen aus einer Kunst und einer Wissenschaft. Die Kunst bestand darin, Entfernungen, Vergangenheit und Zukunft durch das Hellsehen oder die prophetische Ekstase zu durchdringen; die Wissenschaft, die Zukunft nach den Gesetzen der universellen Evolution zu berechnen. Kunst und Wissenschaft kontrollierten sich gegenseitig. Wir wollen nichts weiter von dieser Wissenschaft sagen, welche die Alten Genethlialogie nannten und von welcher die mittelalterliche Astrologie mehr ein unvollständiges Bruchstück ist, als daß sie eine auf die Zukunft der Völker und der Individuen angewandte esoterische Encyklopädie bedeutete. Sehr nützlich als Richtungslinie, blieb sie immer problematisch in ihrer Anwendung. Geister erster Ordnung allein haben sie zu gebrauchen verstanden. Pythagoras hatte sie in Ägypten vertieft. In Griechenland übte man sie aus nach weniger vollständigen und genauen Angaben. Das Hellsehen und die Prophetie dagegen waren auf eine ziemlich hohe Stufe gebracht worden.

Man weiß, daß sie in Delphi durch die Vermittlung junger und älterer Frauen ausgeübt wurde, welche Pythien oder Pythonissen hießen und die passive Rolle hellsehender Somnambulen spielten. Die Priester deuteten, übersetzten, ordneten ihre wirren Orakel nach eigener Einsicht. Zugunsten der divinatorischen Wissenschaft von Delphi sprechen nicht nur die Zeugnisse der Philosophen des

Altertums, sondern auch mehrere von Herodot wiedergegebene Orakel, wie dasjenige über Krösos und über die Schlacht bei Salamis. Gewiß hatte diese Kunst ihren Anfang, ihre Blüte und ihren Verfall. Der Schwindel und die Bestechung bemächtigten sich schließlich ihrer; so bestach z. B. der König Kleomenes die oberste Priesterin von Delphi, um Demarates die Königswürde zu entreißen. Plutarch hat einen Aufsatz geschrieben, um die Ursachen des Verfalls der Orakel zu suchen; dieser wurde von der ganzen antiken Gesellschaft als ein Unglück gefühlt.

In der vorangegangenen Epoche war die Orakelkunst mit einer religiösen Aufrichtigkeit betrieben worden, die ein wirklich heiliges Amt aus ihr machten. Man las auf dem Giebel des Tempels folgende Inschrift: »Erkenne dich selbst«, und über dem Eingangstor jene andere: »Der, dessen Hände nicht rein sind, schreite hier nicht weiter.« Diese Worte sagten jedem Nahenden, daß die Leidenschaften, die Lügen, die irdischen Heucheleien über die Schwelle des Heiligtums nicht treten durften und daß im Innern die göttliche Wahrheit mit drohender Strenge herrsche.

Pythagoras kam nach Delphi erst, nachdem er seine Wanderung durch alle Tempel Griechenlands vollendet hatte. Er hatte sich bei Epimenides im Tempel des Idäischen Jupiter aufgehalten; er hatte den olympischen Spielen beigewohnt; überall hatte man ihn empfangen wie einen Meister. Die Wahrsagekunst war dort im Untergang begriffen, und Pythagoras wollte ihr ihre Tiefe, ihre Kraft und ihr Ansehen wiedergeben. Er kam also weniger, um Apollo zu befragen, als um seinen Interpreten Licht zu bringen, ihre Begeisterung zu entfachen und ihre Energie zu erwecken. Auf sie einwirken, bedeutet auf die Seele Griechenlands einwirken und seine Zukunft vorbereiten.

Glücklicherweise fand er im Tempel ein wunderbares Werkzeug.

Die junge Theoklea gehörte zur Hochschule der Priesterinnen Apollos. Sie entstammte einer jener Familien, in denen die Priesterwürde erblich ist. Die großen Eindrücke des Heiligtums, die Zeremonien des Kultus, die Hymnen, die Feste des pythischen und hyperboräischen Apollo hatten ihre Kindheit genährt. Man stellt sie sich vor wie eines jener jungen Mädchen, die eine angeborene und instinktive Abneigung gegen das haben, was die andern anzieht. Sie lieben nicht Ceres und fürchten Venus. Denn die schwere irdische Atmosphäre ängstigt sie und die undeutlich erschaute irdische Liebe scheint ihnen eine Entweihung der Seele, ein Bruch ihres unberührten jungfräulichen Wesens. Dagegen sind sie sonderbar empfänglich für geheimnisvolle Strömungen, für astrale Einflüsse. Wenn der Mond in die dunklen Haine des Springbrunnens von Kastalien schien, sah Theoklea weiße Gestalten darin gleiten. Mitten am Tage hörte sie Stimmen. Wenn sie sich den Strahlen der aufgehenden Sonne aussetzte, versetzte sie deren Vibration in eine Art Extase, in der sie unsichtbare Chöre hörte. Sie war jedoch unempfänglich für den Aberglauben und den populären Götzendienst des Kultus. Die Statuen ließen sie gleichgültig, sie hatte einen Abscheu vor den Tieropfern. Sie sprach zu niemandem von den Erscheinungen, die ihren Schlummer trübten. Sie fühlte es mit dem Instinkt der Hellseher, daß die Priester Apollos jenes höchste Licht nicht besaßen, das sie brauchte. Diese hatten aber ein Auge auf sie, um sie zu bestimmen, Pythonisse zu werden. Sie fühlte sich wie angezogen von einer höheren Welt, zu der sie nicht den Schlüssel hatte. Was waren diese Götter, die sich durch Eingebungen und Schauder ihrer bemächtigten? Sie wollte es wissen, bevor sie sich ihnen auslieferte. Denn die großen Seelen müssen klar sehen, bevor sie sich selbst göttlichen Mächten ergeben.

Von welchem tiefem Schauder, von welch geheimnisvollem Vorgefühl mußte die Seele Theokleas bewegt werden, als sie zum ersten Male Pythagoras erblickte und zwischen den Säulen des apollinischen Heiligtums seine beredte Stimme erklingen hörte! Sie fühlte die Gegenwart des Initiators, den sie erwartete, sie erkannte ihren Meister. Sie wollte wissen; sie würde durch ihn wissen, und diese innere Welt, diese Welt, die sie in sich trug, er würde sie zum Sprechen bringen! – Er seinerseits mußte mit der Sicherheit und der Schärfe seines Blicks in ihr die lebendige und vibrierende Seele erkennen, die er suchte, damit sie die Deuterin seines Gedankens im Tempel würde und einen neuen Geist ihm einhauchte. Seit dem ersten gewechselten Blick, seit dem ersten gesprochenen Wort verknüpfte ein unsichtbares Band den Weisen von Samos mit der jungen Priesterin, die ihm zuhörte, ohne etwas zu sagen, mit großen aufmerksamen Augen seine Worte trinkend.

Von Sonnenaufgang an hatte Pythagoras lange Gespräche mit den Priestern Apollos, welche Heilige und Propheten genannt wurden. Er bat, daß die junge Priesterin zugelassen würde, um sie in ihren Geheimunterricht einzuweihen und sie für ihre Rolle vorzubereiten. Sie konnte also allen Unterrichtsstunden folgen, die der Meister täglich im Heiligtum gab. Pythagoras war damals in der Kraft der Jahre. Er trug sein weißes Gewand auf ägyptische Art, ein purpurnes Stirnband umgab seine hohe Stirn. Wenn er sprach, richteten sich seine ernsten Augen langsam auf den Fragenden und hüllten ihn in warmes Licht ein. Die Luft um ihn schien leichter zu werden und ganz durchgeistigt.

Die Unterredungen des Weisen von Samos mit den höchsten Repräsentanten der griechischen Religion waren von größter Wichtigkeit. Es handelte sich nicht nur um Wahrsagung und Inspiration, sondern um die Zukunft Griechenlands und die Schicksale der ganzen Welt. Das Wissen, die Mächte und die Kräfte, die er in den Tempeln von Memphis und Babylon erworben hatte, gaben ihm die größte Autorität. Er hatte das Recht, als Lehrer und Führer zu den Inspiratoren Griechenlands zu sprechen. Er tat es mit der Beredsamkeit seines Genius, mit der Begeisterung seiner Mission. Um ihre Intelligenz aufzuklären, begann er damit, daß er ihnen von seiner Jugend erzählte, seinen Kämpfen, seiner ägyptischen Einweihung. Er sprach zu ihnen von diesem Ägypten, der Mutter Griechenlands, alt wie die Welt, unbeweglich wie eine mit Hieroglyphen bedeckte Mumie, in der Tiefe ihrer Pyramiden ruhend, aber in ihrem Grab das Geheimnis der Völker, der Sprachen, der Religionen bergend. Er entrollte vor ihren Augen die Mysterien der großen Isis, der irdischen wie der himmlischen, der Mutter der Götter und Menschen, und indem er sie seine Prüfungen durchleben ließ, tauchte er sie mit sich in das Licht des Osiris. Dann kam die Reihe an Babylon, die chaldäischen Magier, an ihre okkulten Wissenschaften, die tiefen und massiven Tempel, wo sie das lebendige Feuer beschwören, in dem sich Dämonen und Götter bewegen.

Während sie Pythagoras zuhörte, war Theoklea von sonderbaren Empfindungen ergriffen. Alles, was er sagte, prägte sich mit feurigen Buchstaben in ihren Geist ein. Diese Dinge schienen ihr zugleich wunderbar und bekannt. Indem sie lernte, schien sie sich wiederzuerinnern. Die Worte des Lehrers ließen sie in den Seiten des Universums blättern wie in einem Buch. Sie sah nicht mehr die Götter in ihren menschlichen Gestaltungen, sondern in ihrer Wesenheit, welche Dinge und Geister formt. Sie schwebte, stieg auf, stieg ab mit ihnen im Raum. Manchmal empfand sie die Illusion, nicht mehr die Grenzen ihres Körpers zu fühlen, sondern sich im Unendlichen aufzulösen. So betrat ihre Einbildungskraft allmählich die unsichtbare Welt, und deren alte Eindrücke, die sie in ihrer eigenen Seele fand, sagten ihr, daß es die einzige, die wahre Wirklichkeit sei; die andere war nur Schein. Sie fühlte, daß ihre inneren Augen sich bald öffnen würden, um direkt darin zu lesen.

Aus diesen Höhen führte der Meister sie jählings zur Erde nieder, indem er das Unglück Ägyptens erzählte. Nachdem er die Größe dieser ägyptischen Wissenschaften entwickelt hatte, zeigte er ihren Zusammenbruch unter dem persischen Einfall. Er schilderte die Greuel des Kambyses, die zerstörten Tempel, die in den Scheiterhaufen geworfenen heiligen Bücher, die getöteten oder verstreuten Priester des Osiris, das Ungeheuer des persischen Despotismus, in eiserner Hand die ganze asiatische Barbarei sammelnd, und die halbwilden nomadisierenden Stämme Zentral-Asiens und Indiens, die nur auf eine Gelegenheit warten, um sich über Europa zu stürzen. Ja, dieser wachsende Zyklon mußte über Griechenland ausbrechen, so sicher, wie der Blitz einer Wolke entfährt, die sich in der Luft zusammenballt. War das zersplitterte Griechenland vorbereitet, um diesen fürchterlichen Anprall zu widerstehen? Es ahnte ihn nicht einmal. Die Völker entgehen ihrem Schicksal nicht, und wenn sie nicht fortwährend wachen, werden sie von den Göttern gestürzt. War die weise Nation des Hermes, Ägypten, nicht zusammengebrochen nach sechstausend Jahren der Blüte? Wehe, Griechenland, das schöne Ionien, würde noch schneller vergehen! Eine Zeit wird kommen, in welcher der Sonnengott seinen Tempel verlassen, die Barbaren seine Steine stürzen und die Hirten ihre Herden auf den Ruinen Delphis weiden lassen werden.

Bei diesen finstern Weissagungen verwandelte sich das Gesicht Theokleas und nahm den Ausdruck des Entsetzens an. Sie ließ sich zur Erde gleiten, und die Arme um eine Säule schlingend, mit starren Augen in ihre Gedanken versunken, glich sie dem über dem Grabe Griechenlands weinenden Genius des Schmerzes.

»Aber«, sagte Pythagoras, »das sind Geheimnisse, die in die Tiefe der Tempel vergraben werden müssen. Der Eingeweihte zieht selbst den Tod an oder weist ihn zurück. Indem sie die magische Kette der Willenskräfte bilden, verlängern die Eingeweihten das Leben der Völker. Euch kommt es zu, die verhängnisvolle Stunde hinauszuschieben, Griechenland im Glanz erstrahlen, das Wort Apollos in ihm aufleuchten zu lassen. Die Völker sind das, wozu die Götter sie machen; aber die Götter offenbaren sich denen, die sie anrufen. Was ist Apollo? Das Wort des einigen Gottes, das sich ewig in der Welt manifestiert. Die Wahrheit ist die Seele Gottes, sein Körper ist das Licht. Die Weisen, die Seher, die Propheten allein sehen sie; die Menschen sehen nur ihren Schatten. Die glorreichen Geister, die wir Helden und Halbgötter nennen, bewohnen dieses Licht in Legionen, in zahllosen Sphären. Dies ist der wahre Körper Apollos, der Sonne der Eingeweihten, und ohne seine Strahlen geschieht nichts Großes auf der Erde. Wie der Magnet das Eisen anzieht, so ziehen wir durch unsere Gedanken, durch unsere Gebete, durch unsere Handlungen die göttliche Inspiration heran. An euch ist es, das Wort Apollos Griechenland zu übermitteln, und Griechenland wird in unsterblichem Licht erstrahlen!«

Durch solche Reden gelang es Pythagoras, den Priestern von Delphi das Bewußtsein ihrer Mission wiederzugeben. Theoklea nahm sie in sich auf mit schweigender und konzentrierter Leidenschaft. Unter dem Gedanken und dem Willen des Meisters wandelte sie sich sichtbarlich um wie unter einem langsamen Zauber. Aufrecht zwischen den erstaunten Greisen, löste sie ihr schwarzes Haar und entfernte es von ihrem Haupt, als ob sie Feuer darin rieseln fühlte. Schon schienen ihre weit geöffneten und verklärten Augen Planeten- und Sonnengenien zu betrachten in ihrem wundervollen Kreislauf und ihrer intensiven Ausstrahlung.

Eines Tages fiel sie von selbst in tiefen und lichten Schlaf. Die fünf Propheten umringten sie, aber sie blieb gefühllos unter ihrer Stimme und ihrer Berührung. Pythagoras näherte sich und sagte: »Steh auf und geh, wohin dich mein Gedanke schickt. Denn jetzt bist du die Pythonisse!«

Bei der Stimme des Meisters durchlief ein Schauder ihren Körper und ließ ihn erzittern in einer langen Vibration. Ihre Augen waren geschlossen; sie sah von innen.

»Wo bist du?« fragte Pythagoras.

»Ich steige . . . ich steige immerfort.«

»Und jetzt?«

»Ich schwimme im Licht des Orpheus.«

»Was siehst du in der Zukunft?«

»Große Kriege . . . eherne Männer . . . weiße Siegesgöttinnen . . . Apollo kehrt zurück, um sein Heiligtum zu bewohnen, und ich werde seine Stimme sein! . . . Aber du, sein Bote, wehe! wehe! du wirst mich verlassen . . . und du wirst dein Licht nach Italien tragen.«

Die Seherin mit den geschlossenen Augen sprach lange, mit musikalischer, klangvoller, rhythmischer Stimme; dann plötzlich aufschluchzend, fiel sie nieder wie tot.

So goß Pythagoras die reinen Lehren in das Herz Theokleas und stimmte sie wie eine Lyra für den Hauch der Götter. Zu dieser Höhe der Inspiration erhoben, wurde sie für ihn selbst eine Leuchte, dank welcher er sein eigenes Schicksal ergründen, die zukünftigen Möglichkeiten durchdringen und sich in den uferlosen Zonen des Unsichtbaren bewegen konnte. Dieses lebensvolle Gegenstück der Wahrheiten, die er lehrte, versetzte die Priester in Bewunderung, erweckte ihren Enthusiasmus und stärkte ihren Glauben. Der Tempel hatte jetzt eine begeisterte Pythonisse, Priester, die in den Wissenschaften und göttlichen Künsten eingeweiht waren; Delphi konnte wieder ein Zentrum des Lebens und der Tatkraft werden.

Pythagoras hielt sich ein ganzes Jahr in Delphi auf. Nun, nachdem er die Priester in allen Geheimnissen seiner Lehre unterrichtet und Theoklea für ihr Amt gebildet hatte, reiste er nach Groß-Griechenland.

Der Orden und die Lehre

Die Stadt Krotona lag am äußersten Ende des Golfs von Tarent neben dem lazinischen Vorgebirge gegenüber dem offenen Meer. Mit Sybaris war sie die blühendste Stadt des südlichen Italiens.

Man rühmte ihre dorische Verfassung, ihre in den olympischen Spielen siegreichen Athleten, ihre mit den Asklepiaden wetteifernden Ärzte. Die Sybariten verdankten ihre Unsterblichkeit ihrem Luxus und ihrer Verweichlichung. Die Krotoniaten wären vielleicht trotz ihrer Tugenden vergessen worden, wenn sie nicht den Ruhm gehabt hätten, ein Obdach zu bieten der großen Schule esoterischer Philosophie, die unter dem Namen der pythagoräischen Sekte bekannt ist, die man als die Mutter der platonischen Schule betrachten kann und als die Stammutter aller idealistischen Schulen. Wie edel auch die Nachkömmlinge sein mögen, die Stammutter übertrifft sie alle. Die platonische Schule geht von einer unvollständigen Initiation aus; die stoische Schule hat die wirkliche Überlieferung schon verloren. Die andern Systeme antiker und moderner Philosophie sind mehr oder weniger glückliche Spekulationen, während die Lehre des Pythagoras auf einer experimentellen Wissenschaft beruht und eine vollkommene Organisation des Lebens nach sich zieht. Wie die Ruinen der verschwundenen Stadt, so sind auch die Geheimnisse des Ordens und der Gedanken des Meisters heute tief unter der Erde vergraben. Versuchen wir dennoch, sie wiederzubeleben. Das wird uns die Gelegenheit geben, bis in das Herz der theosophischen Lehre zu dringen, diesem Arkanum der Religionen und der Philosophien, und beim Scheine des griechischen Genius eine Ecke des Schleiers der Isis zu heben.

Mehrere Gründe bestimmten Pythagoras, diese dorische Kolonie als Zentrum seiner Tätigkeit zu wählen. Sein Ziel war nicht nur, die esoterische Weisheit einem Kreis wohlgewählter Jünger zu lehren, sondern auch ihre Prinzipien auf die Erziehung der Jugend und auf das Leben des Staates anzuwenden. Dieser Plan begriff in sich die Gründung eines Instituts für weltliche Weisheit mit dem Hintergedanken, allmählich die politische Organisation der Städte nach dem Bild dieses philosophischen und religiösen Ideals umzugestalten. Es ist sicher, daß keine einzige der Republiken von Hellas oder dem Peloponnes die Neuerung geduldet hätte. Man hätte den Philosophen beschuldigt, gegen den Staat zu konspirieren. Die griechischen Städte am Golf von Tarent, von der Demagogie weniger unterminiert, waren liberaler. Pythagoras täuschte sich nicht, als er hoffte, beim Senat von Krotona eine günstige Aufnahme seiner Reformgedanken zu finden. Fügen wir hinzu, daß seine Ziele über Griechenland hinauswiesen. Die Evolution der Gedanken erratend, sah er den Sturz des Hellenismus voraus und dachte daran, in dem menschlichen Geiste die Prinzipien einer wissenschaftlichen Religion niederzulegen. Indem er seine Schule am Golf von Tarent gründete, verbreitete er die esoterischen Gedanken in Italien und bewahrte im kostbaren Gefäß seiner Lehre die geläuterte Essenz der orientalischen Weisheit für die abendländischen Völker.

Als er nach Krotona kam, die damals zum wollüstigen Leben ihrer Nachbarin Sybaris hinneigte, bewirkte Pythagoras eine vollständige Revolution. Porphyrus und Iamblichus schildern uns sein erstes Auftreten mehr wie dasjenige eines Magiers als eines Philosophen. Er vereinigte die jungen Leute im Tempel des Apollo, und es gelang ihm, sie durch seine Beredsamkeit einem Leben der Ausschweifung zu entreißen. Er versammelte die Frauen im Tempel der Juno und bewog sie, ihre goldenen Kleider und ihren Schmuck in diesen Tempel zu tragen als Trophäen, welche die Überwindung der Eitelkeit und des Luxus bekunden sollten. Er umhüllte mit Anmut die Strenge seiner Unterweisungen; seiner Weisheit entströmte mitteilsames Feuer. Die Schönheit seines Gesichts, der Adel seiner Persönlichkeit, der Zauber seiner Physiognomie und seiner Stimme verführten vollends. Die Frauen verglichen ihn mit Jupiter, die jungen Leute mit dem hyperboräischen Apollo. Er fesselte, er riß mit sich fort die erstaunte Menge, die, indem sie ihm zuhörte, sich für Tugend und Wahrheit begeisterte.

Der Senat von Krotona oder Rat der Tausend ängstigte sich über diesen Einfluß. Er forderte Pythagoras auf, Rechenschaft vor ihm abzulegen über sein Betragen und die Mittel, die er anwandte, um die Geister zu unterwerfen. Dies gab ihm die Gelegenheit, seine Gedanken über Erziehung zu entwickeln und den Beweis zu bringen, daß diese, weit davon entfernt, die dorische Verfassung Krotonas zu bedrohen, sie im Gegenteil befestigen würde. Als er die reichsten Bürger und die Mehrheit des Senats für seine Pläne gewonnen hatte, schlug er ihnen die Gründung eines Instituts für sich und seine Jünger vor. Diese Bruderschaft von weltlichen Initiierten sollte ein gemeinschaftliches Leben führen in einem dazu errichteten Gebäude, aber ohne sich von dem bürgerlichen Leben zu trennen. Diejenigen unter ihnen, die schon den Namen Meister verdienten, sollten in den physischen, psychischen und religiösen Wissenschaften unterrichten können. Die jungen Leute sollten zu den Stunden der Lehrer und zu den verschiedenen Graden der Initiation zugelassen werden, je nach ihrer Intelligenz und ihrer Willenskraft, unter der Kontrolle des Hauptes des Ordens. Sie mußten damit beginnen, daß sie sich den Regeln des gemeinschaftlichen Lebens unterwarfen und den ganzen Tag im Institut zubrachten unter der Aufsicht der Lehrer. Diejenigen, die dem Orden in aller Form beitreten wollten, sollten ihr Vermögen einem Kurator überlassen. Es sollte im Institut eine Sektion für die Frauen geben mit gleicher Initiation, nur abgesondert und gestimmt auf die Pflichten ihres Geschlechts.

Dieses Projekt wurde vom Senat von Krotona mit Begeisterung aufgenommen, und nach einigen Jahren sah man in der Nähe ein Gebäude sich erheben, umgeben von weiten Säulenhallen und schönen Gärten. Die Krotoniaten nannten es den Tempel der Musen. Und in der Tat: In der Mitte des Gebäudekomplexes, neben der bescheidenen Wohnung des Meisters, gab es einen Tempel, der diesen Gottheiten geweiht war.

So entstand das pythagoräische Institut, welches zugleich eine Hochschule der Erziehung, eine Akademie der Wissenschaften und eine kleine Musterschule unter der Leitung eines großen Eingeweihten wurde. Durch die Theorie und durch die Praxis, durch die Wissenschaften und die vereinigten Künste gelangte man allmählich zu jenem höchsten Wissen, zu jener magischen Harmonie der Seele und des Verstandes mit dem Universum, welches die Pythagoräer als das Arkanum der Philosophie und der Religion betrachten. Die pythagoräische Schule hat für uns das höchste Interesse, weil sie der hervorragendste Versuch weltlicher Initiation gewesen ist. Eine vorausgenommene Synthese des Hellenismus mit dem Christentum, pfropfte sie die Frucht der Wissenschaft auf den Baum des Lebens; sie kannte jene innerste und lebendige Verwirklichung der Wahrheit, welche allein der tiefe Glaube geben kann. Diese Verwirklichung währte nicht lange, war aber von weitgehendster Bedeutung, weil sie die Fruchtbarkeit des Beispiels hatte.

Um uns eine Idee davon zu machen, wollen wir mit dem Novizen das pythagoräische Institut betreten und Schritt für Schritt seine Einweihung verfolgen.

Die weiße Wohnung der initiierten Brüder strahlte auf einer Anhöhe zwischen Zypressen und Olivenbäumen. Von unten, längs dem Ufer kommend, erblickte man ihre Säulenhallen, ihre Gärten, ihr Gymnasium. Der Tempel der Musen überragte die zwei Flügel des Gebäudes mit seinem kreisförmigen Säulengang von eleganter Leichtigkeit. Von der Terrasse der äußeren Gärten überschaute man die Stadt mit ihrem Prytaneum, ihrem Hafen, ihrem großen Platz. In der Ferne, zwischen den spitzen Ufern, breitete sich der Golf aus wie in einem Kelch von Achat, und das ionische Meer schloß den Horizont mit einer himmelblauen Linie.

Die Prüfung

Manchmal sah man Frauen in verschiedenfarbigen Gewändern aus dem linken Flügel hinaustreten und in langen Zügen zum Meer hinunterschreiten durch die Allee der Cypressen. Sie gingen zum Tempel der Ceres, ihre Riten zu erfüllen. Oft sah man auch aus dem rechten Flügel Männer in weißen Kleidern zum Tempel des Apollo hinaufsteigen. Und es war für die suchende Imagination der Jugend nicht die geringste Anziehung, zu denken, daß die Schule der Eingeweihten unter den Schutz dieser zwei großen Gottheiten gestellt war, von denen die eine, die große Göttin, alle tiefen Mysterien des Weibes und der Erde enthielt und von denen die andre, der Sonnengott, diejenigen des Mannes und des Himmels offenbarte.

Sie lächelte also außerhalb und über der volkreichen Stadt, die kleine Stadt der Eingeweihten. Ihre ruhige Heiterkeit zog die edelsten Instinkte der Jugend an, aber man nichts von dem, was im Innern vorging, und man wußte, daß es nicht leicht war, den Zutritt dahin zu erlangen. Eine einfache lebendige Hecke schützte die dem Institut des Pythagoras zugehörigen Gärten, und die Eingangstür blieb am Tag offen. Aber es gab dort eine Statue des Hermes, und man las auf dem Sockel: Escato Bebeloï, zurück die Profanen! Und jedermann achtete dies Gebot.

Pythagoras war äußerst vorsichtig in der Annahme der Novizen, er sagte, nicht jedes Holz sei dazu geeignet, einen Merkur zu machen. Die jungen Leute, die in die Gemeinschaft eintreten wollten, mußten eine Zeit der Prüfung und des Versuchs bestehen. Von ihren Eltern oder einem ihrer Lehrer vorgestellt, durften sie zunächst in das pythagoräische Gymnasium eintreten, wo die Novizen sich den Spielen ihres Alters ergaben. Der junge Mann erkannte auf den ersten Blick, daß dieses Gymnasium demjenigen in der Stadt nicht ähnlich war. Es gab weder heftiges Geschrei, noch lärmende Gruppen; weder lächerliche Prahlerei, noch eitle Schaustellung der Kraft von seiten jugendlicher Athleten, die sich gegenseitig herausforderten und ihre Muskeln zeigten, sondern Gruppen liebenswürdiger junger Leute, die zu zwei unter den Säulengängen wandelten oder in der Arena spielten. Sie forderten ihn mit Anmut und Einfachheit auf, an ihrer Unterhaltung teilzunehmen, als ob er einer der ihren wäre, ohne ihm mit einem mißtrauischen Blick oder hinterlistigen Lächeln zu begegnen. In der Arena übten sie sich im Rennen, im Werfen des Speeres und des Diskus. Man führte auch Kämpfe auf, die eine Nachahmung dorischer Tänze waren, aber Pythagoras hatte den Ringkampf streng aus seinem Institut verbannt, weil er sagte, daß es überflüssig und sogar gefährlich sei, den Hochmut und den Haß zugleich mit der Kraft und der Geschicklichkeit zu entwickeln; daß die Menschen, die dazu bestimmt waren, die Tugenden der Freundschaft auszuüben, nicht damit beginnen müßten, sich gegenseitig niederzuwerfen und wie wilde Tiere im Sand zu rollen; daß ein wahrer Held zu kämpfen verstünde mit Mut, aber ohne Wut; daß der Haß uns einem jeglichen Gegner unterordnet. Der Neuangekommene hörte diese Lehren des Meisters wiederholt von den Novizen, die ganz stolz waren, ihm ihre früh erworbene Weisheit mitzuteilen. Zu gleicher Zeit forderten sie ihn auf, seine Meinung zu äußern, ihnen frei zu widersprechen. Durch dies Entgegenkommen ermutigt, zeigte der unbefangene Bewerber bald offen seine wirkliche Natur. Glücklich, angehört und bewundert zu werden, schwätzte und breitete er sich aus nach Herzenslust.

Während dieser Zeit beobachteten ihn die Lehrer von nah, ohne ihn je zu verweisen. Pythagoras kam unerwartet hinzu, um seine

Gesten und Worte zu studieren. Er richtete eine besondere Aufmerksamkeit auf den Gang und das Lachen der jungen Leute. Das Lachen, sagte er, offenbart den Charakter auf unzweifelhafte Art, und keine Verstellungskunst kann das Lachen eines bösen Menschen verschönern. Er hatte auch aus der menschlichen Physiognomie ein so tiefes Studium gemacht, daß er den Grund der Seele darin lesen konnte[70].

Durch diese genauen Beobachtungen machte sich der Meister ein deutliches Bild von seinen künftigen Jüngern. Nach einigen Monaten kamen die endgültigen Prüfungen. Man ließ den pythagoräischen Aspiranten die Nacht in einer Höhle zubringen, in der Umgebung der Stadt, wo es, wie man behauptete, Ungeheuer und Erscheinungen gab. Diejenigen, die nicht die Kraft hatten, die schweren Eindrücke der Einsamkeit und der Nacht zu ertragen, die sich weigerten, einzutreten oder vor dem Morgen flüchteten, wurden zu schwach für die Einweihung gefunden und weggeschickt.

Die sittliche Prüfung war ernster. Plötzlich, ohne Vorbereitung, schloß man eines Morgens den künftigen Geheimschüler in eine trübe und kahle Zelle. Man gab ihm eine Tafel, und teilnahmslos befahl man ihm, den Sinn einer der pythagoräischen Symbole zu finden, z. B.: »Was bedeutet das in den Kreis gezeichnete Dreieck?« Oder: »Warum ist das in der Sphäre enthaltene Dodekaedron die Zahl des Universums?« Er verbrachte zwölf Stunden in seiner Zelle mit seiner Tafel und seinem Problem ohne eine andere Gesellschaft als ein Gefäß mit Wasser und trockenes Brot. Dann führte man ihn in einen Saal vor den vereinigten Novizen. Bei dieser Gelegenheit hatten sie den Befehl, mitleidslos den Unglücklichen zu verspotten, der mürrisch und verhungert wie ein Schuldiger vor ihnen erschien. »Da kommt«, sagten sie, »der neue Philosoph. Wie ist seine Miene inspiriert! Er wird uns von seinen Meditationen erzählen. Verbirg uns nicht, was du entdeckt hast. Du wirst so den Gang durch alle Symbole machen. Noch ein Monat in dieser Weise zugebracht, und du wirst ein großer Weiser geworden sein!«

Hierbei betrachtete der Meister die Gebärde und die Physiognomie des jungen Mannes mit tiefer Aufmerksamkeit. Erregt durch den Hunger, erzürnt durch den Spott, in seinem Stolz beleidigt dadurch, daß er ein unverständliches Rätsel nicht hatte lösen können, mußte er eine große Anstrengung machen, um sich zu beherrschen. Einige weinten vor Ärger; andere antworteten mit zynischen Worten; andere, außer sich, zerbrachen wütend ihre Tafel, indem sie Schmähungen gegen die Schule, den Lehrer und die Schüler ausstießen. Dann erschien Pythagoras und gab die Weisung, daß jemand, der die Prüfung der Eigenliebe schlecht bestanden habe, eine Schule verlassen müsse, von der er so schlechte Meinung habe und in welcher die elementarsten Tugenden die Freundschaft und die Ehrfurcht vor den Lehrern sein müßten. Der vertriebene Kandidat ging beschämt davon und wurde manchmal ein gefährlicher Gegner für den Orden, wie jener berüchtigte Cylon, der später das Volk gegen die Pythagoräer hetzte und die Katastrophe des Ordens herbeiführte. Diejenigen dagegen, die mit Festigkeit die Angriffe aushielten, die den Herausforderungen gegenüber eine gerechte und geistvolle Antwort hatten und sich bereit erklärten, die Prüfung hundertmal von neuem zu bestehen, um einen auch noch so kleinen Teil der Weisheit zu erlangen, wurden feierlich zum Noviziat zugelassen und empfingen die begeisterten Glückwünsche ihrer neuen Gefährten.

Erster Grad – Die Vorbereitung
Das Noviziat und das pythagoräische Leben

Dann begann das Noviziat, welches Vorbereitung genannt wurde und mindestens zwei Jahre dauerte, aber bis zu fünf Jahren verlängert werden konnte. Die Novizen oder die Hörer waren während des Unterrichts, den sie erhielten, der absoluten Regel des Schweigens unterworfen. Sie hatten weder das Recht, einen Einwurf zu machen, noch mit den Lehrern in eine Diskussion zu treten. Sie mußten mit Ehrfurcht die Unterweisungen empfangen, dann lange über sie meditieren. Um diese Regel dem Geist des neuen Hörers einzuprägen, zeigte man ihm die Statue einer Frau, gehüllt in einen langen Schleier, mit dem Finger auf dem Mund, die Muse des Schweigens.

Pythagoras glaubte nicht, daß die Jugend fähig sei, den Ursprung und das Ende der Dinge zu begreifen. Er dachte, daß Übung in der Dialektik und der Diskussion, bevor der Sinn für die Wahrheit erweckt worden sei, hohle Köpfe und prätentiöse Sophisten erzeugte. Er dachte vor allem daran, in seinen Schülern die ursprüngliche und höchste Fähigkeit zu entwickeln: die Intuition. Und zu diesem Zwecke lehrte er nicht geheimnisvolle und schwere Dinge. Er ging aus von den natürlichen Gefühlen, von den ersten Pflichten des Menschen bei seinem Eintritt in das Leben und zeigte deren Beziehungen mit den universellen Gesetzen. Während er zunächst den jungen Leuten die Liebe zu den Eltern einpflanzte, erweiterte er dieses Gefühl, indem er die Idee des Vaters der Idee Gottes, des großen Schöpfers des Universums, gleichstellte. »Es gibt nichts Ehrfurchtgebietenderes«, sagte er, »als die Eigenschaft des Vaters. Homer hat Jupiter den König der Götter genannt, aber um seine ganze Größe zu zeigen hat er ihn den Vater der Götter und der Menschen genannt.« Er verglich die Mutter mit der großmütigen und wohltätigen Natur: so wie die himmlische Cybele die Gestirne hervorbringt, wie Demeter die Früchte und Blumen der Erde erzeugt, so nährt die Mutter das Kind mit allen Freuden. Der Sohn mußte also in dem Vater und der Mutter die Repräsentanten, die irdischen Abbilder dieser großen Gottheiten, ehren. Er zeigt noch, daß die Liebe, die man zu seinem Vaterland habe, von der Liebe stamme, die man in der Kindheit für seine Mutter empfunden habe. Die Eltern sind uns nicht durch den Zufall gegeben, wie der Profane glaubt, sondern durch ein vorangehendes und höheres Gesetz, das Bestimmung oder Notwendigkeit genannt wird. Man muß sie ehren, aber seinen Freund muß man wählen. Man forderte die Novizen auf, sich zu je zwei und zwei zu gruppieren, ihrer geistigen Verwandtschaft entsprechend. Der jüngere mußte in dem älteren die Tugenden suchen, denen er selbst nachstrebte, und die Gefährten mußten sich gegenseitig zum besseren Leben anspornen. »Der Freund ist ein anderes Selbst. Man muß ihn ehren wie einen Gott«, sagte der Lehrer. Wenn die pythagoräische Regel dem hörenden Novizen die vollständige Unterwerfung dem Lehrer gegenüber auferlegte, so gab sie ihm seine volle Freiheit in dem Zauber der Freundschaft; sie sah sogar in dieser den Ansporn zu allen Tugenden, die Poesie des Lebens, den Weg zum Ideal.

Die individuelle Energie wurde so aufgeweckt, die Moral wurde lebendig und poetisch, die mit Liebe aufgenommene Regel hörte auf, ein Zwang zu sein und wurde zur Bejahung selbst einer Individualität. Pythagoras wollte, daß im Gehorsam etwas Bejahendes liege. Außerdem bereitete der sittliche Unterricht den philosophischen Unterricht vor. Denn die Beziehungen, die man zwischen den gesellschaftlichen Pflichten und der Harmonie des Kosmos feststellte, ließen das Gesetz der universellen Analogien und Übereinstimmungen vorausahnen. In diesem Gesetz ist das Prinzip der Mysterien, der okkulten Lehre und jeder Philosophie enthalten. Der Geist des Schülers gewöhnte sich so, in der sichtbaren Realität den Abdruck einer unsichtbaren Ordnung zu finden. Allgemeine Grundsätze, bündige Vorschriften eröffneten Perspektiven auf jene höhere Welt. Morgens und abends erklangen vor dem Ohr des Schülers die goldenen Verse, begleitet von den Tönen der Lyra:

> Erstatte den unsterblichen Göttern den geweihten Kultus,
> Pflege dann deinen Glauben.

Indem man diesen Lehrsatz besprach, zeigte man, daß die Götter, dem Scheine nach verschieden, dieselben bei allen Völkern waren, weil sie denselben intellektuellen und seelischen Kräften, die in der ganzen Welt tätig sind, entsprachen. Der Weise konnte also die Götter seiner Heimat ehren, wenn er sich auch eine ganz andere Vorstellung von ihrem Wesen machte als der Profane. Toleranz allen Kulten gegenüber; Einheit der Völker in der Menschheit; Einheit der Religionen in der esoterischen Wissenschaft: diese neuen Gedanken zeichneten sich unbestimmt im Geiste der Novizen, wie grandiose Gottheiten, undeutlich gesehen in der Pracht einer untergehenden Sonne. Und die goldene Lyra setzte ihre ernsten Lehren fort:

> Ehre das Gedächtnis
> Der wohltätigen Helden, der halbgöttlichen Geister.

Hinter diesen Versen sah der Novize, wie durch einen Schleier, die göttliche Psyche, die menschliche Seele erstrahlen. Denn in dem Kultus der Helden und Halb-Götter betrachtete der Eingeweihte die Lehre des künftigen Lebens und das Mysterium der universellen Entwicklung. Man offenbarte nicht dieses große Mysterium dem Novizen; aber man bereitete ihn vor, es zu verstehen, indem man zu ihm von einer Hierarchie erhabener, über der Menschheit stehender Wesen sprach, die Helden und Halbgötter genannt werden, die seine Führer und Beschützer sind. Man fügte hinzu, daß sie als Vermittler zwischen dem Menschen und der Gottheit dienten, daß er mit ihrer Hilfe dazu kommen konnte, sich stufenweise ihnen zu nähern, indem er die heldenhaften und göttlichen Tugenden ausübte. »Wie aber verkehren mit diesen unsichtbaren Genien? Wo kommt die Seele her? Wohin geht sie? und weshalb das dunkle Mysterium des Todes?« Der Novize wagte nicht, diese Fragen in Worte zu kleiden, aber man erriet sie an seinen Blicken; als Antwort hierauf zeigten ihm die Lehrer nur Kämpfer aut der Erde, Statuen in den Tempeln und glorreiche Seelen im Himmel, »in der feurigen Citadelle der Götter«, in welche Herkules gelangt war.

Im Grunde der antiken Mysterien führte man alle Götter zurück auf den Einen höchsten Gott. War diese Offenbarung mit all ihren Folgen verstanden, so wurde sie zum Schlüssel des Kosmos. Deshalb behielt man sie vor für die eigentliche Initiation. Der Novize wußte davon nichts. Man ließ für ihn nur diese Wahrheit durchblicken durch das, was ihm von der Macht der Musik und der Zahl gesagt wurde. Denn die Zahlen, lehrte der Meister, enthalten das Geheimnis der Dinge, und Gott ist die universelle Harmonie. Die sieben heiligen Tonarten, auf den sieben Noten der Lyra aufgebaut, entsprechen den sieben Farben des Lichts, den sieben Planeten und den sieben Arten des Daseins, die sich in allen Sphären der materiellen und geistigen Welt wiederholen, angefangen von der kleinsten und endend mit der größten. Die Melodien dieser Tonarten, mit Weisheit eingeflößt, mußten die Seele stimmen und sie genügend harmonisch unter dem Hauch der Wahrheit vibrieren lassen.

Dieser Läuterung der Seele entsprach notwendigerweise diejenige des Körpers, welche durch Hygiene und strenge Sittendisziplin erlangt wurde. Seine Leidenschaften besiegen war die erste Pflicht des Einzuweihenden. Derjenige, der nicht sein eigenes Wesen zu einer Harmonie gemacht hat, kann nicht die göttliche Harmonie widerspiegeln. Doch war das Ideal des pythagoräischen

Lebens nicht der Asketismus, denn die Ehe wurde als heilig betrachtet. Man empfahl aber den Novizen die Keuschheit und den Eingeweihten die Mäßigung wie eine Stärke und eine Vollkommenheit. »Gib der Wollust nur nach, wenn du vor dir selbst geringer werden willst«, sagte der Lehrer. Er fügte hinzu, daß die Wollust nicht durch sich selbst bestehe, und verglich sie mit dem Gesang der Sirenen, die, wenn man sich ihnen nähert, sich in nichts auflösen und auf einem von den Fluten durchhöhlten Felsen nur zerbrochene Knochen und blutiges Fleisch hinterlassen, während die wirkliche Freude einem Konzert der Musen ähnlich ist, das in der Seele eine himmlische Harmonie zurückläßt. Pythagoras glaubte an die Tugenden der initiierten Frau, aber er mißtraute sehr dem natürlichen Weib. Einem Schüler, der ihn fragte, wann es ihm erlaubt sein würde, sich einer Frau zu nähern, antwortete er ironisch: »Wenn du deiner Ruhe überdrüssig sein wirst.«

Der pythagoräische Tag ordnete sich auf folgende Weise: Wenn der glühende Diskus der Sonne aus den blauen Fluten des jonischen Meeres stieg und die Säulen des Tempels der Musen über der Wohnung der Eingeweihten vergoldete, sangen die jungen Pythagoräer einen Hymnus zu Ehren Apollos, und führten einen dorischen Tanz auf, der einen geweihten männlichen Charakter trug. Nach den vorgeschriebenen Abwaschungen machte man einen Spaziergang zum Tempel, während welchem man das Schweigen beobachtete. Jedes Aufwachen ist eine Auferstehung und hat ihren Augenblick der Unschuld. Die Seele mußte sich sammeln beim Beginn des Tages und für die Morgenstunde jungfräulich bleiben. In dem heiligen Walde gruppierte man sich um den Meister oder seine Interpreten und der Unterricht nahm seinen Fortgang unter dem Schatten großer Bäume oder in der Kühle der Säulenhallen. Um zwölf Uhr richtete man ein Gebet an die Helden, an die wohlwollenden Genien. Die esoterische Überlieferung nahm an, daß die guten Geister es vorziehen, sich der Erde mit der Sonnenausstrahlung zu nähern, während die bösen Geister den Schatten aufsuchen und sich während der Nacht in der Atmosphäre ausbreiten. Das einfache Mahl in der Mittagsstunde bestand gewöhnlich aus Brot, Honig und Oliven. Der Nachmittag war gymnastischen Übungen gewidmet, dann dem Studium, der Meditation und einer gedanklichen Verarbeitung des Unterrichts vom Morgen. Nach Sonnenuntergang verrichtete man ein gemeinsames Gebet, sang einen Hymnus den kosmogonischen Göttern, dem himmlischen Jupiter, Minerva, der Vorsehung, Diana, der Beschützerin der Toten. Während dieser Zeit brannten der Styrax, die Manna oder der Weihrauch auf dem Altar in freier Luft, und der Hymnus, mit dem Duft vermischt, stieg langsam in die Dämmerung hinauf, während die ersten Sterne das blasse Blau des Himmels durchdrangen. Der Tag endigte mit dem Mahl des Abends, nach welchem der Jüngste einiges vorlas, was der Älteste auslegte.

So floß der pythagoräische Tag dahin, klar wie eine Quelle, licht wie ein wolkenloser Morgen. Das Jahr wurde nach den großen astronomischen Festen rhythmisiert. So vereinigte die Wiederkehr des hyperboräischen Apollo und die Feier der Mysterien der Ceres die Novizen und die Eingeweihten aller Grade, Männer und Frauen. Man sah dort junge Mädchen, die auf Elfenbeinleiern spielten, verheiratete Frauen in purpur- und safranfarbenen Peplos, die abwechselnd Chöre aufführten, von Gesängen begleitet, mit den harmonischen Bewegungen der Strophe und der Antistrophe, welche die Tragödie später nachahmte. Inmitten dieser großen Feste, bei denen die Gottheit anwesend schien in der Anmut der Form und der Bewegungen, in der eindringlichen Melodie der Chöre, hatte der Novize ein Vorgefühl der okkulten Kräfte, der allmächtigen Gesetze des belebten Universums, des tiefen und durchsichtigen Himmels. Die Hochzeitsfeste, die Totenfeiern hatten einen intimeren, aber nicht weniger feierlichen Charakter. Eine originelle Zeremonie war dazu angetan, auf die Einbildungskraft zu wirken. Wenn ein Novize aus freiem Willen das Institut verließ, um das profane Leben wiederaufzunehmen, oder wenn ein Geheimschüler ein Geheimnis verraten hatte, was nur einmal geschah, errichteten ihm die Eingeweihten ein Grabmal in der geweihten Einfriedung, als ob er tot wäre. Der Meister sagte: »Er ist toter als die Toten, weil er in das schlechte Leben zurückgekehrt ist; sein Körper wandelt unter den Menschen, aber seine Seele ist tot; beweinen wir sie.« – Und dieses Grabmal, das einem Lebendigen errichtet war, verfolgte ihn wie sein eigenes Gespenst und wie eine böse Vorbedeutung.

Zweiter Grad – Die Läuterung[71]
Die Zahlen – Die Theogonie

Es war ein glücklicher Tag, »ein goldener Tag«, wie die Alten sagten, derjenige, an dem Pythagoras den Novizen in seiner Wohnung empfing und ihn feierlich in die Zahl seiner Schüler aufnahm. Man trat zuerst in geregelte und direkte Beziehung mit dem Meister; man drang ein in den inneren Hof seiner Wohnung, der seinen Getreuen vorbehalten war, daher der Name Esoteriker (die des Innern) im Gegensatz zu dem der Exoteriker (die von außen). Die wirkliche Einweihung begann.

Diese Offenbarung bestand in einer vollständigen und auf Gründe zurückgehenden Darlegung der okkulten Lehre, angefangen von ihren Grundsätzen, die in der geheimnisvollen Wissenschaft der Zahlen enthalten waren, bis zu den letzten Konsequenzen der universellen Entwicklung, den Schicksalen und Endzielen der göttlichen Psyche, der menschlichen Seele. Diese Wissenschaft der Zahlen war unter verschiedenen Namen in den Tempeln Ägyptens und Asiens bekannt. Da sie den Schlüssel zur ganzen Lehre enthielt, verbarg man sie sorgfältig vor dem Profanen. Die Ziffern, die Buchstaben, die geometrischen Figuren oder die menschlichen Bilder, welche dieser Algebra der okkulten Welt als Zeichen dienten, wurden nur vom Eingeweihten verstanden. Dieser entdeckte ihre Bedeutung den Adepten nur, nachdem er von ihnen das Gelübde des Schweigens erhalten hatte. Pythagoras formulierte diese Wissenschaft in einem eigenhändig niedergeschriebenen Buch: »hieros logos«, »Das heilige Wort«. Dieses Buch ist nicht bis zu uns gekommen; aber die späteren Schriften der Pythagoräer Philolaus, Archytas und Hierokles, die Zwiegespräche des Plato, die Abhandlungen des Aristoteles, des Porphyrius und des Iamblichus lassen seine Grundsätze erkennen. Wenn sie für die modernen Philosophen toter Buchstabe geblieben sind, so ist es, weil man ihren Sinn und ihre Tragweite nur verstehen kann durch den Vergleich aller esoterischen Lehren des Orients.

Pythagoras nannte seine Schüler Mathematiker, weil seine höhere Unterweisung mit der Lehre der Zahlen begann. Aber diese heilige Mathematik oder Wissenschaft der Prinzipien war zugleich transzendenter und lebendiger als die profane Mathematik, die allein unseren Gelehrten und Philosophen bekannt ist. Die ZAHL wurde nicht als eine abstrakte Größe betrachtet, sondern als die wesentliche und aktive Eigenschaft der höchsten EINS, Gottes, der Quelle des universellen Zusammenklangs. Die Wissenschaft der Zahlen war diejenige der lebendigen Kräfte, der in den Welten und in dem Menschen, im Makrokosmos und im Mikrokosmos tätigen göttlichen Eigenschaften ... Indem er sie durchdrang, sie voneinander unterschied und ihren Zusammenklang erklärte, schuf Pythagoras nichts weniger als eine Theogonie oder eine rationelle Theologie.

Eine wirkliche Theologie müßte die grundlegenden Prinzipien aller Wissenschaften liefern. Sie wird die Wissenschaft Gottes nur dann sein, wenn sie die Einheit und die Verkettung aller Wissenschaften der Natur zeigt. Sie verdient ihren Namen nur unter der Voraussetzung, daß sie das Organ und die Synthese aller andern ist. Das eben ist die Rolle, welche in den ägyptischen Tempeln die Wissenschaft des heiligen Wortes spielte, durch Pythagoras formuliert und genau bestimmt unter dem Namen der »Wissenschaft der Zahlen«. Sie erhob den Anspruch, den Schlüssel des Seins, der Wissenschaft und des Lebens zu liefern. Der vom Meister geführte Adept mußte damit beginnen, ihre Grundsätze in seiner eigenen Vernunft zu betrachten, bevor er ihren mannigfaltigen Anwendungen in der Unendlichkeit des Umkreises der Evolutionssphären folgen konnte.

Ein moderner Dichter hat diese Wahrheit geahnt, als er Faust zu den Müttern heruntersteigen läßt, um dem Phantom Helenas das Leben wiederzugeben. Faust ergreift den magischen Schlüssel, die Erde spaltet sich unter seinen Füßen, Schwindel erfaßt ihn, er taucht unter in die Leere des Raumes. Endlich gelangt er zu den Müttern, die über die grundlegenden Formen des großen Alls wachen und die Wesen hervorquellen lassen aus dem Schoß der Urbilder. Diese Mütter sind die Zahlen des Pythagoras, die göttlichen Kräfte der Welt. Der Dichter hat uns das Erbeben seines eigenen Gedankens wiedergegeben bei diesem Untertauchen in die Abgründe des Unmeßbaren. Für den antiken Eingeweihten, in welchem das direkte Schauen des Geistes allmählich wie ein neuer Sinn erwachte, war diese innere Offenbarung ähnlicher einem Aufstieg in die makellose Sonne der Wahrheit, von wo aus er in der Fülle des Lichts die Wesen und die Formen betrachtete, die mit schwindelerregender Schnelligkeit durch Ausstrahlung in den Wirbel der Leben geworfen wurden.

Er gelangte nicht an einem Tag zu diesem inneren Besitz der Wahrheit, in welchem der Mensch durch die Konzentration seiner Fähigkeiten das universelle Leben verwirklicht. Es bedurfte dazu Jahre der Übungen, des so schwierigen Zusammenklangs der Verstandeskraft mit dem Willen. Bevor man das schöpferische Wort handhaben kann – und wie wenige gelangen dazu –, muß Buchstabe um Buchstabe, Silbe um Silbe beherrscht werden.

Pythagoras hatte die Gewohnheit, diesen Unterricht im Tempel der Musen zu erteilen. Seinem Wunsch und seinen besonderen Angaben gemäß, hatten die Obrigkeiten Krotonas ihn ganz nah von seiner Wohnung in einen geschlossenen Garten aufbauen lassen. Den Jüngern des zweiten Grades allein war der Eintritt in Begleitung des Meisters gestattet. Im Innern dieses kreisförmigen Tempels sah man in Marmor die neun Musen. Aufrecht in der Mitte stehend, feierlich und geheimnisvoll, wachte, in einen Schleier gehüllt, Hestia. Mit der linken Hand schützte sie die Flamme eines Altars, mit der rechten wies sie auf den Himmel. Bei den Griechen wie bei den Römern war Hestia oder Vesta die Hüterin des in allen Dingen gegenwärtigen göttlichen Prinzips. Als die Seele des geweihten Feuers hat sie ihren Tempel in Delphi, im Prytaneum von Athen, wie an dem bescheidensten Herd. Im Heiligtum des Pythagoras symbolisierte sie die zentrale und göttliche Wissenschaft. Um sie herum trugen die esoterischen Musen außer ihren traditionellen und mythologischen Namen die Namen der okkulten Wissenschaften und der heiligen Künste, die sie behüteten. Urania hatte die Astronomie und Astrologie; Polyhymnia die Wissenschaft der Seelen im jenseitigen Leben und die Kunst der Divination; Melpomene mit ihrer tragischen Maske, die Wissenschaft des Lebens und des Todes, der Umwandlungen und der Wiedergeburten. Diese drei höchsten Musen bildeten zusammen die Kosmogonie oder himmlische Physis. Kaliope, Klio und Euterpe standen der Wissenschaft des Menschen vor oder der Psychologie mit ihren entsprechenden Künsten: der Medizin, der Magie und der Moral. Die letzte Gruppe Terpsichore, Erato und Thalia umfaßten die irdische Physis, die Wissenschaft der Elemente, der Steine, der Pflanzen und der Tiere. – So erschien auf den ersten Blick den Jüngern der Organismus der Wissenschaften wie eine Widerspiegelung des Organismus der Welt im lebendigen Kreis der von der göttlichen Flamme beleuchteten Musen.

Nachdem er seine Jünger in dies kleine Heiligtum geführt hatte, öffnete Pythagoras das Buch des Wortes und begann seinen esoterischen Unterricht.

»Diese Musen«, sagte er, »sind nur irdische Abbilder der göttlichen Mächte, deren unmaterielle und erhabene Schönheit ihr in euch selbst betrachten werdet. So wie sie auf das Feuer der Hestia blicken, dem sie entsteigen und das ihnen die Bewegung, den Rhythmus und die Melodie gibt – so müßt ihr in das zentrale Feuer des Universums tauchen, in den göttlichen Geist, um euch mit ihm auszubreiten in seinen sichtbaren Manifestationen.« Mit mächtiger und kühner Hand entrückte dann Pythagoras seine Schüler der Welt der Formen und der Wirklichkeiten; er löschte die Zeit und den Raum aus und ließ sie mit ihm hinuntersteigen in die große Monade, in die Essenz des unerschaffenen Seins.

Pythagoras nannte es das aus Harmonie bestehende ursprüngliche Eine, das alles durchdringende männliche Feuer, den sich aus sich selbst bewegenden Geist, den Unteilbaren und den großen Unmanifestierten, dessen schöpferischen Gedanken die vergänglichen Welten manifestieren, den Einigen, den Ewigen, den Unwandelbaren, verborgen in den mannigfaltigen Dingen, welche gehen und wechseln. »Die Essenz an sich entzieht sich dem Menschen«, sagt der Pythagoräer Philolaus. »Er kennt nur die Dinge dieser Welt, wo das Endliche sich mit dem Unendlichen verbindet. Und wie kann er sie kennen? Weil es zwischen ihm und den Dingen eine Harmonie, eine Beziehung, ein gemeinschaftliches Prinzip gibt; und dieses Prinzip wird ihnen durch das Eine zuteil, das mit der Essenz ihnen das Maß und die Gedankenharmonie gibt. Dieses Eine ist das gemeinsame Maß zwischen dem Objekt und dem Subjekt, die Ursache der Dinge, durch welche die Seele teilhat an der letzten Ursache des Einen[72].« Wie aber sich nähern Ihm, dem unerfaßbaren Wesen? Hat jemand jemals den Herrn der Zeit, die

Seele der Sonnen, den Urquell aller Gedankenkraft gesehen? Nein, nur indem man mit ihm selbst verschmilzt, kann man seine Essenz durchdringen. Er ist gleich einem im Mittelpunkt des Universums gestellten unsichtbaren Feuer, dessen behende Flamme in allen Welten kreist und den Umkreis in Bewegung setzt. Er fügte hinzu, daß das Werk der Initiation darin bestehe, sich dem großen Einen zu nähern, indem man ihm ähnlich würde, sich so vollkommen wie möglich mache, indem man die Dinge durch die Vernunft beherrsche, tätig werde wie er und passiv wie sie. »Euer eigenes Wesen, eure Seele, ist sie nicht ein Mikrokosmos, ein kleines Universum? Aber sie ist voll von Stürmen und Zwietracht. Nun, es handelt sich darum, die Einheit in der Harmonie zu verwirklichen. Dann – nur dann wird Gott in euer Bewußtsein hinuntersteigen, dann werdet ihr teilnehmen an seiner Macht und aus eurem Willen den Eckstein des Herdes machen, den Altar der Hestia, den Thron des Jupiter!«

Gott, die unsichtbare Substanz, hat also als Zahl die Einheit, welche die Unendlichkeit enthält, als Name den des Vaters, des Schöpfers oder des Ewig-Männlichen, als Zeichen das lebendige Feuer, das Symbol des Geistes, Essenz des Alls. Dies ist das erste der Prinzipien.

Aber die göttlichen Eigenschaften sind gleich dem mystischen Lotos, den der in seinem Sarg liegende ägyptische Eingeweihte aus der schwarzen Nacht emporsteigen sieht. Es ist zunächst nur ein glänzender Punkt, dann öffnet er sich wie eine Blume, und sein weißstrahlender Mittelpunkt entfaltet sich wie eine Lichtrose mit tausend Blättern.

Pythagoras sagte, daß die große Monade als schöpferische Dryade wirke. In dem Augenblick, wo Gott sich manifestiert, ist er doppelt; unteilbare Essenz und teilbare Substanz; tätiges, belebendes, männliches Prinzip oder plastische Materie. Die Dryade stellte also dar die Vereinigung des Ewig-Männlichen mit dem Ewig-Weiblichen in Gott, die zwei wesentlichen und sich ergänzenden göttlichen Eigenschaften. Orpheus hatte diesen Gedanken poetisch ausgedrückt in dem Vers:

»Jupiter ist der göttliche Gatte und die göttliche Gattin.«

Alle Polytheismen hatten ein intuitives Bewußtsein dieser Wahrheit, indem sie die Gottheit bald unter männlicher, bald unter weiblicher Form darstellten.

Und diese lebendige, ewige Natur, die große Gattin Gottes, ist nicht nur die irdische, sondern auch die himmlische, den Augen unseres Fleisches unsichtbare Natur, die Weltenseele, das ursprüngliche Licht, abwechselnd Maia, Isis oder Kybele, die im Anbeginn, vibrierend unter dem göttlichen Impuls, die Essenzen aller Seelen enthält, die spirituellen Urbilder aller Wesen. Sie ist auch Demeter, die lebendige Erde und alle Erden mit den Leibern, die sie enthalten, in denen diese Seelen sich verkörpern. Sie ist auch die Frau, die Gefährtin des Mannes. In der Menschheit stellt die Frau die Natur dar; und das vollkommene Bild Gottes ist nicht der Mann allein, sondern der Mann und die Frau. Daher ihre gegenseitige unbesiegbare, bestrickende und verhängnisvolle Anziehungskraft; daher der Rausch der Liebe mit ihrem Traum unendlicher Schöpfungen und der dunklen Vorahnung, daß im Schoß des Göttlichen das Ewig-Männliche und das Ewig-Weibliche sich einer vollkommenen Einheit erfreuen. »Ehre der Frau auf Erden und im Himmel«, sagte Pythagoras mit allen Eingeweihten des Altertums; »sie läßt uns jene große Frau, die Natur, verstehen. Möge sie deren geheiligtes Bild sein und uns helfen, stufenweise bis zur großen Weltenseele emporzusteigen, welche gebiert, erhält und wiedererneuert, bis zur göttlichen Kybele, die in ihrem Lichtmantel das Volk der Seelen trägt.«

Die Monade stellt die Essenz Gottes dar, die Dryade seine zeugende und hervorbringende Kraft. Diese erschafft die Welt, sichtbare Entfaltung Gottes im Raum und in der Zeit. Die reale Welt aber ist dreifach. Denn gleichwie der Mensch aus drei verschiedenen, aber ineinander verschmelzenden Elementen besteht, dem Körper, der Seele und dem Geist, so ist auch das Universum in drei konzentrische Sphären geteilt: die natürliche, die menschliche und die göttliche Welt. Die Triade oder das Gesetz der Dreiheit ist also das Grundgesetz der Dinge und der wahre Schlüssel zum Leben. Denn sie findet sich wieder auf allen Stufen der Lebensleiter, von dem Bau der organischen Zelle angefangen durch den physiologischen Bau des tierischen Körpers, die Tätigkeit seines Blutkreislaufs und Gehirnsystems bis zur hyperphysischen Konstitution des Menschen, des Universums und Gottes. So öffnet sie wie durch einen Zauber dem überraschten Geist die innere Struktur der Welt; sie zeigt die unendlichen Wechselbeziehungen des Makrokosmos und des Mikrokosmos. Sie wirkt wie ein Licht, das durch die Dinge führt, um sie durchsichtig zu machen, und hellt die kleinen und die großen Welten auf wie magische Laternen.

Versuchen wir dieses Gesetz durch die wesentliche Übereinstimmung des Menschen mit dem Universum zu erklären.

Pythagoras nahm an, daß der Geist des Menschen oder die Gedankenkraft von Gott seine unsterbliche, unsichtbare, durchaus tätige Natur habe. Denn der Geist ist das sich durch sich selbst Bewegende. Er nannte den Körper seinen sterblichen, teilbaren, passiven Teil. Er glaubte, daß das, was wir Seele nennen, eng mit dem Geist verknüpft sei, aber aus einem dritten Zwischen-Element bestehe, das vom kosmischen Fluidum abstammt. Die Seele gleicht also einem ätherischen Körper, den sich der Geist selbst webt und baut. Ohne diesen ätherischen könnte der materielle Körper nicht wirksam sein und wäre einer starren und leblosen Masse ähnlich [73]. Die Seele hat eine Form ähnlich derjenigen des von ihr belebten Körpers, und überlebt ihn nach der Auflösung und nach dem Tode. Sie wird dann, gemäß der Ausdrucksweise des Pythagoras, die auch Plato anwendet, der subtile Wagen, der den Geist zu den göttlichen Sphären trägt oder ihn in den finsteren Regionen der Materie wieder fallen läßt, je nach dem sie gut oder schlecht geworden ist. Nun wiederholt sich der Aufbau und die Evolution des Menschen in immer wachsenden Kreisen auf der ganzen Stufenleiter der Wesen und in allen Sphären. Gleich wie die menschliche Psyche kämpft zwischen dem Geist, der sie anzieht, und dem Körper, der sie zurückhält, so steht die Menschheit in der Mitte zwischen der natürlichen und tierischen Welt, in der sie ihre irdischen Wurzeln hat, und der göttlichen Welt der reinen Geister, in der sie ihren himmlischen Ausgangspunkt hat und zu der sie sich zu erheben strebt. Und das, was in der Menschheit vorgeht, geht auf allen Erden und auf allen Sonnensystemen vor, in immer verschiedenen

Proportionen, in immer neuen Arten. Erweitert diesen Kreis bis ins Unendliche – und, wenn ihr es könnt, umspannt mit einem Blick die grenzenlosen Welten. Was findet ihr dort? Den schöpferischen Gedanken, das astrale Fluidum und in Entwicklung begriffene Welten: den Geist, die Seele und den Körper der Gottheit. – Hebt einen Schleier nach dem andern auf und prüft die Eigenschaften dieser Gottheiten selbst, ihr werdet die Triade und die Dyade sehen, die sich in die dunkle Tiefe der Monade hüllen wie ein Sternenflor in die Abgründe der Unermeßlichkeit.

Nach dieser flüchtigen Skizze versteht man die außerordentliche Bedeutung, die Pythagoras dem Gesetze der Dreieinigkeit zuschrieb. Man kann sagen, daß sie den Eckstein der esoterischen Wissenschaften bildet. Alle großen religiösen Initiatoren haben ein Bewußtsein davon gehabt, alle Theosophen haben es vorausgeahnt. Ein Orakel von Zoroaster sagt:

> Die Zahl drei herrscht überall im Universum
> Und die Monade ist ihr Prinzip.

Das unvergleichliche Verdienst des Pythagoras besteht darin, mit der Klarheit des griechischen Genius dieses Gesetz formuliert zu haben. Er machte daraus den Mittelpunkt seiner Theogonie und die Grundlage seiner Wissenschaften. Schon verschleiert in den esoterischen Schriften Platos, doch gänzlich unverstanden von den späteren Philosophen, ist diese Auffassung in den modernen Zeiten nur von einigen seltenen Eingeweihten der okkulten Wissenschaften durchdrungen worden[74]. Man sieht schon jetzt, welche breite und solide Basis durch das Gesetz der universellen Dreieinigkeit für die Klassifizierung der Wissenschaften, für das Gebäude der Kosmogonie und der Psychologie geschaffen wurde.

Wie die universelle Dreieinigkeit sich in der Einheit Gottes oder der Monade zusammenschließt, so schließt sich die menschliche Dreieinigkeit zusammen in dem Bewußtsein des Ich und in dem Willen, dessen lebendige Einheit alle Eigenschaften des Körpers, der Seele und des Geistes umspannt. Die in der Monade zusammengedrängte göttliche und menschliche Dreiheit bildet die heilige Tetraktis. Aber der Mensch verwirklicht seine eigene Einheit nur auf relative Art. Denn sein Wille, der auf sein ganzes Wesen wirkt, kann nicht zugleich und ganz in seinen drei Organen tätig sein, d. h. in der Sinnesempfindung, in der Seele und in der Denkkraft. Das Universum und Gott selbst erscheinen ihm nur abwechselnd und nacheinander widergespiegelt in diesen drei Spiegeln: 1. Durch den Instinkt und das Kaleidoskop der Sinne gesehen, ist Gott mannigfaltig und unendlich wie seine Manifestationen. Daher der Polytheismus, in welchem die Zahl der Götter nicht begrenzt ist. 2. Durch die Verstandesseele gesehen, ist Gott zweifach, d. h. Seele und Materie. Daher der Dualismus des Zoroaster, der Manichäer und mehrerer anderer Religionen. 3. Durch die reine Denkkraft geschaut, ist er dreifach, d. h. Geist, Seele und Körper, in allen Manifestationen des Universums. Daher die trinitären Kulte Indiens (Brahma, Vishnu, Shiva) und die Dreieinigkeit selbst des Christentums. (Vater, Sohn und Heiliger Geist.) 4. Durch den Willen erfaßt, der alles zusammenschließt, ist Gott einig, und wir haben den hermetischen Monotheismus des Moses in seiner ganzen Strenge; wir verlassen das sichtbare Universum und treten in das Absolute ein. Der Ewige herrscht allein über die in Staub zerfallene Welt. Die Verschiedenheit der Religionen rührt also davon her, daß der Mensch die Gottheit nur erfassen kann durch das Medium seines eigenen begrenzten Wesens, während Gott in jedem Augenblick die Einheit der drei Welten in der Harmonie des Weltalls verwirklicht.

Dieser letzte Punkt würde allein genügen, um die magische Kraft des Tetragramms in der Stufenfolge der Ideen zu beweisen. Nicht nur fand man in ihm die Grundlagen der Wissenschaft, das Gesetz der Wesen und deren Entwicklungsart, sondern auch die Grundlage der verschiedenen Religionen und ihrer höheren Einheit. Daher die Begeisterung mit welcher Lysis in den goldenen Versen darüber spricht, und man versteht jetzt, weshalb die Pythagoräer bei diesem großen Symbol schwuren:

»Ich schwöre bei demjenigen, der in unsere Herzen prägte
Die heilige Tetraktis, das unendliche reine Symbol,
Quelle der Natur und Urbild der Götter.«

Pythagoras ging noch viel weiter vor im Unterricht der Zahlen. In einer jeden von ihnen stellte er fest ein Prinzip, ein Gesetz, eine tätige Kraft des Universums. Aber er sagte, daß die wesentlichen Prinzipien in den vier ersten Zahlen enthalten seien, da man alle anderen findet, wenn man diese addiert oder multipliziert. So wird auch die unendliche Mannigfaltigkeit der Wesen, die das Universum bilden, bewirkt durch die Kombinationen der drei ursprünglichen Kräfte: Materie, Seele und Geist, unter der schöpferischen Triebkraft der göttlichen Einheit, die sie ineinander mischt und differenziert, sie zusammenschließt und sie auseinandertreibt. Wie alle großen Lehrer der esoterischen Wissenschaft schrieb Pythagoras eine besondere Bedeutung der Zahl Sieben und der Zahl Zehn zu. Sieben, in ihrer Zusammensetzung von drei und vier, bedeutet die Verbindung des Menschen mit der Gottheit. Es ist die Zahl der Adepten, der großen Eingeweihten, und da überall eine vollkommene Realisation durch sieben Stufen erreicht wird, stellt sie das Gesetz der Entwicklung dar. Die Zahl Zehn, durch die Addition der vier ersten gebildet und die vorige enthaltend, ist die vor allen vollkommene Zahl, weil sie alle Grundeigenschaften der Gottheit darstellt, nachdem sie sich entwickelt und vereinigt haben zu einer neuen Einheit.

Den Unterricht in seiner Theogonie beschloß Pythagoras damit, daß er seinen Schülern die neun Musen zeigte, welche die zu drei und drei gruppierten Wissenschaften personifizierten, der in neun Welten entwickelten, dreifachen Dreifaltigkeit vorstanden und zusammen mit Hestia, der göttlichen Wissenschaft, der Hüterin des ursprünglichen Feuers die heilige Dekade bildeten.

Dritter Grad – Vervollkommnung
Kosmogonie und Psychologie – Die Evolution der Seele

Der Schüler hatte vom Meister die Grundsätze der Wissenschaft erhalten. Diese erste Einweihung hatte die dichten Schuppen der Materie, die seine geistigen Augen bedeckten, fallen lassen. Den glänzenden Schleier der Mythologie zerreißend, hatte sie ihn der sichtbaren Welt entrissen, um ihn jählings in die unbegrenzte Weite zu stürzen, um ihn in die Sonne des Geistes zu tauchen, von wo aus die Wahrheit die drei Welten überstrahlt. Aber die Wissenschaft der Zahlen war nur das Vorspiel zur großen Einweihung. Ausgerüstet mit diesen Kenntnissen, handelte es sich nun darum, von den Höhen des Absoluten in die Tiefen der Natur zu steigen, um dort in der Bildung der Dinge und in der Evolution der Seele durch die Weltenalter den göttlichen Gedanken zu erfassen. Die esoterische Kosmogonie und Psychologie berührte die größten Mysterien des Lebens, gefährliche Geheimnisse, die von den okkulten Wissenschaften und Künsten mit Eifersucht bewahrt wurden. Deshalb liebte Pythagoras seinen Unterricht weit ab vom profanen Tag zu geben, in der Nacht, am Ufer des Meeres, auf den Terrassen des Tempels oder in den Krypten des Heiligtums, wo ägyptische Naphthalampen ein gleichmäßiges sanftes Licht verbreiteten.

Die materielle und die spirituelle Evolution der Welt sind zwei im umgekehrten Verhältnis stehende Bewegungen, aber parallel verlaufend und sich entsprechend auf der ganzen Stufenleiter des Seins. Die eine findet nur durch die andere ihre Erklärung, und zusammen betrachtet, erklären sie die Welt. Die materielle Evolution stellt die Manifestation Gottes in der Materie dar durch die Weltenseele, die an ihr arbeitet. Die spirituelle Evolution stellt dar die Durcharbeitung des Bewußtseins in den individuellen Monaden und deren Versuche, sich durch den Zyklus der Leben hindurch mit dem göttlichen Geist, dem sie entstammen, wiederzuvereinen. Das Universum vom physischen oder vom spirituellen Standpunkt aus sehen, bedeutet nicht einen verschiedenen Gegenstand betrachten, sondern von zwei verschiedenen Ausgangspunkten auf die Welt blicken. Vom irdischen Standpunkt aus muß die rationelle Erklärung der Welt mit der materiellen Evolution beginnen, da sie uns von dieser Seite her erscheint; aber indem wir so die Arbeit des Weltgeistes in der Materie betrachten und die Entwicklung der individuellen Monaden verfolgen, werden wir unbemerkt zum spirituellen Standpunkt geführt, und wir schreiten hinüber vom Außen zum Innen der Dinge, von der Kehrseite zur Glanzseite.

So wenigstens ging Pythagoras vor, der das Universum wie ein lebendiges Wesen betrachtete, das von einer großen Seele belebt und mit einer großen Vernunft durchdrungen war. Der zweite Teil seines Unterrichts begann deshalb mit der Kosmogonie.

Wenn man sich an die Einteilungen des Himmels halten würde, die wir in den exoterischen Fragmenten des Pythagoras finden, wäre diese Astronomie ähnlich der Astronomie des Ptolemäus, die Erde unbeweglich und die Sonne sich um sie drehend mit den Planeten und dem ganzen Himmel. Aber schon das Prinzip dieser Astronomie deutet uns an, daß sie rein symbolisch ist. In das Zentrum seines Universums stellt Pythagoras das Feuer (von dem die Sonne nur ein Abglanz ist). Im ganzen Esoterismus des Orients ist aber das Feuer das Abzeichen des Geistes, des göttlichen Allbewußtseins. Das, was unsere Philosophen allgemein als die Physik des Pythagoras und des Plato ansehen, ist also nichts als eine bildliche Beschreibung ihrer geheimen Philosophie, lichtvoll für die Eingeweihten, aber um so undurchdringlicher für den Profanen, weil man sie als einfache Physik gelten ließ. Suchen wir also darin eine Art Kosmographie des Seelenlebens, nichts weiter. Die sublunare Region bezeichnet die Sphäre, in welcher die irdische Anziehungskraft ihr Wirkungsgebiet hat, und wird der Kreis der Generationen genannt. Die Eingeweihten verstanden darunter, daß die Erde für uns die Region des körperlichen Lebens ist. Hier gehen alle Wirkungen vor sich, die die Verkörperung und Entkörperung der Seelen begleiten. Die Sphäre der sechs Planeten und der Sonne entspricht aufsteigenden Kategorien von Geistern. Der Olymp, als kreisende Sphäre aufgefaßt, wird der Himmel der Fixsterne genannt, weil er der Sphäre der vollkommenen Seelen gleichgestellt wird. Unter dieser kindlichen Astronomie verbirgt sich also eine Darstellung des spirituellen Universums.

Alles aber veranlaßt uns, zu glauben, daß die alten Eingeweihten und besonders Pythagoras viel richtigere Vorstellungen vom physischen Universum hatten. Aristoteles sagt uns ausdrücklich, daß die Pythagoräer an die Bewegung der Erde um die Sonne glaubten. Kopernikus behauptet, daß der Gedanke der Drehung der Erde um ihre eigene Achse ihm gekommen sei, als er in Cicero las, daß ein gewisser Hycetas aus Syrakus von der täglichen Bewegung der Erde gesprochen habe. Seinen Schülern des dritten Grades lehrte Pythagoras die doppelte Bewegung der Erde. Ohne die genauen Messungen der modernen Wissenschaften zu haben, wußte er wie die Priester von Memphis, daß die von der Sonne losgelösten Planeten sich um sie drehen, daß die Sterne ebenso viele Sonnensysteme sind, die von denselben Gesetzen beherrscht werden wie das unsere und von denen jedes seine Rangordnung in dem ungeheuren Weltall hat. Er wußte auch, daß jedes Sonnensystem ein kleines Universum bildet, das in der geistigen Welt ein ihm entsprechendes und seinen eigenen Himmel hat. Die Planeten dienten dazu, die Stufenleiter anzugeben. Aber diese Kenntnisse, welche die populäre Mythologie umgestürzt hätten und welche das Volk wie eine Heiligtum-Schändung empfunden hätte, waren niemals der profanen Schrift anvertraut. Man lehrte sie nur unter dem Siegel der tiefsten Geheimnisse[75].

Das sichtbare Universum, sagte Pythagoras, der Himmel mit allen seinen Sternen, ist nur eine vergängliche Form der Weltenseele, welche die in den unendlichen Weiten verstreute Materie zusammenballt, dann sie auflöst und als unwägbares kosmisches Fluidum aussät. Jeder Sonnenwirbel besitzt ein Teilchen dieser Welten-Seele, der in seinem Schoß während Millionen von Jahrhunderten evolviert nach eigenem Maßstab und Kraft-Impuls. Die Mächte dagegen, die Reiche, die Arten und die lebendigen Seelen, die nacheinander auf den Planeten dieser kleinen Welt erscheinen, sie kommen von Gott, sie steigen herab vom Vater, d. h. sie emanieren von einer spirituellen Hierarchie, die unwandelbar und erhaben ist, und von einer vorangegangenen materiellen Evolution, einem erloschenen Sonnensystem. Von diesen unsichtbaren Mächten leiten die einen, absolut Unsterblichen, die Bildung dieser Welt, die andern erwarten im kosmischen Schlummer oder im göttlichen Traum ihre Entfaltung, um in die sichtbaren Generationen wieder einzutreten, entsprechend ihrer Rangordnung und dem ewigen Gesetz. Unterdessen bearbeitet die Sonnenseele und ihr zentrales Feuer, getrieben von der großen Monade, die undifferenzierte Materie. Die Planeten sind Töchter der Sonne. Jeder von ihnen, durchwirkt von den der Materie inneliegenden Kräften der Anziehung und der Bewegung, ist mit einer der Sonnenseele entstammenden halbbewußten Seele begabt und hat seinen besonderen Charakter, seine bestimmte Rolle in der Evolution. Da jeder Planet ein anders gearteter Ausdruck des göttlichen Gedankens ist, da er in der planetarischen Kette eine ihm eigene Funktion erfüllt, haben die alten Weisen die Namen der Planeten mit denen jener großen Götter identifiziert, welche die göttlichen Eigenschaften in ihren Wirkungen auf das Universum darstellen.

Die vier Elemente, aus denen die Sterne und alle Planeten gebildet sind, bezeichnen vier aufeinanderfolgende Stufen der Materie. Das erste, als das dichteste, ist das dem Geist am meisten widerstrebende; das letzte, als das feinste, zeigt mit ihm eine große Verwandtschaft. Die Erde stellt den festen Zustand dar; das Wasser den flüssigen; die Luft den Gas-Zustand; das Feuer den unwägbaren Zustand. – Das fünfte oder ätherische Element stellt einen so subtilen und lebensvollen Zustand dar, daß er nicht mehr atomistisch ist, sondern alldurchdringend. Es ist das ursprüngliche kosmische Fluidum, das astrale Licht oder die Weltenseele.

Pythagoras sprach darnach zu seinen Schülern von den Umwälzungen der Erde gemäß den Überlieferungen Ägyptens und Asiens. Er wußte, daß die noch undifferenzierte Erde ursprunglich von einer gasartigen Atmosphäre umgeben war, die, flüssig geworden, durch allmähliche Erkaltung die Meere gebildet hatte. Seiner Gewohnheit gemäß faßte er diese Idee in einer Metapher zusammen, indem er sagte, daß die Meere durch die Tränen Saturns (der kosmischen Zeit) gebildet worden seien.

Und nun erscheinen die Reiche und die in der Äther-Aura der Erde schwimmenden unsichtbaren Keime, die dann in ihrer Gas-Umhüllung wirbeln, senken sich ein in den tiefen Schoß der Meere und in die ersten aus dem Meer gestiegenen Kontinente. Die noch vereinigten Pflanzen- und Tierwelten erscheinen beinah zu gleicher Zeit. Die esoterische Lehre vertritt das Gesetz der Umwandlungen der tierischen Arten nicht nur im Sinn des sekundären Gesetzes der natürlichen Zuchtwahl, sondern auch im Sinn eines ursprünglichen Gesetzes der Keimeinschläge in die Erde durch himmlische Mächte und aller lebendigen Wesen durch vernunftbegabte Bildner und unsichtbare Kräfte. Wenn eine neue Art auf der Erdkugel erscheint, so bedeutet es, daß Seelen von einem erhabeneren Typus sich zu einer bestimmten Epoche in den Nachkommen der alten Art verkörpern, um sie einen Grad höher steigen zu lassen, indem sie sie ummodeln und nach ihrem Bild umwandeln. So erklärt die esoterische Lehre die Erscheinung des Menschen auf der Erde. Vom

Standpunkt der irdischen Evolution aus ist der Mensch der letzte Sproß und die Krone aller vorangegangenen Arten. Aber dieser Standpunkt genügt ebensowenig, um sein Auftreten zu erklären, als er genügen würde, um die Erscheinung des ersten Wassermooses und des ersten Krustentieres im Innern der Meere zu erklären. Allen diesen allmählichen Schöpfungen, wie jeder Geburt, liegt zugrunde das vorzeitige Reich einer himmlischen Menschheit, die der Entfaltung der irdischen Menschheit vorangeht und ihr, ähnlich den Wogen einer ungeheuren Flut, neue Ströme von Seelen zusendet, die sich in ihrem Schoß verkörpern. Diese lassen die ersten Strahlen eines göttlichen Lichts aufleuchten in diesem scheuen, impulsiven, kühnen Wesen, das, kaum befreit von der Macht der Tierheit, gezwungen ist, zu kämpfen mit allen Mächten der Natur.

Pythagoras, durch die Tempel Ägyptens belehrt, hatte genaue Kenntnisse von den großen Umwälzungen auf der Erdkugel. Die indische und ägyptische Lehre kannte die Existenz des uralten australischen Festlandes, das die rote Rasse hervorgebracht hatte und eine mächtige Zivilisation, welche die Griechen die atlantische nannten. Sie schrieb das aufeinanderfolgende Hervortreten und Untersinken der Kontinente der Oszillation der Pole zu und nahm an, daß die Menschheit auf diese Weise sechs Überflutungen durchgemacht hätte. In diesem interdiluvianischen Zyklus findet das Übergewicht einer großen menschlichen Rasse statt. Mitten unter den teilweise stattfindenden Verdunklungen der Zivilisation und der menschlichen Fähigkeiten gibt es eine allgemeine aufsteigende Bewegung.

So ist denn die Menschheit konstituiert, und die Rassen treten ihre Laufbahn an inmitten der Kataklysmen der Erdkugel. Aber auf dieser Kugel, die wir bei unserer Geburt für die unerschütterliche Grundlage der Welt halten und die selbst, im Raum dahineilend, schwebt, auf diesen Festlanden, die aus dem Meer emporsteigen, um wieder zu verschwinden, inmitten dieser vergehenden Völker, dieser zusammenbrechenden Zivilisationen, was ist das große, das umfassende, das ewige Mysterium? Es ist die große innere Frage, die ein jeder und alle sich stellen, es ist das Problem der Seele, die in sich selbst einen Abgrund von Finsternis und von

Licht entdeckt, die sich mit einem Gemisch von Entzücken und Schrecken ansieht und sagt: »Ich bin nicht von dieser Welt, denn sie genügt nicht, um mich zu erklären. Ich stamme nicht von der Erde, und ich gehe anderswo hin. Aber wohin?« Es ist das Geheimnis Psyches, das alle übrigen enthält.

Die Kosmogonie der sichtbaren Welt, sagte Pythagoras, führt uns zur Geschichte der Erde und diese – zum Mysterium der menschlichen Seele. Mit ihm rühren wir an das Allerheiligste, an das Geheimnis der Geheimnisse. Ist das Bewußtsein einmal wach geworden, so wird die Seele für sich selbst zum wunderbarsten Schauspiel. Aber selbst dieses Bewußtsein ist nur die hell erleuchtete Oberfläche ihres Seins, in welchem sie dunkle und unergründliche Tiefen ahnt. In diesem unbekannten Abgrund betrachtet die göttliche Psyche mit gespanntem Blick alle Leben und alle Welten: die Vergangenheit, die Gegenwart, die Zukunft, welche durch die Ewigkeit verbunden werden: »Erkenne dich selbst, und du wirst die Welt der Götter erkennen.« Das ist das Geheimnis der eingeweihten Weisen. Aber um durch diese schmale Tür in die ungeheure Weite des unsichtbaren Universums zu treten, müssen wir in uns das direkte Schauen der geläuterten Seele erwecken, uns bewaffnen mit der Fackel der durchgeistigten Denkkraft, der Wissenschaft der Prinzipien und heiligen Zahlen.

Pythagoras ging so von der physischen zur spirituellen Kosmogonie über. Nach der Entwicklung der Erde erzählte er von dem Gang der Seelen durch die Welten. Außerhalb der Einweihung ist diese Lehre bekannt unter dem Namen der Seelenwanderung. Über keinen Teil der okkulten Lehre ist mehr Unvernünftiges gesagt worden als über diesen, so daß die alte und die neue Literatur sie nur unter kindlichen Verkleidungen kennen. Plato selbst, der unter den Philosophen am meisten dazu beigetragen hat sie zu popularisieren, hat uns nur phantastische und manchmal abenteuerliche Ausblicke gegeben, sei es, daß seine Vorsicht, sei es, daß seine Gelübde ihn verhindert haben alles zu sagen, was er davon wußte. Wenige vermuten heute, daß sie für die Eingeweihten einen wissenschaftlichen Aspekt haben, unendliche Perspektiven eröffnen und der Seele göttlichen Trost geben konnte. Die Lehre des aufsteigenden Lebens der Seele durch die Reihenfolge der Existenzen ist der gemeinsame Zug der esoterischen Überlieferungen und die Krönung der Theosophie. Ich füge hinzu, daß sie für uns eine außerordentliche Bedeutung hat. Denn der heutige Mensch verwirft mit gleicher Verachtung die abstrakte und verschwommene Unsterblichkeit der Philosophie und den kindlichen Himmel der ursprünglichen Religion. Und doch erfüllen ihn die Trockenheit und die Leere des Materialismus mit Schrecken. Er strebt unbewußt zur Erkenntnis einer organischen Unsterblichkeit, die zugleich den Bedürfnissen seiner Vernunft und den unzerstörbaren Bedürfnissen seiner Seele entspricht. Man versteht es übrigens, warum die Eingeweihten aller alten Religionen, wenn sie auch die Kenntnis dieser Wahrheit besaßen, sie so geheim gehalten haben. Sie sind eng verbunden mit den tiefen Mysterien des geistigen Werdens, desjenigen der Geschlechter und des Werdens im Fleische, von welchen die Schicksale der künftigen Menschheit abhängen.

So wartete man mit einem gewissen Erbeben auf diese hochbedeutende Stunde der esoterischen Lehre. Durch das Wort des Pythagoras schien, wie durch einen langsamen Zauber, die schwere Materie ihr Gewicht zu verlieren; die Dinge der Erde wurden durchsichtig, diejenigen des Himmels dem Auge sichtbar. Sphären von Gold und Himmelblau, die lichtvolle Essenzen durchzogen, entrollten ihre Kreise bis in die Unendlichkeit.

Dann hörten die Schüler, Männer wie Frauen, gedrängt um den Lehrer, in einem unterirdischen Teil des Ceres-Tempels, welcher die Krypta der Proserpina genannt wurde, mit steigender Bewegung die himmlische Geschichte der Psyche.

Was ist die menschliche Seele? Ein Teil der großen Weltenseele, ein Funke des göttlichen Geistes, eine unsterbliche Monade. Aber wenn ihre Zukunftsmöglichkeit bis in die unergründliche Herrlichkeit des göttlichen Bewußtseins steigt, greift ihre geheimnisvolle Entfaltung zurück bis zu den Ursprüngen der organisierten Materie. Um das zu werden, was sie in der gegenwärtigen Menschheit ist, mußte sie durch alle Reiche der Natur schreiten, die ganze Stufenleiter der Wesen hinauf, indem sie sich allmählich durch eine Reihe zahlloser Existenzen entwickelte. Der Geist, der die Welten durcharbeitet und die kosmische Materie zu ungeheuren Massen verdichtet, manifestiert sich mit immer steigender Intensität und immer wachsender Kraft in den aufeinanderfolgenden Reichen der Natur. Diese Kraft, blind und undeutlich im Mineral, individualisiert in der Pflanze, polarisiert in der Sensibilität und dem Instinkt der Tiere, strebt auf in langsamer Arbeit bis zur bewußtseinserfüllten Monade; und die elementare Monade ist sichtbar in dem niedrigsten Tier. Das seelische und geistige Element ist also vorhanden in allen Reichen, obgleich nur in unendlich kleinen Teilen in den unteren. Die Seelen, die in den unteren Reichen im Keimzustand enthalten sind, bewohnen diese, ohne sie zu verlassen, während ungeheurer Zeiträume, und nur nach großen kosmischen Revolutionen gehen sie über in ein höheres Reich, indem sie den Planeten wechseln. Alles, was sie tun können während der Lebensdauer eines Planeten, ist, innerhalb der Artentwicklung höher hinaufzusteigen. Wo ist der Ursprung der Monade? Ebenso könnte man nach der Stunde fragen, in der sich eine Nebelmasse zuerst gebildet, in der eine Sonne zum ersten Male aufgeleuchtet hat. Wie dem auch sei, das, was die Essenz eines jeglichen Menschen bildet, hat sich während Millionen von Jahren entwickeln müssen durch eine Planetenkette und durch die unteren Reiche hindurch, ein individuelles Prinzip behaltend, das ihm durch alle diese Daseinskreise folgt. In dieser dämmerhaften, aber unzerstörbaren Individualität liegt eben der göttliche Abdruck der Monade, in der Gott sich durch das Bewußtsein manifestieren will.

Je höher sie die Stufenleiter der Organismen hinaufsteigt, um so stärker entwickelt die Monade die in ihr schlummernden Anlagen. Die polarisierte Kraft wird Empfindung, die Empfindung Instinkt, der Instinkt Verstand. Und in dem Maß, als sich das zitternde Licht des Bewußtseins entfacht, wird diese Seele, unabhängig vom Körper, fähig, ein freies Dasein zu führen. Die fluidische und nicht polarisierte Seele der Mineralien und Vegetabien ist mit den Elementen der Erde verbunden. Die von dem irdischen Feuer stark angezogene Seele der Tiere wohnt dort einige Zeit, nachdem sie ihren Leichnam verlassen hat, und kehrt dann zur Erdoberfläche zurück, um sich in ihrer Art wiederzuverkörpern, ohne jemals die niederen Luftschichten verlassen zu können. Diese sind bevölkert von Elementarwesen, die ihre Rolle im atmosphärischen Leben spielen und einen großen okkulten Einfluß auf den Menschen ausüben. Die menschliche Seele allein kommt vom Himmel und kehrt nach dem Tod dahin zurück. Doch in welcher Epoche ihres langen kosmischen Lebens ist die elementare Seele menschliche Seele geworden? Die Umwandlung ist nur möglich gewesen in einer planetarischen Zwischenperiode, durch die Begegnung mit schon voll ausgebildeten menschlichen Seelen, die in der elementaren Seele die spirituelle Anlage entwickelt haben und auf deren plastische Substanz wie ein feuriges Siegel ihr göttliches Urbild abgedruckt haben.

Doch wie viele Reisen, wie viele Verkörperungen, wie viele planetarische Zyklen muß die so geformte menschliche Seele noch durchlaufen, bevor sie zum Menschen wird, den wir kennen! Gemäß den esoterischen Überlieferungen Indiens und Ägyptens hätten die Individuen, welche die gegenwärtige Menschheit bilden, ihr menschliches Dasein auf andern Planeten begonnen, auf denen die Materie viel weniger dicht ist als auf dem unsern. Der Körper des Menschen war damals beinahe gasartig, seine Verkörperungen leicht und mühelos. Seine Fähigkeiten zu unmittelbarem geistigen Schauen wären in diesem ersten menschlichen Stadium sehr stark und subtil gewesen; Verstand und Vernunft dagegen in embryonalem Zustand. In diesem halb-körperlichen, halb-geistigen Zustand schaute der Mensch die Geister, alles war Glanz und Herrlichkeit für seine Augen, Musik für seine Ohren. Er hörte selbst die Harmonie der Sphären. Er dachte nicht nach und überlegte nicht, er wollte kaum. Er lebte dahin, indem er die Töne, die Formen, das Licht trank, indem er gleich einem Traum vom Leben zum Tode und vom Tode zum Leben schwebte. Das nannten die Orphiker den Himmel des Saturn. Nur indem er sich, entsprechend der Lehre des Hermes, auf immer dichteren Planeten verkörperte, hat sich der Mensch materialisiert. Indem sie sich in dichtere Materien verkörperte, verlor die Menschheit zwar ihren geistigen Sinn, aber durch ihren immer intensiveren Kampf mit der äußeren Welt hat sich machtvoll ihre Vernunft, ihre Erkenntnis, ihr Wille entwickelt. Die Erde ist die letzte Stufe bei diesem Niederstieg in die Materie, den Moses die Vertreibung aus dem Paradiese nennt und Orpheus den Fall in die sublunare Region. Von dort aus kann der Mensch mühsam die Sphären wieder aufwärts steigen in einer Reihe neuer Existenzen und seine geistigen Sinne wiedererobern durch den freien Gebrauch seines Verstandes und seines Willens. Dann nur, sagen die Jünger des Hermes und des Orpheus, erlangt der Mensch durch seine Tat das Bewußtsein und den Besitz des Göttlichen; dann nur wird er ein Gottessohn. Und diejenigen, die auf der Erde diesen Namen getragen haben, mußten, bevor sie unter uns erschienen, die schreckensvolle Spirale auf- und niedersteigen.

Was ist denn die bescheidene Psyche im Anbeginn? Ein vorbeiziehender Hauch, ein schwebender Keim, ein von den Windesschlägen verfolgter Vogel, der von Leben zu Leben pilgert. Und doch – von Schiffbruch zu Schiffbruch, – durch Millionen von Jahren hindurch ist sie Gottes Tochter geworden und kennt keine andere Heimat als den Himmel! Deshalb hat die griechische Poesie, von einem so tiefen und lichtvollen Symbolismus, die Seele mit dem beflügelten Insekt verglichen, bald Raupe, bald himmlischer Schmetterling. Wie oft ist sie Chrysalide gewesen und wie oft Schmetterling? Sie wird es nie wissen, aber sie fühlt, daß sie Flügel hat.

Dies ist die schwindelerregende Vergangenheit der menschlichen Seele. Sie erklärt uns ihren gegenwärtigen Zustand und erlaubt uns ihre Zukunft vorauszusehen!

Welches ist die Lage der göttlichen Psyche in dem irdischen Leben? Denkt man genau darüber nach, so kann man sich nichts Sonderbareres und Tragischeres vorstellen. Seitdem sie mühsam in der dichten Luft der Erde erwacht ist, ist die Seele von den Banden des Körpers umschlungen. Sie lebt, atmet, denkt nur durch ihn, und doch ist er nicht sie. In dem Maß, als sie sich entwickelt, fühlt sie in sich wachsen ein zitterndes Licht, etwas Unsichtbares und Unmaterielles, das sie ihren Geist, ihr Bewußtsein nennt. Ja, der Mensch hat das eingeborene Gefühl seiner dreifachen Natur, da er in seiner selbst instinktiven Sprache seinen Körper von seiner Seele und seine Seele von seinem Geist unterscheidet. Aber die gefangene und bedrängte Seele windet sich zwischen ihren zwei Gefährten wie zwischen der Umarmung einer Schlange mit tausend Ringen und eines unsichtbaren Genius, der sie ruft, doch dessen Gegenwart nur fühlbar wird durch das Schlagen seiner Flügel, durch flüchtige Lichtblicke. Bald nimmt sie dieser Körper so in Anspruch, daß sie nur durch seine Empfindungen und Leidenschaften lebt; sie wälzt sich mit ihm in den blutigen Orgien des Zornes oder im dichten Dunstkreis der fleischlichen Wollust, bis sie selbst vor dem tiefen Schweigen des unsichtbaren Gefährten erschrickt. Bald wieder, angezogen durch ihn, verliert sie sich in einer solchen Höhe des Gedankens, daß sie die Existenz des Körpers vergißt, bis er ihr seine Gegenwart ins Gedächtnis bringt durch einen tyrannischen Ruf. Und doch sagt ihr eine innere Stimme: Zwischen ihr und dem unsichtbaren Gast ist das Band unzerstörbar, während der Tod das Band mit dem Körper zerreißen wird. Aber umhergeworfen in diesem ewigen Kampf, sucht die menschliche Seele umsonst das Glück und die Wahrheit. Umsonst sucht sie sich selbst in diesen Empfindungen, die vorüberrauschen, in diesen Gedanken, die vor ihr flüchten, in dieser Welt, die wie eine Fata Morgana wechselt. Nichts findend, was dauernd ist, gequält, gejagt wie ein Blatt im Wind, zweifelt sie an sich und an einer göttlichen Welt, die sich ihr nur offenbart durch ihren Schmerz und die Ohnmacht, sich bis zu ihr hinauf zu erheben. Die menschliche Unwissenheit ist in den Widersprüchen der vorgeblichen Weisen geschrieben und die menschliche Traurigkeit in dem unergründlichen Durst des menschlichen Blickes. Endlich, wie groß auch der Umkreis seiner Kenntnisse sein möge, die Geburt und der Tod schließen den Menschen ein zwischen zwei verhängnisvollen Grenzen. Es sind zwei finstere Tore, hinter denen er nichts sieht. Die Lebensflamme entzündet sich, indem sie durch das eine hindurchgeht, und erlischt, indem sie durch das andere hinausgeht. Sollte es der Seele ebenso ergehen? Wenn nicht, was geschieht mit ihr?

Die Antwort, welche die Philosophen auf diese brennende Frage gegeben haben, ist sehr verschieden. Diejenige der eingeweihten Theosophen aller Zeiten war im wesentlichen dieselbe. Sie stimmt überein mit dem universellen Gefühl und der innern Wahrheit der Religionen. Diese haben die Wahrheit nur unter abergläubischen oder symbolischen Formen ausgedrückt. Die esoterische Lehre öffnet viel weitere Perspektiven, und ihre Behauptungen stimmen überein mit den Gesetzen der universellen Entwicklung. Das ist, was die durch die Überlieferung und durch zahlreiche Erfahrungen des psychischen Lebens belehrten Eingeweihten dem Menschen gesagt haben: Was sich in dir bewegt, was du deine Seele nennst, ist ein ätherischer Doppelleib, der einen unsterblichen Geist in sich einschließt. Der Geist baut sich auf und webt sich durch seine eigene Tatkraft seinen geistigen Körper. Pythagoras nennt ihn den subtilen Wagen der Seele, weil er dazu bestimmt ist, sie nach dem Tod von der Erde zu heben. Dieser geistige Körper ist das Organ des Geistes, seine Empfindungshülle, sein Willensinstrument und dient zur Belebung des Körpers, der sonst starr bliebe. In den Erscheinungen der Sterbenden oder der Toten wird dieser Doppelkörper sichtbar. Aber dies setzt immer einen besonderen nervösen Zustand beim Sehenden voraus. Die Feinheit, die Kraft, die Vollendung des geistigen Körpers hängt von der Qualität des Geistes ab, den er enthält, und es gibt zwischen der Substanz der im Astrallicht gewobenen, aber von den unwägbaren Fluiden der Erde und des Himmels durchdrungenen Seelen zahlreichere Nuancen, größere Unterschiede als zwischen allen irdischen Körpern und allen Zuständen der wägbaren Materie. Dieser astrale Körper, obgleich viel subtiler und vollkommener als der irdische, ist nicht unsterblich wie die Monade, die er enthält. Er ändert, läutert sich je nach der Umgebung, in der er sich befindet. Der Geist formt ihn, wandelt ihn fortwährend nach seinem Bilde um, aber verläßt ihn nie, und wenn er sich allmählich seiner entledigt, so ist es, um sich mit immer ätherischeren Substanzen zu umhüllen. Das war es, was Pythagoras lehrte, der eine abstrakte spirituelle Wesenheit, eine Monade ohne Form nicht gelten ließ. Der in der Tiefe der Himmel wie auf der Erde wirkende Geist muß ein Organ haben; dieses Organ ist die lebendige Seele, tierisch oder erhaben, finster oder strahlend, aber in menschlicher, gottähnlicher Form.

Was geschieht beim Tod? Beim Nahen der Agonie fühlt die Seele gewöhnlich ihre baldige Trennung vom Körper. Sie sieht ihr ganzes irdisches Dasein wieder in verkürzten Bildern, in schneller Aufeinanderfolge, in schrecklicher Deutlichkeit. Aber wenn das erschöpfte Leben im Gehirn steckenbleibt, verwirrt sie sich und verliert gänzlich das Bewußtsein. Wenn es eine heilige und reine Seele ist, dann erwachen ihre geistigen Sinne schon durch die allmähliche Loslösung von der Materie. Sie hat vor dem Sterben auf irgendeine Art, und sei es nur durch den Rückblick auf ihren eigenen Zustand, die Empfindung von der Gegenwart einer andern Welt. Beim schweigsamen Mahnen, bei dem fernen Zuruf, bei den undeutlich wahrgenommenen Strahlen des Unsichtbaren hat die Erde schon ihre Dichtigkeit verloren, und wenn die Seele endlich den kalt gewordenen Leichnam verläßt, beglückt durch die errungene Freiheit, fühlt sie sich aufwärtsgetragen in einem großen Lichtstrom zu der geistigen Familie, der sie angehört. Aber so ist es nicht mit dem gewöhnlichen Menschen, dessen Seele geteilt ist zwischen materiellen Instinkten und höherem Streben. Er wacht mit halbem Bewußtsein auf wie unter dem Alpdruck eines quälenden Traums. Er hat keine Arme mehr, um zu umfangen, keine Stimme, um zu schreien, aber er erinnert sich, er leidet, er lebt in einem Zwischenreich der Finsternis und des Schreckens. Das einzige, was er dort erblickt, ist die Gegenwart seines Leichnams, von dem er losgelöst ist, doch für welchen er noch eine unbesiegbare Anziehungskraft fühlt. Denn durch ihn lebte er, und was ist er jetzt? Er sucht mit Angst nach sich in den eiskalten Fibern seines Gehirns, in dem geronnenen Blut seiner Adern und findet sich nicht mehr. Ist er tot? Ist er lebendig? Er möchte sehen, sich an etwas klammern; aber er sieht nicht, er greift nichts. Finsternis umschließt ihn; um ihn, in ihm ist alles Chaos. Er sieht nur ein Ding, und dieses Ding zieht ihn an und entsetzt ihn ... die unheimliche Phosphoreszenz seiner eigenen Hülle. Der quälende Alp beginnt von neuem.

Dieser Zustand kann Monate und Jahre dauern. Seine Dauer hängt ab von der Kraft der materiellen Instinkte der Seele. Doch mögen sie gut oder schlecht sein, höllisch oder himmlisch, allmählich wird diese Seele das Bewußtsein ihrer selbst und ihres neuen Zustandes erlangen. Ist sie einmal von ihrem Körper befreit, wird sie dem Abgrund der irdischen Atmosphäre entfliehen, dessen elektrische Ströme sie hierhin und dorthin treiben und dessen vielgestaltige, ihr selbst mehr oder weniger ähnliche Schatten sie zu erblicken anfängt wie flüchtige Lichtstreifen in einem dichten Nebel. Dann beginnt ein schwindelerregender, verzweifelter Kampf der noch betäubten Seele, um in die höheren Luftschichten emporzusteigen, um sich von der irdischen Anziehungskraft zu befreien, um in dem Himmel unseres Planetensystems die Region zu erreichen, die ihr zukommt und die freundlich gesinnte Führer allein ihr zeigen können. Aber bevor sie diese sieht und hört, bedarf es oft einer langen Zeit. Diese Phase des Seelenlebens hat in den Religionen und Mythologien verschiedene Namen getragen. Moses nannte sie den Horeb; Orpheus den Erebus; das Christentum nannte es das Fegefeuer oder das Tal der Schatten des Todes. Die griechischen Eingeweihten identifizierten sie mit dem Schattenkegel, den die Erde immer hinter sich zieht und der bis zum Mond reicht; sie nannten ihn aus diesem Grund den Abgrund Hekates. In diesem finstern Schlund wirbeln, gemäß den Orphikern und Pythagoräern, die Seelen, welche durch ihre verzweifelten Anstrengungen die Mondsphäre zu erreichen suchen und welche die Gewalt der Winde zu Tausenden auf die Erde zurückwirft. Homer und Virgil vergleichen sie mit Wirbelwinden, die Blätter vor sich treiben, mit Vogelschwärmen, die der Sturm auseinandertreibt.

Der Mond spielte eine große Rolle in der antiken Esoterik. Auf seinem zum Himmel gekehrten Antlitz sollten die Seelen ihren Astralkörper läutern, bevor sie den Aufstieg fortsetzen. Man nahm auch an, daß die Helden und die Genien einige Zeit auf seiner der Erde zugekehrten Seite verweilten, um sich mit einem für unsere Erde geeigneten Leib zu bekleiden, bevor sie sich wiederverkörperten. Man schrieb in gewissem Sinn dem Mond die Kraft zu, die Seele für ihre irdische Verkörperung zu magnetisieren und sie für den Himmel wieder von diesem Magnetismus zu befreien. Im allgemeinen bedeuteten diese Behauptungen, denen die Eingeweihten zugleich einen wirklichen, reellen und einen symbolischen Sinn zuschrieben, daß die Seele durch ein Zwischenstadium der Läuterung durchgehen und sich von den Schlacken befreien müsse, bevor sie ihre Reise fortsetzen könne.

Wie soll man aber die Ankunft der geläuterten Seele in die ihr zukommende Welt schildern? Die Erde ist verschwunden wie ein Traum. Ein neuer Schlaf, eine köstliche Ohnmacht umfängt sie wie eine Liebkosung. Sie sieht nur noch ihren geflügelten Führer, der sie mit Blitzesschnelle in die ferne Tiefe trägt. Was soll man sagen von ihrem Erwachen in den Tälern eines ätherischen Sternes ohne elementare Atmosphäre, wo alles, Berge, Blumen, die Vegetation, von einer köstlichen Art ist, empfindend und redend? Was soll man sagen vor allem von diesen lichtvollen Gestalten, Männern und Frauen, die wie ein geweihter Chor sie umringen, um sie für das heilige Mysterium ihres neuen Lebens einzuweihen? Sind es Götter oder Göttinnen? Nein, es sind Seelen wie sie selbst; das Wunder besteht darin, daß ihr geheimster Gedanke auf ihrem Antlitz erstrahlt, daß die Zärtlichkeit, die Liebe, der Wunsch oder die Furcht durch ihre durchsichtigen Körper leuchten in schimmerndem Farbenspiel. Hier sind Leib und Gesicht nicht mehr die Masken der Seele, sondern die durchsichtige Seele erscheint in ihrer wirklichen Form, erglänzt in der Tageshelle ihrer reinen Wahrheit. Psyche hat ihre göttliche Heimat wiedergefunden. Denn das geheime Licht, in welchem sie badet, das ihr selbst entströmt und ihr wieder zurückgegeben wird in dem Lächeln der Geliebten, dieses Licht der Seligkeit ... es ist die Weltenseele ... in ihm fühlt sie die Gegenwart Gottes! Es gibt keine Hindernisse mehr für sie; sie wird lieben, sie wird wissen, sie wird leben, ohne eine andere Schranke zu kennen als ihre eigene Schwungkraft. O sonderbares, wunderbares Glück! Sie fühlt sich mit all ihren Gefährtinnen verbunden durch tiefe Wahlverwandtschaft. Denn im jenseitigen Leben fliehen sich diejenigen, die sich nicht lieben, und die sich verstehen, vereinigen sich. Sie wird mit ihnen die göttlichen Mysterien in schöneren Tempeln feiern, in einer immer vollkommeneren Vereinigung. Sie werden sein wie lebende Gedichte, die stets sich erneuern, jede Seele eine Strophe, jede ihr eigenes Leben in dem der andern wiederholend. Dann wird sie erschauernd in das Licht der Höhen steigen, beim Ruf der Boten, der geflügelten Genien, derjenigen, die man Götter nennt, weil sie dem Kreis der Generationen entwachsen sind. Geführt von diesen erhabenen Wesenheiten, wird sie versuchen, das Hohelied des verborgenen Wortes zu buchstabieren, sich das Verständnis zu erringen für die Symphonie des Weltalls. Sie wird den hierarchischen Unterricht aus den Kreisen der göttlichen Liebe erhalten; sie wird versuchen, die Essenzen zu sehen, welche die belebenden Genien in die Welten ergießen; sie wird die glorreichen Geister betrachten, die lebendigen Strahlen des Gottes der Götter, und sie wird ihren blendenden Glanz nicht ertragen können, vor dem die Sonnen erblassen wie rauchende Flammen! Und wenn sie zurückkehren wird, erschreckt von diesen glanzvoll blendenden Reisen – denn vor dieser Unermeßlichkeit erzittert sie –, wird sie von weitem den Ruf geliebter Stimmen hören und auf die goldenen Gestade ihres Sternes fallen, unter den rosigen Schleier eines bewegten, von weißen Formen, von Düften und von Melodien erfüllten Schlummers.

So verläuft das göttliche Leben der Seele, das unser von der Erde verdichteter Geist kaum erfaßt, das aber die Eingeweihten kennen, die Seher schauen und das bewiesen wird durch die universellen Analogien und Übereinstimmungen. Unsere groben Bilder, unsere unvollkommene Sprache versucht umsonst ein Bild davon zu geben, aber jede lebendige Seele fühlt den Keim davon in ihren verborgenen Tiefen. Wenn es uns auch in der Gegenwart unmöglich ist, dies Leben zu verwirklichen, so gibt uns doch die Philosophie des Okkulten den Begriff seiner psychischen Bedingungen. Der Gedanke von ätherischen Sternen, unsichtbar für uns, aber einen Teil unseres Sonnensystems bildend und glücklichen Seelen als Aufenthalt dienend, findet sich oft wieder in den Arkanen der esoterischen Überlieferung. Pythagoras nennt sie ein Gegenstück der Erde: die vom zentralen Feuer, d. h. vom göttlichen Licht beleuchtete Antichtone. Am Schluß des Phädon beschreibt Plato des längeren, obgleich verschleiert, diese geistige Erde. Er sagt, daß sie so leicht ist wie die Luft und umgeben von einer ätherischen Atmosphäre. – Im andern Leben bewahrt also die Seele ihre volle Individualität. Von dem irdischen Leben bleiben ihr nur die edlen Erinnerungen; die andern fallen jenem Vergessen anheim, das die Dichter die Fluten des Lethe genannt haben. Von ihren Flecken gereinigt, fühlt die menschliche Seele ihr Bewußtsein wie umgekehrt. Von der Außenseite des Universums ist sie in das Innere zurückgekehrt; Kybele-Maia, die Weltenseele, hat sie durch tiefe Einatmung wieder in ihren Schoß genommen. Dort wird Psyche ihren Traum verwirklichen, diesen eben unterbrochenen und immer wieder auf der Erde neu begonnenen Traum. Sie wird ihn in dem Maße ihrer irdischen Kraftanstrengung und ihres erworbenen Lichts verwirklichen, aber sie wird ihn hundertfach erweitern. Die zermalmten Hoffnungen werden in der Morgenröte des göttlichen Lebens wieder aufblühen; die dunklen Sonnenuntergänge der Erde werden in leuchtend helle Tage übergehen. Ja, sollte der Mensch auch nur eine Stunde der Begeisterung oder der Selbstverleugnung erlebt haben, so wird diese eine reine Note, aus der mißtönenden Gamme seines irdischen Lebens herausgerissen, ihren Ton in wunderbarem Fortschreiten, in aeolischen Harmonien wiederholen. Das flüchtige Glück, das uns die Entzückungen der Musik, die Ekstasen der Liebe oder die Aufwallungen der Barmherzigkeit verursachen, sind nur vereinzelte Noten einer Harmonie, die wir dann hören werden. Soll dies bedeuten, daß jenes Leben nur ein langer Traum, nur eine grandiose Halluzination sein wird? Aber was gibt es Wahreres, als was die Seele in sich selbst fühlt und was sie durch die göttliche Verschmelzung mit anderen Seelen verwirklicht? Die Eingeweihten, welche konsequente und transzendente Idealisten waren, haben immer gedacht, daß die einzigen wirklichen und dauernden Dinge der Erde die Manifestationen der geistigen Schönheit, Liebe und Wahrheit seien. Da das Jenseits kein anderes Ziel haben kann als die Wahrheit, Schönheit und Liebe für diejenigen, die sie zum Ziel ihres Lebens gemacht haben, so sind sie überzeugt, daß der Himmel wahrer sein werde als die Erde.

Das himmlische Leben der Seele kann Hunderte und Tausende von Jahren dauern, je nach ihrer Rangordnung und Triebkraft. Doch nur in der Macht der Vollkommensten, der Erhabensten, derjenigen, die über den Kreis der Generationen hinausgetreten sind, liegt es, diese Zeit nach eigenem Ermessen zu verlängern. Diese haben nicht nur die zeitliche Ruhe erlangt, sondern das unsterbliche Wirken in der Wahrheit; sie haben sich ihre Flügel geschaffen. Sie sind unverletzlich, denn sie sind das Licht; sie beherrschen die Welten, denn sie blicken durch sie durch. Was die andern betrifft, so werden sie durch ein unbeugsames Gesetz zur Wiederverkörperung getrieben, um eine neue Prüfung zu bestehen und sich eine Stufe höher zu erheben, oder um zu sinken, wenn sie unterliegen.

Wie das irdische, so hat auch das geistige Leben seinen Beginn, seinen Höhepunkt und seinen Verfall. Wenn dieses Leben erschöpft ist, fühlt sich die Seele ergriffen von Schwere, von Schwindel und von Melancholie. Eine unbesiegbare Kraft zieht sie nieder zu den

Kämpfen und zu den Leiden der Erde. Dieser Wunsch ist mit schrecklichen Ahnungen verknüpft und mit einem ungeheuren Schmerz, das göttliche Leben verlassen zu müssen. Aber die Zeit ist gekommen, das Gesetz muß sich erfüllen. Die Schwere nimmt zu, eine Verdunkelung ist in ihr selbst entstanden. Sie sieht ihre lichtvollen Gefährten nur noch durch einen Schleier, und dieser immer dichter werdende Schleier läßt sie die nahe Trennung vorausempfinden. Sie hört ihren traurigen Abschiedsgruß; die Tränen der geliebten Seligen durchdringen sie wie ein himmlischer Tau, der in ihrem Herzen den brennenden Durst nach einem unbekannten Glück hinterlassen wird. Dann – mit einem feierlichen Schwur – verspricht sie sich zu erinnern ... sich zu erinnern der Welt des Lichts in der Welt der Finsternis, der Wahrheit in der Welt der Lüge, der Liebe in der Welt des Hasses. Das Wiedersehen, die Krone der Unsterblichkeit können nur um diesen Preis erlangt werden! Sie wacht auf in einer dichten Atmosphäre. Der ätherische Stern, die durchsichtigen Seelen, die Ozeane des Lichts, alles ist verschwunden. Da ist sie wieder auf der Erde, im Abgrund der Geburt und des Todes. Doch hat sie noch nicht die himmlische Erinnerung verloren, und der ihren Augen noch sichtbare geflügelte Führer zeigt ihr die Frau, die ihre Mutter sein wird. Diese trägt in sich den Keim eines Kindes. Doch dieser Keim wird nur leben, wenn der Geist ihn beseelt. Da erfüllt sich während neun Monaten das im irdischen Leben unerforschlichste Mysterium, dasjenige der Verkörperung und der Mutterschaft.

Die wunderbare Verschmelzung geht langsam vor sich mit Weisheit, Organ um Organ, Fiber um Fiber. In dem Maß, als die Seele in diese warme lebendige Höhlung taucht, in dem Maß, als sie sich umspannt fühlt von den tausend Windungen der Eingeweide, verblaßt und verlöscht das Bewußtsein ihres göttlichen Lebens. Denn zwischen sie und das Licht von oben legen sich die Wellen des Bluts, die Gewebe des Fleisches, die sie umschlingen und mit Finsternis erfüllen. Schon ist dieses ferne Licht nur ein kaum sichtbarer Schimmer. Endlich preßt ein wilder Schmerz sie zusammen, klemmt sie ein wie in einen Schraubstock, ein gräßlicher Kampf reißt sie ab von der Mutterseele und nagelt sie fest in einen bebenden Körper. – Das Kind ist geboren, ein erbarmungswürdiges

Menschenbildnis, und es schreit auf vor Entsetzen. Die himmlische Erinnerung ist in die verborgenen Tiefen des Unbewußten zurückgetreten. Sie wird nur wiederaufleben durch die Wissenschaft oder durch den Schmerz, durch die Liebe oder den Tod!

Das Geheimnis der Verkörperung oder der Entkörperung enthüllt uns also das wirkliche Geheimnis des Lebens und des Todes. Es bildet den Hauptknotenpunkt in der Evolution der Seele und erlaubt uns, sie zurück und vorwärts zu verfolgen bis zu den Tiefen der Natur und der Gottheit. Denn dieses Gesetz offenbart uns den Rhythmus und das Maß, die Ursache und den Zweck ihrer Unsterblichkeit. An Stelle des Abstrakten und Phantastischen gibt sie ihr das Lebendige und das Logische, indem sie die Übereinstimmungen des Lebens und des Todes zeigt. Die irdische Geburt ist vom spirituellen Standpunkt aus ein Tod, und der Tod ist eine himmlische Auferstehung. Das Wechselspiel der zwei Leben ist zur Entwicklung der Seele notwendig, und jedes von ihnen ist zugleich Folge und Erklärung des andern. Wer sich von diesen Wahrheiten durchdrungen hat, befindet sich im Herzen der Mysterien, im Mittelpunkt der Einweihung.

Aber, wird man einwenden, was beweist uns die Fortdauer der Seele, der Monade, der geistigen Wesenheit durch alle diese Existenzen hindurch, da sie die Erinnerung daran verliert? – Und was beweist Ihnen, antworten wir, die Identität Ihrer Persönlichkeit während des Wachens und während des Schlafens? Ihr wacht jeden Morgen auf aus einem so sonderbaren, so unerklärlichen Zustand wie der Tod, ihr auferstehet aus diesem Nichts, um ihm am Abend wieder zu verfallen. War es das Nichts? Nein; denn ihr habt geträumt, und eure Träume sind für euch so wirklich gewesen wie die Wirklichkeit des Tages. Eine Änderung der physiologischen Bedingungen des Gehirns hat die Beziehungen der Seele zum Körper geändert und euren psychischen Standpunkt verschoben. Ihr wart dasselbe Individuum, aber ihr befandet euch in einer andern Umgebung, und ihr führtet ein anderes Dasein. Bei den Magnetisierten, den Somnambulen und den Hellsehenden, entwickelt der Schlaf neue Fähigkeiten, die uns wunderbar erscheinen, die aber die natürlichen Fähigkeiten der vom Körper losgelösten Seele sind. Einmal erwacht, erinnern sich diese Hellsehenden nicht mehr an das, was sie gesehen, gesprochen und getan haben während ihres schlafwachenden Zustandes; aber sie erinnern sich ausgezeichnet während eines ihrer Schlummer an das, was in dem vorangegangenen Schlummer vor sich gegangen ist, und künden manchmal voraus mit mathematischer Sicherheit, was in dem nächsten stattfinden wird. Sie haben also gleichsam zwei Bewußtseinssphären, zwei miteinander wechselnde, ganz verschiedene Leben, von denen jedes seinen vernünftigen Zusammenhang hat und die sich um dieselbe Individualität schlingen wie verschiedenfarbige Schnüre um einen unsichtbaren Faden.

Es liegt also ein sehr tiefer Sinn der Tatsache zugrunde, daß die alten eingeweihten Dichter den Schlaf den Bruder des Todes genannt haben. Denn ein Schleier des Vergessens trennt den Schlaf vom Wachen wie die Geburt vom Tod, und so wie unser irdisches Leben sich in zwei immer wechselnde Teile teilt, so wechselt die Seele in der Unendlichkeit ihrer kosmischen Evolution zwischen der Fleischwerdung und dem geistigen Leben, zwischen den Erden und den Himmeln. Dieser wechselnde Durchgang von einem Plan des Universums zum andern, diese Umkehrung der Pole ihres Wesens ist für die Entwickelung der Seele nicht weniger notwendig, als das Wechselspiel des Wachens und des Schlafens für das physische Leben des Menschen nötig ist. Wir bedürfen der Fluten des Lethe, um von einer Existenz zur andern überzugehen. Aber das Vergessen ist nicht vollständig und das Licht dringt durch den Schleier. Die eingeborenen Anlagen allein beweisen schon eine vorangegangene Existenz. Aber es gibt mehr. Wir werden geboren mit einer Welt von ungenauen Ahnungen, von geheimnisvollen Impulsen, von göttlichen Vorgefühlen. Es gibt manchmal bei Kindern, die von sanften und ruhigen Eltern geboren sind, Ausbrüche von wilden Leidenschaften, die zu erklären der Atavismus nicht genügt und die von einer vorangegangenen Existenz stammen. Es gibt manchmal in dem Leben der Bescheidensten eine unerklärliche und erhabene Treue zu einem Gefühl, zu einem Gedanken. Rühren sie nicht her von den Versprechungen und Gelöbnissen des himmlischen Lebens? Denn die okkulte Erinnerung, welche die Seele davon behalten hat, ist stärker als alle irdischen Erwägungen. Je nachdem sie sich an diese Erinnerung klammert oder sie verläßt, sieht man sie siegen oder fallen. Der wahre Glaube ist diese stumme Treue der Seele zu sich selbst. Man versteht von diesem Gesichtspunkt aus, daß Pythagoras, so wie alle Theosophen, das körperliche Leben als eine notwendige Willensdurcharbeitung angesehen hat und das himmlische Leben als ein geistiges Wachstum und eine Erfüllung.

Die Leben folgen einander und gleichen sich nicht, sind aber durch unabänderliche Logik miteinander verkettet. Wenn jedes von ihnen auch sein besonderes Gesetz und seine eigene Bestimmung hat, so ist ihre Gesamtheit durch ein allgemeines Gesetz beherrscht, welches man das Gesetz der Gegenwirkung der Leben[76] nennen könnte. Nach diesem Gesetz haben die Taten des einen Lebens ihren unausbleiblichen Gegenschlag im folgenden Leben. Nicht nur wird der Mensch wiedergeboren werden mit den Instinkten und Fähigkeiten, die er in seiner vorigen Verkörperung entwickelt hat, sondern es wird auch die Art selbst seines Daseins zum großen Teil bestimmt sein durch den guten oder schlechten Gebrauch, den er im vorangegangenen Leben von seiner Freiheit gemacht hat. Es gibt nicht ein Wort, nicht eine Handlung, das nicht seinen Widerhall in der Ewigkeit hätte, sagt ein Sprichwort. Im Sinn der esoterischen Lehre ist dieses Sprichwort im Verlauf des Lebens buchstäblich zu nehmen. Für Pythagoras finden die scheinbaren Ungerechtigkeiten des Schicksals, die Unbegreiflichkeiten, das Elend, die Glücksumschläge, das Unglück jeder Art ihre Erklärung in der Tatsache, daß jede Existenz der Lohn oder die Strafe einer vorangegangenen ist. Ein verbrecherisches Leben erzeugt ein Leben der Sühne; ein unvollkommenes Leben ein Leben der Prüfungen. Ein gutes Leben bewirkt eine Mission; ein vortreffliches Leben eine schöpferische Mission. Der moralische Ausgleich, der vom Standpunkt des einen Lebens sich als scheinbare Unfaßbarkeit erweist, erhält eine wunderbare Bestätigung und strenge Gerechtigkeit in der Reihenfolge der Leben. In dieser Reihenfolge kann es Aufstieg zur Geistigkeit und zur Vernunft geben wie Rückschritt zur Tierheit und zur Materie. In dem Maß, als die Seele stufenweise fortschreitet, erlangt sie ein größeres Maß von Selbstbestimmung in der Wahl ihrer Wiederverkörperungen. Die niedere Seele erduldet sie; die mittlere Seele wählt zwischen denen, die ihr offenstehen; die höhere Seele, die sich eine Mission auferlegt, wählt diese aus Opferwilligkeit. Je höher die Seele gestiegen ist, desto mehr bewahrt sie in ihren Verkörperungen das helle, unwiderlegliche Bewußtsein ihres geistigen Lebens, das jenseits unseres irdischen Horizonts herrscht, es wie eine Lichtsphäre umgibt und seine Strahlen in unsere Finsternis hinabsendet. Die Überlieferung sagt sogar, daß die Initiatoren ersten Ranges, die göttlichen Propheten der Menschheit, sich ihrer vorangegangenen irdischen Leben erinnert haben. Der Legende gemäß hat Gautama Buddha Çakya-Muni in seinen Ekstasen den Faden seiner vorigen Existenzen wiedergefunden, und es wird von Pythagoras gesagt, daß er es einer besonderen Gunst der Götter verdankte, sich einiger seiner vorangegangenen Leben zu erinnern.

Wir haben gesagt, daß in der Reihenfolge der Leben die Seele rückschreiten oder aufsteigen kann, je nachdem sie sich ihrer niederen oder ihrer göttlichen Natur überläßt. Daraus entspringt eine wichtige Folge, deren Wahrheit das menschliche Bewußtsein immer mit sonderbarem Schauer gefühlt hat. In jedem Leben gibt es Kämpfe zu bestehen, Wahlen zu treffen, Entschlüsse zu fassen, deren Folgen unberechenbar sind. Aber auf dem aufwärtssteigenden Weg zum Guten, das eine bedeutende Reihe von Verkörperungen durchläuft, muß es ein Leben geben, ein Jahr, einen Tag, eine Stunde vielleicht, da die Seele zum Vollbewußtsein des Guten und des Bösen gelangt, sich durch ein letztes und höchstes Aufgebot ihrer Kraft zu einer Höhe erhebt, von der es kein Niedersteigen mehr gibt und wo der Weg der Gipfelhöhen beginnt. Ebenso gibt es auf dem niedersteigenden Weg zum Bösen einen Punkt, wo die entartete Seele noch einmal zurückkehren kann. Hat sie aber diesen Punkt überschritten, wird die Verhärtung unwiderrufbar sein. Von Leben zu Leben wird sie bis in den Abgrund der Finsternis stürzen. Sie wird ihre Menschlichkeit verlieren. Der Mensch wird Dämon werden, der Dämon Tier, und seine unzerstörbare Monade wird gezwungen sein die mühsame, die schreckliche Evolution wiederzubeginnen durch die Reihenfolge der aufsteigenden Reiche und die unzähligen Existenzen hindurch. Das ist die wahre Hölle im Sinn des Gesetzes der Entwickelung, und ist sie nicht schrecklicher und logischer als diejenige der äußeren Religionen?

Die Seele kann also steigen oder fallen in der Reihenfolge der Leben. Was die irdische Menschheit betrifft, so vollzieht sich ihr Gang nach dem Gesetz des aufsteigenden Fortschritts, welcher ein Teil der göttlichen Weltordnung ist. Diese Wahrheit, die wir neu entdeckt zu haben glauben, wurde in den alten Mysterien gekannt und gelehrt.

»Die Tiere sind Verwandte des Menschen, und der Mensch ist der Vater der Götter«, sagte Pythagoras. Er legte das philosophisch dar, was auch die Symbole von Eleusis lehrten: den Fortschritt der aufsteigenden Reiche, das Hinaufstreben des Pflanzenreichs zum Tierreich, des Tierreichs zum Menschenreich und die Aufeinanderfolge immer vollkommenerer Rassen in der Menschheit. Dieser Fortschritt findet nicht in gleichförmiger Weise statt, aber in regelmäßigen, wachsenden, ineinander geschlossenen Zyklen.

Jedes Volk hat seine Reife, seine Jugend und seinen Verfall. So ist es auch mit den ganzen Rassen: der roten, der schwarzen und der weißen Rasse, die nacheinander den Globus beherrscht haben. Die noch in ihrer Jugend befindliche weiße Rasse hat in unseren Tagen ihre Reife nicht erreicht. Auf ihrem Höhepunkt angelangt, wird sie aus ihrem Schoß eine veredelte Rasse hervorgehen lassen durch die Wiederherstellung der Einweihung und durch die geistige Auslese in der Ehe. So folgen sich die Rassen, so schreitet die Menschheit vor. Die alten Eingeweihten gingen viel weiter in ihrer Vorhersehung als die Modernen. Sie gaben zu, daß ein Moment kommen würde, da die große Masse der Individuen, die die heutige Menschheit bilden, auf einen andern Planeten hinübergehen werde, um einen neuen Zyklus zu beginnen. In der Aufeinanderfolge der Zyklen, welche ein planetarische Kette bilden, wird die ganze Menschheit jene intellektuellen, geistigen und transzendenten Grundteile entwickeln, welche die großen Eingeweihten in sich selbst schon in diesem Leben entwickelt haben; sie werden so zu allgemeinerer Blüte gebracht werden. Es ist selbstverständlich, daß eine solche Entwicklung nicht nur Jahrtausende, sondern Jahrmillionen umfaßt, und solche Veränderungen in dem menschlichen Zustand hervorrufen wird, daß wir sie uns noch nicht vorstellen können. Um sie zu charakterisieren, sagt Plato, daß zu jenen Zeiten wirklich die Götter die Tempel der Menschen bewohnen werden. Es ist logisch, anzunehmen, daß in der planetarischen Kette, d. h. in den aufeinanderfolgenden Evolutionen unserer Menschheit auf anderen Planeten, diese Inkarnationen immer ätherischer werden und sich so allmählich dem rein geistigen Zustand nähern, jener achten Sphäre, die außerhalb des Kreises der Generationen ist und durch welche die alten Theosophen den göttlichen Zustand bezeichneten. Es ist auch natürlich, daß, da nicht alle denselben Impuls haben, da viele unterwegs stehenbleiben oder zurückfallen, die Zahl der Auserwählten während dieses großartigen Aufstiegs immer geringer wird. Er hat für unseren durch die Erde begrenzten Verstand etwas Schwindelerregendes, aber die himmlischen Hierarchien betrachten ihn ohne Furcht so wie wir ein einzelnes Leben betrachten. Stimmt die so verstandene Evolution der Seelen überein mit der Einheit des Geistes, diesem Prinzip der Prinzipien, mit der Gleichartigkeit der Natur, diesem Gesetz der Gesetze, mit der Fortdauer der Bewegung, dieser Kraft der Kräfte? Durch das Prisma des geistigen Lebens gesehen, stellt ein Sonnensystem nicht nur einen materiellen Mechanismus dar, sondern einen lebendigen Organismus, ein himmlisches Reich, in dem die Seelen von Welt zu Welt pilgern wie der Atem selbst des Gottes, der sie belebt.

Welches ist denn das Endziel des Menschen und der Menschheit gemäß der esoterischen Lehre? Nach so vielen Leben, Geburten, Wiedergeburten, Erschlaffungen und herzzerreißenden Erwachen gibt es denn ein Ende in der Mühe Psyches? Ja, sagen die Eingeweihten, wenn die Seele endgültig die Materie besiegt haben wird, wenn sie, nachdem sie alle geistigen Fähigkeiten in sich entwickelt hat, den Anfang und das Ende aller Dinge in sich gefunden haben wird, dann ist die Wiederverkörperung keine Notwendigkeit mehr, und die Seele wird den göttlichen Zustand erlangen durch ihre vollkommene Vereinigung mit der göttlichen Vernunft. Da wir uns kaum eine Vorahnung bilden können von dem geistigen Leben der Seele nach jedem irdischen Leben, wie sollten wir uns jenes vollkommene Leben vorstellen können, das der ganzen Serie ihrer geistigen Existenzen wird folgen müssen? Dieser Himmel der Himmel wird im Verhältnis zu den vorangegangenen Seligkeiten das sein, was der Ozean den Flüssen ist.

Für Pythagoras bestand die Apotheose des Menschen nicht in dem Untertauchen in das Unbewußte, sondern in der schöpferischen Tätigkeit aus dem höchsten Bewußtsein heraus. Die Seele, die reiner Geist geworden ist, verliert nicht ihre Individualität, sie vollendet sie, da sie sich mit ihrem Urbild in Gott vereinigt. Sie erinnert sich all ihrer vorangegangenen Existenzen, die ihr wie ebenso viele Stufen scheinen, um den Grad zu erreichen, von welchem aus sie die Welt umfaßt und durchdringt. In diesem Zustand ist der Mensch nicht mehr Mensch, sagte Pythagoras; er ist ein Halbgott. Denn er spiegelt wider in seinem ganzen Wesen das unsagbare Licht, mit dem Gott die Unendlichkeit erfüllt. Für ihn ist wissen – können; lieben – schaffen; sein – die Wahrheit und die Schönheit ausstrahlen.

Ist dieses Ziel ein endgültiges? Die geistige Ewigkeit hat ein anderes Maß als die Sonnenzeit, aber sie hat auch ihre Etappen, ihre Normen und Zyklen. Nur überragen diese vollständig die menschliche Fassungskraft. Aber das Gesetz der fortschreitenden Analogien in den aufsteigenden Reichen der Natur macht es uns möglich, zu behaupten, daß, einmal angelangt auf dieser erhabenen Höhe, der Geist nicht mehr rückwärtsschreiten kann und daß, wenn die sichtbaren Welten auch wechseln und vergehen, die unsichtbare Welt, die ihr Daseinsgrund ist, ihr Ursprung und ihr Endziel und von der die göttliche Psyche abstammt, doch unsterblich ist.

Mit diesem lichtvollen Ausblick schloß Pythagoras die Schilderung des Lebens der göttlichen Psyche. Das letzte Wort war auf den Lippen des Weisen erstorben, aber der Sinn der unmittelbaren Wahrheit blieb schwebend in der unbeweglichen Luft der Krypta. Jeder glaubte den Traum des Lebens vollendet zu haben und in dem großen Frieden aufzuwachsen, in dem milden Ozean des einen, grenzenlosen Lebens. Die Naphtalampen beleuchteten ruhig die Statue der Persephone, der aufrechtstehenden göttlichen Schnitterin, und sie ließen ihre symbolische Geschichte in den heiligen Fresken des Heiligtums wieder aufleben. Unter der melodischen Stimme des Pythagoras fiel manchmal eine Priesterin in

Ekstase und schien in ihrer Haltung und in ihrem strahlenden Antlitz die unsagbare Schönheit ihrer Vision zu verkörpern. Und die Jünger – von religiösem Schauer erfaßt – blickten schweigend auf sie hin. Doch bald führte der Meister mit langsamer und sicherer Geberde die inspirierte Prophantide auf die Erde zurück. Allmählich löste sich die Spannung in ihren Zügen, sie sank in die Arme ihrer Gefährtinnen und fiel in eine tiefe Lethargie, aus der sie verwirrt, traurig und wie erschöpft von ihrem Aufstieg erwachte.

Dann stieg man hinauf aus der Krypta in die Gärten der Ceres, in der Kühle der Morgenröte, die, am Rande des gestirnten Himmels, das Meer zu erhellen begann.

Vierter Grad – Epiphanie

Der Adept – Die eingeweihte Frau – Die Liebe und die Ehe

Wir haben eben mit Pythagoras den Gipfel der antiken Einweihung bestiegen. Auf diesem Gipfel erscheint die Erde in Schatten getaucht wie ein sterbendes Gestirn. Von dort eröffnen sich Ausblicke in die Sternenweiten – und es entrollt sich in einem wunderbaren Gesamtbild die Aussicht von oben, die Epiphanie des Universums[77]. Aber das Ziel des Unterrichts war nicht, den Menschen in der Kontemplation oder Ekstase aufgehen zu lassen. Der Meister hatte seine Schüler in die unermeßlichen Regionen des Kosmos geführt, er hatte sie in die Abgründe des Unsichtbaren gestürzt. Von der schreckenerregenden Reise mußten die wahren Eingeweihten auf die Erde zurückkehren, besser, stärker und fähiger die Prüfungen des Lebens zu ertragen.

Der Einweihung des Verstandes war diejenige des Willens gefolgt, die schwerste von allen. Denn jetzt handelte es sich für den Schüler darum, die Wahrheit in die Tiefen seines Wesens einfließen zu lassen, sie in der Praxis des Lebens wirksam zu machen. Um dieses Ideal zu erreichen, mußte man gemäß den Anweisungen Pythagoras' drei Vollkommenheiten in sich vereinigen: Man mußte die Wahrheit im Verstand verwirklichen, die Tugend in der Seele, die Reinheit im Körper. Eine weise Hygiene, maßvolle Enthaltung mußten die körperliche Reinheit aufrechterhalten. Sie wurde nicht als Ziel, sondern als Mittel verlangt. Jede körperliche Ausschreitung läßt eine Spur und gleichsam einen Flecken im Astralleib zurück, diesem lebendigen Organismus der Seele und infolgedessen auch des Geistes. Denn der Astralkörper nimmt teil an allen Verrichtungen des physischen Körpers; er ist es sogar, der sie vollzieht, da der physische Körper ohne ihn nur eine leblose Masse wäre. Es muß also der Körper rein sein, damit die Seele es auch sei; es muß auch die fortwährend vom Bewußtsein durchhellte Seele Mut, Selbstverleugnung, Hingabe und Glauben erwerben, mit einem Wort die Tugend, und sich eine zweite Natur daraus bilden, die die erste ersetzt. Es muß endlich der Verstand durch die Wissenschaft zur Weisheit werden, auf daß er überall das Gute und Böse unterscheiden und Gott in dem kleinsten Wesen wie in der Gesamtheit der Welten erblicken könne. Auf dieser Höhe wird der Mensch zum Adepten, und wenn er genügend Energie besitzt, tritt er in den Besitz von neuen Fähigkeiten und Kräften. Die inneren Sinne der Seele öffnen sich, in die anderen strahlt der Wille aus. Sein körperlicher Magnetismus, der von den Ausströmungen der Astralseele durchdrungen, von seinem Willen elektrisiert ist, erhält eine scheinbar wunderbare Macht. Manchmal heilt er die Kranken durch Auflegen der Hände oder durch seine bloße Gegenwart. Oft durchdringt er die Gedanken der Menschen allein durch den Blick. Manchmal sieht er im Wachzustand Ereignisse, die in der Ferne vor sich gehen[78]. Er wirkt in die Ferne durch die Konzentration des Gedankens und des Willens auf Menschen, die durch Bande persönlicher Sympathie mit ihm verbunden sind; er bewirkt es, daß sein Bild ihnen in der Entfernung erscheint, gleichsam als ob sein Astralkörper sich aus seinem physischen Körper herausversetzen könne. Das Erscheinen von Sterbenden und Toten bei Freunden ist genau dasselbe Phänomen. Nur wird die Erscheinung, die der Sterbende oder die Seele des Toten gewöhnlich durch einen unbewußten Wunsch, in der Agonie oder im zweiten Tod hervorbringt, vom Adepten in voller Gesundheit und bei vollem Bewußtsein hervorgebracht. Er kann dies jedoch nur während des Schlafes. Endlich fühlt sich der Adept wie umringt und beschützt von unsichtbaren, erhabenen und strahlenden Wesenheiten, die ihm ihre Kraft leihen und ihm in seiner Mission helfen.

Selten sind die Adepten, seltener noch jene, die solche Macht erreichen. Griechenland hat ihrer nur drei gekannt: Orpheus beim Aufgang des Hellenismus; Pythagoras bei seinem Höhepunkt; Apollonius von Tyana bei seinem letzten Niedergang. Orpheus war der große Inspirierte und der große Initiator der griechischen Religion; Pythagoras der Organisator der esoterischen Wissenschaft und der Philosophie der Schulen; Apollonius der moralisierende Stoiker und der volkstümliche Magier der Verfallszeit. Aber in allen dreien leuchtet trotz der verschiedenen Stufen und durch die Nuancen hindurch der göttliche Strahl: der für das Heil der Seelen leidenschaftlich ergriffene Geist; die von Milde und Klarheit umhüllte, unbezähmbare Energie. Aber nähert euch nicht zu sehr diesen großen, ruhigen Sternen; sie glühen in der Stille. Man fühlt darunter das Feuer eines sengenden, aber immer verhaltenen Willens.

Pythagoras stellt uns also einen Adepten erster Ordnung dar, und zwar begabt mit einem wissenschaftlichen Geiste und eine philosophische Formel beherrschend, die ihn dem modernen Geist am nächsten bringen. Doch er selbst konnte nicht, noch beanspruchte er es, aus seinen Jüngern vollkommene Adepten machen. Eine große Epoche hat immer einen großen Inspirator an ihren Ursprung. Seine Jünger und die Schüler seiner Schüler bilden die magnetische Kette und tragen seine Gedanken in die Welt hinaus. Auf der vierten Stufe der Einweihung begnügte sich also Pythagoras, seinen Getreuen die Anwendung der Lehren aufs Leben zu lehren. Denn die Epiphanie, der Blick von oben, gab über die Dinge des irdischen Lebens ein Gesamtbild von umfassender Tiefe und wiedererneuernder Kraft.

Der Ursprung des Guten und des Bösen bleibt ein unbegreifliches Mysterium für jeden, der sich nicht klar geworden ist über den Ursprung und das Ende der Dinge. Eine Moral, welche nicht die höchste Bestimmung des Menschen ins Auge faßt, wird nur auf den Nutzen bedacht und sehr unvollkommen sein. Außerdem besteht wahre menschliche Freiheit tatsächlich nicht für diejenigen, die sich immer als Sklaven ihrer Leidenschaften fühlen, und sie besteht, vom rechten Gesichtspunkt gesehen, nicht für diejenigen, die weder an Gott noch an die Seele glauben und für die das Leben nur gleich einem Blitz zwischen zwei Unendlichkeiten des Nichts ist. Die ersten leben in der Knechtschaft einer an die Leidenschaften gefesselten Seele; die zweiten in der Knechtschaft des auf die physische Welt beschränkten Verstandes. Anders steht es mit dem religiösen Menschen, mit dem wahren Philosophen und in noch höherem Maß mit dem eingeweihten Theosophen, der die Wahrheit in der Dreifaltigkeit seines Wesens und in der Einheit seines Willens verwirklicht. Um den Ursprung des Guten und des Bösen zu verstehen, blickt der Eingeweihte auf die drei Welten mit den Augen des Geistes. Er sieht die finstere Welt der Materie und der Tierheit, in welcher das unabwendbare Schicksal herrscht. Er sieht die strahlende Welt des Geistes, welche für uns die unsichtbare Welt ist, die unendliche Hierarchie der freigewordenen Seelen, in denen das göttliche Gesetz herrscht und die selbst die in die Tat umgesetzte Vorsehung sind. Zwischen den beiden sieht er wie in einem Halbdunkel die Menschheit, die mit ihrer Wurzel in die natürliche Welt taucht und mit ihren Gipfeln die göttliche Welt berührt. Sie hat zum Genius die Freiheit. Denn in dem Augenblick, wo der Mensch die Wahrheit und den Irrtum unterscheidet, steht es ihm frei, zu wählen: sich mit der Vorsehung zu verbinden, indem er die Wahrheit erfüllt, oder unter das Gesetz des Schicksals zu fallen, indem er dem Irrtum folgt. Der Akt des Willens, verbunden mit dem Verstandesakt, ist nur ein mathematischer Punkt, aber aus diesem Punkt sprießt die geistige Welt auf. Ja, der Geist fühlt teilweise durch den Instinkt, was der Theosoph durch das Medium des Verstandes vollkommen versteht, nämlich, daß das Böse dasjenige ist, was den Menschen zum Verhängnis der Materie treibt, daß das Gute dasjenige ist, was ihn zum göttlichen Gesetz des Geistes emporhebt. Sein wahres Schicksal besteht darin, immer höher zu steigen aus eigner Kraftanstrengung. Dazu aber muß er die Freiheit haben, auch immer tiefer zu sinken. Je höher man steigt, desto freier wird man; denn je mehr man ins Licht dringt, desto mehr Kraft erwirbt man für das Gute. Je tiefer man sinkt, desto mehr ist man Sklave. Denn jeder Fall in das Böse verringert die Einsicht in das Wahre und die Fähigkeit zum Guten. Das Schicksal herrscht also über die Vergangenheit, die Freiheit über die Zukunft und die Vorsehung über beide, d. h. über die immer bestehende Gegenwart, welche man die Ewigkeit nennen kann. Aus der zusammenwirkenden Tätigkeit des Schicksals, der Freiheit und der Vorsehung entspringen die unzähligen Geschicke, die Höllen und die Paradiese der Seele. Das Böse, welches die Disharmonie mit dem göttlichen Gesetz ist, ist nicht das Werk Gottes, sondern das Werk des Menschen und hat nur ein relatives, scheinbares, vorübergehendes Dasein. Das Gute, welches der Zusammenklang mit dem göttlichen Gesetz ist, besteht allein wirklich und ewig. Weder die Priester von Delphi und Eleusis noch die eingeweihten Philosophen wollten je die tiefen Ideen dem Volk offenbaren, das sie hätte falsch verstehen und mißbrauchen können. In den Mysterien stellte man diese Lehre symbolisch dar durch die Zerstückelung des Dionysos, aber indem man mit einem für die Profanen undurchdringlichen Schleier das bedeckte, was man die Leiden des Gottes nannte.

Die bedeutsamsten religiösen und philosophischen Diskussionen entspinnen sich über die Frage des Ursprungs des Guten und des Bösen. Wir haben eben gesehen, daß die esoterische Lehre in ihren Arkanen den Schlüssel dazu birgt. – Es gibt eine andere wichtige Frage, von welcher das soziale und politische Problem abhängt: diejenige der Ungleichheit der menschlichen Lebensbedingungen.

Das Schauspiel des Bösen und des Schmerzes hat in sich selbst etwas Schreckenerregendes. Man kann hinzufügen, daß ihre scheinbar willkürliche und ungerechte Verteilung die Quelle alles Hasses, aller Empörungen, aller Verneinungen ist. Auch hier bringt die tiefere Weltbetrachtung in unsere irdische Finsternis ihr erhabenes Licht des Friedens und der Hoffnung. In der Tat kann die Verschiedenheit der Seelen, der Lebensverhältnisse, der Schicksale nur erklärt werden durch die Mannigfaltigkeit der Leben und durch die Lehre der Reinkarnation. Wenn der Mensch zum ersten Male in dieses Leben geboren würde, welche Erklärung gäbe es für die unzähligen Schmerzen, die scheinbar zufällig auf ihn einstürmen? Wie soll man zugeben, daß es eine ewige Gerechtigkeit gibt, wenn die einen in Verhältnisse hineingeboren werden, die unabwendbar das Elend und die Demütigung nach sich ziehen, während die andern unter günstigen Bedingungen geboren werden und glücklich leben? Wenn es aber wahr ist, daß wir andere Leben gelebt haben, daß wir noch andere nach unserm Tod erleben werden, daß durch alle diese Existenzen hindurch das Gesetz der Schicksalsverkettung und der Reperkussion herrscht, dann sind die Verschiedenheiten von Seelen, Lebensbedingungen, Schicksalen nur Wirkungen vorangegangener Leben und mannigfaltige Anwendungen dieses Gesetzes. Die Verschiedenheiten der Lebensbedingungen entspringen einem ungleichen Gebrauch der Freiheit in den vorangegangenen Leben, und die intellektuellen Unterschiede entstehen dadurch, daß die Menschen, die in demselben Jahrhundert die Erde durchwandern, sehr verschiedenen Evolutionsstufen angehören, angefangen von der Halbtierheit der armen, in Verfall befindlichen Rassen bis zu dem engelgleichen Zustand der Heiligen und der göttlichen Königlichkeit des Geistes. In Wahrheit gleicht die Erde einem Schiff und wir, die sie bewohnen, Reisenden, die aus fernen Ländern kommen und sich etappenweise in alle Richtungen des Horizonts verstreuen. Die Lehre der Wiederverkörperung gibt einen vernunftgemäßen Grund im Sinn der ewigen Gerechtigkeit und Logik sowohl den schrecklichsten Schmerzen als auch dem beneidenswertesten Glück. Der Idiot wird uns verständlich erscheinen, wenn wir bedenken, daß sein Blödsinn, von dem er ein halbes Bewußtsein hat und durch den er leidet, die Strafe eines verbrecherischen Gebrauchs seiner Vernunft in einem früheren Leben ist. Alle Nuancen der physischen oder moralischen Leiden, des Glücks oder Unglücks in ihren unzähligen Variationen, werden uns als natürliche und weise abgestufte Wirkungen der Instinkte und Handlungen, der Fehler und Tugenden einer langen Vergangenheit erscheinen, denn die Seele bewahrt in ihren verborgenen Tiefen alles, was sie in ihren verschiedenen Existenzen angesammelt hat. Je nach der Stunde und dem Einfluß erscheinen und verschwinden wieder die alten Schichten; und das Schicksal, d. h. die Geister, die es leiten, passen die Art der Wiederverkörperung dem Rang und den Eigenschaften an. Lysis drückt die Wahrheit verschleiert aus in den goldenen Versen:

> Du wirst sehen, daß die Schmerzen, welche die Menschen verzehren,
> Die Frucht ihrer Wahl sind; und daß diese Unglücklichen
> Fernab suchen die Güter, deren Quelle sie selbst sind.

Weit entfernt, das Gefühl der Brüderlichkeit und der menschlichen Solidarität zu schwächen, kann diese Lehre sie nur kräftigen. Wir schulden allen Hilfe, Sympathie und Barmherzigkeit! Denn wir gehören alle derselben Rasse an, obgleich wir auf verschiedene Stufen gelangt sind. Jedes Leiden ist heilig; denn das Leid ist der Schmelztiegel der Seelen. Jede Sympathie ist göttlich, denn sie läßt uns fühlen wie durch ein magnetisches Fluidum die unsichtbare Kette, welche alle Welten verbindet. Die Kraft des Schmerzes ist der Daseinsgrund des Genius. Ja, Weise und Heilige, Propheten und göttliche Schöpfer erstrahlen in ergreifenderer Schönheit für diejenigen, welche wissen, daß auch sie der universellen Evolution entstiegen sind. Diese Kraft zu erringen, die uns erstaunt, wie vieler Leben, wie vieler Siege hat es da bedurft? Dieses eingeborene Licht des Genius, aus welchen schon durchschrittenen Himmeln kommt es? Wir wissen es nicht. Aber diese Leben sind gewesen, diese Himmel bestehen. Es hat sich also nicht getäuscht, das Gewissen der Völker; sie haben nicht gelogen, die Propheten, als sie diese Menschen Gottessöhne nannten, die Gesandten der himmlischen Tiefen. Denn ihre Mission wird durch die ewige Wahrheit gewollt, die unsichtbaren Legionen schützen sie und das lebendige Wort spricht in ihnen!

Es gibt unter den Menschen eine Verschiedenheit, die von der ursprünglichen Wesenheit der Individuen abstammt; es gibt eine andere, wir haben es eben gesagt, die von dem Grad der von ihnen erreichten geistigen Entwicklung abhängt. Von diesem letzten Gesichtspunkt aus erkennt man, daß die Menschen sich in vier Klassen einteilen lassen, die alle Unterabteilungen einschließen.

1. Bei der großen Majorität der Menschen wirkt der Wille besonders stark im Körper. Man kann sie die Instinktiven nennen. Sie eignen sich nicht nur zur physischen Arbeit, sondern auch zur Ausübung und zur Entwicklung ihres Verstandes in der physischen Welt, folglich zum Handel und zur Industrie.

2. Auf der zweiten Stufe der menschlichen Entwicklung lebt der Wille und folglich das Bewußtsein in der Seele, d. h. in der vernunftdurchdrungenen Empfindung, die das Verständnis bewirkt. Es sind die Gefühlsnaturen oder die Leidenschaftsmenschen. Je nach ihrem Temperament eignen sie sich zu Kriegsleuten, zu Künstlern oder

Dichtern. Die große Mehrheit der Schriftsteller und der Gelehrten gehört zu dieser Klasse. Denn sie leben in relativen Ideen, die durch Leidenschaften beeinflußt und durch einen beschränkten Horizont begrenzt werden, ohne sich bis zum reinen Gedanken und zur Universalität erhoben zu haben.

3. In einer dritten, viel selteneren Klasse von Menschen hat der Wille die Gewohnheit erlangt, hauptsächlich und voll im rein Geistigen zu wirken, die Vernunft in ihrer besonderen Funktion von der Tyrannei der Leidenschaften und den Schranken der Materie zu befreien, was allen ihren Handlungen den Charakter der Universalität aufprägt. Es sind die Intellektuellen. Diese Menschen sind die Helden und Märtyrer des Vaterlandes, die Dichter ersten Ranges, endlich und besonders die wahren Philosophen und Weisen, diejenigen, die im Sinn des Pythagoras und Plato über die Menschheit herrschen müßten. In diesen Menschen ist die Leidenschaft nicht erloschen, denn ohne sie wird nichts getan; sie bildet das Feuer und die Elektrizität in der sittlichen Welt. Nur sind bei ihnen die Leidenschaften zu Dienerinnen der Vernunft geworden, während in der vorangegangenen Kategorie die Vernunft am öftesten die Dienerin der Leidenschaft ist.

4. Das höchste menschliche Ideal wird durch eine vierte Klasse von Menschen verwirklicht, welche der Herrschaft der Vernunft über die Seele und dem Instinkt noch diejenige des Willens über das ganze Wesen zugefügt haben. Durch die Beherrschung und den Besitz aller ihrer Fähigkeiten üben sie ihre große Macht aus. Sie haben die Einheit in der menschlichen Dreiheit verwirklicht. Dank dieser wunderbaren Konzentration, die alle Kräfte des Lebens zusammenballt, erwirbt ihr Wille, wenn er in andere projiziert wird, eine beinah unbegrenzte Kraft, eine ausstrahlende und schöpferische Magie. Diese Männer haben in der Geschichte verschiedene Namen getragen. Es sind die Männer ersten Ranges, die Adepten, die großen Eingeweihten, erhabene Genien, welche die Menschheit umwandeln. Sie sind so selten, daß man sie in der Geschichte zählen kann; die Vorsehung streut sie in der Zeitenfolge in großen Zwischenräumen aus wie die Gestirne im Himmelsraum [79].

Es ist klar, daß diese letzte Kategorie sich jeder Regel, jeder

Klassifizierung entzieht. Aber ein Aufbau der menschlichen Gesellschaft, der die ersten drei Kategorien nicht berücksichtigt und nicht jeder von ihnen ihre normale Funktion verschafft und die nötigen Mittel, um sich zu entwickeln, ist nur äußerlich und nicht organisch. Es ist klar, daß in einer primitiven Epoche, die wahrscheinlich zu den vedischen Zeiten zurückführt, die Brahmanen Indiens die Einteilung der Gesellschaft in Kasten auf dem Dreifaltigkeitsprinzip begründeten. Doch mit der Zeit wandelte sich diese so gerechte und fruchtbare Einteilung um in ein priesterliches und aristokratisches Privilegium. Das Prinzip der Berufung und Einweihung wich dem der Erblichkeit. Die geschlossenen Kasten begannen zu versteinern, und der unwiderrufliche Verfall Indiens war die Folge. Ägypten, das unter den Pharaonen die dreiteilige Konstitution aufrechterhielt mit den offenen und beweglichen Kasten sowohl als auch das Prinzip der Initiation für die Geistlichkeit und des Examens für alle zivilen und militärischen Funktionen, lebte fünf- bis sechstausend Jahre, ohne seine Konstitution zu ändern. Griechenland dagegen wurde von seinem beweglichen Temperament schnell dazu getrieben, von der Aristokratie zur Demokratie und von dieser zur Tyrannei überzugehen. Es drehte sich in diesem Kreis wie ein Kranker, der vom Fieber zur Lethargie übergeht, um wieder zum Fieber zurückzugehen. Vielleicht brauchte es diese Erregung, um sein unvergleichliches Werk hervorzubringen: die Übertragung der tiefen, aber dunklen Weisheit des Orients in eine klare und universelle Sprache, die Schöpfung des Schönen durch die Kunst, und die Gründung einer offenen Vernunftwissenschaft, welche der geheimgehaltenen und intuitiven Einweihung folgte. Es verdankte jedenfalls dem Prinzip der Einweihung seine religiöse Organisation und seine höchsten Inspirationen. In seiner Eigenschaft eines Adepten, von der Höhe der Einweihung aus, hatte Pythagoras die ewigen Prinzipien verstanden, welche die menschliche Gesellschaft beherrschen, und verfolgte den Plan einer großen Reform im Sinn dieser Wahrheiten.

Von den reinen Höhen der Weltbetrachtung aus geschaut, kreist das Leben der Welten nach dem Rhythmus der Ewigkeit. Ein wunderbarer Höhenblick! Aber bei den magischen Strahlen des entschleierten Firmamentes öffnen uns auch die Erde, die Menschheit, das Leben ihre geheimnisvollen Tiefen. Man muß das unendlich Große in dem unendlich Kleinen wiederfinden, um die Gegenwart Gottes zu fühlen. Das ist, was die Jünger des Pythagoras empfanden, wenn der Lehrer, um seinen Unterricht zu krönen, ihnen zeigte, wie sich die ewige Wahrheit in der ehelichen Verbindung des Mannes und der Frau manifestiert. Die Schönheit der heiligen Zahlen, die sie im Unendlichen gehört und geschaut hatten, sie sollten sie im Herzen selbst des Lebens wiederfinden, und Gott trat ihnen entgegen aus dem großen Mysterium der Geschlechter und der Liebe.

Das Altertum hatte eine Hauptwahrheit verstanden, welche die künftigen Zeitalter zu sehr verkannt haben. Die Frau braucht, um ihre Funktionen als Gattin und Mutter gut zu erfüllen, einen besonderen Unterricht, eine besondere Einweihung. Daher die rein weibliche Einweihung, d. h. die ganz den Frauen vorbehaltene. Sie bestand in Indien, in den vedischen Zeiten, als die Frau Priesterin am häuslichen Altar war. In Ägypten liegt ihr Ursprung in der Vorzeit in den Mysterien der Isis. Orpheus organisierte sie in Griechenland. Bis zum Erlöschen des Heidentums blüht sie in den dionysischen Mysterien, wie in den Tempeln der Juno, der Diana, der Minerva und Ceres. Sie bestand in symbolischen Riten, in Zeremonien, in nächtlichen Festen, dann in einem besonderen Unterricht, der durch bejahrte Priesterinnen oder den Hohenpriester gegeben wurde und der sich auf die intimsten Dinge des ehelichen Lebens bezog. Man gab Ratschläge und Regeln, die sich auf die Beziehungen der Geschlechter bezogen, auf die Zeitpunkte im Jahre und im Monat, die einer glücklichen Empfängnis günstig waren. Man schrieb die größte Bedeutung zu der physischen und moralischen Hygiene der Frau während ihrer Schwangerschaft, damit das heilige Werk, die Schöpfung des Kindes, nach den göttlichen Gesetzen vollzogen würde. Mit einem Wort, man lehrte die Wissenschaft des ehelichen Lebens und die Kunst der Mutterschaft. Diese letztere erstreckte sich weit über die Geburt hinaus. Bis zum siebenten Jahre blieben die Kinder im Frauengemach, in das der Mann nicht hineindrang, unter der ausschließlichen Leitung der Mutter. Das weise Altertum dachte, daß das Kind eine zarte Pflanze ist, die, um nicht zu verkümmern, der warmen mütterlichen Atmosphäre bedarf. Der Vater würde es deformieren; es braucht, um sich zu entfalten, die Küsse und Liebkosungen der Mutter; es bedarf der machtvollen umhüllenden Liebe der Frau, um diese junge Seele, welche das Leben erschreckt, vor der rauhen Außenseite des Lebens zu schützen. Weil sie mit vollem Bewußtsein die hohen Funktionen erfüllte, die das Altertum als göttlich betrachtete, war die Frau wirklich die Priesterin der Familie, die Hüterin des heiligen Lebensfeuers, die Vesta des Herdes. Die weibliche Einweihung kann deshalb betrachtet werden als die wahre Ursache der Schönheit der Rasse, der Kraft der Geschlechter, der Dauer der Familien im griechischen und römischen Altertum.

Indem er in seiner Schule eine Sektion für die Frauen gründete, tat Pythagoras nichts anderes, als das zu läutern und zu vertiefen, was vor ihm bestanden hatte. Die durch ihn eingeweihten Frauen erhielten mit den Riten und den Vorschriften die höchsten Grundlehren über ihre Funktionen. Er gab so denjenigen, die dessen würdig waren, das Bewußtsein ihrer Rolle. Er offenbarte ihnen die Verklärung der Liebe in der vollkommenen Ehe, welche die Durchdringung von zwei Seelen ist, im Zentrum selbst der Wahrheit und der Liebe. Der Mann in seiner Kraft, stellt er nicht das Prinzip des schöpferischen Geistes dar? Die Frau in all ihrer Macht, personifiziert sie nicht die Natur, in ihren Bildungstrieben, in ihren wunderbaren, irdischen und göttlichen Verwirklichungen? Wenn es diesen zwei Wesen gelingt, sich vollkommen zu durchdringen, Körper, Seele und Geist, werden sie an sich ein Universum im kleinen bilden. Um aber an Gott zu glauben, muß die Frau ihn im Manne leben sehen; und dazu muß der Mann eingeweiht sein. Er allein ist fähig, durch sein tiefes Verständnis des Lebens, durch seinen schöpferischen Willen die weibliche Seele zu befruchten, sie durch das göttliche Ideal umzuwandeln. Und dieses Ideal wird ihm von der geliebten Frau vervielfältigt zurückgeschickt in ihren vibrierenden Gedanken, in ihren subtilen Empfindungen, in ihren tiefen Divinationen. Sie schickt ihm sein durch die Begeisterung verklärtes Bild zurück, sie wird sein Ideal. Denn sie verwirklicht es durch die Macht der Liebe in ihrer eigenen Seele. Durch sie wird es lebendig und sichtbar, wird es zu Fleisch und Blut. Denn wie der Mann durch den Wunsch und den Willen schafft, so erzeugt die Frau physisch und geistig durch die Liebe.

In ihrer Rolle einer Liebenden, einer Gattin, einer Mutter oder Inspirierten ist sie nicht weniger groß und noch göttlicher als der Mann. Denn »lieben« ist »sich vergessen«. Die Frau, die sich vergißt und in ihrer Liebe aufgeht, ist immer erhaben. Sie findet in der Selbstvernichtung die himmlische Wiedergeburt, ihre Krone des Lichts und die unsterbliche Ausstrahlung ihres Wesens.

Die Liebe beherrscht die moderne Literatur seit zwei Jahrhunderten. Es ist nicht die rein sinnliche Liebe, die sich an der Schönheit des Körpers entfacht wie bei den antiken Dichtern; es ist auch nicht der fade Kultus eines abstrakten und konventionellen Ideals wie im Mittelalter. Es ist die zugleich sinnliche und psychische Liebe, die sich in voller Freiheit und individueller Phantasie ergeht. Am öftesten bekriegen sich die beiden Geschlechter in der Liebe selbst. Wir sehen die Empörung der Frau gegen den Egoismus und die Brutalität des Mannes; die Verachtung des Mannes gegenüber der Falschheit und der Eitelkeit der Frau; wir hören den Schrei der Wollust, den ohnmächtigen Zorn der Opfer dieser Wollust, der Sklaven der Ausschweifung. Dazwischen finden wir tiefe Leidenschaften, gegenseitige Anziehung, die furchtbar und um so mächtiger sein kann, als sie nur zu oft von der gesellschaftlichen Konvention und den sozialen Einrichtungen durchkreuzt werden kann. Daher diese Liebesdramen voll Gewitterstürmen, moralischen Zusammenbruchs, tragischer Katastrophen, die beinah ausschließlich den Inhalt des modernen Romans und Schauspiels bilden. Es ist, als ob der ermüdete Mann, der weder in der Wissenschaft, noch in der Religion Gott findet, ihn mit Heftigkeit in der Frau suchte. – Und er tut wohl; aber es ist nur auf dem Wege der Einweihung in die großen Wahrheiten, daß Er ihn in Ihr und Sie ihn in Ihm finden wird. Zwischen diesen Seelen, die sich gegenseitig nicht kennen und sich manchmal mit einem Fluche trennen, gibt es ein unendliches Verlangen, sich zu durchdringen und in dieser Verschmelzung das unmögliche Glück zu finden. Trotz der Verirrungen und Zügellosigkeiten, die daraus folgen, ist dieses verzweifelte Suchen notwendig; es entspringt einem göttlichen Unbewußten. Es wird einen Lebenspunkt bilden für den Wiederaufbau der Zukunft. Denn wenn der Mann und die Frau sich selbst und einander gefunden haben werden durch die tiefe Liebe und durch die Einweihung, wird ihre Verschmelzung die wärmeaussendende und schöpferische Kraft an sich selbst bedeuten.

Die psychische Liebe, die Leidenschaftsliebe der Seele, ist also nur seit kurzem in die Literatur und von dort in das allgemeine Bewußtsein getreten. Aber sie hat ihren Ursprung in der antiken Einweihung. Wenn die griechische Literatur sie kaum ahnen läßt, so ist es, weil sie hier die seltenste Ausnahme war. Der Grund dazu liegt in dem tiefen Geheimnis der Mysterien. Dennoch hat die religiöse und philosophische Tradition die Spur der eingeweihten Frau behalten. Hinter der offiziellen Poesie und Philosophie erscheinen einige Frauengestalten halb verschleiert, aber leuchtend. Wir kennen schon die Pythonisse Theoklea, welche Pythagoras inspirierte; später tritt die Priesterin Corinna auf, die oft glückliche Rivalin des Pindar, der selbst der eingeweihteste der griechischen Lyriker war; endlich erscheint die geheimnisvolle Diotima am Gastmahl Platos, um die höchste Offenbarung der Liebe zu geben.

Die griechische Frau erfüllte ihren wirklichen Priesterdienst am häuslichen Herd und im Frauengemach. Ihre Schöpfung waren die Helden, die Künstler, die Dichter, deren Gesänge, deren Marmorwerke, deren herrliche Taten wir bewundern. Sie war es, die sie durch das Mysterium der Liebe empfing, die sie in ihrem Schoß mit dem Wunsch nach Schönheit formte, die sie erblühen ließ unter der Obhut ihrer mütterlichen Flügel. Fügen wir hinzu, daß für die wirklich eingeweihten Männer und Frauen die Schöpfung des Kindes einen unendlich schöneren Sinn, eine größere Tragweite hat als für uns. Wenn Vater und Mutter wissen, daß die Seele des Kindes vor dessen irdischer Geburt besteht, wird die Empfängnis ein heiliger Akt, der Ruf einer Seele zur Inkarnation. Zwischen der verkörperten Seele und der Mutter gibt es fast immer einen tiefen Grad der Ähnlichkeit. So wie die schlechten und verderbten Frauen die dämonischen Geister anziehen, so ziehen die zärtlichen Mütter die göttlichen Geister an. Diese unsichtbare Seele, die man erwartet, die kommen muß und die kommt – so geheimnisvoll und so sicher –, ist sie ein göttliches Ding? Ihre Geburt, ihre Einkerkerung im Fleisch wird eine schmerzliche Sache sein. Denn wenn auch zwischen sie und den Himmel ein dichter Schleier sich drängt, wenn sie auch aufhört, sich zu erinnern – ach! Sie leidet nichtsdestoweniger! Und heilig und göttlich ist die Aufgabe der Mutter, die ihr ein neues Wohnhaus bauen, ihr das Gefängnis mildern und die Prüfung erleichtern soll.

Der Unterricht des Pythagoras, der in den Tiefen des Absoluten begonnen hatte mit der göttlichen Dreieinigkeit, endete so im Mittelpunkt des Lebens mit der menschlichen Dreieinigkeit. Im Vater, in der Mutter und in dem Kinde wußte der Eingeweihte jetzt den Geist, die Seele und das Herz des lebendigen Universums zu erkennen. Diese letzte Einweihung bildete für ihn die Grundlage des sozialen Werkes, hinaufgehoben zur Höhe und vollen Schönheit des Ideals. Jeder Eingeweihte mußte zu diesem Gebäude seinen Stein fügen.

Die Familie des Pythagoras – Die Schule und ihre Geschicke

Unter den Frauen, die dem Unterricht des Meisters folgten, befand sich ein junges Mädchen von großer Schönheit. Ihr Vater, ein Krotoner, hieß Brontinos. Sie nannte sich Theano. Pythagoras näherte sich damals den Sechzigern. Aber die große Herrschaft über die Leidenschaften und ein reines Leben, das vollständig seiner Mission gewidmet gewesen war, hatten seine Manneskraft unversehrt erhalten. Die Jugend der Seele, diese unsterbliche Flamme, die der große Eingeweihte aus seinem spirituellen Leben schöpft und die er durch die okkulten Kräfte der Natur nährt, strahlte von ihm aus und unterwarf ihm seine Umgebung. Der griechische Magier war nicht im Niedergange, sondern auf dem Höhepunkte seiner Macht. Theano fühlte sich zu Pythagoras hingezogen durch die beinah übernatürliche Ausstrahlung seines Wesens. Ernst und zurückhaltend, hatte sie neben dem Meister die Erklärung der Mysterien gesucht, die sie liebte, ohne sie zu verstehen. Als aber beim Lichte der Wahrheit, bei der sanften Wärme, die sie allmählich durchdrang, sie ihre Seele im tiefsten Innern sich entfalten fühlte wie die mystische Rose mit den tausend Blättern, als sie fühlte, daß diese Entfaltung von ihm und seinem Worte kam, – da erglühte sie von einer grenzenlosen Verehrung und von leidenschaftlicher Liebe zum Meister.

Pythagoras hatte sie nicht heranziehen wollen. Seine Liebe gehörte allen seinen Schülern. Er dachte nur an seine Schule, an Griechenland, an die Zukunft der Welt. So wie viele große Adepten hatte er der Frau entsagt, um sich dem Werke zu ergeben. Die Magie seines Willens, die spirituelle Herrschaft über so viele Seelen, die er gebildet hatte und die an ihm wie an einem vergötterten Vater hingen, der mystische Weihrauch all dieser unausgesprochenen Liebe, die zu ihm hinaufstieg, ersetzten ihm die Neigung, das Glück und die Liebe. Eines Tages jedoch, als er in der Krypta der Proserpina allein über die Zukunft seiner Schule meditierte, sah er, wie ernst und bestimmt diese schöne Jungfrau, zu der er nie im besonderen gesprochen hatte, zu ihm herantrat. Sie kniete vor ihm nieder und ohne ihr bis zur Erde geneigtes Haupt zu erheben, bat sie den Meister, – ihn, der alles konnte, sie von einer unmöglichen und unglücklichen Liebe zu erlösen, die ihren Körper und ihre Seele verzehrte. Pythagoras wollte den Namen desjenigen wissen, den sie liebte. Nach langem Zögern gestand Theano, daß Er es sei, doch daß, zu allem bereit, sie sich seinem Willen unterwerfen werde. Pythagoras antwortete nichts. Durch dieses Schweigen ermutigt, hob sie das Haupt und warf ihm einen flehenden Blick zu, in welchem die hingebungsvolle Kraft eines Lebens und der Duft einer dem Meister als Sühneopfer dargereichten Seele lagen.

Der Weise war erschüttert; seine Sinne verstand er zu besiegen, seine Imagination hatte er gebändigt; aber das Leuchten dieser Seele war in die seine gedrungen. In dieser durch die Leidenschaft gereiften, durch einen Gedanken absoluter Hingabe geläuterten Jungfrau hatte er seine Gefährtin gefunden und eine vollständigere Verwirklichung seines Werkes gesehen. Bewegt erhob Pythagoras das junge Mädchen, und Theano konnte in den Augen des Meisters lesen, daß ihre Schicksale auf immer vereinigt waren.

Durch seine Ehe mit Theano drückte Pythagoras das Siegel der Verwirklichung seinem Werke auf. Die Vereinigung, die Verschmelzung dieser beiden Leben war absolut. Als man einmal die Gattin des Meisters fragte, wie viel Zeit nötig sei, damit eine Frau, nachdem sie mit einem Manne Verkehr gehabt habe, rein würde, antwortete sie: »War es mit ihrem Manne, so ist sie's zur Stunde; war es mit einem andern, so ist sie es nie.« Viele Frauen werden lächelnd antworten, daß, um diese Worte zu sprechen, man die Frau des Pythagoras sein und ihn so lieben müsse, wie Theano ihn geliebt hatte.

Sie haben recht. Nicht die Ehe rechtfertigt die Liebe, sondern die Liebe rechtfertigt die Ehe. Theano drang so vollständig in den Gedanken ihres Gatten ein, daß sie nach dessen Tode dem pythagoräischen Orden als Mittelpunkt diente und daß ein griechischer Schriftsteller ihre Meinung über die Wissenschaft der Zahlen wie diejenige einer Autorität zitiert. Sie schenkte dem Pythagoras zwei Söhne: Arimnestes und Telauges, und eine Tochter: Damo. Telauges wurde später der Lehrer des Empedokles und übermittelte ihm die Geheimnisse der Lehre.

Die Familie des Pythagoras war für den Orden ein wirkliches Muster. Man nannte sein Haus den Tempel der Ceres und seinen Hof den Hof der Musen. In den häuslichen und religiösen Festen führte die Mutter den Chor der Frauen und Damo den Chor der jungen Mädchen. Damo war in jeder Hinsicht ihres Vaters und ihrer Mutter wert. Pythagoras hatte ihr gewisse Schriften anvertraut mit ausdrücklichem Verbot, sie irgend jemandem außerhalb der Familie zu übergeben. Nach der Auseinandersprengung der Pythagoräer fiel Damo in die größte Armut. Man bot ihr eine große Summe für das wertvolle Manuskript. Doch, treu dem Willen ihres Vaters, weigerte sie sich immer es auszuliefern.

Pythagoras lebte dreißig Jahre in Krotona. In zwanzig Jahren hatte dieser ungewöhnliche Mann eine solche Macht erreicht, daß diejenigen, die ihn einen Halbgott nannten, nicht zu übertreiben schienen. Diese Macht schien an das Wunder zu grenzen; niemals hatte irgendein Philosoph eine ähnliche ausgeübt. Sie erstreckte sich nicht nur über die Schule von Krotona und deren Verzweigungen in den anderen Städten der italienischen Küsten, sondern auch auf die Politik all dieser kleinen Staaten. Pythagoras war ein Reformator in der vollsten Kraft des Wortes. Krotona, eine achäische Kolonie, hatte eine aristokratische Verfassung. Der Rat der Tausend, der aus Mitgliedern der großen Familien zusammengesetzt war, übte die legislative Gewalt aus und überwachte die exekutive. Es gab Versammlungen des Volkes, aber sie hatten nur eingeschränkte Macht. Pythagoras, der den Staat als Ordnung und Harmonie wollte, liebte den Druck der Oligarchie ebensowenig wie das Chaos der Demagogie. Indem er die dorische Verfassung, so wie sie war, herübernahm, versuchte er einfach ein neues Räderwerk in sie hineinzubringen. Der Gedanke war kühn: Über die politische Macht wollte er eine wissenschaftliche Macht setzen, die in allen Kernfragen Wahl- und Stimmrecht hatte und zur ausschlaggebenden Körperschaft, zum höchsten Regulator des Staates wurde. Über dem Rat der Tausend organisierte er den Rat der Dreihundert, der vom ersteren gewählt wurde, aber nur aus dem Kreis der Eingeweihten. Die Zahl genügte der Aufgabe. Porphyrius erzählt, daß zweitausend der Bewohner Krotonas dem gewöhnlichen Leben entsagten und sich vereinigten, um, zusammen mit ihren Frauen und Kindern, in Gemeinschaft zu leben, nachdem sie ihre Güter zum Gemeindegut gemacht hatten. Pythagoras wollte also an der Spitze des Staates eine Regierung der Weisen sehen, die weniger geheimnisvoll, aber ebenso hoch gestellt war wie die ägyptische Priesterschaft. Was er einen Moment lang verwirklichte, war der Traum aller Eingeweihten, die sich mit Politik beschäftigten: in die Regierung des Staates das Prinzip der Initiation und der Erprobung hineinzubringen und in dieser höheren Synthese das demokratische oder Wahlprinzip zu versöhnen mit einer Regierung, die aus der erlesensten Geistigkeit und Tugend erwuchs.

Der Rat der Dreihundert bildete also eine Art politischen, wissenschaftlichen und religiösen Ordens, dessen anerkanntes Haupt Pythagoras war. Man verpflichtete sich ihm gegenüber durch einen feierlichen und schrecklichen Schwur zu absolutem Schweigen wie in den Mysterien. Diese Gesellschaften oder Hetärien verbreiteten sich aus Krotona, wo sich die Muttergesellschaft befand, in fast alle Städte Groß-Griechenlands, wo sie eine mächtige politische Wirkung ausübten. Der pythagoräische Orden wurde allmählich zum Haupt des Staates auch in dem südlichen Italien. Er hatte

Abzweigungen in Tarent, Heraklea, Metapont, Regium, Himera, Katanien, Agrigent, Sybaris, nach Aristoxenes auch bis hinauf zu den Etruskern. Was den Einfluß des Pythagoras über die Regierung dieser großen und reichen Städte betrifft, so könnte man sich keinen höheren, liberaleren, friedenstiftenderen denken. Überall, wo er erschien, stellte er wieder die Ordnung, die Gerechtigkeit, die Eintracht her. Einen Tyrannen von Sizilien, zu dem er gerufen wurde, bestimmte er allein durch die Kraft seiner Rede, schlecht erworbenen Reichtümern und einer usurpierten Gewalt zu entsagen. Die Städte aber, die früher einander untergeben waren, machte er unabhängig und frei. So wohltätig war sein Wirken, daß man von ihm sagte, wenn er in die Städte ging: »Er komme nicht zum Unterrichten, sondern zum Heilen.«

Der souveräne Einfluß eines großen Geistes und großen Charakters erregt um so furchtbarere Eifersucht, um so wilderen Haß, je unangreifbarer er ist. Die Herrschaft des Pythagoras dauerte seit einem Vierteljahrhundert, der unermüdliche Adept war den Neunzigern nahe, als die Reaktion eintrat. Der Funke kam aus Sybaris, der Rivalin Krotonas. Es gab dort eine Volkserhebung, und die aristokratische Partei wurde besiegt. Fünfhundert Verbannte suchten Zuflucht bei den Krotonern, aber die Sybariten verlangten ihre Auslieferung. Den Zorn einer feindlichen Stadt fürchtend, waren die Obrigkeiten Krotonas im Begriff, diesem Verlangen nachzugeben, als Pythagoras dazwischentrat. Auf seine Vorstellungen hin weigerte man sich, die unglücklichen Bittenden den unversöhnlichen Gegnern auszuliefern. Nach dieser Weigerung erklärte Sybaris Krotona den Krieg. Aber das Heer der Krotoner, an dessen Spitze ein Schüler des Pythagoras, der berühmte Athlet Milo, stand, schlug die Sybariten vollständig. Die Zerstörung von Sybaris war die Folge davon. Die Stadt wurde erobert, geplündert, von Grund aus zerstört und in eine Wüste verwandelt. Es ist unmöglich, anzunehmen, daß Pythagoras solchen Maßregeln der Vergeltung zugestimmt hätte. Sie standen im Widerspruch mit seinen Grundsätzen und denjenigen aller Initiierten. Aber weder er noch Milo konnten die entfesselten Leidenschaften eines siegreichen Heeres bändigen, die durch so viel alte Eifersucht entfacht und durch einen ungerechten Angriff aufgestachelt waren.

Jede Rache, sei es die der Individuen oder der Völker, ruft einen Gegenstoß der entfesselten Leidenschaften hervor. Die Nemesis dieser war verhängnisvoll; die Folgen davon fielen auf Pythagoras und seinen ganzen Orden. Nach der Einnahme von Sybaris verlangte das Volk die Teilung der Ländereien. Nicht zufrieden damit, sie erhalten zu haben, schlug die demokratische Partei einen Wechsel in der Verfassung vor, der dem Rat der Tausend seine Privilegien entriß und den Rat der Dreihundert abschaffte, nur eine einzige Autorität gelten lassend: das allgemeine Wahlrecht. Natürlich widersetzten sich die Pythagoräer, die am Rat der Tausend teilnahmen, einer ihren Grundsätzen widersprechenden Reform, welche das sorgfältige Werk ihres Meisters bis auf die Grundlage erschütterte. Schon waren die Pythagoräer der Gegenstand dieses dumpfen Hasses, welche das Geheimnis und die Überlegenheit immer bei der Menge erwecken. Ihre politische Stellung entfachte gegen sie die Wut der Demagogie, und ein persönlicher Haß gegen den Meister rief den Ausbruch herbei.

Ein gewisser Cylo hatte sich einst in die Schule gemeldet. Pythagoras, der sehr streng war in der Annahme seiner Schüler, verweigerte ihm den Eintritt wegen seines heftigen und herrschsüchtigen Charakters. Dieser zurückgewiesene Kandidat wurde ein haßerfüllter Gegner. Als die öffentliche Meinung sich gegen Pythagoras zu wenden begann, organisierte er einen dem Orden der Pythagoräer entgegengesetzten Klub, eine große Volksgesellschaft. Es gelang ihm, die Hauptführer des Volkes an sich zu ziehen, und er bereitete in diesen Versammlungen eine Revolution vor, die mit der Vertreibung der Pythagoräer beginnen sollte. Vor dieser stürmischen Menge besteigt Cylo die Volkstribüne und liest Auszüge, die gestohlen sind aus dem geheimen Buch des Pythagoras: das geheiligte Wort (hieros logos). Man entstellt sie, man verdreht sie. Einige Redner versuchen eine Verteidigung der Brüder des Schweigens, die selbst vor den Tieren Achtung haben. Schallendes Gelächter ist die Antwort. Cylo besteigt immer wieder die Rednerbühne. Er beweist, daß der religiöse Katechismus der Pythagoräer sich an der Freiheit vergreift. »Und das ist mild ausgedrückt«, fügt der Tribun hinzu. »Was ist dieser Meister, dieser sogenannte Halbgott, dem man blind gehorcht und der nur einen Befehl zu geben braucht, damit alle seine Brüder rufen: ›Der Meister hat es gesagt‹, wenn er nicht der Tyrann von Krotona ist, und zwar der schlimmste der Tyrannen, ein okkulter Tyrann? Woraus besteht diese unauflösliche Freundschaft, die alle Mitglieder der pythagoräischen Hetärien verbindet, wenn nicht aus Verachtung und Verschmähung des Volkes? Sie führen immer im Mund jenes Wort Homers, daß der Fürst der Hirte seines Volkes sein muß. Für sie also ist das Volk nur eine elende Herde! Ja, das Bestehen allein dieses Ordens ist eine dauernde Verschwörung gegen die Rechte des Volks. Solange er nicht zerstört sein wird, wird es keine Freiheit in Krotona geben!« Einer der Redner der Volksversammlung ruft, getrieben von einem Gefühl der Loyalität: »Man erlaube wenigstens Pythagoras und den Pythagoräern, sich vor unserer Tribüne zu rechtfertigen, bevor wir sie verurteilen.« Aber Cylo antwortet hochmütig: »Haben diese Pythagoräer euch nicht das Recht genommen über die allgemeinen Fragen zu richten und zu entscheiden? Mit welchem Recht dürfen sie heute verlangen, daß man sie anhört? Sie haben euch nicht gefragt, als sie euch das Recht nahmen, Gerechtigkeit zu vollziehen; nun wohl! Jetzt ist's an euch, zuzustoßen, ohne sie anzuhören!« Beifallsstürme antworteten diesen heftigen Ausfällen, und die Köpfe erhitzten sich mehr und mehr.

Eines Abends, als die vierzig angesehensten Mitglieder des Ordens bei Milo vereinigt waren, hetzte der Tribun gegen sie seine Banden. Man umzingelte das Haus. Die Pythagoräer, die den Meister unter sich hatten, verbarrikadierten die Türen. Die wütende Menge legte Feuer an das Gebäude. Achtunddreißig Pythagoräer, die ersten Schüler des Meisters, die Blüte des Ordens, und Pythagoras selbst kamen um, die einen in den Flammen der Feuersbrunst, die andern ermordet vom Volk[80]. Archippas und Lysis allein entkamen dem Gemetzel.

So starb dieser große Weise, dieser göttliche Mann, der versucht hatte, die Weisheit in die Regierung der Menschen überfließen zu lassen. Der Mord des Pythagoras wurde zum Zeichen einer demokratischen Revolution in Krotona und am Golf von Tarent. Die Städte Italiens verjagten die unglücklichen Schüler des Meisters. Der Orden wurde auseinandergesprengt, aber seine

Überreste verstreuten sich in Sizilien und in Griechenland, überall das Wort des Meisters säend. Lysis wurde der Lehrer des Epaminondas. Nach neuen Revolutionen konnten die Pythagoräer nach Italien zurückkehren unter der Bedingung, daß sie nicht mehr eine politische Körperschaft bilden wollten. Eine rührende Bruderliebe war ihnen immer eigen; sie betrachteten sich als ein und dieselbe Familie. Einer von ihnen, ins Elend gekommen und von Krankheit befallen, wurde von den Wirten einer Herberge aufgenommen. Bevor er starb, zeichnete er auf die Tür des Hauses einige geheimnisvolle Zeichen und sagte zu seinem Gastwirt: »Seid ruhig, einer meiner Brüder wird meine Schuld bezahlen.« Ein Jahr später sah ein Fremder, der in dieselbe Herberge einkehrte, diese Zeichen und sagte zum Wirt: »Ich bin Pythagoräer; einer meiner Brüder ist hier gestorben; sagt mir, wieviel ich euch für ihn schulde.« Der Orden bestand zweihundertfünfzig Jahre; die Ideen jedoch, die Traditionen des Meisters leben bis heute.

Der wiederbelebende Einfluß des Pythagoras auf Griechenland war außerordentlich groß. Geheimnisvoll, aber sicher ging er von den Tempeln aus, in denen er anwesend gewesen war. Wir haben gesehen, wie er in Delphi der divinatorischen Wissenschaft eine neue Kraft gab, wie er die Autorität der Priester befestigte und durch seine Kunst eine musterhafte Pythonisse ausbildete. Dank dieser innern Reform, welche die Begeisterung im Herzen selbst der Heiligtümer und in der Seele der Eingeweihten weckte, wurde Delphi mehr als je der moralische Mittelpunkt Griechenlands. Man sah dies wohl während der medischen Kriege. Kaum dreißig Jahre waren verstrichen seit dem Tode des Pythagoras, als der Zyklon von Asien, den der Weise von Samos vorher verkündet hatte, über den Ufern von Hellas ausbrach. In diesem heldenhaften Ringen Europas gegen das barbarische Asien hat Griechenland, welches die Freiheit und die Zivilisation darstellt, als Triebkraft die Wissenschaft und den Genius Apollos hinter sich. Er ist es, dessen patriotischer und religiöser Hauch die keimende Rivalität Spartas und Athens erregt und zum Schweigen bringt. Er ist es, der Miltiades und Temistokles begeistert. In Marathon ist die Begeisterung so groß, daß die Athener glauben, in ihren Reihen zwei Krieger kämpfen zu sehen, weiß wie das Licht. Die einen erkennen in ihnen Theseus und Echetos, die andern Kastor und Pollux. Als der Einbruch des Xerxes, zehnmal stärker als der des Darius, über die Thermophylen strömt und Hellas überschwemmt, ist es die Pythia, die von ihrem Dreifuß herab den Gesandten Athens das Heil zeigt und Themistokles hilft, über die Schiffe von Salamis zu siegen. Die Schriften Herodots erzitterten von ihrem geflügelten Wort: »Verlaßt die Häuser und die hohen Hügel der im Kreise gebauten Stadt ... das Feuer und der auf einem Karren stehende drohende Mars wird eure Türme zerstören ... die Tempel erzittern, von ihren Mauern tropft kalter Schweiß, von ihrem Giebel rinnt schwarzes Blut ... verlaßt mein Heiligtum. Möge eine hölzerne Mauer euch ein unüberwindlicher Wall sein. Flieht, wendet den Rücken den unzähligen Fußtruppen und Reitern! O göttliche Salamis! wie bist du verhängnisvoll den Kindern des Weibes!«[81] – In der Erzählung des Aeschylos beginnt die Schlacht mit einem Schrei, der einem Siegesgesang gleicht, einem Hymnus auf Apollo: »Der auf weißen Rossen heranstürmende Tag ergoß über die Welt sein blendendes Licht. In diesem Augenblick erhebt sich, rhythmisch wie ein Chorgesang, aus den Reihen der Griechen ein ungeheures Geschrei; und mit tausend schallenden Stimmen antworteten die Echorufe der Insel.« Soll man sich wundern, daß, berauscht von dem Siege, die Hellenen, bei der Schlacht von Mykale, gegenüber dem besiegten Asien als Feldgeschrei gewählt hatten den Ruf: Hebe, Ewige Jugend! Ja, der Odem Apollos durchweht diese wunderbaren medischen Kriege. Der religiöse Enthusiasmus, der Wunder vollbringt, reißt die Lebendigen und die Toten dahin, durchhellt die Trophäen und taucht die Gräber in Gold. Alle Tempel sind zerstört worden, nur der von Delphi steht aufrecht. Das Heer der Perser nähert sich, um die heilige Stadt zu entweihen. Alles zittert. Aber der Sonnengott hat durch die Stimme des Pontifex gesagt: »Ich werde mich selbst verteidigen!« Auf Befehl des Tempels leert sich die Stadt; die Bewohner flüchten in die Grotten des Parnassus und die Priester allein mit der heiligen Wache bleiben im Heiligtum. Das persische Heer betritt die Stadt, in welcher Grabesstille herrscht. Allein die Statuen sehen es vorbeiziehen. Eine schwarze Wolke verdichtet sich im Innern der Schlucht; der Donner grollt und der Blitz schlägt unter die Einbrecher hinein. Zwei riesige Felsen rollen vom Gipfel des Parnassus hinunter und zermalmen eine große Anzahl von Persern. Zu gleicher Zeit erschallt Geschrei im Tempel der Minerva, und Flammen sprühen aus dem Boden, unter den Füßen der Heranstürmenden. Vor diesen Wundern weichen die entsetzten Barbaren zurück; ihr Heer flieht in wildem Durcheinander. Der Gott hat sich selbst verteidigt.

Wären diese Wunder geschehen, diese Siege, welche die Menschheit als die ihren betrachtet, wenn nicht dreißig Jahre früher Pythagoras im delphischen Heiligtum erschienen wäre, um dort das heilige Feuer zu entzünden? Man kann es bezweifeln.

Noch ein Wort über den Einfluß des Meisters auf die Philosophie. Vor ihm hatte es auf der einen Seite Physiker gegeben, auf der andern Moralisten; Pythagoras umschloß die Moral, die Wissenschaft und die Religion in seiner umfassenden Synthese. Diese Synthese ist nichts anderes als die esoterische Lehre, deren volles Licht wir zu finden versucht haben auf dem Grund selbst der pythagoräischen Einweihung. Der Philosoph von Krotona war nicht der Erfinder, sondern der lichtvolle Ordner dieser ursprünglichen Wahrheiten im Sinne der Wissenschaft. Wir haben also sein System gewählt als den günstigsten Rahmen für einen vollständigen Grundriß der Mysterienlehre und der wahren Theosophie.

Diejenigen, die dem Meister mit uns gefolgt sind, werden verstanden haben, daß im Innern dieser Lehre die Sonne der Einen Wahrheit erstrahlt. Man findet verstreute Strahlen davon in den Philosophien und in den Religionen, aber ihr Zentrum ist dort. Was soll man tun, um den Weg dorthin zu finden? Die Beobachtung und das Verstandesurteil genügen nicht. Vor allem gehört dazu die Intuition. Pythagoras war ein Adept, ein Eingeweihter ersten Ranges. Er besaß das direkte Schauen des Geistes, den Schlüssel zu den okkulten Wissenschaften und zur geistigen Welt. Er schöpfte also an der ersten Quelle der Wahrheit. Und da er mit diesen transzendenten Fähigkeiten der intellektuellen und durchgeistigten Seele noch die genaue Beobachtung der physischen Natur und die meisterhafte Klassifikation der Ideen in seiner hohen Vernunft vereinigte, so war niemand besser geeignet als er, das Gebäude der Wissenschaft vom Kosmos zu errichten.

Dieses Gebäude wurde in Wahrheit niemals zerstört. Plato, der seine ganze Metaphysik Pythagoras entnahm, hatte eine vollständige Idee davon, obgleich er sie mit weniger Strenge und Genauigkeit wiedergegeben hat. Aber keine Philosophie hat je die Gesamtheit dieses Gebäudes umfaßt. Hier sollte diese Gesamtheit in ihrer Harmonie und ihrer Einheit wiederzufinden versucht werden.

PLATO

Die Mysterien von Eleusis

Die Menschen haben die Liebe Eros genannt, weil sie Flügel hat; die Götter nannten sie Pteros, weil sie die Kraft hat, Flügel zu geben.

Plato: Das Gastmahl.

Im Himmel ist Lernen Schauen. Auf Erden ist Lernen Sichwiedererinnern.

Glücklich ist, wer durch die Mysterien geschritten ist; er kennt den Anfang und das Ziel des Lebens.

Pindar.

Nachdem wir versucht haben, in Pythagoras den größten der Eingeweihten Griechenlands und durch ihn den ursprünglichen und universellen Inhalt der religiösen und philosophischen Wahrheit wieder aufleben zu lassen, könnten wir davon Abstand nehmen, von Plato zu sprechen, der dieser Wahrheit nur eine phantasievolle und volkstümlichere Form gegeben hat. Doch der Grund, der uns einen Augenblick vor der edlen Figur des athenischen Philosophen aufhalten wird, ist folgender: Es gibt unbedingt eine Mutterlehre und Synthese aller Religionen und Philosophien. Sie entwickelt und vertieft sich im Lauf der Zeiten; aber der Kern und der Mittelpunkt bleiben dieselben. Wir haben ihre großen Linien wiedergefunden. Genügt dies? Nein; man muß noch den Grund der von der göttlichen Vorsehung gewollten Verschiedenheit ihrer Formen, entsprechend den Rassen und Zeitaltern, entdecken. Man muß die Kette der großen Eingeweihten wieder zusammenstellen, welche die Initiatoren der Menschheit waren. Dann wird die Kraft eines jeden von ihnen sich vervielfältigen durch die Kraft aller andern, und die Einheit der Wahrheit wird gerade durch die Mannigfaltigkeit ihres Ausdrucks erscheinen. Wie jedes Ding hat auch Griechenland seine Morgenröte, seinen hellen Tag und seinen Verfall gehabt. Es ist das Gesetz der Tage der Menschen, der Erden und der Himmel. Orpheus ist der Eingeweihte der Morgenröte, Pythagoras derjenige des lichten Tags, Plato derjenige der Abenddämmerung von Hellas, eines glühend roten Sonnenuntergangs, der zum Morgenrot eines neuen Tages wird. demjenigen der Humanität. Plato folgt Pythagoras, wie in den Mysterien von Eleusis der Fackelträger dem großen Hierophanten folgte. Mit ihm wollen wir noch einmal eindringen, und zwar auf einem neuen Wege, durch die gewundenen Gänge des Heiligtums bis in das Herz des Tempels, bis zur Betrachtung des großen Arkanum.

Doch bevor wir nach Eleusis gehen, hören wir einen Augenblick auf unseren großen Führer, den göttlichen Plato. Möge er uns selbst seinen heimatlichen Horizont zeigen; möge er uns die Geschichte seiner Seele erzählen und uns zu seinem geliebten Lehrer führen.

Die Jugend Platos und der Tod des Sokrates

Er wurde zu Athen geboren, in der Stadt des Schönen und der Humanität. Seinen jungen Blicken war nach allen Seiten ein weiter Horizont geöffnet. Attika, nach allen Winden hin frei, schneidet sich ein wie ein Schiffsbug in das ägäische Meer und beherrscht als Königin die Inselgruppen, die, gleich weißen Sirenen, aus dem tiefen Blau der Wogen tauchen. Er wuchs auf am Fuß der Akropolis unter dem Schutz der Pallas Athene, in jener weiten, von violetten Bergen umrahmten und von lichtem Himmelblau umfluteten Ebene, zwischen dem Pentelikus mit seinen Marmor-Abhängen, dem von duftenden Pinien gekrönten Hymettus, in denen die Bienen summen, und der ruhigen Bucht von Eleusis.

Um so finsterer und drohender war der politische Horizont während der Kindheit und Jugend Platos. Sie fielen in die Zeit jenes unerbittlichen peloponnesischen Krieges, jenes brudermörderischen Kampfes zwischen Sparta und Athen, welcher die Auflösung Griechenlands vorbereitete. Sie waren geflohen, die großen Tage der medischen Kriege; sie waren untergegangen, die Sonnen von Marathon und Salamis. Das Jahr der Geburt Platos (429 v. J.-C.) ist das Todesjahr des Perikles, des größten griechischen Staatsmannes, der unbescholten war gleich Aristides, welterfahren gleich Themistokles, der vollkommenste Repräsentant der hellenischen Zivilisation, der Bezauberer einer lärmenden Demokratie, der glühende Patriot, der aber inmitten der Volksstürme die Ruhe eines Halbgottes zu bewahren wußte. Die Mutter Platos muß ihrem Sohn eine Szene erzählt haben, der sie gewiß beigewohnt hatte, zwei Jahre vor der Geburt des künftigen Philosophen. Die Spartaner waren in Attika eingebrochen; Athen, das in seiner nationalen Existenz schon bedroht war, hatte den ganzen Winter gekämpft, und Perikles war die Seele der Verteidigung gewesen. In diesem finsteren Jahr fand eine imposante Zeremonie am Kerameikos statt. Die Särge der für das Vaterland gefallenen Krieger wurden auf Trauerwagen gestellt, und das Volk wurde vor das monumentale Grab berufen, das sie vereinigen sollte. Dieses Mausoleum schien das prachtvolle und unheilverkündende Symbol des Grabes, das Griechenland sich durch seinen verbrecherischen Kampf selbst grub. Damals hielt Perikles die schönste Rede, die uns das Griechentum aufbewahrt hat. Thukydides hat sie auf seine ehernen Tafeln niedergeschrieben, und dieses Wort erglänzt darin wie ein Schild auf dem Giebel eines Tempels: »Das Grab der Helden ist die ganze Welt und nicht Säulen, die mit prunkenden Inschriften versehen sind.« Ist es nicht das Bewußtsein Griechenlands und seiner Unsterblichkeit, das in diesem Wort atmet?

Was blieb aber nach dem Tod des Perikles vom alten Griechenland, das in seinen Männern der Tat gelebt hatte? Im Innern Athens die Zwietracht einer immer gehetzten Demagogie; draußen der lazedämonische Einbruch, immer dicht vor den Toren, und das Gold des Königs von Persien, das wie ein verderbliches Gift in den Händen der Tribunen und Magistrate kreiste. Alkibiades hatte Perikles in der öffentlichen Gunst abgelöst. Dieser Repräsentant der goldenen Jugend Athens war der Held des Tages. Ein Abenteurer der Politik, ein Intrigant voll Verführungskunst, führte er lachend sein Vaterland ins Verderben. Plato hatte ihn gut beobachtet; denn er entwarf später meisterhaft die Psychologie dieses Charakters. Er vergleicht den wilden Wunsch nach Macht, der die Seele des Alkibiades erfüllt, mit einer großen geflügelten Drohne, »um welche herum die mit Blumen bekränzten, mit Wohlgerüchen durchdufteten, vom Wein und von allen zügellosen Vergnügungen berauschten Leidenschaften schwirren, ihn mit dem

Stachel des Ehrgeizes nährend, anspornend, bewaffnend. Dann wütet dieser Tyrann der Seele, den der Wahnsinn umlauert; wenn er um sich noch ehrliche Gedanken und Gefühle entdeckt, die vielleicht erröten könnten, tötet er sie und verjagt sie, bis er die Seele von jeder Mäßigkeit gereinigt und sie mit der Wut erfüllt hat, die ihn treibt.«

Der Himmel Athens war finster während der Jugend Platos. Mit fünfundzwanzig Jahren wohnte er der Einnahme Athens durch die Spartaner bei nach der unseligen Schlacht von Aigos Potamos. Dann folgte der Einzug Lysanders in seine Heimatstadt; er bedeutete das Ende der athenischen Unabhängigkeit. Er sah, wie die langen, von Themistokles aufgebauten Mauern bei den Tönen einer Festmusik zerstört wurden und wie der triumphierende Feind auf den Ruinen seiner Vaterstadt, wörtlich gesprochen, tanzte. Dann kamen die dreißig Tyrannen und ihre Proskriptionen.

Diese Schauspiele betrübten die jugendliche Seele Platos, aber sie konnten sie nicht erschüttern. Diese Seele war so sanft, so rein, so offen wie das Himmelsgewölbe über der Akropolis. Plato war ein junger Mann von hohem Wuchs, breitschultrig, ernst, gesammelt, beinah immer schweigsam; wenn er aber den Mund öffnete, so entströmte eine wunderbare feine Empfindung, eine bezaubernde Milde seinen Worten. In ihm war nichts Schroffes, Übertriebenes. Seine verschiedenen Fähigkeiten verbargen sich wie geschmolzen in der höheren Harmonie seines Wesens. Eine schwebende Grazie, eine natürliche Bescheidenheit verbarg den Ernst seines Geistes; eine beinah weibliche Zärtlichkeit umhüllte mit einem Schleier die Festigkeit seines Charakters. In ihm umkleidete sich die Tugend mit einem Lächeln und das Vergnügen mit einer naiven Keuschheit. Aber das dominierende, außergewöhnliche, einzigartige Merkzeichen dieser Seele war, daß sie bei ihrer Geburt einen geheimnisvollen Pakt mit der Ewigkeit geschlossen zu haben schien. Ja, die ewigen Dinge schienen die einzig lebendigen in dem Abgrund seiner großen Augen; die anderen zogen vorbei wie illusorische Erscheinungen in einem tiefen Spiel. Hinter den sichtbaren, wechselnden, unvollkommenen Formen der Welt und der Wesen erschienen ihm die unsichtbaren, vollkommenen, immer leuchtenden Formen dieser selben Wesen, die der Geist schaut und die das ewige Urbild der ersteren sind. Und deshalb hat der junge Plato, bevor er noch seine Lehre formuliert hatte, bevor er sogar wußte, daß er eines Tages Philosoph sein würde, schon das Bewußtsein der göttlichen Realität des Ideals und seiner Allgegenwart. Deshalb schien sein Blick, wenn er die Frauen, die Trauerwagen, die Heere, die Feste und die Züge der Wehklagenden auf- und abfluten sah, etwas anderes zu sehen und zu sagen. »Warum weinen sie und warum stoßen sie Freudenschreie aus? Sie glauben zu sein, und sie sind nicht. Warum kann ich mich nicht an das hängen, was geboren wird und was stirbt? Warum kann ich nur das Unsichtbare lieben, das niemals geboren wird und niemals stirbt, sondern immer ist?«

Die Liebe und die Harmonie, das ist die Grundstimmung der Seele des Plato, doch welche Harmonie und welche Liebe? Die Liebe zur ewigen Schönheit und die Harmonie, welche die Welt umfaßt. Je schöner und tiefer eine Seele ist, desto mehr Zeit braucht sie, um sich selbst zu begreifen. Seine erste Begeisterung umfaßt die Künste. Er war von edler Geburt, da sein Vater vom König Kodrus und seine Mutter von Solon abzustammen behaupteten. Seine Jugend war diejenige eines reichen Atheners, der mit allem Luxus und allen Verführungen einer Epoche des Verfalls umgeben war. Er gab sich ihnen hin ohne Übertreibung und ohne Prüderie, das Leben seiner Genossen mitlebend, sich auf edle Weise an einem schönen Erbe erfreuend, umringt und gefeiert von zahlreichen Freunden. Er hat uns so in seinem Werk »Phaidros« die Leidenschaft der Liebe in allen ihren Phasen beschrieben, daß wir wissen, er hat selbst all deren Freuden und grausame Enttäuschungen gefühlt. Ein einziger Vers von ihm ist uns geblieben; so leidenschaftlich wie ein Vers der Sappho, so lichtfunkelnd wie eine Sternennacht auf dem Meere der Zykladen: »Ich wünschte, ich wäre der Himmel und hätte, um dich anzuschauen, alle seine Augen.« Auf der Suche nach der höchsten Schönheit durch alle Arten und Formen des Schönen hindurch gab er sich abwechselnd der Malerei, der Musik und der Poesie hin. Diese schien allen seinen Bedürfnissen zu entsprechen. Sie stillte sein Sehnen. Plato verfügte über eine wunderbare Leichtigkeit in jeder Art der Dichtkunst. Er empfand mit gleicher Intensität die dithyrambische und die Liebesdichtung, das Epos, die Tragödie, selbst die Kommödie mit ihrem feinsten attischen Salz. Was fehlte ihm, um ein neuer Sophokles zu werden und das Theater Athens vor seinem drohenden Verfall zu retten? Dieser Ehrgeiz lockte ihn; seine Freunde ermutigten ihn dazu. Im Alter von siebenundzwanzig Jahren hatte er mehrere Tragödien geschrieben und war im Begriff, eine in den Wettbewerb einzureichen.

Zu dieser Zeit fand die Begegnung Platos mit Sokrates statt, der in den Gärten der Akademie mit jungen Leuten Diskussionen pflegte. Er sprach über das Gerechte und Ungerechte, über das Schöne, Gute und Wahre. Der Poet näherte sich dem Philosophen, hörte zu, kam den andern Tag und die folgenden Tage wieder. Nach einigen Wochen war eine vollständige Revolution in seinem Geiste vor sich gegangen. Der glückliche junge Mann, der Dichter voll Illusionen, kannte sich nicht wieder. Die Richtung seiner Gedanken, das Ziel seines Lebens waren wie umgewandelt. Ein anderer Plato war in ihm geboren unter dem Einfluß desjenigen, der sich selbst »einen Geburtshelfer der Seelen« genannt hatte. Was war denn vorgegangen? Durch welchen Zauber hatte jener Klügler mit dem Satyrgesicht ihn, den genialen Plato, dem Luxus, der Wollust, der Poesie des Schönen entrissen, um ihn zur großen Entsagung der Weisheit zu bekehren?

Es war ein recht einfacher Mann, dieser Sokrates, aber ein großes Original. Als Sohn eines Bildhauers geboren, meißelte er die drei Grazien während seiner Jugend; dann warf er sein Werkzeug hin, indem er sagte, daß er lieber seine Seele als den Marmor meißeln wolle. Von diesem Augenblick an widmete er sein Leben dem Suchen nach Weisheit. Man sah ihn in den Gymnasien, auf dem öffentlichen Platz, im Theater, mit den jungen Leuten, den Künstlern, den Philosophen sich unterhaltend, jeden nach dem Grunde dessen fragend, was er behauptete. Seit einigen Jahren hatten sich die Sophisten wie ein Heuschreckenschwarm auf Athen niedergelassen. Der Sophist ist die Nachahmung und die lebendige Verneinung des Philosophen, ebenso wie der Demagog die Nachahmung des Staatsmanns ist, der Heuchler die Nachahmung des Priesters, der schwarze Magier die höllische Nachahmung des wirklich Eingeweihten. Der griechische Typus des Sophisten ist subtiler, klügelnder, schärfer als ein anderer; aber das Genre ist allen verfallenden Zivilisationen eigen. Die Sophisten wimmeln dort nach demselben Gesetz der Notwendigkeit wie die Würmer in einem verwesenden Körper. Mögen sie sich Atheisten, Nihilisten oder Pessimisten nennen, die Sophisten aller Zeiten sehen sich ähnlich. Immer verneinen sie Gott und die Seele, d. h. die höchste Wahrheit und das höchste Leben. Die Sophisten von der Zeit Sokrates, wie Gorgias, Prodikus und Protagoras, sagten, daß es keinen Unterschied gäbe zwischen der Wahrheit und dem Irrtum. Sie brüsteten sich damit, jede beliebige Idee und auch ihr Gegenteil beweisen zu können, und behaupteten, daß es keine andere Gerechtigkeit gäbe als die Kraft, keine Wahrheit als die persönliche Meinung. Dabei waren sie selbstzufrieden, Lebemänner, die sich sehr teuer ihre Stunden bezahlen ließen; sie trieben die jungen Leute zur Wollust, zur Ausschweifung und zur Tyrannei.

Sokrates pflegte sich den Sophisten zu nähern mit seiner einschmeichelnden Sanftmut, seiner feinen Biederkeit wie ein Unwissender, der sich belehren will. Sein Auge glänzte vor Geist und Wohlwollen. Dann, von Frage zu Frage, zwang er sie, das Gegenteil von dem zu sagen, was sie zuerst behauptet hatten und so durch ihre eigene Rede zu gestehen, daß sie selbst nicht wußten, wovon sie redeten. Sokrates bewies dann, daß die Sophisten die Ursache und den Ursprung von nichts kannten, sie, die die universelle Wissenschaft zu besitzen behaupteten. Nachdem er sie so zum Schweigen gebracht hatte, freute er sich nicht seines Sieges, sondern er dankte seinen Gegnern mit einem Lächeln, ihn durch ihre Antworten belehrt zu haben, und fügte hinzu, daß, zu wissen, daß man nichts weiß, der Anfang der wahren Weisheit sei. Was glaubte, was behauptete Sokrates selbst? Er verneinte nicht die Götter; er widmete ihnen denselben Kultus wie seine Mitbürger, aber er sagte, daß ihre Natur undurchdringbar sei, und gestand, nichts von der Physik und Metaphysik zu verstehen, die man in den Schulen lehrte. Das Wichtigste, sagte er, ist an die Gerechtigkeit und an die Wahrheit zu glauben und dies in seinem Leben anzuwenden. Seine Argumente gewannen in seinem Mund große Kraft, denn er selbst war das Beispiel dafür: ein musterhafter Bürger, ein furchtloser Soldat, ein unbescholtener Richter, ein treuer und selbstloser Freund, ein vollkommener Herrscher über seine Leidenschaften.

So ändert sich die Taktik der sittlichen Erziehung je nach den Zeiten und Verhältnissen. Pythagoras ließ vor seinen eingeweihten Schülern die Moral von den Höhen der Kosmogonie herabgleiten. In Athen, auf dem öffentlichen Platz, zwischen Leuten wie Kleon und Gorgias, sprach Sokrates von dem angeborenen Gefühl für das Gerechte und Wahre, um die erschütterte Gesellschaft und Staatsordnung wiederaufzurichten. Und beide, der eine in der absteigenden Linie von den Prinzipien zu den Tatsachen, der andere in der aufsteigenden von den Tatsachen zu den Prinzipien, verkündeten dieselbe Wahrheit. Pythagoras stellt die Grundsätze und die Methode der höchsten Einweihung dar; Sokrates verkündet die Ära der zugänglich gewordenen Wissenschaft. Um nicht aus seiner Rolle der allgemeinen Verständlichkeit zu fallen, weigerte er sich, in die Mysterien von Eleusis sich einweihen zu lassen. Nichtsdestoweniger hatte er das Gefühl und den Glauben der höchsten und ganzen Wahrheit, welche die großen Mysterien lehrten. Wenn er davon sprach, so änderte sich sein Gesicht, seine Augen entzündeten sich, ein Leuchten ging über seinen kahlen Schädel, und aus seinem Mund fiel einer jener einfachen und lichtvollen Sätze, welche den Grund der Dinge erhellen.

Warum wurde Plato von diesem Mann unwiderstehlich bezaubert und bezwungen? Er begriff, als er ihn sah, die Überlegenheit des Guten über das Schöne. Denn das Schöne verwirklicht das Gute in der Fata Morgana der Kunst, während das Gute sich in der Tiefe der Seelen auslebt. Selten und machtvoll ist diese Faszination, denn die Sinne sind an ihr nicht beteiligt. Der Anblick eines wirklich Gerechten ließ in der Seele Platos die blendende Pracht der sichtbaren Kunst erblassen, um an deren Stelle einen göttlichen Traum zu setzen.

Dieser Mann zeigte ihm die Minderwertigkeit des Schönen und des Ruhmes, wie er sie bis dahin verstanden hatte, vor der Schönheit und der Glorie der lebendigen Seele, die unausgesetzt andere Seelen zur Wahrheit führt, während das Gepränge der Kunst nur einen Augenblick eine trügerische Wahrheit in einem täuschenden Schleier vor unsere Augen spiegelt. Die strahlende, ewige Schönheit, welche die »Herrlichkeit des Wahren ist«, tötete die wechselnde und trügerische Schönheit in der Seele Platos. Deshalb gab sich Plato, alles vergessend und verlassend, was er bis dahin geliebt hatte, in der Blüte seiner Jugend mit der vollen Poesie seiner Seele dem Sokrates hin. Es war ein gewaltiger Sieg der Wahrheit über die Schönheit, welcher unabsehbare Folgen für die Geschichte des Menschengeistes hatte.

Die Freunde Platos jedoch warteten darauf, ihn auf der tragischen Bühne debütieren zu sehen. Er lud sie ein in sein Haus zu einem großen Festmahl, und alle verwunderten sich, daß er das Fest in diesem Augenblick gab. Denn es war Sitte, es dann zu geben, wenn man den Preis erhalten hatte und die preisgekrönte Tragödie aufgeführt worden war. Doch niemand lehnte eine Einladung in das Haus des reichen Familiensohnes ab, wo die Musen und Grazien sich in Begleitung von Eros einfanden. Lange schon diente sein Haus als Sammelpunkt für die vornehme Jugend Athens. Plato gab ein Vermögen für dieses Festmahl aus. Man deckte den Tisch im Garten. Fackeln, die von jungen Leuten getragen wurden, erhellten den Raum. Die drei schönsten Hetären Athens waren zugegen. Das Fest dauerte die ganze Nacht. Man sang Hymnen dem Bacchus und der Liebe. Flötenspielerinnen tanzten ihre wollüstigen Tänze. Endlich bat man Plato selbst, einen seiner Dithyramben aufzusagen. Lächelnd stand er auf und sagte: »Dieses Fest ist das letzte, das ich euch gebe. Von heute an entsage ich den Freuden des Lebens, um mich der Weisheit zu ergeben und um die Lehre des Sokrates zu befolgen. Wisset es alle: Ich entsage selbst der Poesie; denn ich habe ihre Ohnmacht erkannt, die Wahrheit, die ich verfolge, auszudrücken. Ich werde nicht einen Vers mehr machen, und ich werde in eurer Gegenwart alle diejenigen verbrennen, die ich gedichtet habe.« Ein einziger Schrei der Verwunderung und des Protestes erhob sich von allen Seiten des Tisches, um welchen herum auf prunkvollen Lagern die rosenbekränzten Gäste ruhten. Von diesen Gesichtern, die der Wein, die Freude und die lustigen Tischgespräche gerötet hatten, drückten die einen Verwunderung aus, die andern Entrüstung. Unter den Vornehmen und den Sophisten gab es ein Gelächter des Unglaubens und der Verachtung. Die Absicht Platos wurde als eine Verrücktheit und eine Heiligtumschändung hingestellt; man forderte ihn auf, seine Worte zurückzunehmen. Plato jedoch antwortete mit Entschlossenheit und mit einer Ruhe und Sicherheit, die keinen Widerspruch duldete. Er endigte, indem er sagte: »Ich danke allen, die sich an diesem Abschiedsmahl beteiligt haben; aber ich werde nur diejenigen bei mir behalten, die mein neues Leben teilen wollen. Die Freunde Sokrates werden nunmehr meine einzigen Freunde sein.« Dieses Wort wirkte wie Frost auf ein Blumenfeld. Sie gaben plötzlich diesen lachenden Gesichtern das verwirrte und traurige Aussehen von Leuten, die einem Leichenzug beiwohnen. Die Kurtisanen standen auf und ließen sich in ihren Sänften davontragen, indem sie einen enttäuschten Blick auf den Hausherrn warfen. Die Vornehmen und die Sophisten zogen sich zurück mit ironischen und witzelnden Worten. »Leb wohl, Plato! Sei glücklich! Du kehrst uns noch zurück! Leb wohl! Leb wohl!« Zwei ernste junge Leute blieben allein neben ihm. Er nahm diese treuen Freunde an der Hand, führte sie vorbei an halbleeren Weinamphoren, an entblätterten Rosen, Lyren und Flöten, die auf noch vollen Bechern herumlagen, und geleitete sie in den inneren Hof des Hauses. Sie sahen dort, aufgehäuft auf einem kleinen Altar, eine Pyramide von Papyrusrollen. Es waren die poetischen Werke Platos. Eine Fackel ergreifend, legte der Dichter lächelnd das Feuer daran, indem er die Worte aussprach: »Vulkan, erscheine; Plato braucht dich[82].«

Als die Flamme erlosch, indem sie sich in der Luft verflüchtigte, hatten die zwei Freunde Tränen in den Augen und nahmen schweigend Abschied von ihrem künftigen Meister. Aber Plato, allein geblieben, weinte nicht. Ein Frieden, eine wunderbare Heiterkeit erfüllte sein ganzes Wesen. Er dachte an Sokrates, den er sehen würde. Die erwachende Morgenröte streifte die Terrassen der Häuser, die Säulenhallen, die Giebel der Tempel; und bald erglänzte beim ersten Strahl der Sonne der Helm Minervas auf der Akropolis.

Die Einweihung Platos und die platonische Philosophie

Drei Jahre, nachdem Plato der Jünger des Sokrates geworden war, wurde dieser durch den Areopag zum Tod verurteilt und starb, von seinen Jüngern umringt, indem er den Schierlingsbecher trank.

Wenige historische Ereignisse sind so oft wiedererzählt worden wie dieses. Von wenigen jedoch sind die Ursachen und die Tragweite so schlecht verstanden worden. Es ist heute üblich, zu sagen, daß der Areaopag von seinem Standpunkt aus recht hatte, Sokrates als Feind der Staatsreligion zu verdammen, weil er, indem er die Götter verneinte, die Grundlagen der athenischen Republik erschütterte. Wir werden sogleich zeigen, daß diese Behauptung zwei tiefe Irrtümer enthält. Erinnern wir uns zunächst an das, was Viktor Cousin in seiner Vorrede zur Apologie des Sokrates, in seiner schönen Übersetzung der Werke des Sokrates, zu schreiben gewagt hat: »Anytus, man muß es sagen, war ein schätzenswerter Bürger; der Areopag ein gerechter und maßvoller Gerichtshof; wenn man über etwas sich verwundern sollte, so wäre es, daß Sokrates so spät beschuldigt und nicht mit stärkerer Majorität verurteilt worden ist.« Der Philosoph und Minister des öffentlichen Unterrichts hat nicht gesehen, daß, wenn er recht hätte, man zugleich Philosophie und Religion verdammen müßte, um allein die Politik der Lüge, der Gewalt und der Willkür zu verherrlichen. Denn wenn die Philosophie notwendigerweise die Basis des gesellschaftlichen Baues zerstört, ist sie nichts als ein prunkender Wahn; und wenn die Religion nur bestehen kann, indem sie das Suchen nach Wahrheit unterdrückt, ist sie nichts als eine verhängnisvolle Tyrannei. Versuchen wir, gerechter zu sein sowohl gegenüber der griechischen Religion als auch der Philosophie.

Es gibt eine hervorragende und bedeutungsvolle Tatsache, die der Mehrzahl der modernen Geschichtsschreiber und Philosophen entgangen ist. In Griechenland gingen die sehr seltenen Verfolgungen der Philosophen niemals von den Tempeln aus, sondern immer von den Politikern. Die hellenische Zivilisation hat den Krieg zwischen den Priestern und Philosophen nicht gekannt, der eine so große Rolle spielt in der unsern seit der Zerstörung des christlichen Esoterismus im zweiten Jahrhundert unserer Ära. Thales konnte ruhig lehren, daß die Welt vom Wasser stamme; Heraklites, daß sie vom Feuer komme; Anaxagoras, daß die Sonne eine weißglühende Masse von Feuer sei; Demokritos konnte behaupten, daß alles durch die Atome geschehe. Kein Tempel stieß sich daran. In den Tempeln wußte man alles dies und noch viel mehr. Man wußte auch, daß die sogenannten Philosophen, welche die Götter leugneten, sie im nationalen Bewußtsein nicht zerstören konnten und daß die wirklichen Philosophen an sie glaubten in der Art der Eingeweihten und in ihnen die Symbole großer Kategorien der spirituellen Hierarchie sahen, des Göttlichen, das die Natur durchdringt, des Unsichtbaren, welches das Sichtbare beherrscht. Die esoterische Lehre dient also als Bindeglied zwischen der wahren Philosophie und der wahren Religion. Das ist die tiefe, ursprüngliche und endgültige Tatsache, welche das geheime Bündnis beider in der hellenischen Zivilisation erklärt.

Wer also beschuldigte Sokrates? Die Priester von Eleusis, welche die Urheber des peloponnesischen Krieges verflucht hatten, indem sie den Staub ihrer Gewänder gegen den Okzident schüttelten, sprachen kein Wort gegen ihn. Was den Tempel von Delphi anbetrifft, so gab er ihm das beste Zeugnis, das einem Mann gegeben werden kann. Die Pythia, befragt über das, was Apollo von Sokrates dachte, antwortete: »Es gibt keinen freieren, gerechteren, vernünftigeren Mann[83].« Die zwei Hauptbeschuldigungen, die gegen Sokrates vorgebracht wurden; daß er die Jugend verführe und nicht an die Götter glaube, waren also nur ein Vorwand. Auf die zweite antwortete der Angeklagte siegreich seinen Richtern: »Ich glaube an meinen persönlichen Geist, desto mehr muß ich an die Götter glauben, welche die großen Geister des Weltalls sind.« Weshalb also dieser unerbittliche Haß gegen den Weisen? Er hatte die Ungerechtigkeit bekämpft, die Heuchelei ihrer Maske entledigt, das Falsche so vieler eitler Prätensionen gezeigt. Die Menschen vergeben alle Laster und alle Atheismen, sie vergeben aber nicht denjenigen, die ihnen die Maske vom Gesicht reißen. Deshalb ließen die wirklichen Atheisten, welche im Areopag saßen, den Gerechten und Unschuldigen sterben, indem sie ihn des Verbrechens beschuldigten, das sie begangen. In seiner wunderbaren, uns von Plato wiedergegebenen Verteidigung erklärte Sokrates selbst mit vollkommener Schlichtheit: »Es sind meine vergeblichen Versuche, unter den Athenern weise Männer zu finden, die so viele gefährliche Feindschaften gegen mich erweckt haben; daher alle Verleumdungen, die über mich verbreitet worden sind; denn alle, die mich hören, glauben, daß ich all die Dinge weiß, über die ich die Unwissenheit der andern bloßlege ... Da sie Intriganten sind, tätig und zahlreich, die nach einem verabredeten Plan von mir sprechen und mit sehr verführerischer Redekunst, so haben sie euch seit langem die Ohren mit den schlimmsten Gerüchten erfüllt, und sie befolgen ohne Unterlaß ihr System der Verleumdung. Heute lösen sie von mir Melitus, Anytus und Lykon. Melitus repräsentiert die Dichter; Anytus die Politiker und die Künstler; Lykon die Redner.« Einem talentlosen tragischen Dichter, einem bösen und fanatischen Geldmenschen, einem schamlosen Demagogen gelang es, den besten Menschen zum Tod zu verurteilen. Und dieser Tod hat ihn unsterblich gemacht. Stolz konnte er seinen Richtern sagen: »Ich glaube mehr an die Götter als irgendeiner meiner Ankläger. Es ist Zeit, daß wir einander verlassen, ich, um zu sterben, und ihr, um zu leben. Wer von uns hat den bessern Teil? Keiner weiß es außer Gott[84].«

Weit entfernt davon, die wahre Religion und ihre nationalen Symbole zu erschüttern, hat Sokrates alles getan, um sie zu befestigen. Er wäre der größte Held seines Vaterlandes gewesen, wenn sein Vaterland ihn verstanden hätte. Wie Jesus, starb er, indem er seinen Henkern verzieh, und wurde für die ganze Menschheit das Muster der weisen Märtyrer. Denn er stellt dar das endgültige Auftreten der individuellen Einweihung und der freien Wissenschaft.

Das heitere Bild des für die Wahrheit sterbenden Sokrates, der seine letzte Stunde damit zubrachte, daß er sich über die Unsterblichkeit der Seele mit seinen Jüngern unterhielt, prägte sich ein in dem Herzen Platos als das schönste der Schauspiele und das heiligste der Mysterien. Es war seine erste, seine große Einweihung. Später sollte er die Physik, die Metaphysik und viele andere Wissenschaften studieren; aber er blieb immer der Jünger des Sokrates. Er hat uns das lebendige Bild seines Lehrers überliefert, indem er die Schätze seines eigenen Gedankens in dessen Mund legte. Diese Blüte der Bescheidenheit macht aus ihm das Ideal des Schülers, so wie das Feuer der Begeisterung aus ihm den Dichter unter den Philosophen macht. Wie gut wir auch wissen mögen, daß er seine Schule erst mit fünfzig Jahren gründete und daß er mit achtzig Jahren starb, wir können ihn uns nur jung vorstellen. Denn die ewige Jugend wird den Seelen zuteil, die mit der Tiefe der Gedanken eine göttliche Einfalt verbinden.

Plato hatte von Sokrates den großen Impuls seines Lebens erhalten, das tätige und männliche Prinzip seines Lebens, seinen Glauben an die Gerechtigkeit und an die Wahrheit. Die Wissenschaft und den Inhalt seiner Ideen verdankte er seiner Einweihung in die Mysterien. Sein Genius besteht in der neuen, zugleich poetischen und dialektischen Form, die er ihnen zu geben verstand. Diese Einweihung empfing er nicht nur in Eleusis. Er suchte sie an allen zugänglichen Quellen der alten Welt. Nach dem Tod des Sokrates begann er zu reisen. Er hörte den Unterricht mehrerer Philosophen in Klein-Asien. Von dort begab er sich nach Ägypten, um mit den Priestern daselbst in Beziehung zu treten, und schritt durch die Einweihung der Isis. Er erreichte nicht wie Pythagoras den höchsten Grad, in dem man Adept wird, in dem man das tatsächliche und direkte Schauen der göttlichen Wahrheit erhält mit vom irdischen Standpunkt aus übernatürlichen Kräften. Er blieb beim dritten Grad stehen, der die vollkommene intellektuelle Klarheit mit der Herrschaft des Geistes über die Seele und den Körper verleiht. Dann begab er sich in das südliche Italien, um den Pythagoräern näher zu treten, wohl wissend, daß Pythagoras der größte der griechischen Weisen gewesen war. Er kaufte ein wertvolles Manuskript des Meisters. Nachdem er so an der Quelle selbst der esoterischen Lehre des Pythagoras geschöpft hatte, entnahm er diesem Philosophen Grundideen und das Gerüst seines Systems [85].

Zurückgekehrt nach Athen, gründete Plato dort seine unter dem Namen Akademie so berühmt gebliebene Schule. Um das Werk des Sokrates fortzusetzen, mußte man die Wahrheit verbreiten. Aber Plato konnte nicht öffentlich die Dinge lehren, welche die Pythagoräer mit einem dreifachen Schleier bedeckten. Es ist wohl die esoterische Lehre, die wir in seinen Dialogen wiederfinden, aber verborgen, gemäßigt, von einer in Vernunftschlüsse gekleideten Dialektik wie von fremdem Ballast bedeckt, selbst umgewandelt in Legende, in Mythe, in Parabel. Sie stellt sich hier nicht mehr dar als das großartige Gesamtgebäude, das Pythagoras daraus machte und das wir wiederaufzubauen versucht haben, ein Gebäude, das eine unerschütterliche Grundlage hat und dessen Teile alle fest ineinandergefügt sind, sondern in Form von analytischen Fragmenten. Plato stellt sich, wie Sokrates, mit den jungen Leuten von Athen auf deren eigenen Boden, den der vornehmen Welt, der Rhetoriker, der Sophisten. Er bekämpft sie mit ihren eigenen Waffen. Aber sein Genius ist immer da; in jedem Augenblick bricht er wie ein Adler durch das Netz des Dialektik, um sich mit kühnem Flug zu den erhabenen Wahrheiten zu erheben, die sein Vaterland und seine Heimatluft bilden. Diese Dialoge haben einen pikanten und eigenartigen Reiz: man genießt dort neben der Begeisterung von Delphi und Eleusis eine wunderbare Klarheit, das attische Salz, die List des Biedermannes Sokrates, die feine und beflügelte Ironie des Weisen.

Nichts ist leichter, als die verschiedenen Teile der esoterischen Lehre in Plato wiederzufinden und zu gleicher Zeit die Quellen zu entdecken, aus denen er geschöpft hat. Die Lehre der Urbilder aller Dinge, die im Phädrus niedergelegt ist, ist abgeleitet von der Lehre der heiligen Zahlen des Pythagoras. Der Timäus gibt eine sehr verworrene und verhüllte Darstellung der esoterischen Kosmogonie. Was die Lehre der Seele betrifft, ihre Wanderungen und Evolution, so durchzieht sie das ganze Werk Platos, aber nirgends leuchtet sie so klar durch wie im Gastmahl, in Phädon und in der Legende vom Weltalter, die den Schluß dieses Dialogs bildet. – Wir erblicken Psyche unter einem Schleier, doch wie schön und rührend blickt sie durch mit ihren köstlichen Formen und ihrer göttlichen Grazie!

Wir haben im vorigen Buch gesehen, daß der Schlüssel zum Kosmos, das Geheimnis seiner Zusammensetzung von den Höhen bis in die Tiefen, sich in dem Prinzip der »drei Welten« findet, das sich wiederspiegelt als Mikrokosmos und Makrokosmos in der menschlichen und göttlichen Dreifaltigkeit.

Pythagoras hatte diese Lehre meisterhaft ausgedrückt und zusammengefaßt in dem Symbol der heiligen Tetraktis. Diese Lehre des lebendigen ewigen Wortes bildete das große Arkanum, die Quelle der Magie, den Diamanttempel des Eingeweihten, seine unüberwindliche Festung inmitten des Ozeans der Dinge. Plato konnte nicht noch wollte er in seinem öffentlichen Unterricht dieses Arkanum enthüllen. Erstens schloß das Gebot der Mysterien ihm den Mund. Dann hätten nicht alle es verstanden, und der Profane hätte auf unwürdige Weise jenes theogonische Mysterium entweiht, welches die Entstehung der Welten in sich schließt. Um die Sittenverderbnis und die Entfesselung der politischen Leidenschaften zu bekämpfen, war etwas anderes nötig. Mit der großen Einweihung mußte sich bald die Tür zum Jenseits schließen, jene Tür, die sich übrigens lichtvoll nur den großen Propheten erschließt, den seltenen wahren Eingeweihten.

Plato ersetzte die Lehre der drei Welten durch drei Begriffe, die während der Abwesenheit der organisierten Initiation, während zweitausend Jahren, wie drei offene Wege zum höchsten Ziel blieben. Diese drei Begriffe beziehen sich ebenso auf die menschliche Welt wie auf die göttliche; sie haben den Vorzug, sie, wenn auch auf abstrakte Art, zu verbinden. Hier zeigt sich der volkstümliche und schöpferische Genius des Plato. Er warf Ströme des Lichts über die Welt, indem er auf dieselbe Linie die Idee des Wahren, des Schönen und des Guten stellte. Indem er die eine durch die andere erklärte, bewies er, daß sie drei Strahlen sind, die von demselben Lichtzentrum ausgehen, die, indem sie sich vereinigen, dieses Lichtzentrum wieder bilden, d. h. Gott.

Indem sie das Gute, d. h. das Gerechte, verfolgt, läutert sich die Seele; sie bereitet sich dazu vor, die Wahrheit zu erkennen. Dies ist die erste und unerläßliche Bedingung ihres Fortschritts. Indem sie die Idee des Schönen verfolgt und erweitert, erreicht sie die intellektuelle Schönheit, jenes übersinnliche Licht, die Mutter aller Dinge, die Beleberin der Formen, die Substanz und das Organ Gottes. Untertauchend in die Weltenseele, fühlt die menschliche Seele, wie ihr Flügel erwachsen. Indem sie die Idee des Wahren verfolgt, erreicht sie die reine Essenz, die Prinzipien, die in dem reinen Geist enthalten sind. Sie erkennt ihre Unsterblichkeit durch die Identität ihres Wesenskernes mit dem göttlichen Wesenskern. Das ist die Vervollkommnung: die Epiphanie der Seele.

Indem er diese drei großen Wege dem menschlichen Geist öffnet, definierte und schuf Plato außerhalb der engen Lehrwege und der besonderen Religionen jene Kategorie des Ideals, die für Jahrhunderte ersetzen mußte und bis zu unseren Tagen ersetzt die vollständige und organische Initiation. Er bahnte drei heilige Straßen, die zu Gott führen, wie die heilige Straße Athens nach Eleusis durch das Tor des Kerameikos führte. Nachdem wir in das Innere des Tempels eingedrungen sind mit Hermes, Orpheus und Pythagoras, können wir um so besser urteilen über die Zuverlässigkeit und Gradheit jener breiten Straßen, die vom göttlichen Wegbauer Plato erbaut worden sind. Die Kenntnis der Initiation erschließt uns die Berechtigung und den Daseinsgrund des Idealismus.

Der Idealismus ist die kühne Bejahung der göttlichen Wahrheiten durch die Seele, die sich in ihrer Einsamkeit befragt und nach ihren intimen Fähigkeiten und ihren inneren Stimmen über die himmlischen Wirklichkeiten urteilt. Die Einweihung ist die Durchdringung dieser selben Wahrheiten durch die Erfahrung der Seele, durch das direkte Schauen des Geistes, durch die innere Wiedergeburt. Auf der höchsten Stufe ist es das Zustandekommen eines Umgangs der Seele mit der göttlichen Welt.

Das Ideal ist eine Moral, eine Poesie, eine Philosophie; die Einweihung ist eine Tat, eine Vision, eine erhabene Gegenwart der Wahrheit. Das Ideal ist der Traum und die Sehnsucht nach der göttlichen Heimat; die Einweihung, dieser Tempel der Auserwählten, ist deren klare Wiedererinnerung, der Besitz selbst.

Indem er die Kategorie des Ideals aufbaut, schuf der Eingeweihte Plato einen Zufluchtsort, öffnete den Weg des Heils Millionen von Seelen, die in diesem Leben nicht zur direkten Einweihung kommen können, aber schmerzvoll sich nach der Wahrheit sehnen. Plato machte aus der Philosophie den Vorhof eines künftigen Heiligtums, alle Menschen dahin einladend, die eines guten Willens sind.

Dies erklärt uns die außerordentliche Popularität und die ausstrahlende Kraft der platonischen Ideen. Diese Kraft ist enthalten in ihrer esoterischen Grundlage. Deshalb dauerte die von Plato gegründete athenische Akademie während Jahrhunderten und fand ihre Fortsetzung in der großen Schule von Alexandrien. Deshalb neigten sich die ersten Väter der Kirche vor Plato; deshalb schöpfte der heilige Augustin aus ihm zwei Drittel seiner Theologie. Zweitausend Jahre waren vergangen, seitdem der Jünger des Sokrates im Schatten der Akropolis den letzten Seufzer ausgehaucht hatte. Das Christentum, die Einbrüche der Barbaren,das Mittelalter war über die Welt dahingegangen. Aber das Altertum erstand aus seiner Asche wieder. In Florenz wollten die Medicier eine Akademie gründen und beriefen einen aus Konstantinopel verbannten griechischen Gelehrten, um sie zu organisieren. Welchen Namen gab ihr Marsilius Ficinus? Er nannte sie die platonische Akademie. Heute noch, nachdem so viele übereinandergelagerte philosophische Systeme in Staub zerfallen sind, heute, wo die Wissenschaft die Materie bis in ihre letzten Umwandlungen hinein durchstöbert hat und in das Antlitz des Unerklärbaren und Unsichtbaren schaut, heute noch kehrt Plato uns wieder. Immer einfach und bescheiden, aber von ewiger Jugend erstrahlend, reicht er uns den heiligen Zweig der Mysterien, den Myrten- und Cypressenzweig, mit der Narzisse, der Blume der Seele, welche die göttliche Wiedergeburt in einem neuen Eleusis verheißt.

Die Mysterien von Eleusis

Die Mysterien von Eleusis waren im griechischen und lateinischen Altertum der Gegenstand einer besonderen Verehrung. Die Schriftsteller selbst, welche die mythologischen Fabeln ins Lächerliche zogen, wagten nicht, an dem Kultus der »großen Göttinnen« zu rühren. Ihre Herrschaft, weniger geräuschvoll als die der Olympier, erwies sich als sicherer und wirksamer. In Zeiten, die dem Menschengedenken entschwunden sind, hatte eine aus Ägypten kommende griechische Kolonie in die stille Bucht von Eleusis den Kultus der großen Isis gebracht, unter dem Namen der Demeter oder der Welten-Mutter. Seit jener Zeit war Eleusis ein Zentrum der Initiation geblieben.

Demeter und ihre Tochter Persephone standen den kleinen und den großen Mysterien vor, daher ihr Ansehen.

Wenn das Volk in Ceres die Mutter Erde und die Göttin des Ackerbaues verehrte, so sahen die Eingeweihten in ihr das himmlische Licht, die Mutter der Seelen, und die göttliche Vernunft, die Mutter der kosmogonischen Götter. Ihr Kultus wurde von Priestern ausgeübt, die der ältesten geistlichen Familie von Attika angehörten. Sie nannten sich Söhne des Mondes, d. h. geboren, um als

Mittler zu dienen zwischen der Erde und dem Himmel, der Sphäre entstammend, in der sich die Brücke befindet, die beide Regionen bindet, auf welcher die Seelen hinab- und hinaufsteigen. Vom Anbeginn bestand ihre Mission darin, »zu singen, in diesem Tal der Schmerzen, über die Freuden des himmlischen Aufenthalts, und die Mittel zu lehren, um den Weg dahin wiederzufinden«. Daher ihr Name »Eumolpiden« oder »Sänger der wohltätigen Melodien«, der sanften Wiederbeleberinnen der Menschen. Die Priester von Eleusis lehrten immer die große esoterische Lehre, die von Ägypten kam. Aber im Laufe der Jahre umkleideten sie sie mit dem ganzen Zauber einer plastischen und reizvollen Mythologie. Auf feine und kunstvolle Art wußten diese Zauberer sich der irdischen Leidenschaften zu bedienen, um himmlische Ideen auszudrücken. Sie benutzten die Lockungen der Sinne, den Prunk der Zeremonien, die Verführungen der Kunst, um die Seele zu einem besseren Leben und den Geist zum Verständnis der göttlichen Wahrheiten zu bringen. Nirgends erscheinen die Mysterien unter einer so menschlichen, so lebendigen und so vielfarbigen Form.

Der Mythus der Ceres und ihrer Tochter Proserpina bildet den Mittelpunkt des Kultus von Eleusis[86]. Wie eine glänzende Prozession dreht sich und entwickelt sich die ganze eleusinische Einweihung um diesen lichtvollen Kreis. In seinem intimeren Sinn ist nun dieser Mythus die Darstellung der Geschichte der Seele, ihres Niederstiegs in die Materie, ihrer Leiden in der Nacht der Unwissenheit, dann ihres Aufstiegs und ihrer Rückkehr zum göttlichen Leben. – Mit anderen Worten, es ist das Drama des Falles und der Erlösung, in seiner hellenischen Form.

Man kann also anderseits behaupten, daß für den gebildeten und eingeweihten Athener der platonischen Zeit die Mysterien von Eleusis die erklärende Ergänzung, das lichtvolle Gegenbild der tragischen Vorstellungen von Athen bildete. Dort, im Theater des Bacchus, vor der wogenden und lärmenden Menge, beschworen die furchtbaren Zauberformeln Melpomenes den von seinen Leidenschaften verblendeten, durch die Nemesis seiner Verbrechen verfolgten, von einem unerbittlichen und oft unverständlichen Schicksal zermalmten Menschen. Dort hallten wider die prometheischen Kämpfe, die Flüche der Erynnien; dort wütete die Verzweiflung des Ödipus und der Wahnsinn des Orestes. Dort herrschten der dunkle Schrecken und das wehmütige Mitleid.

In Eleusis, der Umfriedung der Ceres, erhellte sich alles. Der Kreis der Dinge erweiterte sich für die zu Sehern gewordenen Eingeweihten. Die Geschichte der Psyche-Persephone war für jede Seele eine erstaunliche Offenbarung. Das Leben wurde erklärlich als eine Sühne oder eine Prüfung. Diesseits und jenseits seiner irdischen Gegenwart entdeckte der Mensch die sternbesäten Zonen einer Vergangenheit, einer göttlichen Zukunft. Nach den Schrecken des Todes winkten ihm die Hoffnung, die Befreiung, die elysischen Freuden, und durch die Hallen des weitgeöffneten Tempels ertönten ihm die Gesänge der Glückseligen, ergoß sich das überwältigende Licht eines wunderbaren Jenseits.

Das war die Rolle der Mysterien gegenüber der Tragödie; das göttliche Drama der Seele, welches das irdische Drama des Menschen vervollständigte, erklärte.

Die kleinen Mysterien wurden im Februar gefeiert, in Agrae, einem Städtchen in der Nähe Athens. Die Aspiranten, welche ein vorläufiges Examen abgelegt und die nötigen Beweise geliefert hatten über ihre Geburt, ihre Erziehung und ihre Ehrenhaftigkeit, wurden am Eingang der geschlossenen Umfriedigung durch den Priester von Eleusis empfangen der Hieroceryx oder geheiligter Herold genannt wurde; er wurde Hermes gleichgestellt, trug wie er als Kopfbekleidung den Reisehut und in der Hand den Kaduceus. Er war der Priester, der Mittler, der Interpret der Mysterien. Er führte die neu Angekommenen zu einem kleinen Tempel mit ionischen Säulen, der Kore gewidmet, der großen Jungfrau Persephone. Das anmutige Heiligtum der Göttin lag geborgen in einem stillen Tal, in der Mitte eines geheiligten Waldes zwischen Taxusgruppen und weißen Pappeln. Dann traten die Priesterinnen Proserpinas, die Hierophantiden, aus dem Tempel, in lichtweißem Peplos, mit bloßen Armen, mit Narzissen bekränzt. Sie reihten sich oben auf der Treppe auf und stimmten eine ernste Melodie an in dorischer Tonart. Sie sagten, indem sie ihre Worte mit großen Gesten skandierten:

»O Aspiranten der Mysterien, ihr seid hier auf der Schwelle zur Proserpina. Alles, was ihr sehen werdet, wird euch überraschen.

Ihr werdet erfahren, daß euer gegenwärtiges Leben nichts ist als ein Gewebe von trügerischen und verwirrenden Träumen. Der Schlaf, der euch mit einer Zone der Finsternis umgibt, trägt in seinen Wogen eure Träume und eure Tage, wie dahinflutende Trümmer, die dem Gesichtskreis entschwinden. Jenseits aber erstreckt sich eine Zone ewigen Lichts. Möge Proserpina euch gnädig sein und selbst euch lehren, den Strom der Finsternis zu durchschreiten und zur himmlischen Demeter hinaufzudringen.«

Dann schritt die Prophandite oder Prophetin, welche den Chor führte, drei Stufen der Treppe hinab und sprach mit feierlicher Stimme, mit einem fürchterlichen Blick diesen Fluch aus: »Wehe aber denen, die gekommen wären, um die Mysterien zu entweihen! Denn die Göttin wird diese verderblichen Herzen während ihres ganzen Lebens verfolgen, und im Reiche der Schatten wird sie ihre Beute nicht loslassen!«

Mehrere Tage vergingen darauf in Reinigungen, in Fasten, in Gebet und Unterweisungen.

Am Abend des letzten Tages versammelten sich die Neophiten an dem geheimsten Ort des heiligen Waldes, um dort dem Raube der Proserpina beizuwohnen. Der Brauch ging in urferne Zeiten zurück, und der wesentliche Inhalt dieser Vorstellung, die sie beherrschende Idee blieb immer dieselbe, obgleich die Form im Laufe der Zeiten sich viel änderte. Zu den Zeiten Platos, dank der eben erfolgten Entwicklung der Tragödie, war die alte hieratische Strenge einem humaneren, raffinierteren Geschmack und einer leidenschaftlichen Richtung gewichen. Unter der Leitung des Hierophanten hatten die anonymen Dichter von Eleusis aus dieser Szene ein kleines Drama gemacht, das sich ungefähr in folgender Weise abspielte:

Die Neophiten kommen je zwei und zwei in eine Waldlichtung, Im Hintergrunde sieht man Felsen mit einer Grotte, umgeben von einem Myrtenhain und einigen Pappeln. Im Vordergrund eine Wiese, auf der, um eine Quelle herum, mehrere Nymphen lagern. In der Tiefe der Grotte sieht man Persephone auf einem Sitz. Bis zum Gürtel entblößt wie eine Psyche, hebt sich ihre schlanke Büste keusch ab von einer Faltengewandung, die sich wie eine himmelblaue Wolke an ihre Hüften schmiegt. Sie scheint glücklich, ihrer Schönheit unbewußt, und stickt an einem langen vielfarbigen Schleier. Demeter, ihre Mutter, steht neben ihr, den Kalathos auf dem Haupt, das Szepter in der Hand.

Hermes (der Herold der Mysterien, zu den Anwesenden):

»Demeter spendet uns zwei ausgezeichnete Gaben: die Früchte, damit wir nicht wie die Tiere leben, und die Einweihung, die eine köstliche Hoffnung denen gibt, die an ihr teilnehmen – für das Ende dieses Lebens, wie für alle Ewigkeit. Gebt acht auf die Worte, die Ihr hören, auf die Dinge, die Ihr sehen werdet.«

Demeter (mit ernster Stimme):

Verbleib in dieser Grotte, teures Kind,
Der Götter Liebling nennt mit Recht man dich,
Und wartend, bis dir wiederkehrt die Mutter,
Vollende das Gewebe dieses Schleiers.
Im Himmel darf dein Auge
Die liebe Heimat, im Weltenall
Das stolze Eigentum erkennen.
Die Götter alle folgen deinem Ruf!
Doch höre nicht auf des Eros lockende Stimme,
Denn listig ist er, und tückischen Rat
Nur kann er geben, trotz sanften Blicken.
Verlassen sollst du diese Grotte nicht
Und pflücken nicht die verführerischen Blumen
Der Erde; berauschen würde dich ihr Duft,
Und rauben müßt' er dir das Licht des Himmels,
Die Erinnrung selbst würd' er entreißen deiner Seele!
Im Kreis der heitern Nymphen bleib,
Die freundlich dich umringen,
Und kehr zurück ich dir,
Enteilen wir zum hohen Äther,
Im Schlangenwagen, feuerumlodert!

Persephone:

Erhabne, strenge Mutter,
Geloben will ich's dir.
Des Lichtes ernster Glanz,
Der deiner edlen Gottgestalt
Entstrahlt und teuer ist
Der Seele deiner Tochter,

Er sei Zeuge meines Schwurs.
Der Götter Strafe treffe
Erbarmungslos die Ungehorsame.
(Demeter geht ab.)

Chor der Nymphen:

O Persephone! O Jungfrau!
Des Himmels keusche Braut!
In deinen Schleier webest du
Der Götter lichte Formen.
Der Erde eitler Trug
Sei ewig ferne dir!
Der Wahrheit reiner Glanz
Nur strahle deinem Blick!
Im Empyräum lebt dir
Dionysos, der Gemahl,
Vom Himmel selbst erkoren.
Wie ferner Sonne keuscher Strahl
Berührt sein Kuß dich nur.
Von deinem Atem lebet er,
In seinem Lichte atmest du –
Es ist nicht größeres Heil
Zu finden im weiten All.

Persephone:

Der Weltendinge ungezählte Formen
Von meiner Hand sind sie
Gewirkt ins Himmelblau
Des weiten Ätherschleiers;
Er zeiget Falte neben Falte.
Doch jede birgt Gestalten,
Von meiner Elfenbeinnadel
Gewoben nach der Götter Ratschluß.
An dieses Götterreiches Ende
Ist meine Kunst gelangt.
Des Chaos hundert Köpfe
Und seine tausend Arme,

Sie alle hab' ich eingewebt,
Auf daß die sterblichen Wesen
Entkeimen sollen seinem Schoß.
Wer aber ruft nun sie
Aus öder Tiefe auf
Zu lichtem Freudeleben!
Das dunkle Rätsel hat verraten mir
Der Götter Vater: Es ist Eros!
Verlangend aber pocht mein Herz,
Zu sehen dess' Gestalt,
Der solches Wunder gewirkt.

Die Nymphen:

Nicht dessen gedenke!
Der eitlen Frage
Entziehe dich.

Persephone (erhebt sich und wirft ihren Schleier zurück):

O Eros, du, der Götter
Ältester und Jüngster,
Der Freuden wie der Tränen
Unversieglicher Weltenquell!
So nennt man dich,
Der unsichtbar, unbekannt
Unsterblichen beigezählt, –
Geheimnisumwobener Eros!
Betäubt wie von mächtigem Zauber
Entflieht Bewußtsein meiner Seele,
Wenn nur deines Namens
Berauschenden Klang sie hört.

Der Nymphen Chor:

Nicht weiter forsche!
Entflieh Gefahren,
Den Menschen drohend
Und auch den Göttern.

Persephone (starrt ins Leere mit entsetzten Augen):

Entsteigt der Seele Erinnerung,
Erfüllt sie der Ahnung Schrecken?
Das Chaos ... Menschenformen ...
Geschlechter aus dem Abgrund
Aufsteigend ohne Zahl – – – –
Der Schrei der Werdewelt!
Des Hasses Schreien und des Krieges!
Des furchtbaren Todes Macht ...
Das alles steht vor Augen mir!
Verlangend zieht der Abgrund
In seine dunkle Tiefe mich – – –
Hinunter strebt meine Seele,
Des Eros Zauber faßt mich – – –
Die Fackel weist er mir:
Der Tod schon steht vor mir!
Verlaß mich, schrecklich Traumgesicht!

(Sie bedeckt das Gesicht mit den Händen und schluchzt.)

Der Nymphen Chor:

O göttliche Jungfrau!
Ein Traum ist es nur,
Doch Wesen wird er,
Wenn schuldiger Wunsch
In deine Seele ihn ruft.
In Schein muß vergehen
Des Himmels Wonne dir,
Wenn Heiles Mahnung
Umsonst dir ertönt.
Den Schleier webe weiter,
Vergiß, was Eros unkeusch
Dir offenbaren mag.

Persephone (läßt die Hände von ihrem Antlitz sinken, das einen andern Ausdruck erhalten hat):

Unsinnige, die ihr seid,
O ich Törin, die ich war!

Nun keimt Erinnerung . . .
Nur brauch ich zu denken
Der heiligen Mysterien!
In Olympia enthüllt sichs mir!
Der Götter Schönster ist Eros.
Auf seinem Flügelwagen fährt
Unsterblichen Göttern er voran,
Wenn formenbildend Elemente
Sich binden, Wesen schaffend.
des Chaos Tiefe entlockt
Sein Liebeston die Helden
Und führt zu Ätherhöhen sie.
Sein Wissen kennt nicht Grenzen.
Dem Feuer gleich, aus dem
Die Schöpfung quoll,
Beseelt die Welten seine Kraft.
Die Schlüssel zu den Pforten
Der Erde und des Himmels selbst,
Er darf sie führen!
O Eros, enthüll' dich mir!

Chor der Nymphen:

Unglückliche, halt ein!

Eros (tritt aus dem Walde in der Gestalt eines geflügelten Knaben):

Es klingt so mächtig
Persephones Verlangen
Zu Eros: hier ist er.

Persephone (läßt sich auf ihren Sitz nieder):

Wie anders, Eros, muß
Persephone dich schauen,
Als man im Bilde
Dich ihr gezeichnet.
Verrat und List,
So sprechen sie,
Erfülle deine Seele.

Nun seh ich dich,
Und weit wird Herz
Und Seele mir,
Erblicke ich das Auge
So klar und offen.
Des Kindes Schönheit,
Der Unschuld reiner Glanz
Entströmt deinem Leibe.
An dir wird hochgepriesen
Die Klugheit, nicht minder
Geschick in jeglicher Arbeit.
Erweis Persephone sie jetzt,
Ihr Hilfe leistend
An dieses Schleiers
Bedeutungsvoller Arbeit.

Eros:

Gehorchend solchem Wunsch,
Zu ihren Füßen sieht
Persephone mich liegen,
Bewundernd des Schleiers
Gewebe, das spiegelgleich zurückstrahlt
Der Künstlerin Augenblau
Dem staunenden Beschauer.
Und Formen ohnegleichen
Hat deine Hand hineingewoben . . .
An Schönheit sie übertreffen
Kann eines nur im Weltenall,
Das unbekannt sich selbst,
Das nie im Spiegel sich geschaut
Der Künstlerin eigene Gestalt.
(Er lächelt listig.)

Persephone:

Ist möglich, sich zu schauen? (Sie errötet.)
Erkennt Eros solche Formen?

Eros:

Nicht unbekannt sind
Sie meiner Seele,
Der Götter Werden blickt
Aus ihnen mir entgegen. –
Warum doch endet
Beim Chaos deine Arbeit?
Da erst ist des Kampfes
Beginn und sein Ziel
Der forschenden Seele kenntlich.
Der Titanen Empörung,
Wie Menschen zur Geburt
Erstehen und zur Liebesmacht,
Vermißt der prüfende Blick.

Persephone:

Nicht reicht mein Wissen
Zu solcher Offenbarung.
Was folgt, das kann
Persephone nur leisten,
Wenn Eros' Hilfe ihr wird.

Eros (wirft ihr einen zündenden Blick zu):

Nicht fehlen soll dir,
Wonach die Seele dir verlangt,
Wenn erst du eines nur
Gewähren willst dem Helfer:
Die Wiese sollst besuchen mit ihm,
Der Blumen schönste zu holen.

Persephone (ernst):

Wollt solchen Schritt ich tun,
Der Mutter, der weisen
Und strengen, ernstlich Gebot
Verletzen müßt ich:
»Des Eros Stimme darf nicht
Verlocken dich, die Blumen

Zu holen von der Wiese.
Wenn solcher Mahnung
Dein Sinn sich nicht fügte,
Der Götter Elendste müßtest
Unwiderruflich du werden.« –

Eros:

Nicht will die Mutter, daß
Der Erde und der Höllen
Geheimnisse sich erschließen
Der Tochter Seele.
Dem Atmen jener Blumen Duft
Verdankest du die Offenbarung.

Persephone:

Und dir sind sie kund?

Eros:

Nicht eines fehlt meiner Kenntnis.
Und jünger nur geworden,
Von ihrer Kraft, empfinde ich mich.
Der Götter Tochter, wisse es!
Von Schrecken und Schauern
Erfüllt ist der Abgrund,
Die unbekannt sind dem Himmel.
Doch niemand erkennt Göttlichkeit,
Dem Erd- und Höllenmacht verborgen.

Persephone:

Vermagst du zu geben
Der Seele solches Wissen?

Eros:

Bewiesen soll es sein!
(Er berührt die Erde mit der Spitze seines Bogens, eine große Narzisse steigt auf.)

Persephone:

O welch ein Wunder!
Bedeutsam Erinnerung
Erwacht im zitternden Herzen . . .

Auf meinem geliebten Sterne war's,
Da lag ich Ruhe pflegend
Auf Bergesgipfel oft.
Erwachend strahlte dann
Entgegen mir silbern
Ein Stern, erglänzend
Opalgleich, im blassen Blau
Des weit sich dehnenden Himmels.
Mir war's, als sei er
Verkündigung meines Gemahls,
Von Göttern mir versprochen.
Die Fackel Dionysos' schien mir
Der Stern, der doch stets
Nach seinem Erscheinen bald versank.

Dem Sterne gleich ist die Blume.

Eros:

Der Dinge Wandlung
Und Umformung, mein Werk ist's.
Aus kleinem laß erstehen ich
Des Größten Bild und Gleichnis.
Der Tiefe entlock ich
Des Himmels Spiegel.
In Erde und Himmel
Vermische die Formen ich,
Die aus den formlosen Tiefen
Zu gestalten mir obliegt.
Dem Abgrund hab' ich
Den Stern, den dein
Du nennst, dir entrissen
In Blumenform, auf daß
Den Duft zu atmen du vermagst.

Chor der Nymphen:

Gib acht, Persephone,
Unheil kann leicht
Aus Zauberei entstehen.

Persephone:

Den Namen künde mir
Von dieser Blume.

Eros:

Narzisse ist der Name
Von Menschen ihr gegeben,
Des Wunsches ewig Sinnbild heißt
In meiner Sprache sie.
Betrachte sie genau:
Zu dir blickt sie auf,
Gleich Lebendem glänzt
Die zarte, weiße Krone.
Ihr Duft entströmt dem Herzen,
Das golden ihr im Innern lebt.
Mit Lust erfüllt
Den Umkreis sie.
Erhebe die Zauberblume
Zu deinem Antlitz, –
Und bildhaft vor dem Blick
Erscheinen sollen alle Ungeheuer
Des Abgrunds, und was an Rätseln
Die Erdentiefe birgt,
Und was Menschenherz bewegt. –
Verborgen bleibt dir nichts.

Persephone:

O Wunderblume,
Berauschend ist dein Duft!
Das Herz erbebt mir,
Die Finger erglühen,
Ergreifen sie dich!

Einatmen will ich dich,
Will dich an die Lippe drücken,
Aufs Herz mir legen
Und selig sterben,
In deinem Zauberhauch!

Die Erde spaltet sich neben ihr. Aus dem weitgeöffneten schwarzen Spalt sieht man langsam, bis zu halber Höhe, Pluto aufsteigen, auf einem Wagen, bespannt mit schwarzen Pferden. Er ergreift Persephone in dem Augenblick, wo sie die Blume pflückt, und zieht sie gewaltsam an sich. Diese windet sich vergebens in seinen Armen und stößt einen großen Schrei aus. Alsbald versinkt der Wagen und verschwindet. Sein Rollen verhallt in der Ferne wie unterirdischer Donner. Die Nymphen zerstreuen sich seufzend im Hain. Eros läuft lachend davon.

Die Stimme Persephones (unter der Erde):
Zu Hilfe, Mutter, Mutter!

Hermes:
»O Aspiranten der Mysterien, die Ihr noch in der Finsternis wandelt, umhüllt von den Nebeln des niederen Lebens, dies ist eure Geschichte. Bewahret und sinnt nach über dieses Wort des Empedokles: die Entstehung ist eine furchtbare Zerstörung, welche die Lebendigen in die Toten übergehen läßt. Einst habt Ihr das wahre Leben gelebt, und dann, durch einen Zauber angezogen, seid Ihr in den irdischen Abgrund gefallen, überwältigt vom Körper. Eure Gegenwart ist nur ein verhängnisvoller Traum. Die Vergangenheit, die Zukunft, bestehen in Wahrheit allein. Lernt euch zu erinnern, lernt vorauszusehen.«

Während dieser Szene war die Nacht hereingesunken, Trauerfackeln wurden zwischen schwarzen Cypressen angezündet vor dem Eingang zum kleinen Tempel, und die Zuhörer entfernten sich schweigend, verfolgt von den klagenden Gesängen der Hierophantiden, dem Rufe: Persephone! Persephone! Die kleinen Mysterien waren zu Ende. Die Neophyten waren Mysten geworden, d. h. Verschleierte. Sie mußten zu ihren gewöhnlichen Geschäften zurückkehren, aber der große Schleier der Mysterien hatte sich auf ihre Augen gebreitet. Zwischen sie und die äußere Welt war eine

Wolke getreten. Zugleich hatte sich in ihrem Geiste ein inneres Auge eröffnet, durch welches sie noch ungenau eine andere Welt erblickten, voll von anziehenden Formen, die sich in bald glänzenden, bald finstern Abgründen bewegten.

Die großen Mysterien, die den kleinen folgten und die man auch die heiligen Orgien nannte, wurden nur alle fünf Jahre gefeiert, im Monat September, in Eleusis.

Diese ganz symbolischen Feste dauerten neun Tage; am achten verteilte man unter den Mysten die Abzeichen der Initiation: den Thyrsus und einen mit Efeuzweigen umringten Korb, den man Cistus nannte. Dieser Korb enthielt alle geheimnisvollen Gegenstände, deren Verständnis das Geheimnis des Lebens eröffnen sollte. Aber der Korb war sorgfältig versiegelt. Er durfte nur geöffnet werden am Ende der Einweihung und in Gegenwart des Hierophanten.

Dann gab man sich einer stürmischen Freude hin, man schwenkte Fackeln, man reichte sie sich einander, man stieß Freudenrufe aus. An diesem Tage trug eine Prozession aus Athen nach Eleusis die Statue des myrtenbekränzten Dionysos, den man Jacchos nannte. Seine Ankunft in Eleusis kündete die große Wiedergeburt an. Denn er stellte den göttlichen Geist dar, der alle Dinge durchdringt, den Wiedererneuerer der Seelen, den Mittler zwischen Erde und Himmel.

Dieses Mal schritt man in den Tempel durch das mystische Tor, um dort die heilige Nacht oder die Nacht der Einweihung zuzubringen.

Man drang zuerst ein in eine weite Säulenhalle, die in die äußere Ringmauer hineingebaut war. Dort entfernte der Herold mit schrecklichen Drohungen und dem Ruf: »Eskato Bebeloi, zurück die Profanen!« jene Eindringlinge, denen es manchmal gelang, mit den Mysten zusammen in die Einfriedung zu dringen. Diese ließ er unter Todesdrohung schwören, nichts von dem zu offenbaren, was sie sehen würden. Er fügte hinzu: »Ihr seid hier auf der unterirdischen Schwelle zur Persephone. Um das künftige Leben und euren gegenwärtigen Zustand zu verstehen, müßt Ihr durch das Reich des Todes schreiten; es ist die Prüfung der Eingeweihten.

Man muß der Finsternis widerstehen können, um das Licht zu schauen.« Alsdann wurde man mit dem Rehfell umkleidet, als Sinnbild der Geißelung und der Zerrissenheit der ins körperhafte Leben gestürzten Seele. Dann löschte man Fackeln und Lampen aus und betrat das unterirdische Labyrinth.

Die Mysten tasteten zunächst in der Finsternis umher. Bald hörte man Geräusch, Seufzen und furchtbare Stimmen. Blitze, von Donnerschlägen begleitet, durchzuckten den Raum. In ihrem Lichte sah man gräßliche Erscheinungen: bald Ungeheuer, Chimären oder Drachen; bald einen von den Krallen einer Sphinx zerfleischten Menschen; bald eine menschliche Larve. Diese Erscheinungen waren so plötzlich, daß man nicht die Zeit hatte, zu unterscheiden, auf welche Weise sie hervorgerufen wurden, und die völlige Finsternis, die ihnen folgte, verdoppelte den Schrecken. Plutarch vergleicht das Grauen, das durch diese Visionen verursacht wurde, mit dem Zustande eines Menschen, der an der Todesschwelle steht.

Die sonderbarste Szene, die an wirkliche Magie grenzte, ging in einer Krypta vor sich, in der ein phrygischer Priester, bekleidet mit einem schwarz und rot gestreiften asiatischen Faltengewand, vor einem kupfernen Kessel stand, der mit seinem flackernden Licht schwach den Saal beleuchtete. Mit einer Gebärde, die keinen Widerspruch duldete, zwang er die Ankömmlinge, beim Eingang sich niederzulassen und warf in den Kessel große Bündel von narkotischen Essenzen. Alsbald füllten dichte Rauchwolken den Saal und man erkannte in einem wirren Durcheinander wechselnde Formen, sowohl tierische als menschliche: manchmal waren es lange Schlangen, die sich zu Sirenen ausdehnten und in nicht endende Knäuel verwickelten; manchmal verwandelten sich Büsten von Nymphen mit wollüstig ausgebreiteten Armen in Fledermäuse, Köpfe reizender Jünglinge in Hundeschnauzen. Und alle diese Ungeheuer, bald schön, bald gräßlich, luftartig, täuschend, wirklichkeitsfremd, ebenso schnell verschwindend, wie auftauchend, wirbelten, schillerten, erregten Schwindel, umringten die erstarrten Mysten, wie um ihnen den Weg zu versperren. Manchmal streckte der Priester Kybeles seinen kurzen Stab durch die Nebelmassen und der Strom seines Willens schien dem vielgestaltigen Bilde selbsteigene Bewegung und inneres kraftvolles Leben zu geben. »Geht!« sagte der Phrygier. Die Mysten standen auf und gingen in den Kreis. Die meisten fühlten dann, als ob etwas Sonderbares sie streife oder unsichtbare Hände sie flüchtig berührten oder als ob sie heftig zur Erde geworfen würden. Einige wichen erschreckt und kehrten zurück auf dem Wege, den sie gekommen waren. Die mutigsten allein schritten vorwärts, mehrmals den Versuch wiederholend, denn ein fester Wille machte dem Zauber ein Ende[87].

Danach erreichte man einen großen kreisförmigen Saal, matt erhellt von spärlichen Lampen. Im Mittelpunkt befand sich eine einzige Säule, ein Baum aus Bronze, dessen metallisches Laub sich über die ganze Decke ausbreitete[88]. In dieses Laub hineingearbeitet sah man Chimären, Gorgonen, Harpyen, Eulen, Sphinxe und Vampyre, sprechende Bilder von allen irdischen Schmerzen, von allen Dämonen, die den Menschen verfolgen. Diese in schillernden Metallen nachgebildeten Ungeheuer winden sich um das Zweigwerk, und von oben scheinen sie auf ihre Beute zu lauern. Unter dem Baume sitzt, auf einem prachtvollen Thron, Pluto Aidonai im Purpur-Mantel. Unter ihm die Nebride; seine Hand hält den Dreizack; seine Stirn ist sorgenvoll. Neben dem König der Höllen, der niemals lächelt, thront seine Gattin: die große, die schlanke Persephone. Die Mysten erkennen in ihr die Züge der Hierophantide, die schon gestern in den kleinen Mysterien die Göttin dargestellt hatte. Sie ist immer schön, schöner vielleicht in ihrer Wehmut, aber wie verändert in ihrem von silbernen Tränen überrieselten Trauergewand und unter ihrem goldenen Diadem! Nicht mehr ist sie die Jungfrau der Grotte; jetzt kennt sie das Leben der Niederungen und sie leidet. Sie herrscht über untergeordnete Mächte, sie ist Königin unter den Toten, aber eine Fremde in ihrem Reich. Ein bleiches Lächeln erhellt ihr Gesicht, das der Schatten der Hölle verdunkelt. Ach, in diesem Lächeln ist die Kenntnis des Guten und des Bösen enthalten, der unsagbare Zauber des durchlebten und stummen Schmerzes. Leid lehrt Erbarmen. Sie empfängt mit einem mitleidvollen Blick die Mysten, die vor ihr niederknien und Narzissenkränze zu ihren Füßen niederlegen. Da leuchtet in ihren Augen eine sterbende Flamme auf, wie eine verlorene Hoffnung, wie eine blasse Erinnerung an den Himmel!

Plötzlich erglänzen Fackeln am Ende einer aufwärts steigenden Galerie, und eine Stimme, hell wie ein Fanfarenton, ruft: »Herbei, ihr Mysten! Jacchos ist wiedergekommen! Demeter erwartet ihre Tochter. Evohe!« Die schallenden Echo der Unterwelt wiederholen diesen Ruf. Persephone richtet sich jäh auf ihrem Throne auf, als ob sie plötzlich aus einem langen Schlummer erwachte, und ein Gedanke durchblitzte sie! »Das Licht! Meine Mutter! Jacchos!« Sie will fortstürzen; aber Aidonai hält sie zurück an dem Saum ihres Gewandes; und sie sinkt nieder auf ihren Thron wie tot. Da auf einmal verlöschen die Lampen und eine Stimme ruft: »Sterben – ist wiedergeboren werden!« Die Mysten drängen sich durch die Galerie der Helden und Halbgötter zum Ausgangstor der Unterwelt, wo sie von Hermes und dem Fackelträger erwartet werden. Man zieht ihnen das Rehfell ab, man besprengt sie mit geweihtem Wasser und führt sie in den prachtvoll erleuchteten Tempel, wo sie empfangen werden vom Hierophanten, dem Hohenpriester von Eleusis, einem majestätischen, in Purpur gekleideten Greis.

Und jetzt lassen wir Porphyrius sprechen. Er gibt folgenden Bericht über die höchste Einweihung zu Eleusis:

»Bekränzt mit Myrten treten wir ein mit den andern Eingeweihten in den Vorraum des Tempels – noch blind –; aber der Hierophant, der im Innern ist, wird uns bald die Augen öffnen. Zunächst aber – denn man muß nichts mit Übereilung tun – waschen wir uns in dem geweihten Wasser. Denn mit reinen Händen und reinen Herzen müssen wir in die geweihte Einfriedung treten. Vor den Hierophanten geführt, liest er uns aus einem steinernen Buch Dinge vor, die wir unter Todesstrafe nicht verbreiten sollen. Sagen wir nur, daß sie mit dem Ort und den Umständen in Übereinstimmung sind. Ihr würdet vielleicht darüber lachen, wenn Ihr außerhalb des Tempels von ihnen hörtet; hier jedoch, während Ihr die Worte des Greises höret, denn er ist immer alt, und während Ihr die offenbarenden Symbole betrachtet [89], habt Ihr keine Lust dazu. Und Ihr seid weit davon entfernt zu lachen, wenn Demeter in ihrer besonderen Sprache und in ihren Zeichen, durch lebhaftes Lichtspiel, durch aufeinander gehäufte Wolken das bestätigt, was wir gesehen und von ihrem geweihten Priester gehört haben. Dann endlich erfüllt Licht von einer wunderbaren Reinheit den Tempel; wir sehen die klaren elysäischen Gefilde; wir hören die Chöre der Seligen. – So wird, nicht nur durch äußeren Schein oder durch eine philosophische Deutung, sondern tatsächlich und wirklich der Hierophant zum Schöpfer (δημιουργός) und Offenbarer aller Dinge; die Sonne ist nichts als sein Fackelträger, der Mond sein diensttuender Priester und Hermes sein mystischer Herold. Nun wird das letzte Wort ausgesprochen: Konx Om Pax[90].

»Der Ritus ist geendigt und wir sind Seher (εποπται) für immer.«

Was sagte denn der große Hierophant? Welches waren seine heiligen Worte, seine höchste Offenbarung?

Die Eingeweihten erfuhren, daß die göttliche Persephone, die sie inmitten der Schrecken und Foltern der Hölle gesehen hatten, das Bild der in diesem Leben an die Materie geketteten und im jenseitigen Leben, falls sie Sklavin ihrer Leidenschaften gewesen war, an noch größere Täuschungen und Qualen gebundenen Seele sei. Ihr irdisches Leben ist eine Prüfung oder eine Sühnung für frühere Existenzen. Aber die Seele kann sich läutern durch Selbstzucht, sie kann sich erinnern und kann voraus empfinden durch die vereinigte Anstrengung ihrer Intuition, ihrer Vernunft und ihres Willens. Auf diese Weise kann sie im voraus teilnehmen an den großen Wahrheiten, in deren Vollbesitz sie treten wird im uferlosen Jenseits. Dann erst wird Persephone wieder die reine, die leuchtende, die unnahbare Jungfrau werden, die Verteilerin der Liebe und der Freude. Ihre Mutter Ceres aber war in den Mysterien das Sinnbild der göttlichen Vernunft und des Verstandesprinzips im Menschen, die von der Seele wieder erworben werden müssen, wenn sie ihre Vervollkommnung erlangt.

Soll man Plato, Jamblichus, Proklus und allen alexandrinischen Philosophen glauben, so hatte die Elite der Eingeweihten im Innern des Tempels Visionen von ekstatischer und wunderbarer Art. Ich habe das Zeugnis des Porphyrius angeführt. Hier ist dasjenige des Proklus: »In allen Einweihungen und Mysterien zeigen sich die Götter (das Wort umfaßt hier alle Kategorien der Geister) unter vielen Formen und erscheinen in einer großen Mannigfaltigkeit von Gestalten; manchmal als formloses Licht, manchmal nimmt dieses Licht menschliche Gestalt an; manchmal eine andere[91].« Hier ein Ausspruch des Apulejus: »Ich näherte mich den Grenzen des Todes, und als ich die Schwelle zur Proserpina erreicht hatte, kehrte ich zurück, nachdem ich durch alle Elemente geführt worden war (die Elementargeister der Erde, des Wassers, der Luft und des Feuers.) In der mitternächtlichen Tiefe sah ich die Sonne im herrlichen Licht erstrahlen, ebenso die infernalen und die himmlischen Götter; ich näherte mich diesen Gottheiten, indem ich ihnen den Tribut einer frommen Anbetung brachte.«

Wie unbestimmt diese Zeugnisse auch sein mögen, sie scheinen sich auf okkulte Phänomene zu beziehen. Gemäß der Lehre der Mysterien wären diese ekstatischen Visionen der Tempel durch das reinste der Elemente hervorgerufen worden: durch das geistige Licht, das in der himmlischen Isis personifiziert war. Die Orakel des Zoroaster nennen es: die Natur, die durch sich selbst spricht, d. h. ein Element, durch welches der Magier dem Gedanken einen sichtbaren und momentanen Ausdruck geben kann und das zugleich den Seelen, welche die schönsten Gedanken Gottes sind, als Körper und Hülle dient. Deshalb wurde, wenn er die Macht hatte, dieses Phänomen hervorzubringen und die Eingeweihten in Beziehung zu bringen zu den Seelen der Helden und der Götter (Engel und Erzengel), der Hierophant in diesem Augenblick dem Schöpfer, dem Demiurgen gleichgestellt; der Fackelträger der Sonne, d. h. dem hyperphysischen Licht; und der Hermes dem göttlichen Wort, das sein Ausdrucksmittel ist. Wie dem auch sei, es gab nur eine Stimme im Altertum in bezug auf die reine Erhebung, welche die letzten Phänomene von Eleusis hervorriefen. Ein ungekanntes Glück, ein übermenschlicher Friede erfüllte dann die Herzen der Eingeweihten. Das Leben schien überwunden, die Seele erlöst, der furchtbare Zyklus des Daseins vollendet. Alle fanden sich wieder voll lichter Freude, voll unsagbarer Sicherheit in dem reinen Äther der Weltenseele.

Wir haben eben das Drama von Eleusis durchlebt mit seinem tiefen und verborgenen Sinn. Ich habe auf den Faden hingewiesen, der durch dieses Labyrinth führt; ich habe seine große Einheit wie auch seinen Reichtum und seine Mannigfaltigkeit gezeigt. Dank einer weisen und souveränen Harmonie waren alle verschiedenen Zeremonien durch ein geheimes Band mit dem göttlichen Drama verbunden, welches den idealen Mittelpunkt, den leuchtenden

Brennpunkt dieser religiösen Feste bildete. So identifizierten sich die Eingeweihten allmählich mit der Handlung. Aus einfachen Zuschauern wurden sie Mithandelnde und erkannten zum Schluß, daß das Drama der Persephone sich in ihnen selbst abspielte. Welche Verwunderung, welche Freude lag in dieser Entdeckung! Wenn sie auch im gegenwärtigen Leben mit ihr litten, mit ihr kämpften, so hatten sie, wie sie, die Hoffnung, die himmlische Seligkeit, das erhabene Geisteslicht wiederzufinden. Die Worte des Hierophanten, die Schauspiele und die Offenbarungen des Tempels gaben ihnen eine Vorahnung davon.

Es ist selbstverständlich, daß ein jeder diese Dinge seiner Bildungsstufe und seiner intellektuellen Begabung gemäß verstand. Denn, wie Plato sagt, und das bleibt wahr für alle Zeiten, es gibt viele Leute, die den Thyrsus und den Zauberstab tragen, aber wenig Begeisterte. Nach der alexandrinischen Epoche wurden die Eleusinien bis zu einem gewissen Grade in den heidnischen Verfall mit hineingezogen, aber ihre erhabene Grundlage blieb bestehen und rettete sie vor der Entartung der anderen Tempel. Durch die Tiefe ihrer heiligen Lehre, durch die Pracht ihrer Inszenierung erhielten sich die Mysterien während drei Jahrhunderten im Angesicht des wachsenden Christentums. Damals versammelten sie um sich jene Elite, die ohne zu leugnen, daß Jesus eine Manifestation heroischer und göttlicher Art sei, nicht, wie die Kirche von damals, die alte Wissenschaft und die heilige Lehre vergessen wollten. Es bedurfte eines Ediktes von Theodosius, welches befahl, den Tempel von Eleusis zu schleifen, um ein Ende zu machen diesem erhabenen Kultus, in welchem es der Magie der griechischen Kunst gelungen war, den höchsten Lehren des Orpheus, des Pythagoras und des Plato Gestalt zu geben.

Heute ist in der stillen Bucht von Eleusis die Zufluchtstätte der uralten Demeter spurlos verschwunden, und der Schmetterling allein, das geflügelte Insekt Psyches, das in den Frühlingstagen die blaue Bucht durchstreift, erinnert daran, daß hier einst die große Verbannte, die menschliche Seele, zu den Göttern sich aufschwang und ihre ewige Heimat erkannte.

JESUS

Die Mission Christi[92]

Ich bin nicht gekommen, das Gesetz und die Propheten aufzuheben, sondern zu erfüllen.

Matthäus V, 17.

Das Licht war in der Welt, und die Welt ist durch das Licht geworden; aber die Welt hat es nicht erkannt.

Johannes I, 10.

Denn wie das blitzende Licht hervorbricht im Osten und leuchtet bis zum Westen, so wird auch die Erscheinung des Menschensohnes sein.

Matthäus XXIV, 64.

Der Zustand der Welt zur Zeit der Geburt Christi

Die Weltenstunde wurde feierlich; der Himmel des Planeten war finster und voll unheilvoller Vorbedeutungen.

Trotz der Bemühungen der Eingeweihten hatte der Polytheismus in Asien, Afrika und Europa nur zu einem Zusammenbruch der Zivilisation geführt. Das mindert nicht den Wert der erhabenen Kosmogonie des Orpheus, die von Homer so herrlich besungen, wenn auch schon herabgestimmt ist. Die Schuld fällt allein zurück auf die für die menschliche Natur so große Schwierigkeit, sich auf einer gewissen intellektuellen Höhe zu erhalten. Den großen Geistern des Altertums waren die Götter niemals etwas anderes als ein poetischer Ausdruck der hierarchisch geordneten Kräfte der Natur, ein sprechendes Bild von deren internem Organismus, und so leben auch diese Götter als Symbole kosmischer und seelischer Kräfte unzerstörbar weiter im Bewußtsein der Menschheit. Im Gedanken der Eingeweihten überragte und durchdrang diese Verschiedenheit der Götter der eine höchste Gott oder der reine Geist. Das Hauptziel der Heiligtümer von Memphis, von Delphi und Eleusis war eben, diese Einheit Gottes zu lehren, wie auch die theosophischen Ideen und die moralische Disziplin, die sich daranknüpfen. Doch die Jünger des Orpheus, des Pythagoras und des Plato scheiterten an dem Egoismus der Politiker, an der Kleinlichkeit der Sophisten und an den Leidenschaften der Menge. Die soziale und politische Zersetzung Griechenlands war die Folge seiner religiösen, moralischen und intellektuellen Zersetzung. Apollo, das Sonnenwort, die Manifestation des höchsten Gottes und der überirdischen Welt, schweigt. Es gibt keine Orakel mehr, keine Inspirierten, keine wahren Dichter. Minerva – die Weisheit und Vorsehung – verhüllt sich vor ihrem in Satyre verwandelten Volk, das die Mysterien entweiht, die Weisen und die Götter schmäht auf dem Theater des Bacchus, in den Possen des Aristophanes. Die Mysterien selbst verfallen; denn man gestattete Sykophanten und Kurtisanen die Teilnahme an den Festen von Eleusis. – Wenn die Seele verroht, wird die Religion Götzendienst; wenn der Gedanke sich materialisiert, verfällt die Philosophie in Skeptizismus. So sehen wir denn, wie Lucian, ein auf dem Leichnam des Heidentums entstandener Mikrobe, die Mythen verhöhnt, nachdem Carneades ihren wissenschaftlichen Ursprung verkannt hatte.

Abergläubisch in der Religion, agnostisch in der Philosophie, egoistisch und auflösend in der Politik, trunken von Anarchismus und unvermeidlich der Tyrannei verfallen: so war dieses göttliche Griechenland geworden, das uns die ägyptische Wissenschaft und die Mysterien von Asien übermittelt hat unter den unsterblichen Formen der Schönheit.

Wenn jemand erkannt hat, was der antiken Welt fehlte, wenn jemand mit heroischer und genialer Kraftäußerung versucht hat, sie wiederzubeleben, so war es Alexander der Große. Dieser sagenhafte Eroberer, der in den Mysterien von Samothrakien eingeweiht war, zeigte sich noch mehr als intellektueller Sohn des Orpheus wie als Schüler des Aristoteles. Gewiß träumte der Achilles aus Makedonien, der mit einem Häuflein Griechen durch Asien bis nach Indien drang, vom Weltreich, doch nicht in der Art der Cäsaren, durch die Unterdrückung der Völker, durch die Zermalmung der Religion und der freien Wissenschaft. Sein großer Gedanke war die Versöhnung von Asien und Europa durch eine Synthese der Religionen, gestützt auf wissenschaftliche Autorität. Von diesem Gedanken bewegt, huldigte er der Wissenschaft des Aristoteles, wie der Minerva Athens, wie dem Jehova Jerusalems, dem ägyptischen Osiris und dem Brahma der Inder, als ein wirklich Eingeweihter dieselbe Gottheit und dieselbe Weisheit unter all diesen Symbolen erkennend. Weit war der Blick, herrlich die Divination dieses neuen Dionysos. Das Schwert Alexanders war der letzte Blitzstrahl des orphischen Griechenland. Er entzündete den Orient und den Okzident. Der Sohn des Philippus starb in der Trunkenheit seines Sieges und seines Traumes, die Bruchstücke seines Reiches gierigen Feldherren überlassend. Doch sein Gedanke starb nicht mit ihm. Er hatte Alexandrien gegründet, wo die orientalische Philosophie, der Judaismus und der Hellenismus im Tiegel des ägyptischen Esoterismus zusammenschmelzen sollten, in Erwartung des Wortes von der Auferstehung Christi.

Während so die Zwillingsgestirne Griechenlands, Apollo und Minerva, erblassend niedergingen, sahen die Völker im sturmbewegten Himmel ein drohendes Zeichen aufgehen: die römische Wölfin.

Welches ist der Ursprung Roms? Die Verschwörung einer nach Macht lüsternen Oligarchie im Namen der rohen Kraft; die Unterdrückung des menschlichen Intellekts, der Religion, der Wissenschaft und der Kunst durch die vergöttlichte politische Macht; mit anderen Worten, das Gegenteil der Wahrheit, nach welcher eine Regierung ihr Recht nur auf die höchsten Prinzipien der Wissenschaft, der Gerechtigkeit und der Ökonomie stützt[93]. Die ganze römische Geschichte ist nur eine Folge dieses Pakts der höchsten Ungerechtigkeit, durch welchen die versammelten Väter zunächst Italien, dann dem Menschengeschlecht den Krieg erklärten. Gut wählten sie ihr Symbol! Die eherne Wölfin, die ihr fahlrotes Fell spreizt und ihren Hyänenkopf über das Kapitol streckt, ist das Bild dieser Regierung, der Dämon, der bis zuletzt die römische Seele beherrschen wird.

In Griechenland wenigstens wird man den Heiligtümern von Delphi und Eleusis immer Ehrfurcht entgegenbringen. In Rom stieß man von Anfang an die Wissenschaft und die Kunst zurück. Der Versuch des weisen Numa, des etruskischen Eingeweihten, scheiterte an dem argwöhnischen Ehrgeiz der versammelten Väter. Er brachte mit sich die sybillinischen Bücher, die einen Teil der hermetischen Wissenschaft enthielten. Er ernannte vom Volk gewählte Schiedsrichter; er teilte der Bevölkerung Land aus; er errichtete einen Tempel der Rechtgläubigkeit und dem Janus ein

Hierogramm, welches die Universalität des Gesetzes bedeutet; er übergab das Kriegsrecht den Kriegsherolden. Der König Numa, den das Volksgedächtnis zu lieben nicht aufhörte und den es als von einem göttlichen Genius inspiriert betrachtete, scheint also ein geschichtlicher Eingriff der heiligen Wissenschaft in die Regierung zu sein. Er stellt nicht den römischen Genius dar, sondern den Genius der etruskischen Einweihung, die dieselben Grundsätze befolgte wie die Schule von Memphis und von Delphi.

Nach Numa verbrannte der römische Senat die sybillinischen Bücher, untergrub die Autorität der Flamines, zerstörte die Schiedseinrichtungen und nahm wieder sein System auf, in welchem die Religion nur ein Werkzeug politischer Oberherrschaft war. Rom wurde die Hydra, welche die Völker mit ihren Göttern verschlang. Die Nationen der Erde wurden allmählich unterworfen und beraubt. Das mamertinische Gefängnis füllte sich mit Königen des Nordens und des Südens. Rom, das keine anderen Priester wollte als Sklaven und Marktschreier, mordet in Gallien, in Ägypten, in Judäa und in Persien die letzten Besitzer der esoterischen Weisheit. Dem Schein nach betet es die Götter an, in Wahrheit nur seine Wölfin. Und jetzt, in einer blutigen Morgenröte, erscheint den Völkern der letzte Sohn dieser Wölfin, der den Genius Roms in sich zusammenfaßt: der Cäsar! Rom hat alle Völker allmählich aufgesogen; Cäsar, seine Inkarnation, verschlingt alle Mächte. Der Cäsar strebt nicht nur, Imperator aller Nationen zu sein; das Diadem mit der Tiara auf seinem Haupt vereinend, läßt er sich zum Pontifex Maximus ernennen. Nach der Schlacht bei Thapsus gewährt man ihm die Apotheose des Helden, nach der Schlacht bei Munda die göttliche Apotheose; dann wird seine Statue in den Tempel des Quirinus gestellt, mit einem Kollegium von Tempeldienern bedacht, die seinen Namen tragen: die Priester heißen Julianer. – Durch eine höchste Ironie und eine höchste Logik der Dinge leugnet dieser selbe Cäsar, der sich zum Gott macht, die Unsterblichkeit der Seele vor dem versammelten Senat. – Ist damit genügend ausgedrückt, daß es keinen anderen Gott gibt als Cäsar?

Mit den Cäsaren streckt Rom, die Erbin Babylons, die Hand über die ganze Welt aus. Was aber ist der römische Staat geworden? Der römische Staat zerstört draußen jedes gesellschaftliche Leben. Militärische Diktatur herrscht in Italien; Erpressungen der Statthalter und der Zollpächter in den Provinzen. Das erobernde Rom liegt wie ein Vampyr auf dem Leichnam der antiken Welt.

Und jetzt kann sich die römische Orgie am hellen Tag breitmachen mit ihrem Bacchanal von Lastern und ihrem Aufzug von Verbrechen. Sie beginnt mit der wollüstigen Begegnug Mark Antons und Kleopatras; sie endet mit den Ausschweifungen Messalinas und den Wutausbrüchen Neros. Sie hebt an mit der unzüchtigen und öffentlichen Parodie der Mysterien; sie endet im römischen Zirkus, wo Raubtiere herfallen über nackte Jungfrauen, Märtyrerinnen ihres Glaubens, beim brausenden Beifall von zwanzigtausend Zuschauern.

Unter den von Rom unterworfenen Völkern gab es jedoch eines, das sich das Volk Gottes nannte und dessen Genius ein dem römischen Volk entgegengesetzter war. Wie kommt es, daß Israel, verbraucht durch innere Kämpfe, erdrückt durch dreihundert Jahre der Knechtschaft, sich den unbeugsamen Glauben erhalten hatte? Warum richtete sich dieses besiegte Volk auf gegenüber dem griechischen Verfall und der römischen Orgie wie ein Prophet, das Haupt bestreut mit Asche und einen furchtbaren Zorn in den flammenden Augen? Warum wagte es den Sturz der Herren vorauszusagen, die den Fuß auf seinem Nacken hatten und ihm von – ich weiß nicht welchem – endlichem Triumph zu sprechen, während es selbst seinem unvermeidlichen Ruin entgegenging? Weil ein großer Gedanke in ihm lebte. Er war ihm durch Moses eingeprägt worden. Unter Josua hatten die zwölf Stämme einen Gedenkstein errichtet mit dieser Inschrift: »Es ist ein Zeugnis abgelegt unter uns, daß Jahveh der einzige Gott ist.«

Wie und warum der Gesetzgeber Israels aus dem Monotheismus den Eckstein seiner Wissenschaft, seiner Gesetzgebung und seines religiösen Gedankens gemacht hatte, haben wir in dem Buch über Moses gesehen[94]. Er hatte die geniale Erkenntnis gehabt, daß vom Triumph dieser Idee die Zukunft der Menschheit abhinge. Um sie zu erhalten, hatte er ein Hieroglyphenbuch geschrieben, eine goldene Arche gebaut, aus dem Nomadenstamm der Wüste ein Volk erweckt. Über diesen Zeugen seines spiritualistischen Gedankens läßt Moses das Feuer des Himmels schweben und den Donner grollen. Gegen ihn verschwörten sich nicht nur die Moabiter, die Philister, die Amalekiter, alle Völker Palästinas, sondern auch die Leidenschaften und die Schwäche des jüdischen Volkes selbst. Das Buch wurde bald von der Geistlichkeit nicht mehr verstanden; die Arche wurde von den Feinden genommen, und hundermal war das Volk auf dem Punkt, seine Mission zu vergessen. Warum blieb es ihr dennoch treu? Warum blieb der Gedanke des Moses auf der Stirn und dem Herzen Israels mit feurigen Buchstaben gezeichnet? Wem gebührt das Verdienst dieser außergewöhnlichen Standfestigkeit, dieser großartigen Treue inmitten aller Wechselfälle einer bewegten, von Katastrophen erfüllten Geschichte, einer Treue, die Israel etwas Einzigartiges unter den Nationen gibt? Man kann kühn antworten: den Propheten und der Institution des Prophetismus. Streng genommen und gemäß der wörtlichen Überlieferung reicht diese bis hinauf zu Moses. Das hebräische Volk hat seine Nabi zu allen Zeiten seiner Geschichte gehabt bis zu seiner Zerstreuung. Aber die Institution des Prophetismus erscheint uns zum ersten Male unter einer organischen Form zur Zeit Samuels. Es war Samuel, der diese Bruderschaften von Nebiim gründete, diese Schulen von Propheten, angesichts des werdenden Königtums und einer schon entarteten Geistlichkeit. Er machte aus ihnen die strengen Hüterinnen der esoterischen Tradition und des religiösen Weltgedankens des Moses und schuf so den Gegenpol zu den Königen, bei denen der politische Gedanke und das nationale Ziel vorwiegen sollten. In diesen Brüderschaften werden in der Tat die Überreste der Wissenschaft des Moses aufbewahrt, die heilige Musik mit ihren Tonarten und den Gesetzen ihrer Tragkraft, die okkulte Therapeutik, endlich die Kunst der Wahrsagung, die die großen Propheten mit einer meisterhaften Kraft, Erhabenheit und Selbstverleugnung übten.

Die Wahrsagung hat in den mannigfaltigsten und verschiedensten Arten von Formen bei allen Völkern des antiken Zyklus bestanden. Aber der Prophetismus in Israel hat eine Wucht, eine Hoheit, eine Autorität, die von der intellektuellen und spirituellen Höhe herrührt, in welcher der Monotheismus die menschliche Seele erhält. Der Prophetismus, der von den Theologen des Buchstaben dargestellt wird wie ein direkter Verkehr mit einem persönlichen Gott und den die naturalistische Philosophie als einfachen Aberglauben leugnet, ist in Wirklichkeit nur eine höhere Manifestation der universellen Gesetze des Geistes. »Die allgemeinen Wahrheiten, welche die Welt regieren«, sagt Ewald in seinem schönen Buch über die Propheten, »mit andern Worten die Gedanken Gottes sind unabänderlich und unangreifbar, ganz unabhängig von den Schwankungen der Dinge, von dem Willen und den Handlungen des Menschen. Der Mensch ist vom Anbeginn dazu berufen, daran teilzunehmen, sie zu verstehen und sie in freie Taten umzusetzen. Dadurch erst erreicht er seine echte, seine wahre Bestimmung. Damit aber das Wort des Geistes in den fleischlichen Menschen eindringt, muß der Mensch in seinen tiefsten Tiefen die großen weltgeschichtlichen Erschütterungen miterleben. Dann leuchtet die ewige Wahrheit blitzartig in ihm auf. Deshalb heißt es im Alten Testament, so oft, daß Jahveh ein lebendiger Gott ist. Wenn der Mensch den göttlichen Ruf hört, wird ein neues Leben in ihm lebendig, in welchem er sich nicht mehr allein fühlt, sondern vereinigt mit Gott und allen Wahrheiten und wo er bereit ist, von einer Wahrheit zur andern zu schreiten bis ins Unendliche. In diesem neuen Leben wird sein Gedanke wesenseins mit dem universellen Willen. Er hat den hellen Blick für die Gegenwart und den absoluten Glauben an den endlichen Sieg der göttlichen Idee. Der Mann, der dies fühlt, ist Prophet, d. h. er fühlt den unwiderstehlichen Trieb, sich den andern zu enthüllen als Repräsentant Gottes. Sein Gedanke wird Vision, und diese höhere Kraft, welche seiner Seele die Wahrheit entreißt, manchmal indem sie sie zerbricht, ist eben das prophetische Element. Die prophetischen Manifestationen sind in der Geschichte Blitze und Donnerschläge der Wahrheit gewesen[95].«

Dies ist die Quelle, aus welcher die Geistesriesen, die Elias, Jesaias, Ezechiel, Jeremias heißen, ihre Kraft schöpften. In den Tiefen ihrer Höhlen oder im Palast der Könige waren sie wirklich die Wachtposten des Ewigen und, wie Elisa zu seinem Meister Elias sagt, die »Fahrzeuge und Reiter Israels«. Oft weissagten sie mit voller Hellsehergabe den Tod der Könige, den Fall der Königreiche, die Züchtigungen Israels. Manchmal auch täuschen sie sich. Wenn auch an der Sonne der göttlichen Wahrheit entzündet, so schwankt doch und verdunkelt sich manchmal in ihren Händen beim Anprall der nationalen Leidenschaften die prophetische Fakkel. Niemals aber straucheln sie bei moralischen Wahrheiten, bei der wahren Mission Israels, bei dem endlichen Triumph der Gerechtigkeit in der Menschheit. Als wirkliche Eingeweihte predigen sie die Gleichgültigkeit gegenüber dem äußerlichen Kultus, die Abschaffung der blutigen Opfer, die Reinigung der Seele und die Barmherzigkeit. Wunderbar ist ihre Vision in allem, was den endlichen Sieg des Monotheismus betrifft, seine befreiende und friedenbringende Rolle für die Völker. Das schrecklichste Unglück, das eine Nation treffen kann, der Einbruch der Feinde, die Massenüberführung nach Babylon, können diesen Glauben nicht erschüttern. Höret Jesaias während des Einbruchs des Sanherib: »Werde ich etwa das Kind dem Tage nahebringen, ohne es geboren werden zu lassen?« spricht Jahveh. »Oder bin ich ein solcher, der gebären läßt und dann zurückhält?« spricht dein Gott. »Freut euch mit Jerusalem und jubelt über sie, ihr alle, die ihr sie liebhabt; frohlockt mit ihr, ihr alle, die ihr über sie trauert. Denn so spricht Jahveh: ›Fürwahr, ich wende ihr Frieden zu gleich einem Strom, und die Herrlichkeit der Völker gleich einem überflutenden Bach, daß ihr euch vollsaugen sollt, und auf der Hüfte werdet ihr getragen und auf den Knien liebkost werden. Wie einen, den seine Mutter tröstet, so will ich euch trösten, und in Jerusalem sollt ihr getröstet werden. Ich aber kenne ihr Tun und ihre Gedanken! Und ich werde kommen, zu versammeln alle Völker und Zungen, daß sie kommen und meine Herrlichkeit sehen[96].‹« – Erst heute und vor dem Grab Christi fängt diese Vision an, sich zu verwirklichen; doch wer könnte, eingedenk der Rolle Israels in der Geschichte der Menschheit, ihre prophetische Wahrheit leugnen?

Nicht weniger unerschütterlich als dieser Glaube an den künftigen Ruhm Israels, an seine sittliche Größe, an seine religiöse Weltbestimmung ist der Glaube der Propheten an einen Erlöser oder einen Messias. Alle sprechen von ihm; der unvergleichliche Jesaias ist wieder derjenige, der ihn am klarsten sieht, der ihn am kraftvollsten in seiner kühnen Sprache beschreibt: »Aus dem

Stumpf Jesaias wird ein Reis ausschlagen und aus seiner Wurzel ein Zweig hervorbrechen. Der Geist Jahvehs wird sich auf ihn niederlassen. Ein Geist der Weisheit und der Vernunft, ein Geist des Rats und der Kraft, ein Geist der Erkenntnis und der Furcht Jahvehs. Er wird über die Geringen mit Gerechtigkeit richten und über die Elenden des Landes mit Billigkeit urteilen und die Gewalttätigen mit der Waffe seines Mundes schlagen und mit dem Hauch seiner Lippen die Gottlosen töten[97]. Bei dieser Vision beruhigt und erhellt sich die düstere Seele des Propheten wie ein Gewitterhimmel, wie beim Erklingen einer himmlischen Harfe, und alle Stürme fliehen. Denn jetzt ist es wirklich das Bild des Galiläers, das vor sein inneres Auge tritt: »Und er wird aufwachsen wie ein Wurzelsprößling und wie ein Wurzelschoß aus dürrer Erde. Verachtet wird er sein und von den Menschen gemieden, ein Mann der Schmerzen und vertraut mit Krankheit. Aber unsere Krankheiten wird er tragen und unsere Schmerzen auf sich laden; wir aber werden ihn für von Gott gestraft halten, während er doch um unserer Übertretungen willen geschlagen und um unserer Verschuldungen willen zermalmt werden wird; Strafe uns, und Friede wird auf ihm liegen, und durch seine Striemen wird uns Heilung sein. Mißhandelt wird er sein, während er sich doch willig beugen und seinen Mund nicht auftun wird, wie ein Lamm, das zur Schlachtbank geführt wird[98].«

Während acht Jahrhunderten ließ das Donnerwort der Propheten den Gedanken und das Bild des Messias über die nationalen Zerwürfnisse und Mißgeschicke schweben, bald wie dasjenige eines furchtbaren Rächers, bald wie das eines Engels der Barmherzigkeit. Entstanden unter der assyrischen Tyrannei, im Exil von Babylon, entfaltet unter der persischen Herrschaft, wuchs der Messias-Gedanke immer mehr unter der Regierung der Seleuciden und der Makkabäer. Als die römische Herrschaft und die Regierung des Herodes anbrach, lebte der Messias in dem Bewußtsein aller. Wenn ihn die großen Propheten gesehen hatten unter den Zügen eines Gerechten, eines Märtyrers, eines wirklichen Gottessohnes – so stellte ihn sich das Volk vor, treu dem jüdischen Gedanken, als einen David, einen Salomon oder einen neuen Makkabäus. Gleichviel unter welchem Bild, alle glaubten an diesen Wiederhersteller des Ruhmes Israels, warteten auf ihn, riefen ihn ... So stark war die Wirkung des Prophetentums.

Mit der gleichen Notwendigkeit also, wie die römische Geschichte auf dem Weg des Instinktes und der infernalen Schicksalslogik zu Cäsar führt, führt die Geschichte Israels auf dem Weg des Bewußtseins und der göttlichen Logik der Vorsehung, die sich den Propheten kundgibt, in Freiheit zu Christus. Das Böse ist notwendig dazu verurteilt, sich zu widersprechen und sich zu zerstören, weil es das Falsche ist; aber das Gute, trotz aller Hindernisse, gebiert im Lauf der Zeiten das Licht und die Harmonie, weil es die Fruchtbarkeit des Wahren in sich schließt. – Aus seinem Triumph zieht Rom nichts als den Cäsarismus; aus dem Zusammenbruch gebiert Israel den Messias, dem schönen Wort eines modernen Dichters recht gebend: »Aus ihrem eigenen Schiffbruch baut sich die Hoffnung den betrachteten Gegenstand.«

Eine unbestimmte Erwartung hing über den Völkern. In dem Übermaß ihrer Schmerzen ahnte die Menschheit einen Erlöser. Seit Jahrhunderten träumten die Mythologien von einem göttlichen Kind. Geheimnisvoll raunten es die Tempel; die Astrologen berechneten sein Kommen; in ihrem Delirium weissagten die Sibyllen den Sturz der heidnischen Götter. Die Eingeweihten hatten verkündet, daß eines Tages die Welt von einem der ihren beherrscht sein würde, von einem Sohn Gottes[99]. Die Erde wartete auf einen König des Geistes, der von den Kleinen, den Demütigen und den Armen verstanden sein würde.

Der große Äschylos, Sohn eines Priesters von Eleusis, wurde beinahe von den Athenern getötet, weil er es wagte, auf offenem Theater durch den Mund seines Prometheus zu verkünden, daß die Herrschaft Jupiters, des Schicksals, enden würde. Vier Jahrhunderte später, im Schatten von Augustus' Thron, kündet der sanfte Virgil eine neue Ära an und träumt von einem wundersamen Kind: »Es ist gekommen, das von der Sibylle von Cumä vorhergesagte letzte Zeitalter – der große Kreislauf der erschöpften Jahrhunderte wird wieder beginnen; – schon kommt die Jungfrau wieder und mit ihr die Herrschaft Saturns – schon steigt von den Höhen des Himmels ein neues Geschlecht hinunter. – Dieses Kind, dessen Geburt das Jahrhundert des Eisens bannen – und das goldene Zeitalter der ganzen Welt wiederbringen soll, wolle, keusche Lucina, es beschützen – schon herrschet Apollo, dein Bruder. – Sieh, wie die Welt auf ihrer erschütterten Achse schwankt; sieh, wie die Erde, die Meere in ihrer unendlichen Weite, der Himmel und sein tiefes Gewölbe, die ganze Natur erzittern vor der Hoffnung der kommenden Zeiten[100]!«

Dieses Kind, wo wird es geboren werden? Aus welcher göttlichen Welt wird diese Seele kommen? Durch welchen Strahl der Liebe wird sie auf diese Erde sinken? Durch welches Wunder der Reinheit, durch welche übermenschliche Energie wird sie sich ihres verlassenen Himmels erinnern? Durch welche mehr als riesenhafte Anstrengung wird sie wieder zu ihm emporschnellen können, aus der Tiefe ihres irdischen Bewußtseins heraus, und die ganze Menschheit mit sich ziehen?

Keiner hätte es sagen können, aber man erwartete es. Herodes der Große, der idumäische Usurpator, der Schützling des Cäsar-Augustus, kämpfte damals seinen Todeskampf in seinem Schloß von Cypros, in Jericho, nach einer üppigen und blutigen Regierung, welche Judäa mit herrlichen Palästen und menschlichen Hekatomben bedeckt hatte. Er siechte an einer schrecklichen Krankheit dahin, an einer Blutvergiftung, gehaßt von allen, von Wut und Gewissensbissen zerfressen, von den Larven seiner unzähligen Opfer verfolgt, darunter denen seiner unschuldigen Gattin, der edlen Marianne, und seiner drei eigenen Söhne. Die sieben Frauen seines Harems waren vor dem königlichen Gespenst geflohen, das, noch lebendig, schon nach dem Tode roch. Selbst seine Wachen hatten ihn verlassen. Unbewegt wachte neben dem Sterbenden seine Schwester Salome, sein böser Genius, Anstifterin seiner schwärzesten Verbrechen. Das Diadem auf der Stirn, die schimmernde Brust mit Edelsteinen bedeckt, in hochmütiger Haltung, lauerte sie auf den letzten Atemzug des Königs, um nun ihrerseits die Macht an sich zu reißen.

So starb der letzte König der Juden[101]. In diesem Augenblick wurde der künftige Geisteskönig der Menschheit geboren, und die wenigen Eingeweihten Israels bereiteten schweigend sein Reich vor in tiefer Demut und in tiefem Dunkel.

Jehoschua, den wir Jesus nennen nach seinem hellenisierten Namen Iησους wurde wahrscheinlich in Nazareth geboren[102]. In diesem verlorenen Winkel Galiläas verlief jedenfalls seine Kindheit und erfüllte sich das erste, das größte der christlichen Mysterien: das Aufblühen der Seele Christi. Er war ein Sohn der Myriam, die wir Maria nennen, der Frau des Tischlers Josef, einer Galiläerin von edler Abstammung, die mit den Essäern verbrüdert war.

Die Legende hat die Geburt Christi in ein Netz von Wundern gehüllt. Wenn die Legende auch vielem Aberglauben Raum gibt, so verbirgt sie doch oft viele wenig gekannte psychische Wahrheiten unter der Hülle, die außerhalb des gewöhnlichen Verständnisses stehen. Eine Tatsache scheint aus der Geschichte Marias hervorzutreten, nämlich daß Jesus ein Kind war, das vor seiner Geburt durch die Ahnung seiner Mutter einer prophetischen Mission geweiht war. Man meldet dieselbe Tatsache von mehreren Helden und Propheten des Alten Testaments. Diese von ihren Müttern Gott geweihten Söhne hießen Nazaräer. In dieser Beziehung ist es interessant, die Geschichte Samsons und diejenige Samuels zu lesen. Ein Engel verkündet der Mutter Samsons, daß sie schwanger werden würde und einen Sohn gebären, dessen Haupt das Schermesser nicht berühren würde, »weil das Kind noch in der Mutter Schoß Nazaräer sein würde; und er ist es, der da anfangen wird, Israel aus der Gewalt der Philister zu erretten«. Die Mutter Samuels erflehte selbst ihren Sohn von Gott. Anna, die Frau des Elkana, war unfruchtbar. Sie tat ein Gelübde und sagte: »Ewiger der himmlischen Heerscharen, wenn du ein männliches Kind deiner Dienerin gibst, werde ich ihn für alle Tage seines Lebens dem Ewigen weihen, und kein Messer wird sein Haupt berühren ... Da erkannte Elkana sein Weib ... Als das Jahr um war, gebar Anna, die schwanger gewesen war, einen Sohn, den nannte sie Samuel, denn – sagte sie – von Gott habe ich ihn erbeten[103].« Nun bedeutet Sam-u-el nach den ursprünglichen semitischen Wurzeln: die innere Herrlichkeit Gottes. Die Mutter, die sich wie durchleuchtet fühlte von demjenigen, den sie verkörperte, betrachtete ihn wie die ätherische Essenz des Herrn.

Diese Stellen sind außerordentlich wichtig, denn sie lassen uns in die esoterische, festgewurzelte und lebendige Tradition Israels eindringen und durch sie in den wirklichen Sinn der christlichen Legende. Elkana, der Mann, ist wohl dem Fleische nach der irdische Vater Samuels; der Ewige aber ist sein himmlischer Vater dem Geiste nach. Die bildliche Sprache des judäischen Monotheismus verhüllt hier die Lehre der Präexistenz der Seele. Die initiierte Frau ruft eine höhere Seele an, um sie in ihrem Schoße zu empfangen und der Welt einen Propheten zu geben. Diese Lehre, sehr verschleiert bei den Juden und von ihrem offiziellen Kultus vollständig ausgeschlossen, bildete einen Teil der geheimen Überlieferung der Eingeweihten. Sie leuchtet bei den Propheten durch. Jeremias bestätigt sie mit folgenden Worten: »Es erging aber das Wort Jahvehs an mich also: Ehe ich dich im Mutterleibe bildete, habe ich dich gekannt; ehe du aus dem Mutterschoße hervorgingst, habe ich dich geweiht; zu einem Propheten der Völker habe ich dich ernannt[104].« Jesus sagt sogar zu den entrüsteten Pharisäern: »Wahrlich, ich sage euch, ehe denn Abraham war, bin ich[105].«

Welche Meinung ist aus all diesem für Maria, die Mutter Jesu, zu gewinnen? Es scheint, daß Jesus in den ersten christlichen Gemeinschaften als ein Sohn der Maria und des Josef betrachtet wurde, da uns Matthäus den Stammbaum Josefs gibt, um zu beweisen, daß Jesus von David abstammt. Dort, sowie in einigen gnostischen Sekten, sah man wahrscheinlich in Jesus einen von dem Ewigen in gleichem Sinne wie Samuel geschenkten Sohn. Später spann die Legende, bestrebt, den übernatürlichen Ursprung Christi zu beweisen, um ihn einen Schleier in Gold und himmelblau: die Geschichte Josefs und Marias, die Verkündigung und selbst die im Tempel zugebrachte Kindheit Marias[106].

Wenn wir versuchen, aus der jüdischen Tradition und der christlichen Legende den esoterischen Sinn zu entnehmen, so müssen wir sagen: der Eingriff der Vorsehung, oder um deutlicher zu sprechen, das Einströmen der spirituellen Welt, die bei der Geburt eines jeglichen Menschen mitwirkt, ist wirkungsvoller und sichtbarer bei der Geburt genialer Menschen, deren Erscheinen sich durchaus nicht durch das Gesetz des physischen Atavismus allein erklären läßt. Dieses Einströmen erreicht seine höchste Intensität, wenn es sich um einen dieser göttlichen Propheten handelt, die dazu bestimmt sind, das Antlitz der Welt zu erneuern. Die zu einer göttlichen Mission auserwählte Seele kommt von einer göttlichen Welt, sie kommt frei bewußt. Damit sie aber auf den irdischen Schauplatz eintritt, muß ein auserwähltes Gefäß da sein, eine auserlesene Mutter, die durch das Verhalten ihres moralischen Wesens, durch das Sehnen ihrer Seele und durch die Reinheit ihres Lebens die Seele des Erlösers anzieht und in ihrem Blut und Fleisch verkörpert. – Dies ist die tiefe Wahrheit, die dem uralten Gedanken der jungfräulichen Mutter zugrunde liegt. Die Evangelien des Matthäus und Lukas haben ihn mit einer noch wunderbareren Einfachheit und Poesie wiedergegeben.

»Für die Seele, die vom Himmel kommt, ist die Geburt ein Tod«, hatte Empedokles fünfhundert Jahre vor Christus gesagt. Wie erhaben auch ein Geist sein mag, ist er in das Fleisch versenkt, so verliert er zeitweilig die Erinnerung an seine Vergangenheit. Ergriffen vom Triebwerk des körperlichen Lebens, ist die Entwicklung seines irdischen Bewußtseins den Gesetzen der Welt unterworfen, in der er sich verkörpert. Er verfällt der Macht der Elemente. Je höher sein Ursprung, desto größer wird die Anstrengung sein, um seine entschlafenen Fähigkeiten wieder zu erwecken, seinen eingeborenen himmlischen Teil, und um sich seiner Mission bewußt zu werden.

Die tiefen und zarten Seelen brauchen das Schweigen und den Frieden, um aufzublühen. Jesus wuchs auf in der Stille von Galiläa. Seine ersten Eindrücke waren sanft, ernst und friedlich. Das heimische Tal sah einem in die Bergfalten hineingefallenen Himmelswinkel ähnlich. Der Flecken Nazareth hat sich im Lauf der Zeiten nicht verändert [107]. Seine auf dem Felsen stufenweise gelagerten Häuser sind, den Aussagen der Reisenden gemäß, wie weiße Würfel, hingestreut in einen Wald von Granat- und Feigenbäumen und Reben, den große Schwärme von Tauben durchziehen. Um dieses blühende grüne Nest weht der frische Gebirgswind; auf den Höhen öffnet sich der freie, leuchtende Horizont Galiläas. Fügen wir in diesen großartigen Rahmen hinein das ernste Heim einer frommen und patriarchalischen Familie. Die Kraft der jüdischen Erziehung bestand zu allen Zeiten in der Einheit des Gesetzes und des Glaubens, ebenso wie in der mächtigen Organisation der Familie, die vom nationalen und religiösen Gedanken beherrscht wurde. Das Elternhaus war für das Kind eine Art Tempel. Statt der lachenden Fresken, der Faune und Nymphen, die das Atrium der griechischen Häuser schmückten, wie es solche in Sephoris und Tiberias gab, sah man in den jüdischen Häusern nur Sprüche aus dem Gesetz und den Propheten, die sich in ernsten Streifen längst den Mauern und über den Türen in chaldäischen Schriftzeichen hinzogen. Aber die Zusammengehörigkeit des Vaters und der Mutter in der Liebe zu den Kindern brachte in die Nacktheit dieses Heims Licht und Wärme aus geistigen Sphären. Hier erhielt Jesus seinen ersten Unterricht, hier lernte er zuerst aus dem Mund des Vaters und der Mutter die Schriften kennen. Von seinen frühesten Jahren an entrollte sich vor seinen Augen das lange, das sonderbare Schicksalsbuch des auserwählten Volkes in den periodisch wiederkehrenden Festen, die man in der Familie durch Vorlesungen, Gesang und Gebete feierte. Während des Laubhüttenfestes wurde im Hof oder auf dem Dach des Hauses aus Ölbaum- und Myrtenzweigen eine Hütte errichtet zur Erinnerung an die dem Menschengedenken entschwundenen Zeiten der wandernden Patriarchen. Man zündete den siebenarmigen Leuchter an, dann öffnete man die Papyrusrollen und las die heiligen Geschichten. Für die kindliche Seele war der Ewige nicht nur gegenwärtig im gestirnten Himmel, sondern auch in diesem Leuchter, der seinen Ruhm widerspiegelte in dem Wort des Vaters wie in der schweigenden Liebe der Mutter. So wurde die Kindheit Jesu gewiegt von den großen Tagen Israels, Tagen der Freude und der Trauer, des Triumphes und der Verbannung, zahlloser Leiden und ewiger Hoffnung. Vor den feurigen, einschneidenden Fragen des Kindes schwieg der Vater. Aber die Mutter, deren große Augen mit langen Wimpern, wie sie den träumerischen Syrierinnen eigen sind, dem fragenden Blicke des Sohnes begegneten, sagte zu ihm: »Das Wort Gottes lebt nur in seinen Propheten. Eines Tages werden dir die weisen Essäer, die Einsiedler des Berges Karmel und des Toten Meeres antworten.«

Man kann sich auch das Kind Jesus in der Mitte seiner Gefährten vorstellen, jenen besonderen Einfluß über sie ausübend, welchen die frühzeitige Vernunft gibt, wenn sie mit dem Gefühl für Gerechtigkeit und mit lebhafter Sympathie verbunden ist. Man folgt ihm in die Synagoge, wo er die Schriftgelehrten und Pharisäer verhandeln hört, wo er selbst seine dialektische Macht ausüben sollte. Man sieht, wie er sich schon abgestoßen fühlt durch die Trockenheit dieser Gesetzeskundigen, die den Buchstaben pressen, bis sie den Geist hinaustreiben. Man sieht ihn auch am heidnischen Leben vorbeischreiten, es mit dem Blick durchdringend und umfassend, während er die üppige Sesostris besucht, die Hauptstadt Galiläas und Residenz des Antipas, mit ihrer ragenden Akropolis und den sie beschützenden Söldnern des Herodes, den Galliern, Thrakiern, Barbaren aller Länder. Vielleicht brachte ihn sogar eine der in jüdischen Familien so häufigen Reisen bis zu jenen phönizischen Städten, die wie Ameisenhaufen am Ufer des Meeres wimmelten. Er erblickte in der Ferne die niedrigen Tempel mit den gedrungenen Säulen, umgeben von schwarzen Hainen, aus denen beim Laute weinender Flöten der Gesang der Astarte-Priesterinnen drang. Ihr Wollustschrei, scharf wie der Schmerz, ließ sein erstauntes Herz tief erschauern vor Bangigkeit und Mitleid. Dann kehrte der Sohn Marias mit einem Gefühl der Befreiung zu seinen geliebten Bergen zurück. Er stieg auf den Felsen Nazareth und befragte den weiten Horizont Galiläas und Samariens. Er blickte auf den Karmel, auf Gelboe, den Tabor, die Berge Sichem, diese alten Zeugen der Patriarchen und der Propheten. »Die Höhen« bildeten einen Kreis, in die Grenzenlosigkeit des Himmels hoben sie ihre Kegel wie kühne Altäre, die auf das Feuer und den Weihrauch warten. Erwarteten sie jemand?

Wie mächtig aber auch die Eindrücke der ihn umgebenden Welt auf Jesu Seele waren, so verblaßten sie alle vor der übermächtigen, unsagbaren Wahrheit seiner inneren Welt. Diese Wahrheit entfaltete sich in seinem Innern gleich einer glänzenden Blume, die aus dunklem Gewässer emporsteigt. Das glich einer wachsenden Klarheit, die in ihm erstrahlte, wenn er allein war und sich in sich selbst zurückzog. Dann schienen ihm die Menschen und die Dinge, ob nah oder fern, wie durchsichtig in ihrer innern Essenz. Er las die Gedanken, er sah die Seelen. Dann schaute er in seiner Erinnerung, wie durch einen leichten Schleier, auf göttlich schöne und strahlende Wesen, über ihn gebeugt oder versammelt in der Anbetung eines strahlenden Lichtes. Wunderbare Visionen erfüllten seine Träume oder stellten sich zwischen ihn und die Wirklichkeit durch eine wahre Verdoppelung seines Bewußtseins. Auf dem Gipfel dieser Ekstasen, die ihn von Zone zu Zone wie in andere Himmel führten, fühlte er sich manchmal angezogen durch funkelndes Licht, dann untergetaucht in eine blendend weiße Sonne. Von diesen Verzückungen blieb ihm eine unsägliche Zärtlichkeit zurück, eine eigentümliche Kraft. Wie fand er sich da versöhnt mit allen Wesen, in Harmonie mit dem Universum! Was war denn dieses geheimnisvolle Licht, ihm vertrauter und lebendiger als alles andere, das in ihm selbst emporloderte, um ihn in ferne Weiten zu tragen, dessen erste Ausströmungen sich aus den großen Augen seiner Mutter über ihn ergossen hatten und das ihn jetzt durch geheime Vibrationen mit allen Seelen verband? War es nicht der Urquell der Seelen und der Welten?

Er nannte es den himmlischen Vater.

Dieses angeborene Gefühl der Einheit mit Gott im Licht der Liebe, das ist die ursprüngliche, die große Offenbarung Jesu. Eine innere Stimme sagte ihm, dies in seinem tiefsten Innern zu verschließen, aber es sollte sein ganzes Leben durchleuchten. Es gab ihm eine unerschütterliche Gewißheit. Es machte ihn sanft und unüberwindlich. Es machte aus seinem Gedanken einen Demantschild, aus seinem Wort ein Lichtschwert.

Dieses tief verborgene, mystische Leben vereinigte sich beim Jüngling mit einer vollkommenen Klarheit in den Dingen des realen Lebens. Lukas stellt ihn uns dar im Alter von zwölf Jahren, »wachsend in Kraft, Anmut und Weisheit«. Das religiöse Bewußtsein war in Jesus etwas Eingeborenes, ganz Unabhängiges vom äußerlichen Leben. Sein prophetisches, sein Messias-Bewußtsein konnte nur durch einen Anprall von außen erwachen, durch das Schauspiel seiner Zeit, endlich durch eine besondere Initiation und durch lange, innere Arbeit. Spuren davon finden sich in den Evangelien und anderwärts.

Die erste große Gemütserschütterung wurde ihm durch jene erste Reise nach Jerusalem mit seinen Eltern, von welcher Lukas spricht. Diese Stadt, der Stolz Israels, war das Zentrum der jüdischen Bestrebungen geworden. Ihr Unglück hatte die Gemüter nur erhitzt. Man könnte sagen, daß je mehr Gräber sich dort ansammelten, desto mehr Hoffnung ihnen entstieg. Unter den Seleukiden, unter den Makkabäern, durch Pompejus, endlich durch Herodes erlitt Jerusalem furchtbare Belagerungen. Das Blut war in Strömen geflossen: die römischen Legionen hatten das Volk in den Straßen niedergemetzelt; Massenkreuzigungen hatten die Hügel mit Schauerszenen befleckt. Nach solchen Greueln, nach der Demütigung der Besetzung der Stadt durch Rom, nachdem er den Sanhedrin verringert und den Hohenpriester gezwungen hatte, nichts zu sein als ein zitternder Sklave, hatte Herodes wie durch Ironie den Tempel herrlicher wieder aufgebaut als Salomon. Jerushalaim blieb nichtsdestoweniger die heilige Stadt. Hatte nicht Jesaias, den Jesus vorzugsweise las, sie »die Braut« genannt, »vor welcher die Völker niederknien werden?« Er hatte gesagt: »Man wird deine Mauern ›Heil‹ nennen und deine Tore ›Lobgesang‹, und die Völker werden hinwallen zu dem Glanze, der über dir aufstrahlt[108]!« Jerusalem und den Tempel des Jehovah zu sehen war der Traum aller Juden, besonders seit Judäa römische Provinz geworden war. Man kam dahin aus Peräa, Galiläa, Alexandrien und Babylon. Unterwegs, in der Wüste, unter den Palmen, neben den Brunnen sang man Psalmen, seufzte man nach den Vorhöfen des Ewigen, suchte man mit den Augen den Hügel Zions.

Ein seltenes Gefühl der Bedrückung mußte Jesu Seele überkommen, als er bei seiner ersten Pilgerschaft die Stadt erblickte mit ihren ungeheuren Mauern, wie eine dunkle Festung auf dem Berge liegend; als er das römische Amphitheater des Herodes vor ihren Toren sah, den Turm Antonia, welcher den Tempel überragte, die römischen Legionäre, die, den Speer in der Hand, ihn von oben herab bewachten. Er bewunderte die Pracht dieser Marmorhallen, in welchen die Pharisäer in Prunkgewändern wandelten. Er schritt durch den Vorhof der Heiden, durch den Vorhof der Frauen. Er näherte sich mit der Menge der Israeliten dem Tore des Nikanor und dem Geländer, hinter welchem man Priester in violetten und purpurnen, mit Gold und Edelsteinen bedeckten Gewändern den Gottesdienst vor dem Allerheiligsten verrichten sah, Böcke und Stiere schlachtend und das Volk mit dem

Blute benetzend, einen Segen dazu murmelnd. Dies sah nicht dem Tempel seiner Träume und dem Himmel seines Herzens ähnlich.

Dann stieg er hinunter zu den Wohnungen des Volkes in der unteren Stadt. Er sah dort vom Hunger gebleichte Bettler, verängstigte Gesichter, die den Stempel der letzten Bürgerkriege, der Hinrichtungen, der Kreuzigungen trugen. Hinausschreitend durch eines der Stadttore, begann er in den steinigen Tälern umherzuirren, in den schaurigen Schluchten, wo sich die Steinbrüche, die Piscinen, die Grabmäler der Könige befinden, die um Jerusalem einen Gräbergurt schlingen. Dort sah er Besessene aus den Höhlen kommen und Verwünschungen gegen die Lebenden und Toten ausstoßen. Dann, eine breite Treppe hinuntersteigend, kam er zu dem Brunnen von Siloe, der tief war gleich einer Zisterne; da sah er neben einem gelben Gewässer Aussätzige, Gichtbrüchige, mit Schwären bedeckte Unglückliche sich hinschleppen. Ein unwiderstehliches Bedürfnis ließ ihn in die Tiefe ihrer Augen blicken, ihren ganzen Schmerz trinken. Die einen baten ihn um Hilfe; andere waren wie erloschen und ohne Hoffnung, noch andere, stumpf geworden, schienen nicht mehr zu leiden. Doch wieviel Leid war nötig geworden, damit sie so wurden?

Da sagte sich Jesus: Wozu dieser Tempel, diese Priester, diese Hymnen, diese Opfer, wenn sie jene Leiden nicht mildern konnten? Und plötzlich, wie einen von endlosen Tränen geschwellten Strom, fühlte er hinüberfluten in sein Herz die Schmerzen dieser Seelen, dieser Stadt, dieses Volkes, der ganzen Menschheit. Er begriff, daß es nichts war mit einem Glück, das er den andern nicht mitteilen konnte. Diese Blicke, diese verzweifelten Blicke sollten sein Gedächtnis nicht mehr verlassen. Wie eine finstere Braut schritt das menschliche Leid ihm zur Seite und sagte ihm: Ich werde dich nicht mehr verlassen!

Er ging weg, von Traurigkeit und Kummer erfüllt, und während er zu den leuchtenden Gipfeln Galiläas wieder hinaufstieg, entriß sich seinem Herzen dieser tiefe Schrei: »Himmlischer Vater! ... Ich will wissen! Ich will heilen! Ich will erretten!«

Was er wissen wollte, konnte er nur bei den Essäern lernen.

Die Evangelien bewahren ein absolutes Stillschweigen über die Taten und Handlungen Jesu vor seiner Begegnung mit Johannes dem Täufer, nach welcher er, ihrer Wiedergabe gemäß, erst voll in sein Amt eintrat. Aber es ist offenbar, daß diesem kühnen und wohl überlegten Auftreten eine lange Entwicklung und eine wirkliche Einweihung vorangingen. Es ist nicht weniger sicher, daß diese Einweihung in der einzigen Bruderschaft stattfinden mußte, die damals in Israel die wirklichen Traditionen bei sich erhalten hatte, wie auch die Lebensweise der Propheten. Darüber herrscht kein Zweifel bei denjenigen, die über dem Buchstabenglauben und der mechanischen Manie des geschriebenen Dokumentes stehen und es wagen, durch ihren Geist die Verkettung der Dinge zu ergründen. Dies geht nicht nur aus der inneren Übereinstimmung der Lehre Jesu mit derjenigen der Essäer hervor, sondern auch aus dem Schweigen selbst, das Christus und seine Jünger über diese Sekte beobachtet haben. Warum nennt er, der mit beispielloser Freiheit alle religiösen Parteien seinerzeit angreift, niemals die Essäer? Warum auch sprechen die Apostel und die Evangelisten niemals über sie? Offenbar, weil sie sich als zu den Essäern gehörig betrachten, weil sie mit ihnen verbunden sind durch das Gelübde der Mysterien, und weil die Sekte verschmolzen ist mit derjenigen der Christen.

Der Orden der Essäer bildete zu Jesu Zeiten den letzten Überrest jener Genossenschaften von Propheten, die von Samuel organisiert worden waren. Der Despotismus der Herren von Palästina, der Neid einer ehrgeizigen und servilen Geistlichkeit hatten sie in die Einsamkeit und in das Schweigen getrieben. Sie kämpften nicht mehr wie ihre Vorgänger, sie begnügten sich damit, die Tradition lebendig zu erhalten.

Der Orden der Essäer hatte zu Zeiten Jesu zwei Hauptzentren: das eine in Ägypten, am Ufer des Sees Maôris, das andere in Palästina, in Engaddi, am Ufer des Toten Meeres. Der Name »Essäer«, den sie sich gegeben hatten, stammte vom syrischen Wort Asaya, Ärzte, im griechischen Therapeuten, denn ihr einziges, dem

Publikum gegenüber eingestandenes Amt war, physische und moralische Krankheiten zu heilen. »Sie studierten mit großem Eifer«, sagte Josephus, »gewisse medizinische Schriften, die von den verborgenen Eigenschaften der Pflanzen und Mineralien handelten[109].« Einige besaßen die Gabe der Wahrsagung, wie jener Menahem, der Herodes geweissagt hatte, daß er herrschen würde. »Sie dienen Gott«, sagte Philo, »mit großer Frömmigkeit, nicht indem sie ihm Opfer darbringen, sondern indem sie ihren Geist heiligen. Es gibt nicht einen einzigen Sklaven bei ihnen; sie sind alle frei und arbeiten der eine für den anderen[110].« Die Regeln des Ordens waren streng. Um einzutreten, bedurfte es eines einjährigen Noviziats. Wenn man genügende Beweise der Enthaltsamkeit gegeben hatte, wurde man zu den Reinigungen zugelassen, ohne jedoch in Verkehr mit den Meistern des Ordens zu treten. Es bedurfte zwei neuer Prüfungsjahre, um in die Bruderschaft aufgenommen zu werden. Man schwur »mit fürchterlichen Eiden«, die Pflichten des Ordens zu befolgen und keines seiner Geheimnisse zu verraten. Dann nur nahm man teil an den gemeinsamen Mahlzeiten, die mit großer Feierlichkeit begangen wurden und den intimen Kultus der Essäer bildeten. Sie betrachteten das Gewand, das sie bei diesen Mahlzeiten getragen hatten, als heilig und nahmen es ab, bevor sie wieder an die Arbeit gingen. Diese brüderlichen Liebesmahle begannen und endeten mit dem Gebet. Hier gab man die erste Deutung der heiligen Schriften des Moses und der Propheten. Aber in der Erklärung der Texte wie in der Einweihung gab es drei Deutungen und drei Grade. Sehr wenige kamen bis zum höchsten Grad. Alles dies erinnert außerordentlich an die Organisation der Pythagoräer[111], aber es ist sicher, daß sie ungefähr dieselbe war bei den alten Propheten, denn sie findet sich überall, wo die Einweihung bestanden hat. Fügen wir hinzu, daß die Essäer sich zu dem wesentlichen Dogma der orphischen und pythagoräischen Lehre bekannten, demjenigen der Präexistenz der Seele, dieser Folge und Ursache ihrer Unsterblichkeit. »Die Seele«, sagten sie, »vom subtilsten Äther heruntergestiegen und zum Körper hingezogen durch einen natürlichen Reiz, bleibt daselbst wie in einem Gefängnis; befreit von den Fesseln des Körpers wie von einer langen Gefangenschaft, fliegt sie mit Freuden davon.« (Josephus, A. S. II 8.)

Bei den Essäern lebten die wirklichen Brüder in der Gütergemeinschaft und im Zölibat, an entlegenen Orten die Erde bebauend, manchmal fremde Kinder erziehend. Was die verheirateten Essäer betrifft, so bildeten sie eine Art weltlichen Orden, der dem anderen angeschlossen und untergeordnet war. Schweigsam, sanft und ernst, sah man sie hier und dort friedliche Handwerke verrichten. Man fand unter ihnen Weber, Tischler, Winzer oder Gärtner, niemals Waffenschmiede oder Händler. In kleinen Truppen durch ganz Palästina, Ägypten und bis zum Berg Horeb verstreut, pflegten sie untereinander die vollkommenste Gastfreundschaft. So sehen wir Jesus und seine Jünger von Stadt zu Stadt, von Provinz zu Provinz reisen, immer sicher, ein Obdach zu finden. »Die Essäer«, sagt Josephus, »waren von musterhafter Sittlichkeit; sie bemühten sich, jede Leidenschaft und jede Zornesregung zu unterdrücken; sie waren immer wohlwollend in ihren Beziehungen, friedlich, vertrauensvoll. Ihr Wort hatte mehr Gewicht als ein Schwur; deshalb betrachteten sie den Schwur im gewöhnlichen Leben als etwas Unnützes und als einen Meineid. Sie ertrugen mit wunderbarer Seelenkraft und mit einem Lächeln auf den Lippen die grausamsten Foltern eher, als daß sie sich der geringsten Übertretung einer religiösen Vorschrift schuldig gemacht hätten.«

Gleichgültig gegenüber dem äußeren Pomp des Kultus von Jerusalem, zurückgestoßen von der sadduzäischen Härte, dem pharisäischen Hochmut, dem Pedantismus und der Trockenheit der Synagoge, wurde Jesus von den Essäern durch natürliche Wahlverwandtschaft angezogen[112]. Der vorzeitige Tod Josefs gab dem zum Mann gewordenen Sohn der Maria vollkommene Freiheit. Seine Brüder konnten das Handwerk des Vaters fortsetzen und das Haus unterstützen. Seine Mutter ließ ihn im geheimen nach Engaddi ziehen. Wie ein Bruder aufgenommen und wie ein Auserwählter begrüßt, erlangte er bald selbst über seine Lehrer einen unbestreitbaren geistigen Einfluß durch seine überlegenen Fähigkeiten, seine glühende Barmherzigkeit und das gewisse »Göttliche«, das über seinem ganzen Wesen lag. Aber er erhielt von ihnen das, was die Essäer allein ihm geben konnten: die esoterische

Überlieferung der Propheten und damit seine eigene geschichtliche und religiöse Richtung. – Er sah, welcher Abgrund die offizielle jüdische Lehre von der uralten Weisheit der Eingeweihten trennte, dieser wahren Mutter der Religionen, die immer verfolgt wird vom Satan, d. h. dem Geist des Bösen, dem Geist des Egoismus, des Hasses und der Verneinung, der mit der absoluten politischen Gewalt und der Heuchelei der Geistlichkeit vereint ist. – Er lernte, daß die Genesis, unter dem Siegel ihres Symbolismus, eine Theogonie und Kosmogonie enthält, die vom buchstäblichen Sinn so entfernt sind, wie es die kindlichste Fabel von der tiefsten Wissenschaft ist. – Er betrachtet die Tage Elohims oder die ewige Schöpfung in der Emanation der Elemente und der Bildung der Welten; den Ursprung der webenden Seelen und ihre Rückkehr zu Gott durch die aufeinanderfolgenden Existenzen oder die Generationen Adams. – Er war ergriffen von der Größe des Gedankens des Moses, der die religiöse Einheit der Völker hatte vorbereiten wollen, indem er den Kultus des einzigen Gottes schuf und diesen Gedanken in einem Volk verkörperte.

Man teilte ihm dann die Lehre des göttlichen Wortes mit, die in Indien schon gelehrt worden war durch Krishna, in Ägypten durch die Priester des Osiris, in Griechenland durch Orpheus und Pythagoras und die auch den Propheten bekannt war unter dem Namen des Mysteriums des Menschensohnes und des Gottessohnes. Dieser Lehre gemäß ist die höchste Offenbarung Gottes der Mensch, der durch seine Konstitution, seine Form, seine Organe und seine Konstitution, seine Form, seine Organe und seine Intelligenz das Bild des ewigen Wesens ist und dessen Fähigkeiten in sich schließt. Aber in der irdischen Evolution der Menschheit ist Gott wie verstreut, zerteilt und zerstückelt in der Mannigfaltigkeit der Menschen und der menschlichen Unvollkommenheit. Er leidet, er sucht, er ringt in ihr; er ist der Menschensohn. Der vollendete Mensch, der urbildliche Mensch, welcher der tiefste Gedanke Gottes ist, bleibt verborgen in der unergründlichen Tiefe seines Wollens und seiner Macht. Zu gewissen Zeiten jedoch, wenn es sich darum handelt, die Menschheit einem Abgrund zu entreißen, sie zu erheben, um sie eine Stufe höher hinaufzuführen, verschmilzt ein Auserwählter mit der Gottheit, zieht die Gottheit an sich heran durch die Kraft, die Weisheit und die Liebe und offenbart sie wiederum den Menschen. Dann ist sie vollkommen in ihm offenbar durch das Wesen und Wirken des Geistes; der Menschensohn wird Gottessohn und sein lebendiges Wort. Zu anderen Zeiten und bei anderen Völkern hatte es schon Gottessöhne gegeben; aber seit Moses war keiner in Israel erstanden. Alle Propheten warteten auf diesen Messias. Die Seher sagten sogar, daß er dieses Mal der Sohn des Weibes heißen würde, der himmlischen Isis, der göttlichen Leuchtkraft, welche die Gemahlin Gottes ist, weil in ihm das Licht der Liebe stärker strahlen würde als jedes andere, mit einer der Erde bis dahin noch unbekannten blendenden Helle.

Diese verborgenen Dinge, die der Patriarch der Essäer dem jungen Galiläer auf dem wüsten Strand des Toten Meeres enthüllte, in der Einsamkeit des Engaddi, schienen ihm zugleich wunderbar und bekannt. Seltsam ergriffen war er, als ihm das Haupt des Ordens die Worte zeigte und deutete, die man noch heute im Buch Henoch liest: »Seit dem Anbeginn war der Menschensohn im Mysterium. Der Höchste bewahrte ihn in seiner Herrlichkeit und offenbarte ihn seinen Auserwählten ... Aber die Könige werden erschrecken und ihr Antlitz zur Erde wenden, und das Entsetzen wird sie ergreifen, wenn sie sehen werden den Sohn des Weibes, sitzend auf dem Thron seiner Herrlichkeit ... Dann wird der Auserwählte rufen alle Gewalten des Himmels, alle Heiligen von oben und die Macht Gottes. Dann werden die Cherubim, die Seraphim, die Ophanim, alle Engel des Herrn, das heißt, des Auserwählten und der anderen Kraft, die, welche auf der Erde und Intelligenz, das über den Wassern dienen, ihre Stimme erheben[113].«

Bei diesen Offenbarungen flammten die hundertmal wiedergelesenen und meditierten Worte der Propheten mit neuem, tiefem und schrecklichem Licht, wie Blitze in der Nacht, vor den Augen des Nazaräers auf. Wer war denn dieser Auserwählte und wann würde er in Israel kommen?

Jesus blieb eine Reihe von Jahren bei den Essäern. Er unterwarf sich ihrer Disziplin, er studierte mit ihnen die Geheimnisse der Natur und übte die okkulte Therapeutik aus. Er läuterte vollkommen seine Sinne, um seinen Geist zu entwickeln. Kein Tag verging, ohne daß er über die Geschicke der Menschen meditierte und sich selbst prüfte. Es war eine inhaltsschwere Nacht für den Orden der Essäer und für seinen neuen Adepten, als er, im tiefsten Geheimnis, die höchste Initiation des vierten Grades erhielt, diejenige, die man nur im besonderen Fall einer prophetischen Mission erhielt, die vom Bruder gewollt und von den Ältesten bestätigt wurde. Man versammelte sich in einer ins Innere des Berges gehauenen Grotte, die einem weiten Saal ähnlich war, mit einem Altar und steinernen Sitzen. Das Haupt des Ordens war da mit einigen Ältesten. Manchmal wurden zwei oder drei Essäerinnen, initiierte Prophetinnen, gleichfalls zur geheimnisvollen Zeremonie zugelassen. Fackeln und Palmen tragend grüßten sie den neuen, in weiße Linnen gehüllten Eingeweihten »als den Gatten und den König«, den sie vorausgeahnt hatten und den sie vielleicht zum letztenmal sahen! Dann reichte ihm das Haupt des Ordens, gewöhnlich ein hundertjähriger Greis (Josephus sagt, daß die Essäer sehr lange lebten), den goldenen Kelch, das Symbol der höchsten Initiation, der den Wein von der Rebe des Herrn enthielt, das Symbol der göttlichen Inspiration. Einige sagten, daß Moses mit den Siebzig aus ihm getrunken hätte, der diese gleiche Einweihung von Melchisedek erhalten hätte, unter dem Zeichen des Brotes und des Weines[114]. Niemals reichte der Älteste den Kelch einem anderen Menschen als einem solchen, in dem er mit Sicherheit die Zeichen einer prophetischen Mission erkannt hatte. Aber keiner konnte es vorher sagen, worin diese Mission bestehe; er mußte sie in sich selbst finden. Denn so ist das Gesetz der Initiierten: nichts von außen, alles durch das Innere. Von nun an war er frei, Herr seiner Handlungen, losgelöst vom Orden, selbst ein Hierophant, dem Atem des Geistes überlassen, der ihn in den Abgrund stürzen oder zu den Gipfeln tragen konnte, hinüber über die Zone der Stürme und des Schwankens.

Als nach den Gesängen, den Gebeten, den feierlich abschließenden Worten des Ältesten, der Nazaräer den Kelch ergriff, lief zitternd ein fahler Strahl der Morgenröte, der durch eine Krümmung des Berges hineindrang, über die weißen Gewänder der jungen Essäerinnen. Auch sie erzitterten, als er auf den bleichen Galiläer fiel. Denn eine große Traurigkeit lag auf seinem schönen Gesicht. Ging sein verlorener Blick zu den Kranken von Siloe und in den Abgrund dieses Leides, das er nie aus dem Augen verlor, sah er schon seinen Weg?

In jenen Zeiten predigte Johannes der Täufer an den Ufern des Jordan. Er war kein Essäer, aber ein volkstümlicher Prophet vom starken Stamme des Juda. Durch rauhe Frömmigkeit in die Wüste getrieben, hatte er dort das härteste Leben geführt in Gebet, in Fasten und Kasteiungen. Auf seiner nackten, sonnenverbrannten Haut trug er als Büßerhemd ein Gewand aus Kamelhaaren als Zeichen der Buße, die er seinem Volk und sich auferlegen wollte. Denn tief fühlte er das Elend Israels und wartete auf die Erlösung. Der jüdischen Anschauung gemäß stellte er sich vor, daß der Messias bald kommen würde wie ein Rächer und wie ein Richter, daß er, ein neuer Makkabäus, das Volk aufrütteln, die Römer verjagen, alle Schuldigen strafen, dann triumphierend in Jerusalem einziehen und dort über alle Völker das Reich Israels wiederherstellen würde im Frieden und in der Gerechtigkeit. Er verkündete allem Volk das nahe Kommen dieses Messias; er fügte hinzu, daß man sich dazu vorbereiten müsse durch die Reue des Herzens. Die Sitte der Reinigungen hatte er den Essäern entlehnt, sie nach seiner Art umgewandelt und danach die Taufe im Jordan eingeführt als ein sichtbares Symbol, als einen augenfälligen Ausdruck der inneren Reinigung, die er verlangte. Diese neue Zeremonie, diese feurigen Predigten vor ungezählten Menschen im Bereich der Wüste gegenüber den heiligen Wassern des Jordan, zwischen den strengen Linien der Berge Judäas und Peräas, wirkte mächtig auf die Einbildungskraft und zog die Massen an. Sie erinnerte an die glorreichen Tage der alten Propheten; sie gab dem Volk, was es im Tempel nicht finden konnte: die innere Erschütterung und nach den Schrecken der Reue eine ins Unbestimmte und Ungeheure verlaufende Hoffnung. Man kam herbei von allen Seiten Palästinas und selbst aus ferneren Gegenden, um den Heiligen der Wüste zu hören, der den Messias verkündete. Seine Verkündigungen zogen Volksmengen an, die dort wochenlang lagerten, um ihn jeden Tag zu hören, und die nicht mehr weggehen wollten in der Erwartung, daß der Messias erscheinen würde. Viele verlangten, unter seiner Führung die Waffen zu ergreifen, um den heiligen Krieg wieder zu beginnen. Herodes Antipas und die Priester Jerusalems begannen diese Volksbewegung zu fürchten. Die Zeichen der Zeit waren übrigens ernst.

Tiberius, vierundsiebzig Jahre alt, endete sein Leben in den Ausschweifungen von Caprea; Pontius Pilatus verdoppelte seine Gewalttätigkeiten gegen die Juden; in Ägypten hatten Priester verkündet, daß der Phönix aus seiner Asche wieder auferstehen würde[115].

Jesus, der seine prophetische Sendung innerlich wachsen fühlte, aber seinen Weg noch suchte, kam nun selbst in die Wüste des Jordans mit einigen essäischen Brüdern, die ihm schon als einem Meister folgten.

Er wollte den Täufer sehen, ihn hören und sich der öffentlichen Taufe unterziehen. Er wünschte seine Wirksamkeit zu beginnen mit einem Akt der Demut und der Ehrfurcht gegenüber dem Propheten, der seine Stimme gegen die Mächte des Tages zu erheben wagte und Israels Seele aus ihrem Schlummer rüttelte.

Er sah den Asketen in rauher Männlichkeit, mit langem Haupthaar, den Seherkopf löwenähnlich, auf einer primitiven Holzkanzel stehen unter einem rohgezimmerten, mit Laubwerk und Ziegenhäuten bedeckten Dach. Um ihn herum, zwischen den mageren Sträuchern der Wüste sah er eine ungezählte Menge, ein ganzes Lager: Zöllner, Soldaten des Herodes, Samariter, Leviten aus Jerusalem, Idumäer mit ihren Schafherden, sogar Araber mit ihren Kamelen, Zelten und Karawanen, hier festgehalten durch die »Stimme, die in der Wüste widerhallt«. Und diese Donnerstimme rollte dahin über die Mengen. Sie sagte: »Tut Buße, bereitet die Wege des Herrn, ebnet seine Pfade.« Er nannte die Pharisäer und Sadduzäer »ein Otterngezücht«. Er fügte hinzu, daß »die Axt schon an die Wurzel der Bäume gelegt sei«, und er sagte vom Messias: »Ich taufe euch nur mit Wasser, aber er wird euch mit Feuer taufen.« Dann, gegen Sonnenuntergang, sah Jesus die Volksmengen sich zu einem Krug drängen am Ufer des Jordan und Söldner von Herodes, Räuber, ihren rauhen Nacken beugen unter das Wasser, das der Täufer ausgoß. Er näherte sich selbst. Johannes kannte Jesus nicht, er wußte nichts von ihm, aber er erkannte den Essäer an seinem leinenen Kleid. Er sah ihn, verloren unter der Menge, bis zu den Hüften ins Wasser steigen und sich demütig neigen, um die Taufe zu empfangen.

Als sich der Neophyt erhob, begegneten sich der furchtbare Blick des Predigers und der Blick des Galiläers. Der Mann der Wüste erbebte unter diesem Strahl von wunderbarer Sanftmut und unwillkürlich entfuhren ihm diese Worte: »Wärst du der Messias[116]?« – Der geheimnisvolle Essäer antwortete nichts; das nachdenkliche Haupt neigend und die Arme auf der Brust kreuzend, bat er den Täufer um seinen Segen. Johannes wußte, daß das Schweigen das Gesetz der Essäer-Novizen ist. Er streckte feierlich seine beiden Hände aus; dann verschwand der Nazaräer mit seinen Gefährten in dem Schilf des Flusses.

Der Täufer sah ihn wegziehen mit einem Gemisch von Zweifel, heimlicher Freude und tiefer Wehmut. Was waren seine Wissenschaft und seine prophetische Hoffnung neben dem Licht, das er in den Augen des Unbekannten erblickt hatte, einem Licht, das sein ganzes Wesen zu durchleuchten schien? Oh, wenn der junge und schöne Galiläer der Messias gewesen war, dann hatte er die Freude seiner Tage gesehen! Aber seine Rolle war zu Ende, seine Stimme mußte verstummen. Von diesem Tag an begann er mit tieferer und bewegterer Stimme über dieses melancholische Thema zu sprechen: »Es ist an der Zeit, daß er aufgehe und daß ich niedergehe.« Er begann die Mattigkeit und Traurigkeit der alten Löwen zu verspüren, die zu müde sind, ihre Stimme zu erheben, und sich schweigend hinlegen, um den Tod zu erwarten.

Sollte er der Messias sein? – Die Frage des Täufers hallte auch in Jesu Seele wider. Seit dem Erwachen seines Bewußtseins hatte er Gott in sich selbst und die Gewißheit des himmlischen Reiches in der strahlenden Schönheit seiner Visionen gefunden. Dann war der schreckliche Schrei des menschlichen Elends in seinem Herzen erschallt. Wie aber die Kraft finden, sie dem Abgrund zu entreißen? Da plötzlich fiel der direkte Ruf Johannes des Täufers in seine Meditation wie der Donner des Sinai. – Wäre er der Messias?

Jesus konnte diese Frage nur beantworten, indem er sich in das tiefste Innere seines Selbst zurückzog. Daher diese Einsamkeit, dieses Fasten während vierzig Tagen, das Matthäus in der Form einer symbolischen Legende zusammenfaßt. Die Versuchung stellt in der Tat in Jesu Leben die große Krisis dar und dieses höchste Schauen der Wahrheit, durch welches alle Propheten, alle religiösen Initiatoren notwendig durchgehen müssen, bevor sie ihr Werk beginnen.

Oberhalb Engaddis führt ein steiler Pfad in eine Grotte, die sich in der Mauer des Berges öffnete. Man trat da hinein zwischen zwei dorischen Säulen, die in den rohen Stein gehauen waren, ähnlich denjenigen der Zufluchtsstätte der Apostel im Tal Josaphats. Dort blieb man über dem steilen Abgrund hängen, wie in einem Adlernest. In der Tiefe einer Schlucht erblickte man Weinberge, menschliche Behausungen; in der Ferne das schwarze Meer, unbeweglich und grau, und die öden Berge von Moab. Die Essäer hatten diese Zufluchtsstätte für diejenigen Brüder hergestellt, die sich der Prüfung der Einsamkeit unterziehen wollten. Man fand dort mehrere Rollen der Propheten, stärkende Kräuter, trockene Feigen und einen Wasserstrahl, einige Nahrung des meditierenden Asketen. Jesus zog sich dorthin zurück.

Er sah zunächst in seinem Geist die ganze Vergangenheit der Menschheit. Er prüfte den Ernst der Stunde. Rom war Siegerin; mit ihr das, was die persischen Magier das Reich Ahrimans, was die Propheten das Reich Satans genannt hatten, das Zeichen des Tieres, die Apotheose des Bösen. Finsternis umhüllte die Menschheit, diese Seele der Erde. – Das Volk Israel hatte von Moses die königliche und priesterliche Mission erhalten, die männliche Religion des Vaters, des reinen Geistes darzulegen, sie den anderen Nationen zu lehren und sie zum Triumph zu führen. Hatten seine Könige und Priester diese Mission erfüllt? Die Propheten, die allein ein Bewußtsein davon hatten, antworteten mit einer Stimme: Nein! Israel kämpft seinen Todeskampf in der Umarmung Roms. Sollte man zum hundertsten Male einen Aufstand wagen, wie ihn die Pharisäer träumten, eine Wiederherstellung der zeitlichen Herrschaft Israels durch die Stärke? Sollte er als Sohn Davids auftreten und mit Jesaias ausrufen: »Ich werde die Völker in meinem Zorn niedertreten und sie betäuben in meiner Empörung, und ihre Stärke werde ich niederwerfen?« Sollte er ein neuer Makkabäus sein und sich zum Hohepriesterkönig ernennen lassen? Jesus konnte es wagen. Er hatte die Volksmengen gesehen, die bereit waren, sich auf den Ruf Johannes des Täufers zu erheben, und die Kraft, die er in sich selbst fühlte, war noch viel größer! Würde aber die Gewalt durch die Gewalt überwunden werden? Würde das Schwert der Herrschaft des Schwerts ein Ende machen? Hieß das nicht neuen Zuwachs den Mächten der Finsternis geben, die auf ihr Opfer lauerten?

Sollte man nicht vielmehr allen jene Wahrheit zugänglich machen, die bis dahin das Privilegium einiger Heiligtümer und weniger Eingeweihter gewesen war, ihnen die Herzen eröffnen in Erwartung der Zeiten, wo sie in den Verstand dringen würde durch die innere Offenbarung und durch die Wissenschaft, d. h. das Reich Gottes den Geringen predigen, die Herrschaft der Gnade an Stelle der Herrschaft des Gesetzes verkünden, die Menschheit umwandeln durch das Innere und den Wesenskern, durch die Wiedererneuerung der Seelen?

Wem aber würde der Sieg zufallen? Satan oder Gott? Dem Geist des Bösen, der mit den furchtbaren Mächten der Erde herrscht, oder dem göttlichen Geist, der in den unsichtbaren himmlischen Heerscharen herrscht und in dem Herzen des Menschen schläft wie der Funke im Stein? Welches würde das Los des Propheten sein, der es wagen würde, den Vorhang des Tempels zu zerreißen, um die Leere des Heiligtums zu zeigen, Herodes und Cäsar zugleich zu trotzen?

Und doch war es notwendig! Die innere Stimme sprach nicht zu ihm wie zu Jesaias: »Nimm ein großes Buch und schreibe darauf mit menschlicher Feder!« Die Stimme des Ewigen rief: »Steh auf und sprich!« Es handelte sich darum, das lebendige Wort zu finden, den Glauben, der die Berge versetzt, die Kraft, die Festungen zerbricht.

Jesus begann inbrünstig zu beten. Da wurde er von Bangigkeit, von steigender Verwirrung ergriffen. Ihm war, als ob er der wunderbaren Seligkeit verlustig ginge, deren er teilhaftig gewesen, als ob er in einem finsteren Abgrund versänke. Eine schwarze Wolke umhüllte ihn. In dieser Wolke bewegten sich Schatten jeglicher Art. Er erkannte darin die Gestalten seiner Brüder, seiner essäischen Meister, seiner Mutter. Die Schatten sprachen zu ihm, einer nach dem andern: »Unsinniger, der das Unmögliche will! Du weißt nicht, was dich erwartet. Entsage!« Die unbezwingliche innere Stimme antwortete: »Es muß sein!« Er kämpfte so während einer Reihe von Tagen und Nächten, bald aufrecht, bald kniend, bald niedergeworfen. Und immer tiefer wurde der Abgrund, in den er stieg, immer dichter die Wolken um ihn. Er hatte die Empfindung, sich etwas Schrecklichem und Unsagbarem zu nähern.

Endlich trat er in den Zustand hellseherischer Ekstase, der ihm eigen war, wo das tiefere Bewußtsein wach wird, mit dem lebendigen Geist der Dinge in Verbindung tritt und auf die durchsichtige Leinwand des Traumes Bilder der Vergangenheit und Zukunft entwirft. Die äußere Welt verschwindet, die Augen schließen sich. Der Seher betrachtet die Wahrheit in dem Lichte, das sein Wesen erfüllt und aus seiner Vernunft eine Leuchtquelle macht.

Der Donner rollte, der Berg erzitterte bis in seinen Grund. Ein Wirbelwind, der aus den Tiefen kam, trug den Seher zum Gipfel des Tempels von Jerusalem. Dächer und Türme erglänzten in den Lüften wie ein Wald von Gold, und Wolken von Weihrauch entströmten allen Altären und wirbelten zu den Füßen Jesu. Das Volk in Festgewändern erfüllte die Vorhöfe; herrliche Frauen sangen für ihn glühende Liebeshymnen. Posaunen ertönten, und hunderttausend Stimmen riefen: »Ehre dem Messias, dem König Israels!« – »Du wirst der König sein, wenn du mich anbetest!« sprach eine Stimme von unten. – »Wer bist du?« sagte Jesus.

Wieder trug ihn der Wind davon, durch die Weiten, zum Gipfel eines Berges. Zu seinen Füßen breiteten sich die Königreiche der Erde aus in goldigem Schein. »Ich bin der König der Geister und der Fürst der Erde«, sagte die Stimme von unten. – »Ich weiß, wer du bist«, sagte Jesus, »deine Formen sind unzählig, dein Name ist Satan. Erscheine in deiner irdischen Form.« –Die Gestalt eines gekrönten Monarchen erschien, thronend auf einer Wolke. Ein fahler Lichtschein umgab sein fürstliches Haupt. Die dunkle Erscheinung hob sich von einem blutigen Hintergrund ab; das Antlitz war blaß, und der Blick war wie das Zucken eines Beils. Er sprach: »Ich bin Cäsar. Beuge dich nieder vor mir, und ich werde dir alle diese Königreiche geben.« – Jesus sagte zu ihm: »Hinweg, Versucher! Du sollst nur den Ewigen, deinen Gott, anbeten.« Alsbald verschwand die Erscheinung.

Wiederum allein in der Höhle von Engaddi, sprach Jesus: »Durch welches Zeichen werde ich über die Mächte der Erde siegen?« – »Durch das Zeichen des Menschensohnes«, sagte eine Stimme von oben. – »Zeige uns dieses Zeichen«, sprach Jesus.

Ein strahlendes Gestirn erschien am Horizont. Es hatte vier Sterne im Zeichen des Kreuzes. Der Galiläer erkannte das Zeichen der alten Einweihungen, die in Ägypten üblich und von den Essäern bewahrt waren. In der Kindheit der Welt hatten es die Söhne Japhets angebetet als das Zeichen des irdischen und himmlischen Feuers, das Zeichen des Lebens mit all seinen Freuden, der Liebe mit all ihren Wundern. Später hatten die ägyptischen Eingeweihten in ihm das Symbol des großen Mysteriums gesehen, die von der Einheit überragte Dreiheit, das Bild vom Opfer des unsagbaren Wesens, das sich selbst zerbricht, um sich in den Welten zu offenbaren. Zugleich ein Symbol des Lebens, des Todes und der Auferstehung, bedeckte es Totengrüfte, Gräber, unzählige Tempel. Das herrliche Kreuz wuchs und kam näher, wie angezogen vom Herzen des Sehers. Die vier lebendigen Sterne flammten auf und wurden zu machtvollen, glorreichen Sonnen. »Dies ist das magische Zeichen des Lebens und der Unsterblichkeit«, sagte die himmlische Stimme. »Die Menschen haben es einst besessen; sie haben es verloren. Willst du es ihnen wiedergeben?« – »Ich will es«, sagte Jesus. – »Dann sieh her, dies ist dein Schicksal.«

Jählings verlöschten die vier Sterne. Es wurde Nacht. Ein unterirdischer Donner ließ die Berge erzittern, und aus der Tiefe des Toten Meeres stieg ein dunkler Berg, überragt von einem schwarzen Kreuz. Ein mit dem Tode ringender Mensch war daran angenagelt. Eine dämonische Volksmenge bedeckte den Berg und heulte mit höllischem Hohngelächter: »Bist du der Messias, so rette dich!« – Der Seher öffnete die Augen weit, dann fiel er jäh zurück, kalter Schweiß rieselte von ihm nieder, denn dieser gekreuzigte Mann war er selbst ... Er hatte verstanden. Um zu siegen, mußte er eins werden mit diesem schrecklichen Doppelwesen, das er beschworen und wie ein unheilvolles Fragezeichen vor sich hingestellt hatte. Schwebend in seiner Ungewißheit wie in der Leere des unendlichen Raumes, fühlte Jesus zugleich die Folter des Gekreuzigten, die Schmähungen der Menschen und das tiefe

Schweigen des Himmels. »Du kannst es ergreifen oder zurückstoßen«, sagte die himmlische Stimme. Schon zitterte die Erscheinung stellenweise, und das gespenstische Kreuz mit dem Gekreuzigten begann zu verblassen, als plötzlich Jesus neben sich alle Kranken des Brunnens von Siloe wieder erblickte, hinter ihnen einen langen Zug von verzweifelten Seelen, die alle mit gefalteten Händen murmelten: »Ohne dich sind wir verloren. Rette uns, du, der du zu lieben verstehst!« Da richtete sich der Galiläer langsam auf, und voll Liebe seine Arme öffnend, rief er aus: »Mir das Kreuz! Und möge die Welt gerettet sein!« Alsbald fühlte Jesus einen großen Riß in all seinen Gliedern und stieß einen furchtbaren Schrei aus ... Zugleich stürzte der schwarze Berg ein, das Kreuz versank; ein mildes Licht, eine göttliche Seligkeit strömten durch den Seher, und in den blauen Himmelshöhen zog eine triumphierende Stimme durch die Unendlichkeit, rufend: »Satan ist nicht mehr Herr! Der Tod ist überwunden! Ehre dem Menschensohn! Ehre dem Gottessohn!«

Als Jesus von dieser Vision erwachte, war um ihn herum nichts geändert: die aufgehende Sonne vergoldete die Felsenwände der Grotte von Engaddi, ein Tau, so warm wie Tränen engelhafter Liebe, netzte seine schmerzenden Füße, und wallende Nebel stiegen vom schwarzen Meere auf. Aber er war nicht mehr derselbe. Ein entscheidender Vorgang war in der unergründlichen Tiefe seines Bewußtseins vor sich gegangen. Er hatte das Rätsel seines Lebens gelöst, er hatte den Frieden erlangt, eine große Sicherheit hatte sich seiner bemächtigt. Aus dem Bruch seines irdischen Wesens, das er mit Füßen getreten und in den Abgrund geworfen hatte, war ein neues, strahlendes Bewußtsein hervorgegangen. Er wußte, daß er der Messias geworden war durch einen unwiderruflichen Akt seines Willens.

Bald danach stieg er hinunter ins Dorf der Essäer. Er erfuhr, daß Johannes der Täufer eben von Antipas ergriffen und in die Festung von Makeru eingekerkert worden war. Statt sich über dieses Vorzeichen zu erschrecken, sah er darin ein Zeichen, daß die Zeiten reif seien und daß nun seine Reihe gekommen war, um zu handeln. Er verkündete also den Essäern, daß er in Galiläa »das Reich der Himmel« predigen würde. Das bedeutete: vor den Geringen den Schleier der großen Mysterien aufzuheben, ihnen die Lehre der Eingeweihten zu deuten. Eine solche Kühnheit war nicht dagewesen seit den Zeiten, wo Sakia Muni, der letzte Buddha, von unendlichem Erbarmen ergriffen, an den Ufern des Ganges gepredigt hatte. Dasselbe unsägliche Mitleid mit der Menschheit lebte in Jesus. Er fügte dazu ein inneres Licht, eine Kraft der Liebe, eine Größe des Glaubens und eine Energie des Handelns, die nur ihm eigen waren. Aus der Tiefe des Todes, den er im voraus erforscht und gekostet hatte, brachte er seinen Brüdern die Hoffnung und das Leben.

Das öffentliche Leben Jesu – Unterweisung des Volkes und esoterischer Unterricht – Die Wunder – Die Apostel, die Frauen

Ich habe bis jetzt versucht, jenen Teil des Lebens Jesu, den die Evangelien im Dunkel lassen oder mit dem Schleier der Legende umhüllen, durch sein eigenes Licht zu erhellen. Ich habe gesagt, durch welche Einweihung, durch welche Seelen- und Gedankenentwicklung der große Nazaräer zum Bewußtsein seiner messianischen Sendung gekommen ist. Kurz, ich habe versucht, die innere Genesis des Christus wiederaufleben zu lassen. Ist diese Genesis einmal erkannt, wird der Rest meiner Aufgabe leichter sein. Das öffentliche Leben Jesu ist in den Evangelien erzählt. In diesen Erzählungen weicht einzelnes von anderem ab, es finden sich Widersprüche, künstliche Zusammenfügungen. Die Legende, die gewisse Mysterien verhüllt oder vergröbert, erscheint noch hier und da; aber dem Ganzen entströmt eine solche Einheit des Gedankens und der Tat, ein so machtvoller und eigenartiger Charakter, daß sie uns unwillkürlich besiegen: so spricht nur die Wirklichkeit, das Leben. Nicht zweimal werden diese unnachahmlichen Erzählungen gemacht, die in ihrer kindlichen Einfachheit und symbolischen Schönheit mehr sagen als alle Auseinanderlegungen. Was aber heute getan werden muß, ist, das Licht der esoterischen Überlieferung und Lehre über das Wirken Jesu zu gießen, den Sinn und die transzendente Tragweite seiner doppelten Lehrart zu zeigen.

Was war das gewaltige Neue, das er brachte, der von den Ufern des Toten Meeres zu seiner galiläischen Heimat zurückkehrte, um dort das Evangelium des Reiches zu predigen? Wodurch konnte er das Antlitz der Welt erneuern? Der Gedanke der Propheten war in ihm erfüllt. Stark durch die volle Hingabe seines Wesens kam er, um die Menschen teilnehmen zu lassen an jenem Gottesreich, das er in seinen Meditationen und Kämpfen, in seinen unendlichen Schmerzen und grenzenlosen Freuden errungen hatte. Er kam, um den Schleier zu zerreißen, den die alte Religion des Moses über das Jenseits geworfen hatte. Er kam, um zu sagen: »Glaubt, liebt, handelt, auf daß die Hoffnung die Seele eurer Handlungen sei. Jenseits dieser Erde gibt es eine Welt der Seelen, ein vollkommeneres Leben. Ich weiß es, ich komme von daher, und ich werde euch dahin führen. Aber es genügt nicht, sich danach zu sehnen. Um das Reich der Seele zu erringen, müßt ihr anfangen, es hier unten zu verwirklichen, zunächst in euch selbst, dann in der ganzen Menschheit. Wodurch? Durch die Liebe, durch die mildtätige Barmherzigkeit.«

So kam denn der junge Prophet nach Galiläa. Er sagte nicht, daß er der Messias sei, aber er diskutierte über das Gesetz und die Propheten in den Synagogen. Er predigte am Ufer des Sees Genezerath, in den Barken der Fischer, neben den Brunnen in den grünen Oasen, die damals in großer Anzahl zwischen Kapernaum, Bethsaida und Korazim lagen. Er heilte die Kranken durch Auflegen seiner Hände oder durch einen Blick, durch einen Befehl, manchmal nur durch seine Gegenwart. Menschenmassen folgten ihm; schon hatten sich zahlreiche Jünger ihm angeschlossen. Er wählte sie aus den Männern des Volkes, den Fischern, den Zöllnern. Denn er wollte schlichte und jungfräuliche, glühende und gläubige Seelen, und er bemächtigte sich ihrer mit unwiderstehlicher Gewalt. Er wurde in seiner Wahl durch jene Hellsehergabe gelenkt, die den Männern der Tat, aber besonders den religiösen Initiatoren eigen ist. Ein Blick genügte ihm, um eine Seele zu ergründen. Er brauchte keinen anderen Beweis, und wenn er sagte: »Folge mir!«, so folgte man ihm. Durch ein Zeichen seiner Hand rief er die Schüchternen, die Zögernden zu sich heran und sagte ihnen: »Kommet her zu mir alle, die ihr beladen seid, ich will euch erquicken. Mein Joch ist sanft, und meine Last ist leicht[117].« Er erriet die geheimsten Gedanken der Menschen, die verwirrt, beschämt, ihren Meister erkannten. Manchmal begrüßte er in der Ungläubigkeit den geraden Sinn. Als Nathanael gesagt hatte: »Was kann aus Nazareth Gutes kommen?« antwortete Jesus: »Dies ist ein echter Israelit, in dem kein Falsch ist[118].« Von seinen Adepten verlangte er weder Schwur noch Glaubenserklärung, sondern nur, daß man ihn liebte, an ihn glaubte. Er setzte die Gütergemeinschaft in die Praxis um, aber nicht als absolute Regel, sondern als Bruderschaftsprinzip zwischen den Seinen.

Auf diese Art fing Jesus an, in seiner kleinen Gruppe das Reich des Himmels zu verwirklichen, das er auf Erden gründen wollte. Die Bergpredigt gibt uns ein Bild dieses im Keim vorgebildeten Reiches und eine zusammengedrängte Fassung der volkstümlichen Unterweisung Jesu. Auf dem Gipfel des Hügels sitzt der Meister; die künftigen Eingeweihten gruppieren sich zu seinen Füßen; unten, dicht gedrängt, lauscht das Volk gierig auf die Worte, die von seinem Mund kommen. Was verkündet der neue Schriftgelehrte? Das Fasten? Die Kasteiung? Die öffentliche Buße? Nein, er sagt: »Selig sind, die da betteln um Geist, denn das Reich der Himmel gehört ihnen; selig sind, die da weinen, denn sie werden getröstet werden.« Er entrollt dann, in steigender Ordnung, die vier Tugenden der Hingabe: die wunderbare Macht der Demut, des Schmerzes um die anderen, die innere Herzensgüte, Hunger und Durst nach Gerechtigkeit. Dann kommen strahlend die werktätigen glorreichen Tugenden: die Barmherzigkeit, die Reinheit des Herzens, die ringende Güte, endlich das Martyrium für die Gerechtigkeit. »Selig sind die reines Herzens sind, denn die werden Gott schauen.« Wie der Klang einer goldenen Glocke öffnete dies Wort vor den Augen der Zuhörer den sternbesäten Himmel über dem Haupt des Meisters. Sie sehen dort die Tugenden der Demut, nicht mehr wandelnd wie arme, abgezehrte Frauen, sondern erstrahlend in Glückseligkeit als Lichtjungfrauen, deren Glanz die Pracht der Lilien und die Herrlichkeit Salomos erlöschen läßt. Mit leisem Fächerwehen lassen sie in diese durstigen Herzen die Wohlgerüche des himmlischen Reiches einströmen.

Das Wunderbare ist, daß dieses Reich sich nicht in den fernen Weiten des Himmels entfaltet, sondern im inneren Herzen der Zuhörer. Sie wechseln untereinander erstaunte Blicke; diese Armen im Geiste sind plötzlich so reich geworden! Mächtiger denn Moses hat dieser Seelenmagier ihr Herz gerührt; eine unsterbliche Quelle sprudelt dort hervor. Seine Volksunterweisung ist in diesem Wort enthalten: »Das Himmelreich ist in euch.« Jetzt, da er ihnen die nötigen Mittel angibt, um dieses unerhörte Glück zu erlangen, staunen sie nicht mehr über die ungewöhnlichen Dinge, die er von ihnen verlangt: selbst den leisesten Wunsch nach dem Bösen auszurotten, die Beleidigungen zu vergeben, die Feinde zu lieben. So machtvoll ist der Liebesstrom, von dem sein Herz überflutet, daß er sie mit sich reißt. In seiner Gegenwart scheint alles leicht. Hier liegt die ungeheure Neuheit, die erstaunliche Kühnheit dieser Lehre: der galiläische Prophet stellt das innere Leben der Seele höher als alle äußeren Übungen, er erhebt das Unsichtbare über das Sichtbare, das Reich der Himmel über die Güter der Erde. Er befiehlt zu wählen zwischen Gott und dem Mammon. Seine Lehre kurz zusammenfassend sagt er: »Liebet eure Nächsten wie euch selbst und seid vollkommen, wie euer himmlischer Vater vollkommen ist.« So ließ er durch eine populäre Form die ganze Tiefe der Sittlichkeit und der Erkenntnis durchscheinen. Denn das höchste Gebot der Einweihung ist, die göttliche Vollkommenheit in der Vollkommenheit der Seele widerzuspiegeln; und das Geheimnis der Erkenntnis ruht in der Kette der Analogien und der Zusammenhänge, durch die in immer mehr sich weitenden Kreisen das Besondere mit dem Universellen, das Endliche mit dem Unendlichen vereinigt wird.

War dies die öffentliche und rein sittliche Lehre Jesu, so ist es klar, daß er daneben seinen Jüngern eine innere Lehre gab, eine Lehre, die parallel neben der anderen herging, sie begründete, ihre Triebfedern aufdeckte und in die Tiefen der spirituellen Wahrheiten drang, die er durch die esoterische Tradition der Essäer und durch seine eigene Erfahrung besaß. Da diese Tradition seit dem zweiten Jahrhundert von der Kirche mit Gewalt unterdrückt worden ist, verlor die Mehrzahl der Theologen das Verständnis für die wirkliche Tragweite der Worte Christi mit ihrem manchmal doppelten und dreifachen Sinn, und sah darin nur den elementaren oder wörtlichen Sinn. Für diejenigen, die sich in die Lehre der Mysterien in Indien, Ägypten und Griechenland vertieft haben, durchseelt der esoterische Gedanke Christi nicht nur die geringsten seiner Worte, sondern auch alle Akte seines Lebens. Schon sichtbar bei den drei Synoptikern, durchdringt er das ganze Evangelium des Johannes. Hier ist ein Beispiel zu einem der wesentlichen Punkte dieser Lehre:

Jesus hält sich vorübergehend in Jerusalem auf. Er predigt noch nicht im Tempel, aber er heilt die Kranken und lehrt bei Freunden. Die Werke der Liebe müssen den Boden bereiten, in welchen die gute Saat fallen soll. Nikodemus, ein gelehrter Pharisäer, hatte von dem neuen Propheten sprechen hören. Voll Neugierde, aber nicht willig, sich vor den Seinen zu kompromittieren, bittet er um eine geheime Unterredung mit dem Galiläer. Jesus bewilligt sie. Nikodemus kommt des Nachts in seine Wohnung und sagt: »Meister! Wir wissen, daß du ein von Gott gesandter Lehrer bist; denn niemand könnte die Wunder tun, die du tust, wenn Gott nicht mit ihm wäre.« Jesus antwortet: »Wahrlich, wahrlich, ich sage dir, es sei denn, daß ein Mensch von neuem geboren werde, kann er nicht das Reich Gottes schauen.« Nikodemus fragt, ob es möglich sei, daß ein Mann in den Schoß seiner Mutter zurückkehre und ein zweites Mal geboren werde. Jesus antwortet: »Wahrlich, ich sage dir, wenn ein Mann nicht aus Wasser und Feuer geboren wird, kann er nicht in das Reich Gottes eintreten[119].« Jesus gibt unter dieser augenscheinlich symbolischen Form die alte Lehre der Neugeburt wieder, die schon in den Mysterien Ägyptens bekannt war. Wiedergeboren werden durch das Wasser und das Feuer, getauft werden mit Wasser und Feuer, bezeichnet zwei Stufen der Einweihung, zwei Etappen in der inneren und geistigen Entwicklung des Menschen. Das Wasser bedeutet hier die intellektuell, d. h. auf abstrakte und allgemeine Art erfaßte Wahrheit. Sie reinigt die Seele und entwickelt ihren spirituellen Keim.

Die Wiedergeburt durch den Geist (oder die Taufe mit dem himmlischen Feuer) bedeutet die Aneignung dieser Wahrheit durch den Willen, so daß sie das Blut und das Leben, die Seele aller Handlungen wird. Das Ergebnis ist der absolute Sieg des Geistes über die Materie, die absolute Herrschaft der durchgeistigten Seele über den in ein gehorsames Werkzeug verwandelten Körper; einer Herrschaft, die seine schlummernden Fähigkeiten erweckt, seine inneren Sinne eröffnet, ihm die intuitive Kenntnis der Wahrheit und die unmittelbare Einwirkung von Seele zu Seele gibt. Dies kommt dem himmlischen Zustand gleich, den Jesus Christus das Reich Gottes nennt.

Die Taufe durch das Wasser oder die intellektuelle Einweihung ist also ein Beginn der Neugeburt; die Taufe durch das Geist-Feuer ist eine vollkommene Neugeburt, eine Transformation der Seele durch das Feuer der Vernunft und des Willens und infolgedessen bis zu einem gewissen Maß auch der Elemente des Körpers. Daher die außergewöhnlichen Kräfte, die sie dem Menschen verleiht.

Das ist der irdische Sinn des durchaus theosophischen Gesprächs zwischen Nikodemus und Jesus. Es gibt noch einen zweiten Sinn, den man mit zwei Worten die esoterische Lehre über die Konstitution des Menschen nennen könnte. Dieser Lehre gemäß besteht der Mensch aus drei Teilen: aus Körper, Seele und Geist. Er hat einen unsterblichen und unteilbaren Kern, den Geist; eine sterbliche und teilbare Hülle, den Körper. Die Seele, die sie verbindet, hat etwas von der Natur beider. Als lebendiger Organismus besitzt sie einen ätherischen, fluidischen Körper, ähnlich dem physischen Leib, der ohne diesen unsichtbaren Doppelgänger weder Leben noch Bewegung noch Einheit hätte. Je nachdem der Mensch den Eingebungen des Geistes oder den Anreizungen des Körpers folgt, verfeinert oder verdichtet sich dieser fluidische Körper, bindet er seine Teile oder zersetzt sie. So kommt es denn, daß nach dem physischen Tod die meisten Menschen noch durch einen zweiten Tod der Seele gehen müssen, der darin besteht, daß sie die unreinen Elemente ihres Astralkörpers abstoßen, manchmal seine langsame Auflösung durchmachen müssen, während der vollkommen neu geborene Mensch, der schon hier seinen Geistkörper gebildet hat, in sich selbst seinen Himmel besitzt und in die Regionen eilt, zu denen ihn seine Wahlverwandtschaft hinzieht. – Nun versinnbildlicht in der uralten Esoterik das Wasser die unendlich wandlungsfähige fluidische Materie, während das Feuer den einigen Geist symbolisiert. Indem er von der Wiedergeburt durch das Wasser und durch den Geist spricht, deutet Christus diese doppelte Wandlung des fluidischen und des Geistwesens an, die den Menschen nach seinem Tod erwartet und ohne welche er nicht in das

Reich der glorreichen Seelen und der reinen Geister treten kann. Denn »was von Fleisch geboren ist, ist Fleisch (d. h. gebunden und vergänglich), und was vom Geist geboren wird, ist Geist (d. h. frei und unsterblich). Der Wind weht, wohin er will, und du hörst sein Rauschen. Aber du weißt nicht, wohin er geht noch woher er kommt. So geht es jedem, der vom Geist geboren ist.«

So spricht Jesus zu Nikodemus im Schweigen der Nächte von Jerusalem. Eine kleine Lampe steht zwischen ihnen, die nur schwach die beiden Gestalten der Redenden und den Säulengang der oberen Halle beleuchtet. Aber die Augen des galiläischen Meisters glänzen geheimnisvoll in der Dunkelheit. Wie soll man nicht an die Seele glauben, wenn man in diese bald milden, bald flammenden Augen blickt? Der pharisäische Schriftgelehrte hat sein Buchstabenwissen zusammenstürzen sehen, aber er blickt in eine neue Welt. Er hat den Strahl im Auge des Propheten gesehen, dem das lange rotblonde Haar über die Schultern fällt. Er hat die Anziehung der machtvollen Wärme gefühlt, die von seinem Wesen ausströmt. Er hat um seine Schläfen und um seine Stirn wie einen magnetischen Lichtschein drei kleine weiße Flammen aufleuchten und verschwinden sehen. Da hat er den Hauch des Geistes über sein Herz wehen gefühlt. – Bewegt, schweigend, schleicht Nikodemus in tiefer Nacht in sein Haus zurück. Er wird inmitten der Pharisäer weiterleben, aber in der Tiefe seines Herzens bleibt er Jesus treu.

Betrachten wir noch einen wesentlichen Punkt dieser Lehre. Nach der materialistischen Anschauung ist die Seele das vergängliche und zufällige Ergebnis der Kräfte des Körpers; nach der gewöhnlichen spiritualistischen Anschauung ist sie ein abstraktes Ding, durch nichts Greifbares mit ihm verbunden; nach der esoterischen Lehre ist der physische Körper das Produkt der fortwährenden Arbeit der Seele, die auf ihn durch den verwandten Organismus des Astralkörpers wirkt, ebenso wie die sichtbare Welt nur eine Kraftäußerung des unendlichen Geistes ist. Deshalb gibt Jesus dem Nikodemus diese Lehre als Erklärung der von ihm vollbrachten Wunder. Sie kann in der Tat als Schlüssel zur okkulten Therapeutik dienen, die von ihm und von einer kleinen Anzahl von Adepten und Heiligen vor und nach Christus ausgeübt wurde. Die gewöhnliche Medizin bekämpft die Leiden des Körpers, indem sie auf den Körper wirkt. Der Adept oder der Heilige, der ein Herd spiritueller oder fluidischer Kräfte ist, wirkt direkt auf die Seele des Kranken und durch seinen astralischen auf seinen physischen Körper. Dasselbe geschieht bei allen magnetischen Heilungen. Jesus wirkt durch Kräfte, die in allen Menschen leben, aber er wirkt in starken Dosen durch machtvolle und konzentrierte Ausstrahlungen. Er liefert den Schriftgelehrten und Pharisäern durch seine Macht der Körperheilung den Beweis, daß er die Kraft hat zu vergeben, d. h. die Seele zu heilen, was sein Hauptziel ist. Die physische Heilung wird so für ihn zum Gegenbeweis einer moralischen Heilung, die es ihm möglich macht, zu sagen: »Stehe auf und wandle!« – Die heutige Wissenschaft will dasjenige Phänomen, welches das Altertum und das Mittelalter Besessenheit nannten, als einfache nervöse Störungen erklären. Dies ist eine ungenügende Erklärung. Psychologen, die tiefer in das Geheimnis der Seelen zu dringen suchen, sehen darin eine Verdoppelung des Bewußtseins, einen Durchbruch seines latenten Teils. Diese Frage berührt denjenigen der verschiedenen Pläne des menschlichen Bewußtseins, der bald auf den einen, bald auf den anderen wirkt und dessen bewegliches Spiel in den verschiedenen Stadien des Somnambulismus studiert wird. Sie berührt gleichfalls die übersinnliche Welt. Wie dem auch sei, sicher ist, daß Jesus die Fähigkeit besaß, das Gleichgewicht in den aufgewühlten Körpern wiederherzustellen und den Seelen ihr besseres Bewußtsein wiederzugeben. »Die wirkliche Magie«, sagt Plotin, »ist die Liebe mit ihrem Gegenteil, dem Haß. Es sind Liebe und Haß, die bei den Magiern wirken durch ihre Tränke und Zaubersprüche hindurch. Die Liebe bis zu ihrem höchsten Bewußtsein und ihrer höchsten Machtvollkommenheit gebracht, das war die Magie Christi.«

Zahlreiche Jünger nahmen teil an seinem Unterricht. Damit aber die neue Religion bestehen könne, bedurfte es einer Gruppe aktiver Auserwählter, welche die Säulen des geistigen Tempels werden konnten, den er dem anderen Tempel gegenüber errichten wollte. Daher die Institution der Apostel. Er wählte sie nicht aus dem Kreis der Essäer, weil er kernige und jungfräuliche Naturen brauchte und weil er seine Religion in das Herz des Volkes einpflanzen wollte. Zwei Brüderpaare, Simon Petrus und Andreas,

Söhne des Jonas einerseits, und Johannes und Jakobus, Söhne des Zebedäus, andererseits, alle vier Fischer von Beruf und aus wohlhabenden Familien stammend, bildeten den Kern der Apostelschar. Beim Anfang seiner Laufbahn zeigt sich Jesus in ihrem Haus in Capharnäum, an den Ufern des Sees Genezareth, wo sie ihre Fischereien hatten. Er wohnt bei ihnen, unterrichtet in ihrer Mitte, bekehrt die ganze Familie. Petrus und Johannes heben sich im Vordergrund ab und überragen als Hauptfiguren die Schar der zwölf, Petrus, ein gerades und einfaches Herz, ein naiver und begrenzter Verstand, aber ein Mann der Tat, fähig, die anderen zu führen durch seinen energischen Charakter und seinen absoluten Glauben. Johannes, eine tiefe und verschlossene Natur von so glühendem Enthusiasmus, daß Jesus ihn den »Sohn des Donners« nannte. Dabei ein intuitiver Geist, eine beinah immer in sich selbst gekehrte feurige Seele, die gewöhnlich träumerisch und traurig war, zuweilen aber furchtbare Ausbrüche hatte, apokalyptischen Zorn, aber auch Tiefen der Zärtlichkeit, die die anderen unfähig sind zu ahnen, die nur der Meister gesehen hat. Er allein, der Schweigende, der Betrachtende, wird seine intimen Gedanken verstehen. Er wird der Evangelist der Liebe und der göttlichen Weisheit sein, der esoterische Apostel.

Überzeugt durch sein Wort, durch seine Werke, beherrscht durch die Größe seines Geistes und umhüllt von seiner magnetischen Ausstrahlung, folgten die Apostel dem Meister von Ort zu Ort. Die populären Vorträge wechselten mit Unterweisungen im engeren Kreis ab. Allmählich eröffnete er ihnen seine Gedanken. Aber er beobachtete noch ein tiefes Schweigen über sich selbst, über seine Rolle, seine Zukunft. Er hatte ihnen gesagt, daß das Reich Gottes schon nahe sei, weil der Messias kommen würde. Schon flüsterten die Apostel untereinander: »Er ist es!« und wiederholten es zu den anderen. Aber er selbst nannte sich mit mildem Ernst nur »den Menschensohn«; den esoterischen Sinn dieses Ausdrucks verstanden sie noch nicht, aber in seinem Mund schien er zu bedeuten: der Bote des menschlichen Leides. Denn er fügte hinzu: »Die Füchse haben ihre Höhlen, aber des Menschen Sohn hat nichts, wo er sein Haupt hinlege.« Noch sahen die Apostel den Messias nur im Sinn des jüdischen Volksgedankens, und in ihren naiven Hoffnungen stellten sie sich das Reich Gottes vor wie eine weltliche Macht, mit Jesus als gekröntem König und sich selbst als seine obersten Beamten. Diesen Gedanken hatte er in ihnen zu bekämpfen, von Grund aus umzuwandeln; den wahren Messias mußte er ihnen offenbaren, die Herrschaft des Geistes; er mußte ihnen die erhabene Wahrheit kundtun, die er den Vater nannte, die höchste Kraft, die er den Geist nannte, die geheimnisvolle Kraft, die alle Seelen mit dem Unsichtbaren verbindet; durch sein Wort, durch sein Leben und durch seinen Tod mußte er ihnen einen wirklichen Gottessohn zeigen, ihnen die Überzeugung lassen, daß sie und alle Menschen seine Brüder waren und sich mit ihm vereinen konnten, wenn sie es wollten; nicht konnte er sie verlassen, bevor er die ganze Unendlichkeit des Himmels ihrer Hoffnung eröffnet hatte. Dies ist das außerordentliche Werk, das Jesus an seinen Aposteln getan hat. Werden sie glauben oder nicht glauben? Das ist die brennende Frage des Dramas, das sich zwischen ihnen abspielt. Es gibt eine noch brennendere und schrecklichere, die sich im Innern seines Selbst abspielt. Doch davon später.

Denn zu dieser Stunde überflutet ein Strom der Freude den tragischen Gedanken im Bewußtsein Christi. Noch ist der Sturm über den tiberischen See nicht gezogen. Es ist der galiläische Frühling des Evangeliums, die Morgenröte des Reiches Gottes, die mystische Ehe des Eingeweihten mit seiner geistigen Familie. Sie folgt ihm, sie zieht ihm nach, wie der Zug der Brautführer dem Gatten in der Parabel folgt. Die gläubige Schar drängt sich längs den Spuren des geliebten Meisters auf dem Strand des himmelblauen Sees, der wie in einem goldenen Kelch in seinen Bergen eingeschlossen liegt. Sie zieht von den frischen Ufern Kapernaums zu den Orangenhainen von Bethsaida, zum bergigen Korazim, wo schattige Palmengruppen den ganzen See Genezareth überragen. In diesem Gefolge Jesu nehmen die Frauen einen besonderen Platz ein. Überall begleiteten ihn Mütter oder Schwestern der Jünger, schüchterne Jungfrauen oder büßende Sünderinnen. Aufmerksam, treu, leidenschaftlich, gießen sie längs seinen Schritten wie einen Liebesstrom ihren ewigen Hauch von Traurigkeit und Hoffnung. Ihnen braucht er nicht zu beweisen, daß er der Messias sei. Ihn sehen, genügt. Die sonderbare Seligkeit, die seiner Atmosphäre entströmt mit einer Note göttlichen und unausgesprochenen Leides, die in der Tiefe seines Wesens erklingt, überzeugt sie davon, daß er der Sohn Gottes sei. Jesus hatte früh die Stimme des Fleisches in sich erstickt, er hatte während seines Aufenthaltes bei den Essäern die Macht der Sinne gebändigt. Dadurch hatte er die Herrschaft über die Seelen errungen und die göttliche Macht der Verzeihung, diese Wollust der Engel. Er sagt zu der Sünderin, die sich zu seinen Füßen schleppt mit aufgelöstem Haar und ihren Balsam ausgießend: »Es wird ihr viel verziehen werden, denn sie hat viel geliebt.« Dies herrliche Wort schließt eine Erlösung in sich ein; denn wer verzeiht, befreit.

Christus ist der Wiederhersteller und Befreier der Frau, was auch der heilige Paulus und die Kirchenväter gesagt haben mögen, die, indem sie die Frau zur Dienerin des Mannes herabwürdigen, den Gedanken des Meister fälschten. Die vedischen Zeiten hatten sie verherrlicht; Buddha hatte ihr mißtraut; Christus hebt sie wieder empor zu ihrer Mission der Liebe und des ahnenden Schauens. Die eingeweihte Frau repräsentiert die Seele in der Menschheit, Aisha, wie Moses sie genannt hatte, d. h. die Macht der Intuition, die Fähigkeit, zu lieben und vorauszusehen. Die stürmische Maria Magdalena, von der Jesus, dem Worte der Bibel gemäß, sieben Dämonen verjagt hatte, wurde die feurigste seiner Jüngerinnen. Sie war die erste, die nach dem Johannesevangelium den göttlichen Meister erblickte, den über seinem Grab wiederauferstandenen geistigen Christus. Die Legende hat durchaus in der leidenschaftlichen und gläubigen Frau die größte Verehrerin Jesu, die Eingeweihte des Herzens sehen wollen, und sie hat sich nicht getäuscht. Denn ihre Geschichte stellt die ganze von Christus gewollte Wiedererneuerung der Frau dar.

In der Ferme von Bethanien, zwischen Martha-Maria und Magdalena, liebte Jesus von den Mühen seiner Mission auszuruhen, sich zu den höchsten Prüfungen vorzubereiten. Hier spendete er seine sanftesten Tröstungen, sprach er in milden Unterredungen von den göttlichen Mysterien, die er seinen Schülern noch nicht anzuvertrauen wagte. Manchmal, zur Stunde, in der das Gold der untergehenden Sonne zwischen den Zweigen der Olivenbäume verblaßt und die Dämmerung schon ihr feines Laubwerk ineinandermischt, wurde Jesus nachdenklich. Ein Schleier fiel auf sein leuchtendes Gesicht. Er dachte an die Schwierigkeiten seines Werkes, an den schwankenden Glauben der Apostel, an die feindlichen Mächte der Welt. Der Tempel, Jerusalem, die Menschheit mit ihren Verbrechen und ihrer Undankbarkeit wälzten sich auf ihn wie ein lebendiger Berg.

Würden seine zum Himmel emporgestreckten Arme stark genug sein, um ihn in Staub zu wandeln, oder würde er erdrückt werden von seiner ungeheuren Masse? Dann sprach er in unbestimmter Weise von einer furchtbaren Prüfung, die seiner wartete, und von seinem nahen Ende. Tief beeinflußt vom feierlichen Ton seiner Stimme wagten die drei Frauen nicht, ihn zu befragen. Wie unwandelbar auch die heitere hoheitsvolle Ruhe Jesu war, so verstanden sie doch, daß seine Seele wie umhüllt war von einer unsagbaren Traurigkeit, die ihn von den Freuden der Erde trennte. Sie ahnten das Schicksal des Propheten voraus, fühlten seinen unerschütterlichen Entschluß. Was bedeuten diese finsteren Wolken, die von Jerusalem her sich erhoben? Weshalb dieser sengende Hauch des Fiebers und des Todes, der über ihre Herzen glitt wie über die welken Hügel von Judäa mit ihren violetten fahlen Schatten? Eines Abends . . . erglänzte, wie ein geheimnisvoller Stern, eine Träne in den Augen Jesu. Die drei Frauen erbebten und auch ihre schweigenden Tränen flossen in den Frieden von Bethanien. – Sie weinten über ihn, er weinte über die Menschheit.

Der Kampf mit den Pharisäern – Die Flucht nach Caesarea – Die Verklärung

Zwei Jahre dauerte dieser galiläische Frühling, in dem unter dem Wort Christi die leuchtenden Lilien der Engel sich in balsamischer Luft zu entfalten schienen und die Morgenröte des Reiches Gottes über der harrenden Menge aufging. Doch bald verdunkelte sich der Himmel; es durchzuckten ihn unheilvolle Blitze, Vorläufer einer Katastrophe. Das Gewitter brach aus über der kleinen geistigen Familie wie einer jener Stürme, die über den See von Genezareth rasen und in ihrer Wut die leichten Barken der Fischer verschlingen. Wenn es auch die Jünger überraschte, so war Jesus nicht verwundert; er erwartete es. Es war unmöglich, daß sein Predigen und seine wachsende Popularität die religiösen Autoritäten der Juden nicht in Aufregung versetzten. Unmöglich, daß zwischen ihnen und ihm der Kampf nicht bis ins Innerste entbrannte. Mehr noch, es konnte das Licht nur durch diesen Zusammenprall aufleuchten.

Die Pharisäer bildeten zur Zeit Jesu eine feste Körperschaft von sechstausend Menschen. Ihr Name Perishin bedeutet die Abgesonderten oder die Vornehmen. Von starkem, oft heldenhaftem, aber engem und hochmütigem Patriotismus erfüllt, stellten sie die Partei der nationalen Restauration dar; ihre Existenz beginnt mit den Makkabäern. Neben der schriftlichen erkannten sie eine mündliche Überlieferung an. Sie glaubten an die Engel, an das künftige Leben, an die Auferstehung, doch waren diese Lichtscheine des Esoterismus, die ihnen aus Persien kamen, erstickt unter dem Wust einer groben und materialistischen Auslegung. Strenge Beobachter des Gesetzes, aber den Gegenpol bildend zum Geist der Propheten, welche die Religion in der Liebe zu Gott und den Menschen erblickten, legten sie das Hauptgewicht auf Kulthandlungen und religiöse Übungen, auf Fasten und öffentliche Buße. Man sah sie bei hellem Tag durch die Straßen ziehen, das Gesicht mit Ruß bedeckt, mit zerknirschter Miene, laute Gebete hersagend und prahlerisch Almosen verteilend. Übrigens lebten sie im Luxus und bewarben sich mit Eifer um Macht und Würden. Zugleich waren sie die Häupter der demokratischen Partei und hielten ihre Hand über das Volk. Die Sadduzäer im Gegenteil stellten die priesterliche und aristokratische Partei dar. Sie bestanden aus Familien, welche vorgaben, seit Davids Zeiten durch Erbrecht das Priesteramt auszuüben. Konservativ bis zum äußersten, verwarfen sie die mündliche Überlieferung, ließen nur den Buchstaben des Gesetzes gelten, leugneten die Seele und das zukünftige Leben. Sie lachten über die quälenden Übungen der Pharisäer und ihren phantastischen Glauben. Für sie bestand die Religion einzig und allein in den priesterlichen Zeremonien. Unter den Seleuciden hatten sie das Pontifikat innegehabt; sie lebten im besten Einvernehmen mit den Heiden und waren sogar mit griechischem Sophismus und elegantem Epikuräismus durchdrungen. Unter den Makkabäern hatten die Pharisäer sie vom Pontifikat verdrängt. Aber unter Herodes und den Römern hatten sie ihren Platz wieder eingenommen. Es waren harte und zähe Männer, wohllebende Priester, die nur einen Glauben hatten, denjenigen an ihre Überlegenheit, und nur einen Gedanken: die Macht zu behalten, die sie durch Überlieferung besaßen.

Was konnte Jesus in dieser Religion erblicken. Er, der Eingeweihte, der Erbe der Propheten, der Seher von Engaddi, der in der sozialen Ordnung das Bild der göttlichen Ordnung suchte, in welcher die Gerechtigkeit über das Leben herrscht, die Erkenntnis über die Gerechtigkeit, die Liebe und die Weisheit über alle drei? – Im Tempel, an Stelle der höchsten Wissenschaft und der Einweihung, sah er die materialistische und agnostische Unwissenheit, die mit der Religion spielte wie mit einem Werkzeug der Macht, mit andern Worten: den priesterlichen Betrug. – In den Schulen und in den Synagogen, statt des in die Herzen fallenden Brotes des Lebens und himmlischen Taues, eine interessierte, mit rein äußerlicher Frömmigkeit bedeckte Moral d. h. die Heuchelei. – Weit über ihnen, in einem Nimbus thronend, den allmächtigen Cäsar, die Apotheose des Bösen, die Vergöttlichung der Materie, den Cäsar, den alleinigen Gott der Welt von damals, den einzig möglichen Herrn der Sadduzäer und der Pharisäer, ob sie es wollten oder nicht. – Hatte Jesus Unrecht, als er, wie die Propheten dem persischen Esoterismus einen Gedanken entnehmend, diese Herrschaft die Herrschaft Satans oder Ahrimans nannte, damit die Gewalt der Materie über den Geist bezeichnend, an dessen Stelle er diejenige des Geistes über die Materie setzen wollte? Wie alle großen Reformatoren griff er nicht die Menschen an, die ausnahmsweise trefflich sein konnten, sondern die Lehren und die Institutionen, welche die Vorbilder der Menge sind. Es mußte die Herausforderung geschehen, den Mächten des Tages der Krieg erklärt werden.

Der Kampf entbrannte in den Synagogen von Galiläe, um unter den Säulenhallen des Tempels von Jerusalem fortgesetzt zu werden, wo Jesus sich lange aufhielt, predigend und seinen Gegnern standhaltend. Hier, wie in seiner ganzen Laufbahn, geht Jesus vor mit jenem Gemisch von Vorsicht und Kühnheit, von sinnender Zurückhaltung und feuriger Tatkraft, das seine wunderbare equilibrierte Natur auszeichnete. Er ergriff nicht die Offensive gegen seine Gegner, er wartete auf deren Angriff, um ihm zu begegnen. Dieser ließ nicht auf sich warten. Denn seit dem ersten Auftreten des Propheten verfolgten ihn die Pharisäer mit ihrer Eifersucht wegen seiner Heilungen und seiner Popularität. Bald sah ihr Argwohn in ihm den gefährlichsten ihrer Feinde. Da redeten sie ihn an mit jener spottenden Höflichkeit, jener, von heuchlerischer Sanftmut umschleierten listigen Böswilligkeit, die ihnen eigen war. In ihrer Eigenschaft als weise Gelehrte, als Männer von Bedeutung und Autorität, forderten sie von ihm Rechenschaft wegen seines Umgangs mit den Zöllnern und Sündern. Und wie durften seine Jünger am Sabbattag Ähren sammeln? Alles das waren ernste Übertretungen ihrer Vorschriften. Jesus antwortete ihnen mit seiner Sanftmut und Weitherzigkeit durch Worte der Zärtlichkeit und der Milde. Er stellte ihnen entgegen seine Botschaft der Liebe. Er sprach zu ihnen von der Liebe Gottes, der sich über einen reuigen Sünder mehr freut als über mehrere Gerechte. Er erzählte ihnen das Gleichnis des verirrten Schafes und des verlorenen Sohnes. Verwirrt schwiegen sie. Aber nachdem sie sich wiederberaten hatten, kehrten sie zu ihren Anklagen zurück, indem sie ihm den Vorwurf machten, die Kranken am Sabbat zu heilen. »Heuchler!« entgegnete Jesus, indem seine Augen vor Entrüstung aufblitzten, »löst ihr nicht die Kette vom Hals eurer Stiere, um sie am Sabbattag zur Tränke zu führen, und die Tochter Abrahams sollte nicht an diesem Tag von den Ketten des Satans erlöst werden?« Nicht mehr wissend, was sie sagen sollten, beschuldigten ihn die Pharisäer, die Dämonen im Namen Beelzebubs zu vertreiben. Jesus antwortete ihnen ebenso geistvoll wie tief, daß der Teufel sich nicht durch sich selbst vertreibe, und er setzte hinzu, daß die Sünde gegen den Menschensohn vergeben werden würde, nicht aber die Sünde gegen den Heiligen Geist; damit wollte er sagen, daß er sich wenig machte aus den Angriffen gegen seine Persönlichkeit, daß aber die Verleugnung des Guten und des Wahren, nachdem es einem entgegengetreten sei, die intellektuelle Verderbtheit, das höchste Laster, das unheilbare Übel sei. Dieses Wort war eine Kriegserklärung. Man nannte ihn Lästerer, er antwortete: »Heuchler!« – »Sohn des Beelzebub!« Er antwortete: »Otterngezücht!« Von diesem Moment an verbitterte und steigerte sich der Kampf fortwährend. Jesus entfaltete darin eine knappe, einschneidende Dialektik. Sein Wort peitschte wie eine Geißel, durchbohrte wie ein Pfeil. Er hatte seine Taktik geändert; statt sich zu verteidigen, griff er an und antwortete auf Beschuldigungen durch stärkere Beschuldigungen, ohne Mitleid für das schlimmste Laster, die Heuchelei. »Warum übertretet ihr das Gesetz wegen eurer Überlieferung? Gott hat befohlen: Ehre deinen Vater und deine Mutter; ihr unterlaßt es, Vater und Mutter zu ehren, wenn das Geld zum Tempel strömt. Ihr dient Jesaias nur mit den Lippen, ihr seid herzlose Frömmler.«

Jesus bleibt stets Herr über sich, aber er steigerte sich, er wuchs in diesem Kampf. In dem Maß, als man ihn angriff, trat er offener auf als der Messias. Er begann den Tempel zu bedrohen, das Unglück Israels vorherzukünden, die Heiden aufzurufen, zu sagen, daß der Herr andere Arbeiter in seinen Weinberg schicken würde. Das versetzte die Pharisäer Jerusalems in Aufregung. Als sie sahen, daß man ihm weder den Mund schließen noch ihn mit seinen eigenen Waffen schlagen konnte, änderten sie ebenfalls ihre Taktik. Sie sannen darauf, ihn in eine Falle zu locken. Sie schickten Deputationen zu ihm hin, um ihn eine Ketzerei sagen zu lassen, die dem Sanhedrin die Möglichkeit geben würde, ihn im Namen des mosaischen Gesetzes als Lästerer zu fassen oder ihn durch die römische Regierung als Rebellen verurteilen zu lassen. Deshalb die verfängliche Frage über die ehebrecherische Frau und den Heller des Cäsar. Als tiefer Psycholog und geschickter Stratege entwaffnete Jesus, der die Absichten seiner Feinde immer durchdrang, sie durch seine Antworten. Da sie keine Gelegenheit fanden, ihn zu fassen, versuchten sie ihn einzuschüchtern, indem sie ihn bei jedem Schritt quälten. Der größere Teil der Bevölkerung, von ihnen bearbeitet, wandte sich schon von ihm ab, als man sah, daß er das Reich Israels nicht wiederherstellte. Überall, im kleinsten Marktflecken, begegnete er argwöhnischen und verschlagenen Gesichtern, Spionen, die ihn beobachteten, tückischen, geheimen Abgesandten, die ihn entmutigen sollten. Einige kamen und sagten: »Zieh dich von hier zurück, denn Herodes (Antipas) will dich töten lassen.« Er antwortete stolz: »Saget jenem Fuchs: Es kann nicht sein, daß ein Prophet außerhalb Jerusalems sterbe!« Doch mußte er mehrere Male den See Tiberias durchkreuzen und auf das östliche Ufer flüchten, um diesen Fallstricken zu entgehen. Er war nirgends mehr in Sicherheit. In diese Zeit fiel der Tod Johannes des Täufers, den Antipas in der Festung von Makeru enthaupten ließ. Man sagt, daß, als Hannibal das Haupt seines von den Römern erschlagenen Bruders Hasdrubal sah, er ausrief: »Jetzt erkenne ich das Schicksal Karthagos.« Jesus konnte sein eigenes Schicksal in dem Tod seines Vorläufers erkennen. Er zweifelte nicht daran seit der Vision von Engaddi; er hatte sein Werk nur begonnen indem er es von vornherein auf sich nahm; und dennoch traf diese Nachricht, welche die trauernden Jünger des Predigers in der Wüste brachten, Jesus wie eine unheilvolle Warnung. Er rief aus: »Sie haben ihn nicht erkannt, aber sie haben mit ihm getan, was sie wollten; so auch wird der Menschensohn durch sie leiden.«

Die Zwölf waren voll Sorge; Jesus zauderte auf seinem Weg. Er wollte sich nicht fangen lassen, sondern sich aus freiem Willen ausliefern, nachdem das Werk vollendet war, und als Prophet enden in der selbstgewählten Stunde. Schon umstellt seit einem Jahr, gewohnt, den Feind durch Hin- und Widergänge zu verwirren, angeekelt vom Volk, dessen Abkühlung nach den Tagen der Begeisterung er fühlte, beschloß Jesus noch einmal, mit den Seinen zu fliehen. Als er mit den Zwölfen auf der Höhe eines Berges angelangt war, wandte er sich noch einmal um, um einen letzten Blick auf seinen geliebten See zu werfen, an dessen Ufern er die Morgenröte des Reiches Gottes hatte aufstrahlen lassen wollen. Er umfaßte mit dem Blick jene Städte, die am Rand der Wogen oder auf den Terrassen der Berge hingelagert waren, ganz eingehüllt von grünem Laub und weißschimmernd unter dem goldigen Schleier der Abenddämmerung, alle jene geliebten Ortschaften, in denen er das Wort des Lebens gestreut hatte und die ihn jetzt verließen. Er hatte das Vorgefühl der Zukunft. Mit einem prophetischen Blick sah er dieses herrliche Land in eine Wüste verwandelt unter der rächenden Hand Ismaels, und diese Worte ohne Zorn, aber voll von Bitternis und Wehmut, fielen von seinem Mund: »Wehe dir, Capharnaum! Wehe dir, Korazim! Wehe dir, Bethsaida!« Indem er sich dann zu den heidnischen Städten wandte, nahm er mit den Aposteln den Weg, der zum Tal des Jordans führte, von Gadara nach Cäsarea in Philippi.

Traurig und lang war der Weg des flüchtigen Häufleins durch die großen Ebenen voll Schilf und die Maremmen des oberen Jordans unter der glühenden Sonne Syriens. Man verbrachte die Nacht in den Zelten der Büffelhirten oder bei den Essäern, die sich in den kleinen Marktflecken dieses verlorenen Landes niedergelassen hatten. Die bekümmerten Jünger beugten das Haupt; der Meister, traurig und schweigsam, blieb in seine Meditation versunken. Er sann nach über die Unmöglichkeit, durch das Predigen seiner Lehre dem Volk zum Sieg zu verhelfen über die drohenden Anschläge seiner Feinde. Der höchste, letzte Kampf stand unmittelbar bevor; er war in eine Sackgasse geraten; wie sollte er aus ihr herauskommen? Andererseits ruhte sein Gedanke mit unendlicher, liebender Fürsorge auf seiner zerstreuten geistigen Familie und besonders über den zwölf Aposteln, die, treu und vertrauend, alles verlassen hatten, um ihm zu folgen, Familie, Beruf, Vermögen, und die dennoch in ihren Herzen zerrissen und in der großen Hoffnung auf den triumphierenden Messias getäuscht werden sollten. War die Wahrheit genügend in sie eingedrungen? Würden sie an ihn und seine Lehre glauben? Unter der Last dieser Sorge fragte er sie eines Tages: »Was sagen die Menschen, daß ich bin, ich, der Menschensohn?« Und sie antworteten: »Die einen sagen, du seist Johannes der Täufer; die andern Jeremias oder einer der Propheten.« »Und ihr, wer sagt ihr, daß ich bin?« Da ergriff Simon Petrus das Wort und sprach: »Du bist Christus, der Sohn des lebendigen Gottes[120].«

In dem Munde des Petrus und in dem Gedanken des Jesus bedeutete dieses Wort nicht, was die Kirche später daraus gemacht hat: Du bist die einzige Inkarnation des absoluten und allmächtigen Wesens, die zweite Person der Dreieinigkeit, sondern einfach: Du bist der von den Propheten verkündete Auserwählte Israels. In der indischen, ägyptischen und griechischen Initiation bedeutete der Ausdruck Gottessohn ein mit der göttlichen Wahrheit identifiziertes Bewußtsein, ein Wille, der fähig ist, diese Wahrheit zu offenbaren. Im Sinne der Propheten sollte der Messias die größte dieser Offenbarungen sein. Er würde der Menschensohn sein, d. h. der

Auserwählte der irdischen Menschheit; der Gottessohn, d. h. der Gesandte der himmlischen Menschheit, als solcher in sich habend den Vater oder den Geist, der durch sie das Universum beherrscht.

Bei dieser Bestätigung des Glaubens der Apostel durch ihren Wortführer empfand Jesus eine große Freude. Seine Jünger hatten ihn also verstanden; er würde in ihnen leben; das Band zwischen dem Himmel und der Erde wäre wieder geknüpft. Jesus sagte zu Petrus: »Du bist glücklich, Simon, Sohn des Jonas; denn Fleisch und Blut haben es dir nicht geoffenbart, sondern mein Vater, der in den Himmeln ist.« Durch diese Antwort gab Jesus Petrus zu verstehen, daß er ihn in demselben Sinn als eingeweiht betrachtete wie sich selbst: durch das innere und tiefe Schauen der Wahrheit. Das ist die einzige, die wahre Offenbarung, das ist »der Fels, auf dem Christus seine Kirche bauen will und gegen welchen die Tore der Hölle nicht aufkommen werden«. Jesus baut auf den Apostel Petrus nur in dem Maß, als er dieses Verständnis haben wird. Einen Augenblick später, da dieser wieder der natürliche, furchtsame und beschränkte Mensch geworden ist, behandelte ihn der Meister ganz anders. Als Jesus seinen Jüngern verkündet hatte, daß er in Jerusalem getötet werden würde, protestierte Petrus: »Das wolle Gott nicht, Herr, daß dir das geschehe.« Aber, als ob Jesus in dieser Bewegung der Sympathie eine Versuchung des Fleisches erblickte, die seinen großen Entschluß zu erschüttern versuchte, wandte er sich lebhaft zum Apostel und sagte: »Hebe dich von mir, Satan! Du bist mir ein Ärgernis, denn du verstehst nicht die Dinge, die von Gott sind, sondern nur, die von den Menschen sind[121].«

Man war zu den Toren Cäsareas gekommen. Die seit Antiochus dem Großen heidnisch gewordene Stadt barg sich in einer grünenden Oase, an der Quelle des Jordan, am Fuß der schneeigen Gipfel des Hermon. Sie hatte ihr Amphitheater, sie erstrahlte von prunkvollen Palästen und griechischen Tempeln. Jesus durchschritt sie und näherte sich dem Ort, wo in sprudelnden Wogen der Jordan einer Höhle des Berges entquillt wie das sprudelnde Leben dem tiefen Schoß der unbeweglichen Natur. Es gab dort einen kleinen Tempel, der dem Pan gewidmet war, und in der Grotte, auf den Ufern des werdenden Stromes, eine Menge von Säulen, Marmor-

Nymphen, heidnischen Gottheiten. Die Juden hatten einen Abscheu vor diesen Zeichen eines heidnischen Kultus. Jesus blickte sie an ohne Zorn, mit nachsichtigem Lächeln. Er erkannte in ihnen die unvollkommenen Abbilder der göttlichen Schönheit, deren strahlende Urbilder er in seiner Seele trug. Er war nicht gekommen, um das Heidentum zu verdammen, sondern um es zu verklären; er war nicht gekommen, um das Anathema auf die Erde und ihre geheimnisvollen Mächte zu werfen, sondern um ihr den Himmel zu zeigen. Sein Herz war groß genug, seine Lehre weit genug, um alle Völker zu umfassen und allen Kulten zu sagen: »Erhebt das Haupt und erkennet, daß ihr alle den einen Vater habt.« Und doch befand er sich an der äußersten Grenze Israels, gejagt wie ein wildes Tier, eingeschlossen, erstickt zwischen zwei Welten, die beide ihn zurückstießen. Vor ihm die heidnische Welt, die ihn noch nicht verstand und in der sein Wort ohnmächtig verhallte; hinter ihm die jüdische Welt, das Volk, das seine Propheten steinigte, sich die Ohren verstopfte, um seinen Messias nicht zu hören; die Meute der Pharisäer und der Sadduzäer lauerte auf ihre Beute. Welch übermenschlichen Mutes, welch unerhörter Tat bedurfte es denn, um all diese Hindernisse zu überwinden, um durchzudringen durch den heidnischen Götzendienst und die jüdische Härte bis in das Herz dieser leidenden Menschheit, die er mit all seinen Fibern liebte, um sie sein Auferstehungswort vernehmen zu lassen? Da, durch einen plötzlichen Rückschlag, flog sein Gedanke zurück längs den Ufern des Jordan, des heiligen Stromes von Israel; er flog vom Tempel des Pan zum Tempel von Jerusalem, er maß die ganze Entfernung, die das antike Heidentum vom universellen Gedanken der Propheten trennte, und, indem er zu seiner eigenen Quelle zurückstieg, wie der Adler zu seinem Nest, wandte er sich von der Verzagung in Caesarea zur Vision von Engaddi! Von neuem sah er da, aufsteigend aus dem Toten Meer das schreckliche Gespenst des Kreuzes! . . . War die Stunde des großen Opfers gekommen? Wie alle Menschen hatte Jesus in sich ein doppeltes Bewußtsein. Das eine, das irdische, wiegte ihn in Illusionen und sagte: Wer weiß? vielleicht werde ich dem Schicksal entgehen; das andere, das göttliche, antwortete unerbittlich: Der Weg des Sieges geht durch das Tor der Todesqual. Mußte er endlich jener Stimme gehorchen?

In allen großen Momenten seines Lebens sehen wir, daß Jesus sich auf den Berg zurückzieht, um dort zu beten. Hatte der vedische Heilige nicht gesagt: »Das Gebet stützt den Himmel und die Erde und beherrscht die Götter?« Jesus kannte diese Kraft der Kräfte. Gewöhnlich ließ er keinen Gefährten eindringen in diese Zufluchtsstätten, in denen er sich in das Arkanum seines Bewußtseins versenkte. Diesmal nahm er mit sich auf einen hohen Berg Petrus und die zwei Söhne des Zebedäus, Johannes und Jakobus, um dort die Nacht zuzubringen. Die Legende will, daß es der Berg Tabor sei. Dort fand zwischen dem Meister und den drei eingeweihten Jüngern jene geheimnisvolle Szene statt, welche die Evangelien uns wiedergeben unter dem Namen der Verklärung. Nach der Aussage des Matthäus sahen die Apostel in dem durchsichtigen Halbschatten einer orientalischen Nacht die Form des Meisters lichtvoll und wie durchscheinend, sein Antlitz leuchtend wie die Sonne und seine Kleider strahlend wie das Licht, dann zwei Gestalten zu seiner Seite, die sie für Moses und Elias hielten. Als sie zitternd erwachten aus ihrer sonderbaren Betäubung, die ihnen zugleich ein tieferer Schlaf und ein schärferes Wachen schien, sahen sie neben sich den Meister allein, der sie anrührte, um sie vollständig zu wecken. Der verklärte Christus, den sie in diesem Traum geschaut hatten, schwand nicht mehr aus ihrem Gedächtnis [122].

Aber Jesus selbst, was hatte er gesehen, was hatte er gefühlt und durchgemacht während dieser Nacht, die der entscheidenden Tat seiner prophetischen Laufbahn voranging? – Ein allmähliches Auslöschen der irdischen Dinge unter dem Feuer des Gebets; ein Aufsteigen von Sphäre zu Sphäre auf den Flügeln der Ekstase; allmählich schien es ihm, als ob er durch sein tieferes Bewußtsein in eine frühere Existenz zurückfiel, die ganz geistig und göttlich war. Fern von ihm waren die Sonne, die Monde, die Erden, diese Wirbel der leidvollen Verkörperungen; es webte allein, in einer gleichartigen Atmosphäre, fließende Substanz, vernunftbegabtes Licht. In diesem Licht bilden Legionen himmlischer Wesen ein Firmament von ätherischen Körpern, weiß wie der Schnee, aus welchen milde Strahlenfluten quellen. Auf der glänzenden Wolke, auf der er selbst steht, erheben sechs Männer in priesterlicher Kleidung und von machtvoller Gestalt in ihren ineinander geschlungenen

Händen einen funkelnden Kelch. Es sind sechs Messien, die schon auf Erden erschienen sind; der siebente ist er selbst, und dieser Kelch bedeutet das Opfer, das er erfüllen muß, indem er sich seinerseits darin verkörpert. Unter der Wolke grollt der Donner; ein schwarzer Abgrund öffnet sich: es ist der Kreis des Werdens, der Abgrund des Lebens und des Todes, die irdische Hölle. Die Gottessöhne, mit flehender Gebärde, erheben den Kelch; der unbewegliche Himmel wartet. Jesus hebt, als Zeichen der Zustimmung, die Arme in Kreuzform, als ob er die Welt umfassen möchte. Da knien die Gottessöhne nieder, das Antlitz zur Erde geneigt; eine Gruppe von Engelsfrauen, mit langen Flügeln und gesenkten Augen, trägt den weißschimmernden Kelch zum Lichtgewölbe. – Das Hosianna ertönt von Himmel zu Himmel, melodisch, unsagbar . . . Aber er, ohne selbst hinzuhören, versinkt in den Abgrund . . .

Das ist, was einst vor sich gegangen ist in der Welt der Essenzen, in dem Schoße des Vaters, in dem die Mysterien der ewigen Liebe gefeiert werden und in dem die Gestirne ihre Kreise ziehen, leicht wie kräuselnde Wellen. Dies hatte er gelobt zu erfüllen; deshalb war er geboren; deshalb hatte er bis heute gekämpft. Und nun ergriff ihn dieser große Schwur wieder vor der Vollendung seines Werkes, in der Fülle seines in der Ekstase zurückgekehrten göttlichen Bewußtseins.

Furchtbarer Schwur, entsetzlicher Kelch! Er mußte ihn trinken. Nach dem Rausch der Ekstase erwachte er in der Tiefe des Abgrundes, am Rande des Martyriums. Kein Zweifel mehr; die Zeiten waren vollendet. Der Himmel hatte gesprochen; die Erde rief um Hilfe.

Da wandte sich Jesus um, und in langsamen Tagesmärschen stieg er das Tal des Jordan hinab und nahm den Weg gen Jerusalem.

Das Abendmahl – Das Gericht – Der Tod und die Auferstehung

»Hosianna dem Sohne Davids!« Dieser Ruf begleitete die Schritte Jesu bei seinem Einzug in das östliche Tor Jerusalems, und die Palmenzweige regneten zu seinen Füßen. Diejenigen, die ihn mit so viel Begeisterung bewillkommneten, waren Anhänger des galiläischen Propheten, die aus der Umgebung und dem Innern der Stadt zu dieser Begrüßung herbeigeströmt waren. Sie grüßten den Befreier Israels, der bald zum König gekrönt sein würde. Die zwölf Apostel, die ihn begleiteten, teilten noch diesen widerstandsfähigen Glauben, trotz der deutlichen Vorhersagungen Jesu. Er allein, der gefeierte Messias, wußte, daß er zur Hinrichtung schritt und daß die Seinen nur nach seinem Tod in das Heiligtum seines Gedankens eindringen würden. Er lieferte sich aus, entschlossen, mit vollem Bewußtsein und ungeteiltem Willen. Daher seine Ergebung, seine sanfte Milde. Als er durch den gewaltigen Torgang schritt, der die dunkle Festung Jerusalems durchbrach, hallte das Gewölbe wider von den Rufen, die ihn verfolgten, wie die Stimme des Schicksals, das seine Beute ergreift: »Hosianna dem Sohne Davids!«

Durch diesen feierlichen Einzug erklärte Jesus öffentlich den religiösen Autoritäten Jerusalems, daß er die Rolle des Messias mit allen ihren Folgen auf sich nehme. Am andern Morgen erschien er im Tempel, in dem Hof der Heiden; er näherte sich den Viehverkäufern und den Wechslern, deren Wucherergesichter und betäubendes Geldgeklingel den heiligen Ort entweihten, und sagte ihnen dieses Wort des Jesaias: »Es steht geschrieben: Mein Haus soll ein Haus des Gebetes sein, und ihr macht daraus eine Räuberhöhle.« Die Verkäufer flüchteten, ihre Tische und Geldsäcke zusammenraffend, eingeschüchtert durch die Anhänger des Propheten, die ihn wie ein fester Wall umringten, aber mehr noch durch seinen flammenden Blick und seine gebieterische Gebärde. Die verblüfften Priester wunderten sich über so viel Kühnheit und erschraken vor so viel Macht. Eine vom Sanhedrin gesandte Deputation forderte von ihm Rechenschaft mit diesen Worten: »Kraft welcher Autorität tust du diese Dinge?« Auf diese verfängliche Frage antwortete Jesus seiner Gewohnheit nach mit einer für seine Gegner noch verwirrenderen Frage: »Die Taufe des Johannes, war sie vom Himmel oder von den Menschen?« Wenn die Pharisäer geantwortet hätten: »Sie ist vom Himmel«, hätte Jesus ihnen gesagt: »Weshalb habt ihr denn nicht daran geglaubt?« Wenn sie gesagt hätten: »Sie ist von den Menschen«, mußten sie sich vor dem Volk fürchten, welches Johannes den Täufer für einen Propheten hielt. Sie antworteten also: »Wir wissen es nicht.« – »Und ich«, sagte Jesus, »ich werde euch nicht sagen, kraft welcher Gewalt ich diese Dinge tue.« Als ihr Hieb abgewehrt war, griff er sie selbst an und fügte hinzu: »Ich sage euch in Wahrheit, daß die Zöllner und die Sünderinnen euch im Reich Gottes voranschreiten werden.« Dann verglich er sie in einem Gleichnis mit einem Weingärtner, der den Sohn des Herrn tötete, um das Erbe des Weinberges anzutreten, und nannte sich selbst »den Eckstein, der sie zermalmen würde«. Durch diese Handlungen, diese Worte sieht man, daß Jesus bei seiner letzten Reise in die Hauptstadt Israels sich den Rückzug abschneiden wollte. Lange schon hatte man aus seinem Mund die zwei großen Hauptanklagen, die nötig waren, um ihm den Untergang zu bereiten: seine Drohung gegen den Tempel und die Behauptung, daß er der Messias sei. Seine letzten Angriffe reizten seine Feinde auf das äußerste. Von diesem Augenblick an war sein Tod, von den Autoritäten beschlossen, nur noch eine Frage der Zeit. Seit seiner Ankunft hatten sich die einflußreichsten Mitglieder des Sanhedrin, die Sadduzäer und Pharisäer, verbunden durch ihren gemeinsamen Haß gegen Jesus, darin geeinigt, »den Verführer des Volkes zu verderben«. Man zauderte nur, ihn öffentlich zu greifen, denn man fürchtete eine Volkserhebung. Öfter schon waren Soldaten, die man gegen ihn ausgeschickt hatte, zurückgekommen, gewonnen durch sein Wort oder erschreckt durch die Volksmenge. Mehrmals hatten die Soldaten des Tempels ihn unter sich auf unverständliche Weise verschwinden sehen. So sah der Kaiser Domitian, fasziniert, suggestiert und wie mit Blindheit geschlagen durch den Magier, den er verurteilen wollte, Appolonius von Tyana vor seinem Gerichtshof und unter seinen Garden verschwinden! Der Kampf zwischen Jesus und den Priestern zog sich so von Tag zu Tag fort mit wachsendem Haß ihrerseits und von seiner Seite mit einer Wucht, einer Kraft, einer

Begeisterung, die gesteigert war durch die Sicherheit des verhängnisvollen Ausgangs, die in ihm lebte. Es war Jesu letzter Ansturm gegen die Mächte des Tages. Er entfaltete dabei eine äußerste Energie und jene volle männliche Kraft, die wie ein Panzer die erhabene Milde, das, was man das Ewig-Weibliche seiner Seele nennen könnte, umschloß. Dieser Riesenkampf endete mit den furchtbaren Flüchen gegen die Fälscher der Religion: »Wehe euch Schriftgelehrten und Pharisäer, die ihr das Reich des Himmels denen verschließt, die eintreten wollen! Toren und Blinde, die ihr den Zehnten zahlt und die Gerechtigkeit, die Barmherzigkeit und die Treue vernachlässigt. Ihr seid den weißgetünchten Grabstätten ähnlich, die von außen schön aussehen, aber innen sind sie voll Totengebeinen und allerhand Verwesung!«

Nachdem er so die religiöse Heuchelei und die falsche priesterliche Autorität für die Jahrhunderte gebrandmarkt hatte, betrachtete Jesus seine Misison als beendet. Er verließ Jerusalem, gefolgt von seinen Jüngern, und schlug mit ihnen den Weg zum Ölberg ein. Man sah beim Aufstieg, von oben herab, den Tempel des Herodes in seiner ganzen Majestät, mit seinen Terrassen, seinen weiten Säulenhallen,seiner Umkleidung aus weißem Marmor, auf welchem Jaspis und Porphyr inkrustiert waren, mit dem Gefunkel seines mit Gold und Silber bedeckten Daches. Die entmutigten Jünger, die eine Katastrophe vorausahnten, machten ihn auf die Herrlichkeit des Baues aufmerksam, den der Meister auf immer verließ. In ihrem Ton lag ein Schatten der Wehmut und des Bedauerns. Denn bis zum letzten Augenblick hatten sie gehofft, einst dort als Richter Israels zu thronen, den als Pontifex-König gekrönten Messias umringend. Jesus wandte sich um, maß den Tempel mit seinen Blicken und sagte: »Seht ihr das alles? Nicht ein Stein wird auf dem andern bleiben[123].« Er urteilte über die Dauer des Jehova-Tempels nach dem sittlichen Wert derjenigen, die ihn in ihrem Besitz hatten. Er verstand, daß der Fanatismus, die Intoleranz und der Haß nicht genügend Waffen waren gegen die Sturmböcke und Beile des römischen Cäsars. Mit dem Blick des Eingeweihten, der noch schärfer geworden war durch jenes Hellsehen, das die Nähe des Todes gibt, sah er den judäischen Hochmut, die Politik der Könige, die ganze jüdische Geschichte verhängnisvoll dieser Katastrophe entgegeneilen. Der Sieg konnte nicht da sein; er mußte sich binden an die Gedanken der Propheten, an jene universelle Religion, jenen unsichtbaren Tempel, dessen volles Bewußtsein er allein zu dieser Stunde hatte. Vor der Zitadelle von Zion aber und dem steinernen Tempel sah er den Engel der Zerstörung an den Toren stehen, eine Fackel in der Hand.

Jesus wußte, daß seine Stunde nahe sei, aber er wollte sich nicht vom Sanhedrin überraschen lassen und zog sich nach Bethanien zurück. Da er eine Vorliebe für den Ölberg hatte, ging er fast alle Tage dahin, um sich mit seinen Jüngern zu unterhalten. Von jener Höhe hat man einen herrlichen Blick. Das Auge umfaßt die strengen Berge von Judäa und Moab mit ihren bläulichen und violetten Schatten; man erblickt von weitem ein Stückchen des Toten Meeres wie einen bleiernen Spiegel, aus dem schweflige Rauchwolken aufsteigen. Am Fuß des Berges erstreckt sich Jerusalem, umragt von seinem Tempel und der Zitadelle von Zion. Noch heute, wenn die Dämmerung sich niedersenkt in die traurigen Schluchten von Hinnom und Josaphat, steigt die von den Söhnen Ismaels beschützte Stadt des David und des Christus majestätisch aus diesen dunklen Schluchten auf. Ihre Kuppeln, ihre Minarette fangen das sterbende Licht des Himmels auf und scheinen immer noch auf die Engel des Gerichts zu warten. Dort gab Jesus seinen Jüngern seine letzten Lehren über die Zukunft der Religion, die er zu gründen gekommen war, ihnen so sein irdisches und göttliches Vermächtnis hinterlassend, das tief verbunden war mit seinem esoterischen Unterricht.

Es ist klar, daß die Herausgeber der synoptischen Evangelien uns die apokalyptischen Reden des Jesus nur in einem Zustande der Verwirrung hinterlassen haben, der sie beinahe unentzifferbar macht. Ihr Sinn wird nur verständlich in demjenigen des Johannes. Wenn Jesus wirklich geglaubt hätte an seine Wiederkehr auf den Wolken einige Jahre nach seinem Tode, wie es die naturalistische Auslegung annimmt, oder wenn er sich eingebildet hätte, daß das Ende der Welt und das letzte Gericht der Menschen in jener Form stattfinden würde, wie es die orthodoxe Theologie annimmt, dann wäre er nichts als ein phantasievoller Illuminierter gewesen, ein sehr mäßiger Visionär, statt des weisen Eingeweihten, des erhabenen Sehers, wie er erscheint nach jedem Wort seines Unterrichts, jedem Schritt seines Lebens. Natürlich müssen hier, mehr als anderswo, seine Worte dem allegorischen Sinne nach verstanden werden, gemäß dem transzendenten Symbolismus der Propheten. Dasjenige der vier Evangelien, das uns am besten die esoterische Lehre des Meisters überliefert hat, dasjenige des Johannes, zwingt uns von selbst jene Auslegung auf, die übrigens dem Sinn Jesu für Parabeln vollkommen entspricht, wenn es uns die Worte des Meisters wiedergibt. »Vieles hätte ich euch noch zu sagen, aber ihr könnt es nicht tragen . . . Ich sage euch diese Dinge in Gleichnissen; aber der Tag wird kommen, da ich nicht in Gleichnissen zu euch reden, sondern offen von meinem Vater reden werde.«

Die feierliche Verheißung Jesu an die Apostel richtet sich auf vier Gegenstände, vier wachsende Sphären des planetarischen und kosmischen Lebens: das individuelle psychische Leben; das nationale Leben Israels; die irdische Evolution und das irdische Ziel der Menschheit; ihre himmlische Evolution und ihr himmlisches Ziel. Nehmen wir nacheinander diese vier Gegenstände seiner Verheißung durch, diese vier Sphären, in denen der Gedanke des Christus vor seinem Martyrium erstrahlt wie eine untergehende Sonne, die mit ihrer Glorie die ganze irdische Atmosphäre bis zum Zenit erfüllt, bevor sie anderen Welten scheint.

1. Das erste Gericht bedeutet: das Schicksal der Seele nach dem Tod. Es wird durch ihre innere Veranlagung und durch die Handlungen ihres Lebens bestimmt. Ich habe an einer anderen Stelle anläßlich des Gesprächs Jesu mit Nikodemus diese Lehre auseinandergelegt. Auf dem Ölberg sagt er im Hinblick auf diesen Gegenstand zu den Aposteln: »Hütet euch vor euch selbst, damit eure Herzen nicht durch die Gier verdorben werden und dieser Tag euch nicht überrasche[124].« Und noch: »Haltet euch bereit, denn der Menschensohn wird zu einer Stunde kommen, in der ihr es nicht erwartet[125].«

2. Die Zerstörung des Tempels und das Ende Israels. »Ein Volk wird sich gegen das andere erheben . . . Ihr werdet überantwortet werden den Häuptlingen, um gequält zu werden . . . Ich sage euch in Wahrheit, daß dieses Geschlecht nicht vergehen wird, bevor all diese Dinge geschehen sind[126].«

3. Das irdische Ziel der Menschheit, das nicht auf einen besonderen Zeitpunkt festgesetzt ist, sondern stufenweise erreicht wird in einer Reihe aufeinanderfolgender Vervollkommnungen. Dieses Ziel ist das Auftreten des sozialen Christus oder des göttlichen Menschen auf der Erde, d. h. die Organisation der Wahrheit, der Gerechtigkeit und der Liebe in der menschlichen Gesellschaft und infolgedessen der Friede unter den Völkern. Jesaias hatte diese ferne Epoche schon vorhergesagt in einer herrlichen Vision, die mit diesen Worten beginnt. »Da ich sehe ihre Werke und ihre Gedanken, komme ich, um alle Völker und alle Zungen zu vereinigen; sie werden kommen und meinen Ruhm sehen, und ich werde ihnen mein Zeichen vorsetzen . . .[127]« Jesus vervollständigt diese Weissagung, indem er seinen Jüngern erklärt, welches dieses Zeichen sein wird. Es wird die vollständige Enthüllung der Mysterien oder die Offenbarung des Heiligen Geistes sein, den er auch den Tröster nennt oder »den Geist der Wahrheit, der euch in alle Wahrheit führen wird«. – »Und ich werde meinen Vater bitten, daß er euch einen anderen Tröster gebe, auf daß er ewig bei euch bleibe; den Geist der Wahrheit, welchen die Welt nicht empfangen kann, weil sie ihn nicht sieht; aber ihr kennet ihn, weil er in euch wohnt und in euch sein wird[128].« Die Apostel werden diese Offenbarung im voraus haben, die Menschheit später, in der Folge der Zeiten. Aber jedesmal, wenn sie in einem einzelnen Bewußtsein oder einer menschlichen Gruppe stattfindet, durchzuckt sie es durch und durch bis in das Innerste. »Die Ankunft aber des Menschensohnes wird wie ein Leuchten sein, das vom Osten kommt und gen Westen fährt[129].« So, wenn die zentrale und geistige Wahrheit sich entzündet, beleuchtet sie alle anderen und alle Welten.

4. Das letzte Gericht bedeutet das Ende der kosmischen Evolution der Menschheit oder ihren endgültigen Eintritt in ein spirituelles Stadium. Das ist, was der persische Esoterismus genannt hatte, der Sieg des Ormuzd über Ahriman oder des Geistes über die Materie. Der indische Esoterismus nannte es das vollständige Wiedereinziehen der Materie durch den Geist oder das Ende eines Tages des Brahma. Nach Tausenden und nach Millionen von Jahrhunderten muß ein Zeitpunkt kommen, wo, nachdem sie durch eine lange Reihenfolge von Geburten und Wiedergeburten, von

Inkarnationen und Regenerationen durchschritten, die Individuen, die eine Menschheit bilden, endgültig eintreten werden in das geistige Stadium, oder wo sie als bewußte Seelen vernichtet sein werden durch das Böse, d. h. durch ihre eigenen Leidenschaften, welche durch das Feuer der Hölle und das Zähneklappern versinnbildlicht sind. »Dann wird das Zeichen des Menschensohnes im Himmel erscheinen. Der Menschensohn wird auf den Wolken kommen. Er wird seine Engel senden mit einem großen Posaunenstoß und wird um sich sammeln seine Auserwählten aus den vier Winden[130].« Der Menschensohn, eine allgemeine Bezeichnung, bedeutet hier die Menschheit in ihren vollkommenen Repräsentanten, d. h. die kleine Zahl derjenigen, die sich bis zum Rang eines Gottessohnes erhoben haben. Sein Zeichen ist das Lamm und das Kreuz, d. h. die Liebe und das ewige Leben. Die Wolke ist das Bild der durchsichtig gewordenen Mysterien sowie der durch den Geist verklärten feinsten Materie, der fluidischen Substanz, die nicht mehr ein dichter und dunkler Schleier ist, sondern eine leichte und durchsichtige Hülle der Seele, nicht mehr ein grobes Hemmnis, sondern ein Ausdruck der Wahrheit, nicht mehr ein trügerischer Schein, sondern die geistige Wahrheit selbst, die Welt des Innern in zeitloser und unmittelbarer Offenbarung. Die Engel, welche die Auserwählten sammeln, sind die aus der Menschheit selbst stammenden glorreichen Geister. Die Posaune, in die sie stoßen, symbolisiert das lebendige Wort des Geistes, das die Seelen so zeigt, wie sie sind, und allen trügerischen Schein der Materie zerstört.

Jesus, der den Vorabend seines Todes gekommen fühlte, entfaltete so vor den erstaunten Aposteln die weiten Perspektiven, die seit uralten Zeiten der Inhalt der Mysterienlehre gewesen waren, denen aber jeder Begründer einer neuen Religion immer eine persönliche Form und Farbe gegeben hat. Um diese Wahrheit in ihren Geist zu prägen, um deren Verbreitung zu erleichtern, faßte er sie zusammen in Bilder von einer außerordentlichen Kühnheit und einschneidenden Energie. Das offenbarende Bild, das sprechende Symbol war die universelle Sprache der alten Eingeweihten. Sie besitzt eine Gabe der Mitteilung, eine Kraft der Konzentration und der Dauer, die dem abstrakten Ausdruck mangelt. Indem er sich aber ihrer bediente, folgte Jesus nur dem Beispiel des Moses und der Propheten. Er wußte, daß die Idee nicht gleich verstanden werden würde, aber er wollte sie in die naive Seele der Seinen in flammenden Buchstaben einprägen, den Jahrhunderten es überlassend, alle in seinem Wort enthaltenen Kräfte wiederzubeleben. Jesus fühlt sich eins mit allen Propheten der Erde, die ihm vorangegangen sind, die wie er Träger des Lebens und des ewigen Wortes waren. In diesem Gefühl der Einheit und der Solidarität mit der unwandelbaren Wahrheit, vor diesen grenzenlosen Horizonten von sternenklarer Helle, die nur vom Zenith der ersten Ursachen aus geschaut werden, wagte er es, seinen betrübten Jüngern diese stolzen Worte zu sagen: »Himmel und Erde werden vergehen, aber meine Worte werden nicht vergehen.«

So glitten die Tage und die Abende auf dem Ölberg dahin. Eines Tages, getrieben von einer jener Anwandlungen von Sympathie, die seiner feurigen und beweglichen Natur eigen waren, die ihn plötzlich von den erhabensten Höhen hinunterführten zu den Leiden der Erde, die er als die seinen empfand, vergoß er Tränen über Jerushalaïm, über die heilige Stadt und sein Volk, dessen furchtbares Schicksal er vorherfühlte. Auch das seine nahte mit Riesenschritten. Schon hatte der Sanhedrin über sein Schicksal beraten und seinen Tod beschlossen; schon hatte Judas Ischariot versprochen, seinen Meister auszuliefern. Was diesen schwarzen Verrat verursachte, war nicht schmutziger Geiz, sondern Ehrgeiz und verwundete Eigenliebe. Judas, der Typus der kältesten Selbstsucht und des absoluten Positivismus, unfähig des geringsten Idealismus, hatte sich nur aus weltlicher Berechnung zum Jünger Christi gemacht. Er zählte auf den irdischen baldigen Triumph des Propheten und auf den Nutzen, den er davon haben würde. Er hatte nichts verstanden von jenem tiefen Wort des Meisters: »Die ihr Leben gewinnen wollen, werden es verlieren, und die es verlieren wollen, werden es gewinnen.« Jesus, in seinem grenzenlosen Mitleid, hatte ihn in die Zahl der Seinigen aufgenommen in der Hoffnung, seine Natur zu ändern. Als Judas sah, daß die Dinge eine schlechte Wendung nahmen, daß Jesus verloren war, seine Jünger in üblen Ruf gekommen, er selbst aller Hoffnungen bar, wandelte sich seine Enttäuschung in Wut. Der Unglückliche verriet den, der in seinen Augen nur ein falscher Messias war und durch den er sich selbst betrogen glaubte. Mit seinem durchdringenden Blick hatte Jesus erraten, was in der Seele des untreuen Apostels vor sich ging. Er beschloß, dem Schicksal nicht mehr zu entweichen, dessen unentwirrbares Netz sich jeden Tag enger um ihn zusammenzog. Man war am Vorabend von Ostern. Er befahl seinen Jüngern, das Mahl zu bereiten in der Stadt bei einem Freund. Er fühlte, daß es das letzte sein würde, und wollte ihm eine außergewöhnliche Feierlichkeit geben.

Wir sind nun im letzten Akt des messianischen Dramas. Es war notwendig, um die Seele und das Werk Jesu an ihrer Quelle zu ergreifen, von innen heraus die zwei ersten Akte seines Lebens zu beleuchten, d. h. seine Einweihung und seine öffentliche Laufbahn. Das innere Drama seines Bewußtseins hat sich darin enthüllt. Der letzte Akt seines Lebens oder das Passionsdrama ist die logische Folge der beiden ersten. Allgemein bekannt, erklärt es sich von selbst. Denn dem Erhabenen ist es eigen, zugleich einfach, groß und klar zu sein. Das Passionsdrama hat machtvoll dazu beigetragen, das Christentum zu schaffen. Es hat Tränen entrissen allen Menschen, die ein Herz haben, und Millionen von Seelen bekehrt. In allen diesen Szenen sind die Evangelien von unvergleichlicher Schönheit. Johannes selbst steigt von seinen Höhen nieder. Seine ausführliche Wiedergabe erhält hier die ergreifende Wahrheit eines Augenzeugen. Jeder kann in sich selbst das göttliche Drama wiederleben, keiner könnte es anders schaffen. Doch muß ich, um meine Aufgabe zu erfüllen, die Strahlen der esoterischen Überlieferung auf die drei wesentlichsten Ereignisse einschränken, durch welche das Leben des göttlichen Meisters vollendet wurde: auf das heilige Abendmahl, das Gericht über den Messias und die Auferstehung. Wenn auf diese Punkte Licht fällt, wird es die ganze vorherige Laufbahn des Christus überstrahlen und auch die darauf folgende Geschichte des Christentums.

Die Zwölf, mit dem Meister dreizehn bildend, hatten sich in dem oberen Zimmer eines Hauses von Jerusalem versammelt. Der unbekannte Freund, der Gastherr Jesu, hatte das Zimmer mit einem reichen Teppich geschmückt. Gemäß der orientalischen Sitte lagerten sich die Jünger und der Meister zu drei und drei auf vier breiten Divanen, die in Form von Triklinien um den Tisch gestellt waren. Als man das Passahlamm gebracht hatte, die mit Wein gefüllten Gefäße und die kostbare Schale, den vom unbekannten Freund geliehenen goldenen Kelch, sagte Jesus, der zwischen Johannes und Petrus Platz genommen hatte: »Ich habe sehnlich gewünscht, mit euch dieses Passahmahl zu essen, denn ich sage euch, daß ich kein anderes mehr mit euch essen werde, bis daß die Erfüllung sein wird im Reich Gottes [131].« Nach diesen Worten verfinsterten sich die Gesichter, und die Luft wurde schwer. »Der Jünger, den Jesus liebhatte«, und der allein alles erriet, lehnte schweigend seinen Kopf an die Schulter des Meisters. Gemäß der Sitte der Juden zu Ostern, aß man die bitteren Kräuter und das Zubehör.

Da nahm Jesus das Brot, und als er gedankt hatte, brach er es und gab es ihnen, indem er sagte: »Dieses ist mein Leib, der für euch gegeben ist; tut solches zu meinem Gedächtnis.« Ebenso gab er ihnen den Kelch nach dem Mahl und sagte: »Dieser Kelch ist das neue Bündnis durch mein Blut, welches für euch vergossen wird [132].«

Dies ist die Einsetzung des Abendmahls in seiner ganzen Einfachheit. Es enthält mehr Dinge, als man gewöhnlich sagt und weiß. Nicht nur ist dieser symbolische und mystische Akt der Schluß und die Zusammenfassung der ganzen Lehre Christi, sondern er ist auch die Heiligung und die Erneuerung eines sehr alten Einweihungssymboles. Die Kommunion, unter der Form des Brotes, dieser Frucht der Ähre, bedeutet die Kenntnis der Mysterien des irdischen Lebens wie auch die Teilung der Güter der Erde und somit die vollkommene Einheit der verbündeten Brüder. In höherem Grad bedeutet die Kommunion unter der Form des Weines, dieses Blutes der von der Sonne durchreiften Rebe, die Teilung der himmlischen Güter, die Anteilnahme an den geistigen Mysterien und an der göttlichen Wissenschaft. Denn durch sie hindurch erstreckt er die Brüderlichkeit und die Initiation, einst den Besitz von wenigen, über die ganze Menschheit. Jesus fügt dem hinzu das tiefste der Mysterien, die größte der Kräfte: diejenige seines Opfers. Er bildet daraus die unsichtbare, aber unzerbrechliche Kette der Liebe zwischen sich und den Seinen. Das gibt seiner glorreichen Seele eine göttliche Macht über ihre Herzen und über diejenigen aller Menschen. Dieser aus den Tiefen der prophetischen Zeiten gekommene Kelch der Wahrheit, dieser goldene Kelch der Einweihung, den der essenische Greis ihm gereicht hatte, als er ihn Prophet nannte, dieser Kelch der himmlischen Liebe, den ihm die Gottessöhne entgegenhielten, in der Begeisterung seiner höchsten Ekstase, dieser Kelch, in dem er jetzt sein eigenes Blut durchschimmern sieht – er reicht ihn seinen geliebten Jüngern mit der unsagbaren Zärtlichkeit des letzten Abschieds.

Jesus hat die Nacht und die Agonie von Gethsemane durchgemacht. Im voraus, mit furchtbarer Klarheit, hat er den höllischen Kreis sich zusammenschließen sehen, der ihn zermalmen sollte. In dem Schrecken dieser Lage, in der furchtbaren Erwartung, in dem Augenblick, da er von seinen Feinden gefaßt werden sollte, hat er gezittert; einen Augenblick ist seine Seele vor den Foltern, die ihn erwarteten, zurückgewichen; blutiger Schweiß hat auf seiner Stirn geperlt. Dann hat ihn das Gebet gestärkt. – Da erschallt der Lärm verworrener Stimmen, Waffengeklirr; unter den dunklen Ölbäumen leuchten Fackeln auf: es sind die Soldaten des Sanhedrin. Judas, der sie führt, küßt seinen Meister, damit man den Propheten erkenne. Jesus gibt ihm mit unsagbarem Mitleid seinen Kuß zurück und sagt: »Mein Freund, weshalb bist du hier?« Die Wirkung dieser Sanftmut, dieses als Antwort auf den niedrigsten Verrat gegebenen Kusses auf diese doch so verhärtete Seele ist eine so starke, daß einen Augenblick später Judas, von Gewissensbissen und Grauen vor sich selbst erfaßt, sich das Leben nimmt. Mit ihren rohen Händen haben die Gerichtsdiener den galiläischen Rabbi gefaßt. Nach kurzem Widerstand sind die entsetzten Jünger geflohen wie vom Wind auseinandergejagtes Schilf. Nur Johannes und Petrus bleiben in der Nähe und folgen dem Meister zum Gerichtshof mit gebrochenem Herzen, die Seele an sein Schicksal festgeschmiedet. Aber Jesus hat seine Ruhe wiedergewonnen. Von diesem Augenblick an fiel nicht ein Protest, nicht eine Klage von seinen Lippen.

Der Sanhedrin hat sich in aller Eile vereinigt zu einer vollzähligen Sitzung. In der Mitte der Nacht führt man Jesus dahin. Denn der Gerichtshof will mit dem gefährlichen Propheten ein schnelles Ende machen. Die Opferer, die Priester in ihren purpurnen, gelben, violetten Tuniken, mit dem Turban auf dem Haupt, sitzen feierlich im Halbkreis. In ihrer Mitte, auf erhöhtem Sitz, thront Kaiphas, der Hohepriester, die Migbah auf dem Haupt. An jedem Ende des Halbkreises, auf zwei kleinen Tribünen, die einen Tisch tragen, stehen die zwei Gerichtsbeisitzer, der eine für die Freisprechung, der andere für die Verurteilung, advocatus Dei, advocatus Diaboli. Jesus, vollkommen ruhig, steht in der Mitte, im weißen Gewand des Essäers. Gerichtsbeamte, mit Riemen und Stricken bewaffnet, umringen ihn, die Faust auf der Hüfte, mit nackten Armen und bösem Blick. Es gibt nur Zeugen, die gegen ihn sind, keinen einzigen Verteidiger. Der Hohepriester, der höchste Richter, ist der Hauptankläger; der Prozeß, angeblich eine Maßregel des öffentlichen Wohls gegen ein Verbrechen der Religionsbeleidigung, ist in Wahrheit die vorbeugende Rache einer ängstlichen Priesterschaft, die sich in ihrer Macht bedroht fühlt.

Kaiphas erhebt sich und beschuldigt Jesus, ein Verführer des Volkes zu sein, ein Mesit. Einige Zeugen, die aufs Geratewohl in der Menge aufgegriffen sind, machen ihre Aussage, aber sie widersprechen sich. Endlich führt einer von ihnen das Wort an, das als Lästerung angesehen wird und das der Nazarener mehr als einmal in der Säulenhalle des Salomo den Pharisäern entgegengeschleudert hatte: »In drei Tagen kann ich den Tempel zerstören und in drei Tagen ihn wieder aufbauen.« Jesus schweigt – »Du antwortest nicht?« sagt der Hohepriester. Jesus, der weiß, daß er verurteilt werden wird und sein Wort nicht unnütz verschwenden will, beobachtet Schweigen. Aber dieses Wort, selbst wenn bewiesen, genügt nicht, um ein Todesurteil zu begründen. Man braucht ein stärkeres Geständnis. Um es aus dem Angeklagten herauszulocken, richtet der geschickte Sadduzäer Kaiphas eine Ehrenfrage an ihn, die Lebensfrage seiner Mission. Denn die größte Geschicklichkeit besteht oft darin, direkt zur wesentlichen Tatsache zu schreiten: »Bist du der Messias, so sage es uns!« Jesus antwortet zunächst ausweichend und beweist so, daß er durch die List nicht überrumpelt wird: »Wenn ich es sagte, würdet ihr mir nicht glauben; wenn ich es euch aber frage, werdet ihr mir nicht antworten.« – Kaiphas, dem die List des Untersuchungsrichters nicht geglückt ist, macht vom Recht des Hohenpriesters Gebrauch und fährt feierlich fort: »Ich beschwöre dich bei dem lebendigen Gott, uns zu sagen, ob du der Messias bist, der Sohn Gottes.« – So angerufen, aufgefordert, seine Mission vor dem obersten Repräsentanten der Religion Israels zu verleugnen oder sie zu bejahen, zaudert Jesus nicht mehr. Er antwortet ruhig: »Du sagst es. Aber ich sage euch, daß ihr von nun an sehen werdet den Sohn Gottes sitzend zur rechten Hand der Kraft und kommend auf den Wolken des Himmels [133].« Indem er sich so in der prophetischen Sprache Daniels und des Buches Henoch ausdrückt, spricht der essäische Eingeweihte Jehoschuah nicht zu Kaiphas wie zu einem einzelnen. Er weiß, daß der agnostische Sadduzäer unfähig ist, ihn zu verstehen. Er spricht zum Hohenpriester Jehovas und durch ihn zu allen künftigen Hohenpriestern, zu allen Priesterschaften der Erde und sagt ihnen: »Nach meiner durch den Tod besiegelten Mission ist die Herrschaft des religiösen Gesetzes ohne Erklärung im Prinzip und in der Tatsache beendet. Die Mysterien werden geoffenbart werden, und der Mensch wird das Göttliche durch das Menschliche hindurch sehen. Die Religionen und die Kulte, die das eine nicht durch das andere zu beweisen und zu beleben verstehen werden, werden ohne Autorität sein.« Dies ist, gemäß dem Esoterismus der Propheten und der Essäer, der Sinn des Sohnes sitzend zur rechten Hand Gottes. So verstanden, enthält die Antwort Jesu an den Hohenpriester von Jerusalem das geistige und wissenschaftliche Vermächtnis Christi an die religiösen Autoritäten der Erde, wie die Einsetzung des Abendmahls sein Testament der Liebe und der Einweihung für die Apostel enthält.

Über den Kopf des Kaiphas hinweg hat Jesus zur Welt gesprochen. Aber der Sadduzäer, der erlangt hat, was er wollte, hört ihn nicht mehr. Sein leinenes Gewand zerreißend, ruft er aus: »Er hat Gott gelästert! Wozu bedürfen wir der Zeugen? Ihr habt die Lästerung gehört! Was dünkt euch?« Ein einstimmiges Gemurmel des Sanhedrin antwortet: »Er hat den Tod verdient.« Alsbald folgt die gemeine Schmähung und die rohe Behandlung der Untergebenen auf das Urteil von oben. Die Gerichtsdiener speien ihn an, schlagen ihn ins Gesicht und schreien: »Prophet! Rate, wer dich geschlagen hat.« Unter diesem Anprall von niedrigem und gemeinem Haß erhält das erhabene und bleiche Antlitz des großen Dulders seine marmorartige und visionäre Unbeweglichkeit wieder.

Es gibt, sagt man, Statuen, welche weinen; es gibt auch Schmerzen ohne Tränen und stumme Gebete von Opfern, welche die Henker entsetzen und sie bis an ihr Lebensende verfolgen.

Doch alles ist nicht zu Ende. Der Sanhedrin kann die Todesstrafe aussprechen; um sie zu vollziehen, bedarf es des weltlichen Armes und der Approbation der römischen Autorität. Die Unterhaltung mit Pilatus, die von Johannes ausführlich wiedergegeben wird, ist nicht weniger bemerkenswert als die mit Kaiphas. Dieser interessante Dialog zwischen Christus und dem römischen Landpfleger, in welchem die heftigen Zwischenrufe der jüdischen Priester und das Geschrei einer fanatisierten Volksmenge die Rolle der Chöre in der guten Tragödie erfüllen, hat die Überzeugungstreue einer großen dramatischen Wahrheit. Denn er legt die Seele der handelnden Persönlichkeit bloß, er zeigt den Zusammenprall der drei in Frage kommenden Mächte: des römischen Cäsarismus, des engen Judaismus und der von Christus vertretenen, universellen Religion des Geistes. Pilatus, der diesem religiösen Streit sehr gleichgültig gegenübersteht, den aber die Sache sehr langweilt, weil er fürchtet, daß der Tod Jesu eine Volkserhebung hervorruft, forscht ihn vorsichtig aus und bietet ihm eine Rettungsmöglichkeit, hoffend, daß er sie benutze. – »Bist du der Juden König?« – »Mein Reich ist nicht von dieser Welt.« – »So bist du dennoch ein König?« – »Ja; ich bin dazu geboren; und ich bin in die Welt gekommen, Zeugnis für die Wahrheit abzulegen.« Pilatus versteht diese Behauptung einer geistigen Herrschaft Jesu nicht besser, als Kaiphas sein religiöses Vermächtnis verstanden hat. »Was ist Wahrheit?« sagt er achselzuckend, und diese Antwort des skeptischen römischen Ritters offenbart den Seelenzustand der heidnischen Gesellschaft von damals wie denjenigen jeder dekadenten Gesellschaft. Übrigens sieht er in dem Angeklagten nur einen unschuldigen Träumer und fügt hinzu: »Ich sehe keine Schuld an ihm.« Und er schlägt den Juden vor, ihn freizugeben, aber die von den Priestern aufgehetzte Volksmenge brüllt: »Gib uns Barrabas frei!« Da bereitet sich Pilatus, der die Juden nicht leiden kann, das ironische Vergnügen, ihren vermeintlichen König mit Ruten schlagen zu lassen. Er glaubt, daß es diesen Fanatikern genügen wird. Aber sie werden um so wütender und rufen wie rasend: »Kreuzige ihn!«

Trotz dieser Entfesselung der Volksleidenschaften widersteht Pilatus noch immer. Er ist es müde, grausam zu sein. Er hat so viel Blut in seinem Leben fließen gesehen, er hat so viel Rebellen zum Galgen geschickt, er hat so viel Stöhnen und Flüche gehört, ohne daß ihn seine Gleichgültigkeit verlassen hätte! Aber das stille und stoische Dulden des galiläischen Propheten im Purpurmantel und in der Dornenkrone hat einen Schauer in ihm geweckt, den er noch nicht kannte. In einer sonderbaren und flüchtigen Vision seines Geistes ist ihm ein Wort entfallen, dessen Tragweite er nicht ermißt: »Ecce Homo! Dies ist ein Mensch!« Der harte Römer ist beinahe gerührt; er ist im Begriff, die Freisprechung zu vollziehen. Die Priester des Sanhedrin, die mit scharfem Auge nach ihm lauern, haben diese Rührung gesehen und sind erschrocken; sie fühlen, daß ihre Beute ihnen entschlüpft. Voll Hinterlist besprechen sie sich untereinander. Dann rufen sie einstimmig, indem sie die rechte Hand vorstrecken und den Kopf mit einer Gebärde heuchlerischen Abscheus abwenden: »Er hat sich zum Gottessohn gemacht!«

Als Pilatus diese Worte gehört hatte, sagt Johannes, fürchtete er sich noch mehr. Wovor hatte er Furcht? Was konnte dieser Name für den ungläubigen Römer bedeuten, der von ganzem Herzen die Juden und ihre Religion verachtete und nur an die politische Religion Roms und des Cäsar glaubte? – Es gibt einen ernsten Grund dafür. Obgleich man ihm einen verschiedenen Sinn zuschrieb, war der Name Gottessohn im antiken Esoterismus genügend verbreitet, und Pilatus, obgleich skeptisch, hatte seinen Rest von Aberglauben. In Rom, in den kleinen Mithras-Mysterien, in welche die römischen Ritter sich einweihen ließen, hatte er sagen hören, daß ein Gottessohn eine Art Interpret der Gottheit sei. Welcher Nation, welcher Religion er auch gehören mochte, sich an seinem Leben zu vergreifen, war ein großes Verbrechen. Pilatus glaubte nicht an diese persischen Träumereien, aber das Wort beunruhigte ihn dennoch und ließ seine Verlegenheit wachsen. Als sie dies bemerken, werfen die Juden dem Prokonsul die höchste Beschuldigung ins Gesicht: »Wenn du diesen Mann freigibst, bist du nicht Cäsars Freund; denn wer sich zum König macht, erklärt sich gegen Cäsar ... Wir haben keinen anderen König als Cäsar.« Ein unwiderstehliches Argument: Gott leugnen ist wenig, töten ist nichts, aber gegen Cäsar konspirieren ist das höchste Verbrechen. Pilatus ist gezwungen, sich zu ergeben und das Urteil zu fällen. So steht Jesus, am Ende seiner öffentlichen Laufbahn, angesichts des Herrn der Welt, den er sein ganzes Leben lang als okkulter Gegner – indirekt – bekämpft hat. Der Schatten Cäsars schickt ihn zum Kreuz. Hierin liegt eine tiefe Logik der Dinge: Die Juden haben ihn ausgeliefert, aber das römische Gespenst tötet ihn, indem es die Hand nach ihm ausstreckt. Es tötet seinen Körper; aber er, der glorreich gewordene Christus, ist es, der durch sein Martyrium dem Cäsar für immer wegnimmt den usurpierten Glorienschein, die göttliche Apotheose, diese höllische Lästerung der absoluten Gewalt.

Pilatus, nachdem er sich die Hände vom Blut des Unschuldigen gewaschen hat, spricht das schreckliche Wort aus: »Condemno, ibis in crucem.« Schon drängt die ungeduldige Menge zu Golgatha. Nun sind wir auf der kahlen, mit Menschengebeinen bestreuten Anhöhe, die Jerusalem überragt und den Namen Gilgal, Golgatha oder Schädelstätte trägt, einer grausigen Wüste, die seit Jahrhunderten schrecklichen Hinrichtungen dienen muß. Der öde Berg trägt keine Bäume; nur Galgen entsteigen ihm. Dort hatte Alexander Jannäus, der König der Juden, mit seinem ganzen Harem der Hinrichtung von Hunderten von Gefangenen beigewohnt; dort hatte Varus zweitausend Rebellen kreuzigen lassen; dort sollte der von den Propheten verkündigte sanfte Messias die grauenvolle Marter durchmachen, welche der unerbittliche Genius der Phönizier ausgedacht und das harte Gesetz Roms angenommen hatte. Die Kohorte der Legionäre hat einen großen Kreis um den Hügel gezogen; sie verjagt mit Lanzenhieben die letzten Getreuen, die dem Verurteilten gefolgt sind. Es sind die galiläischen Frauen, stumm und verzweifelt werfen sie sich nieder, mit dem Antlitz die Erde berührend. Die letzte Stunde ist für Jesus gekommen. Der Verteidiger der Armen, der Schwachen und der Bedrängten muß sein Werk in dem verachteten Martyrium enden, das den Sklaven und Räubern zugemessen ist. Der von den Essäern geweihte Prophet muß sich auf das Kreuz nageln lassen, das er in der Vision von Engaddi als das seine anerkannt hat; der Gottessohn muß den in der Verklärung geschauten Kelch trinken; er muß hinuntersteigen bis in den Abgrund der Hölle und der irdischen Qual. – Jesus hat den traditionellen Trank verweigert, der von den frommen Frauen Jerusalems bereitet wird und die Hingerichteten betäuben soll. Mit vollem Bewußtsein will er den Todeskampf bestehen. Während man ihn auf den schmachvollen Pfahl bindet, während die Soldaten mit starken Hammerschlägen die Nägel hineintreiben in seine von den Unglücklichen angebeteten Füße, in jene Hände, die nur zu segnen verstanden, erlöschen seine Augen, erstickt seine Stimme in der Qual des bohrenden Schmerzes. Aber mitten in den Zukkungen des Leibes und der höllischen Finsternis hat das immer wache Bewußtsein des Heilandes nur ein Wort für seine Henker: »Vater, vergib ihnen, denn sie wissen nicht, was sie tun.«

Noch muß er die Neige des Kelches leeren: es folgen die Stunden der Agonie, von Mittag bis zum Sonnenuntergang. Die moralische Tortur tritt hinzu und übersteigt die physische. Der Eingeweihte hat seiner Macht entsagt; der Gottessohn steht vor dem Entschwinden; es bleibt nur der leidende Mensch. Auf einige Stunden wird er seinen Himmel verlieren, um den Abgrund des menschlichen Leides zu durchmessen. Langsam erhebt sich das Kreuz mit seinem Opfer und seinem Schild, diesem letzten Hohn des Prokonsuls: Dies ist der König der Juden! Jetzt schwebt vor den Blicken des Gekreuzigten wie in einer beängstigenden Wolke Jerusalem, die heilige Stadt, die er hat verherrlichen wollen und die ihm das Anathema zuschleudert. Wo sind seine Jünger? Verschwunden. Er hört nur die Schmähworte der Mitglieder des Sanhedrin, welche finden, daß der Prophet nicht mehr zu fürchten ist, und über seine Agonie triumphieren. »Er hat die andern errettet«, sagen sie, »und kann sich selbst nicht retten!« Durch jene Lästerungen, jene Verworfenheit hindurch, in einer schaurigen Vision der Zukunft, sieht Jesus alle Verbrechen, welche verworfene Potentaten, fanatische Priester in seinem Namen vollbringen werden. Man wird sein Zeichen benutzen, um zu verfluchen! Man wird mit seinem Kreuz kreuzigen! Es ist nicht das finstere Schweigen des für ihn verhüllten Himmels, sondern das für die Menschheit verlorene Licht, das ihn diesen Verzweiflungsschrei ausstoßen läßt: »Mein Vater, warum hast du mich verlassen?« Da leuchtet das Bewußtsein des Messias, der Wille seines ganzen Lebens in einem letzten Blitz auf, und seine Seele entflieht mit diesem Schrei: »Es ist vollbracht!«

O erhabener Nazarener, göttlicher Menschensohn, schon bist du nicht mehr hier. Mit einem einzigen Flügelschlage hat deine Seele wiedergefunden, in strahlender Klarheit, deinen Himmel von Engaddi, deinen Himmel vom Berge Tabor! Du hast dein siegreiches Wort über die Jahrhunderte hinaus fliegen sehen, und du hast keinen andern Ruhm gewollt als die zu dir erhobenen Hände und Blicke derjenigen, die du geheilt und getröstet hast ... Doch bei deinem letzten Schrei, den die Hüter nicht verstanden haben, ist ein Beben über sie gefahren. Die römischen Soldaten haben sich umgewendet, und vor dem sonderbaren Glanz, den dein Geist über das nun friedvolle Gesicht dieser Leiche ausgießt, sehen sich deine Henker erstaunt an und sagen: »Wäre dies ein Gott?«

Ist das Drama wirklich erfüllt? Ist er beendet, der ungeheure und schweigsame Kampf zwischen der göttlichen Liebe und dem Tod, der im Bund mit den herrschenden Mächten der Erde auf sie gestürzt ist? Wer ist der Sieger? Sind es jene Priester, die vom Kalvarienberg hinuntersteigen, zufrieden mit sich, ihrer Tat sicher, da sie den Propheten haben verscheiden sehen, oder ist es der schon leichenfahle, bleiche Gekreuzigte? Für die treuen Frauen, welche die römischen Legionäre haben herannahen lassen und welche am Fuß des Kreuzes schluchzen, für die bestürzten und in eine Grotte des Tales von Josephat geflüchteten Jünger ist alles aus. Der Messias, der auf den Thron von Jerusalem steigen sollte, ist umgekommen durch die schmachvolle Marter des Kreuzes. Der Meister ist verschwunden; mit ihm die Hoffnung, das Evangelium, das Reich des Himmels. Ein düsteres Schweigen, eine tiefe Verzweiflung lastet auf der kleinen Gemeinde. Selbst Petrus und Johannes sind zu Boden gedrückt. Schwarz ist es um sie herum; kein Lichtstrahl leuchtet in ihre Seele. Dennoch, so wie in den Mysterien von Eleusis ein blendendes Licht der tiefen Finsternis folgte, so folgt in den Evangelien jener tiefen Verzweiflung eine plötzliche, unerwartete, ungeheure Freude. Sie bricht aus, sie steigt empor wie das Licht beim Aufgang der Sonne, und dieser bebende Schrei der Freude breitet sich über ganz Judäa aus: Er ist auferstanden!

Es ist zunächst Maria Magdalena, die, im Übermaß ihres Schmerzes, in der Nähe des Grabes wandelnd, den Meister gesehen und ihn an seiner Stimme erkannt hat, die sie beim Namen rief: »Maria!« Außer sich vor Freude, ist sie zu seinen Füßen gestürzt. Sie hat noch gesehen, wie Jesus sie anschaute, eine Gebärde machte, wie um die Berührung zu verbieten, dann war die Erscheinung plötzlich verschwunden. Danach sind es die heiligen Frauen, die dem Herrn begegnet sind und ihn diese Worte haben sagen hören: »Gehet hin und saget meinen Brüdern, daß sie nach Galiläa gehen mögen und daß sie mich dort sehen werden.« An demselben Abend, als die Elf vereinigt waren und die Türen verschlossen, sahen sie Jesus eintreten. Er nahm seinen Platz in ihrer Mitte, sprach sanft zu ihnen, ihren Unglauben ihnen vorwerfend. Dann sagte er: »Gehet hin in alle Welt und predigt das Evangelium jedem menschlichen Wesen[134].« Sonderbar! Während er zu ihnen sprach, waren sie alle wie in einem Traum, sie hatten ganz seinen Tod vergessen, sie hielten ihn für lebendig, und sie waren überzeugt, daß der Meister sie nicht mehr verlassen würde. Aber in dem Augenblick, da sie selbst im Begriff waren, zu sprechen, hatten sie ihn verschwinden sehen wie ein Licht, das erlischt. Der Widerhall seiner Stimme klang noch in ihren Ohren nach. Wie geblendet suchten die Apostel seinen leergebliebenen Platz; ein bleicher Schimmer schwebte darüber; plötzlich erlosch er. – Nach Matthäus und Markus erschien Jesus bald danach auf einem Berg vor fünfhundert durch die Apostel versammelten Brüdern. Er zeigte sich noch einmal den versammelten Elf. Dann hörten die Erscheinungen auf. Aber der Glaube war geschaffen, der Impuls gegeben, das Christentum lebte. Die vom heiligen Feuer erfüllten Apostel heilten die Kranken und lehrten das Evangelium im Sinn des Meisters. Drei Jahre später begab sich ein junger Pharisäer mit Namen Saul, den ein heftiger Haß gegen die neue Religion erfüllte und der mit jugendlichem Eifer die Christen verfolgte, mit mehreren Gefährten nach Damaskus. Auf dem Weg sah er sich plötzlich von einem so blendenden Licht umflutet, daß er zu Boden fiel. Zitternd rief er aus: Wer bist du?« Und er hörte eine Stimme, die zu ihm sagte: »Ich bin Jesus, den du verfolgst; es wird dir schwer sein, gegen den Stachel dich zu wehren.« Seine Gefährten, die ebenso erschrocken waren wie er, hoben ihn auf. Sie hatten die Stimme gehört, ohne etwas zu sehen. Der durch den Blitz blind gewordene junge Mann konnte erst nach drei Tagen wieder sehen[135].

Er bekehrte sich zum Glauben des Christus und wurde Paulus, der Apostel der Heiden. Alle Welt stimmt darin überein, daß ohne diese Bekehrung das in Judäa eingeschlossene Christentum das Abendland nicht erobert hätte.

Das sind die Tatsachen, die das Neue Testament wiedergibt. Welche Mühe man sich auch geben mag, um sie zum Minimum zu reduzieren, und welches auch der religiöse oder philosophische Gedanke sein mag, den man an sie knüpft, es ist unmöglich, sie als reine Legenden gelten zu lassen und ihnen in dem, was wesentlich ist, den Wert eines authentischen Zeugnisses abzusprechen. Seit achtzehn Jahrhunderten haben die Wogen des Zweifels und der Verneinung den Felsen dieses Zeugnisses bestürmt, seit hundert Jahren rüttelt die Kritik an ihm mit all ihren Hebemitteln und Waffen. Sie hat hier und da Breschen hineinschlagen, aber nicht ihn von der Stelle rücken können. Was steht hinter den Visionen der Apostel? Die ursprünglichen Theologen, die Ausleger des Buchstabens und die agnostischen Gelehrten können bis ins Unendliche darüber streiten und im Finstern miteinander ringen, sie werden einander nicht bekehren und in das Leere hineinsprechen, solange die Theosophie, welche die Wissenschaft des Geistes ist, nicht ihre Auffassung erweitert haben wird und eine höhere experimentelle Psychologie, welche die Kunst ist, die Seele zu entdecken, ihr nicht die Augen geöffnet haben wird. Stellen wir uns jedoch hier auf den einfachen Standpunkt des gewissenhaften Historikers, d. h. auf den der Authentizität dieser Tatsachen als psychischer Tatsachen, so gibt es eines, worüber man nicht zweifeln kann, das ist, daß die Apostel diese Erscheinungen gehabt haben und daß ihr Glaube an die Erscheinung Christi unerschütterlich gewesen ist. Wenn man die Erzählungen des Johannes verwirft, weil sie ihre endgültige Fassung erst hundert Jahre nach dem Tode Jesu erhalten haben, und diejenige des Lukas über Emmaus, weil sie eine poetische Erweiterung ist, dann bleiben noch die einfachen und positiven Aussagen des Markus und des Matthäus, welche die Wurzel selbst der christlichen Überlieferung und Religion sind. Es bleibt etwas noch Festeres und noch Unanfechtbareres: das Zeugnis des Paulus. Als er den Korinthern die Ursache seines Glaubens und die Grundlage des von ihm gepredigten Evangeliums erklären wollte, zählte er der Reihe nach sechs aufeinanderfolgende Erscheinungen Jesu auf: diejenigen des Petrus, der Elf, der Fünfhundert, »von denen die Mehrzahl, sagte er, noch lebendig ist«, des Jakobus, der versammelten Apostel und endlich seine eigene Vision auf dem Wege von Damaskus. Nun wurden diese Tatsachen Paulus mitgeteilt durch Petrus selbst und durch Jakobus drei Jahre nach dem Tode Jesu, bald nach der Bekehrung des Paulus, zur Zeit seiner ersten Reise nach Jerusalem. Er hatte sie also von Augenzeugen gehört. Unter all diesen Visionen endlich ist die unbestrittenste nicht die am wenigsten wunderbare, ich meine diejenige des Paulus selbst; in seinen Briefen weist er immer darauf hin als auf die Quelle seines Glaubens. Ziehen wir in Betracht den vorangegangenen psychologischen Zustand des Paulus und die Art seiner Vision, so sehen wir, daß sie von außen kommt und nicht von innen; sie ist von einem unerwarteten und zermalmenden Charakter; sie ändert sein Wesen von Grund aus. Wie eine Feuertaufe härtet sie ihn von Kopf bis zu Fuß, umkleidet ihn mit einer unzerbrechbaren Rüstung und macht aus ihm vor dem Angesicht der Welt den unbesiegbaren Ritter Christi.

So hat das Zeugnis des Paulus eine doppelte Kraft, indem es für seine eigene Vision eintritt und diejenige der andern bestätigt. Wollte man zweifeln an der Aufrichtigkeit solcher Behauptungen, müßte man alle historischen Zeugnisse in ihrer Gesamtheit verwerfen und es aufgeben, Geschichte zu schreiben. Fügen wir hinzu, daß, wenn es keine kritische Geschichte gibt ohne eine genaue Prüfung und eine vernünftige Auswahl aller Dokumente, es auch keine philosophische Geschichte gibt, wenn man nicht von der Größe der Wirkung auf die Größe der Ursachen schließt. Man kann mit Celsius, Strauß und Renan der Auferstehung gar keinen objektiven Wert zuschreiben und sie als ein Phänomen reiner Halluzinationen betrachten. Doch ist man in diesem Fall gezwungen, die größte religiöse Revolution der Menschheit auf eine Verirrung der Sinne und ein Hirngespinst des Verstandes zurückzuführen[136]. Nun darf man sich darüber keiner Täuschung hingeben: Der Glaube an die Auferstehung ist die Grundlage des historischen Christentums. Ohne diese Bestätigung der Lehre Jesu durch eine außergewöhnliche Tatsache hätte seine Religion nicht einmal ihren Anfang nehmen können.

Diese Tatsache hat eine vollständige Umwälzung in der Seele der Apostel hervorgerufen. War ihr Gewissen früher ein judäisches, so wurde es jetzt ein christliches. Für sie ist der glorreiche Christus lebendig; er hat zu ihnen gesprochen; der Himmel hat sich geöffnet; das Jenseits ist in ein Diesseits übergegangen; die Morgenröte der Unsterblichkeit hat ihre Stirn berührt und ihre Seele entzündet mit einem Feuer, das nicht mehr erlöschen kann. Über dem zusammenbrechenden irdischen Reich Israels haben sie in seiner ganzen Herrlichkeit das himmlische und universelle Reich Gottes erschaut. Daher ihre Kraft im Kampf, ihre Freude am Martyrium. Von der Auferstehung Jesu geht dieser wunderbare Impuls aus, diese unendliche Hoffnung, welche das Evangelium zu allen Völkern trägt, und deren Wogen die entferntesten Ufer der Erde berühren. Damit das Christentum siegt, sagt Fabre d'Olivet, waren zwei Dinge notwendig, daß Jesus sterben wollte und daß er die Kraft hatte, aufzuerstehen.

Um die Tatsache der Auferstehung rationell aufzufassen, um auch ihre religiöse und philosophische Tragweite zu verstehen, muß man sich nur an das Phänomen der nacheinander folgenden Erscheinungen halten und von Anfang an die absurde Idee der Auferstehung des Körpers verbannen, eines der Hauptsteine des Anstoßes in der christlichen Dogmatik, die in diesem Punkte, wie in manchem andern, vollkommen kindlich und primitiv geblieben ist. Das Verschwinden des Körpers Jesu kann auf natürliche Art erklärt werden; die Körper mehrerer großer Adepten sind spurlos und auf ebenso geheimnisvolle Art verschwunden, so die Körper des Moses, des Pythagoras, des Apollonius von Tyana, ohne daß man je gewußt hat, was aus ihnen geworden ist. Es ist möglich, daß die bekannten oder unbekannten Brüder, die über sie wachten, durch das Feuer die Hülle ihres Meisters zerstört haben, um sie vor der Profanation von seiten der Feinde zu schützen. Wie dem auch sei, der wissenschaftliche Aspekt und die spirituelle Größe der Auferstehung treten nur hervor, wenn man sie im esoterischen Sinne versteht.

Bei den Ägyptern wie bei den Persern der mazdaischen Religion des Zoroaster, sowohl vor wie nach Jesus, in Israel wie auch bei den Christen der zwei ersten Jahrhunderte ist die Auferstehung auf zweierlei Weise verstanden worden, die eine materiell und töricht, die andere spirituell und theosophisch. Die erste ist die volkstümliche Auffassung, die zuletzt, nach der Unterdrückung des Gnostizismus, von der Kirche angenommen wurde; die zweite ist die tiefe Auffassung der Eingeweihten. Im Sinne der ersten bedeutet die Auferstehung die Wiederauflebung des materiellen Körpers, das heißt den Wiederaufbau des verwesten oder verstreuten Leichnams, – ein Ereignis, welches, wie man es annahm, stattfinden sollte bei der Wiedererscheinung des Messias oder beim jüngsten Gericht. Es ist unnütz, den großen Materialismus und die Torheit dieser Auffassung zu betonen. Etwas anderes bedeutete die Auferstehung für den Eingeweihten. Sie schloß sich an die Lehre der dreifachen Konstitution des Menschen.

Was aber bedeutet die Auferstehung für den Eingeweihten? Sie bedeutet die Läuterung und die Wiedererneuerung des siderischen, ätherischen und fluidischen Körpers, welcher der Organismus selbst der Seele und in gewissem Sinn die Schale des Geistes ist. Diese Läuterung kann schon im irdischen Leben beginnen durch die innere Arbeit der Seele und durch eine gewisse Lebensführung; aber für die Mehrzahl der Menschen findet sie nur nach dem Tod statt, und zwar für diejenigen, die auf irgendeine Weise nach dem Rechten und Wahren gestrebt haben. In der anderen Welt ist die Heuchelei unmöglich. Dort erscheinen die Seelen als das, was sie in Wirklichkeit sind; sie manifestieren sich notwendig unter der Form und Farbe ihrer Wesensart; finster und grauenhaft, wenn sie schlecht sind; strahlend und schön, wenn sie gut sind. So ist die von Paulus in der Epistel an die Korinther dargelegte Lehre. Er sagt in aller Form: »Es gibt einen tierischen und einen geistigen Körper[137].« Jesus drückte sich darüber symbolisch aber mit mehr Tiefe aus für denjenigen, der zwischen den Zeilen lesen kann, in der geheimen Unterredung mit Nikodemus. Je vergeistigter nun eine Seele ist, desto größer ist ihre Loslösung von der irdischen Atmosphäre, desto entfernter die kosmische Region, der sie durch das Gesetz der Affinität angehört, desto schwerer ihre Manifestation vor den Sterblichen.

Deshalb offenbaren sich die höchsten Seelen dem Menschen nur im Zustand des tiefen Schlafes oder der Ekstase. Dann, während die physischen Augen geschlossen sind, sieht die vom Körper halb losgelöste Seele manchmal Seelen. Es kommt jedoch vor, daß ein sehr großer Prophet, ein wirklicher Gottessohn sich den Seinen auf sinnliche Art und im Wachzustand manifestiert, damit sie durch den Eindruck auf ihre Sinne und ihre Imagination besser überzeugt würden. In einem solchen Fall gelingt es der entkörperten Seele, dem geistigen Körper momentane Sichtbarkeit, manchmal sogar Fühlbarkeit zu geben kraft des besonderen Dynamismus, den der Geist über die Materie ausübt mit Hilfe der elektrischen Kräfte der Atmosphäre und der magnetischen Kräfte der lebendigen Körper.

Das war es, was aller Wahrscheinlichkeit nach mit Jesus geschah. Die vom Neuen Testament wiedergegebenen Erscheinungen lassen sich abwechselnd in die eine oder die andere dieser beiden Kategorien einreihen: in die der geistigen Vision oder der sinnfälligen Erscheinung. Sicher ist es, daß die Auferstehung Jesu für die Apostel den Charakter einer höheren Wirklichkeit hatte. Sie hätten eher an dem Dasein des Himmels und der Erde gezweifelt als an ihren lebendigen Zusammenhang mit dem auferstandenen Christus. Denn diese erschütternden Visionen des Herrn waren das Strahlendste in ihrem Leben, das Tiefste in ihrem Bewußtsein. Es gibt nichts Übernatürliches, aber es gibt das Unbekannte in der Natur, ihre verborgene Entwicklungslinie in der Unendlichkeit und das Aufleuchten des Unsichtbaren an den Grenzen des Sichtbaren. Während unseres gegenwärtigen körperlichen Daseins wird es uns schwer, an die Wirklichkeit des Unbetastbaren zu glauben und selbst sie zu verstehen; während unseres geistigen Daseins wird uns die Materie als das Unwirkliche und Unbestehende erscheinen. Aber die Synthese des Seelischen und der Materie, dieser beiden Aspekte der einen Substanz, befinden sich im Geist. Denn wenn man zu den ewigen Prinzipien, zu den endlichen Ursachen aufsteigt, erkennt man, daß es die dem Geist innewohnenden Gesetze sind, die den Dynamismus der Natur erklären, und es ist das Studium der Seele, durch die experimentelle Psychologie, welches die Gesetze des Lebens erklärt.

Die Auferstehung im Licht der Esoterik, wie ich sie eben angedeutet habe, war also zugleich der notwendige Abschluß des Lebens Jesu wie auch das unvermeidliche Vorspiel zur historischen Entwicklung des Christentums. Ein notwendiger Abschluß, weil Jesus ihn öfter seinen Jüngern angekündigt hatte. Wenn er die Kraft gehabt hat, ihnen nach seinem Tod in jener strahlenden Herrlichkeit zu erscheinen, so dank der Reinheit, der angeborenen Kraft seiner Seele, die hundertfach verstärkt wurden durch die Größe des Opfers und des vollbrachten Werkes.

Von außen und vom irdischen Standpunkt aus gesehen endet das Messias-Drama an dem Kreuz. In sich erhaben, fehlt ihm doch die Erfüllung der Verheißung. Von innen gesehen, aus der Tiefe des Bewußtseins Jesu und vom himmlischen Standpunkt aus hat es drei Akte, deren Gipfel die Versuchung, die Verklärung und die Auferstehung sind. Mit anderen Worten, diese drei Phasen stellen dar: die Einweihung Christi, die volle Offenbarung und die Krönung des Werkes. Sie entsprechen gut dem, was die Apostel und die eingeweihten Christen der ersten Jahrhunderte die Mysterien des Sohnes, des Vaters und des Heiligen Geistes nannten.

Von einer notwendigen Krönung des Lebens Christi sprach ich und einem unvermeidlichen Vorspiel zur geschichtlichen Entwicklung des Christentums. Das auf dem Ufer gebaute Schiff mußte in den Ozean geworfen werden. Die Auferstehung war außerdem ein Tor des Lichts, geöffnet über die esoterische Zurückhaltung Jesu. Wundern wir uns nicht, daß die ersten Christen wie geblendet waren von dieser Strahlenflut, daß sie oft die Lehre des Meisters wörtlich nahmen und den Sinn mißverstanden. Heute, da der menschliche Geist den Kreis der Zeitalter, der Religionen und der Wissenschaften durchschritten hat, ahnen wir, was ein Sankt Paulus, ein Sankt Johannes, was Jesus selbst unter den Mysterien des Vaters und des Geistes verstanden. Wir sehen, daß das Höchste und Wahrste, was die psychische Wissenschaft und die theosophische Intuition des Morgenlandes gekannt haben, in ihnen enthalten waren. Wir sehen auch die Kraft neuer Ausbreitungsmöglichkeit, die Christus der uralten ewigen Wahrheit gegeben hat durch die Größe seiner Liebe, durch die Energie seines Wollens. Wir erkennen endlich den zugleich metaphysischen und praktischen Charakter des Christentums, der ihm seine Macht und Lebensfähigkeit gibt.

Die alten Theosophen Asiens haben die transzendenten Wahrheiten gekannt. Die Brahmanen haben sogar den Schlüssel zum vorangegangenen und künftigen Leben gefunden, indem sie das organische Gesetz der Wiederverkörperung und der Aufeinanderfolge der Leben formulierten. Aber indem sie sich ganz in das Jenseits und in die Betrachtung der Dinge vertieften, vergaßen sie die irdische Verwirklichung: das individuelle und soziale Leben. – Griechenland, das ursprünglich in dieselben Wahrheiten unter mehr verschleierter und anthropomorphischer Form eingeweiht war, richtete, kraft des ihm eigentümlichen Genius, sein Augenmerk auf das natürliche und irdische Leben. Dadurch wurde es dem Griechen möglich, im Bilde die unsterblichen Gesetze des Schönen zu offenbaren und die Grundsätze der erkennbaren Wahrheiten zu enthüllen. Aber durch diesen Standpunkt verengt und verdunkelt sich allmählich seine Auffassung des Jenseits. – Jesus umfaßt durch seine Weite und seine Universalität die beiden Seiten des Lebens. Das hohepriesterliche Gebet, in dem seine Lehre gipfelt, sagt: »Dein Wille geschehe auf Erden wie im Himmel.« Nun bedeutet die Herrschaft des Göttlichen auf der Erde die Erfüllung des sittlichen und sozialen Gesetzes in der ganzen Fülle, in der ganzen Herrlichkeit des Schönen, des Guten und des Wahren. So liegen denn der Zauber seiner Lehre, ihre beinah unbegrenzte Entwickelungsmöglichkeit, in der Einheit ihrer Moral und Metaphysik, in ihrem inbrünstigen Glauben an das ewige Leben, in ihrem Bedürfnis schon hier damit zu beginnen, durch die Tat, durch die werktätige Liebe. Christus sagt zu der von allen Schmerzen der Erde belasteten Seele: »Erhebe dich, denn deine Heimat ist im Himmel; doch damit du an ihn glaubest und ihn erreichest, beweise ihn schon hier durch dein Werk und deine Liebe.«

»In drei Tagen werde ich den Tempel abbrechen; in drei Tagen ihn wieder aufrichten«, sagte zu seinen Jüngern der Sohn Marias, der zum Menschensohn geweihte Essäer, der geistige Erbe des Worte von Moses, Hermes und allen uralten Gottessöhnen. Dieses kühne Versprechen, dieses Wort des Eingeweihten und Einweihenden, hat er es verwirklicht? Ja, wenn man in Betracht zieht die Folgen, welche die durch seinen Tod und seine geistige Auferstehung bestätigte Lehre Christi für die Menschheit gehabt hat, und all jene Folgen, welche eine unbegrenzte Zukunft seiner Verheißung eröffnen. Sein Wort und sein Opfer haben die Bausteine eines unsichtbaren Tempels zusammengetragen, der fester und unzerstörbarer ist als alle aus Stein gefügten Tempel; aber er wird nur fortgeführt und vollendet in dem Maß, als jeder Mensch und alle Jahrhunderte daran arbeiten.

Was ist das für ein Tempel? Es ist der Tempel der wiedererneuerten Menschheit. Er ist sittlich, sozial und geistig.

Der sittliche Tempel ist die Neugeburt der menschlichen Seele, die Umwandlung der Individuen durch das menschliche Ideal, dargelebt in der Persönlichkeit Jesu. Seine wunderbare Harmonie und seine Fülle der Tugenden machen es schwer, ihn zu schildern. Das Gleichgewicht der Vernunft, die mystische Intuition, die Sympathie mit der Menschheit, die Macht des Wortes und der Tat, die Sensibilität bis zum Schmerz, die bis zum Opfer überströmende Liebe, der Mut bis in den Tod, nichts hat ihm gefehlt. Es war genug Seele in jedem Tropfen seines Bluts, um einen Helden daraus zu machen; doch welche göttliche Milde erfüllte ihn! Die tiefe Vereinigung von Heroismus und Liebe, von Wille und Intelligenz, von Ewig-Männlichem und Ewig-Weiblichem machen aus ihm die Blüte der Menschheit. Seine ganze Moral, deren letztes Wort die unbegrenzte brüderliche Liebe und der universelle Menschenbund sind, entströmt auf natürlichste Weise dieser großen Persönlichkeit. Die Arbeit der seit seinem Tod verflossenen achtzehn Jahrhunderte war, dieses Ideal in das Bewußtsein aller hineinzutragen. Denn in der zivilisierten Welt gibt es niemand mehr, der nicht eine mehr oder weniger klare Anschauung von ihm hätte.

Man kann also behaupten, daß der von Christus gewollte Tempel, wenn nicht beendet, doch in der gegenwärtigen Menschheit auf unzerstörbarer Grundlage errichtet ist.

Nicht also ist es mit dem sozialen Tempel. Dieser bedeutet die Errichtung des Reiches Gottes oder des Gesetzes der Vorsehung in den organischen Institutionen der Menschheit; er muß noch ganz aufgebaut werden. Denn die Menschheit lebt noch im Kriegszustand, unter dem Gesetz der Gewalt und des Schicksals. Das Gesetz Christi, das im sittlichen Bewußtsein herrscht, ist noch nicht in die Staatsinstitutionen hinübergeflossen. Die Fragen der sozialen und politischen Organisation sind von mir nur gestreift worden in diesem Buche, dessen Bestimmung es ist, die philosophische und religiöse Frage in ihrem Zentrum zu beleuchten durch einige der wesentlichen esoterischen Fragen und durch das Leben der großen Eingeweihten. Ich werde mich in diesem Schlußartikel nicht mehr damit beschäftigen. Sie sind zu umfassend und zu vielseitig und entziehen sich zu sehr meiner Kompetenz, als daß ich versuchen sollte, sie nur mit wenigen Worten zu schildern. Nur das eine werde ich sagen: Der soziale Kampf besteht im Prinzip in allen europäischen Ländern. Denn es gibt keine ökonomischen, sozialen und religiösen Grundsätze, die von allen Klassen der Gesellschaft anerkannt werden. Auch die europäischen Nationen unter sich haben nicht aufgehört, im Zustande des offenen Krieges oder des bewaffneten Friedens zu leben. Denn kein gemeinschaftliches föderatives Prinzip verbindet sie untereinander. Ihre Interessen, ihre gemeinschaftlichen Bestrebungen unterwerfen sich keiner anerkannten Autorität, werden durch keinen höchsten Gerichtshof sanktioniert. Wenn auch das Gesetz Christi in das Bewußtsein der einzelnen und bis zu einem gewissen Punkt in das soziale Leben gedrungen ist, so beherrscht doch das heidnische und barbarische Gesetz unsere Staatseinrichtungen. Die politische Macht ist gegenwärtig überall auf einer ungenügenden Grundlage errichtet. Denn einerseits entspringt sie dem sogenannten göttlichen Recht der Könige, andererseits dem allgemeinen Stimmrecht, das nichts ist als der Instinkt der Massen oder der Unverstand. Eine Nation ist nicht eine Anzahl unterschiedsloser Werte oder zusammengelegter Ziffern. Sie ist ein lebendiges, mit Organen begabtes Wesen.

Solange die Vertretung einer Nation nicht das Bild von jenem Organismus sein wird, angefangen von ihren Handwerkszünften bis hinauf zu ihren lehrenden Körperschaften, wird es keine vernünftige und organische nationale Vertretung geben. Solange nicht Delegierte von allen wissenschaftlichen Körperschaften und von allen christlichen Kirchen zusammen einen höheren Rat bilden werden, werden unsere Staaten von dem Instinkt, der Leidenschaft und der Gewalt beherrscht werden; und es wird keinen sozialen Tempel geben.

Wie kommt es aber, daß trotz aller Mißstände Christus lebendiger ist als je? Weil seine erhabene Moral das Gegenstück ist zu einer noch erhabeneren Wissenschaft. Weil die Menschheit nun beginnt, die Tragweite seines Werkes, das Umfassende seiner Verheißung zu verstehen. Weil wir hinter ihm, neben und jenseits von Moses die ganze uralte Theosophie der Eingeweihten Indiens, Ägyptens und Griechenlands erblicken, deren glänzendste Bestätigung er ist. Wir beginnen zu verstehen, daß Jesus auf seiner höchsten Bewußtseinsstufe, als der verklärte Christus, alle seine Brüder, alle anderen ihm vorangegangenen Messiasse, die gleich ihm Strahlen des lebendigen Wortes sind, in seine liebende Arme schließt, daß er sie weit öffnet der vollständigen Wissenschaft, der göttlichen Kunst und der Fülle des Lebens. Aber seine Verheißung kann sich nicht erfüllen ohne die Mitwirkung aller lebendigen Kräfte der Menschheit. Zweierlei ist heute notwendig, damit das große Werk sich erfülle: einerseits muß die Experimentalwissenschaft und die intuitive Philosophie sich immer mehr erschließen den psychischen Tatsachen, den Verstandsprinzipien und den geistigen Wahrheiten; andererseits muß sich das christliche Dogma erweitern im Sinn der Überlieferung und der esoterischen Wissenschaft, das heißt, eine Reorganisation der Kirche im Sinn der abgestuften Einweihung erstreben, und zwar durch einen freien Entschluß aller christlichen Kirchen, der um so unwiderstehlicher sein würde, als sie alle in gleichem Maß und mit gleichem Recht Töchter Christi sind. Die Wissenschaft muß religiös und die Religion muß wissenschaftlich werden. Diese doppelte Evolution, die sich schon vorbereitet, würde endlich und notwendigerweise eine Versöhnung der Wissenschaft und der Religion auf dem Gebiet des

Esoterismus herbeiführen. Das Werk wird im Beginn auf große Schwierigkeiten stoßen, aber die Zukunft Europas hängt davon ab. Die Umwandlung des Christentums in esoterischem Sinn würde diejenige des Judaismus und des Islam nach sich ziehen, wie auch eine Wiedererneuerung des Brahmanismus und des Buddhismus in demselben Sinn; sie würde also eine religiöse Grundlage liefern für die Versöhnung Asiens und Europas.

Dies ist der zu errichtende spirituelle Tempel; dies ist die Krönung des von Jesus intuitiv begonnenen und gewollten Werkes. Kann sein Liebeswort die magnetische Kette zwischen Wissenschaften und Künsten, zwischen Religionen und Völkern bilden und so zum universellen Wort werden?

Heute ist Christus der Herr der Erde durch die zwei jüngsten und kräftigsten Rassen, die noch voll Glauben sind. Durch Rußland hat er den Fuß in Asien, durch die angelsächsische Rasse hat er die neue Welt. Europa ist älter als Amerika, aber jünger als Asien. Diejenigen, welche glauben, daß es einer unvermeidlichen Entartung anheimgefallen ist, verleugnen es. Wenn aber Europa fortfährt, sich zu zerreißen, statt sich zu förderalisieren unter dem Impuls der einzigen wertvollen Autorität: der wissenschaftlichen und religiösen Autorität; wenn, durch das Auslöschen jenes Glaubens, welcher nur das durch die Liebe genährte Licht des Geistes ist, es fortfährt seine sittliche und soziale Zersetzung vorzubereiten, dann läuft seine Zivilisation Gefahr, unterzugehen, zunächst in den sozialen Umwälzungen, dann durch den Einbruch der jüngeren Rassen; und diese werden die Fackel ergreifen, welche es aus den Händen fallen lassen wird.

Doch es könnte eine schönere Rolle erfüllen. Das wäre, an der Spitze der Zivilisation vorzuschreiten, indem es das soziale Werk Christi vollendet, indem es seinen vollständigen Gedanken zum Ausdruck bringt, indem es durch die Wissenschaft, die Kunst und die Gerechtigkeit den geistigen Tempel des größten der Söhne Gottes krönt.

ANMERKUNGEN

EINFÜHRUNG UND VORWORTE

DIE GROSSEN EINGEWEIHTEN

1 Die Kinder des Lucifer von Edouard Schuré.

2 Die Übersetzung der Dramenskizze in den Mysterien von Eleusis wird in der Art wiedergegeben, wie sie durch R. Steiner rhythmisiert und gelegentlich des Kongresses der europäischen Sektionen der Theosophischen Gesellschaft in München 1907 aufgeführt wurde.

3 Experiment von Bell: Man läßt einen Lichtstrahl auf eine Platte aus Selenium fallen, die ihn auf eine andere entfernte Platte vom selben Metall hinwirft. Diese steht in Verbindung mit einer galvanischen Batterie, an welche sich ein Telephon anschließt. Worte, die hinter der ersten Platte ausgesprochen werden, sind deutlich vernehmbar im Telephon, das mit der zweiten Platte in Verbindung steht. Die Schallwellen haben sich in Lichtwellen verwandelt, diese in galvanische Wellen, welche wiederum Schallwellen geworden sind.

4 »Der wahre Weg, Christentum zu finden« von Anna Kingsford und Maitland, London, 1882.

1 Diese Einteilung der Menschheit in vier aufeinanderfolgende und ursprüngliche Rassen war von der ältesten Priesterschaft Ägyptens als gültig anerkannt. Wir finden ihre Darstellung durch vier Figuren von verschiedenen Typen und Farben in den Malereien des Grabmals Sets I. zu Theben. Die rote Rasse führt den Namen Rot; die asiatische, mit gelber Hautfarbe, Amu; die afrikanische, mit schwarzer Hautfarbe, Halasiu; die lybisch-europäische Rasse, mit weißer Haut und blonden Haaren, heißt Tamahu. – (Lenormant, Geschichte der orientalischen Völker I.)

2 Siehe die arabischen Schriftsteller wie Abdul-Ghazi, Genealogische Geschichte der Tartaren und Mohammed-Moscheen, Geschichte der Perser. – Williams Jones, Asiatic-Researches. I. Rede über die Tartaren und Perser.

3 Philosophische Geschichte des Menschengeschlechts, Band I.

4 Alle, die eine wirkliche Somnambule gesehen haben, sind überrascht worden durch die eigentümliche Exaltation, die im magnetischen Schlaf hervorgerufen wird. Für diejenigen, die nicht Zeugen ähnlicher Phänomene waren und daran zweifeln könnten, führen wir einen Ausspruch des berühmten David Strauß an, welcher ja nicht im Verdacht des Aberglaubens steht. Er sah bei seinem Freund, dem Doktor Justinus Kerner, die berühmte »Seherin von Prevorst« und beschreibt sie folgendermaßen: »Bald danach fiel die Seherin in magnetischen Schlaf. So ward mir zum erstenmal der Anblick dieses wunderbaren Zustandes, und ich kann es sagen, in seiner reinsten und schönsten Manife-

station. Das Gesicht hatte einen leidenden Ausdruck, aber erhaben und sanft und wie verklärt von himmlischem Licht; die Sprache rein, gemessen, feierlich, musikalisch, eine Art Rezitativ; eine Fülle von überströmenden Gefühlen, die man hätte vergleichen können mit Wolkenstreifen, bald lichtvoll, bald dunkel, über die Seelen gleitend; oder auch melancholischem und leichtem Windeswehen, das die Saiten einer wunderbaren äolischen Harfe anschwellen läßt.« (Biographie generale. Aufs. Kerner.)

5 Siehe die letzte Schlacht zwischen Ariovist und Cäsar in den Kommentaren des letzteren.

6 Es ist sehr bemerkenswert, daß der Zend-Avesta, das heilige Buch der Parsen, welches Zoroaster als den von Ormuzd Inspirierten, den Propheten des Gottesgesetzes anerkennt, ihn zugleich als den Fortsetzer eines viel älteren Propheten betrachtet. Unter dem Symbolismus der uralten Tempel erfaßt man den Faden, der in der großen Menschheitsoffenbarung die Eingeweihten verbindet. Hier ist diese Stelle:

1. Zarathustra fragte Ahura-Mazda (Ormuzd), den Gott des Lichts: »Ahura-Mazda, du, sehr heiliger und sehr gesegneter Schöpfer aller körperlichen und sehr reinen Wesen;

2. Welches ist der erste Mensch, mit dem du dich unterhalten hast, du, der du Ahura-Mazda bist?«

4. Da antwortete Ahura-Mazda: »Es ist der schöne Yima, der an der Spitze einer des Lobes sehr werten Versammlung stand, o reiner Zarathustra.«

13. Und ich sagte zu ihm: »Wache über die Welten, die mein sind, mache sie fruchtbar in deiner Eigenschaft als Beschützer.«

17. Und ich brachte ihm die Waffen des Sieges, ich, der ich Ahura-Mazda bin;

18. Eine goldene Lanze und ein goldenes Schwert.

31. Da erhob sich Yima bis zu den Sternen gegen Süden, auf dem Wege, welcher der Sonne folgt.

37. Er schritt auf dieser Erde, die er fruchtbar gemacht hatte. Sie wurde um ein Drittel bedeutender als ehedem.

43. Und der glänzende Yima vereinigte die Versammlung der tugendhaftesten Menschen in dem berühmten Aryana-Vaeja, dem in Reinheit erschaffenen. (Vendidad-Sade, 2 er Fargard.)

7 Die Hörner des Widders befinden sich auf dem Kopf einer Menge Persönlichkeiten auf ägyptischen Grabmälern. Dieser Kopfschmuck der Könige und der Hohenpriester ist das Zeichen der geistlichen und königlichen Einweihung. Die zwei Hörner der päpstlichen Tiara stammen auch daher.

8 Auf folgende Art stellen die Zeichen des Tierkreises die Geschichte Rams dar, nach Fabre d'Olivet, diesem genialen Denker, der die Zeichen der Vergangenheit der esoterischen Tradition gemäß zu deuten wußte. – I. Der Widder, welcher flieht, den Kopf gewendet, zeigt die Lage Rams, als er sein Vaterland verließ, das Auge auf die Gegend

gerichtet, die er verläßt. – 2. Der wütende Stier widersetzt sich seinem Abzug, aber die im Schlamm versinkende Hälfte seines Körpers hindert ihn, sein Vorhaben auszuführen, er fällt auf die Knie. Es sind die durch ihr eigenes Symbol gekennzeichneten Kelten, die trotz ihrer Anstrengungen sich unterwerfen mußten. – 3. Die Zwillinge drücken das Bündnis Rams mit den Turaniern aus. – 4. Der Krebs, seine Meditationen und inneren Versenkungen. – 5. Der Löwe, den Kampf gegen seine Feinde. – 6. Die beflügelte Jungfrau, den Sieg. – 7. Die Waage, die Gleichheit zwischen Sieger und Besiegten. – 8. Der Skorpion, die Empörung und den Verrat. – 9. Sagittarius, die daraus gezogene Rache. – 10. Der Steinbock. – 11. Der Wassermann. – 12. Die Fische beziehen sich auf den moralischen Teil der Geschichte. Man kann diese Erklärung des Tierkreises ebenso gewagt als sonderbar finden. Bis jetzt hat uns aber kein Astronom oder Mythologe auch nur entfernt den Ursprung und den Sinn dieser geheimnisvollen Zeichen der himmlischen Landkarte gegeben, die von den Völkern anerkannt und verehrt wurde seit dem Beginn des arischen Zyklus. Die Hypothese von Fabre d'Olivet hat wenigstens das Verdienst, dem Geist neue und weite Perspektiven zu eröffnen. Ich habe gesagt, daß diese Zeichen, in der umgekehrten Reihenfolge gelesen, später, im Orient und in Griechenland, die verschiedenen, bei den höchsten Initiationen zu erlangenden Grade bezeichneten. Erinnern wir uns nur der berühmtesten dieser Sinnbilder: die beflügelte Jungfrau bedeutete die Keuschheit, welche den Sieg verleiht; der Löwe: die moralische Kraft, die Zwillinge: die Vereinigung eines Menschen und eines göttlichen Geistes, welche zusammen zwei unbesiegbare Streiter bilden; der gebändigte Stier: die Herrschaft über die Natur; der Widder, das Sternbild des Feuers und des universellen Geistes, welches die höchste Einweihung durch die Erkenntnis der Wahrheit enthält.

9 Barth, Die Religionen Indiens.

10 Was unwiderleglich zeigt, daß Sôma das absolute weibliche Prinzip darstellte, ist, daß die Brahmanen ihn später mit dem Monde identifizierten. Nun ist aber in allen alten Religionen der Mond das Sinnbild des weiblichen Prinzips, während die Sonne das Sinnbild des männlichen Prinzips ist.

11 Atharva Veda.

12 Eine Bemerkung ist notwendig über den symbolischen Sinn der Legende und den wirklichen Ursprung derjenigen, die in der Geschichte den Namen der Gottsöhne getragen haben. Im Sinn der esoterischen Lehre Indiens, die auch diejenige der Eingeweihten Ägyptens und Griechenlands war, ist die menschliche Seele eine Tochter des Himmels, da sie, bevor sie auf der Erde geboren wurde, eine Reihe körperlicher und geistiger Existenzen durchlaufen hat. Vater und Mutter erzeugen also nur den Körper des Kindes, da seine Seele von andern Welten kommt. Dieses universelle Gesetz herrscht allgemein. Die größten Propheten, diejenigen selbst, in denen das göttliche Wort

gesprochen hat, können ihm nicht entgehen. In der Tat, von dem Augenblick an, da man die Präexistenz der Seele zugibt, ist die Frage, wer der Vater gewesen sei, Nebensache. Was wichtig ist, das ist der Glaube, daß der Prophet von einer göttlichen Welt stammt. Und dies beweisen die wahren Söhne Gottes durch ihr Leben und ihren Tod. – Aber die uralten Eingeweihten glaubten nicht, daß es nötig sei, diese Dinge dem Volk zu enthüllen. Einige von denen, die als göttliche Sendboten in der Welt erschienen sind, waren Söhne von Eingeweihten, und ihre Mütter hatten die Tempel besucht, um Auserwählte zu empfangen.

13 Das sind die Genien, die in der Dichtung Indiens als die Lenker der Liebesvereinigungen angesehen werden.

14 Es ist ein fester Glaube in Indien, daß die großen Asketen sich in der Entfernung in sichtbarer Gestalt manifestieren können, während ihr Körper in kataleptischen Schlaf versenkt bleibt.

15 Im alten Indien waren diese zwei Ämter oft vereinigt. Die Wagenlenker der Könige waren hervorragende Persönlichkeiten und oft die Minister der Monarchen. Es gibt unzählige Beispiele dafür in der indischen Poesie.

16 In der brahmanischen Einweihung bedeutet sie: der höchste Gott, der Gottesgeist. Jeder ihrer Buchstaben entspricht einer der göttlichen Eigenschaften, volkstümlich gesprochen, einer der Personen der Dreifaltigkeit.

17 Die Legende von Krishna läßt uns vordringen bis zur Quelle der Idee der jungfräulichen Mutter, des Gott-Menschen und der Dreieinigkeit. In Indien erscheint diese Idee von Anfang an in ihrem durchsichtigen Symbolismus, mit ihrem tiefen metaphysischen Sinn. Im V. Buch Kap. II, sagt der Vishnu-Purana, nachdem er die Empfängnis Krishnas durch Devaki mitgeteilt hat: »Niemand konnte Devaki ansehen wegen des Lichtes, das sie umgab, und diejenigen, die ihre Herrlichkeit betrachteten, fühlten ihren Geist verwirrt; die Götter, unsichtbar den Sterblichen, sangen fortwährend ihr Lob, seit Vishnu in ihrem Busen eingeschlossen war.« Sie sagten: »Du bist jene unendliche und feinste Prakriti, die einst Brahma in seinem Busen trug; du wurdest dann die Göttin des Wortes, die Energie des Schöpfers der Welten und die Mutter der Veden. O du, ewiges Wesen, das in seiner Substanz die Essenz aller erschaffenen Wesen trägt, du warst eins mit der Schöpfung, du warst das Opfer, von welchem alles stammt, was die Erde hervorbringt; du bist das Holz, das durch seine Reibung das Feuer erzeugt. Wie Aditi, bist du die Mutter der Götter; wie Diti, diejenige der Datyas, ihrer Feinde. Du bist das Licht, welches den Tag gebiert, du bist die Demut, die Mutter der wahren Weisheit; du bist die Politik der Könige, die Mutter der Ordnung; du bist das Verlangen, welches die Liebe gebiert; du bist die Befriedigung, von welcher die Ergebung kommt; du bist die Vernunft, die Mutter der Wissenschaft; du bist die Geduld, die Mutter des Muts; du bist das Firmament, und

die Sterne sind deine Kinder; von dir stammt alles, was ist ... Du bist zur Erde niedergestiegen zum Heil der Welt, sei stolz, den Gott zu tragen, der die Welt hält.« Diese Stelle beweist, daß die Brahmanen die Mutter Krishnas identifizieren mit der universellen Substanz und dem weiblichen Prinzip in der Natur. Sie machten aus ihr die zweite Person der göttlichen Dreifaltigkeit, der ursprünglichen und nicht manifestierten Triade. Der Vater, Nara (das Ewig-Männliche); die Mutter, Nari (das Ewig-Weibliche), und der Sohn, Viradi (das schaffende Wort), so waren die göttlichen Eigenschaften. Mit andern Worten: das intellektuelle Prinzip, das plastische Prinzip, das schaffende Prinzip. Alle drei zusammen bilden die Natura naturans, um einen Ausdruck Spinozas zu gebrauchen. Die organisierte Welt, das lebendige Universum, Natura naturata, ist das Produkt des schaffenden Wortes, das sich wiederum in drei Aspekten manifestierte: Brahma, der Geist, entspricht der göttlichen Welt; Vishnu, die Seele, entspricht der menschlichen Welt; Siva, der Körper, entspricht der natürlichen Welt. In diesen drei Welten sind das männliche und das weibliche Prinzip (Essenz und Substanz) gleich tätig, und das Ewig-Weibliche manifestiert sich zugleich in der irdischen, menschlichen und göttlichen Natur. Isis ist dreifach, Cybele auch. – Man sieht, so erfaßt, enthält die göttliche Dreieinigkeit, diejenige Gottes und diejenige des Universums, die Prinzipien und den Rahmen einer Theodicee und einer Kosmogonie. Es ist nur gerecht, anzuerkennen, daß diese fruchtbare Idee Indien entstammt. Alle antiken Tempel, alle großen Religionen und mehrere berühmte Philosophien haben sie angenommen. Zur Zeit der Apostel und in den ersten Jahrhunderten des Christentums verehrten die christlichen Eingeweihten das weibliche Prinzip in der sichtbaren und unsichtbaren Natur unter dem Namen des Heiligen Geistes, dargestellt durch eine Taube, das Zeichen der weiblichen Macht in allen Tempeln Asiens und Europas. Wenn seither die Kirche den Schlüssel ihrer Mysterien verborgen und verloren hat, so ist doch ihr Sinn noch in ihren Symbolen geschrieben.

18 Der Wortlaut dieser Lehre, die später diejenige Platos wurde, befindet sich im ersten Buch der Bhagavad Gita in der Form eines Dialogs zwischen Krishna und Ardjuna.

19 Buch XIII bis XVIII der Bhagavad Gita.

20 Ebenda, Buch XVI.

21 Ebenda, Buch V.

22 Bhagavad Gita.

23 Siehe diese Erklärung Krishnas im Buche XI der Bhagavad Gita. Man kann sie auch mit der Verklärung Jesu, Matth. XVII, vergleichen. Siehe Kapitel Jesu dieses Werkes.

24 Bhagavad Gita, Buch IV.

25 Der Vishnu-purana, Buch V, Kap. XXII und XXX, spricht in ziemlich durchsichtigen Ausdrücken von dieser Stadt: »Krishna beschloß also, eine Zitadelle zu erbauen, wo der Stamm Yadu eine sichere

Zufluchtsstätte finden könnte und die so wäre, daß die Frauen selbst sie verteidigen könnten. Die Stadt Dwarka war von hohen Wällen beschützt, mit Gärten und Wasserbehältern geschmückt und so herrlich wie Amaravati, die Stadt Indras.« In diese Stadt pflanzte er den Baum Parijata, »dessen milder Wohlgeruch die Stadt weit hinaus durchduftete. Alle diejenigen, die sich ihm näherten, waren imstande, sich ihrer vorigen Existenz zu erinnern.« Dieser Baum ist augenscheinlich das Symbol der göttlichen Wissenschaft und der Einweihung, derselbe, den wir in der chaldäischen Tradition wiederfinden und der von dort in die hebräische Genesis überging. Nach dem Tod Krishnas wird die Stadt überflutet, der Baum erhebt sich wieder zum Himmel, aber der Tempel bleibt. Wenn das alles einen historischen Sinn hat, so bedeutet es für denjenigen, der die ultrasymbolische und vorsichtige Sprache der Hindus kennt, daß irgendein Tyrann die Stadt schleifen ließ und daß diese Einweihung immer geheimer wurde.

26 Beginn der Bhagavad Gita.

27 Die Größe Sakia Munis liegt in seiner hehren Barmherzigkeit, und seiner sittlichen Reform und in der sozialen Revolution, die er durch den Umsturz der verknöcherten Kasten bewirkte. Der Buddha gab dem veralteten Brahmanismus eine Erschütterung, ähnlich derjenigen, die der Protestantismus vor dreihundert Jahren dem Katholizismus gab; er zwang ihn, seine Lenden zum Kampf zu gürten und sich wieder zu erneuern. Aber Sakia Muni fügt zur esoterischen Lehre der Brahmanen nichts hinzu, er enthüllte nur einige ihrer Teile. Seine Psychologie ist im Grunde dieselbe, obgleich sie einen anderen Weg verfolgt. Wenn Buddha in diesem Buch nicht dargestellt wird, so nicht, weil wir seinen Platz in der Kette der großen Eingeweihten verkennen, sondern wegen des besonderen Plans dieses Werkes. Jeder der von uns gewählten Reformatoren oder Philosophen ist bestimmt, die Lehre der Mysterien unter einem neuen Bild und in einer neuen Etappe ihrer Entwickelung darzustellen. Von diesem Gesichtspunkt aus hätte Buddha sich gedeckt einerseits mit Pythagoras, durch welchen ich die Lehre der Wiederverkörperung und der Entwicklung der Seelen verfolgt habe, andrerseits mit Jesús Christus, der im Okzident wie im Orient die Lehre der allgemeinen Brüderlichkeit und Barmherzigkeit verbreitete.

28 Siehe die Anmerkung über Devaki bei der Vision Krishnas.

29 In einer Inschrift der vierten Dynastie wird von der Sphinx wie von einem Monument gesprochen, dessen Ursprung sich in der Nacht der Zeiten verliert, das zufällig während der Regierung dieses Fürsten gefunden worden war, vergraben im Sand der Wüste, wo es während vieler Generationen vergessen worden war. Fr. Lenormant. Hist. d'Orient. II 55. Nun bringt uns die vierte Dynastie bis zu 4000 Jahren vor Jesus Christus zurück. Man beurteile darnach das Alter der Sphinx!

30 Die gelehrte, esoterische Theologie, sagt M. Maspero, ist monothei-

stisch seit den Zeiten des Alten Reiches. Die Behauptung der fundamentalen Einheit des göttlichen Wesens findet man in deutlicher Form und sehr energisch ausgedrückt in den Texten, die sich auf diese Epoche beziehen. Gott ist die alleinige Eins, derjenige, der seiner Essenz nach besteht, der einzige, der in der Substanz lebt, der einzige Erzeuger im Himmel und auf der Erde, der nicht erzeugt worden ist. Zugleich Vater, Mutter und Sohn, erzeugt er, gebiert er und ist fortwährend; und diese drei Personen, statt die Einheit der göttlichen Natur zu teilen, tragen zu ihrer unendlichen Vollkommenheit bei. Seine Eigenschaften sind die Unendlichkeit, die Ewigkeit, die Unabhängigkeit, der allmächtige Wille, die grenzenlose Güte. »Er schafft seine eigenen Glieder, welche die Götter sind«, sagen die alten Texte. Jeder dieser sekundären Götter, als wesensidentisch mit dem Einen Gott betrachtet, kann einen neuen Typus bilden, von welchem der Reihe nach und durch denselben Vorgang andere untergeordnete Typen emanieren. – Histoire ancienne des peuples de l'Orient.

31 Siehe die Mauergemälde der Tempel von Theben, wiedergegeben im Buche von François Lenormant, und das Kapitel über Ägypten in der Mission der Juden von Saint-Yves d'Alveydre.

32 Das Buch der Toten, Kap. LXIV.

33 Wir gebrauchen hier als leichter verständlich die griechische Übersetzung der ägyptischen Worte.

34 Die Vision des Hermes befindet sich am Eingang der Bücher des Hermes Trismegistus unter dem Namen Poimandres. Die uralte ägyptische Tradition ist uns nur in einer leicht veränderten alexandrinischen Form zugänglich geworden. Ich habe versucht, dieses wichtigste Fragment der hermetischen Lehre wiederherzustellen im Sinne der hohen Initiation und der esoterischen Synthese, die sie darstellt.

35 Selbstverständlich tragen die Götter andere Namen in der ägyptischen Sprache. Aber die sieben kosmogonischen Götter entsprechen einander in allen Mythologien nach ihrem Sinn und ihren Attributen. Sie haben ihre gemeinschaftliche Wurzel in der uralten esoterischen Überlieferung. Da die Tradition des Abendlandes sich die lateinischen Namen zu eigen gemacht hat, behalten wir sie der Klarheit wegen.

36 Es gibt zehn Sephirot in der Kabbalah. Die drei ersten stellen die göttliche Dreifaltigkeit dar, die sieben andern die Entwicklung des Universums.

37 Wir geben hier die ägyptischen Bezeichnungen der siebenfachen Konstitution des Menschen, die sich auch in der Kabbalah wiederfindet: Chat, physischer Körper, Anch, Lebenskraft, Ka, Ätherdoppelkörper oder Astralkörper, Hati, tierische Seele, Bai, Verstandesseele, Cheyby, geistige Seele, Ku, göttlicher Geist entsprechend den Daimones, Eroes oder Psychai achantoi der Griechen. – Man wird die Entwicklung dieser Grundidee der esoterischen Lehre in dem Buch über Orpheus und besonders in dem über Pythagoras finden.

38 Der ägyptischen Lehre gemäß hatte der Mensch in diesem Leben nur

das Bewußtsein seiner tierischen Seele und seiner Verstandesseele, genannt Hati und Bai. Der höhere Teil seines Wesens, die geistige Seele und der göttliche Geist, Cheyby und Ku, befinden sich bei ihm im Zustand eines unbewußten Keimes und entwickeln sich nach diesem Leben, wenn er selbst ein Osiris wird.

39 Ibrim bedeutet »jene von der andern Seite, jene von jenseits, jene, die den Fluß durchschritten haben«. – Renan, Hist. du peuple d'Israël.

40 Rexit Achaemenias pater Orchamus, isque Septimus a prisco numeratur origine Belovide, Metam. IV, 212.

41 Erster ägyptischer Name des Moses (aus Manethon von Plato zitiert).

42 Die biblische Erzählung (Exodus II, 1–10) macht aus Moses einen Juden vom Stamme Levi, gefunden von der Tochter Pharaos im Schilf des Nils, wo ihn die mütterliche List ausgesetzt hatte, um die Prinzessin zu rühren und das Kind von einer Verfolgung zu retten, die derjenigen des Herodes gleich war. Manethon im Gegenteil, der ägyptische Priester, dem wir die genauesten Mitteilungen über die Dynastien der Pharaone verdanken, Mitteilungen, die heute durch die Inschriften der Monumente bestätigt sind, Manethon behauptet, daß Moses ein Priester des Osiris war. Strabo, der seine Mitteilungen aus derselben Quelle schöpft, d. h. von den ägyptischen Priestern, bestätigt es ebenfalls. Die ägyptische Quelle hat mehr Wert als die jüdische. Denn die Priester Ägyptens hatten gar kein Interesse daran, den Griechen oder den Römern den Glauben beizubringen, daß Moses einer der ihrigen war, während die nationale Eigenliebe der Juden sie gleichsam nötigte, aus dem Begründer ihrer Nationen einen Blutsverwandten zu machen. Die biblische Geschichte erkennt übrigens an, daß Moses in Ägypten erzogen und von seiner Regierung zum Oberaufseher der Juden von Gossen ernannt wurde. Das ist die wichtige, bedeutende Tatsache, die eine geheime Abstammung der mosaischen Religion von der ägyptischen Einweihung feststellt. Clemens Alexandrius glaubte, daß Moses tief eingeweiht war in die Wissenschaft Ägyptens, und ohne das wäre das Werk des Schöpfers von Israel tatsächlich unverständlich.

43 Exodus der Juden III 1. Späterhin (Numeri III 1) nach dem Auszuge werfen Aron und Maria, Bruder und Schwester des Moses, der Bibel gemäß, ihm vor, eine Äthioperin geheiratet zu haben. Jetro, Vater der Sephora, gehörte also zu dieser Rasse.

44 Die Reisenden unseres Jahrhunderts haben bestätigt, daß indische Fakire sich haben beerdigen lassen, nachdem sie sich in kataleptischen Schlaf versetzt hatten, indem sie den genauen Tag angaben, an welchem sie herausgegraben werden sollten. Einer von ihnen wurde, nachdem er drei Wochen beerdigt gewesen war, lebendig und gesund wiedergefunden.

45 Die sieben Töchter des Jetro, von denen die Bibel spricht (Exodus II, 16–20), haben augenscheinlich einen symbolischen Sinn wie diese ganze Erzählung, die uns in legendärer und durchaus volkstümlicher

Form überliefert worden ist. Es ist mehr als unwahrscheinlich, daß ein Priester des großen Tempels seine Herden durch seine Töchter weiden läßt und daß er einen ägyptischen Priester die Rolle eines Hirten spielen läßt. – Die sieben Töchter des Jetro symbolisieren sieben Tugenden, die der Eingeweihte erlangen muß, um den Brunnen der Wahrheit zu öffnen. Dieser Brunnen wird in der Geschichte Agars und Ismaels genannt »der Brunnen des Lebendigen, der mich sieht«.

46 Fabre d'Olivet, Goldne Verse des Pythagoras.

47 Der wirkliche Wiederhersteller der Kosmogonie des Moses ist ein genialer, heute beinahe vergessener Mann, dem Frankreich Gerechtigkeit wiederfahren lassen wird an dem Tage, wo die esoterische Wissenschaft, welche die vollkommene und religiöse Wissenschaft ist, wieder erbaut sein wird auf ihrer unzerstörbaren Grundlage. – Fabre d'Olivet konnte von seinen Zeitgenossen nicht verstanden werden, denn er war seiner Epoche ein Jahrhundert voraus. Sein universeller Geist besaß in gleichem Maße drei Fähigkeiten, deren Vereinigung die transzendente Vernunft macht: die Intuition, die Analyse und die Synthese. Im Jahre 1767 in Ganges (Herault) geboren, vertiefte er sich in das Studium der mystischen Lehren des Orients, nachdem er sich eine gründliche Kenntnis der Wissenschaften, der Philosophen und der Literatur des Abendlandes erworben hatte. Court de Gébelin eröffnete ihm in seinem »Monde Primitif« den ersten Ausblick auf den symbolischen Sinn der Mythen des Altertums und auf die heilige Sprache der Tempel. Um in die Lehren des Morgenlandes einzudringen, lernte er Chinesisch, Sanskrit, Arabisch und Hebräisch, 1815 veröffentlichte er sein hervorragendes Werk: »La Langue hébraique restituée.« Dieses Buch enthält: 1. eine einführende Dissertation über den Ursprung des Wortes; 2. eine auf neuen Grundsätzen aufgebaute Grammatik, die im Lichte der etymologischen Wissenschaft betrachteten hebräischen Wurzeln; 3. eine Vorrede; 4. eine französische und englische Übersetzung der zehn ersten Kapitel der Genesis, welche die Kosmogonie des Moses enthalten.

Diese Übersetzung ist von einem höchst interessanten Kommentar begleitet. Ich kann hier die grundlegenden Gedanken und den Gehalt dieses Licht bringenden Buches nur kurz zusammenfassen. Er ist vom tiefsten esoterischen Geist durchdrungen und nach der strengsten wissenschaftlichen Methode aufgebaut. Die Methode, deren sich Fabre d'Olivet bedient, um in den intimen Sinn des hebräischen Textes der Genesis einzudringen, ist die Vergleichung des Hebräischen mit dem Arabischen, dem Aramäischen und dem Chaldäischen. Er geht von den ursprünglichen und allgemeinen Wurzeln aus. Für diese liefert er ein wunderbares Lexikon, auf Beispiele gestützt, die er aus allen Sprachen entnimmt; dieses Lexikon kann als Schlüssel für die heiligen Namen aller Völker dienen. Von allen esoterischen Büchern über das Alte Testament gibt das Buch von Fabre d'Olivet die sichersten Schlüssel.

Es gibt außerdem eine lichtvolle Auslegung der biblischen Geschichte und die Wahrscheinlichkeitsgründe, warum der Sinn verloren gegangen ist, sowie auch für den Umstand, daß dieser der heutigen offiziellen Wissenschaft und Theologie so durchaus unbekannt ist.

48 Fabre d'Olivet versucht auf folgende Weise den Namen JEVE zu erklären: Dieser Name zeigt uns zunächst das Zeichen, das auf das Leben hinweist, verdoppelt und die in sich lebendige Wurzel EE bildend. Diese Wurzel wird niemals als Name gebraucht und sie ist die einzige, die sich dieses Vorrechts erfreut. Sie ist seit ihrer Bildung nicht nur ein Wort, sondern eine Worteinheit, von der die andern nur abgeleitet sind: Zunächst das Wort EVE Gegenwärtiges Sein. Hier, wie man sieht und wie ich in meiner Grammatik erklärt habe, ist das gedankliche Zeichen Vau in der Mitte der Lebenswurzel. Moses, der dieses hervorragende Wort wählte, um daraus den eigentlichen Namen des Wesens der Wesen zu bilden, fügt hinzu das Zeichen der potenziellen Manifestation und der Ewigkeit (i). So erhält er JEVE, in welchem das fakultative »seiend« zwischen einer Vergangenheit ohne Ursprung und einer Zukunft ohne Ende gestellt ist. Dieser wunderbare Name bedeutet also genau: das Wesen, das da ist, das da war und das da sein wird.

49 Elohim ist die Mehrzahl von Elo, des von den Hebräern und Chaldäern dem Höchsten gegebenen Namens, von der Wurzel El abstammend, die die Höhe, die Macht und die schöpferische Kraft ausdrückt und in einem allgemeinen Sinne Gott bedeutet. – Hod, d. h. Er, ist im Hebräischen, im Chaldäischen, im Äthiopischen, im Arabischen einer der geheiligten Namen der Gottheit. – Fabre d'Olivet. La langue hébraique restituée.

50 »Ruah Aelohim, der Hauch Gottes, bedeutet bildlich eine Bewegung zur Ausbreitung, zur Ausdehnung hin. Es ist im hieroglyphischen Sinn die der Finsternis entgegengesetzte Kraft. Charakterisiert das Wort Finsternis eine sich zusammendrängende Kraft, so charakterisiert das Wort ruah eine sich ausdehnende. Man wird in dem einen wie in dem andern Wort das ewige System zweier entgegengesetzter Kräfte finden, welche die Weisen und Seher aller Zeiten, von Parmenides und Pythagoras bis zu Descartes und Newton, in der Natur gesehen und mit verschiedenen Namen bezeichnet haben.« Fabre d'Olivet, Hebräische Sprache.

51 Hauch – Aelohim – Licht. Diese drei Namen sind die hieroglyphische Verkürzung des zweiten und des dritten Verses der Genesis. Der hebräische Text des dritten Verses ist: Wa – iaomer Aelohim iehi aur, wa iehi aur. Die wörtliche Übersetzung, die Fabre d'Olivet gibt, lautet: »Und es sagt er, das Wesen der Wesen: Licht sei gemacht; und Licht war gemacht (übersinnliches Urelement).« – Das Wort rua, welches Hauch bedeutet, findet sich im zweiten Vers. Es sei darauf hingewiesen, daß das Wort aur, welches Licht bedeutet, das umge-

kehrte rua ist. Der göttliche Hauch, der in sich selbst zurückkehrt, schafft das Licht.

52 Genesis, II, 23. Aisha, die Seele, hier im Weib versinnbildlicht, ist die Gattin von Aish, dem Intellekt, im Mann versinnbildlicht. Sie ist von ihm genommen und bildet seine unzertrennliche Hälfte. Dieselbe Beziehung besteht zwischen Dionysos und Persephone in den orphischen Mysterien.

53 In der samaritischen Version der Bibel ist dem Namen Adams das Beiwort allgemein, unendlich zugefügt. Daraus geht hervor, daß es sich um das menschliche Geschlecht handelt, um das Menschenreich in allen Himmeln.

54 Exodus XVIII, 12–24. Die Wichtigkeit dieser Stelle vom Standpunkt der sozialen Verfassung Israels ist mit Recht durch Saint-Yves in seinem schönen Buche La Mission des Juifs hervorgehoben worden.

55 Im Altertum galten die auf Stein geschriebenen Dinge als die heiligsten. Der Hierophant von Eleusis las seinen Eingeweihten von steinernen Tafeln Dinge ab, die sie schwuren niemandem zu sagen und die sonst nirgends geschrieben waren.

56 Zweimal wurde ein Sturmangriff auf den Tempel von Delphi unter denselben Verhältnissen zurückgestoßen. Im Jahre 480 v. Christo griffen die Truppen des Xerxes ihn an und flohen entsetzt vor einem Gewitter, das Flammen begleiteten, die dem Boden entstiegen, und vor großen herunterstürzenden Felsblöcken. – Im Jahre 279 v. Christus wurde der Tempel wieder angegriffen, während eines Einbruchs der Gallier und Cimbern. Die Barbaren gingen im Sturm vor. In dem Augenblick, in dem sie im Begriff waren, in den Tempel einzudringen, brach ein Gewitter aus und die Phokier warfen die Gallier zurück. (Siehe die schöne Erzählung in der Geschichte der Gallier von Amedée Thierry, Buch II.)

57 Alfred de Vigny.

58 Der Überlieferung der Thrakier gemäß war die Poesie durch Olen erfunden worden. Nun bedeutet dieses Wort im Phönizischen das universelle Wesen. Apollo hat dieselbe Wurzel. Ap Olen oder Ap Wholon bedeutet der unverselle Vater. Ursprünglich betete man in Delphi das universelle Wesen unter dem Namen Olen an. Der Kultus des Apollo wurde durch einen reformierenden Priester eingeführt, unter dem Impuls der Lehre vom Sonnenwort, die damals durch die Tempel Indiens und Ägyptens ging. Dieser Reformator identifizierte den universellen Vater mit seiner doppelten Manifestation: dem übersinnlichen Licht und der sichtbaren Sonne. Aber diese Reform trat nicht aus den Tiefen des Heiligtums hervor. Es war Orpheus, der dem Sonnenworte Apollos eine neue Macht gab, indem er es wiederbelebte und durch die Mysterien des Dionysos elektrisierte. (Siehe Fabre d'Olivet, Goldene Verse des Pythagoras.)

59 »Thrakia« stammt nach Fabre d'Olivet vom phönizischen Wort Rakhiwa: der ätherische Raum oder das Firmament. Sicher ist, daß

für die Dichter und Eingeweihten Griechenlands, wie Pindar, Aeschylos und Plato, der Name Thrakien einen symbolischen Sinn hatte und bedeutete: das Land der reinen Lehre und der heiligen Poesie, die ihr entspringt. Das Wort hatte also für sie eine philosophische und historische Bedeutung. Philosophisch bedeutete es eine intellektuelle Region: die Zusammenfassung der Lehre und der Überlieferung, welche die Welt aus einer göttlichen Vernunft ableiten. Geschichtlich erinnert dieser Name an das Land, wo die dorische Geheimlehre und Dichtung, dieser kraftvolle Schößling des alten arischen Geistes, zuerst emporgesprossen waren, um dann in Griechenland und dem Heiligtum Apollos wieder aufzublühen. – Der Gebrauch dieser Art von Symbolismus wird durch die neuere Geschichte bewiesen. In Delphi gab es eine Klasse von thrakischen Priestern. Sie waren Hüter der hohen Lehre. Der Gerichtshof der Amphyktionen wurde ursprünglich behütet von einer thrakischen Garde, d. h. durch eine von eingeweihten Kriegern. Die Tyrannei in Sparta verdrängte diese unbestechliche Phalanx und ersetzte sie durch Söldner der rohen Gewalt. Später wurde das Wort thrakisieren im ironischen Sinne für frömmelnde Anhänger der alten Lehren gebraucht.

60 Strabo behauptet mit Bestimmtheit, daß die antike Dichtung nur die Sprache der Allegorie war. Dionys von Halikarnassus bestätigt es und gibt zu, daß die Geheimnisse der Natur und die erhabendsten Begriffe der Moral mit einem Schleier bedeckt waren. Man hat es also nicht mit einer Metapher zu tun, wenn die antike Poesie die Sprache der Götter genannt wird. Dieser geheimnisvolle und magische Sinn ist in dem Wort selbst enthalten. Die Mehrzahl der Sprachforscher haben das Wort Poesie abgeleitet vom griechischen Wort poiein, tun, schaffen. Dies ist eine scheinbar einfache und sehr natürliche Etymologie, aber wenig im Einklange mit der heiligen Sprache der Tempel, aus welcher die ursprüngliche Dichtung hervorging. Logischer ist es mit Fabre d'Olivet anzunehmen, daß poiesis vom phönizischen phohe (Mund, Stimme, Sprache, Rede) stammt und von ish (höchstes Wesen, ursprüngliches Wesen, im Bildlichen: Gott). Das etruskische Aes oder Aesar, das gallische Aes, das skandinavische Ase, das koptische Os (Herr), das ägyptische Osiris haben dieselbe Wurzel.

61 Der Bacchus mit dem Stierantlitz findet sich wieder im XXIX. orphischen Hymnus. Es ist eine Erinnerung an den alten Kultus, die keineswegs zur reinen Tradition des Orpheus gehört. Denn dieser läuterte und verklärte vollkommen den volkstümlichen Bacchus zu einem himmlischen Dionysos, dem Symbol des göttlichen Geistes, der sich durch alle Reiche der Natur hindurch entwickelt. – Sonderbar, wir finden den höllischen Bacchus der Bacchanten wieder im Satan mit dem Stierantlitz, den die mittelalterlichen Hexen in ihren Sabbatnächten beschwören. Es ist der berüchtigte Baphomet, als dessen Sektierer die Kirche die Templer bezeichnete, um sie zu diskreditieren.

62 Phönizisches Wort, bestehend aus aur (Licht) und rophae, Heilung.

63 Zu den zahlreichen Büchern, welche die orphischen Schriftsteller Griechenlands dem Orpheus zuschreiben, gehören die Argonauten, die vom hermetischen Hauptwerk handeln; eine Demetreïde, eine Dichtung über die Mutter der Götter, welcher eine Kosmogonie entsprach; die heiligen Gesänge des Bacchus oder des reinen Geistes, die als Anhang eine Theogonie hatten; nicht zu sprechen von andern Werken, wie der Schleier oder das Netz der Seelen, die Kunst der Mysterien und Riten; das Buch der Wandlungen, Chemie und Alchemie; die Korybanten oder die irdischen Mysterien und die Erderschütterungen; die Anemokopie, Wissenschaft der Atmosphäre; eine natürliche und magische Botanik, usw.

64 Pausanias erzählt, daß eine Prozession jedes Jahr nach Delphi in das Tal von Tempe ging, um dort den geweihten Lorbeer zu pflücken. Dieser bedeutsame Brauch erinnerte die Schüler des Apollo daran, daß sie sich mit der orphischen Initiation verbunden fühlen sollen und daß die erste Inspiration des Orpheus der alte und kräftige Stamm war, dessen immer junge und lebendige Zweige der Tempel von Delphi pflückte.

Diese Verschmelzung der apollinischen mit der orphischen Tradition tritt noch in anderer Weise in der Geschichte der Tempel hervor. In der Tat hat der berühmte Streit des Apollo und Bacchus um den Dreifuß des Tempels keinen andern Sinn. Bacchus, sagt die Legende, überließ den Dreifuß seinem Bruder und zog sich auf den Parnaß zurück. Dies bedeutet, daß Dionysos und die orphische Initiation das Vorrecht der Eingeweihten wurden, während Apollo seine Orakel der Außenwelt verkündete.

65 Der Ruf »Evohe!«, der in Wirklichkeit ausgesprochen wurde: »He, Vau, He« war der heilige Ruf aller Eingeweihten Ägyptens, Judäas, Phöniziens, Kleinasiens und Griechenlands. Die vier heiligen Buchstaben, ausgesprochen wie folgend: Jod-He, Vau, He, stellten Gott dar in seiner ewigen Verschmelzung mit der Natur; sie umschlossen die Ganzheit des Seins, das lebendige Universum Jod (Osiris) bedeutet die eigentliche Gottheit, den schöpferischen Intellekt, das Ewig-Männliche, das in allem, überall und über allem ist. He-Vau-He stellte das Ewig-Weibliche dar, Eva, Isis, die Natur, in allen ihren sichtbaren und unsichtbaren Formen, befruchtet durch ihn. Die höchste Einweihung, diejenige der theogonischen Wissenschaften und theurgischen Künste entsprach dem Buchstaben Jod. Ein anderes System von Wissenschaften entsprach jedem Buchstaben des Wortes Eve. – Wie Moses, so behielt auch Orpheus die Wissenschaften, die dem Buchstaben Jod (Jeve der mit Nachahmung der hebräischen Charaktere HVHJ, Zeus, Jupiter) entsprachen, und die Idee der Einheit Gottes für die Eingeweihten des ersten Grades, während er das Volk selbst dafür zu interessieren suchte durch die Dichtung, die Künste und ihre lebendigen

Symbole. Deshalb wurde der Ruf »Evohe!« öffentlich verkündet in den Festen des Dionysos, zu dem man, außer dem Eingeweihten, auch die einfachen Aspiranten der Mysterien zuließ.

Hier erscheint der ganze Unterschied zwischen dem Werk des Moses und dem Werk des Orpheus. Beide gehen von der ägyptischen Initiation aus und besitzen dieselbe Wahrheit, aber sie wenden sie in entgegengesetztem Sinne an. Moses, voller Strenge und Eifersucht, verherrlicht den Vater, den männlichen Gott. Er vertraut seinen Dienst einer geschlossenen Priesterschaft an und unterwirft das Volk einer unerbittlichen Disziplin, ohne Offenbarung. Orpheus, glühend von göttlicher Liebe zum Ewig-Weiblichen, zur Natur, verherrlicht sie im Namen des Gottes, der sie durchdringt und den er in einer vergöttlichten Menschheit erwecken will. Deshalb wird der Ruf »Evohe!« zum heiligen Ruf in allen Mysterien Griechenlands.

66 Der amphiktyonische Schwur der vereinigten Völkerschaften gibt uns einen Einblick in die Größe und die soziale Kraft dieser Einrichtung: »Wir geloben, niemals die amphiktyonischen Städte niederzuwerfen, niemals, sei es im Frieden oder im Krieg, die Quelle ihres Wohlstandes zu untergraben. Wenn irgend eine Macht es zu tun wagt, werden wir gegen sie vorgehen und ihre Städte zerstören. Wenn Ruchlose die Gaben des Tempels von Apollo entwenden, geloben wir, unsere Füße, unsere Arme, unsere Stimme, alle unsere Kräfte gegen sie und ihre Helfershelfer zu verwenden.«

67 Goldne Verse des Pythagoras, übersetzt von Fabre d'Olivet.

68 Die Orakel des Zoroaster, gesammelt in der Theurgie des Proclus.

69 Vgl. auch das interessante Buch »Die Seherin von Provost« von Just. Kerner. Der deutsche Philosoph Schelling hatte die hohe Bedeutung des Somnambulismus in bezug auf die Unsterblichkeit der Seele erkannt. Er bemerkt, daß während des hellen Schlafwachens eine Erhöhung und verhältnismäßige Befreiung der Seele vom Körper stattfindet, so wie sie im normalen Zustand nie stattfindet.

Bei den Somnambulen weist alles auf ein höheres Bewußtseinsstadium hin, als ob ihr ganzes Wesen in einen strahlenden Brennpunkt zusammengedrängt wäre, der die Vergangenheit, die Gegenwart und die Zukunft umschließt. Weit entfernt, das Gedächtnis zu verlieren, erhellt sich die Vergangenheit für sie, die Zukunft selbst entschleiert sich manchmal in beträchtlichem Maße. Wenn das möglich ist im irdischen Leben, fragt sich Schelling, ist es dann nicht sicher, daß unsere geistige Individualität, die uns in den Tod folgt und jetzt schon gegenwärtig in uns ist, daß sie nicht dann geboren, sondern nur befreit und sichtbar wird, sobald sie nicht mehr an die äußere Welt durch die Sinne gebunden ist? Der Zustand nach dem Tod ist also reeller als der irdische Zustand. Denn in diesem Leben ertötet das Zufällige, das sich in alles hineinmischt, das Wesentliche. Schelling nennt einfach den Zustand der Zukunft: das Hellsehen. Der Geist, befreit von allen Zufälligkeiten des irdischen Lebens, wird lebendiger und stärker; der Böse wird böser, der Gute besser.

Mit einem großen Reichtum von tatsächlichen Belegen und Ausblicken hat Herr Carl du Prel dieselbe These vertreten in seinem schönen Buch »Philosophie der Mystik« (1886). Er geht von der Tatsache aus: »Das Bewußtsein des Ich erschöpft nicht seinen Gegenstand. Die Seele und das Bewußtsein sind nicht zwei vollständig übereinstimmende Ausdrücke: sie decken sich nicht, denn sie haben nicht dieselbe Tragweite. Die Sphäre der Seele geht weit hinaus über die Sphäre des Bewußtseins.« Es gibt also in uns ein latentes Ich. Dieses latente Ich, das sich im Schlaf und im Traum manifestiert, ist das wirkliche Ich, überirdisch und transzendent, dessen Existenz unserm irdischen, an den Körper gebundenen Ich vorangegangen ist. Das irdische Ich ist vergänglich; das transzendente Ich ist unsterblich. Deshalb hat St. Paulus gesagt: »Schon auf dieser Erde schreiten wir im Himmel.«

70 Origenes behauptet, daß Pythagoras der Erfinder der Physiognomik sei.

71 Katharsis im griechischen.

72 In der transzendenten Mathematik beweist man algebraisch, daß Null mit der Unendlichkeit multipliziert gleich eins ist. Null in der Reihenfolge der absoluten Ideen bedeutet das unbegrenzte Sein. Das Unendliche, das Ewige wurde in der Sprache der Tempel bezeichnet durch eine Schlange, die sich in den Schwanz beißt, die das sich in sich selbst bewegende Unendliche bedeutete. Sobald das Unendliche sich begrenzt, bringt es alle Zahlen hervor, die in seiner großen Einheit enthalten sind und die es in vollkommener Harmonie beherrscht.

Das ist der transzendente Sinn des ersten Problems der pythagoräischen Theogonie, die Ursache, welche bewirkt, daß die große Monade alle kleinen enthält und daß die Zahlen der sich bewegenden großen Einheit entspringen.

73 Es ist die gleiche Lehre, die wir bei dem Eingeweihten Paulus finden, der von dem geistigen Körper spricht.

74 In ihre erste Reihe muß man Fabre d'Olivet stellen. (Goldene Verse des Pythagoras). Diese lebendige Auffassung der Kräfte der Welt, welche sie von oben bis unten durchdringen, hat nichts zu tun mit den Spekulationen reiner Metaphysiker, wie z. B. die These, die Antithese Hegels, die nichts sind als ein bloßes Gedankenspiel.

75 Gewisse sonderbare Definitionen, in der Form von Metaphern, die uns überliefert worden sind und die vom Geheimunterricht des Meisters stammen, lassen in ihrem okkulten Sinn die großartige Konzeption erraten, die Pythagoras vom Kosmos hatte. – Von den Gestirnen sprechend, nannte er den großen und den kleinen Bären: die Hände der Rhea-Kybele. Nun bedeutet Rhea-Kybele esoterisch das flutende astrale Licht, die göttliche Gemahlin des universellen Feuers oder des schöpferischen Geistes, das, indem es sich in den Sonnensystemen zusammenballt, die unmateriellen Essenzen der Wesen anzieht, sie er-

greift und in den Wirbel der Leben eintreten läßt. – Er nannte auch die Planeten die Hunde Proserpinas. Dieser sonderbare Ausdruck hat nur esoterisch einen Sinn. Proserpina, die Göttin der Seelen, stand deren Inkarnation in der Materie vor. Pythagoras nannte deshalb die Planeten »Hunde der Proserpina«, weil sie die verkörperten Seelen bewachen und zurückhalten, wie der mythologische Cerberus die Seelen in der Unterwelt bewacht.

76 Das von den Brahmanen und Buddhisten als Karma bezeichnete Gesetz.

77 Die Epiphanie oder das Schauen von oben; die Autopsie oder das direkte Schauen; die Theophanie oder die Manifestation Gottes sind ebenso viele einander voraussetzende Gedanken als verschiedene Ausdrücke, um den Zustand der Vervollkommnung zu bezeichnen, in dem ein Eingeweihter, dessen Seele mit Gott vereint ist, die volle Wahrheit betrachtet.

78 Wir wollen hier zwei berühmte Fälle dieser Art erwähnen, die absolut authentisch sind. Der erste spielt im Altertum. Der Held ist der berühmte Philosoph und Magier Apollonius von Tyana.

1. Fall. – Zweites Gesicht des Apollonius von Tyana. – »Während diese Ereignisse (die Ermordung des Kaisers Domitian) in Rom vor sich gingen, sah Apollonius sie in Ephesus. Domitian wurde gegen Mittag von Klemens angefallen: am selben Tag, im selben Augenblick, lehrte Apollonius in den Gärten neben den Xysten. Auf einmal senkte er ein wenig die Stimme, als ob er von plötzlichem Schrecken ergriffen sei. Er setzte seine Rede fort, aber seine Sprache hatte nicht dieselbe Kraft, so wie es mit denen geschieht, die, indem sie sprechen, an etwas anderes denken. Dann schwieg er, wie diejenigen, die den Faden ihrer Erzählung verloren haben, richtete schreckliche Blicke zur Erde, tat drei oder vier Schritte nach vorn und rief: ›Tötet den Tyrannen!‹ Es sah aus, als ob er nicht das Bild der Tat in einem Spiegel erblickte, sondern die Tat selbst in ihrer vollen Wirklichkeit. Die Epheser (denn ganz Ephesus wohnte dem Vortrag des Apollonius bei) waren starr vor Staunen. Apollonius hielt inne, wie ein Mann, der den Ausgang eines fragwürdigen Ereignisses sucht. Endlich rief er: ›Seid guten Mutes, Epheser, der Tyrann ist heute getötet. Was sage ich, heute? Bei Minerva, er ist eben in diesem Augenblick getötet worden, als ich mich unterbrochen habe.‹ Die Epheser glaubten, daß Apollonius den Verstand verloren hätte; sie wünschten lebhaft, daß er die Wahrheit gesprochen habe, aber sie fürchteten, daß irgendeine Gefahr aus dieser Rede für sie entstehe ... bald jedoch kamen Boten, welche die gute Nachricht verkündeten und für das Wissen des Apollonius Zeugnis ablegten: denn der Mord des Tyrannen, der Tag, an dem er vollbracht worden war, die Mittagsstunde, der Urheber des Mordes, den Apollonius ermutigt hatte, alle diese Einzelheiten stimmten vollkommen überein mit denen, welche die Götter am Tag seiner

Rede den Ephesern gezeigt hatten.« – Leben des Apollonius durch Philostratus, übersetzt von Chassang.

2. Tatsache. – Zweites Gesicht des Swedenborg. – Die zweite Tatsache bezieht sich auf den größten Seher der modernen Zeiten. Man kann über die objektive Wirklichkeit der Visionen Swedenborgs streiten, aber man kann nicht an seinem zweiten Gesicht zweifeln, das von einer Menge von Tatsachen erhärtet ist. Die Vision, die Swedenborg bei dreißig Meilen Entfernung vom Brand Stockholms hatte, erregte großes Aufsehen in der zweiten Hälfte des achtzehnten Jahrhunderts. Der berühmte deutsche Philosoph Kant veranstaltete eine Untersuchung durch einen Freund in Gotenborg in Schweden, der Stadt, in welcher das Ereignis vor sich gegangen war, und folgendes schreibt er an eine seiner Freundinnen: »Folgende Tatsache scheint mir eine große Beweiskraft zu haben und jedem Zweifel Einhalt zu gebieten. Im Jahre 1759, gegen Ende September, an einem Sonnabend, gegen vier Uhr abends, landete Herr von Swedenborg, aus England zurückkehrend, in Gotenborg. Herr William Castel lud ihn in sein Haus ein mit einer Gesellschaft von fünfzehn Personen. Abends um 6 Uhr trat Herr von Swedenborg, der hinausgegangen war, bleich und entsetzt in den Saal und sagte, daß in demselben Augenblick eine Feuersbrunst in Stockholm ausgebrochen sei, am Sudermalm, und daß das Feuer mit Windeseile sich seinem Haus nähere . . . Er sagte, daß das Haus eines seiner Freunde, den er nannte, schon in Asche gewandelt sei und daß sein eigenes in Gefahr stehe. Um 8 Uhr, nach einem neuen Ausgang, sagte er freudig: ›Gott sei Dank, das Feuer ist erloschen vor der dritten Tür, die der meinigen vorangeht.‹ Am selben Abend setzt man den Gouverneur davon in Kenntnis. Am Sonntagmorgen wird Swedenborg zu diesem Beamten gerufen, der ihn ausfragt. Swedenborg beschreibt genau die Feuersbrunst, ihren Beginn, ihre Dauer und ihr Ende. Am selben Tag breitet sich die Nachricht in der ganzen Stadt aus, die um so mehr in Aufregung gerät, als der Gouverneur dem Aufmerksamkeit geschenkt hatte und viele sich um ihre Güter und Freunde sorgten. Am Montagabend kam nach Gotenborg ein reitender Eilbote, den die Handelsvertretung in Stockholm während der Feuersbrunst abgesandt hatte. In den Briefen war die Feuersbrunst genau so beschrieben, wie eben erzählt worden ist. Was kann man gegen die Authentizität eines solchen Ereignisses einwenden? Der Freund, der mir schreibt, hat alles das geprüft, nicht nur in Stockholm, aber auch vor ungefähr zwei Monaten in Gotenborg selbst; er kennt dort gut die vornehmsten Häuser, und er hat vollständige Erkundigungen einziehen können in einer ganzen Stadt, in der die Mehrzahl der Augenzeugen noch lebt, in Anbetracht der kurzen Zeit (neun Jahre), die seit 1759 verflossen ist.« Brief an Fräulein Charlotte von Knoblauch, angeführt von Matter, Vie de Swedenborg.

79 Diese Einteilung des Menschen entspricht den vier Stufen der pythagoräischen Einweihung und bildet die Grundlage aller Einweihungen,

bis zu jener der ursprünglichen Freimauer, die einige Bruchstücke der esoterischen Lehre besaßen. – Siehe Fabre d'Olivet, Goldene Verse des Pythagoras.

80 Dies ist die Version des Diogenes von Läertius über den Tod des Pythagoras: Nach Dikäarchus, den Porphyrius anführt, wäre der Meister mit Archippas und Lysis entkommen. Er wäre aber von Stadt zu Stadt geirrt bis Metapont, wo er neben dem Tempel der Musen sich hätte Hungers sterben lassen. Die Bewohner von Metapont dagegen behaupteten, daß der von ihnen aufgenommene Weise friedlich in ihrer Stadt gestorben wäre. Sie zeigten Cicero sein Haus, seinen Sessel, sein Grab. Es ist zu bemerken, daß lange nach dem Tod des Weisen diejenigen Städte, die Pythagoras während des demokratischen Umschwungs am meisten verfolgt hatten, die Ehre beanspruchten, ihn beherbergt und gerettet zu haben. Die Städte des Golfes von Tarent stritten sich um die Asche des Philosophen mit derselben Beharrlichkeit, wie die Städte Joniens sich um die Ehre stritten, die Geburtsstädte Homers zu sein. – Siehe die Besprechung dieser Tatsachen in dem gewissenhaften Buch Chaignets: Pythagore et la philosophie pythagoricienne.

81. In der Sprache der Tempel bedeutete der Ausdruck Sohn des Weibes den niedern Grad der Einweihung; Frau war hier gleichbedeutend mit Natur. Darüber gab es die Söhne des Mannes oder die Eingeweihten des Geistes und der Seele, die Göttersöhne oder die Eingeweihten der kosmogonischen Wissenschaften und die Gottessöhne oder Eingeweihten der höchsten Wissenschaft. Die Pythia nennt die Perser: Söhne des Weibes, so den Charakter ihrer Religion bezeichnend. Wörtlich genommen hätten diese Ausdrücke keinen Sinn.

82 Fragment der vollständigen Werke Platos, erhalten unter dem Titel »Plato verbrennt seine Gedichte«.

83 Xenophon, Apologie des Sokrates.

84 Plato, Apologie des Sokrates.

85 »Das, was Orpheus durch dunkle Allegorien bekanntgegeben hat«, sagt Proklus, »lehrte Pythagoras, nachdem er in die orphischen Mysterien eingeweiht worden war, und Plato hatte ein volles Bewußtsein davon durch die orphischen und pythagoräischen Schriften.«

Diese Meinung der alexandrinischen Schule über die Abkunft der platonischen Ideen wird vollständig bestätigt durch das vergleichende Studium der orphischen und pythagoräischen Überlieferungen mit den Schriften Platos. Diese Abstammung, die während Jahrhunderten geheim gehalten worden war, wurde durch die alexandrinischen Philosophen nur geoffenbart, weil sie die ersten waren, die den esoterischen Sinn der Mysterien veröffentlichten.

86 Siehe den homerischen Hymnus an Demeter.

87 Die moderne Wissenschaft würde in diesen Tatsachen nur einfache Halluzinationen oder Suggestionen sehen. Die Wissenschaft des antiken Esoterismus schrieb dieser Art Phänomenen, die oft in den Myste-

rien hervorgerufen wurden, einen zugleich subjektiven und objektiven Wert zu. Sie glaubte an das Dasein elementarer geistiger Wesenheiten, ohne individualisierte Seele und ohne Vernunft, halbbewußter Wesen, die die irdische Atmosphäre erfüllen und in gewissem Sinne die Seele der Elemente sind. Die Magie, welche der in der Handhabung der okkulten Kräfte tätige Wille ist, läßt sie manchmal sichtbar werden. Von ihnen spricht Heraklit, wenn er sagt: »Die Natur ist an allen Orten erfüllt mit Dämonen.« Plato nennt sie: die Dämonen der Elemente; Paracelsus: Elementarwesen. Nach der Lehre dieses theosophischen Arztes des sechzehnten Jahrhunderts werden sie durch die magnetische Atmosphäre des Menschen angezogen, elektrisieren sich darin und sind dann fähig, alle erdenklichen Formen anzunehmen. Je mehr der Mensch von seinen Leidenschaften beherrscht wird, desto mehr ist er ihr Spielball, ohne es zu ahnen. Der Magier allein beherrscht sie und macht sie sich dienstbar. Doch bilden sie eine Sphäre trügerischer Illusionen, die er bei seinem Eintritt in die okkulte Welt sich unterwerfen und durch die er schreiten muß. Sie sind es, die Bulwer in seinem sonderbaren Roman Zanoni den Hüter der Schwelle nennt.

88 Es ist der Baum der Träume, den Virgil erwähnt in seinem Niederstieg des Aeneas zur Hölle im VI. Buch der Aeneide, in welchem Hauptszenen der Mysterien von Eleusis, mit poetischen Erweiterungen, wiedergegeben werden.

89 Die im Cistus enthaltenen Gegenstände waren: der Pinienapfel (Symbol der Fruchtbarkeit, der Entstehung), die Schlange in Spiralform (universelle Evolution der Seele: Fall in die Materie und Erlösung durch den Geist), das Ei, (an die Sphäre erinnernd oder die göttliche Vervollkommnung, Ziel des Menschen).

90 Diese geheimnisvollen Worte haben in griechischer Sprache keinen Sinn. Das beweist jedenfalls, daß sie sehr alt sind und vom Orient kommen. Wilford schreibt ihnen einen Ursprung aus dem Sanskrit zu. Konx soll von Kansha abstammen und bedeuten: der Gegenstand des höchsten Wunsches: Om von Oum, Seele des Brahma, und Pax von Pasha, Reihe, Wechsel, Zyklus. Der höchste Segensspruch des Hierophanten von Eleusis bedeutet also: Mögen deine Wünsche erfüllt werden; kehre zurück zur Weltenseele!

91 Proklus, Kommentar über die Republik des Plato.

92 Die vier Evangelien, die sich gegenseitig korrigieren und rektifizieren, sind gleich authentisch, erfüllen aber verschiedene Aufgaben. Matthäus und Markus sind die kostbaren Evangelien des Buchstabens und der Tatsachen; sie enthalten die öffentlichen Reden und Handlungen. Der sanfte Lukas läßt den Sinn der Mysterien unter dem poetischen Schleier der Legende durchschimmern; es ist das Evangelium der Seele, der Frau und der Liebe. Sankt Johannes hebt den Schleier von diesen Mysterien. Man findet in ihm die tiefen Grundlagen der Lehre, den geheimen Unterricht, den Sinn für das Mysterium, das Ge-

lübde, die esoterische Intimität. Clemens von Alexandrien, einer der seltenen christlichen Bischöfe, die den Schlüssel zum universellen Esoterismus hatten, hat ihn mit Recht den Evangelisten des Geistes genannt. Johannes hat eine tiefe Einsicht gehabt in die vom Meister geoffenbarten übersinnlichen Wahrheiten und eine machtvolle Ausdrucksform. Deshalb hat er als Symbol den Adler, dessen Schwingen den Raum durchschneiden und dessen flammendes Auge ihn beherrscht.

93 Dieser Standpunkt, diametral entgegengesetzt demjenigen der empirischen Schule des Aristoteles und des Montesquieu, war der Standpunkt der großen Eingeweihten, der ägyptischen Priester, wie auch des Moses und Pythagoras. Er ist mit großer Kraft angedeutet und vertreten worden in einem schon erwähnten Werk: La Mission des Juifs von Saint-Yves. Siehe sein bedeutungsvolles Kapitel über die Gründung Roms.

94 Moses, Buch IV. Die großen Eingeweihten.

95 Ewald, Die Propheten. Vorwort.

96 Jesaias 96, 10–18.

97 Jesaias XI, 1–5.

98 Jesaias LIII, 2–8.

99 Dies ist der esoterische Sinn der schönen Legende der königlichen Magier, die aus dem Innern des Orients kommen, um das Kind von Bethlehem anzubeten.

100 Virgil, Ekl IV.

101 Herodes starb im Jahre 4 vor unserm Zeitalter. Die Berechnungen der Kritik stimmen heute darin überein, dieses Datum als dasjenige der Geburt Jesu anzunehmen. Siehe Keim, Das Leben Jesu.

102 Es wäre keinesfalls unmöglich, daß Jesus durch einen Zufall in Bethlehem geboren wäre. Doch scheint diese Überlieferung zu dem Zyklus nachträglicher Legenden über die heilige Familie und die Kindheit Christi zu gehören.

103 Samuel, Buch I, Kapitel 1, 11–20.

104 Jeremias I, 4.

105 Johannes Ev. 8, 58.

106 Aprokryphes Evangelium Marias und der Kindheit des Herrn, von Tischendorff veröffentlicht.

107 Man erinnere sich an die ausgezeichneten Beschreibungen von Galiläa durch E. Renan in seinem »Leben Jesu«, sowie an die nicht weniger bemerkenswerten von E. Melchior de Vogüé, Reise in Syrien und Palästina.

108 Jesaias 60, 3 und 18.

109 Josephus, Krieg der Juden, II usw. Altertümer, XIII, 5–9; XVIII, 1–5.

110 Philo, Vom betrachtenden Leben.

111 Gemeinschaftliche Punkte zwischen den Essäern und den Pythagoräern: das Gebet beim Aufgang der Sonne; die leinenen Gewänder; die brüderlichen Liebesmahle; das einjährige Noviziat; die drei Grade

der Einweihung; die Organisation des Ordens und die von Vormündern verwaltete Gütergemeinschaft; das Gesetz des Schweigens; der Schwur der Mysterien; die Teilung des Unterrichts in drei Teile: 1. die Wissenschaft der universellen Prinzipien oder die Theogonie, das, was Philo die Logik nennt; 2. die Physik oder die Kosmogonie; 3. die Moral oder alles, was sich auf den Menschen bezieht, die Wissenschaft, der sich hauptsächlich die Therapeuten widmeten.

112 Gemeinsame Punkte zwischen der Lehre der Essäer und derjenigen Jesu: die Liebe zum Nächsten vorangestellt als erste Pflicht; das Verbot, zu schwören, um die Wahrheit zu bezeugen; der Haß der Lüge; die Demut; die Einsetzung des Abendmahls, das den brüderlichen Liebesmahlen der Essäer entnommen ist, aber mit einer neuen Bedeutung, derjenigen des Opfers.

113 Buch des Henoch. – Kap. XLVIII und LXI. Diese Stelle beweist, daß die Lehre vom Wort und der Dreifaltigkeit, die sich im Evangelium des Johannes findet, lange vor Jesus in Israel bestand und dem Kern des esoterischen Prophetismus entsprang. In dem Buch Henoch stellt der Herr des Geistes den Vater dar, der Auserwählte den Sohn und die andere Kraft den Heiligen Geist.

114 Genesis 14, 18.

115 Tacitus, Annalen, VI, 28, 31.

116 Man weiß, daß nach dem Bericht der Evangelien Johannes sogleich Jesus als den Messias erkannte und ihn als solchen taufte. In diesem Punkt ist der Bericht widerspruchsvoll. Denn später läßt Johannes, als Gefangener des Antipas in Makeru, Jesus fragen: Bist du derjenige, der da kommen soll, oder sollen wir einen andern erwarten? (Matth. XI, 5.) Dieser späte Zweifel beweist, daß, wenn auch Johannes in Jesus den Messias vermutet hatte, er doch nicht überzeugt gewesen war. Aber den ersten Herausgebern der Evangelien, die Juden waren, lag es daran, Jesus als denjenigen darzustellen, der seine Mission und Weihe von Johannes dem Täufer, dem jüdischen Volkspropheten, erhalten habe.

117 Matthäus XI, 28.

118 Johannes I, 46.

119 Johannes III, 15.

120 Matthäus XVI, 13–16.

121 Matthäus XVI, 21–23.

122 Matthäus XVII, 1–8.

123 Matthäus XXIV, 2.

124 Lukas XXI, 34.

125 Matthäus XXIV, 14.

126 Matthäus XXIV, 4–34.

127 Jesaias XXIV, 18–33.

128 Johannes XXIV, 16–17.

129 Matthäus XXIV, 27.

130 Matthäus XXIV, 30–31.

131 Lukas XXII, 15, 25.
132 Lukas XXII, 19, 20.
133 Matthäus XXVI, 64.
134 Markus XVI, 15.
135 Apostelgeschichte IX, 1–9.
136 Strauss hat die Auferstehung einen welthistorischen »Humbug« genannt. Das Wort ist wohl zynisch, aber nicht geistvoll und erklärt nichts von den Visionen der Apostel und des Paulus.
137 Kor. XV, 39–46.

INHALTSVERZEICHNIS